P9-CPW-430

Le français est la langue maternelle majoritaire et/ou officielle

Le français est langue officielle ou administrative

Présence importante de la langue française, sans statut particulier

Îles ou le français est langue officielle et/ou maternelle

Minorité francophone dans ll région

Fr. *Lié à la France administrativement*

m = masculin   f = féminin

LA BELGIQUE

LE LUXEMBOURG

L'EUROPE^f

LA FRANCE

LA SUISSE

MONACO

LE SAHARA OCCIDENTAL

LE MAROC

LA TUNISIE

LE LIBAN

LA SYRIE

L'ALGÉRIE^f

L'ÉGYPTE^f

L'ASIE^f

L'AFRIQUE^f

LA MAURITANIE

LE MALI

LE NIGER

LE TCHAD

LE BURKINA FASO

DJIBOUTI^m

LA RÉPUBLIQUE CENTRAFRICAINE

LE LAOS

LE VIÊT-NAM

LE SÉNÉGAL

LA GUINÉE

LA CÔTE-D'IVOIRE

LE TOGO

LE BÉNIN

LE CAMEROUN

LE GABON

LE CONGO

LA RÉPUBLIQUE DÉMO-CRATIQUE DU CONGO

LE RUANDA

LE BURUNDI

Pondichéry

LE CAMBODGE

les Comores^f

les Seychelles^f

L'ANGOLA^m

Mayotte^f (Fr.)

L'OCÉAN^m INDIEN

MADAGASCAR^f

l'Île^f Maurice

La Réunion (Fr.)

L'AUSTRALIE^f

L'OCÉAN^m

ATLANTIQUE

la Nouvelle Amsterdam et St-Paul

TERRES AUSTRALES ET ANTARCTIQUES FRANÇAISES (Fr.)

l'Archipel Crozet^f

l'Archipel Kerguelen^f

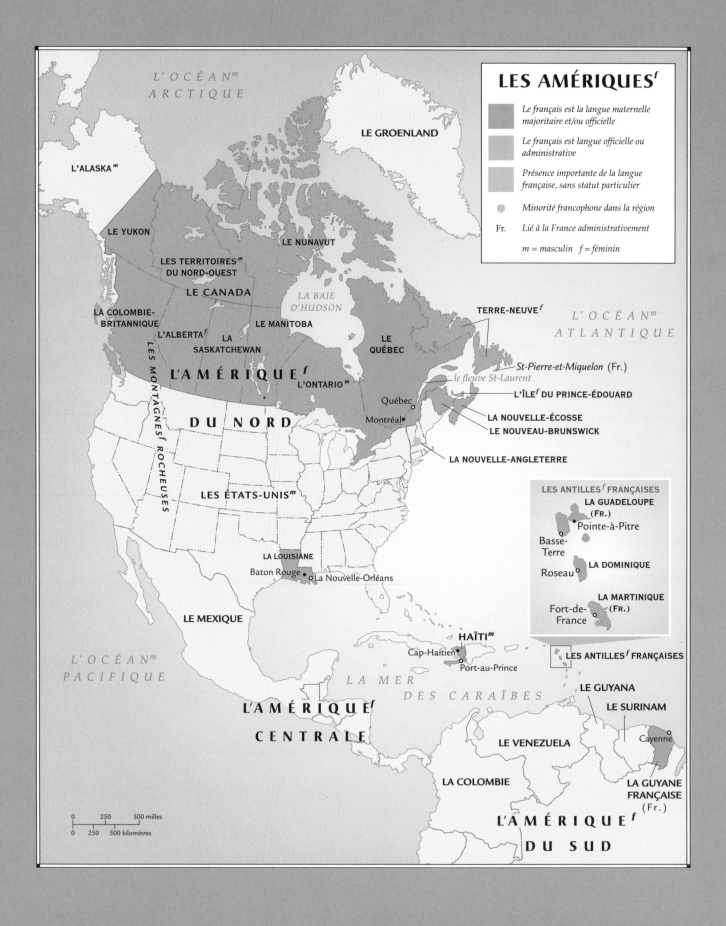

LES AMÉRIQUES f

- Le français est la langue maternelle majoritaire et/ou officielle
- Le français est langue officielle ou administrative
- Présence importante de la langue française, sans statut particulier
- ○ Minorité francophone dans la région
- Fr. Lié à la France administrativement

m = masculin   f = féminin

L'OCÉAN m ARCTIQUE

LE GROENLAND

L'ALASKA m

LE YUKON

LE NUNAVUT

LES TERRITOIRES m DU NORD-OUEST

LE CANADA

LA BAIE D'HUDSON

LA COLOMBIE-BRITANNIQUE

L'ALBERTA f

LE MANITOBA

LA SASKATCHEWAN

L'AMÉRIQUE f

L'ONTARIO m

LE QUÉBEC

TERRE-NEUVE f

L'OCÉAN m ATLANTIQUE

St-Pierre-et-Miquelon (Fr.)

le fleuve St-Laurent

Québec

Montréal

L'ÎLE f DU PRINCE-ÉDOUARD

LA NOUVELLE-ÉCOSSE

LE NOUVEAU-BRUNSWICK

LA NOUVELLE-ANGLETERRE

LES MONTAGNES f ROCHEUSES

DU NORD

LES ÉTATS-UNIS m

LA LOUISIANE

Baton Rouge

La Nouvelle-Orléans

LE MEXIQUE

L'OCÉAN m PACIFIQUE

L'AMÉRIQUE f CENTRALE

HAÏTI m

Cap-Haïtien

Port-au-Prince

LA MER DES CARAÏBES

LES ANTILLES f FRANÇAISES

LA GUADELOUPE (FR.)

Pointe-à-Pitre

Basse-Terre

LA DOMINIQUE

Roseau

LA MARTINIQUE (FR.)

Fort-de-France

LES ANTILLES f FRANÇAISES

LE GUYANA

LE SURINAM

LE VENEZUELA

Cayenne

LA COLOMBIE

LA GUYANE FRANÇAISE (Fr.)

L'AMÉRIQUE f DU SUD

0   250   500 milles
0   250   500 kilomètres

Vis-à-vis
Beginning French

FOURTH EDITION

Evelyne Amon

Judith A. Muyskens
Colby-Sawyer College

Alice C. Omaggio Hadley
*Professor Emerita, University of Illinois,
Urbana-Champaign*

With contributions by:

**Myriam Alami
Bruce Anderson
Brian Arganbright
Isabelle Carreau
Thierry Courchesne
Nicole Dicop-Hineline
Gregory A. Fulkerson
Julianna Nielsen
H. Jay Siskin
Barbara Vigano**

Boston   Burr Ridge, IL   Dubuque, IA   New York   San Francisco   St. Louis
Bangkok   Bogotá   Caracas   Kuala Lumpur   Lisbon   London   Madrid   Mexico City
Milan   Montreal   New Delhi   Santiago   Seoul   Singapore   Sydney   Taipei   Toronto

 **Higher Education**

This is an ⊏B⏐ book.

Published by McGraw-Hill, an imprint of The McGraw-Hill Companies, Inc., 1221 Avenue of the Americas, New York, NY 10020. Copyright © 2008 by The McGraw-Hill Companies, Inc. All rights reserved. No part of this publication may be reproduced or distributed in any form or by any means, or stored in a database or retrieval system, without the prior written consent of The McGraw-Hill Companies, Inc., including, but not limited to, in any network or other electronic storage or transmission, or broadcast for distance learning.

This book is printed on acid-free paper.

2 3 4 5 6 7 8 9 0 CCI/CCI 0 9 8

ISBN 978-0-07-353542-5
MHID 0-07-353542-7 (Student's Edition)
ISBN 978-0-07-328945-8
MHID 0-07-328945-0 (Instructor's Edition)

Editor-in-chief: *Emily Barrosse*
Publisher: *William R. Glass*
Sponsoring editor: *Katherine Crouch*
Director of development: *Susan Blatty*
Development editor: *Peggy Potter*
Executive marketing manager: *Nick Agnew*
Art director: *Jeanne M. Schreiber*
Art manager: *Robin Mouat*
Senior production editor: *Anne Fuzellier*

Senior designer and cover design: *Kim Menning*
Interior designer: *Linda Robertson*
Senior production supervisor: *Randy Hurst*
Senior supplements producer: *Louis Swaim*
Production service: *Matrix Productions Inc.*
Photo researcher: *Judy Mason*
Compositor: *Techbooks-York*
Typeface: *10/12 New Aster*
Printer and binder: *Courier Kendalville*

Cover image: Barbara Malcolm Krementz

Because this page cannot legibly accommodate all the copyright notices, credits are listed after the index and constitute an extension of the copyright page.

Library of Congress Cataloging-in-Publication Data

Amon, Evelyne.
    Vis-à-vis: beginning French / Evelyne Amon, Judith A. Muyskens, Alice C. Omaggio
Hadley; with contributions by, Thierry Courchesne, Gregory A. Fulkerson, H. Jay
Siskin.—4th ed.
        p. cm.
    Includes indexes.
    ISBN 0-07-353542-7 (hc.)
    1. French language—Textbooks for foreign speakers—English. I. Title: Beginning
French. II. Muyskens, Judith A. III. Hadley, Alice Omaggio, 1947– IV. Title
PC2129.E5A48 2006
                                                        2006939976

The Internet addresses listed in the text were accurate at the time of publication. The inclusion of a Web site does not indicate an endorsement by the authors or McGraw-Hill, and McGraw-Hill does not guarantee the accuracy of the information presented at these sites.

www.mhhe.com

Contents

L'Arc de Triomphe, à Paris, en France

v

 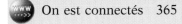

Preface

Welcome to the exciting fourth edition of *Vis-à-vis*, a complete beginning French program. The overall goal of the revision remains the same as that of the third edition: to promote a balanced four-skills approach to learning French through a variety of listening, speaking, reading, and writing activities, while introducing students to the richness and diversity of the Francophone world. In response to the success of the third edition, we have retained in the fourth edition those features that were praised by reviewers and that set *Vis-à-vis* apart from other beginning French programs.

- a unique chapter organization that divides the sixteen chapters into four distinct **leçons**
- vocabulary, grammar, and culture that work together as interactive units
- an abundance of practice materials ranging from form-focused to communicative
- a balanced four-skills approach that facilitates student learning
- four units of four chapters each that focus on a different French or Francophone character and region
- the **Bienvenue** cultural video footage that focuses on a "day in the life" of five Francophone cities: Paris, Quebec City, Dakar, Brussels, and Fort-de-France
- a complete supplements package coordinated with the core text

New to This Edition

In response to feedback about the third edition of *Vis-à-vis*, we have made the following major changes to the new edition.

- Coverage of the Francophone world has been significantly expanded in the fourth edition. The **Correspondance** feature (following **Leçon 2**) has been replaced by a new section entitled **Le blog de...** written by four Parisian characters with different Francophone backgrounds. Following the blogs are commentaries by other French speakers from all over the world. Through these personal "online" journals, students are exposed to contemporary language and to the vast diversity of life and culture in France, Belgium, Switzerland, Canada, Louisiana, North and West Africa, the French Antilles, and Tahiti. Follow-up questions are provided in the instructor's annotations.
- In the all-new **Video Program,** shot on location specifically for *Vis-à-vis,* the same four characters featured in **Le blog de...** film themselves and each other in order to illustrate their blogs with original cultural footage touching on interesting aspects of life in France, Martinique, Morocco, and Canada. Each chapter features a lively dialogue followed by a stunning cultural segment. The new end-of-chapter video activities, **Le vidéoblog de... ,** focus on vocabulary, comprehension, and cross-cultural comparisons.
- The revised **Reportage** readings, which explore cultural, social, and historical topics that address current interests and technological

advancements of the 21st century, have been updated to match the new cultural content of the blogs. These readings are followed by **À vous!** comprehension questions.

- The new **On est connectés** feature invites students to learn more about the topics presented in **Le blog de…** and the **Reportage** sections by referring them to the *Vis-à-vis* Online Learning Center (**www.mhhe.com/visavis4**), where links and keywords to sites throughout the Francophone world are provided for each chapter.
- The **Bienvenue dans le monde francophone** section in the textbook has been expanded to include four additional regions: Louisiana, Morocco, Switzerland, and Tahiti. An overview of a major city or the capital and a brief portrait of an important figure from each of these places are also found in this section. Comprehension questions are provided in the Instructor's Manual.
- There are five new readings in the **Lecture** section (**Chapitres 1, 6, 11, 13, 15**)—one new literary selection and four others adapted from French and Francophone magazines and websites.
- A **beautiful, new, contemporary design** matches the updated content.
- The scope and sequence changes are limited to **Chapitres 7** and **8**: The **passé composé** with **avoir** has been moved to **Chapitre 7, Leçon 3;** the **passé composé** with **être** remains in **Chapitre 8** (moved forward to **Leçon 2**) to give students more opportunity to practice the past tense before the end of the semester. **Il faut** now appears in **Leçon 3** of **Chapitre 8**.
- Also new is an online **ActivityPak** that replaces the former standalone interactive CD-ROM. This optional, saleable product provides a unified learning experience for students through the *Vis-à-vis* Online Learning Center. Flash™-based activities, games, and video clips all provide review of vocabulary, grammar, and culture in a fun and useful online format.

Vis-à-vis and the National Standards

The fourth edition of *Vis-à-vis* provides a vehicle for focusing on the following "Five Cs of the Foreign Language Education" outlined in *Standards for Foreign Language Learning: Preparing for the 21st Century*.

- **Communication:** *Vis-à-vis* encourages students to communicate in French in meaningful contexts.
- **Culture:** Students learn about and develop an understanding of French-speaking cultures.
- **Connections:** The videos, readings, activities, and exercises together encourage students to connect their French language study to other disciplines and to their personal lives.
- **Comparisons:** *Vis-à-vis* helps students to realize the interrelationships between language and culture and to compare the French-speaking world with their own.
- **Community:** *Vis-à-vis* offers many opportunities for learners to relate to communities of French-speaking people through a variety of interactive resources, including the Internet.

Please see the next section for a fully illustrated Guided Tour of the fourth edition of *Vis-à-vis*.

Guided Tour of Vis-à-vis

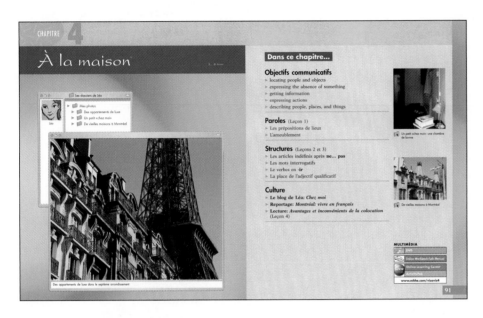

As in the third edition, the fourth edition of *Vis-à-vis* features a clear, user-friendly organization. The sixteen chapters are divided into four **leçons,** each easily located through a color-coded tabbing system, along with a central two-page cultural section called **Le blog de Léa (Chapitres 1–4), Le blog d'Hassan (Chapitres 5–8), Le blog de Juliette (Chapitres 9–12),** and **Le blog d'Hector (Chapitres 13–16).**

Each chapter opens with a beautiful photograph that sets the chapter theme; questions about the photo are provided in the instructor's annotations. Photos related to **Le blog de...** and **Reportage** sections appear in miniature, giving students a visual overview of the cultural content of the chapter. A brief table of contents calls out the communicative objectives, vocabulary topics, grammar points, and cultural highlights of the chapter.

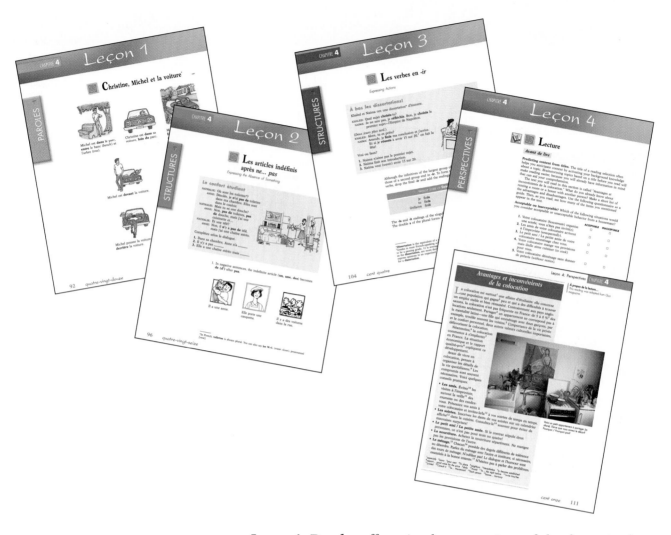

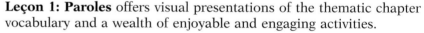

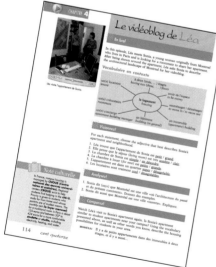

Leçon 1: Paroles offers visual presentations of the thematic chapter vocabulary and a wealth of enjoyable and engaging activities.

Leçons 2 and **3: Structures** each offer two grammar topics, introduced via minidialogues that illustrate communicative contexts from everyday conversation. Clear presentations in English follow, along with an abundance of examples in French. A variety of exercises and activities ranging from controlled and form-focused to open-ended and communicative complete each grammar topic.

Mots clés boxes feature lexical items for communication and are linked to an activity. They appear twice a chapter within the **Paroles** and **Structures** lessons.

Leçon 4: Perspectives integrates the vocabulary and grammar from the first three **leçons** in a rich and stimulating selection of skill-building activities: **Lecture** (pre-reading strategy, followed by a reading selection and a comprehension activity); **Écriture** (brief writing assignment based on the chapter's grammar and vocabulary); **À l'écoute sur Internet** (listening comprehension activities with audio files available on the *Vis-à-vis* website and on a separate audio CD packaged with the Audio Program); and the new video section, **Le vidéoblog de...,** complemented by vocabulary, two comprehension activities, and a cultural comparison activity.

Unified Culture Presentation

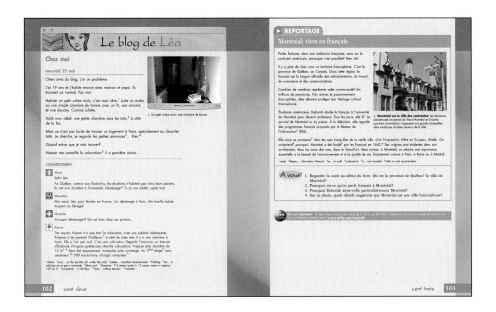

The presentation of the cultures of the French-speaking world is an integral part of every chapter of *Vis-à-vis*. In this edition, these diverse cultures are highlighted in a new, contemporary section entitled **Le blog de...** and a page entitled **Reportage**, both located between **Leçons 2** and **3**, as well as in five **Bienvenue** sections that occur before Chapter 1 and after every fourth chapter. Video components complement these text features.

The **Le blog de...** pages are "online" personal journals written by four Parisian friends with different Francophone backgrounds on various aspects of their lives. French speakers from all over the world interact in lively fashion with the main characters by offering commentaries on their blogs. This new feature is organized in the following manner:

- **Chapitres 1–4** feature **Le blog de Léa**, a Parisian college student majoring in literature at the Sorbonne.
- **Chapitres 5–8** feature **Le blog d'Hassan**, owner of a Moroccan restaurant in the **Quartier latin**.
- **Chapitres 9–12** feature **Le blog de Juliette**, an avid cyclist and technophile of Belgian extraction working on a **Master multimédia** at **l'Université de Paris V**.
- **Chapitres 13–16** feature **Le blog d'Hector**, a dancer born in Martinique who is currently working in Paris.

These same four **blogueurs** appear in the new *Vis-à-vis* Video Program, in which we see them filming videos about their daily lives and cultural topics to post on their blogs. Through the blogs, commentaries, and related video, students are exposed to contemporary French language and to the richness and diversity of French and Francophone cultures.

The **Reportage** pages contain cultural readings that are thematically related to the blogs, bringing students up to date on fascinating issues in contemporary French and Francophone societies. The photo accompanying the reading illustrates the topic and has an informational caption. **À vous!** questions following the reading launch group discussion and explore in more depth the content of the **Reportage** reading and its accompanying photo. Finally, **On est connectés** refers students to the *Vis-à-vis* Online Learning Center, where they will find links and keywords related to **Le blog de...** and **Reportage** topics.

The **Bienvenue** pages present brief readings called **Un coup d'œil,** which introduce students to nine of the many French and Francophone cities and regions depicted in *Vis-à-vis*. Also on each **Bienvenue** page, a **Portrait** offers students information and insight about a famous person from the same region.

In addition to the **Bienvenue** readings, five of the cities and regions are featured in cultural video segments, also entitled **Bienvenue**. These videos take students on a tour of each city and give them a taste of the sights and sounds of daily life as well as an overview of the principal cultural sites and attractions.

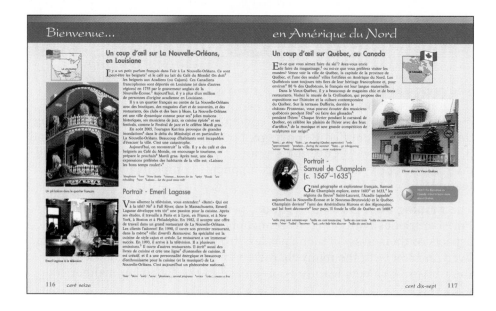

New Video and Interactive Multimedia

Video to accompany *Vis-à-vis*

The new Video Program, filmed on location for the fourth edition of *Vis-à-vis,* has been carefully crafted to support **Le blog de...** feature that appears between **Leçons 2** and **3** in each chapter of the textbook. This engaging video feature brings the characters from the blogs to life and follows them as they discuss their daily lives and create videos to "post" on their blogs. **Le vidéoblog de...** mirrors the organization of the textbook and focuses on one character in every four chapters.

>**Chapitres 1–4: Le vidéoblog de Léa**
>**Chapitres 5–8: Le vidéoblog d'Hassan**
>**Chapitres 9–12: Le vidéoblog de Juliette**
>**Chapitres 13–16: Le vidéoblog d'Hector**

Each segment begins with a brief dialogue and is followed by one to three cultural segments related to the chapter theme filmed in France, Morocco, Canada, and Martinique. Some highlights of the cultural footage include the exciting arrival of the Tour de France in Paris, a tour of outdoor art exhibitions in Paris, a cooking lesson, an overview of vacation activities in Montreal, a dance performance by a Martiniquais dance troupe, and a tour of Marrakech by night.

The following activities accompany **Le vidéoblog de...**

- **Vocabulaire en contexte** presents thematically related words used by characters in the video episode.
- **Visionnez!** focuses students' attention on particular information that students should listen and watch for in the episode.
- **Analysez!** checks comprehension of the episode and gets students to analyze what they have just seen.
- **Comparez!** leads students to think more critically about their own culture and to compare it to the target culture.

On fait la bise pour dire (*say*) «au revoir».

Un marchand d'olives à Marrakech, au Maroc

The first of the five **Bienvenue** "day in the life of a city" video segments appears before **Chapitre 1** and the others appear after every fourth chapter. The following cities are featured in these segments: Paris, Quebec City, Dakar, Brussels, and Fort-de-France.

Scripts for the entire Video Program, cultural notes, and suggestions for presenting the video are provided in the Instructor's Manual.

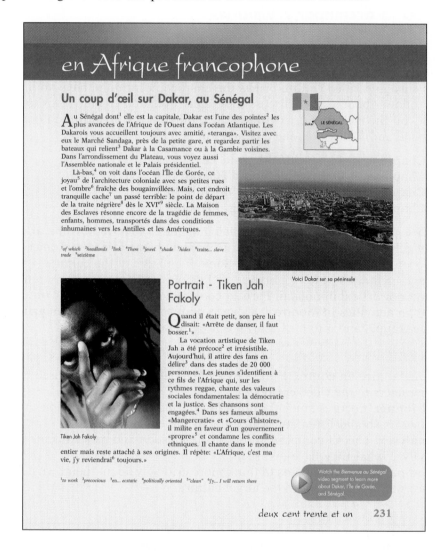

en Afrique francophone

Un coup d'œil sur Dakar, au Sénégal

Au Sénégal dont[1] elle est la capitale, Dakar est l'une des pointes[2] les plus avancées de l'Afrique de l'Ouest dans l'océan Atlantique. Les Dakarois vous accueillent toujours avec amitié, «teranga». Visitez avec eux le Marché Sandaga, près de la petite gare, et regardez partir les bateaux qui relient[3] Dakar à la Casamance ou à la Gambie voisines. Dans l'arrondissement du Plateau, vous voyez aussi l'Assemblée nationale et le Palais présidentiel.

Là-bas,[4] on voit dans l'océan l'île de Gorée, ce joyau[5] de l'architecture coloniale avec ses petites rues et l'ombre[6] fraîche des bougainvillées. Mais, cet endroit tranquille cache[7] un passé terrible: le point de départ de la traite négrière[8] dès le XVIe[9] siècle. La Maison des Esclaves résonne encore de la tragédie de femmes, enfants, hommes, transportés dans des conditions inhumaines vers les Antilles et les Amériques.

[1]of which [2]headlands [3]link [4]There [5]jewel [6]shade [7]hides [8]traite... slave trade [9]seizième

Voici Dakar sur sa péninsule

Portrait - Tiken Jah Fakoly

Tiken Jah Fakoly

Quand il était petit, son père lui disait: «Arrête de danser, il faut bosser.[1]»

La vocation artistique de Tiken Jah a été précoce[2] et irrésistible. Aujourd'hui, il attire des fans en délire[3] dans des stades de 20 000 personnes. Les jeunes s'identifient à ce fils de l'Afrique qui, sur les rythmes reggae, chante des valeurs sociales fondamentales: la démocratie et la justice. Ses chansons sont engagées.[4] Dans ses fameux albums «Mangercratie» et «Cours d'histoire», il milite en faveur d'un gouvernement «propre»[5] et condamne les conflits ethniques. Il chante dans le monde entier mais reste attaché à ses origines. Il répète: «L'Afrique, c'est ma vie, j'y reviendrai[6] toujours.»

[1]to work [2]precocious [3]en... ecstatic [4]politically oriented [5]clean [6]j'y... I will return there

Watch the *Bienvenue au Sénégal* video segment to learn more about Dakar, l'Île de Gorée, and Sénégal.

deux cent trente et un 231

Online Learning Center
ActivityPak
www.mhhe.com/visavis4

The *Vis-à-vis* Online ActivityPak

New to this edition is the online **ActivityPak** that replaces the former stand-alone interactive CD-ROM. This new, saleable interactive learning tool provides "one-stop" access for students through the *Vis-à-vis* Online Learning Center (**www.mhhe.com/visavis4**). Flash™-based activities, games, and video clips provide a chapter-by-chapter review of vocabulary, grammar, and culture. In addition, students can access the *Vis-à-vis* Video Program online and complete additional comprehension activities. A dictionary, verb charts, and a help feature are also included. A progress report to track students' work is provided as well. With the online **ActivityPak,** students no longer have to worry about lost CDs and operating system incompatibilities. It's all online, it's easy to access and use, and it helps students get the most out of their study of French!

Media and Print Supplements

As a full-service publisher of quality educational products, McGraw-Hill does much more than just sell textbooks to your students; we create and publish an extensive array of print, video, and digital supplements to support instruction on your campus. Orders of new (versus used) textbooks help us to defray the cost of developing such supplements, which is substantial. Please consult your local McGraw-Hill representative to learn about the availability of the supplements that accompany *Vis-à-vis: Beginning French.*

For Students

- The combined **Workbook/Laboratory Manual** contains a variety of exercises on vocabulary, grammar, and culture; a guided writing section as well as a journal writing feature; and complete listening and pronunciation programs. Its sixteen chapters correspond to those in the main text. The Workbook/Laboratory Manual is designed primarily for independent study; your students can check their answers to single-response exercises against those given at the back of the Manual.
- The **Online Workbook/Laboratory Manual,** developed in collaboration with Quia™, is the enhanced, interactive version of the printed product that includes instant feedback, the complete audio program, automatic grading and scoring, and a grade report feature that can be viewed online or printed.
- The **Audio Program,** available on audio CD, correlates with the Laboratory Manual portions of the Workbook/Laboratory Manual. The audio recording of the **À l'écoute sur Internet** activities from the textbook is also included here on a separate audio CD.
- The Student Edition of the *Vis-à-vis* **Online Learning Center (www.mhhe.com/visavis4)** contains the following features:
  - daily French news feeds
  - self-correcting quizzes for each vocabulary presentation and structure point in every chapter
  - links, keywords, and search engines for the **On est connectés** feature referenced in the textbook
  - audio files for the **À l'écoute sur Internet** listening comprehension activities found at the end of each chapter in the textbook
  - audio files for the complete Audio Program that accompanies the Workbook/Laboratory Manual
- *C'est la vie!* **A French Reader** is a collection of four original short stories that brings the Francophone world to life through the experiences of students and young professionals in France, Guadeloupe, Belgium, and Canada. In each story the characters are portrayed in authentic, everyday situations and cultural settings that will pique student interest and offer a glimpse of daily life in different French-speaking countries. The stories follow the scope and sequence of

Vis-à-vis and have been written specifically for high-beginner and intermediate learners of French. Activities for students and suggestions for instructors offer pedagogical tools that facilitate the use of this reader in class.

For the Instructor

- The **Instructor's Edition** of the text includes teaching tips, suggestions for vocabulary recycling, and additional cultural information. This fourth edition has been revised with new activities and additional tips for language instruction.
- The **Instructor's Manual** offers more detailed teaching suggestions, sample lesson plans, and scripts for **À l'écoute sur Internet, Le vidéoblog de... ,** and **Bienvenue** videos.
- The **Audio CD Program,** recorded by native speakers of French, contains exercises and listening passages to guide your students in speaking practice and listening comprehension (free of charge to institutions). An **Audioscript** is also available. The audio recording of the **À l'écoute sur Internet** activities from the textbook is also included here on a separate audio CD.
- The **Testing Program** consists of three sets of tests for each chapter of *Vis-à-vis,* as well as quarter and semester exams.
- The Instructor's Edition of the *Vis-à-vis* **Online Learning Center (www.mhhe.com/visavis4)** contains the same features as the Student Edition and the following additional resources:
  - The **Testing Program, Instructor's Manual,** and **Audioscript** are provided in pdf format for easy reference. The **Testing Program** is also available in Word to give instructors maximum flexibility to adapt these assessment materials to the needs of their class.
  - The **Digital Transparencies** are provided online for instructors who wish to make their own transparencies.

A username and password can be obtained from your McGraw-Hill sales representative.

- The **Video Program** (see the description on page xix) is available on DVD and in the **ActivityPak** at the *Vis-à-vis* Online Learning Center (**www.mhhe.com/visavis4**).

Acknowledgments

The authors and the publisher would like to express their gratitude to the following instructors across the country whose valuable suggestions contributed to the preparation of this new edition. The appearance of their names in this list does not necessarily constitute their endorsement of the text or its methodology.

Phung Alldis
Foothill College
Bruce Anderson
University of California, Davis
Dr. Wilson Baldridge
Wichita State University
Susanna Bellocq
Ohio Wesleyan University
Dr. Solange Bonnet
Georgia State University
Royal Brown
Queens College
Will Browning
Boise State University
Judith Jeon-Chapman
Worcester State College
Brigitte Moretti Coski
Ohio University
J. Andrew Cowell
University of Colorado, Boulder
Fay D'Ambrosia
Lane Community College
Kately Demougeot
Montgomery College, Rockville
Sylvie Dubois
Louisiana State University
Ellen Faughnan-Kenien
Onondaga Community College
Dina Foster
Georgia Perimeter College
Dr. Maria Esposito Frank
University of Hartford

Lenuta Giukin
State University of New York, Oswego
Karen L. Gould
University of Cincinnati
Solange Guenoun
University of Connecticut, Storrs
Dr. Luc Guglielmi
Kennesaw State University
Nina Hallerstein
University of Georgia
John Howland
Oklahoma State University, Stillwater
K. Karim Issa
Santa Ana College / Santiago Canyon College
Laura Karst
DeAnza College
John T. S. Keeler
University of Washington
Dr. P.J. Lapaire
University of North Carolina, Wilmington
Lina Llerena
Fullerton College
Roseann Lorefice
Ithaca College
D. Brian Mann
North Georgia College and State University
Elena Martinez
Bernard M. Baruch College

Julie Molnar
Columbus State Community College
Dr. Patrick Moser
Drury University, Springfield
Marcella Munson
Florida Atlantic University, Boca Raton
Eva Norling
Bellevue Community College
Jose Ortiz-Batista
County College of Morris
E. Scooter Pegram
Indiana University Northwest
Charles Pooser
University of Louisville
Dr. Leslie Roberts
University of Southern Indiana
Dr. Cynthia Running-Johnson
Western Michigan University
Carmen Sotomayor
University of North Carolina, Greensboro
Jonathan A. Strauss
Miami University of Ohio
Dominique van Hooff
San José State University
Dr. Karen Verkler
University of Central Florida
Byron Wells
Wake Forest University
Janice Chiville Zisner
Oberlin College

The authors also wish to acknowledge the production and design team at McGraw-Hill: Anne Fuzellier, Kim Menning, and Randy Hurst. Nick Agnew, and the marketing and sales staff of McGraw-Hill are also much appreciated for their loyal support of *Vis-à-vis*. Finally, many thanks are owed to our editors, Peggy Potter, Susan Blatty, and Katie Crouch who followed the book through its writing and production phases and provided us with much needed encouragement and assistance, as well as to our publisher, William R. Glass, and to Emily Barrosse, editor-in-chief, for their continuing support and enthusiasm.

About the Authors

Evelyne Amon studied at the Université de Paris-Sorbonne. She holds a DEA in modern literature, a **Diplôme de didactique des langues** in French as a second language, and a CAPES in modern literature. She has taught French language and literature at the secondary and college levels, and for many years has led a training seminar in Switzerland for professors on advances in methodology and pedagogy. Lately, she has conducted several training sessions in teaching French as a second language for teachers at the French Institute Alliance Française (FIAF) in New York.

As an author, she has written many reference volumes, textbooks, and academic studies for French publishers such as Larousse, Hatier, Magnard, and Bordas, and she is currently working on a project for Hachette. She is the author of the McGraw-Hill French reader *C'est la vie!* and has written for successive editions of *Vis-à-vis*. She lives in Paris and New York.

Judith A. Muyskens, Ph.D., Ohio State University, is Professor of Humanities at Colby-Sawyer College, New Hampshire, where she is Vice President for Advancement. She previously served as Academic Vice President and Dean of Faculty. She continues to teach French language courses when time allows, especially first- and second-year language classes. For many years, she taught courses in methodology and French language and culture and supervised teaching assistants at the University of Cincinnati. She has contributed to various professional publications, including the *Modern Language Journal*, *Foreign Language Annals*, and the ACTFL Foreign Language Education Series. She is a coauthor of several other French textbooks, including *Rendez-vous: An Invitation to French* and *À vous d'écrire*.

Alice C. Omaggio Hadley, Ph.D., Ohio State University, is a Professor Emerita of French at the University of Illinois at Urbana-Champaign. She is a coauthor of the French text *Rendez-vous: An Invitation to French* and is the author of a language teaching methods text, *Teaching Language in Context*. Her publications have appeared in various professional journals, and she has given numerous workshops throughout the country.

Vis-à-vis

Bienvenue à Vis-à-vis!

Welcome to *Vis-à-vis* and to the French-speaking world, **la francophonie**. In the **blog** sections between **Leçons 2** and **3** in each chapter, you will read the blogs created by four Parisians—Léa, Hassan, Juliette, and Hector—with different Francophone backgrounds. You will also have the opportunity to read the commentaries of other French speakers on their blogs and to watch the videoblogs that they have posted on their sites.

Les blogueurs

Chapitres 1–4 feature the blog of Léa Bouchard.
Léa Bouchard, 19 (dix-neuf) ans,[6] étudiante en 1ère (première) année[7] de Lettres à la faculté de Paris IV Sorbonne. Elle réside avec sa famille, dans un appartement du 6ème arrondissement.
Sa personnalité: romantique, immature, gracieuse.

Chapitres 5–8 feature the blog of Hassan Zem.
Hassan Zem, 28 (vingt-huit) ans, jeune patron[9] d'un restaurant marocain du Quartier latin à Paris. Il occupe un loft du quartier Oberkampf, avec son copain,[10] Abdel.
Sa personnalité: charmeur, délicat, généreux.

Chapitres 9–12 feature the blog of Juliette Graf.
Juliette Graf, 22 (vingt-deux) ans, étudiante en Master Multimédia Interactif à l'Université de Paris 1 Panthéon-Sorbonne. Elle occupe une petite chambre au Quartier latin.
Sa personnalité: raisonnée, méthodique, active.

---

[1]*Born* [2]*sixième (arrondissement) = 6th district of Paris* [3]*Height* [4]*un mètre soixante-cinq = 5 feet 4 inches* [5]*cardholder* [6]*years old* [7]*1ère... = 1st year*
[8]*un mètre soixante-dix-neuf = 5 feet 8 inches* [9]*owner* [10]*friend* [11]*un mètre soixante-dix = 5 feet 5½ inches*

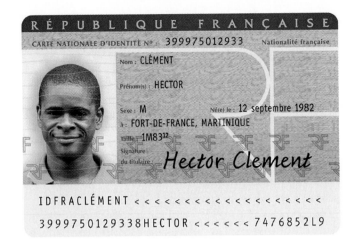

Chapitres 13–16 feature the blog of Hector Clément.
Hector Clément, 25 (vingt-cinq) ans, danseur professionnel. Il réside dans un appartement des Halles, avec des camarades.
Sa personnalité: original, susceptible, talentueux.

Les commentateurs

The following people offer their commentaries on the blogs.

 Alexis Lafontaine, 19 (dix-neuf) ans, étudiant en 1ère année d'économie, de sociologie et de géographie. Il est de Montréal. Il réside à Versailles avec son chien,[13] Trésor.
Sa personnalité: intellectuel, moraliste, solitaire.

 Trésor, 3 (trois) ans, chien d'Alexis Lafontaine. Il adore son maître.
Sa personnalité: intelligent, optimiste, indépendant.

 Mamadou Bassène, 28 (vingt-huit) ans, journaliste sportif, correspondant du journal[14] sénégalais «Le Soleil». Il est de Dakar. Il réside à Paris, dans le Marais.
Sa personnalité: plein d'humour, relax, charmeur.

 Charlotte Cousin, 30 (trente) ans, est traductrice[15] à l'OMS (Organisation Mondiale de la Santé.[16]) Elle réside à Genève. Elle est mariée; elle a[17] un enfant.
Sa personnalité: raisonnable, compliquée, anxieuse.

 Poema Dauphin, 22 (vingt-deux) ans, étudiante en maîtrise de Protection de la nature à l'université de Paris XII. Elle est de Tahiti. Elle loge dans une résidence universitaire de Paris, à la Cité internationale du 14e (quatorzième) arrondissement.
Sa personnalité: idéaliste, généreuse, rêveuse.[18]

---

[12]un mètre quatre-vingt-trois = *6 feet*   [13]*dog*   [14]*newspaper*   [15]*translator*   [16]*OMS... WHO (World Health Organization)*   [17]*has*   [18]*dreamy*

Les pays francophones °

More than 220 million people in the world speak French, either as their native language or as a second language used in the workplace. French-speaking regions are found throughout the world.

By following the blogs and videoblogs of Léa, Hassan, Juliette, and Hector in *Vis-à-vis*, you will learn more about the customs, traditions, lifestyles, and everyday routines that define France and many Francophone regions.

Pays: France (République française)
Nom des habitants: Français
Capitale: Paris
Langue officielle: français
Unité monétaire: euro
Fête nationale: 14 (quatorze) juillet

Pays: Canada
Nom des habitants: Canadiens
Capitale: Ottawa
Langues officielles: anglais, français
Unité monétaire: dollar canadien
Fête nationale: 1er (premier) juillet

La province de Québec (au Canada)
Capitale: Québec
81 % (quatre-vingt-un pour cent) des habitants de la province de Québec parlent (*speak*) français.
Fête nationale: 24 (vingt-quatre) juin

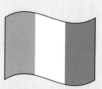

Pays: Côte-d'Ivoire (République de Côte-d'Ivoire)
Nom des habitants: Ivoiriens
Capitale: Yamoussoukro
Langue officielle: français
Unité monétaire: franc CFA
Fête nationale: 7 (sept) décembre

Pays: Sénégal (République du Sénégal)
Nom des habitants: Sénégalais
Capitale: Dakar
Langue officielle: français
Unité monétaire: franc CFA
Fête nationale: 4 (quatre) avril

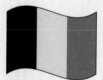

Pays: Belgique (Royaume de Belgique)
Nom des habitants: Belges
Capitale: Bruxelles
Langues officielles: français, allemand (*German*), flamand (*Flemish*)
Unité monétaire: euro
Fête nationale: 21 (vingt et un) juillet

Pays: Suisse (Confédération suisse)
Nom des habitants: Suisses
Capitale: Berne (siège [*seat*] administratif), Lausanne (siège judiciaire)
Langues officielles: allemand, français, italien
Unité monétaire: franc suisse
Fête nationale: 1er (premier) août

Département d'outre-mer: Martinique
Nom des habitants: Martiniquais
Capitale: Fort-de-France
Langue officielle: français
Unité monétaire: euro
Fête nationale: 14 (quatorze) juillet

Bienvenue en France

Un coup d'œil° sur Paris, en France

Un... A glance

LA FRANCE

Paris, the City of Light, intrigues, astonishes, provokes, overwhelms . . . and gets under your skin. For centuries, the city has served as a muse, inspiring artists, writers, and musicians alike with its beauty. Paris is the apex of architectural beauty, artistic expression, and culinary delight, and it knows it. As stately as the **Arc de Triomphe,** as disarmingly quaint as the lace-curtained bistros found in each neighborhood, Paris seduces newcomers to enjoy unhurried exploration of its picture-perfect streets.

It is a city of vast, noble perspectives and intimate, medieval streets, of formal **espaces verts** (green open spaces) and quiet squares. This combination of the pompous and the private is one of the secrets of its perennial pull. Another is its size: Paris is relatively small as capitals go, with distances between many of its major sights and museums invariably walkable. Paris is an open history book: a stroll through its streets will take you from the Middle Ages right up to the 21st century.

The Eiffel Tower by moonlight

Portrait - Astérix

Astérix, the iconic French comic strip character, is a boisterous little Gaul[1] who lives in a small French village that is holding out against the might of the Roman Empire. Protected by the village druid Panoramix's magic potion, which gives him superhuman strength, Astérix takes the lead in the villagers' perilous attempts to conquer the invading Romans. He is a clever and level-headed warrior who knows when brain is better than brawn. The French see him as a symbol of themselves in his ability to outwit others.

Watch the *Bienvenue en France* video segment to learn more about Paris.

---

[1]an inhabitant of the ancient region of Gaul, a province of the Roman Empire including territory corresponding to modern France, Belgium, and northern Italy

Une nouvelle° aventure

new

Les dossiers de Léa

Léa

▶ 📁 Mes photos
   ▶ 📁 Au café avec Juliette
   ▶ 📁 Vidéo de Juliette pour mon blog
   ▶ 📁 Bonjour ou au revoir?

Au café avec Juliette—Les Patios devant la Sorbonne

Dans ce chapitre...

Objectifs communicatifs

▶ greeting people
▶ spelling
▶ giving numerical information
▶ introducing yourself
▶ identifying people, places, and things
▶ expressing the date

 Video de Juliette pour mon blog

Paroles (Leçons 1 et 2)

▶ Les bonnes manières
▶ L'alphabet français
▶ Les accents
▶ Les mots apparentés
▶ Les nombres de 0 à 60
▶ Les jours et les mois

Structures (Leçon 3)

▶ La salle de classe
▶ Les articles indéfinis et le genre des noms

Culture

▶ **Le blog de Léa:** *Un jour exceptionnel**
▶ **Reportage:** *Bisous!*
▶ **Lecture:** *Publicités* (Leçon 4)

 Bonjour ou au revoir?

MULTIMÉDIA

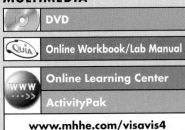

⊙ **DVD**
(Quia) **Online Workbook/Lab Manual**
(www) **Online Learning Center**
ActivityPak
www.mhhe.com/visavis4

*In **Chapitres 1–4** of *Vis-à-vis*, you will read Léa Bouchard's blog about her life in Paris and the commentaries of other Francophone characters about her blog. See **Bienvenue à Vis-à-vis** and **Les pays francophones** (on the preceding pages) for more information on this special feature of *Vis-à-vis*.

Leçon 1

 Les bonnes manières°

Les... Good manners

In the French-speaking world, different greetings reflect the differing degrees of familiarity between people. Formality is the general rule; informal expressions are reserved for family, friends of long standing, and close associates and peers (for example, fellow students). All formal greetings are followed by a title: **Bonjour, madame.**

—Bonjour, mademoiselle.
—Bonjour, madame.

—Bonsoir, monsieur.
—Bonsoir, madame.

—Je m'appelle Éric Martin. Et vous, comment vous appelez-vous?
—Je m'appelle Marie Dupont.

—Comment allez-vous?
—Très bien, merci. Et vous?
—Pas mal, merci.

—Salut, ça va?
—Oui, ça va bien. Et toi, comment vas-tu?
—Comme ci comme ça. (Ça peut aller.) (Ça va mal.)

—Comment? Je ne comprends pas. Répétez, s'il vous plaît.
—C'est Lise Bernard.
—Ah oui, je comprends.

4. NEW book

—Oh, pardon! Excusez-moi, mademoiselle.

—Merci (beaucoup).
—De rien.

—Au revoir!
—À bientôt!

 ## *Allez-y!*

A. Répondez, s'il vous plaît. Respond in French.

1. Je m'appelle Maurice Lenôtre. Et vous, comment vous appelez-vous? **2.** Bonsoir! **3.** Comment allez-vous? **4.** Merci. **5.** Ça va? **6.** Au revoir! **7.** Bonjour.

B. Soutenu ou familier? (*Formal or informal?*) Decide if each situation shown is formal or informal, then provide an appropriate expression for it.

1.

2.

3.

4.

5.

6.

C. Le bon choix. (*The right choice.*) Indicate if the following expressions are used in a formal or informal context.

1. Comment vous appelez-vous?
2. Et toi?
3. Répète, s'il te plaît.
4. Comment vas-tu?
5. Comment t'appelles-tu?
6. Bonjour, monsieur!
7. Et vous?
8. Salut!
9. Répétez, s'il vous plaît.
10. Comment allez-vous?

L'alphabet français

a	a	**h**	hache	**o**	o	**v**	vé
b	bé	**i**	i	**p**	pé	**w**	double vé
c	cé	**j**	ji	**q**	ku	**x**	iks
d	dé	**k**	ka	**r**	erre	**y**	i grec
e	e	**l**	elle	**s**	esse	**z**	zède
f	effe	**m**	emme	**t**	té		
g	gé	**n**	enne	**u**	u		

 # Les accents

Accents or diacritical marks sometimes change the pronunciation of a letter and sometimes distinguish between two words otherwise spelled the same. A French word written without its diacritical marks is misspelled.

é	e	**accent aigu**
à	a	**accent grave**
ô	o	**accent circonflexe**
ï	i	**tréma**
ç	c	**cédille**

 ## *Allez-y!*

A. À vous! Spell your name in French. Then spell the name of a city, and see if your classmates can figure out which one it is.

B. Inscription. Several students are signing up for classes. Spell their names and cities for the registration clerk.

1.	DUPONT Isabelle	Paris
2.	EL AYYADI Allal	Rabat
3.	GOUTAL Françoise	Papeete
4.	GUEYE Jérôme	Dakar
5.	HUBERT Hélène	Lille
6.	PASTEUR Loïc	Montréal

Les mots apparentés°

Les... Cognates

French and English have many cognates, or **mots apparentés**: words spelled similarly with similar meanings. Their pronunciation often differs dramatically in the two languages.

Here are a few patterns to help you recognize cognates.

FRANÇAIS	ANGLAIS	
-ant	*-ing*	amus**ant** ⟶ *amus**ing***
ét-	*st-*	**ét**at ⟶ ***st**ate*
-ie, -é	*-y*	cit**é** ⟶ *cit**y***
-eux, -euse	*-ous*	séri**eux** ⟶ *seri**ous***
-ique	*-ic, -ical*	prat**ique** ⟶ *prat**ical***
-iste	*-ist, -istic*	matéri**aliste** ⟶ *material**istic***
-ment	*-ly*	rapide**ment** ⟶ *rapid**ly***
-re	*-er*	ord**re** ⟶ *ord**er***

Be aware that there are also many apparent cognates, called **faux amis** (*false friends*). A few examples:

FAUX AMIS		MOTS JUSTES (*Correct terms*)	
collège	*secondary school*	université	*college, university*
librairie	*bookstore*	bibliothèque	*library*
rester	*to stay, remain*	se reposer	*to rest*

Allez-y!

A. Répétez, s'il vous plaît! Pronounce these French cognates as your instructor does.

1. attitude
2. police
3. balle
4. bracelet
5. passion
6. conclusion
7. injustice
8. hôpital
9. champagne
10. parfum
11. magazine
12. présentation

B. Les mots apparentés. Figure out the English equivalents for the first five words. Then try to figure out the French equivalents for the last five words.

MODÈLES: étranger ⟶ *stranger*
generally ⟶ généralement

1. logique
2. centre
3. étude
4. liberté
5. courageuse
6. *imperialistic*
7. *strange*
8. *tender*
9. *logically*
10. *historic*

Les nombres de 0 à 60° *Les... Numbers from 0 to 60*

0	zéro	6	six	11	onze	16	seize
1	un	7	sept	12	douze	17	dix-sept
2	deux	8	huit	13	treize	18	dix-huit
3	trois	9	neuf	14	quatorze	19	dix-neuf
4	quatre	10	dix	15	quinze	20	vingt
5	cinq						

21	vingt et un	26	vingt-six	40	quarante
22	vingt-deux	27	vingt-sept	50	cinquante
23	vingt-trois	28	vingt-huit	60	soixante
24	vingt-quatre	29	vingt-neuf		
25	vingt-cinq	30	trente		

Un peu plus...° *Un... A little more*

Combien de drapeaux y a-t-il?
(*How many flags are there?*) The French flag
has great symbolic value for the nation. It
appeared during the French Revolution in
1789 to replace the blue and white flag
of the monarchy, the **fleur de lys**. The
tricolore, as the flag is sometimes called,
combines white with blue and red (the
colors of Paris). The three colors are often
associated with the principles upon which
the French republic was founded: **liberté,
égalité, fraternité**. The French flag is
increasingly displayed alongside the flag of
the European Union, blue with a circle of
twelve gold stars. The number 12 is a
traditional symbol of perfection, completeness,
and unity. The circle formation represents
solidarity and harmony. What does your
national flag symbolize?

Le tricolore et le drapeau de l'Union européenne

 *Allez-y!*

A. Problèmes de mathématiques. Alternating with a partner, do the following math problems.

VOCABULAIRE UTILE

+ plus, et	**− moins**	**× fois**	**= font**

Combien font 3 plus 10?   *How much is 3 + 10?*

MODÈLE: 6 + 2 ⟶
        É1*: Combien font six plus (et) deux?
        É2: Six plus (et) deux font huit.

1. 8 + 2
2. 5 + 9
3. 4 + 1
4. 3 + 8
5. 43 − 16
6. 60 − 37
7. 56 − 21
8. 49 − 27
9. 2 × 10
10. 3 × 20
11. 6 × 5
12. 7 × 3

B. Les numéros de téléphone. In French, telephone numbers are said in groups of five two-digit numbers. Look at Martine's address book and, alternating with a partner, read out loud some of her most frequently called numbers.

MODÈLE: É1: Simon Beaujour?
        É2: 02.40.29.07.39

MES AMIS

nom	prénom	adresse	tél.
Duclos	Alain	60, blvd. de l'Égalité	02.41.48.05.52
Bercegol	Fabienne	98, avenue Patton	02.41.46.42.60
de Bailleux	Bénédicte	83, rue des Renardières	02.41.57.13.44
Koehnlein	Valérie	7, rue de Vernouil	02.41.35.21.08
Beaujour	Simon	12, rue du Temple	02.40.29.07.39

---

*É1 and **É2** stand for **Étudiant(e) 1** and **Étudiant(e) 2** (*Student 1* and *Student 2*). These abbreviations are used in partner/pair activities throughout *Vis-à-vis*.

Quel jour sommes-nous?° *Quel... What day is it?*

La semaine° de Claire *week*

lundi	examen de biologie
mardi	examen de chimie
mercredi	dentiste
jeudi	tennis avec° Vincent
vendredi	laboratoire
samedi	théâtre avec Vincent
dimanche	en famille

°*with*

In French, the days of the week are not capitalized. The week begins with Monday.

—Quel jour sommes-nous (aujourd'hui)? / Quel jour est-ce (aujourd'hui)?   *What day is it (today)?*

—Nous sommes mardi. / C'est mardi.   *It's Tuesday.*

 *Allez-y!*

 La semaine de Claire. Look over Claire's calendar. Then, alternating with a partner, tell what day of the week it is.

MODÈLE: Claire est au (*is at the*) laboratoire. ⟶
    É1: Claire est au laboratoire. Quel jour est-ce? (Quel jour sommes-nous?)
    É2: C'est vendredi. (Nous sommes vendredi.)

1. Claire va (*goes*) au théâtre avec Vincent.
2. Claire est chez (*at*) le dentiste.
3. Claire a (*has*) un cours de biologie.
4. Claire est en famille.
5. Claire joue au (*is playing*) tennis avec Vincent.
6. Claire a un examen de chimie.

Quelle est la date d'aujourd'hui?

LES MOIS (m.)

décembre	mars	juin	septembre
janvier	avril	juillet	octobre
février	mai	août	novembre

In French, the day is usually followed by the month: **Nous sommes le 21 mars** (abbreviated as 21.3). The word **le** (*the*) usually precedes the day of the month.

Dates in French are expressed with cardinal numbers (**le 21 mars**), with the exception of the first of the month: **le 1ᵉʳ (premier) janvier**.

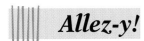

Allez-y!

A. Fêtes (*Holidays*) **américaines.** What months do you associate with the following holidays?

1.

2.

3.

4.

5.

6.

7.

B. Le voyageur bien informé. It can be useful to know the holidays of the countries you visit. Look at the following lists and compare the three countries. Note that the dates of some holidays vary from country to country and from year to year.

SUISSE		ÉTATS-UNIS		FRANCE	
1er janv.	Nouvel An	1er janv.	Nouvel An	1er janv.	Nouvel An
2 janv.	Fête légale	20 févr.	Anniversaire de Washington	27 mars	Lundi de Pâques
24 mars	Vendredi saint			1er mai	Fête du Travail
26 mars	Pâques	24 mars	Vendredi saint	4 mai	Ascension
27 mars	Lundi de Pâques	29 mai	Jour du Souvenir	8 mai	Armistice
4 mai	Ascension	4 juill.	Fête de l'Indépendance	15 mai	Lundi de Pentecôte
15 mai	Lundi de Pentecôte			14 juill.	Fête nationale (Prise de la Bastille)
1er août	Fête nationale	5 sept.	Fête du Travail		
25 déc.	Noël	11 nov.	Fête des Anciens Combattants	15 août	Assomption
26 déc.	Lendemain de Noël	23 nov.	Action de Grâce	1er nov.	Toussaint
		25 déc.	Noël	11 nov.	Jour du souvenir
				25 déc.	Noël

1. Quelles fêtes aux États-Unis ne sont pas célébrées en France? en Suisse? Donnez (*Give*) la date de ces fêtes.
2. Y a-t-il plus de (*more*) fêtes religieuses en France et en Suisse qu'aux (*than in the*) États-Unis? Nommez-les (*Name them*) et donnez leur date.
3. Donnez les dates des fêtes nationales dans les trois pays.
4. Quel est votre jour de fête préféré? Pourquoi? (*Why?*)

Le 14 juillet, la fête nationale, à Paris

C. La fête des patrons. (*Saint's day.*) In France, each day of the year is associated with a particular saint. Look over the list of names and dates on the following page. Choose six of them and, with a partner, ask and answer questions about name days.

MODÈLE: É1: Quand est (*When is*) la fête de Didier?
É2: Le vingt-trois mai. Et la fête de Gilbert?

fêtes à souhaiter°

a

ADOLPHE	30	juin
ADRIEN	8	sept
AGNES	21	janv
AIME	13	sept
AIMEE	20	fév
ALAIN	9	sept
ALBAN	22	juin
ALBERT	15	nov
ALEXANDRE	22	avril
ALEXIS	17	fév
ALFRED	15	août
ALICE	16	déc
ALINE	20	oct
ALPHONSE	1	août
AMAND	6	fév
ANATOLE	3	fév
ANDRE	30	nov
ANGE	5	mai
ANGELE	27	janv
ANNE	26	juil
ANSELME	21	avril
ANTOINE	17	janv
ANTOINETTE	28	fév
ANTONIN	2	mai
ARISTIDE	31	août
ARLETTE	17	juil
ARMAND	8	juin
ARMEL	16	août
ARNAUD	10	fév
ARTHUR	15	nov
AURORE	13	déc

b

BAUDOUIN	17	oct
BEATRICE	13	fév
BENJAMIN	31	mars
BENOIT	11	juil
BERNADETTE	18	fév
BERNARD	20	août
BERTHE	4	juil
BERTRAND	6	sept
BRIGITTE	23	juil

c

CAMILLE	14	juil
CARINE	7	nov
CAROLE	17	juil
CATHERINE	25	nov
CECILE	22	nov
CELINE	21	oct
CHANTAL	12	déc
CHARLES	2	mars
CHRISTEL (LE)	24	juil
CHRISTIAN	12	nov
CHRISTINE	24	juil
CHRISTOPHE	21	août
CLAIRE	11	août
CLAUDE	6	juin
CLEMENCE	21	mars
CLEMENT	23	nov
CLOTILDE	4	juin
COLETTE	6	mars
CORINNE	18	mai
CYRILLE	18	mars

d

DANIEL	11	déc
DAVID	29	déc
DELPHINE	26	nov
DENIS	9	oct
DENISE	15	mai
DIDIER	23	mai
DOMINIQUE	8	août

e

EDITH	13	sept
EDMOND	20	nov
EDOUARD	5	janv
ELIANE	4	juil
ELIE	20	juil
ELISABETH	17	nov
ELISE	17	nov
ELOI	1	déc
EMILE	22	mai
EMILIENNE	5	janv
EMMANUEL	25	déc
ERIC	18	mai
ERNEST	7	nov
ESTELLE	11	mai
ETIENNE	26	déc
EUGENE	13	juil
EVA	6	sept
EVELYNE	27	déc

f

FABIEN	20	janv
FABRICE	22	août
FELIX	12	fév
FERDINAND	30	mai
FERNAND	27	juin
FRANÇOIS	4	oct
FRANÇOISE	12	déc
FREDERIC	18	juil

g

GABRIEL (LE)	29	sept
GAEL	17	déc
GAETAN	7	août
GASTON	6	fév
GAUTIER	9	avril
GENEVIEVE	3	janv
GEOFFROY	8	nov
GEORGES	23	avril
GERALD	5	déc
GERARD	3	oct
GERAUD	13	oct
GERMAIN	31	juil
GERMAINE	15	juin
GERVAIS	19	juin
GHISLAIN	10	oct
GILBERT	7	juin
GILBERTE	11	août
GILLES	1	sept
GINETTE	3	janv
GISELE	7	mai
GODEFROY	8	nov
GONTRAN	28	mars
GREGOIRE	3	sept
GUILLAUME	10	janv
GUSTAVE	7	oct
GUY	12	juin

h

HELENE	18	août
HENRI	13	juil
HERVE	17	juin
HONORE	16	mai
HORTENSE	5	oct
HUBERT	3	nov
HUGUES	1	avril

i

IRENE	5	avril
ISABELLE	22	fév

j

JACINTHE	30	janv
JACQUELINE	8	fév
JACQUES	25	juil
JEAN	24	juin
JEANNE	30	mai
JEROME	30	sept
JOACHIM	26	juil
JOEL	13	juil
JOHANNE	30	mai
JOSEPH	19	mars
JOSETTE	19	mars
JOSSELIN	13	déc
JULES	12	avril
JULIEN	2	août
JULIENNE	16	fév
JULIETTE	30	juil
JUSTE	14	oct

k

KARINE	7	nov

l

LAETITIA	18	août
LAURENT	10	août
LEA	22	mars
LEON	10	nov
LILIANE	4	juil
LINE	20	oct
LIONEL	10	nov
LISE	17	nov
LOIC	25	août
LOUIS	25	août
LOUISE	15	mars
LUC	18	oct
LUCIE	13	déc
LUCIEN	8	janv
LUDOVIC	25	août

m

MADELEINE	22	juil
MARC	25	avril
MARCEL	16	janv
MARCELLE	31	janv
MARIANNE	9	juil
MARIANNICK	15	août
MARIE	15	août
MARIE-THERESE	7	juin
MARTHE	29	juil
MARTIAL	30	juin
MARTINE	30	janv
MARYVONNE	15	août
MATHILDE	14	mars
MATTHIAS	14	mai
MATTHIEU	21	sept
MAURICE	22	sept
MICHEL	29	sept
MICHELINE	19	juin
MIREILLE	15	août
MONIQUE	27	août
MURIEL	15	août

n

NATHALIE	27	juil
NELLY	18	août
NICOLAS	6	déc
NICOLE	6	mars
NOEL	25	déc

o

ODETTE	20	avril
ODILE	14	déc
OLIVIER	12	juil

p

PASCAL	17	mai
PATRICE	17	mars
PAUL	29	juin
PAULE	26	janv
PHILIPPE	3	mai
PIERRE	29	juin
PIERRETTE	31	mai

r

RAOUL	7	juil
RAPHAEL	29	sept
RAYMOND	7	janv
REGINE	7	sept
REGIS	16	juin
REMI	15	janv
RENAUD	17	sept
RENE (E)	19	oct
RICHARD	3	avril
ROBERT	30	avril
RODOLPHE	21	juin
ROGER	30	déc
ROLAND	15	sept
ROLANDE	13	mai
ROMAIN	28	fév
RONALD	17	sept
ROSELINE	17	janv
ROSINE	11	mars

s

SABINE	29	août
SAMUEL	20	août
SANDRINE	2	avril
SEBASTIEN	20	janv
SERGE	7	oct
SIMON	28	oct
SOLANGE	10	mai
SOPHIE	25	mai
STANISLAS	11	avril
STEPHANE	26	déc
SUZANNE	11	août
SYLVAIN	4	mai
SYLVESTRE	31	déc
SYLVIE	5	nov

t

TANGUY	19	nov
THERESE	1	oct
THIBAUT	8	juil
THIERRY	1	juil
THOMAS	3	juil

v

VALENTIN	14	fév
VALENTINE	25	juil
VALERIE	28	avril
VERONIQUE	4	fév
VICTOR	21	juil
VINCENT de Paul	27	sept
VIRGINIE	7	janv
VIVIANE	2	déc

w

WALTER	9	avril
WILFRIED	12	oct

x

XAVIER	3	déc

y

YOLANDE	11	juin
YVES	19	mai
YVETTE	13	janv
YVON	19	mai

°fêtes...*celebrating saints' days*

Le blog de Léa

Un jour exceptionnel°

jour… *special day*

vendredi 13 mai

Bonjour! Ça va?

Je m'appelle Léa. Je suis[1] étudiante. Et voilà, je crée un blog avec mes amis[2]! C'est pour communiquer, exprimer[3] des idées, des sentiments, des secrets… Aujourd'hui, c'est le vendredi 13! Un jour exceptionnel. Un jour de chance:[4] Mon blog sera[5] un succès. C'est sûr!

Au revoir, à bientôt
Léa la blogueuse[6]

▲ Vidéo de Juliette pour mon blog

....

COMMENTAIRES

 Alexis

Léa, le vendredi 13, c'est de la pure superstition!

 Mamadou

Léa, créer un blog un vendredi 13, c'est risqué! Le vendredi 13, c'est une combinaison fatale. ATTENTION.

 Poema

Le vendredi 13: c'est le jour du Super Loto.[7]

[1]Je… *I am* [2]avec… *with my friends* [3]*express* [4]jour… *lucky day* [5]*will be* [6]*person who has a blog*
[7]jour… *day of the French lottery drawing with a large cash prize*

Welcome to **Le blog de Léa.** Here, at the center of each chapter of *Vis-à-vis*, you will find:

- The blogs of four Parisians with different Francophone backgrounds. **Chapitres 1–4** feature **Le blog de Léa,** a 19-year-old student at the Sorbonne who lives in the **Quartier latin**. The blogs are followed by commentaries of other Francophone characters.
- The **Reportage** presents up-to-date information related to the chapter theme that depicts life in France, Quebec, North and West Africa, French-speaking Europe, or the Antilles.
- **À vous** offers comprehension questions and personalized questions to accompany the **Reportage**.
- **On est connectés** directs you to the *Vis-à-vis* Online Learning Center for links, keywords and search engines that encourage in-depth exploration of the cultural content presented in the **Blog, Commentaires,** and **Reportage**.

▶ REPORTAGE

Bisous!

"Bonjour! Ça va?" With these words, Arielle greets her friend Luc and kisses him on the cheek. This is how French friends typically greet each other.

In France, to say "hello" or "good-bye," you give two, three, or sometimes four kisses, depending on the region in which you find yourself. The **bisou** is a kiss on the cheek. The term **bisou** has an affectionate connotation: You give a **bisou** to children, friends, and family in greeting.

In Belgium, a single kiss suffices, but three are necessary to celebrate joyful occasions.

In Quebec, the custom differs. Maria, who was born in Montreal, explains, "Like Americans, Canadians are warm and charming, but they often maintain a physical distance when greeting newcomers. Close friends and family members, however, share a **bisou**."

▲ Bonjour ou au revoir? Baiser amical (*friendly kiss*) ou baiser d'amoureux (*lovers'*)? En France, en Belgique, au Canada, au Maroc ou au Sénégal? C'est difficile à dire (*to say*). Que pensez-vous? (*What do you think?*)

In Muslim countries, people typically do not touch but exchange friendly greetings such as **As-salaam'alaykum** (*Peace*) or **Que la paix de Dieu soit avec vous** (*God's peace be with you*).

À vous!

1. In your culture, what do you do when you meet someone for the first time? How do you greet friends and family members?
2. What greeting customs from other cultures do you know?

On est connectés To learn more about French and Francophone salutations and good-byes, use the links or keywords and search engines provided at the *Vis-à-vis* Online Learning Center (**www.mhhe.com/visavis4**).

Leçon 3

STRUCTURES

 Dans la salle de classe° — Dans... *In the classroom*

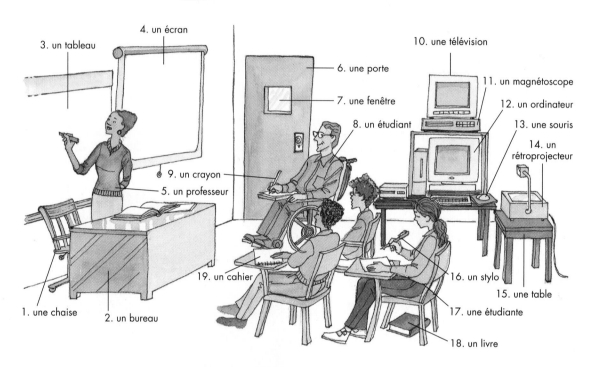

3. un tableau
4. un écran
10. une télévision
11. un magnétoscope
12. un ordinateur
13. une souris
14. un rétroprojecteur
6. une porte
7. une fenêtre
8. un étudiant
9. un crayon
5. un professeur
19. un cahier
16. un stylo
15. une table
17. une étudiante
18. un livre
1. une chaise
2. un bureau

 Allez-y!

 A. Qu'est-ce que c'est? (*What is it?*) **Qui est-ce?** (*Who is it?*) Alternating with a classmate, identify the people and objects in the drawing above.

MODÈLE: É1: Le numéro un, qu'est-ce que c'est?
É2: C'est une (*It's a*) chaise.
É1: Le numéro cinq, qui est-ce?
É2: C'est un professeur.

B. Combien? (*How many?*) Taking turns with a classmate, ask and answer questions about the number of people and objects there are in the illustration. Use the expression **Il y a**.

MODÈLE: étudiants ⟶
     É1: Il y a combien d'étudiants?
     É2: Il y a quatre étudiants.

Les articles indéfinis

Identifying People, Places, and Things

Mots clés

Il y a

The expression **Il y a** (*There is, There are*) is used to state the existence of something or to specify the quantity.

Il y a un cours de français.
There is a French class.

Il y a quatre étudiants dans la classe.
There are four students in the classroom.

La rentrée*

CHRISTINE: Tu es prêt pour la rentrée?
ALEX: Oui, dans ma serviette, j'ai **un** crayon, **une** gomme et **des** cahiers. Et toi?
CHRISTINE: Moi? J'ai **un** ordinateur!

Vrai ou faux?

1. Alex a un crayon.
2. Christine a une gomme.

Singular Forms of Indefinite Articles

In French, all nouns (**noms**) are either masculine (**masculin**) or feminine (**féminin**), as are the articles that precede them.

The following chart shows the forms of the singular indefinite article in French, all corresponding to *a* (*an*) in English.

---

*Translations of minidialogues are in Appendix F.

MASCULINE		FEMININE	
un ami	*a friend* (*m.*)	**une** amie	*a friend* (*f.*)
un accent	*an accent*	**une** action	*an action*

Un is used for masculine nouns and **une** for feminine nouns. **Un** and **une** can also mean *one,* depending on the context.

Voilà **un** café.	*There's a café.*
Il y a **une** étudiante.	*There is one student.*

The Gender of Nouns

Because the gender (**le genre**) of a noun is not always predictable, it is best to learn it along with the noun; for example, learn **un livre** rather than just **livre**. Here are a few general guidelines to help you determine gender; you will become more familiar with nouns in all of these categories as you work through the chapters of *Vis-à-vis.*

1. Nouns that refer to males are usually masculine; nouns that refer to females are usually feminine.

un homme	*a man*
une femme	*a woman*

2. Sometimes the ending of a noun is a clue to its gender.

MASCULINE		FEMININE	
-eau	un bur**eau**	**-ence**	une différ**ence**
-isme	un pr**isme**	**-ion**	une réact**ion**
-ment	un monu**ment**	**-ie**	une librair**ie**
		-ure	une lect**ure**
		-té	une universi**té**

3. Nouns borrowed from other languages are usually masculine.

   un Coca-cola, un couscous, un baklava

4. The names of languages are masculine. They are not capitalized.

   Elle parle un français impeccable! *She speaks perfect French!*

5. Some nouns that refer to people can be changed from masculine to feminine by adding **e** to the noun ending.

un ami	*a friend* (*m.*)	une ami**e**	*a friend* (*f.*)
un étudiant	*a student* (*m.*)	une étudiant**e**	*a student* (*f.*)
un Français	*a French man* (*m.*)	une Français**e**	*a French woman* (*f.*)

Note: Final **t, n, d,** and **s** are silent in the masculine form. When followed by **-e** in the feminine form, they are pronounced.

6. Many nouns that end in **-e** have only one singular form, used to refer to both males and females. Sometimes the gender is indicated by the article.

un touriste	*a tourist (male)*
une touriste	*a tourist (female)*

Sometimes even the article is the same for both masculine and feminine.

un professeur	*a professor (male or female)*
un médecin	*a doctor (male or female)*
une personne	*a person (male or female)*
une vedette	*a movie star (male or female)*

[Allez-y! A]

Note: The information between brackets refers you to an exercise for that grammar point. In this case, **Allez-y!,** Activity A on page 24, will allow you to practice this point.

Plural Forms of Indefinite Articles

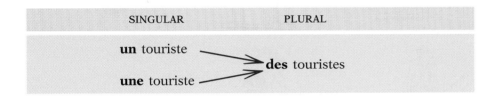

SINGULAR	PLURAL
un touriste	**des** touristes
une touriste	

The plural form (**le pluriel**) of the indefinite articles is always **des**.*
Usually, an **s** is added to the noun:

un ami ⟶ **des** ami**s**	*a friend; some friends, friends*
une question ⟶ **des** question**s**	*a question; some questions, questions*

[Allez-y! B-C]

Note: You are now ready to do Activities B and C.

---

*In French, the final **s** of the article is usually silent, except when followed by a vowel or vowel sound: **des̮ étudiants; des̮ hommes**. In these cases, the **s** is pronounced like the letter **z**. This linking is called **liaison**.

Allez-y!

A. Qu'est-ce que c'est? (*What is it?*) Working with a partner, identify the following items and people.

MODÈLE: →

É1: Qu'est-ce que c'est?
É2: C'est une table.

1.  2.   3.

4.   5.   6.

7.  8.

B. Dans une salle de classe. Give the plural.

MODÈLE: un stylo ⟶ Voilà (*Here are*) des stylos.

1. une table   4. un ordinateur
2. un écran   5. une porte
3. une chaise   6. un cahier

C. C'est trop! (*It's too much!*) Give the singular.

MODÈLE: Des jours? ⟶ Non, un jour!

1. Des livres?   4. Des ordinateurs?
2. Des problèmes (*m.*)? 5. Des tables?
3. Des chaises?   6. Des mois?

 **Lecture°**

 Reading

Avant de lire°

Avant... Before reading

Recognizing cognates. French is a Romance language—that is, it is derived from Latin. English was also heavily influenced by Latin, with the result that the two languages share vocabulary items similar in form and meaning. As you already know (see **Leçon 1**), these words are called cognates (**mots apparentés**). Here are two additional patterns:

FRANÇAIS	ANGLAIS		
-eur	*-or, -er*	vend**eur**	*vendor, seller*
-é	*-ed*	inform**é**	*informed*

Over the centuries, the French and English languages have borrowed heavily from each other. Although French has absorbed many borrowings from English, some people view these **anglicismes** as threats to the integrity of the language and culture. Words such as **champagne** and **cologne** were borrowed directly from French. Can you think of any others?

The ads on the following page were inspired by ads on a French website that holds auctions (**des ventes aux enchères**). Because there is a time limit for bidding, the seller urges the potential buyer to act quickly, using expressions such as **N'attendez pas, enchérissez!** (*Don't wait, make a bid!*). What do you think the following expression means? **N'hésitez pas à enchérir.**

Now read the ads through. Then go back and underline all the words you recognize as cognates, and circle the words you don't understand.

Compréhension

Quel mot? (*Which word?*) After you have read the ads on page 26, find the word in the texts that means:

1. fruit juice
2. extract (*verb*)
3. baby
4. amusement park
5. weather alert
6. great idea

PERSPECTIVES

À propos de la lecture...
The authors of *Vis-à-vis* wrote these ads in the style of similar ads found on the Internet.

Mixeur Magique
Voilà le nouveau mixeur
MAGIMIX!

Il est pratique, fonctionnel et polyvalent.

En effet, il coupe, mixe, moud et mélange en quelques secondes toutes sortes d'aliments! Tout simplement!

Mixer Magique

Les applications sont multiples:

- Réaliser des cocktails de fruits ou de légumes
- Faire des sauces, des soupes
- Préparer des desserts, des milkshakes
- Préparer les petits plats pour bébé
- Moudre du café, les fromages durs
- Extraire le jus de fruits

Et le tout, en quelques secondes —
Promotion spéciale, n'attendez pas, enchérissez!

■ Prix public indicatif: 28 euros (3 coloris: rouge, blanc, noir)

TALKPARTOUT

utilisant le clip

Talkie-walkies TALKPARTOUT
Prix Top!
Fonctions et descriptions:
- Ces talkies-walkies ont une taille très compacte et sont très performants, vous pourrez les attacher à votre jean en utilisant le clip
- Parfait pour rester en contact non-stop: en voitures, parc d'attraction, magasin, maison, etc.
- Vous pouvez même capter les bulletins météo et être informé en cas d'alerte météo.
- 22 canaux avec 38 codes privés possibles et une couverture jusqu'à 4 km !!!
- Piles "AAA" rechargeables (non incluses).

Vendeur pro sérieux, regardez mes commentaires.

Bonnes enchères!
■ Prix public indicatif: 20 euros

SUPER IDÉE CADEAU POUR LA FÊTE DES MÈRES
Précieux bracelets cloisonnés
Créations originales
Tous les designs sont faits habilement et soigneusement par des artisans
Si vous les trouvez jolis, n'hésitez pas à enchérir!

■ Prix public indicatif: 8 euros

Écriture°

 Writing

Carte d'identité. Fill out the ID card, giving the information requested. Then, following the guidelines, write a short paragraph about yourself.

> **prénom et nom:**
>
> **âge:**
>
> **date de naissance** (jour / mois):
>
> **informations supplémentaires:***

Give information on something you own.

_____ (*your name*). J'ai _____ ans. Je suis né(e) le _____. J'ai _____, _____ et _____.

À l'écoute sur Internet° À... *Listening on the Internet*

The **À l'écoute sur Internet** section in *Vis-à-vis* offers a variety of recorded listening passages to develop your skills in understanding French, including conversations, interviews, stories, and advertisements. The audio files can be accessed on the *Vis-à-vis* website at **www.mhhe.com/visavis4**. They are also available on a separate audio CD packaged with the Audio Program. The transcripts are not printed in your textbook.

Make an effort to listen for general meaning, without worrying about understanding every word. The activities in your textbook check that you have understood the passage and do not require you to produce any language from what you hear.

Les bonnes manières. You will hear some people greeting each other. First, look at the drawings. Next, listen to the conversations. Then, mark a letter (*a* through *e*) under each drawing to indicate which conversation it represents. Replay the recording as often as you need to. (See Appendix G for answers.)

1. _____   2. _____   3. _____   4. _____   5. _____

Le vidéoblog de Léa

In this scene, we first meet Léa and learn about her three friends Hassan, Juliette, and Hector. In her videoblog, Léa describes how French speakers typically greet each other and say good-bye.

Vocabulaire en contexte

On fait la bise pour dire (*say*) «au revoir».

un rendez-vous
(*scheduled*) *meeting*

se serrer la main
to shake each other's hand

se saluer
to greet each other

des rencontres (*m.*)
meeting up with people

une poignée de main
handshake

une salutation
greeting

s'embrasser
to hug, kiss each other

se faire un (des) bisou(s)
to give each other a kiss / kisses

Choose the correct response.

	Léa	Juliette	Hassan	Hector
1. Qui (*Who*) a rendez-vous chez le dentiste?	☐	☐	☐	☐
2. Qui étudie le multimédia?	☐	☐	☐	☐
3. Qui a 28 ans?	☐	☐	☐	☐
4. Qui aime (*likes*) la danse?	☐	☐	☐	☐
5. Qui a créé (*created*) un vidéoblog?	☐	☐	☐	☐

Answer the following questions in English.

1. How do greetings differ in France?
2. What do you think the social consequences are of *not* greeting someone in a culturally appropriate way? What impressions can that leave?

Compare appropriate greetings and gestures in your culture to those of a French-speaking culture for the following people: two young female friends; two young male friends; a young male meeting a young female for the first time; a young male or female meeting an older adult male or female for the first time. What conclusions can you draw?

 Note culturelle

Juliette is working on her degree, *le Master Multimédia Interactif,* at the *Université Paris 1-Panthéon-Sorbonne.* This two-year specialization in computer science and multimedia was introduced into the curriculum in 2000. It allows students who have obtained *la licence* after three years of study to further specialize in their chosen field.

Vocabulaire

Les bonnes manières

À bientôt. See you soon.
Au revoir. Good-bye.
Bonjour. Hello. Good day.
Bonsoir. Good evening.
Ça peut aller. All right.
Pretty well.
Ça va? How's it going?
Ça va bien. Fine. (Things are
going well.)
Ça va mal. Things are going
badly.
Comme ci comme ça. So so.
Comment? What? (How?)
**Comment allez-vous? /
Comment vas-tu?** How
are you?
**Comment vous appelez-vous? /
Comment t'appelles-tu?**
What's your name?
De rien. Not at all. Don't mention
it. You're welcome.
Et vous? / Et toi? And you?
Excusez-moi. / Excuse-moi.
Excuse me.
Je m'appelle... My name is . . .
Je ne comprends pas. I don't
understand.
madame Mrs. (ma'am)
mademoiselle Miss
Merci (beaucoup). Thank you
(very much).
monsieur Mr. (sir)
Pardon. Pardon (me).
Pas mal. Not bad(ly).
Répétez / Répète. Repeat.
Salut! Hi!
S'il vous plaît. / S'il te plaît.
Please.
Très bien. Very well (good).

Les nombres de 0 à 60

**un, deux, trois, quatre, cinq,
six, sept, huit, neuf, dix, onze,
douze, treize, quatorze,
quinze, seize, dix-sept, dix-
huit, dix-neuf, vingt, vingt et
un, vingt-deux,** etc., **trente,
quarante, cinquante, soixante**

Dans la salle de classe

un bureau a desk
un cahier a notebook
une chaise a chair
un crayon a pencil
un écran a screen
un étudiant a (male) student
une étudiante a (female) student
une fenêtre a window
un livre a book
un magnétoscope a VCR
un ordinateur a computer
une porte a door
un professeur a professor,
instructor (male or female)
un rétroprojecteur an overhead
projector
une salle de classe a classroom
une souris a mouse
un stylo a pen
une table a table
un tableau a chalkboard
une télévision a television

Les jours de la semaine

Quel jour sommes-nous / est-ce?
What day is it?

**Nous sommes / C'est... lundi,
mardi, mercredi, jeudi,
vendredi, samedi, dimanche.**
It's . . . Monday, Tuesday,
Wednesday, Thursday, Friday,
Saturday, Sunday.

Les mois (*m.*)

janvier January
février February
mars March
avril April
mai May
juin June
juillet July
août August
septembre September
octobre October
novembre November
décembre December

Mots et expressions divers

aujourd'hui today
beaucoup very much, a lot
bien well
c'est un (une)... it's a/an . . .
combien de how many
et and
une femme a woman
un homme a man
il y a there is/are
mal badly
non no
oui yes
quel (quelle) what; which
Quelle est la date? What is the
date?
Qu'est-ce que c'est? What is it?
Qui est-ce? Who is it?

Nous, les étudiants

Les dossiers de Léa

Léa

▶ 📁 Mes photos
　▶ 📁 Ma fac
　▶ 📁 Le restaurant d'Hassan
　▶ 📁 Un café du Quartier latin

Ma fac: la Sorbonne à Paris

Dans ce chapitre...

Objectifs communicatifs
▶ identifying people, places, and things
▶ talking about academic subjects
▶ talking about nationalities
▶ expressing actions
▶ expressing disagreement

Paroles (Leçon 1)
▶ Les lieux
▶ Les matières
▶ Les pays et les nationalités
▶ Les distractions

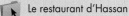
Le restaurant d'Hassan

Structures (Leçons 2 et 3)
▶ Les articles définis
▶ Les verbes réguliers en **-er**
▶ Le verb **être**
▶ La négation **ne... pas**

Culture
▶ **Le blog de Léa:** *Salut tout le monde!*
▶ **Reportage:** *Quartier latin: le quartier général des étudiants*
▶ **Lecture:** *Étudier le français à Québec, bien sûr!* (Leçon 4)

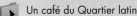
Un café du Quartier latin

MULTIMÉDIA

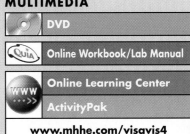
DVD

Online Workbook/Lab Manual

Online Learning Center
ActivityPak
www.mhhe.com/visavis4

Leçon 1

 Les lieux°

Les... (*m.*) Places

Voici l'amphithéâtre (l'amphi).

Voici la cité universitaire (la cité-U).

Voici le restaurant universitaire (le resto-U).

Voici la bibliothèque.

AUTRES MOTS UTILES

le bureau	office
l'école (*f.*)	school
le gymnase	gymnasium
le laboratoire de langues	language lab
la librairie	bookstore
la salle de classe	classroom

Allez-y!

A. Une visite. Associate the following nouns with their location.

MODÈLES: un examen de français ⟶ l'amphithéâtre

un coca ⟶ le restaurant universitaire

1. un dictionnaire
2. une radio
3. un casque d'écoute (*headset*)
4. un livre
5. une télévision
6. un cours de français
7. un sandwich
8. une encyclopédie

B. C'est bizarre? C'est normal? Give your opinion!

MODÈLE: Un match de football dans le restaurant universitaire... ⟶
Un match de football dans le restaurant universitaire, c'est bizarre!

1. Un cours de français dans l'amphithéâtre...
2. Une radio dans la bibliothèque...
3. Un examen dans la cité universitaire...
4. Un café dans l'amphithéâtre...
5. Un dictionnaire dans la bibliothèque...
6. Un magazine dans la librairie...

Les matières°

Les... (f.) *Academic subjects*

À la faculté des lettres et sciences humaines, on étudie (*one studies*)...

la littérature
la linguistique
les langues (f.) **étrangères**
(*foreign languages*)
　l'allemand (m.)
　l'anglais (m.)
　le chinois
　l'espagnol (m.)
　l'italien (m.)
　le japonais
l'histoire (f.)
la géographie
la philosophie
la psychologie
la sociologie

À la faculté des sciences, on étudie...

les mathématiques (les maths) (*f.*)
l'informatique (*computer science*)
la physique
la chimie (*chemistry*)
les sciences (*f.*) **naturelles**
 (**la géologie** et **la biologie**)

AUTRES MOTS UTILES

le commerce	business
le cours	class
le droit	law
l'économie (*f.*)	economics

 *Allez-y!*

A. Les études et les professions. Imagine what subjects are necessary for the following professions.

 MODÈLE: un(e) diplomate ⟶ On étudie les langues étrangères.

 1. un(e) psychologue
 2. un(e) chimiste
 3. un professeur de physique
 4. un professeur d'histoire
 5. un(e) ingénieur

B. Mes (*My*) **cours à l'université.** Look back over the lists of **matières,** then tell about yourself by completing the following sentences.

 1. J'étudie (*I study*)...
 2. J'aime étudier (*I like to study*)...
 3. Je n'aime pas (*don't like*) étudier...
 4. J'aimerais bien (*would like*) étudier...

C. Et vos camarades? Find out what three classmates are studying this term.

 MODÈLE: É1: Moi (*Me*), j'étudie le français, l'histoire et l'informatique. Et toi?
 É2: Moi aussi (*too*), j'étudie le français, et j'étudie la philosophie et la chimie.

Les pays et les nationalités°

Les... Countries and nationalities

 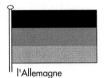  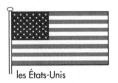

la France   l'Allemagne   l'Espagne   les États-Unis

LES PAYS (*m.*)	LES NATIONALITÉS (*f.*)	
	PERSONNES	ADJECTIFS
l'Algérie	l'Algérien, l'Algérienne	algérien, algérienne
l'Allemagne	l'Allemand, l'Allemande	allemand, allemande
l'Angleterre	l'Anglais, l'Anglaise	anglais, anglaise
la Belgique	le/la Belge	belge
le Canada	le Canadien, la Canadienne	canadien, canadienne
la Chine	le Chinois, la Chinoise	chinois, chinoise
la Côte-d'Ivoire	l'Ivoirien, l'Ivoirienne	ivoirien, ivoirienne
l'Espagne	l'Espagnol, l'Espagnole	espagnol, espagnole
les États-Unis	l'Américain, l'Américaine	américain, américaine
la France	le Français, la Française	français, française
l'Italie	l'Italien, l'Italienne	italien, italienne
le Japon	le Japonais, la Japonaise	japonais, japonaise
le Liban	le Libanais, la Libanaise	libanais, libanaise
le Maroc	le Marocain, la Marocaine	marocain, marocaine
le Mexique	le Mexicain, la Mexicaine	mexicain, mexicaine
le Québec	le Québécois, la Québécoise	québécois, québécoise
la République Démocratique du Congo	le Congolais, la Congolaise	congolais, congolaise
la Russie	le/la Russe	russe
le Sénégal	le Sénégalais, la Sénégalaise	sénégalais, sénégalaise
la Suisse	le/la Suisse	suisse
la Tunisie	le Tunisien, la Tunisienne	tunisien, tunisienne
le Viêt-nam	le Vietnamien, la Vietnamienne	vietnamien, vietnamienne

The adjective of nationality is identical to the noun except that it is not capitalized. Example: un Anglais; un étudiant anglais.

  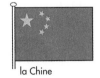 

l'Angleterre   le Mexique   la Chine   la Tunisie

Allez-y!

A. Les villes (*Cities*) **et les nationalités.** What nationality are the following people? Ask a classmate to name the nationality.

Karim / Tunis   Djamila / Tunis

la Tunisie

MODÈLES: É1: Karim habite à (*lives in*) Tunis.
É2: Ah! Il est (*He is*) tunisien, n'est-ce pas?
É1: Djamila habite à Tunis.
É2: Ah! Elle est (*She is*) tunisienne, n'est-ce pas?

Mots clés

La préposition *à* + ville (*city*)

À indicates location or movement. Used before the name of a city, it means you are in the city or going to the city.

J'habite **à** Genève.
I live in Geneva.

Vous allez **à** Montréal.
You are going to Montreal.

1. Gino / Rome

l'Italie

2. Kai / Kyoto

le Japon

3. Mme Roberge / Montréal

le Canada

4. Evelyne / Beyrouth

le Liban

5. Léopold / Dakar

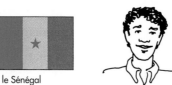
le Sénégal

6. Françoise / Bruxelles

la Belgique

7. Salima / Casablanca

le Maroc

8. Claudine / Genève

la Suisse

B. Les nationalités et les langues. Working with a partner, give the nationality and probable language(s) of the people from Activity A.

> **MODÈLES:** Karim ⟶ É1: Karim?
> É2: Karim est tunisien. Il parle (*He speaks*) arabe et français.
> Djamila ⟶ É2: Djamila?
> É1: Djamila est tunisienne. Elle parle (*She speaks*) arabe et français.

Langues: allemand, anglais, arabe, flamand, français, italien, japonais

Les distractions°

Les... (*f.*) *Entertainment*

| Julien | Fatima | Rémi | Anne-Laure | Marc | Thu | Sophie | Allal |

LA MUSIQUE	LE SPORT	LE CINÉMA
la musique classique	le tennis	les films (*m.*) d'amour
le rock	le jogging	les films d'aventures
le jazz	le ski	
la world music	le basket-ball	les films de science-fiction
le rap	le football américain	les films d'horreur
	le football	

Allez-y!

Préférences. What do these people like?

> **MODÈLE:** Rémi ⟶ Rémi aime le rock.

1. Et Thu? **3.** Et Julien? **5.** Et Allal? **7.** Et Marc?
2. Et Sophie? **4.** Et Anne-Laure? **6.** Et Fatima? **8.** Et vous?

Leçon 2

STRUCTURES

 # **L**es articles définis

Identifying People, Places, and Things

Dans le quartier universitaire*

Alex, un étudiant américain, visite **l'**université avec Anne, une étudiante française.

ANNE: Voilà **la** bibliothèque, **la** librairie universitaire
et **le** resto-U.
ALEX: Il y a aussi un café?
ANNE: Oui, bien sûr! **Les** étudiants aiment bien **le** café.
C'est **le** centre de **la** vie universitaire.
ALEX: En effet! Il y a vingt ou trente personnes ici et une
étudiante à **la** bibliothèque!

Complétez les phrases selon le dialogue.

1. Anne et Alex visitent _____ bibliothèque et _____ librairie
universitaire.
2. _____ étudiants aiment _____ café.

Singular Forms of Definite Articles

Here are the forms of the singular definite article (**le singulier de l'article défini**) in French, all corresponding to *the* in English.

MASCULINE		FEMININE		MASCULINE OR FEMININE BEGINNING WITH A VOWEL OR MUTE **h**†	
le livre	*the book*	**la** femme	*the woman*	**l'**ami	*the friend (m.)*
le cours	*the course*	**la** table	*the table*	**l'**amie	*the friend (f.)*
				l'homme	*the man (m.)*
				l'histoire	*the story (f.)*

---

*Translations of minidialogues are in Appendix G.
†In French, **h** is either *mute* (**muet,** *nonaspirate*) or *aspirate* (**aspiré**). In **l'homme,** the **h** is called *mute,* which simply means that the word **homme** "elides" with a preceding article (**le** + **homme** = **l'homme**). Most **h**'s in French are of this type. However, some **h**'s are aspirate, which means there is no elision; **le héros** (*the hero*) is an example of this. However, in neither case is the **h** pronounced.

1. The definite article in French is used to indicate a specific noun.

    Voici **le** resto-U.   *Here's the university restaurant.*

2. In French, the definite article is also used with nouns employed in a general sense.

    J'aime **le** café.   *I like coffee.*
    C'est **la** vie!   *That's life!*

[Allez-y! A]

Plural Form of Definite Articles

	SINGULAR	PLURAL
Masculine	**le** touriste	**les** touristes
Feminine	**la** touriste	
Before a vowel	**l'**artiste	**les** artistes

1. The plural form (**le pluriel**) of the definite article is always **les**.*

    le livre, **les** livres   *the book, the books*
    la femme, **les** femmes   *the woman, the women*
    l'examen, **les** examens   *the exam, the exams*

2. Note that in English, the article is omitted with nouns used in a general sense. In French, the definite articles **le, la, l',** and **les** are used.

    J'aime **le** ski.   *I like skiing.*
    Les Français aiment **le** vin.   *(Generally speaking) French people like wine.*

Plural of Nouns

1. Most French nouns are made plural by adding an **s** to the singular, as seen in the preceding examples. Here are some other common patterns.

    • **-s, -x, -z** ⟶ no change

    le cour**s** ⟶ les cour**s**   *the course, the courses*
    un choi**x** ⟶ des choi**x**   *a choice, some choices*
    le ne**z** ⟶ les ne**z**   *the nose, the noses*

---

*As with the indefinite article **des,** there is a **liaison** with a vowel or a vowel sound: **les étudiants; les hommes**.

- -eau, -ieu ⟶ -eaux, -ieux

  le tabl**eau** ⟶ les tabl**eaux**   *the board, the boards*
  le bur**eau** ⟶ les bur**eaux**   *the desk, the desks*
  le l**ieu** ⟶ les l**ieux**   *the place, the places*

- -al, -ail ⟶ -aux

  un hôpit**al** ⟶ des hôpit**aux**   *a hospital, hospitals*
  le trav**ail** ⟶ les trav**aux**   *the work, tasks*

2. Note that the masculine form is used in French to refer to a group that includes at least one male.

   un étudian**t** et sept étudian**tes** ⟶ des étudian**ts**
   un Français et une Français**e** ⟶ des Français

[Allez-y! B-C]

Allez-y!

A. Pensez-y! (*Think about it!*) Figure out the gender of the following words. Then add the definite article.

MODÈLE: femme ⟶ féminin; la femme

1. appartement	**4.** tableau	**7.** université	**10.** tourisme
2. division	**5.** Coca-cola	**8.** aventure	**11.** science
3. italien	**6.** biologie	**9.** personne	**12.** homme

B. Suivons le guide! (*Let's follow the tour guide!*) Show your guests around campus, using the plural of these expressions.

MODÈLE: la salle de classe ⟶ Voilà les salles de classe.

1. la bibliothèque	**4.** l'étudiant
2. l'amphi(théâtre)	**5.** le laboratoire de langues
3. le professeur	**6.** le bureau

C. À l'université. Create sentences using the following words. Then create a different sentence by changing the number and the place.

MODÈLE: étudiante / salle de classe ⟶
       Il y a une étudiante dans la salle de classe.
       Il y a des étudiantes dans la librairie.
   ou Il y a des étudiantes dans les salles d'ordinateurs.

1. tableau / salle de classe	**5.** ordinateur / salle d'ordinateurs
2. une réunion (*meeting*) / amphithéâtre	**6.** Américaine / restaurant
3. télévision / laboratoire	**7.** dictionnaire / bibliothèque
4. cahier / bureau	**8.** écran / salle de classe

Les verbes réguliers en *-er*

Expressing Actions

Rencontre d'amis à la Sorbonne

XAVIER: Salut, Françoise! **Vous visitez** l'université?
FRANÇOISE: Oui, **nous admirons** particulièrement la bibliothèque.
Voici Paul, de New York, et Mireille, une amie.
XAVIER: Bonjour, Paul. **Tu parles** français?
PAUL: Oui, un petit peu.
XAVIER: Bonjour, Mireille. **Tu étudies** à la Sorbonne?
MIREILLE: Non, **je travaille** pour la bibliothèque.

Trouvez (*Find*) la forme correcte du verbe dans le dialogue.

1. Vous _____ l'université?
2. Nous _____ particulièrement la bibliothèque.
3. Tu _____ français?
4. Tu _____ à la Sorbonne?
5. Je _____ pour la bibliothèque.

Subject Pronouns and *parler*

The subject of a sentence indicates who or what performs the action of the sentence: *L'étudiant* **visite l'université.** A pronoun (**un pronom**) is a word used in place of a noun (**un nom**): *Il* **visite l'université.**

SUBJECT PRONOUNS AND **parler** (*to speak*)	
SINGULAR	PLURAL
je parl**e** *I speak*	nous parl**ons** *we speak*
tu parl**es** *you speak*	vous parl**ez** *you speak*
il parl**e** *he, it (m.) speaks*	ils parl**ent** *they (m., m. + f.) speak*
elle parl**e** *she, it (f.) speaks*	elles parl**ent** *they (f.) speak*
on parl**e** *one speaks*	

1. **Je.** Note that **je** is not capitalized unless it starts a sentence. When a verb begins with a vowel sound, **je** becomes **j'**.

   En hiver, **j'aime** faire du ski.   *In winter, I like to go skiing.*

2. **Tu** and **vous.** There are two ways to say *you* in French: **Tu** is used when speaking to a friend, fellow student, relative, child, or pet; **vous** is used when speaking to a person you don't know well or when addressing an older person, someone in authority, or anyone with whom you wish to maintain a certain formality. The plural of both **tu** and **vous** is **vous**. The context will indicate whether **vous** refers to one person or to more than one.

Michèle, **tu** parles espagnol?	*Michèle, do you speak Spanish?*
Madame, où habitez-**vous**?	*Ma'am, where do you live?*
Vous parlez bien français, madame.	*You speak French well, ma'am.*
Pardon, messieurs (mesdames, mesdemoiselles), est-ce que **vous** parlez anglais?	*Excuse me, gentlemen (ladies), do you speak English?*

3. **Il** and **elle.** As you know, all nouns—people and objects—have gender in French. **Il** is the pronoun that refers to a masculine person or object, and **elle** refers to a feminine person or object.

Paul travaille. **Il** travaille à la bibliothèque.	*Paul works. He works at the library.*
L'ordinateur est cher, mais **il** est aussi utile.	*The computer is expensive, but it is useful as well.*
Mireille? **Elle** travaille au café.	*Mireille? She works at the café.*
La bibliothèque? **Elle** est ouverte le samedi.	*The library? It is open on Saturdays.*

The plural counterparts **ils** and **elles** are used in the same way as the singular forms. **Ils** corresponds to masculine plural nouns and to a group that includes at least one masculine noun; **elles** corresponds to feminine plural nouns.

Luc et Chantal? **Ils** sont toujours ensemble	*Luc and Chantal? They are always together.*

4. **On.** In English, the words *people, we, one,* or *they* are often used to convey the idea of an indefinite subject. In French, the indefinite pronoun **on** is used, always with the third person singular of the verb.

Ici **on** parle français.
$$\begin{cases} \textit{One speaks French here.} \\ \textit{People (They, We) speak French} \\ \textit{here.} \end{cases}$$

On is also used frequently in informal French instead of **nous**.

Nous parlons français. $\longrightarrow$ **On** parle français.

[Allez-y! A]

Present Tense of -er Verbs

Most French verbs have infinitives ending in **-er: parler** (*to speak*), **aimer** (*to like; to love*). To form the present tense of these verbs, drop the final **-er** and add the endings shown in the chart.*

PRESENT TENSE OF **aimer** (*to like; to love*)			
j'	aim**e**	nous	aim**ons**
tu	aim**es**	vous	aim**ez**
il/elle/on	aim**e**	ils/elles	aim**ent**

1. Note that the present tense (**le présent**) in French has several equivalents in English.

Je **parle** français.
$$\begin{cases} \textit{I speak French.} \\ \textit{I am speaking French.} \\ \textit{I do speak French.} \end{cases}$$

---

*As you know, final **s** is usually not pronounced in French. Final **z** of the second person plural and the **-ent** of the third person plural verb forms are also silent.

2. Other verbs conjugated like **parler** and **aimer** include:

adorer	to love; to adore	**fumer**	to smoke
aimer mieux	to prefer (to like better)	**habiter**	to live
		manger†	to eat
chercher	to look for	**penser**	to think
commencer*	to begin	**porter**	to wear
danser	to dance	**regarder**	to watch; to look at
demander	to ask for	**rêver**	to dream
détester	to detest; to hate	**skier**	to ski
donner	to give	**travailler**	to work
écouter	to listen to	**trouver**	to find
étudier	to study	**visiter**	to visit (a place)

Vous **cherchez** le resto-U?   *Are you looking for the cafeteria?*

Nous **étudions** l'informatique.   *We're studying computer science.*

3. Some verbs, such as **adorer, aimer (mieux),** and **détester,** can be followed by an infinitive.

J'**aime écouter** la radio.   *I like listening to the radio.*
Je **déteste regarder** la télévision.   *I hate watching television.*

[Allez-y! B-C-D-E]

Allez-y!

A. **Dialogue en classe.** Complete the following dialogue with subject pronouns or forms of **parler**.

LE PROFESSEUR: Tout le monde (*Everybody*), _____1 parlez français?
LA CLASSE: Oui, nous _____2 français.
LE PROFESSEUR: Ici, en classe, on _____3 français?
JIM: Oui, ici _____4 parle français.
ROBERT: Marc et Marie, vous _____5 chinois?
MARC ET MARIE: Oui, _____6 parlons chinois.
CHRISTINE: Jim, tu _____7 allemand?
JIM: Oui, _____8 parle allemand.
MARTINE: Paul parle italien?
ROLAND: Oui, _____9 parle italien.

---
*The **nous** form of **commencer** is **commençons**. The **cédille** is added to retain the soft **s** sound.
†Note that the **nous** form of **manger** is **mangeons**. The **e** is kept to retain the soft **g** sound.

B. *Tu* ou *vous*? Complete the following sentences, using the appropriate pronoun and the correct form of the verb in parentheses.

1. Madame, _____ _____ (habiter) près de (*near*) l'université?
2. Gérard, _____ _____ (chercher) la faculté des sciences?
3. Paul et Jacqueline, _____ _____ (visiter) le Quartier latin?
4. Monsieur, _____ _____ (trouver) ce que (*what*) _____ _____ (chercher)?
5. Richard, _____ _____ (demander) des renseignements (*information*) sur la cité universitaire?

C. Portraits. State the preferences of the following people.

MODÈLE: Mon (*My*) cousin... ⟶ Mon cousin aime bien le football, mais (*but*) il aime mieux le basket. Il adore le rock et il déteste le travail!

Je...	aimer bien	le tennis
Mon (Ma) camarade...	aimer mieux	le jogging
Mes parents...	adorer	le cinéma
Les étudiants...	détester	la littérature
Le professeur...		les maths
		la physique

D. Une interview. Interview your instructor.

MODÈLE: aimer mieux danser ou (*or*) skier ⟶
Vous aimez mieux danser ou skier?

1. aimer mieux la télévision ou le cinéma
2. aimer ou détester regarder la télévision
3. aimer mieux le rock ou la musique classique
4. aimer mieux la musique ou le sport
5. aimer mieux les livres ou les magazines

E. Une autre interview. Now get to know a classmate. Ask if . . .

MODÈLE: il/elle aime écouter la radio ⟶
É1: Tu aimes écouter la radio?
É2: Oui, j'aime bien écouter la radio. Et toi?
É1: Moi, je déteste écouter la radio!

1. il/elle rêve en classe toujours ou de temps en temps
2. il/elle donne souvent ou rarement des conseils (*advice*)
3. il/elle aime ou déteste manger des huîtres (*oysters*)
4. il/elle aime mieux étudier ou danser
5. il/elle regarde toujours la télévision
6. il/elle adore le cinéma

Now say which response you find original or strange.

MODÈLE: Sonia déteste le cinéma. C'est bizarre!

Mots clés

To express how often you do something.

The following adverbs usually follow the verb.

toujours	*always*
souvent	*often*
quelquefois	*sometimes*
rarement	*rarely*

D'habitude (*Usually*), **en général** (*generally*), and **de temps en temps** (*from time to time*) are adverbs that are most often placed at the beginning of a sentence.

Je regarde **souvent** la télévision. Annie et moi, nous étudions **quelquefois** à la bibliothèque. **En général,** j'étudie le week-end.

Le blog de Léa

Salut tout le monde!

mardi 17 mai

Bonjour! Guten Tag! Hello! Salaam! Buon giorno!
Nǐ hǎo! Buenos días! Shalom! Salut tout le monde!

J'ai[1] une amie belge: c'est Juliette. J'ai un ami martiniquais: il s'appelle Hector. Et j'ai un copain marocain, Hassan. Il a un restaurant au Quartier latin, proche de ma fac.[2] Mais je cherche aussi des amis chinois, japonais, mexicains, allemands, américains... des amis de tous les pays.[3] À Paris, c'est possible, non?

....

COMMENTAIRES

 Alexis

Bonjour Léa

Mon chien et moi,[4] nous sommes[5] québécois. Nous parlons français. Nous sommes très sympathiques.[6]

 Poema

Léa, bonjour!

Je m'appelle Poema. Je ne suis pas[7] chinoise, je ne suis pas américaine... Je suis tahitienne. Je suis isolée[8] à Paris et je cherche des amis français.

 Mamadou

Salut Léa!

Oui, c'est possible de trouver des amis internationaux! Moi, par exemple! Je suis Mamadou, du Sénégal. Je suis journaliste à Paris. Je cherche des amies françaises. À bientôt.

▲ Moi, devant le restaurant d'Hassan

[1] *I have* [2] *proche... close to the university (la Sorbonne)* [3] *de... from all over the world* [4] *Mon... My dog and I*
[5] *nous... we are* [6] *nice* [7] *Je... I'm not* [8] *lonely*

Quartier latin: le quartier général des étudiants

À la terrasse du café de la Sorbonne, Éva, d'origine russe, discute avec ses trois amis: Bruno, un étudiant lyonnais, Maren, une jeune Allemande qui étudie le droit social à Paris, et Ahmed, un jeune Marocain en doctorat de cinéma. Cette scène est typique du Quartier latin, zone cosmopolite, sorte de campus international au centre de Paris.

Avec ses librairies et ses bibliothèques, le Quartier latin est l'univers de la culture. Les grands lycées (Louis-le-Grand, Henri IV) et les universités comme[1] la célèbre Sorbonne fondée en 1257[2] par Robert de Sorbon continuent à former[3] les élites intellectuelles.

▲ **Un café du Quartier latin.** Une population jeune, internationale, active et cultivée habite au Quartier latin. C'est le quartier des amitiés éternelles, des idées géniales et des discussions passionnées sur la politique, l'art et la vie. C'est le symbole de la vie étudiante.

Dans les boutiques du boulevard Saint-Michel, les vêtements[4] remplacent les livres. Mais les petites rues adjacentes ont encore[5] beaucoup de charme: petits restaurants délicieux, cinémas pour intellectuels comme le fameux Champollion, boutiques exotiques, bistros et bars animés, cybercafés.

Le jardin du Luxembourg est le parc du quartier. Dans ses allées[6] romantiques, les étudiants discutent, méditent, se relaxent avant ou après un examen. Au Quartier latin, tout est conçu[7] pour le travail et pour le bonheur[8] des étudiants.

[1]*such as* [2]*mille deux cent cinquante-sept* [3]*educate* [4]*clothes* [5]*ont... still have* [6]*footpaths* [7]*conceived* [8]*happiness*

 À vous!
1. Désirez-vous visiter le Quartier latin? Pourquoi? Imaginez votre itinéraire.
2. Le Quartier latin est-il différent d'un campus à l'américaine? Développez votre réponse.
3. Quels détails vous intéressent sur cette photo du Quartier latin?

 On est connectés To learn more about the **Quartier latin,** use the links or keywords and search engines provided at the *Vis-à-vis* Online Learning Center (**www.mhhe.com/visavis4**).

Leçon 3

STRUCTURES ▽

 # Le verbe *être*

Identifying People and Things

Le travail d'équipe

FABRICE: Martine, la personne à la table, qui **est**-ce?
MARTINE: Oh, c'**est** Nicole, une nouvelle étudiante. Elle **est** italienne. Nous **sommes** dans le même cours de biologie. Tu **es** prêt à étudier?
FABRICE: Et avec elle, c'**est** qui?
MARTINE: C'**est** Marco, le fiancé de Nicole.
FABRICE: Maintenant, je **suis** prêt! On commence?

Vrai ou faux?

1. Nicole est espagnole.
2. Fabrice est un ami de Nicole.
3. Martine étudie la biologie.

Forms of *être*

PRESENT TENSE OF **être** (*to be*)			
je	**suis**	nous	**sommes**
tu	**es**	vous	**êtes**
il/elle/on	**est**	ils/elles	**sont**

Uses of *être*

1. The uses of **être** closely parallel those of *to be*.

Fabrice **est** intelligent.	*Fabrice is intelligent.*
Est-ce que Martine **est** organisée?	*Is Martine organized?*
Fabrice et Martine **sont** à la bibliothèque.	*Fabrice and Martine are at the library.*

2. In identifying someone's nationality, religion, or profession, no article is used following **être**.

Je **suis anglais**.	*I am English.*
Je **suis catholique;** mon ami **est musulman**.	*I'm (a) Catholic; my friend is (a) Muslim.*
—Vous **êtes professeur**?	*Are you a teacher?*
—Non, je **suis étudiant**.	*No, I am a student.*

C'est versus *il/elle est*

1. The indefinite pronoun **ce (c')** is an invariable third-person pronoun. **Ce** has various English equivalents: *this, that, these, those, he, she, they,* and *it.*

2. The expression **c'est** (plural, **ce sont**) is used before modified nouns (always with an article) and proper names; it usually answers the questions **Qui est-ce?** and **Qu'est-ce que c'est?**

—Qui est-ce?	*Who is it?*
—C'est Maxime. C'est un étudiant belge.	*It's Maxime. He is a Belgian student.*
—Ce sont des Français?	*Are they French?*
—Non, ce sont des Italiens.	*No, they're Italian.*
—Qu'est-ce que c'est?	*What is that?*
—C'est un ordinateur.	*That's (It's) a computer.*
—Et ça, qu'est-ce que c'est?	*And that, what is it?*
—Oh ça, c'est une souris.	*Oh, that's a mouse.*

3. **C'est** can also be followed by an adjective, to refer to a general situation or to describe something that is understood in the context of the conversation.

Le français? C'est facile!	*French? It's easy!*
J'adore la France. C'est magnifique!	*I love France. It's great!*

4. **Il/Elle est** (and **Ils/Elles sont**) are generally used to describe someone or something already mentioned in the conversation. They are usually followed by an adjective, a prepositional phrase, and occasionally by an unmodified noun (without an article).

—La librairie?	*The bookstore?*
—Elle est dans la rue Mouffetard.	*It's on Mouffetard Street.*
—Voici Karim. Il est étudiant en biologie.	*Here's Karim. He's a biology student.*
—Il est français?	*Is he French?*
—Oui, il est français, d'origine algérienne.	*Yes, he's French, of Algerian descent.*

Allez-y!

A. Un examen. Complete the following dialogue between Fabrice and Martine, using the correct forms of the verb **être**.

FABRICE: Ces livres _____¹ difficiles!
MARTINE: Pas pour toi, tu _____² un génie!
FABRICE: Oui, mais le professeur _____³ très exigeant (*demanding*).
MARTINE: Et il dit (*says*) toujours: «Vous _____⁴ une étudiante intelligente, mademoiselle.»
FABRICE: Nous _____⁵ peut-être (*maybe*) intelligents, mais moi, je ne _____⁶ pas prêt pour l'examen!

Qui est-ce? Identify each person described here, on the basis of the dialogue.

1. C'est une personne très exigeante. C'est _____.
2. C'est une étudiante intelligente. C'est _____.
3. Il n'est pas prêt pour l'examen. C'est _____.

B. Deux étudiants africains à Paris. Tell about these young people by completing the descriptions with **c'**, **il**, or **elle**.

Voici Fatima. _____¹ est marocaine. _____² est étudiante en philosophie. _____³ est une personne sociable et dynamique. Son petit ami (*boyfriend*) s'appelle Barthélémy. _____⁴ est sénégalais. _____⁵ est un jeune homme enthousiaste. _____⁶ est aussi un peu timide. _____⁷ est un étudiant sérieux.

C. La France et les Français. Taking turns with a classmate, ask and answer questions using **c'est** and **ce n'est pas** (*it's not*).

MODÈLE: le sport préféré des Français:
le jogging, le football (*soccer*) ⟶
É1: Le sport préféré des Français, c'est le jogging ou le football?
É2: Ce n'est pas le jogging, c'est le football!

1. un symbole de la France: la rose, la fleur de lys
2. un président français: Chevalier, Chirac
3. un cadeau (*present*) des Français aux Américains: la Maison-Blanche (*White House*), la Statue de la Liberté
4. une ville avec beaucoup de Français: La Nouvelle-Orléans, St. Louis
5. un génie français: Mᵐᵉ Curie, Albert Einstein
6. parler français: difficile, facile

D. Et vous, comment êtes-vous? Tell a little about yourself.

Je m'appelle ———.
Je suis un(e) ———. (femme / homme)
Je suis ———. (étudiant[e] / professeur)
Je suis ———. (nationalité)
J'habite à ———. (ville)
Je suis l'ami(e) de ———.
J'aime ———.

Now describe one of your classmates using the same guidelines.

Il/Elle s'appelle...

La négation *ne... pas*

Expressing Disagreement

La fin d'une amitié?

BERNARD: Avec Martine, ça va comme ci comme ça. Elle aime danser, je **n'aime pas** la danse. J'aime skier, elle **n'aime pas** le sport. Elle est étudiante en biologie, je **n'aime pas** les sciences...

MARTINE: Avec Bernard, ça va comme ci comme ça. Il **n'aime pas** danser, j'aime la danse. Je **n'aime pas** skier, il aime le sport. Il est étudiant en lettres, je **n'aime pas** la littérature...

1. Martine aime danser? Et Bernard?
2. Martine aime le sport? Et Bernard?
3. Martine aime la littérature? Et Bernard?
4. Martine aime les sciences? Et Bernard?

Maintenant posez ces questions à un(e) camarade. (Tu aimes... ?)

1. To make a sentence negative in French, **ne** is placed before a conjugated verb and **pas** after it.

Je **parle** chinois. ⟶ Je **ne parle pas** chinois.
Elles **regardent** souvent la télévision. ⟶ Elles **ne regardent pas** souvent la télévision.

2. **Ne** becomes **n'** before a vowel or a mute **h.**

> Elle aime skier. —→ Elle **n'a**ime pas skier.
> Nous habitons ici. —→ Nous **n'h**abitons pas ici.

3. If a verb is followed by an infinitive, **ne** and **pas** surround the conjugated verb.

> Il aime étudier. —→ Il **n'aime pas** étudier.

4. In informal conversation, the **e** in **ne** is usually not pronounced; sometimes you may not hear **ne** at all.

> Je **ne** pense **pas** (*I don't think so*).
> Je n¢ pense **pas.** —→ J¢ (n¢) pense **pas.**

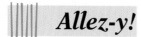

Allez-y!

A. Portrait de Bernard. Here is some more information about Bernard.

Bernard habite à la cité universitaire et, en général, il étudie à la bibliothèque. Après (*After*) les cours, il parle avec ses (*his*) amis au café. Le soir (*In the evening*), il écoute la radio: il aime beaucoup le jazz! Il adore le sport, il skie très bien et le week-end, il regarde les matchs de football à la télévision.

And Martine? Now tell what Martine doesn't like and doesn't do. Replace **il** with **elle** in the paragraph and make all the verbs negative. **Martine...**

B. Interview à deux. Find out about a classmate by asking about the following activities, habits, and preferences. Answer your partner's questions, too.

> **MODÈLE:** travailler —→
> É1: Tu travailles?
> É2: Non, je ne travaille pas. (Oui, je travaille.) Et toi?

1. parler italien; russe; espagnol; anglais
2. habiter quelle ville; Paris; New York; Abidjan; Cincinnati; la cité-U
3. étudier la psychologie; la littérature; l'informatique; la biologie; le commerce; les langues étrangères
4. aimer les examens; les films de science-fiction; les films d'amour; la musique ska; la musique country
5. aimer le sport; le football américain; le football; le basket-ball; le hockey
6. détester les maths; l'histoire; la politique; la science; le chocolat
7. surfer le Web; écouter la radio; parler avec des amis; manger au restaurant; manger au resto-U; skier; danser

Résumez! Now summarize for the class five things you found out about your partner.

C. Et vous? Tell about yourself by completing the sentences.

1. J'aime _____, mais (*but*) je n'aime pas _____.
2. J'adore _____, mais je déteste _____.
3. J'écoute _____, mais je n'écoute pas _____.
4. J'aime _____, mais j'aime mieux _____.
5. Je n'étudie pas _____. J'étudie _____.

Leçon 4

Lecture

Avant de lire

Predicting from context. When reading a text in your native language, you constantly—though perhaps unconsciously—make use of contextual information. This information gives you an immediate, overall orientation; it also allows you to figure out the meaning of unfamiliar words. Here are some ways to use contextual information when reading French texts. You will practice these techniques in the reading that follows.

1. Orient yourself using graphic elements: logos, illustrations, headings, and large or heavy type.

   - First, scan the brochure that follows and identify the institution being publicized and its location. Look at the accompanying photos. How would you describe the setting? (Is it modern? traditional? cosmopolitan?)
   - Next, quickly read through the first paragraph, underlining the cognates (**mots apparentés**) that you find. How well did your description match the text?

2. Use recognizable cognates to help you deduce the meaning of unfamiliar terms.

   - Read the following phrase from the brochure and try to figure out the meaning of the word **logement**:

     logement dans des familles francophones ou dans les résidences universitaires

   Were you able to infer that **logement** means *lodging*?

3. Watch for near cognates.

   - In the following phrases, your developing linguistic intuition should tell you that the words in boldface cannot be translated by the English form that most closely resembles them. Can you find an alternative to them that is close in meaning?

     plus de soixante ans d'expérience
     formation solide des enseignants (*teachers*)
     activités de **bénévolat** en milieu (*setting*) francophone

4. Also be aware of false cognates.

   • What do you think are the false cognates in the following phrases?

   équipe de moniteurs
   stages de travaux pratiques en milieu de travail

5. Now that you have had the chance to refine your ability to recognize cognates, near cognates, and false cognates, scan the bulleted lists beneath each heading in the text and give a suitable English equivalent for them. Although you may not determine the precise meaning of those headings, you should be able to come close.

Before answering the comprehension questions, read the brochure from the **Université Laval** on the following page.

Compréhension

À l'Université Laval. Are the following statements true (**vrai**) or false (**faux**)? Underline the words in the brochure on the following page that support your answers, and correct any false statements to make them true.

1. V F   The **Université Laval** has just begun to offer French courses for foreign students.
2. V F   Individualized instruction is offered for those who need help.
3. V F   Students may stay in university housing or rent apartments in town.
4. V F   The university offers both classroom and extracurricular activities.
5. V F   Some courses are given in English.

Étudier le français... à QUÉBEC, bien sûr!

Plaque tournante de la francophonie, Québec vous offre le meilleur de deux mondes, le charme européen au cœur de la modernité nord-américaine.

Un séjour linguistique à Québec vous assure une immersion totale dans une ville francophone aux dimensions humaines (640 000 habitants), où vous vous sentirez en toute sécurité.

et à l'Université LAVAL évidemment!

QUALITÉ DES COURS
- plus de soixante ans d'expérience
- formation solide des enseignants
- matériel pédagogique «sur mesure»

SOUTIEN PÉDAGOGIQUE
- conseillers pédagogiques
- enseignement complémentaire «individualisé» pour les étudiants qui éprouvent des difficultés (trimestres d'automne et d'hiver)
- laboratoires de langues et laboratoires informatiques
- enseignement assisté par ordinateur

ENCADREMENT
- équipe de moniteurs
- activités socio-culturelles et sportives
- excursions
- stages de travaux pratiques en milieu de travail (trimestres d'automne et d'hiver)
- activités de bénévolat en milieu francophone (trimestres d'automne et d'hiver)

Cours à tous les niveaux pendant toute l'année

Programme spécial de français pour non-francophones
Les étudiants peuvent s'inscrire à l'une ou l'autre des sessions suivantes:

ÉTÉ	mai-juin	(5 sem. – 7 crédits)
	juillet-août	(5 sem. – 7 crédits)
AUTOMNE	septembre-décembre	(15 sem. – 16 crédits)
HIVER	janvier-avril	(15 sem. – 16 crédits)

Lors des trimestres d'automne et d'hiver les étudiants du niveau supérieur suivent leurs cours dans le cadre des programmes réguliers de français langue seconde (certificat, diplôme, baccalauréat).

PRIX ABORDABLE
- tous les étudiants de ces programmes de français paient les frais de scolarité des étudiants québécois
- coût de la vie peu élevé
- logement dans des familles francophones ou dans les résidences universitaires

Pour obtenir plus de renseignements sur
- les cours
- l'admission
- le logement
- le visa d'étudiant
- les assurances maladie
- les activités socio-culturelles
- etc.

demandez notre brochure en écrivant à:
École des langues vivantes
Pavillon Charles-De Koninck (2305)
Université Laval
Québec (Québec) G1K 7P4 Canada
Téléphone: (418) 656-2321
Télécopieur: (418) 656-7018
Courriel: elv@elv.ulaval.ca
http://www.fl.ulaval.ca/elv/

Écriture

Dites-moi qui vous êtes! Give information about yourself by answering the following questions; then rewrite the answers in a brief paragraph. Use **et** (*and*) and **mais** (*but*) to link your thoughts. You may provide additional information.

1. Comment vous appelez-vous?
2. Quelle est votre nationalité?
3. Dans quelle ville habitez-vous?
4. Qu'est-ce que vous étudiez? Quelles matières aimez-vous?
5. Quels sports aimez-vous? Quels genres de musique écoutez-vous?
6. Nommez une chose que vous n'aimez pas faire. (*Name one thing you don't like to do.*)

  # À l'écoute sur Internet

The **À l'écoute sur Internet** section in *Vis-à-vis* offers a variety of recorded listening passages to develop your skills in understanding French, including conversations, interviews, stories, and advertisements. The audio files can be accessed on the *Vis-à-vis* website at **www.mhhe.com/ visavis4**. They are also available on a separate audio CD packaged with the Audio Program. The transcripts are not printed in your textbook.

Make an effort to listen for general meaning, without worrying about understanding every word. The activities in your textbook check that you have understood the passage and do not require you to produce any language from what you hear.

Les étudiants étrangers. A journalist is interviewing several foreign students in Paris. First, read through the topics in the chart. Next, listen to the vocabulary followed by the students' remarks. Then do the activity. Replay the recording as often as you need to. (See Appendix G for answers.)

VOCABULAIRE UTILE

des cinémas	movie theaters
partout	everywhere

Draw a line connecting the name of each student with his or her country of origin, field of study, and hobby. (We have drawn the first two lines, to get you started.)

NOMS	PAYS	ÈTUDES	DISTRACTIONS
Fatima	Canada	philosophie	cinéma
François	Tunisie	sociologie	sport
Scott	Angleterre	espagnol	café

Le vidéoblog de Léa

En bref

In her videoblog, Léa describes her neighborhood, **le Quartier latin**. At Hassan's restaurant, the four friends each give their opinion of the neighborhood.

Vocabulaire en contexte

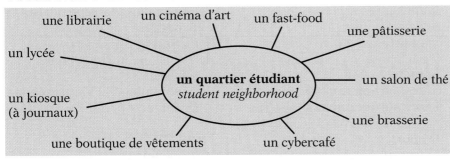

une librairie — un cinéma d'art — un fast-food — une pâtisserie

un lycée

un kiosque (à journaux)

un quartier étudiant *student neighborhood*

un salon de thé

une brasserie

une boutique de vêtements — un cybercafé

Ma fac: la Sorbonne à Paris

Visionnez!

Indicate whether each statement is true (**vrai**) or false (**faux**).

1. _____ Léa habite le Quartier latin depuis longtemps (*for a long time*).
2. _____ Le Quartier latin est un quartier intellectuel et un centre culturel riche en loisirs (*leisure activities*).
3. _____ Les cafés du quartier sont trop (*too*) touristiques.
4. _____ Il y a de plus en plus de (*more and more*) fast-foods et de boutiques de vêtements.
5. _____ C'est Juliette qui préfère le Quartier latin.

Analysez!

Answer the following questions in English.

1. In what ways does the **Quartier latin** continue to evolve?
2. How does Juliette's perspective on this evolution differ from those of her friends? With whom do you identify?

Comparez!

Watch the cultural section of the video again. Then use the vocabulary presented above, as well as other words you know, to compare your own campus neighborhood to that of the **Quartier latin**. Tell what sorts of places are similar and what your neighborhood lacks. Do you have something in your neighborhood that wasn't mentioned in the video?

MODÈLE: Dans mon quartier, il y a des fast-foods, comme (*as*) à Paris.

Mais, il n'y a pas de (*there isn't any*) salon de thé.

Do you prefer your own neighborhood or the **Quartier latin**?

Note culturelle

The name *Quartier latin* has its roots in two historic facts. First, the name reminds us that Paris grew out of the ancient Roman town of *Lutèce*. At the same time, the name reflects the historic fact that this neighborhood of the city has been a center of education since the Middle Ages. In those early years, professors and students spoke Latin, which was the official language of instruction until the French Revolution.

Vocabulaire

Verbes

adorer to love; to adore
aimer to like; to love
  aimer mieux to prefer (like better)
chercher to look for
commencer to begin
danser to dance
demander to ask for
détester to detest
donner to give
écouter to listen to
être to be
étudier to study
fumer to smoke
habiter to live
manger to eat
parler to speak
regarder to look at; to watch
rêver to dream
skier to ski
travailler to work
trouver to find
visiter to visit (*a place*)

Substantifs

l'ami(e) (*m., f.*) friend
l'amphithéâtre (*m.*) lecture hall
la bibliothèque library
le bureau office; desk
le café café; cup of coffee
le cinéma movies; movie theater
la cité universitaire (la cité-U) residence halls
le cours course
le dictionnaire dictionary
l'école (*f.*) school
l'examen (*m.*) test, exam
la faculté division (*academic*)
la femme woman
le film film
le gymnase gymnasium

l'homme (*m.*) man
le laboratoire de langues language lab
la librairie bookstore
le lieu place
la musique music
le pays country
le quartier quarter, neighborhood
la radio radio
le restaurant restaurant
le restaurant universitaire (le resto-U) university cafeteria
le sport sport; sports
le travail work
l'université (*f.*) university
la vie life
la ville city
la visite visit

À REVOIR: **le cahier, l'étudiant(e), le livre, le professeur, la salle de classe**

Les nationalités (*f.*)

l'Algérien(ne) Algerian
l'Allemand(e) German
l'Américain(e) American
l'Anglais(e) English person
le/la Belge Belgian
le Canadien / la Canadienne Canadian
le Chinois / la Chinoise Chinese person
l'Espagnol(e) Spanish person, Spaniard
le Français / la Française French person
l'Italien(ne) Italian
le Japonais / la Japonaise Japanese person
le Libanais / la Libanaise Lebanese person

le Marocain / la Marocaine Moroccan
le Mexicain / la Mexicaine Mexican
le/la Russe Russian
le Sénégalais / la Sénégalaise Senegalese person
le/la Suisse Swiss person
le Tunisien / la Tunisienne Tunisian
le Vietnamien / la Vietnamienne Vietnamese person

Les matières (*f.*)

l'allemand (*m.*) German
l'anglais (*m.*) English
la biologie biology
la chimie chemistry
le chinois Chinese
le commerce business
le droit law
l'économie (*f.*) economics
l'espagnol (*m.*) Spanish
le flamand Flemish
la géographie geography
la géologie geology
l'histoire (*f.*) history
l'informatique (*f.*) computer science
l'italien (*m.*) Italian
le japonais Japanese
les langues (*f.*) **étrangères** foreign languages
la linguistique linguistics
la littérature literature
les mathématiques (les maths) (*f.*) mathematics
la philosophie philosophy
la physique physics
la psychologie psychology
les sciences (*f.*) **naturelles** natural sciences
la sociologie sociology

Mots et expressions divers

à at; in
après after
aussi also
avec with
d'accord okay; agreed
dans in
de of, from

de temps en temps from time to time
en in
en général generally
ici here
maintenant now
mais but
moi me

ou or
pour for, in order to
quelquefois sometimes
rarement rarely
souvent often
toujours always
voici here is/are
voilà there is/are

Elles ont l'air chic!

Elles... *They look stylish!*

Les dossiers de Léa

Léa

▶ 📁 Mes photos
   ▶ 📁 Haute couture au musée Galliera
   ▶ 📁 Mes bonnes adresses
   ▶ 📁 Le marché aux puces

Haute couture sur l'escalier du musée Galliera, le musée de la mode à Paris

Dans ce chapitre...

Objectifs communicatifs

▶ describing people, places, and things
▶ talking about personalities, clothing, and colors
▶ expressing possession and sensations
▶ mentioning specific places or people
▶ getting information

Paroles (Leçon 1)

▶ Quelques personnalités différentes
▶ Les vêtements et les couleurs
▶ Les amis d'Anne et de Céline—les descriptions

Structures (Leçons 2 et 3)

▶ Le verbe **avoir**
▶ Les adjectifs qualificatifs
▶ Les questions à réponse affirmative ou négative
▶ Les prepositions **à** et **de**

Culture

▶ **Le blog de Léa:** *En jupe ou en pantalon?*
▶ **Reportage:** *Dis-moi où tu t'habilles*
▶ **Lecture:** *La haute couture: Paris, capitale de la mode* (Leçon 4)

Mes bonnes adresses

Le marché aux puces

MULTIMÉDIA

DVD

Online Workbook/Lab Manual

Online Learning Center

ActivityPak

www.mhhe.com/visavis4

Leçon 1

 Quatre personnalités différentes

Gilles est un jeune homme **enthousiaste, idéaliste** et **sincère**. Il est **sensible** (*sensitive*) mais **travailleur** (*hard-working*).

Béatrice est une jeune femme **sociable, sympathique** (*nice, likeable*) et **dynamique**. Elle n'est pas **égoïste** (*selfish*).

Nathalie est une jeune femme **calme, réaliste** et **raisonnable**. Elle est rarement **triste** (*sad*). Ses études sont assez **difficiles**.

Olivier est un jeune homme **individualiste, excentrique** et **drôle** (*funny*). Il n'est pas **paresseux** (*lazy*).

 *Allez-y!*

A. Qualités. Tell about these people by paraphrasing each statement.

MODÈLE: Béatrice aime parler avec des amis. ⟶
C'est une jeune femme sociable.

1. Gilles parle avec sincérité.
2. Nathalie n'aime pas l'extravagance.
3. Olivier est amusant.
4. Béatrice aime l'action.
5. Gilles parle avec enthousiasme.
6. Olivier n'est pas conformiste.
7. Nathalie regarde la vie avec réalisme.
8. Olivier aime l'excentricité.
9. Nathalie n'est pas nerveuse.

B. Question de personnalité. What are these different people like? Describe them using at least three adjectives.
Autres adjectifs possibles: hypocrite, conformiste, antipathique, optimiste, pessimiste, calme, égoïste, sincère, modeste, matérialiste, solitaire, triste (*sad*), riche, pauvre (*poor*)…

MODÈLE: votre meilleur ami / meilleure amie (*f.*) (*your best friend*) ⟶
Il/Elle est calme, sincère…

1. votre meilleur ami / meilleure amie	6. le président américain
2. votre père (*father*)	7. Britney Spears
3. votre mère (*mother*)	8. Shaquille O'Neal
4. votre camarade de chambre (*roommate*)	9. George Clooney
5. votre professeur de français	10. Angelina Jolie

Et vous? Now describe yourself. Begin your sentence with **Je suis… mais je ne suis pas…**

C. Interview. Ask a classmate the following questions. Use **très, assez, peu,** or **un peu** when appropriate.

MODÈLE: sociable ou solitaire ⟶
É1: Es-tu sociable ou solitaire?
É2: Moi, je suis assez sociable. Et toi?

1. sincère ou hypocrite	5. calme ou dynamique
2. excentrique ou conformiste	6. réaliste ou idéaliste
3. triste ou drôle	7. raisonnable ou inflexible
4. sympathique ou antipathique	8. optimiste ou pessimiste

Now summarize by stating a few characteristics of your classmate, along with their opposites.

Mots clés

How to qualify your description.

When you first learn a foreign language, you inevitably exaggerate a little because you do not yet have the tools to convey nuances. The following adverbs may be useful.

très	*very*	**peu**	*hardly*
assez	*somewhat*	**un peu**	*a little*

Jeanne est **très** calme mais Jacques est **un peu** nerveux. Mon chien (*dog*) est **peu** intelligent mais il est **assez** drôle.

Les vêtements et les couleurs

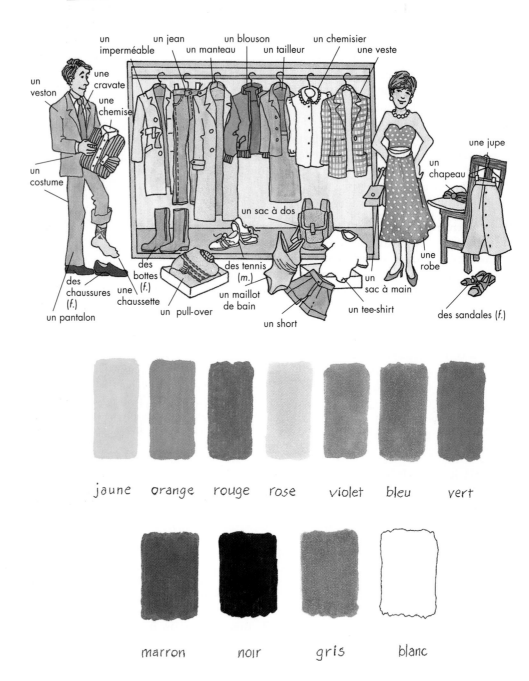

M. Beaujour **porte** (*is wearing*) **un costume gris** et **une cravate orange**.

 *Allez-y!*

A. Qu'est-ce qu'ils portent? Describe what these people are wearing.

Bruno   Mme Dupuy   Aurélie   M. Martin

1. Bruno porte une casquette bleue, _____.
2. Mme Dupuy porte _____.
3. Aurélie porte un béret bleu, _____.
4. M. Martin porte _____.

B. Un vêtement pour chaque (*each*) **occasion.** Describe in as much detail as possible what you wear when you go to these places.

1. à un match de football américain
2. à un concert de rock
3. à une soirée
4. à un interview
5. à l'université
6. à la plage (*beach*)

C. De quelle couleur? Ask a classmate to state the colors of the following things.

MODÈLE: le drapeau (*flag*) américain →
      É1: De quelle couleur est le drapeau américain?
      É2: Le drapeau américain est rouge, blanc et bleu.

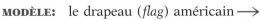

1. le drapeau français
2. le ciel (*sky*)
3. un éléphant
4. le charbon (*coal*)
5. le lait (*milk*)
6. un tigre
7. un zèbre
8. le jade

LES amis d'Anne et de Céline

Lise est grande, belle et dynamique. Elle a (*has*) les yeux verts et les cheveux blonds. (Elle est blonde.)

Déo a les cheveux noirs. Il est beau et charmant. Il est de taille moyenne (*medium height*).

Chantal est aussi de taille moyenne. Elle a les yeux marron et les cheveux courts et roux. (Elle est rousse [*redheaded*].)

Jacques est très sportif. Il est grand, il a les cheveux longs et châtains* (*light brown*).

Thu est très petite et intelligente. Elle a les cheveux noirs et raides (*straight*).

 Allez-y!

A. **Erreur!** Correct any statements that are wrong.

MODÈLE: Déo a les cheveux châtains. ⟶ Non, il a les cheveux noirs.

1. Jacques a les cheveux courts. 2. Chantal a les cheveux longs et châtains. 3. Thu a les cheveux noirs. 4. Chantal a les yeux noirs. 5. Lise a les cheveux roux. 6. Déo est très grand. 7. Lise est de taille moyenne. 8. Thu est petite. 9. Déo et Lise sont petits. 10. Chantal est blonde et Lise est rousse.

 B. **Vos camarades de classe.** Describe the hair, eyes, and height of someone in the classroom. Your classmates will guess who it is.

MODÈLE: Il/Elle a les cheveux longs et noirs, il/elle a les yeux marron et il/elle est de taille moyenne.

C. **Personnalités célèbres.** What color hair do the following people have?

MODÈLE: Steve Martin ⟶ Steve Martin? Il a les cheveux blancs.

1. Madonna   3. Annie, la petite orpheline
2. Chris Rock   4. Brad Pitt

———
*literally, *chestnut;* invariable in gender

Leçon 2

Le verbe *avoir*

Expressing Possession and Sensations

Une bonne amie

JASMINE: Allô Florence? Tu **as** une minute?

FLORENCE: Salut Jasmine! Je n'**ai** pas vraiment le temps. J'**ai besoin de** l'après-midi pour finir le travail de chimie.

JASMINE: Mais Florence, nous **avons rendez-vous** avec le professeur d'italien pour le test oral dans une heure!

FLORENCE: Quoi? Mais ce n'est pas possible! Il **a** toujours des questions difficiles à me poser. Je ne suis pas prête du tout!

JASMINE: Écoute, tu continues à étudier et moi, je téléphone au professeur Marchand et je lui dis que tu **as l'air** bien malade!

Vrai ou faux?

1. Jasmine travaille avec Florence pour le cours de biologie.
2. Florence est une étudiante organisée.
3. Elles ont rendez-vous avec le professeur d'italien.

Forms of *avoir*

The verb **avoir** is irregular in form.

PRESENT TENSE OF **avoir** (*to have*)			
j'	**ai**	nous	**avons**
tu	**as**	vous	**avez**
il/elle/on	**a**	ils/elles	**ont**

—J'**ai** un studio agréable.   *I have a nice studio apartment.*
—**Avez**-vous une camarade de   *Do you have a nice roommate?*
  chambre sympathique?
—Oui, elle **a** beaucoup de   *Yes, she has lots of patience.*
  patience.

To ask someone his/her age, use **Quel âge *avez*-vous?** or **Quel âge *as*-tu?**

[Allez-y! A, E]

Expressions with *avoir*

The verb **avoir** is used in many common idioms.

Elle **a chaud**.
Il **a froid**.

Elles **ont faim**.
Ils **ont soif**.

Loïc, tu **as tort**. Magalie, tu **as raison**.

Frédéric **a l'air** content. Il **a de la chance**.

L'immeuble **a l'air** moderne.

Jean **a sommeil**.

Ingrid **a besoin d'**une lampe.

Avez-vous envie de danser?

Il **a rendez-vous** avec le professeur.

Il **a peur du** chien.

La petite fille **a honte**.

Isabelle **a quatre ans**.

Note that with **avoir besoin de, avoir envie de,** and **avoir peur de,** the preposition **de** is used before an infinitive or a noun.

[Allez-y! B-C-D]

Allez-y!

A. Vive la musique! You and your friends are planning a musical evening. Say what each person has to contribute to the occasion.

MODÈLE: Isaac / une trompette ⟶ Isaac a une trompette.

1. Monique et Marc / des CD
2. vous / une guitare
3. tu / une clarinette
4. je / des cassettes
5. nous / un piano
6. Isabelle / une flûte

B. Quel âge ont-ils? Working with a partner, ask and answer questions about the age of the following people. Make educated guesses!

MODÈLE: É1: Quel âge a-t-il?
É2: Il a deux ou trois ans.

1.   2.   3.   4.

C. Dans quel contexte? For each situation, use an expression with **avoir**.

MODÈLE: Pour moi, un Coca-cola, s'il vous plaît. ⟶ J'ai soif.

1. Je porte un pull et un manteau.
2. Il est minuit (*midnight*).
3. J'ouvre (*open*) la fenêtre.
4. Je mange une quiche.
5. Paris est la capitale de la France.
6. Des amis français m'invitent (*invite me*) à Paris.

D. Désirs et devoirs (*duties*). What do you and the people you know *want* to do? What do you *have* to do? Use **avoir envie / besoin de** to tell about these people. **Verbes utiles:** danser, écouter, étudier, parler, rêver, skier, travailler, voyager

MODÈLE: je ⟶
J'ai envie de jouer au tennis, mais j'ai besoin d'étudier!

1. je
2. mon meilleur ami / ma meilleure amie
3. mes parents
4. le professeur de français
5. mon/ma camarade de chambre

E. Conversation. Ask a classmate the following questions.

1. Tu as peur de quoi (*what*)?
2. Tu as quoi dans ta chambre?
3. Tu as besoin de quoi pour préparer ton cours de français?
4. Tu as envie de quoi quand tu as faim? quand tu as soif?
5. Tu as envie de quoi maintenant?

Résumez! Now tell the other students the most surprising or unusual fact you learned about your classmate.

MODÈLE: Éric a trois dictionnaires dans sa chambre!

*slogan for a French supermarket

Les adjectifs qualificatifs

Describing People, Places, and Things

Rencontres par ordinateur

Il est sociable,   Elle est sociable,
    charmant,   charmante,
    sérieux,   sérieuse,
    beau,   belle,
    idéaliste   idéaliste
    et sportif.   et sportive.

Répondez aux questions suivantes.

1. Il cherche une femme sportive, réaliste ou extravagante?
2. Il est sympathique, extraordinaire ou réaliste?
3. Elle cherche un homme sociable, drôle ou réaliste?
4. Elle est sympathique, extraordinaire ou réaliste?
5. La machine est optimiste?

Position of Descriptive Adjectives

Descriptive adjectives (**les adjectifs qualificatifs**) give information about people, places, and things. In French, they usually follow the nouns they modify. They may also follow the verb **être**.

C'est un professeur **intéressant**. — *He's/She's an interesting teacher (professor).*

Le professeur pose des questions **faciles**. — *The teacher (professor) asks easy questions.*

J'aime les personnes **sincères** et **individualistes**. — *I like sincere and individualistic people.*

Gabrielle est **sportive**. — *Gabrielle is athletic.*

A few common adjectives that generally precede the nouns they modify are presented in **Chapitre 4, Leçon 3**.

Agreement of Adjectives

In French, adjectives agree in gender (masculine or feminine) and number (singular or plural) with the nouns they modify. Most adjectives follow the pattern illustrated in the following table.

	MASCULINE	FEMININE
Singular	un étudiant intelligent	une étudiante intelligent**e**
Plural	des étudiants intelligent**s**	des étudiantes intelligent**es**

1. Most feminine adjectives are formed by adding an **e** to the masculine form. Exception: adjectives whose masculine form ends in an unaccented **-e**.

    Alain est **persévérant**. ⟶ Sylvie est **persévérante**.
    Paul est **triste**. ⟶ Claire est **triste**.

    Remember that final **d, s,** and **t,** usually silent in French, are pronounced when **e** is added.

2. Most plural adjectives of either gender are formed by adding an **s** to the singular form. Exception: adjectives whose singular form ends in **-s** or **-x**.

    Elle est **charmante**. ⟶ Elles sont **charmantes**.
    L'étudiant est **sénégalais**. ⟶ Les étudiants sont **sénégalais**.
    Marc est **courageux**. ⟶ Marc et Loïc sont **courageux**.

3. If a plural subject refers to one or more masculine items or people, the plural adjective is masculine.

    Sylvie et Françoise sont **françaises**.
    Sylvie et François sont **français**.

Les magazines.

Accrochants.[1]

Captivants.

Enrichissants.

[1]Catchy.

Descriptive Adjectives with Irregular Forms

PATTERN		SINGULAR		PLURAL	
MASC.	*FEM.*	*MASC.*	*FEM.*	*MASC.*	*FEM.*
-eux } →	**-euse**	heureux (*happy*)	heureuse	heureux	heureuses
-eur		travailleur	travailleuse	travailleurs	travailleuses
-er →	**-ère**	cher (*expensive*)	chère	chers	chères
-if →	**-ive**	sportif	sportive	sportifs	sportives
-il →	**-ille**	gentil (*nice, pleasant*)	gentille	gentils	gentilles
-el	**-elle**	intellectuel	intellectuelle	intellectuels	intellectuelles
-ien →	**-ienne**	parisien	parisienne	parisiens	parisiennes

Other adjectives that follow these patterns include **courageux / courageuse, paresseux / paresseuse, sérieux / sérieuse, fier / fière** (*proud*), **naïf / naïve** (*naive*), and **canadien / canadienne**. The feminine forms of **beau** (*handsome, beautiful*) and **nouveau** (*new*) are **belle** and **nouvelle**. The adjective **chic** (*stylish*) is invariable in gender and number.

Adjectives of Color

1. Most adjectives of color have both masculine and feminine forms.

   un chemisier **blanc / bleu / gris / noir / vert / violet**
   une chemise **blanche / bleue / grise / noire / verte / violette**

2. **Jaune, rouge,** and **rose** are invariable in gender.

   un pantalon **jaune** / une robe **jaune**

3. **Marron** and **orange** are invariable in gender and number.

   une robe **marron / orange**   des robes **marron / orange**

 *Allez-y!*

A. **Dans la salle de classe.** Dominique has a wonderful class. Describe it, choosing the appropriate expressions from the second column.

   1. Le professeur est...
   2. Les étudiants sont...
   3. La salle de classe est...
   4. Les chaises sont...

   a. bleue et blanche.
   b. confortables et nombreuses.
   c. intelligent et dynamique.
   d. sociables et amusants.

B. Des âmes sœurs. (*Soulmates.*) Patrice and Patricia are alike in every respect. Describe them, taking turns with a partner.

> MODÈLE: français ⟶
> É1: Patrice est français. Et Patricia?
> É2: Patricia est française.

1. optimiste	**5.** sérieux	**9.** sportif
2. intelligent	**6.** parisien	**10.** courageux
3. charmant	**7.** naïf	**11.** travailleur
4. fier	**8.** gentil	**12.** intellectuel

C. À mon avis. (*In my opinion.*) Complete these sentences according to your own opinions.

1. L'homme idéal est _____. Il a une voiture _____ (couleur).
2. La femme idéale est _____. Elle a les yeux _____ (couleur).
3. Le/La camarade de classe idéal(e) est _____.
4. Le professeur idéal est _____.
5. Le chauffeur de taxi idéal est _____.

D. Une lettre. Here is the letter Stéphane dreads receiving from his girlfriend. Transform it into the more positive one that is actually on the way by changing the adjectives and some verbs.

> Angers, le 7 janvier
>
> Stéphane,
>
> Je te déteste. Tu es stupide et antipathique. Tous les jours (*Every day*) tu es nerveux, tu ne rêves pas parce que tu es peu idéaliste, et tu es même (*even*) souvent hypocrite. En plus (*Furthermore*) je trouve que tu es paresseux.
>
> Je ne veux pas te revoir. (*I don't want to see you again.*)
>
> Adieu.
>
> *Catherine*

MODÈLE: Stéphane, je t'adore...

Qu'est-ce qu'elle dit (*is saying*)?

Un peu plus...

Café culture in France.
Cafés in France are important parts of each neighborhood. Many French people go to their favorite café in the morning for a coffee and a croissant, at lunch for a sandwich, or for a drink before dinner, an **apéro** (**apéritif**). There are **tabacs** in many cafés where one can purchase tobacco, stamps, bus tickets, and other items. Cafés in France are also important places to socialize, where people gather and hold lively conversations. Cafés are also welcoming if you prefer just to sit and relax with a delicious **café au lait**. Is café culture important in your community? Where do people usually go to socialize?

Le blog de Léa

En jupe ou en pantalon?

lundi 23 mai

Samedi soir, il y a une soirée[1] chez mon copain[2] Hector. J'ai envie d'être très belle, très «jeune femme[3]». Mais hélas, j'ai toujours l'air d'avoir 15 ans!

J'ai besoin d'acheter[4] des vêtements originaux et à petit prix.[5] Et aussi des chaussures! Et un sac! La solution, c'est peut-être[6] d'acheter du vintage au marché aux puces[7]?

Je suis petite, brune; j'ai les yeux marron. Vous avez des idées?

COMMENTAIRES

 Alexis

Léa,

Pour être[8] originale, tu portes un tee-shirt vert, une veste rose, un jean. Sur le jean, tu mets un short rouge.

 Trésor (chien d'Alexis)

Idiot!

 Charlotte

C'est difficile de sélectionner des vêtements pour une soirée. Moi, je suggère une petite robe noire, très courte avec des tennis blanches. Simple, classique, chic.

 Mamadou

En jupe, en pantalon, en maillot de bain, en short, je suis sûr que tu es charmante!

[1]party [2]friend [3]jeune… *young woman* [4]*to buy* [5]à… *cheap* [6]*maybe* [7]marché… *flea market* [8]Pour… *To be*

▲ Tu as de bonnes adresses?

▶ REPORTAGE

Dis-moi où tu t'habilles![1]

À Paris, est-ce qu'on a besoin d'être riche pour avoir l'air chic? Non! Ce paradoxe a une explication: le fameux chic français n'est pas dans ce qu'[2] on achète mais dans l'art d'assembler les vêtements et les accessoires.

Les étudiants connaissent[3] ce principe essentiel de l'élégance. Et ils font[4] des miracles avec des petits budgets. Mais où trouvent-ils leurs vêtements?

D'abord, dans les boutiques pour jeunes comme Zara, Morgan ou Kookaï. En janvier et en juillet, les prix diminuent de 50%[5]: on n'a pas besoin de compter!

Il y a aussi le marché aux puces. Fabien explique: «J'adore la fripe—les vieux vêtements—ils sont très confortables et vraiment pas chers.»

Mais que faire si[6] on aime le luxe?

Il y a deux solutions. Anne apprécie les beaux vêtements mais elle n'a pas envie de dépenser[7] beaucoup d'argent.[8] Elle s'habille dans les «stocks»,[9] magasins où s'accumulent les excès de production de vêtements. Cette semaine, elle a acheté une jupe de la collection Zara pour quinze euros! Gaëlle, qui est BCBG,[10] a une autre solution. Elle va dans un «dépôt-vente» de son quartier où elle achète des vêtements déjà portés mais presque neufs[11]: «Souvent j'ai de la chance, déclare-t-elle. La semaine dernière,[12] pour soixante-neuf euros, j'ai trouvé[13] un foulard[14] Hermès!»

▲ **Le marché aux puces de la Porte de Clignancourt.** C'est une véritable caverne d'Ali-Baba: les amateurs visitent le marché de préférence le samedi matin. Ils cherchent, ils explorent, ils achètent. Ils ont raison! Avec un peu de chance et beaucoup d'efforts, ils trouvent des trésors parmi (among) des montagnes de vêtements.

[1]Dis... *Tell me where you buy your clothes!* [2]ce... *what* [3]*understand* [4]*create* [5]*pour cent* [6]que... *what do you do if* [7]*spend* [8]*money* [9]*outlet stores* [10]*preppy* [11]presque... *almost new* [12]*last* [13]ai... *found* [14]*scarf*

 1. Dans quels magasins trouvez-vous vos vêtements? Êtes-vous plutôt comme Fabien, comme Anne ou comme Gaëlle? Expliquez vos préférences.
2. Est-ce qu'il y a dans votre ville des «stocks», des dépôts-ventes, des marchés aux puces? Avez-vous quelquefois de la chance? Que trouvez-vous?
3. Avez-vous envie d'acheter des vêtements aux puces de Clignancourt, comme sur la photo? Pourquoi?

 On est connectés To learn more about French fashion and where to buy clothing in Paris, use the links or keywords and search engines provided at the *Vis-à-vis* Online Learning Center (**www.mhhe.com/visavis4**).

Leçon 3

 Les questions à réponse affirmative ou négative

Getting Information

Discussion entre amis

LE TOURISTE: **Est-ce** un accident?
L'AGENT DE POLICE: Non, ce n'est pas un accident.
LE TOURISTE: **Est-ce que** c'est une manifestation?
L'AGENT DE POLICE: Mais, non!
LE TOURISTE: Alors, c'est une dispute?
L'AGENT DE POLICE: Pas vraiment. C'est une discussion animée entre amis.

Voici les réponses. Posez les questions. Elles sont dans le dialogue.

1. Non, ce n'est pas un accident.
2. Non, ce n'est pas une manifestation.
3. Non, ce n'est pas une dispute.

In French, there are several ways to ask a question requiring a *yes* or *no* answer.

Questions Without Change in Word Order

1. You can raise the pitch of your voice at the end of a sentence.

—Vous ne parlez pas anglais?   *You don't speak English?*
—Si, un peu.*   *Yes, a little.*

2. When confirmation is expected, add the tag **n'est-ce pas** to the end of the sentence.

Il aime la musique, **n'est-ce pas?**   *He likes music, doesn't he?*
Nous ne mangeons pas au resto-U, **n'est-ce pas?**   *We don't eat at the cafeteria, do we?*

---

*Note that **si,** not **oui,** is used to answer *yes* to a negative question.

3. Another way is to precede a statement with **Est-ce que** (**Est-ce qu'** before a vowel sound).

> **Est-ce que** Robert étudie   *Does Robert study Spanish?*
> l'espagnol?
> **Est-ce qu'**elles écoutent la radio?   *Are they listening to the radio?*

[Allez-y! A-B with **Mots clés**]

Questions with Change in Word Order

Questions can also be formed by inverting the subject and the verb. This question formation is more common in written French.

1. When a pronoun is the subject of the sentence, the pronoun and verb are inverted and hyphenated.

PRONOUN SUBJECT
Statement: Il est touriste.
Question: **Est-il** touriste?

> **Es-tu** étudiante en philosophie?   *Are you studying philosophy?*
> **Aiment-ils** les discussions   *Do they like animated*
> animées?   *discussions?*

The final **t** of third person plural verb forms is pronounced when followed by **ils** or **elles: aiment-elles**. When third person singular verbs end with a vowel, **-t-** is inserted between the verb and the pronoun.

> Elle aim**e** les jupes. ⟶   **Aime-t-elle** les jupes?
> Il port**e** un veston. ⟶   **Porte-t-il** un veston?

Je is seldom inverted. **Est-ce-que** is used instead: **Est-ce que je suis élégant?**

2. When a noun is the subject of the sentence, the noun subject is retained; the third person pronoun corresponding to the subject follows the verb and is attached to it by a hyphen.

NOUN SUBJECT
Statement: Paul est touriste.
Question: **Paul est-il** touriste?

> **Marc est-il** étudiant?   *Is Marc a student?*
> **Delphine travaille-t-elle**   *Does Delphine work a*
> beaucoup?   *lot?*
> **Les amis arrivent-ils** ce soir?   *Are our friends arriving*
>   *tonight?*

[Allez-y! C-D]

Allez-y!

A. C'est difficile à croire! You find it hard to believe what Mireille is telling you. Express your surprise by turning each statement into a question. (Your intonation should express your disbelief!)

MODÈLE: Solange est de Paris. ⟶ Solange est de Paris?

1. Pascal est aussi de Paris.
2. Solange et Pascal sont belges.
3. Roger est le camarade de Pascal.
4. C'est un garçon drôle.
5. Il n'habite pas à Paris.
6. Sandra est canadienne.

B. Des personnalités compatibles. With a partner, play the roles of two people whose personalities are perfectly matched. Use the expressions from **Mots clés** as in the model.

MODÈLE: calme ⟶
É1: Est-ce que tu es calme?
É2: Oui, je suis calme. Et toi?   Non, je ne suis pas calme. Et toi?

↓   *or*   ↓

É1: Moi aussi, je suis calme.   Moi non plus, je ne suis pas calme.

1. sympathique
2. sportif / sportive
3. curieux / curieuse
4. sérieux / sérieuse
5. patient(e)
6. travailleur / travailleuse

Mots clés

**Les expressions *moi aussi,
moi non plus***

If you agree with someone's comment, your answer will be either **moi aussi** (*me too*) or **moi non plus** (*me neither*).

—Je suis fatigué!
—Moi aussi!

—Mais je n'ai pas faim!
—Moi non plus!

C. Étudiants à la Sorbonne. You are writing an article on student life in Paris. Verify the information you have jotted down by expressing your statements as questions.

MODÈLE: Stéphane étudie à la Sorbonne. ⟶
Est-ce que Stéphane étudie à la Sorbonne?

1. Il est belge.
2. Vous admirez Stéphane.
3. Stéphane et Carole sont étudiants en philosophie.
4. Ils sont sympathiques.
5. Carole habite à la cité-U.

D. Portrait d'un professeur. Ask your instructor about his or her personality, tastes, and clothing. Use inversion in your questions.
Verbes suggérés: aimer, danser, écouter, être, parler, regarder, skier

MODÈLES: Êtes-vous pessimiste?

Aimez-vous les cravates orange?

Now see if your classmates were listening. Ask a classmate three questions about your instructor.

MODÈLE: Est-ce que le professeur est pessimiste?

Les prépositions *à* et *de*

Mentioning Specific Places or People

Arnaud et Delphine, deux étudiants

Ils habitent **à la** cité universitaire.
Ils mangent **au** restaurant universitaire.
Ils jouent **au** volley-ball **au** gymnase.
Le week-end, ils jouent **aux** cartes entre amis.
Ils aiment parler **des** professeurs, **de l'**examen
d'anglais, **du** cours de littérature française et
de la vie **à l'**université.

Et vous?

1. Habitez-vous à la cité universitaire?
2. Mangez-vous au restaurant universitaire?
3. Jouez-vous au volley-ball au gymnase?
4. Le week-end, jouez-vous aux cartes?
5. Aimez-vous parler des professeurs? de l'examen
   de français? du cours de français? de la vie à
   l'université?

Deux étudiants au café à Paris. Le chien a-t-il faim?

Prepositions (**les prépositions**) give information about the relationship
between two words. Examples in English are *at, before, for, in, of, to,
under, without.* In French, the prepositions **à** and **de** sometimes contract
with articles.

The Preposition *à*

1. **À** indicates location or destination. It has several English equivalents.

   Arnaud habite **à** Paris.   *Arnaud lives in Paris.*
   Il étudie **à la** bibliothèque.   *He studies at (in) the library.*
   Il arrive **à** Bruxelles demain.   *He's coming to Brussels tomorrow.*

2. With verbs such as **donner, montrer, parler,** and **téléphoner, à**
   introduces the indirect object (usually a person) even when *to* is not
   used in English.

   Arnaud **donne** un livre **à**   *Arnaud gives his friend a*
   son copain.   *book.*

Arnaud **montre** une photo **à** Delphine.	*Arnaud shows Delphine a photo.*
Il **parle à** un professeur.	*He's speaking to a professor.*
Il **téléphone à** un ami.	*He's calling a friend.*

The preposition *to* is not always used in English, but **à** must be used in French with these verbs.

The Preposition *de*

1. **De** indicates where something or someone comes from.

Medhi est **de** Casablanca.	*Medhi is from Casablanca.*
Il arrive **de** la bibliothèque.	*He is coming from the library.*

2. **De** also indicates possession (expressed by *'s* or *of* in English) and the concept of belonging to, being a part of.

Voici la librairie **de** Madame Vernier.	*Here is Madame Vernier's bookstore.*
J'aime mieux la librairie **de** l'université.	*I prefer the university bookstore (the bookstore of the university).*

3. When used with **parler, de** means *about*.

Nous parlons **de** la littérature contemporaine.	*We're talking about contemporary literature.*

The Prepositions *à* and *de* with the Definite Articles *le* and *les*

à + le = au	Arnaud arrive **au** cinéma.
à + les = aux	Arnaud arrive **aux** cours.
à + la = à la	Arnaud arrive **à la** librairie.
à + l' = à l'	Arnaud arrive **à l'**université.
de + le = du	Arnaud arrive **du** cinéma.
de + les = des	Arnaud arrive **des** cours.
de + la = de la	Arnaud arrive **de la** librairie.
de + l' = de l'	Arnaud arrive **de l'**université.

The Verb *jouer* with the Prepositions *à* and *de*

When **jouer** is followed by the preposition **à,** it means to play a team sport or a game. When it is followed by **de,** it means to play a musical instrument.

Martine
joue au tennis.

Philippe
joue du piano.

 Allez-y!

A. Où est-ce qu'on va? (*Where do we go?*) Answer, taking turns with a partner. **Suggestions:** l'Alliance (*Institute*) française, l'amphithéâtre, la bibliothèque, le café, le cinéma, le concert, les courts de tennis, le Quartier latin, le restaurant universitaire, la salle des sports

> MODÈLE: pour écouter une symphonie ⟶
> É1: Où est-ce qu'on va pour écouter une symphonie?
> É2: On va au concert.

1. pour regarder un film **2.** pour jouer au tennis **3.** pour jouer au volley-ball **4.** pour écouter le professeur **5.** pour apprendre (*learn*) le français **6.** pour étudier **7.** pour manger **8.** pour visiter la Sorbonne **9.** pour parler avec des amis

B. Camille, une personne très active. Adapt the following sentences, using the words in parentheses.

1. Camille téléphone *à Sophie.* (le professeur / les amies / Gabriel / le restaurant)
2. Elle parle *de la littérature africaine.* (le rap / la politique française / les livres de Marguerite Duras / le cours de japonais)
3. Camille arrive *de la librairie.* (le resto-U / New York / la bibliothèque / les courts de tennis)
4. Elle aime jouer *au football.* (le piano / les cartes / le basket-ball / la guitare)

C. Les passe-temps. Complete the following sentences with **jouer à** or **de.** Match the players with the sports or instruments they play.

MODÈLE: Peyton Manning ⟶ Peyton Manning joue au football américain.

<table>
<tr><td>1. Wynton Marsalis</td><td>a. le banjo</td></tr>
<tr><td>2. Serena Williams</td><td>b. le golf</td></tr>
<tr><td>3. Carlos Santana</td><td>c. les échecs (chess)</td></tr>
<tr><td>4. Alicia Keys</td><td>d. la trompette</td></tr>
<tr><td>5. Shaquille O'Neal</td><td>e. le piano</td></tr>
<tr><td>6. Tiger Woods</td><td>f. le basket-ball</td></tr>
<tr><td>7. Mia Hamm</td><td>g. le base-ball</td></tr>
<tr><td>8. Alex Rodriguez</td><td>h. la guitare</td></tr>
<tr><td>9. Béla Fleck</td><td>i. le foot</td></tr>
<tr><td>10. Hikaru Nakamura</td><td>j. le tennis</td></tr>
</table>

D. Trouvez quelqu'un qui... Find someone in the classroom who does each of the following activities. On a separate piece of paper, note down his/her name next to the activity. See who can complete the list the fastest.

MODÈLE: Est-ce que tu joues au tennis?
Oui, je joue au tennis. (*ou* Non, je ne joue pas au tennis.)

jouer de la guitare
jouer au poker
jouer au base-ball
jouer au volley
jouer au bridge
jouer au tennis
jouer de la clarinette

aimer les films français
manger à la cafétéria
 aujourd'hui
aimer le laboratoire de
 langues
jouer aux cartes
?

© Yayo/Cartoonists & Writers Syndicate http://cartoonweb.com

Qu'est-ce que vous pensez de cette illustration?

Lecture

Avant de lire

Gaining confidence in your reading skills. You have already practiced two strategies that facilitate comprehension of a written text: recognizing cognates (**Chapitre 1**) and predicting the content of a text using the context (**Chapitre 2**). These strategies *do* work. The more you practice them, the more confidence you will gain, enabling you to read texts in French with greater ease and enjoyment. Here is some additional advice:

- *Read and reread.* Read the text once to get the general sense. Then read it a second time, using the techniques you already know to fill in the gaps.
- *Don't fret over every word.* Break the habit of reading for word-for-word translation. Concentrate on getting the meaning of larger "chunks" of text—phrases and entire sentences.
- *Use the dictionary as a last resort.* After using all of your reading strategies, try to decide whether the meaning of an unfamiliar word is truly crucial for your comprehension of the general meaning. If it is, consult a dictionary. The dictionary is an important tool, but it should be used with moderation.

Parlons de la mode. Paris is one of the great centers of the fashion industry, and French fashion terms have been incorporated extensively into English. For this reason, in fashion advertising in English, it is not unusual to see French words used unaltered. Do you know the meanings of the following words?

parfum	boutique	haute couture
couturier	mode	prêt-à-porter

Des mots apparentés! The following sentences are excerpted from the reading selection. Guess the meaning of the cognates in italics.

1. Depuis Louis XIV, c'est Paris qui décide des *tendances*, des *couleurs* et des *modèles* pour les *saisons* printemps-été et *automne*-hiver.
2. En mars et en octobre, Paris est le *centre* de l'*univers* de la mode: les créateurs *présentent* leurs nouvelles *collections* devant la *presse* et les *télévisions* du monde *entier*.

À propos de la lecture...
This reading was written by one of the authors of *Vis-à-vis*.

La haute couture: Paris, capitale de la mode

Lacroix, c'est romantique.

La magie Gaultier

Paris est bien la capitale de la mode, n'est-ce pas? Oui! Depuis[1] Louis XIV, c'est Paris qui décide des tendances, des couleurs et des modèles pour les saisons printemps-été et automne-hiver.[2]

En mars et en octobre, Paris est le centre de l'univers de la mode: les créateurs présentent leurs nouvelles collections devant la presse et les télévisions du monde[3] entier. Dans les palaces prestigieux comme le Ritz, les stylistes de la haute couture ou du prêt-à-porter de luxe organisent des défilés[4] fabuleux. Au premier rang sont assises[5] les célébrités: des actrices de cinéma et de riches clientes (beaucoup d'Américaines)! Chaque vêtement est unique, très cher et très luxueux.[6]

Christian Lacroix, le génie et l'enthousiasme

Christian Lacroix présente sa première collection en 1987,[7] à l'âge de quarante ans. C'est une symphonie de couleurs flamboyantes et de formes audacieuses.[8] Cet ancien[9] étudiant en Histoire de l'art préfère les matières luxueuses comme la soie et le velours.[10] Passionné de théâtre et d'opéra, il crée des costumes splendides. Avec lui, les vêtements sont des ornements.

Jean-Paul Gaultier, l'extravagance et l'humour

Entré dans la mode en 1976,[11] Jean-Paul Gaultier n'a pas peur de choquer. Il a raison: il est excentrique mais il a du talent. Il peut donc risquer[12] toutes les audaces. Les stars du show-business (par exemple, Madonna) et les anticonformistes portent ses modèles. Sa mode est drôle, ses collections toujours originales. Il joue avec les matières et avec les idées: il invente le bijou électronique, il impose la jupe pour homme, il crée une collection «Piercings et Tatouages[13]»! Son imagination n'a pas de limites.

[1]*Since* [2]*printemps-été... spring-summer and fall-winter* [3]*world* [4]*fashion shows* [5]*Au... Sitting in the first row are* [6]*luxurious* [7]*mille neuf cent quatre-vingt-sept* [8]*daring* [9]*former* [10]*soie... silk and velvet* [11]*mille neuf cent soixante-seize* [12]*risk* [13]*Tatoos*

Chanel: le modernisme et la classe

Né[14] en 1939[15] en Allemagne, Karl Lagerfeld symbolise paradoxalement l'élégance française. Il est Monsieur Chanel. Avec sa queue de cheval[16] et ses grosses lunettes de soleil,[17] il a l'air snob. Il est tout simplement très individualiste. Ses modèles sont dans la tradition commencée par Coco Chanel: tailleurs en tweed, petites robes chic, jupes en mouvement. Le style est dans la simplicité des formes et dans le travail du détail.

[14]*Born*   [15]mille neuf cent trente-neuf   [16]queue... *ponytail*   [17]lunettes... *sunglasses*

Le miracle Chanel

Compréhension

Quel couturier / Quels couturiers... ? Name the designer(s) best described in the following statements. Justify your choice by citing words or phrases from the text.

1. Design fashion inspired by the theater and the opera.
2. Dress celebrities.
3. Appeal to a younger buyer.
4. Design classic-looking fashion.
5. Employ humor and whimsy in fashion design.

Écriture

Mon meilleur ami / Ma meilleure amie. Describe your best friend, using the following guidelines. Then rewrite your ideas in the form of a paragraph. You may give additional information.

1. Donnez le nom de votre ami(e).
2. Indiquez sa (*his/her*) profession.
3. Donnez des informations sur son apparence: couleurs des cheveux et des yeux, taille, style de vêtements.
4. Donnez des informations sur sa personnalité.
5. Est-ce qu'il/elle joue d'un instrument de musique? Si oui, lequel (*which one*)?
6. Est-ce qu'il/elle pratique un sport d'équipe? Si oui, lequel?

Mon meilleur ami / Ma meilleure amie...

À l'écoute sur Internet

Mon meilleur copain. Guillaume is talking about his best friend, Patrice. First, look through the activities. Next, listen to the vocabulary and to Guillaume's description of Patrice. Then do the activities. Replay the recording as often as you need to. (See Appendix G for answers.)

VOCABULAIRE UTILE

vachement	very (*slang*)
le cuir	leather

A. C'est bien Patrice? Based on Guillaume's description, circle the drawing of Patrice.

B. Toujours Patrice! Now choose the correct answer, based on what you hear.

1. Patrice habite _____.
   a. à Lyon
   b. à Nice
2. Patrice étudie _____.
   a. l'anglais
   b. l'espagnol
3. Patrice adore _____.
   a. la musique classique
   b. le rock
4. Il joue _____.
   a. du piano
   b. de la guitare
5. Patrice est _____.
   a. intelligent mais un peu paresseux
   b. très intellectuel
6. Patrice porte toujours _____.
   a. un jean et un blouson noir
   b. un costume gris

Le vidéoblog de Léa

En bref

In this episode, Léa and Hassan meet at a café, where they talk about clothing. In her videoblog, Léa describes the various places one can buy clothing in Paris; Hassan talks about how people dress in Morocco.

Vocabulaire en contexte

une bonne adresse
good/favorite place to shop

dépenser de l'argent
to spend money

être en solde
to be on sale

le luxe
luxury

la mode
fashion

le marché aux puces
flea market

la haute couture
high fashion, designer clothing

un (petit, gros) budget vêtements
(small, large) clothing budget

On fait (*does*) du shopping au Maroc.

Visionnez!

	Léa	Hassan	les deux
1. Qui ne dépense pas beaucoup d'argent pour ses vêtements?	☐	☐	☐
2. Qui a une liste de bonnes adresses?	☐	☐	☐
3. Qui porte presque (*almost*) toujours un jean?	☐	☐	☐
4. Qui est quelquefois sportif, quelquefois élégant?	☐	☐	☐
5. Qui aime les vêtements chic?	☐	☐	☐

Analysez!

Voici une liste de vêtements marocains traditionnels mentionnés par Hassan: **des babouches, une djellaba, un fez / un tarbouch, un foulard** (*scarf*). Qui porte chaque (*each*) vêtement—un homme, une femme ou les deux? Ces vêtements ont-ils des équivalents occidentaux (*Western*)?

> MODÈLE: Un homme porte un fez. Un fez est une sorte de chapeau.

Comparez!

Make a list of the **bonnes adresses** in your area. Which stores are good for a small clothing budget, which are good for a large one, and which articles of clothing in particular are these stores known for? How do these stores compare to those described in the video?

> MODÈLE: Si vous avez un petit budget vêtements, le magasin Marshall's est super: on y trouve (*finds there*) …

Note culturelle

French families are spending a much smaller percentage of their income on clothing than they used to (5.6% today compared to 11% in 1960). Clothing is now less of a social symbol. It is a way of expressing one's identity. France is still known as the land of luxury products, however, and the new tendencies determined by *haute couture* collections are still carefully dissected on news broadcasts every season. Some of the most famous *couturiers* are Dior, Chanel, Givenchy, Ungaro, Gaultier, Lacroix, to name only a few.

Vocabulaire

Verbes

arriver to arrive
avoir to have
jouer to play
  jouer à to play (*a sport or game*)
  jouer de to play (*a musical instrument*)
montrer to show
porter to wear; to carry
téléphoner à to telephone

À REVOIR: **regarder, travailler**

Expressions avec *avoir*

avoir (20) ans to be (20) years old
avoir besoin de to need (to)
avoir chaud to be warm
avoir de la chance to be lucky
avoir envie de to want (to), feel like (*doing s.th.*)
avoir faim to be hungry
avoir froid to be cold
avoir honte to be ashamed
avoir l'air (+ *adj.*); **avoir l'air de** (+ *inf.*) (+ *noun*) to seem, look, appear
avoir peur (de) to be afraid (of, to)
avoir raison to be right
avoir rendez-vous avec to have a meeting (date) with
avoir soif to be thirsty
avoir sommeil to be sleepy
avoir tort to be wrong

Substantifs

le/la camarade de chambre roommate
les cartes (*f.*) cards
les cheveux (*m. pl.*) hair
les échecs (*m. pl.*) chess
la jeune femme young woman
le jeune homme young man
la personne person
la soirée party
les yeux (*m.*) eyes

À REVOIR: **l'ami(e), la bibliothèque, l'université**

Adjectifs

antipathique unpleasant
beau / belle beautiful
blond(e) blond
châtain (*inv. in gender*) chestnut brown
cher / chère expensive
chic stylish
court(e) short
drôle funny, odd
égoïste selfish
facile easy
fatigué(e) tired
fier / fière proud
gentil(le) nice, pleasant
grand(e) tall, big
heureux / heureuse happy; fortunate
hypocrite hypocritical
nouveau / nouvelle new
paresseux / paresseuse lazy
pauvre poor
petit(e) small, short
prêt(e) ready
raide straight
roux / rousse redheaded
sensible sensitive
sportif / sportive *describes someone who likes physical exercise and sports*
sympa(thique) nice, likeable
travailleur / travailleuse hardworking
triste sad

À REVOIR: **espagnol(e), français(e), italien(ne)**

Adjectifs apparentés

amusant(e), blond(e), calme, charmant(e), conformiste, courageux/courageuse, curieux / curieuse, (dés)agréable, différent(e), difficile, dynamique, élégant(e), enthousiaste, excentrique, extraordinaire, idéal(e), idéaliste, (im)patient(e), important(e), individualiste, inflexible, intellectuel(le), intelligent(e), intéressant(e), long(ue), modeste, naïf / naïve, nerveux / nerveuse, optimiste, ordinaire, parisien(ne), pessimiste, raisonnable, réaliste, riche, sérieux / sérieuse, sincère, snob, sociable, solitaire

Les vêtements

le béret beret
le blouson windbreaker
les bottes (*f.*) boots
la casquette baseball cap
le chapeau hat
les chaussettes (*f.*) socks
les chaussures (*f.*) shoes
la chemise shirt
le chemisier blouse
le costume (*man's*) suit
la cravate tie
l'imperméable (*m.*) raincoat
le jean jeans
la jupe skirt
le maillot de bain swimsuit

le manteau coat
le pantalon pants
le pull-over sweater
la robe dress
le sac à dos backpack
le sac à main handbag
les sandales (*f.*) sandals
le short shorts
le tailleur woman's suit
le tee-shirt T-shirt
les tennis (*m.*) tennis shoes
la veste sports coat, blazer
le veston suit jacket

Les couleurs

blanc / blanche white
bleu(e) blue
gris(e) gray
jaune yellow
marron (*inv.*) brown
noir(e) black
orange (*inv.*) orange
rose pink
rouge red
vert(e) green
violet(te) violet

Mots et expressions divers

assez somewhat
de taille moyenne of medium
   height
moi aussi me too
moi non plus me neither
n'est-ce pas? isn't it so?
peu not very; hardly
un peu a little
Quel âge avez-vous (as-tu)?
   How old are you?

À la maison

À... At home

Les dossiers de Léa

Léa

▶ 📁 Mes photos
  ▶ 📁 Des appartements de luxe
  ▶ 📁 Un petit «chez moi»
  ▶ 📁 De vieilles maisons à Montréal

Des appartements de luxe dans le septième arrondissement

Dans ce chapitre...

Objectifs communicatifs
▶ locating people and objects
▶ expressing the absence of something
▶ getting information
▶ expressing actions
▶ describing people, places, and things

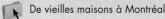
Un petit «chez moi»: une chambre de bonne

Paroles (Leçon 1)
▶ Les prépositions de lieux
▶ L'ameublement

Structures (Leçons 2 et 3)
▶ Les articles indéfinis après **ne... pas**
▶ Les mots interrogatifs
▶ Le verbes en **-ir**
▶ La place de l'adjectif qualificatif

Culture
▶ **Le blog de Léa:** *Chez moi*
▶ **Reportage:** *Montréal: vivre en français*
▶ **Lecture:** *Avantages et inconvénients de la colocation* (Leçon 4)

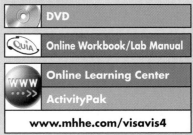
De vieilles maisons à Montréal

MULTIMÉDIA

💿	**DVD**
QUIA	**Online Workbook/Lab Manual**
WWW ••••>>	**Online Learning Center**
	ActivityPak
	www.mhhe.com/visavis4

91

Leçon 1

 Christine, Michel et la voiture° *car*

Michel est **dans** le parc, **entre** le banc (*bench*) et l'arbre (*tree*).

Christine est **dans** sa voiture, **loin du** parc.

Maintenant, elle est **en face de** l'université, **près du** parc.

Michel est **devant** la voiture.

Christine est **à côté de** la voiture. Michel est **sur** la voiture.

Michel pousse la voiture. Il est **derrière** la voiture.

Christine est **sous** la voiture. Michel est **à gauche de** la voiture. Les outils (*tools*) sont **par terre, à droite de** la voiture.

LES PRÉPOSITIONS DE LIEU	
dans	in
entre	between
chez	at the home of; at the office of
à côté de	next to, beside
en face de	across from, opposite
devant ≠ derrière	in front of ≠ behind
sur ≠ sous	on ≠ under
à gauche de ≠ à droite de	to the left of ≠ to the right of
près de ≠ loin de	near ≠ far from
par	by; through
par terre	on the ground

‖‖‖ *Allez-y!*

A. Vrai ou faux? The following statements correspond (by number) to the drawings on the previous page. Correct any statements that are wrong.

1. Michel est assis (*seated*) sur le banc.
2. Christine est à côté du parc.
3. Elle est près de l'université.
4. Michel est derrière la voiture.
5. Christine est à gauche de la voiture.
6. Michel est en face de la voiture.
7. Christine est sur la voiture.

B. Désordre. Alain has a problem with clutter! Describe his room, using **les prépositions de lieu**.

MODÈLE: Il y a deux livres sous la chaise.

Deux chambres d'étudiants

La chambre de Céline est en désordre. Elle loue un appartement dans un immeuble moderne.

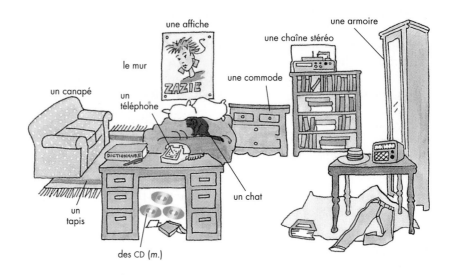

La chambre d'Anne est en ordre. Elle habite dans une maison.

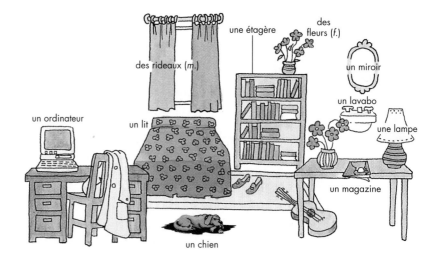

AUTRES MOTS UTILES

un baladeur iPod®	an iPod (player)
une chambre de bonne	a maid's room; a garret
un lecteur de CD/DVD	a CD/DVD player
un meuble	a piece of furniture
un mobile	a cell phone
un portable	a cell phone; a laptop computer
un réveil	an alarm clock
un studio	a studio (one-room apartment)

Allez-y!

A. Deux chambres. Taking turns with a partner, ask and answer questions about the two rooms. Start with **Qu'est-ce qu'il y a...** (*What is there . . .*).

> MODÈLE: derrière l'étagère d'Anne? ⟶
> É1: Qu'est-ce qu'il y a derrière l'étagère d'Anne?
> É2: Il y a un mur.

1. sur le bureau de Céline? d'Anne?
2. à côté du lit de Céline? d'Anne?
3. sous la table de Céline? d'Anne?
4. sur le lit de Céline?
5. sur l'étagère de Céline? d'Anne?
6. sous le bureau de Céline?
7. à côté du téléphone de Céline?
8. sur le mur de Céline? d'Anne?
9. par terre dans la chambre de Céline? d'Anne?
10. sur la table d'Anne?
11. à côté de l'étagère d'Anne?
12. sur le tapis de Céline? d'Anne?

B. L'intrus. Three items are similar and one is different in each of the following series. Find the items that are out of place.

1. lit / commode / armoire / fleur
2. baladeur iPod® / affiche / guitare / disque compact
3. lavabo / livre / magazine / étagère
4. miroir / affiche / rideaux / magazine

C. Préférences. What might you find in the room of a person with the following interests?

> MODÈLE: les arts ⟶
> Sur le mur, il y a des affiches; il y a des livres d'art dans l'étagère et à côté du lit, et cetera.

1. étudier
2. écouter de la musique
3. parler à des amis
4. le sport
5. la mode
6. le cinéma

Décrivez (*Describe*) cette chambre d'étudiant à la cité-U.

Leçon 2

 Les articles indéfinis après *ne... pas*

Expressing the Absence of Something

Le confort étudiant

NATHALIE: Où sont les toilettes*?
ANNE: Désolée, je **n'**ai **pas de** toilettes dans ma chambre. Elles sont dans le couloir.
NATHALIE: Mais tu as une douche?
ANNE: Non, **pas de** toilettes, **pas de** douche, mais j'ai une cuisinette et...
NATHALIE: Et une télé?
ANNE: Non, il **n'**y a **pas de** télé, mais j'ai une chaîne stéréo.

Complétez selon le dialogue.

1. Dans sa chambre, Anne n'a _____.
2. Il n'y a pas _____.
3. Elle a une chaîne stéréo mais _____.

1. In negative sentences, the indefinite article (**un, une, des**) becomes **de (d')** after **pas**.

Il a une amie.

Elle porte une casquette.

Il y a des voitures dans la rue.

---

*In French, **toilettes** is always plural. You can also say **les W.-C.** (*water closet*), pronounced [vese].

Il n'a pas d'amie.   Elle ne porte pas   Il n'y a pas de
                     de casquette.   voitures dans la rue.

—Est-ce qu'il y a **un livre** sur   *Is there a book on the table?*
la table?

—Non, il n'y a **pas de livre**   *No, there is no book on the table.*
sur la table.

—Est-ce qu'il y a **des fleurs**   *Are there any flowers on the table?*
sur la table?

—Non, il n'y a **pas de fleurs**   *No, there aren't any flowers on*
sur la table.   *the table.*

[Allez-y! A]

2. In negative sentences with **être,** however, the indefinite article does
   not change.

   —C'est un livre?
   —Non, ce n'est pas un livre.

3. The definite article (**le, la, les**) does not change in a negative
   sentence.

   —Elle a **la** voiture aujourd'hui?
   —Non, elle n'a pas **la** voiture.

[Allez-y! B]

 *Allez-y!*

A. Chambre à louer. (*Room for rent.*) The room Christian is inquiring
about is very sparsely furnished. Play the roles of Christian and his
prospective landlord or landlady, following the example.

> **MODÈLE:** une télé ⟶
> É1: Est-ce qu'il y a une télé dans la chambre?
> É2: Non, il n'y a pas de télé.

1. un lavabo   **4.** des étagères
2. une armoire   **5.** une commode
3. des tapis   **6.** un lit

B. Une interview. Interview a classmate. Pay close attention to the articles.

MODÈLES: avoir un ordinateur ⟶
    É1: Tu as un ordinateur?
    É2: Non, je n'ai pas d'ordinateur. *or* Oui, j'ai un ordinateur.

    aimer les ordinateurs ⟶
    É1: Tu aimes les ordinateurs?
    É2: Non, je n'aime pas les ordinateurs. *or* Oui, j'aime les ordinateurs.

1. étudier le russe (l'italien, l'allemand)
2. avoir une chambre (un appartement, une maison)
3. travailler le soir (*in the evening*) (le samedi, le dimanche)
4. avoir des CD d'Alanis Morissette (des CD de musique classique, des CD de jazz)
5. aimer les chats (les chiens)
6. ?

Résumez! Now summarize what you have learned about your classmate for the rest of the class: **Il/Elle a… , mais il/elle n'a pas de (d')…**

Les mots interrogatifs

Getting Information

Chambre à louer

MME GÉRARD: Bonjour, mademoiselle. **Comment** vous appelez-vous?
AUDREY: Audrey Delorme.
MME GÉRARD: Vous êtes étudiante?
AUDREY: Oui.
MME GÉRARD: **Où** est-ce que vous étudiez?
AUDREY: À la Sorbonne.
MME GÉRARD: C'est très bien, ça. Et **qu'est-ce que** vous étudiez?
AUDREY: La philosophie.
MME GÉRARD: Oh, c'est sérieux, ça. Vous avez **combien d'**heures de cours?
AUDREY: 21 heures par semaine.
MME GÉRARD: Vous avez besoin d'une chambre pas chère?
AUDREY: Oui, c'est ça. **Quand** est-ce que la chambre est disponible?
MME GÉRARD: Aujourd'hui. Elle est à vous.

Vrai ou faux?

1. Audrey est étudiante à Paris.
2. Mme Gérard a l'air gentille.
3. Audrey a besoin d'une chambre pas chère.

Information Questions with Interrogative Words

Information questions ask for new information or facts. They often begin with interrogative expressions. Here are some of the most common interrogative adverbs in French.

où	*where*	**pourquoi**	*why*
quand	*when*	**combien de**	*how much,*
comment	*how*		*how many*

Information questions can be formed with **est-ce que** or with a change in word order. (You may wish to review the presentation of yes/no questions in **Chapitre 3, Leçon 3.**) The interrogative word is usually placed at the beginning of the question.

1. These are information questions with **est-ce que**.

> **Où**
> **Quand**
> **Comment**
> **Pourquoi** } **est-ce que** Michel joue du banjo?

> **Combien de** fois par semaine (*times a week*) **est-ce que** Michel joue?

2. These are information questions with a change in word order.

> **PRONOUN SUBJECT**
> **Où**
> **Quand**
> **Comment**
> **Pourquoi** } étudie-t-il la musique?
> **Combien d'**instruments a-t-il?

> **NOUN SUBJECT**
> **Où**
> **Quand**
> **Comment**
> **Pourquoi** } Michel étudie-t-il la musique?
> **Combien d'**instruments Michel a-t-il?

3. These are information questions consisting of a noun subject and verb only. With **où, quand, comment,** and **combien de,** it is possible to ask information questions using only a noun subject and the verb, with no pronoun.

> **Où**
> **Quand**
> **Comment** } étudie Michel la musique?
> **Combien d'**instruments a Michel?

However, the pronoun is almost always required with **pourquoi**.

> **Pourquoi** Michel étudie-t-**il**?

[Allez-y! A-B-F]

Information Questions with Interrogative Pronouns

Some of the most common French interrogative pronouns (**les pronoms interrogatifs**) are **qui, qu'est-ce que,** and **que. Que** becomes **qu'** before a vowel or mute **h. Qui** is invariable.

1. **Qui** (*who, whom*) is used to ask about a person or people.

Qui étudie le français?	*Who studies French?*
Qui regardez-vous? **Qui** est-ce que vous regardez?	*Whom are you looking at?*
À qui Michel parle-t-il? **À qui** est-ce que Michel parle?	*Whom is Michel speaking to?*

2. **Qu'est-ce que** and **que** (*what*) refer to things or ideas. **Que** requires inversion.

Qu'est-ce que vous étudiez? **Qu'**étudiez-vous?	*What are you studying?*
Que pense-t-il de la chambre?	*What does he think of the room?*

[Allez-y! C-D-E-F]

||||| *Allez-y!*

A. **De l'argent.** Monsieur Harpagon is sometimes stingy. Respond to these statements as he would, using **pourquoi.**

   MODÈLE: J'ai besoin d'un manteau. ⟶
   Pourquoi as-tu besoin d'un manteau?

   1. Nous avons besoin d'une étagère.
   2. Monique a besoin d'un dictionnaire d'anglais.
   3. Paul a besoin d'une voiture.
   4. J'ai besoin d'un nouveau tapis.

B. **Une chambre d'étudiant.** Complete the conversation with the appropriate interrogative expressions. **Suggestions:** comment, où, pourquoi, quand, combien de...

   MODÈLE: SABINE: Comment est la chambre?
   JULIEN: La chambre est *très agréable.*

   SABINE: _____?
   JULIEN: J'emménage (*I move in*) *jeudi.*
   SABINE: _____?
   JULIEN: La lampe est *à côté du lecteur de CD.*
   SABINE: _____?
   JULIEN: Il y a *deux* chaises et *une* table.

SABINE: _____?
JULIEN: J'ai un lecteur de CD *parce que j'adore la musique.*
SABINE: _____?
JULIEN: J'écoute de la musique *quand j'étudie.*
SABINE: _____?
JULIEN: La chambre est *petite mais confortable.*

C. Une visite chez Camille et Marie-Claude. Ask a question in response to each statement about Camille and Marie-Claude's new apartment. Use **qu'est-ce que** or **que**.

> MODÈLE: Nous visitons le logement de Camille et Marie-Claude. —→
> Qu'est-ce que vous visitez? (*ou* Que visitez-vous?)

1. Il y a un miroir sur le mur.
2. Je regarde les affiches de Camille.
3. Nous admirons l'ordre de la chambre de Camille.
4. Guy écoute les CD de Marie-Claude.
5. Je trouve des magazines intéressants.
6. Elles cherchent le chat de Camille.
7. Guy n'aime pas les rideaux à fleurs.
8. Nous aimons bien la vue et le balcon.

D. Les étudiants et le logement. With a little help from her friends, Brigitte finds a new room. Create a question, using **qui** or **à qui**, that corresponds to each item of information.

> MODÈLE: *Brigitte* cherche un logement. —→
> Qui cherche un logement?

1. Mme *Boucher* a une petite chambre à louer dans une maison.
2. Jocelyne et Richard parlent de Mme Boucher à *Brigitte.* **3.** Brigitte téléphone à Mme *Boucher.* **4.** Mme Boucher montre la chambre à *Brigitte.* **5.** *Brigitte* loue la chambre de Mme Boucher.

E. Voici les réponses. Invent questions for these answers.

> MODÈLE: Dans la chambre de Claire. —→
> Où est-ce qu'il y a des affiches de cinéma?
> Où sont les CD d'Aimée?

1. C'est un magazine français.
2. À l'université.
3. Parce que je n'ai pas envie d'étudier.
4. Vingt-quatre étudiants.
5. À Laure.
6. Djamila.
7. Très bien.
8. Parce que j'ai faim.
9. Maintenant.

F. Êtes-vous curieux/curieuse? Why is it always the instructor who asks questions? It's your turn to question him/her. Be formal; use inversion.

> MODÈLES: D'où êtes-vous?
> Pourquoi aimez-vous le français?

Le blog de Léa

Chez moi

mercredi 25 mai

Chers amis du blog, j'ai un problème.

J'ai 19 ans et j'habite encore avec maman et papa. Ils trouvent ça normal. Pas moi.

Habiter un petit «chez moi», c'est mon rêve.[1] Juste un studio ou une simple chambre de bonne avec un lit, une armoire et une douche. Comme Juliette.

Voilà mon idéal: une petite chambre sous les toits,[2] à côté de la fac.

Mais ce n'est pas facile de trouver un logement à Paris, spécialement au Quartier latin. Je cherche, je regarde les petites annonces[3]... Rien.[4]

Quand est-ce que je vais trouver?

Hassan me conseille la colocation:[5] il a peut-être raison...

▲ Un petit «chez moi»: une chambre de bonne

....

COMMENTAIRES

 Alexis

Salut Léa

Au Québec, comme aux États-Unis, les étudiants n'habitent pas chez leurs parents. Ils ont une chambre à l'université. Déménage![6] Tu es une adulte, après tout.

 Mamadou

Moi aussi, Léa, pour étudier en France, j'ai déménagé à Paris. Ma famille habite toujours au Sénégal.

 Charlotte

Pourquoi déménager? On est bien chez ses parents...

 Poema

Ton copain Hassan n'a pas tort: la colocation, c'est une solution intéressante. Propose à tes parents! D'ailleurs,[7] à côté de chez moi, il y a une chambre à louer. Elle a l'air pas mal. C'est une colocation. Regarde l'annonce sur Internet: «Étudiante d'origine québécoise cherche colocataire. Propose jolie chambre de 12 m²[8] dans bel appartement. Immeuble avec concierge. Au 5ème étage[9] sans ascenseur.[10] 500 euros/mois, charges comprises.[11]

[1]*dream* [2]*sous... on the top floor (lit. under the roof)* [3]*petites... classified advertisements* [4]*Nothing* [5]*me... is advising me to get a roommate* [6]*Move out!* [7]*Moreover* [8]*12 mètres carrés = 12 square meters = approx. 129 sq. ft.* [9]*cinquième... = 5th floor* [10]*sans... without elevator* [11]*included*

Montréal: vivre en français

Parler français, dans une ambiance française, mais sur le continent américain, est-ce-que c'est possible? Bien sûr!

Il y a près de chez vous un territoire francophone. C'est la province de Québec, au Canada. Dans cette région, le français est la langue officielle des administrations, du travail, du commerce et des communications.

Combien de membres représente cette communauté? Six millions de personnes. Très actives et passionnément francophiles, elles désirent protéger leur héritage culturel francophone.

Étudiante américaine, Deborah étudie le français à l'université de Montréal pour devenir professeur. Tous les jours, elle lit[1] *Le journal de Montréal* ou *La presse*. À la télévision, elle regarde des programmes français proposés par le Réseau de l'Information[2] (RDI).

▲ **Montréal est la ville des contrastes:** Les demeures (*residences*) anciennes du Vieux-Montréal et d'autres quartiers montréalais s'opposent aux grands immeubles ultra modernes d'autres secteurs de la ville.

Elle aime se promener[3] dans les rues tranquilles de la vieille ville. «J'ai l'impression d'être en Europe», dit-elle. On comprend[4] pourquoi: Montréal a été fondé[5] par les Français en 1642.[6] Ses origines sont évidentes dans son architecture, dans les noms des rues, dans le Vieux-Port. Mais surtout, à Montréal, on attache une importance essentielle à la beauté de l'environnement et à la qualité de vie. Exactement comme à Paris, à Rome ou à Madrid.

[1]*reads* [2]*Réseau... Information Network* [3]*se... to walk* [4]*understands* [5]*a... was founded* [6]*mille six cent quarante-deux*

À vous!
1. Regardez la carte au début du livre. Où est la province de Québec? la ville de Montréal?
2. Pourquoi est-ce qu'on parle français à Montréal?
3. Pourquoi Deborah aime-t-elle particulièrement Montréal?
4. Sur la photo, quels détails suggèrent que Montréal est une ville francophone?

 On est connectés To learn more about student housing in Paris, use the links or keywords and search engines provided at the *Vis-à-vis* Online Learning Center (**www.mhhe.com/visavis4**).

Leçon 3

STRUCTURES

Les verbes en *-ir*

Expressing Actions

À bas les dissertations!

Khaled et Naima ont une dissertation* d'histoire.

KHALED: Quel sujet **choisis**-tu?
NAIMA: Je ne sais pas, je **réfléchis**. Bon, je **choisis** le premier sujet—l'Empire de Napoléon.

(*Deux jours plus tard.*)
KHALED: Alors, tu es prête?
NAIMA: Attends, je **finis** ma conclusion et j'arrive. Et si je **réussis** à avoir 15 sur 20,[†] on fait la fête!

Vrai ou faux?

1. Naima n'aime pas le premier sujet.
2. Naima finit son introduction.
3. Naima veut (*wants*) avoir 15 sur 20.

Although the infinitives of the largest group of French verbs end in **-er,** those of a second group end in **-ir**. To form the present tense of these verbs, drop the final **-ir** and add the endings shown in the chart.

PRESENT TENSE OF **finir** (*to finish*)			
je	fin**is**	nous	fin**issons**
tu	fin**is**	vous	fin**issez**
il/elle/on	fin**it**	ils/elles	fin**issent**

The **-is** and **-it** endings of the singular forms have silent final consonants. The double **s** of the plural forms is pronounced.

****Dissertation** is the equivalent of a term paper. (A doctoral dissertation is **une thèse**.)
[†]Grades in most French-speaking schools are based on a scale of 0 to 20: 10 is considered to be a passing grade, 12 is average, 15 is good, and 18 is excellent. Some exercises, such as the **dissertation,** are more demanding and require students to analyze thoughts and express opinions in an organized and articulate manner. 15 is indeed a very good grade for a **dissertation**.

1. Other verbs conjugated like **finir** include:

agir	*to act*
choisir	*to choose*
réfléchir (à)	*to reflect (upon), to consider*
réussir (à)	*to succeed (in)*

J'**agis** toujours avec logique. — *I always act logically.*
Nous **choisissons** des affiches. — *We're choosing some posters.*

2. The verb **réfléchir** requires the preposition **à** before a noun when it is used in the sense of *to consider, to think about,* or *to reflect upon something.*

Elles **réfléchissent aux** questions de Paul. — *They are thinking about Paul's questions.*

3. The verb **réussir** requires the preposition **à** before an infinitive or before the noun* in the expression **réussir à un examen** (*to pass an exam*).†

Je **réussis** souvent **à** trouver les réponses. — *I often succeed in finding the answers.*
Marc **réussit** toujours **à** l'examen d'histoire. — *Marc always passes the history exam.*

4. The verb **finir** requires the preposition **de** before an infinitive. When **finir** is followed by **par** + infinitive, it means *to end up (doing).*

En général, je **finis d'**étudier à 8 h 30. — *I usually finish studying at 8:30.*
On **finit** souvent **par** regarder la télé. — *We often end up watching TV.*

 Allez-y!

A. À la bibliothèque. Read the following description of Céline's visit to the library. Then imagine that Céline and Anne are there together and restate the account using **nous**.

Je choisis un livre de référence sur la Révolution française. Je réfléchis au sujet. Je réussis à trouver une revue intéressante sur la Révolution. Je finis très tard.

B. En cours de littérature. Complete the sentences with appropriate forms of **agir, choisir, finir, réfléchir,** or **réussir.**

1. Le professeur _____ des textes intéressants.
2. Les étudiants _____ avant de répondre aux questions du professeur.
3. Pierre et Anne _____ toujours leur travail très vite (*fast*).
4. Nous _____ toujours aux examens.
5. Toi, tu _____ souvent sans (*without*) réfléchir.

*Note the exception: **réussir sa vie** (*to make a success of one's life*) does not require the preposition **à**.
†**Passer un examen** means *to take an exam,* not *to pass* one.

C. Choisissez! What might these people pick out for their new rooms?
Sugestions: une armoire, des étagères, un lecteur de CD, un miroir,
un ordinateur, un téléphone

MODÈLE: Karim. Il aime la musique. ⟶ Il choisit un lecteur de CD.

1. Ako. Elle étudie l'informatique. **2.** Fatima et Julie. Elles ont
beaucoup de livres. **3.** Luc. Il est vaniteux (*vain*). **4.** Henri et
Yves. Ils ont beaucoup de vêtements. **5.** Chantal. Elle aime
bavarder (*to chat*).

D. Une conversation. Use the following cues as a springboard for
discussion with a classmate.

MODÈLE: réussir / aux examens ⟶
    É1: Est-ce que tu réussis toujours aux examens?
    É2: Oui, bien sûr, je réussis toujours aux examens!
    É1: Ah, tu es intelligent(e)! Moi, je ne réussis pas toujours
        aux examens.

1. agir / souvent / sans réfléchir
2. finir / exercices / français
3. choisir / cours (difficiles, faciles,...)
4. réfléchir / problèmes (politiques, des étudiants,...)
5. choisir / camarade de chambre (patient, intellectuel, calme,...)

 # **L**a place de l'adjectif qualificatif

Describing People, Places, and Things

Un *nouvel* appartement

CHLOË: J'emménage bientôt dans un **nouvel**
    appartement.
VINCENT: Ah bon? Où exactement?
CHLOË: Dans la rue des Braves, dans un **vieil**
    immeuble, près du parc.
VINCENT: Est-ce que tu aimes le quartier?
CHLOË: Beaucoup! Il y a de **grands** arbres et
    de **belles** églises. Et les gens sont
    sympathiques!

Répondez aux questions.

1. Est-ce que Chloë emménage dans une maison?
2. Est-ce qu'elle habite dans un immeuble moderne?
3. Pourquoi est-ce qu'elle aime le quartier?

Adjectives That Usually Precede the Noun

1. Certain short and commonly used adjectives usually precede the
   nouns they modify.

REGULAR	IRREGULAR	IDENTICAL IN MASCULINE AND FEMININE
grand(e)* *big, tall; great* **joli(e)** *pretty* **mauvais(e)** *bad* **petit(e)** *small, little* **vrai(e)** *true*	**ancien / ancienne*** *old; former* **beau / belle** *beautiful, handsome* **bon(ne)** *good* **cher / chère*** *dear; expensive* **dernier / dernière** *last* **faux / fausse** *false* **gentil(le)** *nice, kind* **gros(se)** *large; fat, thick* **long(ue)** *long* **nouveau / nouvelle** *new* **premier / première** *first* **vieux / vieille** *old*	**autre** *other* **chaque** *each, every* **jeune** *young* **pauvre*** *poor; unfortunate*

Marise habite une **petite** chambre en cité-U.	*Marise lives in a small room at the university dormitory.*
Les **jeunes** étudiants aiment bien le cinéma.	*Young students like to go to the movies.*
C'est une **bonne** idée!	*It's a good idea!*

2. The adjectives **beau, nouveau,** and **vieux** are irregular. They have
   two masculine forms in the singular.

SINGULAR		
Masculine	*Masculine before vowel or mute* **h**	*Feminine*
un **beau** livre	un **bel** appartement	une **belle** voiture
un **nouveau** livre	un **nouvel** appartement	une **nouvelle** voiture
un **vieux** livre	un **vieil** appartement	une **vieille** voiture

PLURAL	
Masculine	*Feminine*
de **beaux** appartements	de **belles** voitures
de **nouveaux** appartements	de **nouvelles** voitures
de **vieux** appartements	de **vieilles** voitures

[Allez-y! A]

---

*More information about **grand, ancien, cher,** and **pauvre** can be found on the next page.

Adjectives Preceding Plural Nouns

When an adjective precedes a noun in the plural form, the plural indefinite article **des** generally becomes **de**.*

    J'ai **des** livres de français. ⟶ J'ai **de** nouveaux livres de français.
    Il y a **des** films à la télé. ⟶ Il y a **de** vieux films à la télé.

[Allez-y! B-C]

Adjectives That Can Precede or Follow Nouns They Modify

The adjectives **ancien / ancienne** (*old; former*), **cher / chère** (*dear; expensive*), **grand(e),** and **pauvre** can either precede or follow a noun, but their meaning depends on their position. Generally, the adjective in question has a literal meaning when it follows the noun and a figurative meaning when it precedes the noun.

LITERAL SENSE	FIGURATIVE SENSE
Il a des chaises **anciennes**. *He has antique chairs.*	M. Sellier est l'**ancien** propriétaire. *Mr. Sellier is the former landlord.*
C'est un lecteur de CD très **cher**. *That's a very expensive CD player.*	Ma **chère** amie... *My dear friend . . .*
C'est un homme très **grand**.† *He's a very tall man.*	C'est un très **grand** homme. *He's a great man.*
Les étudiants **pauvres** n'habitent pas en appartement. *Poor (not rich) students don't live in an apartment.*	**Pauvres** étudiants! Il y a un examen demain! *The poor (unfortunate) students! There is an exam tomorrow!*

Placement of More Than One Adjective

When more than one adjective modifies a noun, each adjective precedes or follows the noun as if it were used alone.

    C'est une **petite** femme **blonde**.
    J'ai de **bons** livres **français**.
    C'est un **vieil** immeuble **agréable**.

---

*In informal speech, **des** is often retained before the plural adjective: **Elle a toujours *des* belles plantes.**
†The adjective **grand(e)** is placed *after* the noun to mean *big* or *tall* only in descriptions of people. In descriptions of things and places, **grand(e)** is placed *before* the noun to mean *big, large,* or *tall:* **les grandes fenêtres, un grand appartement, une grande table.**

Allez-y!

A. Vous déménagez? You are moving out of the apartment you share with a friend. Specify which items you are taking with you.

MODÈLE: la table / vieux —→ J'emporte la vieille table.

1. le lit / petit
2. les tapis / grand
3. l'ordinateur / nouveau
4. le lecteur de CD / vieux
5. la commode / grand
6. les chaises / beau

B. Hervé emménage! Hervé has moved into his new apartment, and he's explaining where everything goes. Give the plural form of the nouns, and make the appropriate agreements.

MODÈLE: Je place <u>un beau vase</u> sur l'étagère. —→
          Je place de beaux vases sur l'étagère.

Pour décorer, je mets <u>une vieille affiche</u>[1] sur le mur. Près du lit, il y a <u>une petite lampe</u>[2]. J'ai <u>une nouvelle chaise</u>[3] pour la table de cuisine. À la fenêtre, j'installe <u>un long rideau</u>[4]. Pour me détendre (*relax*), je passe (*play*) <u>un bon CD</u>[5]. Pour finir, j'invite <u>un vieux copain</u>[6] (*buddy*).

C. Jeu de logique. Complete the following thoughts logically using **les mots de liaison** found in the **Mots clés**.

1. J'habite dans un beau quartier, _____ c'est un peu cher.
2. Je vais déménager (*I'm going to move*) _____ je trouve un nouvel appartement.
3. J'ai envie d'habiter dans le vieux quartier de la ville _____ en banlieue (*in the suburbs*).
4. Pour le moment, mon amie Jeanne n'a pas d'argent, _____ elle habite chez ses (*her*) parents.
5. C'est une femme calme _____ organisée.
6. Elle commence un nouvel emploi le mois prochain (*next*), _____ elle pense emménager avec moi.

D. Chez moi. Ask a classmate to describe his/her room. Use questions to get information on placement, color, size, and so on. As he/she gives you the details, draw a plan of the room. Then repeat the exercise, answering his/her questions about your room.

Mots clés

Quelques mots de liaison

To make more complex and interesting sentences, use the following words:

et	*and*	**mais**	*but*
alors	*so*	**si**	*if*
ou	*or*	**donc**	*therefore*

Geneviève est riche **et** (**mais**) généreuse.
J'habite près de l'université **donc** (**alors**) je marche.

Leçon 4

  Lecture

Avant de lire

Predicting content from titles. The title of a reading selection often helps you anticipate content by activating your background knowledge about a topic. Brainstorming topics based on a title before you read will make reading easier, because you will already have information in mind that can aid your comprehension.

The text you will read in this section is called "Avantages et inconvénients de la colocation." What do you already know about renting a room or a house with another person? Make a short list of the advantages and disadvantages. Use the following questionnaire as a guide. Then, as you read, see how many of the items you mentioned appear in the text.

Acceptable ou inacceptable? Which of the following situations would you consider acceptable or unacceptable behavior from a housemate?

		ACCEPTABLE	INACCEPTABLE
1.	Votre colocataire (*housemate*) organise une soirée; vous n'êtes pas invité(e).	☐	☐
2.	Les amis de votre colocataire arrivent à l'improviste (*unexpectedly*).	☐	☐
3.	Le petit ami / La petite amie de votre colocataire emménage chez vous.	☐	☐
4.	Votre colocataire mange vos provisions mais il/elle aime cuisiner (*to cook*) pour vous.	☐	☐
5.	Votre colocataire déménage sans donner de préavis (*without notice*).	☐	☐

À propos de la lecture...
This reading was adapted from *Quo* magazine.

Avantages et inconvénients de la colocation

La colocation est surtout[1] une affaire d'étudiants: elle concerne une population qui gagne[2] peu et qui a des difficultés à trouver un emploi stable et bien rémunéré. Contrairement aux pays anglo-saxons, la colocation n'est pas fréquente en France: de 5 à 8 %[3] des locations seulement. Partager[4] un appartement ne correspond pas à la mentalité latine—une fille qui emménage avec deux garçons, par exemple, trouble souvent les voisins.[5] L'importance de la vie privée et le confort personnel, deux autres valeurs culturelles importantes, défavorisent la colocation.

Néanmoins,[6] la colocation commence à s'implanter[7] en France. La situation économique et le rapport qualité-prix[8] expliquent ce développement.

Avant de vivre en colocation, pensez à organiser les détails de la vie quotidienne.[9] Les compromis sont souvent nécessaires. Voici quelques conseils pratiques:

Voici un petit appartement à partager (*to share*). Est-ce que vous aimez le décor? Pourquoi / Pourquoi pas?

- **Les amis.** Évitez[10] les visites à l'improviste, surtout la veille[11] des examens ou des rendez-vous. Présentez vos amis à votre colocataire et invitez-le/la[12] à vos soirées de temps en temps.
- **Les soirées.** Inscrivez les dates de vos soirées sur un calendrier affiché[13] dans la cuisine. Consultez-le[14] souvent pour éviter de mauvaises surprises!
- **Le petit ami / La petite amie.** Si le contrat stipule deux personnes, ce n'est pas pour trois ou quatre!
- **La nourriture.** Achetez la nourriture séparément. Ne mangez pas les provisions de l'autre.
- **Le ménage.**[15] Chacun[16] possède des degrés différents de tolérance au désordre. Parlez du ménage avec l'autre et instituez, si nécessaire, des tours de ménage. N'oubliez pas! Le dialogue et l'humour sont essentiels à la bonne entente.[17] N'hésitez pas à parler des problèmes.

[1]*especially* [2]*earns* [3]*pour cent* [4]*To share* [5]*neighbors* [6]*Nevertheless* [7]*to become established*
[8]*rapport... good value for the price* [9]*daily* [10]*Avoid* [11]*la... the night before* [12]*invite him/her*
[13]*posted* [14]*Consult it* [15]*Le... Housework* [16]*Each person* [17]*bonne... harmony*

Compréhension

A. Pourquoi? Expliquez pourquoi…

1. les étudiants choisissent la colocation plus souvent que les autres groupes.
2. les Français sont lents (*slow*) à accepter la colocation.
3. la colocation commence à s'implanter en France.

B. Oui ou non? Indiquez si l'auteur du texte conseille (*recommends*) ou déconseille les comportements suivants.

1. Si le petit ami / la petite amie de votre colocataire emménage chez vous, accueillez-le/la (*welcome him/her*).
2. Désignez une personne pour faire le ménage, une autre pour faire la cuisine.
3. Parlez des problèmes immédiatement.
4. N'invitez pas votre colocataire à vos soirées.
5. La nourriture dans le frigo appartient à (*belongs to*) tout le monde.

Un peu plus…

Vincent Van Gogh.
Van Gogh (1853–1890) was born in the Netherlands but lived and worked most of his life in France. Early in his career, he lived in Paris among a community of artists in Montmartre, a neighborhood in the northern part of the city. He later left Paris for the south of France, where he was particularly inspired by the vivid colors of nature. The colors and bright sunlight of Provence are captured in some of his more well-known paintings of sunflowers, gardens, and his bedroom in Arles. Art critics speak of the intensity of emotion associated with this painting, *Chambre d'Arles*. What makes this work so intense?

Vincent Van Gogh: *Chambre d'Arles*, 1888. (Musée d'Orsay, Paris)

Écriture

La chambre de mes rêves. Using the following guidelines, write a paragraph describing the bedroom of your dreams. You may give additional information.

1. Donnez des informations générales sur la chambre: grandeur (*size*), style, objets et meubles, et cetera.
2. Dites pourquoi c'est la chambre de vos rêves.

La chambre de mes rêves...

À l'écoute sur Internet

Chambre à louer. Laurence is looking for a room. She calls Mme Boussard, who has a room to rent. First, read the following activity. Listen to the vocabulary and the conversation, and then complete the activity. (See Appendix G for answers.)

VOCABULAIRE UTILE

qui donnent sur	that overlook
meublé(e)	furnished
Je peux la visiter	I may (May I) visit it

Circle all the words that describe the room for rent.

1. La chambre est _____.
   - **a.** petite
   - **b.** grande
   - **c.** moderne
   - **d.** simple
   - **e.** confortable
   - **f.** calme
   - **g.** blanche
2. Dans la chambre, il y a _____.
   - **a.** un lavabo
   - **b.** un lit
   - **c.** un canapé
   - **d.** deux étagères
   - **e.** une chaîne stéréo
   - **f.** une armoire
   - **g.** deux chaises
   - **h.** une table

CHAPITRE **4**

Le vidéoblog de Léa

Léa visite l'appartement de Sonia.

En bref

In this episode, Léa meets Sonia, a young woman originally from Montreal who lives in Paris and is looking for a roommate to share her apartment. After being shown around the apartment, Léa asks Sonia to describe the architectural landscape of Montreal for her videoblog.

Vocabulaire en contexte

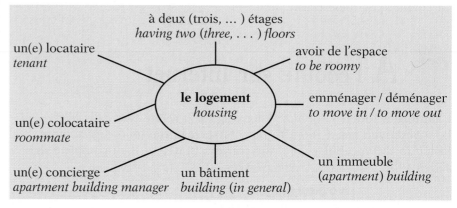

à deux (trois, …) étages
having two (three, . . .) floors

un(e) locataire
tenant

avoir de l'espace
to be roomy

le logement
housing

emménager / déménager
to move in / to move out

un(e) colocataire
roommate

un(e) concierge
apartment building manager

un bâtiment
building (in general)

un immeuble
(apartment) building

Visionnez!

For each statement, choose the adjective that best describes Sonia's apartment and neighborhood.

1. Léa trouve que l'appartement de Sonia est <u>petit</u> / <u>grand</u>.
2. Elle pense que le séjour (*living room*) est très <u>sombre</u> / <u>clair</u>.
3. La chambre de Sonia est <u>simple</u> / <u>en désordre</u>.
4. La chambre à louer (*for rent*) est <u>petite</u> / <u>grande</u>.
5. L'appartement est dans un quartier <u>super</u> / <u>désagréable</u>.
6. Les locataires sont vraiment <u>cool</u> / <u>désagréables</u>.

Analysez!

1. Sonia dit (*says*) que Montréal est une ville «où l'architecture du passé et du présent coexistent». Donnez des exemples.
2. Sonia dit aussi que Montréal est une ville «ouverte». Expliquez.

Comparez!

Watch Léa's visit to Sonia's apartment again. Is Sonia's apartment similar to student apartments near your campus? Using the vocabulary presented above, as well as other words you know, describe the housing possibilities for students in your area.

MODÈLE: Il y a de petits appartements dans des immeubles à deux étages, et il y a aussi…

Note culturelle

In France, campus housing is managed by **CNOUS (Centre national des œuvres universitaires et scolaires).** Regional centers (**CROUS**) exist to help students find lodging in the **cité-U.** Priority is given to students who study far from home and whose parents are of modest means. The monthly rent (**le loyer mensuel**) for a traditional room in Paris is about 150 euros and between 307 to 424 euros for a more comfortable **studette** or **studio,** including electricity, heating, and water.

114 *cent quatorze*

Vocabulaire

Verbes

agir to act
bavarder to chat
choisir to choose
déménager to move out
emménager to move in
finir (de + *inf.*) to finish (*doing s.th.*)
   finir par + *inf.* to end up (*doing s.th.*)
louer to rent
passer un examen to take an exam
réfléchir (à) to think (about)
réussir (à) to succeed (in); to pass (*a test*)

Substantifs

l'affiche (*f.*) poster
l'appartement (*m.*) apartment
l'armoire (*f.*) wardrobe, closet
le baladeur iPod® iPod (player)
le canapé sofa
le CD (les CD) CD
la chaîne stéréo stereo
la chambre bedroom
   chambre de bonne maid's room; garret
le chat cat
le chien dog
la commode chest of drawers
le couloir hallway
la douche shower
l'étagère (*f.*) shelf
la fleur flower
la guitare guitar
l'immeuble (*m.*) apartment building
la lampe lamp
le lavabo bathroom sink
le lecteur de CD/DVD CD/DVD player
le lit bed
le logement lodging, place of residence

le magazine magazine
la maison house
le meuble piece of furniture
le miroir mirror
le mobile cell phone
le mur wall
le portable cell phone; laptop computer
le réveil alarm clock
le rideau curtain
la rue street
le studio studio (apartment)
le tapis rug
le téléphone telephone
les toilettes (*f. pl.*) (**les W.-C.**) restroom
la voiture car

À REVOIR: **le bureau, la chaise, l'ordinateur, la table, la télé(vision)**

Adjectifs

ancien(ne) old, antique; former
autre other
bon(ne) good
chaque each
dernier / dernière last
faux / fausse false
gros(se) large; fat; thick
jeune young
joli(e) pretty
mauvais(e) bad
premier / première first
vieux / vieil / vieille old
vrai(e) true

À REVOIR: **beau / bel / belle, cher / chère, facile, gentil(le), grand(e), long(ue), nouveau / nouvel / nouvelle, pauvre, petit(e)**

Prépositions de lieu

à côté de beside
à droite de on the right of
à gauche de on the left of
chez at the home of; at the office of
derrière behind
devant in front of
en face de across from
entre between
loin de far from
par by
   par terre on the ground
près de near
sous under
sur on

Mots interrogatifs

combien (de) how many, how much
comment how, what
où where
pourquoi why
qu'est-ce que, que what
quand when
qui who, whom

Mots et expressions divers

alors so; then
donc then; therefore
en désordre disorderly
en ordre orderly
parce que because
si if

Bienvenue...

LA LOUISIANE
La Nouvelle-Orléans

Un coup d'œil sur La Nouvelle-Orléans, en Louisiane

Il y a un petit parfum français dans l'air à La Nouvelle-Orléans. Ce sont peut-être les beignets[1] et le café au lait du Café du Monde! On doit[2] les beignets aux Acadiens (ou Cajuns). Ces Canadiens francophones sont déportés en Louisiane (et dans d'autres régions) en 1755 par le gouverneur anglais de la Nouvelle-Écosse.[3] Aujourd'hui, il y a plus d'un million de personnes d'origine acadienne en Louisiane.

Il y a un quartier français au centre de La Nouvelle-Orléans avec des boutiques, des magasins d'art et de souvenirs, et des restaurants, des clubs et des bars à blues. La Nouvelle-Orléans est une ville dynamique connue pour ses[4] jolies maisons historiques, ses musiciens de jazz, sa cuisine épicée[5] et ses festivals, comme le Festival de jazz et le célèbre Mardi gras.

En août 2005, l'ouragan Katrina provoque de grandes inondations[6] dans le delta du Mississipi et en particulier à La Nouvelle-Orléans. Beaucoup d'habitants sont incapables d'évacuer la ville. C'est une catastrophe.

Aujourd'hui, on reconstruit[7] la ville. Il y a du café et des beignets au Café du Monde, on encourage le tourisme, on prépare le prochain[8] Mardi gras. Après tout, une des expressions préférées des habitants de la ville est: «Laissez les bons temps rouler!»[9]

Un joli balcon dans le quartier français

[1]*doughnuts* [2]*owe* [3]*Nova Scotia* [4]*connue... known for its* [5]*spicy* [6]*floods* [7]*are rebuilding* [8]*next* [9]*Laissez... Let the good times roll!*

Portrait - Emeril Lagasse

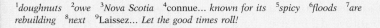

Vous allumez la télévision, vous entendez:[1] «Bam!» Qui est à la télé? Né[2] à Fall River, dans le Massachusetts, Emeril Lagasse développe très tôt[3] une passion pour la cuisine. Après ses études, il travaille à Paris et à Lyon, en France, et à New York, à Boston et à Philadelphie. En 1982, il accepte une offre de travail dans un grand restaurant de La Nouvelle-Orléans. Les clients l'adorent! En 1990, il ouvre son premier restaurant, dans la même[4] ville: *Emeril's Restaurant*. Sa spécialité est la cuisine de style cajun et créole. Le restaurant a un immense succès. En 1993, il arrive à la télévision. Il a plusieurs emissions.[5] Il ouvre d'autres restaurants. Il écrit[6] aussi des livres de cuisine et crée une ligne[7] d'ustensiles de cuisine. Il est créatif, et il a une personnalité énergique et beaucoup d'enthousiasme pour la cuisine (et la musique!) de La Nouvelle-Orléans. C'est aujourd'hui un phénomène national.

Emeril Lagasse à la télévision

[1]*hear* [2]*Born* [3]*early* [4]*same* [5]*plusieurs... several programs* [6]*writes* [7]*crée... creates a line*

116   *cent seize*

en Amérique du Nord

Un coup d'œil sur Québec, au Canada

Est-ce que vous aimez faire du ski[1]? Avez-vous envie de faire du magasinage,[2] ou est-ce que vous préférez visiter les musées? Venez voir la ville de Québec, la capitale de la province de Québec, et l'une des seules[3] villes fortifiées en Amérique du Nord. Les Québécois sont toujours très fiers de leur héritage francophone et, pour environ[4] 80 % des Québécois, le français est leur langue maternelle.

Dans le Vieux-Québec, il y a beaucoup de magasins chic et de bons restaurants. Visitez le musée de la Civilisation, qui propose des expositions sur l'histoire et la culture contemporaine du Québec. Sur la terrasse Dufferin, derrière le château Frontenac, vous pouvez écouter des musiciens québécois pendant l'été[5] ou faire des glissades[6] pendant l'hiver.[7] Chaque février pendant le carnaval de Québec, on célèbre les plaisirs de l'hiver avec des feux d'artifice,[8] de la musique et une grande compétition de sculptures sur neige![9]

L'hiver dans le Vieux-Québec

[1]faire... go skiing [2]faire... go shopping (Quebec expression) [3]only
[4]approximately [5]pendant... during the summer [6]faire... go tobogganing
[7]winter [8]feux... fireworks [9]sculptures... snow sculptures

Portrait - Samuel de Champlain (c. 1567[1]–1635[2])

Grand géographe et explorateur français, Samuel de Champlain explore, entre 1603[3] et 1633,[4] les régions du fleuve[5] Saint-Laurent, l'Acadie (appelée[6] aujourd'hui la Nouvelle-Écosse et le Nouveau-Brunswick) et le Québec. Champlain devient[7] l'ami des Amérindiens Hurons et des Algonquins, qui lui font découvrir[8] leur pays. Il fonde la ville de Québec en 1608.[9]

Watch the *Bienvenue au Canada* video to learn more about Quebec.

[1]mille cinq cent soixante-sept [2]mille six cent trente-cinq [3]mille six cent trois [4]mille six cent trente-trois [5]river [6]called [7]becomes [8]qui...who help him discover [9]mille six cent huit

De génération en génération

Les dossiers d'Hassan

Hassan

▶ 📁 Mes photos
   ▶ 📁 Un mariage à Rennes
   ▶ 📁 Abdel, Carole et moi
   ▶ 📁 Une famille marocaine

Un mariage à Rennes dans une salle élégante

Dans ce chapitre...

Objectifs communicatifs
▶ talking about family and relatives
▶ identifying rooms in a house
▶ talking about weather
▶ expressing possession
▶ talking about plans and destinations
▶ expressing what you are doing and making
▶ expressing actions

Abdel, Carole et moi dans mon restaurant

Paroles (Leçon 1)
▶ La famille
▶ La maison
▶ Les saisons et le temps

Structures (Leçons 2 et 3)
▶ Les adjectifs possessifs
▶ Le verbe **aller** et le futur proche
▶ Le verbe **faire**
▶ Les verbes en **-re**

Culture
▶ **Le blog d'Hassan:** *Un mariage franco-marocain**
▶ **Reportage:** *La famille au Maroc: une valeur sûre*
▶ **Lecture:** *Giverny: le petit paradis de Monet* (Leçon 4)

Une famille marocaine

MULTIMÉDIA

⊙	**DVD**
Quia	**Online Workbook/Lab Manual**
www >>	**Online Learning Center**
	ActivityPak
	www.mhhe.com/visavis4

*In **Chapitres 5–8,** you will read Hassan Zem's blog. He will write about Moroccan wedding customs, food, and vacation options. Other characters will offer commentaries on his blog.

Leçon 1

 Trois générations d'une famille

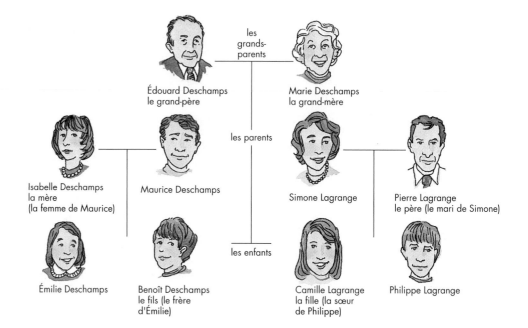

les grands-parents

Édouard Deschamps
le grand-père

Marie Deschamps
la grand-mère

les parents

Isabelle Deschamps
la mère
(la femme de Maurice)

Maurice Deschamps

Simone Lagrange

Pierre Lagrange
le père (le mari de Simone)

les enfants

Émilie Deschamps

Benoît Deschamps
le fils (le frère
d'Émilie)

Camille Lagrange
la fille (la sœur
de Philippe)

Philippe Lagrange

AUTRES MOTS UTILES

le petit-enfant grandchild
la petite-fille granddaughter
le petit-fils grandson

le cousin, la cousine cousin
le neveu nephew
la nièce niece
l'oncle (*m.*) uncle
la tante aunt

le parent parent (*or* relative)
les arrière-grands-parents (*m. pl.*)
    great-grandparents

célibataire single
divorcé(e) divorced
marié(e) married

le beau-frère brother-in-law
la belle-sœur sister-in-law
le demi-frère half brother (*or* stepbrother)
la demi-sœur half sister (*or* stepsister)
le beau-père father-in-law (*or* stepfather)
la belle-mère mother-in-law (*or* stepmother)
le gendre son-in-law
la bru daughter-in-law

Allez-y!

A. La famille Deschamps. Étudiez l'arbre généalogique (*family tree*) de la famille Deschamps et répondez aux questions.

1. Comment s'appelle la femme d'Édouard?
2. Comment s'appelle le mari d'Isabelle?
3. Comment s'appelle la tante d'Émilie et de Benoît? Et l'oncle?
4. Combien d'enfants ont les Lagrange? Combien de filles et de fils?
5. Comment s'appelle le frère d'Émilie?
6. Combien de cousins ont Émilie et Benoît? Combien de cousines?
7. Comment s'appelle la grand-mère de Philippe? Et le grand-père?
8. Combien de petits-enfants ont Édouard et Marie? Combien de petites-filles? Combien de petits-fils?
9. Comment s'appelle la sœur de Philippe?
10. Comment s'appellent les parents de Maurice et de Simone?

B. Qui sont-ils? Complétez les définitions suivantes.

1. Le frère de mon père est mon _____.
2. La fille de ma tante est ma _____.
3. Le père de ma mère est mon _____.
4. La femme de mon grand-père est ma _____.

Maintenant définissez les personnes suivantes.

5. une nièce
6. des arrière-grands-parents
7. une tante
8. un grand-père
9. une belle-sœur
10. un demi-frère

C. Une famille française. Avec un(e) camarade, décrivez la famille sur la photo. Donnez le nombre de personnes, et devinez (*guess*) qui sont les personnes et quel âge elles ont. Puis imaginez leur (*their*) profession, leurs goûts (*tastes*), leur personnalité. Donnez le plus de détails (*as many details as*) possibles.

D. Une famille américaine. Posez (*Ask*) les questions suivantes à votre camarade.

1. As-tu des frères, des sœurs, des demi-frères ou des demi-sœurs? Combien? Comment s'appellent-ils/elles? (Ils/Elles s'appellent...)
2. As-tu des grands-parents? Combien? Habitent-ils chez toi, dans une maison ou dans un appartement?
3. As-tu des cousins ou des cousines? Combien? Habitent-ils/elles près ou loin de la famille?
4. Combien d'enfants (de fils ou de filles) désires-tu avoir? Combien d'enfants est-ce qu'il y a dans une famille idéale?

C'est une affaire de famille. Qui voyez-vous?

Chez les Chabrier

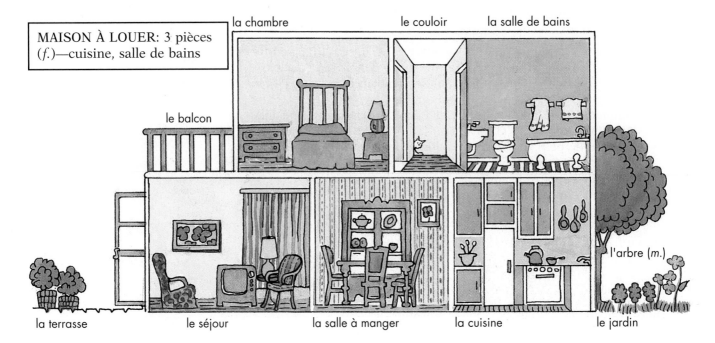

MAISON À LOUER: 3 pièces (*f.*)—cuisine, salle de bains

la chambre • le couloir • la salle de bains

le balcon

l'arbre (*m.*)

la terrasse • le séjour • la salle à manger • la cuisine • le jardin

AUTRES MOTS UTILES

le bureau	study, office
la clé	key
l'escalier (*m.*)	stairway
le rez-de-chaussée	ground floor
le premier (deuxième) étage	second (third) floor (*in North America*)
le sous-sol	basement

 *Allez-y!*

A. **Les pièces de la maison.** Trouvez les pièces d'après (*according to*) les définitions suivantes.

> MODÈLE: C'est un lieu qui donne sur (*that overlooks*) la terrasse. ⟶ C'est le balcon.

1. la pièce où il y a une table pour manger **2.** la pièce où il y a une télévision **3.** la pièce où il y a un lavabo **4.** la pièce où on prépare le dîner **5.** un lieu de passage **6.** la pièce où il y a un lit

B. **Dans quelle pièce?** Regardez encore une fois la maison des Chabrier. Où est-ce qu'on fait (*does*) les choses suivantes? Commencez vos phrases avec **On...**

1. regarder la télé: sur le balcon / dans le séjour
2. planter des fleurs: dans le jardin / dans la chambre
3. jouer avec le chat: dans la salle de bains / dans le couloir
4. manger: dans le couloir / dans la salle à manger
5. préparer un café: dans la cuisine / sur le balcon

Quel temps fait-il? Les saisons et le temps°

Quel... *How's the weather?*
Seasons and weather

Au **printemps,** chez les Belges...
Le temps est nuageux.
Il fait frais.

En **été,** chez les Martiniquais...
Il fait beau.
Il fait du soleil. (Il fait soleil.)
Il fait chaud.

En **automne,** chez les Bretons...
Il pleut.
Il fait mauvais.
Le temps est orageux.

En **hiver,** chez les Québécois...
Il neige.
Il fait froid.
Il fait du vent. (Il vente. Il y a du vent.)

- To ask about the weather

    Quel temps fait-il?

- To tell about the season

    Nous sommes au printemps (en été, en automne, en hiver).

Allez-y!

A. Parlons du temps. Répondez aux questions suivantes.

1. En quelle saison est Pâques (*Easter*)?
2. Quel temps fait-il en hiver en Alaska?
3. Est-ce qu'il fait beau l'hiver à Seattle?
4. En quelle saison est le Jour d'action de grâce (*Thanksgiving Day*)?
5. C'est le mois de mai. Quel temps fait-il chez vous?

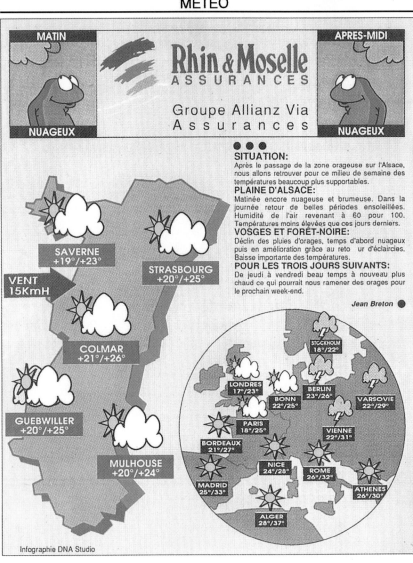

B. Les prévisions de la météo. (*Weather forecast.*) Regardez le temps prévu pour l'Alsace et l'Europe et répondez aux questions suivantes.

1. Quel temps fait-il en Alsace?
   a. Il neige.
   b. Le temps est nuageux.
   c. Il pleut.
2. Quel temps fait-il à Berlin?
   a. Il fait (du) soleil.
   b. Le temps est orageux.
   c. Il fait beau.
3. Quel temps fait-il à Alger?
   a. Il fait mauvais.
   b. Il fait froid.
   c. Il fait (du) soleil.

C. Le temps et les goûts. Qu'est-ce que vous aimez porter quand… ?

1. il fait très chaud
2. il fait froid et qu'il neige
3. il fait beau et frais
4. il pleut

Les adjectifs possessifs

Expressing Possession

La maison, reflet d'une situation sociale

Marc, un étudiant à la Sorbonne, fait un petit tour de Paris et de la banlieue avec Thu. Il indique à Thu différentes sortes de logement.

Mon beau-frère a beaucoup d'argent. Voilà **sa** villa: elle est belle, n'est-ce pas? **Notre** maison est petite, mais confortable; **ma** famille y est assez heureuse. Ici, en banlieue, on trouve de grands complexes où habitent surtout des familles d'ouvriers et d'immigrés. **Leurs** immeubles s'appellent des H.L.M. (Habitations à Loyer Modéré, *low-income housing*).

Maintenant complétez les phrases selon la description de Marc.

1. _____ beau-frère est très riche; _____ villa est grande et élégante.
2. Et voilà la maison de _____ famille. _____ maison est petite mais confortable.
3. Voici les immeubles où habitent beaucoup d'ouvriers et d'immigrés. _____ habitations s'appellent des H.L.M.

One way to indicate possession in French is to use the preposition **de: la maison *de* Claudine**. Another way is to use the possessive adjectives on the next page.

	SINGULAR		PLURAL
	MASCULINE	FEMININE	MASCULINE AND FEMININE
my	**mon** père	**ma** mère	**mes** parents
your (informal)	**ton** père	**ta** mère	**tes** parents
his, her, its, one's	**son** père	**sa** mère	**ses** parents
our	**notre** père	**notre** mère	**nos** parents
your (formal and plural)	**votre** père	**votre** mère	**vos** parents
their	**leur** père	**leur** mère	**leurs** parents

1. In French, possessive adjectives agree in gender and number with the nouns they modify.

   Mon frère et **ma sœur** aiment le sport.

   My brother and my sister like sports.

   Voilà **notre maison**.

   There's our house.

   Habitez-vous avec **votre sœur** et **vos parents**?

   Do you live with your sister and your parents?

   Ils skient avec **leurs cousins** et **leur oncle**.

   They're skiing with their cousins and their uncle.

2. The forms **mon, ton,** and **son** are also used before feminine nouns that begin with a vowel or mute **h**.

   affiche (*f.*) ⟶ **mon affiche**
   amie (*f.*) ⟶ **ton amie**
   histoire (*f.*) ⟶ **son histoire**

3. Pay particular attention to the use of **sa, son, ses** (*his, her*). Whereas English has two possessives, corresponding to the sex of the possessor (*his, her*), French has three, corresponding to the gender and number of the noun possessed (**sa, son, ses**).

   SINGULAR NOUNS:
   Masculine   Il / Elle } aime **son** chien.

   Feminine   Il / Elle } aime **sa** maison.

   PLURAL NOUNS: Il / Elle } aime **ses** oncles et **ses** tantes.

In the preceding examples, **sa, son,** and **ses** can all mean *his* or *her*. Usually, their meaning will be clear in context. Look at the following examples.

Carine habite une grande maison.
Son jardin est magnifique.

Carine lives in a big house.
Her garden is magnificent.

Pierre a deux enfants: **sa** fille
a 5 ans et **son** fils a
3 ans. **Ses** enfants sont
jeunes.

Pierre has two children: His
daughter is 5 years old
and his son is 3 years
old. His children are young.

Allez-y!

A. La curiosité. Formulez des questions et répondez.

MODÈLES: la lampe de Georges? (oui) ⟶
  É1: Est-ce que c'est la lampe de Georges?
  É2: Oui, c'est sa lampe.

  les lampes de Georges (non) ⟶
  É1: Est-ce que ce sont les lampes de Georges?
  É2: Non, ce ne sont pas ses lampes.

1. la chambre de Pierre? (oui)
2. la commode de Léa? (non)
3. les affiches de Jean? (non)
4. le piano de Pierre et de Sophie? (oui)
5. les meubles d'Annick? (non)
6. les bureaux des parents? (oui)
7. l'ordinateur de Fatima? (oui)
8. l'étagère de Claude? (non)

B. Casse-tête familial. (*Family puzzle.*) Posez rapidement les questions suivantes à un(e) camarade.

MODÈLE: Qui est le fils de ton oncle? ⟶ C'est mon cousin.

1. Qui est la mère de ton père?
2. Qui est la fille de ta tante?
3. Qui est la femme de ton oncle?
4. Qui est le père de ton père?
5. Qui est le frère de ta mère?
6. Qui est la sœur de ta mère?
7. Qui sont les femmes de tes frères?
8. Qui sont les enfants de tes sœurs?

C. À qui est-ce? Complétez les dialogues suivants avec les adjectifs possessifs. Étudiez bien le contexte avant de (*before*) choisir l'adjectif.

1. É1: Paul et Florence adorent les animaux.
   É2: Oui, ils ont un chien et deux chats: _____ chien s'appelle Marius et _____ chats Minou et Félix.
2. É1: Tiens, voilà Pierre. Avec qui est-il?
   É2: Il est avec _____ parents et _____ amie Laure.
   É1: Et _____ sœur n'est pas là?
   É2: Non, elle est en vacances au Maroc.
3. É1: Salut, Alain!
   É2: Salut, Pierre. Dis, la jolie fille aux cheveux blonds, c'est _____ cousine belge?
   É1: Oui. Viens (*Come*). Alain, je te présente _____ cousine Sylvie.
   É2: Enchanté, mademoiselle.
4. É1: Pardon, vous êtes Monsieur et Madame Legrand, n'est-ce pas?
   É2: Oui.
   É1: Je suis Monsieur Smith, le professeur d'anglais de _____ enfants.
   É2: Oh, mais ce ne sont pas _____ enfants, ce sont les fils de mon frère Henri. Voici _____ fils.
5. É1: Tu as de la chance, tu as une famille super! _____ parents sont très sympas! Est-ce que _____ grand-père habite avec vous?
   É2: Non, mais il est souvent à la maison.
   É1: _____ grand-père, malheureusement (*unfortunately*), habite très loin.

D. Interview. Posez les questions suivantes à un(e) camarade de classe.

1. Quel membre de ta famille (un cousin, une cousine, un neveu, et cetera) est-ce que tu admires particulièrement? Pourquoi?
2. Comment s'appelle-t-il/elle?
3. Où est-ce qu'il/elle habite? Avec qui? Comment est sa maison?
4. Quel est son sport préféré? sa musique favorite?

Maintenant faites le portrait du parent proche (*close relative*) préféré de votre camarade.

Le verbe *aller* et le futur proche

Talking About Plans and Destinations

Un père exemplaire

SIMON: On joue au tennis cet après-midi?
STÉPHANE: Non, je **vais** au zoo avec Céline.
SIMON: Alors, demain?
STÉPHANE: Désolé, mais demain je **vais** emmener Sébastien chez le dentiste.
SIMON: Quel père exemplaire!

Vrai ou faux? Corrigez les phrases fausses.

1. Simon va jouer au tennis avec Stéphane.
2. Stéphane va aller au zoo avec Céline.
3. Stéphane est le grand-père de Céline et Sébastien.

Forms of *aller*

The verb **aller** is irregular in form.

PRESENT TENSE OF **aller** (*to go*)			
je	**vais**	nous	**allons**
tu	**vas**	vous	**allez**
il/elle/on	**va**	ils/elles	**vont**

Allez-vous à Grenoble pour vos vacances?	*Are you going to Grenoble for your vacation?*
Comment est-ce qu'**on va** à Grenoble?	*How do you go to (get to) Grenoble?*

You have already used **aller** in several expressions.

Comment **allez-vous**?	*How are you?*
Salut, ça **va**?	*Hi, how's it going?*
Ça **va** bien / mal.	*Fine. / Badly.*

[Allez-y! A]

Mots clés

Exprimer le futur proche

tout à l'heure	*in a while*
tout de suite	*immediately*
bientôt	*soon*
demain	*tomorrow*
la semaine prochaine	*next week*
l'année prochaine	*next year*
dans quatre jours	*in four days*
ce week-end	*this weekend*
ce soir / matin	*this evening / morning*
cet après-midi	*this afternoon*

Aller + Infinitive

In French, **aller** + infinitive is used to express an event that will occur in the near future. English also uses *to go* + infinitive to express actions or events that are going to happen soon. In French, this construction is called **le futur proche**.

Paul **va louer** un appartement.

Paul is going to rent an apartment.

Allez-vous **visiter** la France cet été?

Are you going to visit France this summer?

Ne... pas and the *futur proche*

When the **futur proche** is used in the negative, **ne** precedes the form of **aller,** and **pas** follows.

Sylvie **ne** va **pas** étudier ce week-end.

Sylvie is not going to study this weekend.

[Allez-y! B-C-D]

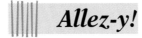

Allez-y!

A. Où est-ce qu'on va? La solution est simple!

MODÈLE: J'ai envie de regarder un film. ⟶
Alors, je vais au cinéma!

1. Nous avons faim.
2. Il a envie de parler français.
3. Elles ont besoin d'étudier.
4. J'ai soif.
5. Tu as sommeil.
6. Vous avez envie de regarder la télévision.

dans le séjour
à la bibliothèque
dans la cuisine
à Paris
dans la salle à manger
dans la chambre
au cinéma

B. Des projets. (*Plans.*) Qu'est-ce qu'on va faire (*to do*)?

MODÈLE: tu / regarder / émission (*show*) préférée / soir ⟶
Tu vas regarder ton émission préférée ce soir.

1. je / finir / travail / semaine prochaine
2. nous / écouter / CD de jazz
3. vous / jouer / guitare
4. Frédéric / trouver / livre en français / bientôt

5. je / choisir / film préféré
6. les garçons / aller au cinéma / voiture / après-midi
7. tu / aller / concert / avec / amis

C. À vous la parole! Répondez aux questions suivantes.

1. Avec qui allez-vous prendre le petit déjeuner (*eat breakfast*) demain?
2. Qu'est-ce que vous allez faire demain après-midi?
3. Est-ce que vous allez faire du sport ce soir?
4. Quand allez-vous retourner à la maison ce soir?
5. Quand est-ce que vous allez passer votre prochain test de français?
6. La semaine prochaine, allez-vous aller au cinéma?
7. L'année prochaine, allez-vous continuer à étudier le français?

D. Quels sont vos projets pour le week-end? Interviewez un(e) camarade de classe. Rapportez à la classe les projets de votre camarade. Utilisez **peut-être** (*maybe*) si vous n'êtes pas certain(e).

Suggestions: rester (*stay*) à la maison, écouter la radio (des CD), préparer un dîner (des leçons), regarder un film (la télévision), travailler à la bibliothèque (dans le jardin), aller au restaurant (au cinéma), parler avec des amis, finir un livre intéressant, et cetera.

MODÈLE: aller au cinéma ⟶
    É1: Vas-tu aller au cinéma?
    É2: Oui, je vais peut-être aller au cinéma. (*ou* Non, je ne vais pas aller au cinéma.) Et toi?

Un peu plus...

La photo date des années 50 (*the 1950s*): une famille en vacances, à trois sur un scooter. À cette époque (*At that time*), on se marie et ensuite, on a des enfants. Aujourd'hui, le mariage n'est plus le seul moyen (*only means*) acceptable de former une famille. En France, 40 % des enfants sont nés (*born*) de parents non-mariés. Et chez vous?

Le blog d'Hassan

Un mariage franco-marocain

jeudi 2 juin

Salut! Vous entrez dans le blog d'Hassan. Pour le moment j'écris,[1] mais bientôt je vais aussi faire des films vidéos comme un vrai pro des nouvelles technologies!

J'ai une grande nouvelle:[2] Mon copain Abdel va se marier.[3] Il est amoureux! Sa chérie s'appelle Carole. Elle est française.

Ça va être un mariage franco-marocain, un mariage interculturel.

Mais va-t-il être célébré en France ou au Maroc? Je ne sais pas: les fiancés n'ont pas encore pris leur décision.[4]

En tout cas, on va bien manger, c'est sûr! Et pourtant,[5] ce n'est pas moi qui vais préparer le repas de noces[6]...

On prévoit[7] au moins 110 invitations pour les parents, les grands-parents, les oncles et les tantes, les cousins et les cousines des deux côtés.[8] Et aussi les amis!

Hassan

▲ Abdel, Carole et moi dans mon restaurant

....

COMMENTAIRES

 Mamadou

Salut, Hassan

Chez nous, en Afrique, la famille c'est synonyme de bonheur et de puissance.[9] Si Abdel est comme un frère pour toi, tu vas bientôt avoir de nouveaux neveux et nouvelles nièces! Tu vas devenir tonton[10] adoptif! Tu es content?

 Alexis

Tu es célibataire, Hassan? Veinard![11] Le mariage, c'est une horrible invention humaine!

 Poema

Tu es cynique, Alexis! Moi, je veux me marier,[12] je veux un mari et des enfants. En Polynésie, la famille c'est une bénédiction.

 Charlotte

Tu as raison, Poema. Le mariage, c'est l'équilibre! Ici, à Genève, j'ai une petite fille adorable et un mari très présent, et je suis heureuse.

---

[1] *I am writing* [2] *grande... big news* [3] *va... is getting married* [4] *n'ont... have not yet decided* [5] *however* [6] *repas... wedding meal* [7] *On... We are planning* [8] *sides* [9] *bonheur... happiness and strength* [10] *uncle (fam.)* [11] *Lucky you!* [12] *veux... want to get married*

La famille au Maroc: une valeur sûre

Le Maroc change: en 2003, le Roi[1] Mohammed VI modernise le code de la famille. Le nouveau code introduit un principe révolutionnaire dans une société traditionnelle: l'égalité entre l'homme et la femme. Comme la Tunisie et le Liban, deux autres pays francophones, le Maroc choisit donc le progrès.

Dans le couple d'aujourd'hui, l'homme et la femme ont des droits[2] et des obligations réciproques. Dans la société marocaine traditionnelle, au contraire, la femme devait[3] obéir à son mari et la polygamie était autorisée. Maintenant aussi, la femme a le droit de demander le divorce et, dans ce cas, elle a, en priorité, la garde[4] des enfants.

▲ Une famille marocaine

«C'est à travers une multitude de petits faits significatifs que l'on peut apprécier l'évolution de la société marocaine, explique Dounia, jeune mère et femme active. L'âge légal du mariage pour les femmes est de 18 ans au lieu de[5] 15 ans. La politique s'ouvre[6] aux femmes: le Maroc a des ambassadrices, et le Roi accepte d'avoir des conseillères. Dans les entreprises, les femmes ont accès à des postes de responsables.» Et Dounia ajoute: «Nous avons maintenant l'élection d'une Miss Maroc! Tout cela était inconcevable il y a encore quelques années!»[7]

Elle continue: «Mais attention! Le modèle européen n'est pas applicable chez nous. Le Maroc a des traditions qui fondent sa culture. Nous ne voulons pas y renoncer.[8] Par exemple, pour une Française ou une Américaine, servir son mari, c'est de la soumission. Pour une femme marocaine, c'est un moyen[9] d'établir son influence.»

Le mariage est toujours fortement valorisé[10] au Maroc. Plus de 90[11] pour cent des Marocains pensent qu'il est préférable aux hommes et aux femmes de se marier et d'avoir des enfants. Et la solidarité familiale reste fondamentale: pour les Marocains, les parents âgés doivent être pris en charge[12] par les enfants et non pas par l'État.

[1]*King* [2]*rights* [3]*had to* [4]*care* [5]*au... instead of* [6]*is opening up* [7]*il y a... even a few years ago* [8]*y... reject them* [9]*means* [10]*fortement... highly valued* [11]*quatre-vingt-dix* [12]*doivent... should be cared for*

À vous!
1. Que fait le Roi du Maroc en 2003 pour améliorer (*to improve*) la condition et le statut (*status*) de la femme marocaine?
2. Quels sont les nouveaux droits de la femme marocaine?
3. Expliquez: «Le modèle européen n'est pas applicable chez nous. Le Maroc a des traditions qui fondent sa culture.»
4. Comment s'exprime (*is expressed*) la solidarité familiale au Maroc? Et dans votre culture? Comment les Marocains traitent-ils leurs parents âgés? Et les Américains?

On est connectés To learn more about family life and women's rights in Morocco, use the links or keywords and search engines provided at the *Vis-à-vis* Online Learning Center (**www.mhhe.com/visavis4**).

Le verbe *faire*

Expressing What You Are Doing or Making

Une question d'organisation

SANDRINE: Vous mangez au resto-U, ta copine et toi?

MARION: Non, Candice et moi, nous sommes très organisées. Elle, elle **fait** les courses et moi, je **fais** la cuisine.

SANDRINE: Et qui **fait** la vaisselle?

MARION: Le lave-vaisselle, bien sûr!

Répondez d'après le dialogue.

1. Qui fait les courses?
2. Qui fait la cuisine?
3. Qui fait la vaisselle?

Et chez vous, en général, qui fait la cuisine? la vaisselle? les courses?

Forms of *faire*

The verb **faire** is irregular in form.

PRESENT TENSE OF **faire** (*to do; to make*)			
je	**fais**	nous	**faisons**
tu	**fais**	vous	**faites**
il/elle/on	**fait**	ils/elles	**font**

Note the difference in pronunciation of **fais / fait, faites,** and **faisons**.

Je fais mon lit.	*I make my bed.*
Nous faisons le café.	*We're making coffee.*
Faites la vaisselle.	*Do the dishes.*

Elle attend le dessert.	*She's waiting for dessert.*
Nous descendons de l'autobus.	*We're getting off the bus.*
Le commerçant rend la monnaie à la cliente.	*The storekeeper gives change back to the customer.*
Je réponds à sa question.	*I'm answering his/her question.*

2. The expression **rendre visite à** means to visit a *person* or *people*. The verb **visiter** is used only with places or things.

> **Je rends visite à** mon ami.
> **Les touristes visitent** les monuments de Paris.

 *Allez-y!*

A. Tiens! (*You don't say!*) C'est bizarre: tout ce que (*everything that*) fait Jean-Paul, les autres le font aussi. Formez les phrases selon le modèle. Attention aux adjectifs possessifs.

> **MODÈLE:** vendre sa guitare (moi) ⟶
> É1: Jean-Paul vend sa guitare.
> É2: Tiens! Moi aussi, je vends ma guitare.

1. rendre tous ses livres à la bibliothèque (nous)
2. attendre une lettre importante (son frère)
3. descendre de l'autobus rue Mouffetard (vous)
4. entendre des bruits bizarres au sous-sol (moi)
5. perdre toujours ses lunettes (*glasses*) (toi)
6. répondre à un sondage (*survey*) d'opinion politique (les amis)

B. Un week-end à Paris. Complétez l'histoire avec les verbes indiqués.

Alain et Marie-Lise habitent à Bruxelles. Aujourd'hui ils _____[1] à Paris en train. Ils vont _____[2] visite à leur cousine Pauline. Les trois cousins ont toujours beaucoup de projets (*plans*) et ne _____[3] pas une minute quand ils sont ensemble (*together*). Alain et Marie-Lise aiment beaucoup Pauline parce qu'elle _____[4] toujours à leurs lettres. Pauline aime aussi ses cousins, et elle _____[5] leur arrivée avec impatience. Elle _____[6] enfin la sonnette (*doorbell*)!

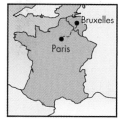

attendre
descendre
entendre
perdre
rendre
répondre

C. Perdez-vous souvent patience? Interviewez un(e) camarade de classe. Il/Elle utilise **souvent, pas souvent** ou **toujours** dans sa réponse.

> **MODÈLE:** É1: Tu attends l'autobus, mais il n'arrive pas. Est-ce que tu perds patience?
> É2: Oui, je perds souvent patience.

1. Tu attends un coup de téléphone (*telephone call*). La personne ne téléphone pas. 2. Un ami / Une amie ne répond pas à tes lettres. 3. Tu perds les clés de ta voiture ou de ton appartement. 4. Tu as rendez-vous avec un ami / une amie. Tu attends longtemps (*for a long time*), mais il/elle n'arrive pas.

Leçon 4

  # **L**ecture

Avant de lire

Identifying a pronoun's referent. As you know, a pronoun may "stand in" for a noun. By using a pronoun to replace a noun, an author can avoid repeating the noun, which would result in unnatural sounding language. To illustrate this, reformulate the following sentence from the text by replacing the pronoun **il** with the noun it refers to:

> Ici, l'artiste crée un environnement qui stimule sa peinture. Il dispose les fleurs dans un désordre apparent; il conçoit les perspectives; il associe les couleurs, les reflets, les nuances.

Without using the pronoun, the text is repetitive and awkward.

A pronoun may also refer to a person or group that can be identified by context. For example, this text begins:

> Nous sommes à Giverny, chez le peintre Monet…

You can infer that the subject **nous** includes the reader as well as the author; the use of this inclusive **nous** creates a bond between the reader and the author, inviting the reader to "come along for the ride."

Recall too that French does not have a single pronoun that corresponds to "it"; a third person pronoun such as **il, elle,** or **ce** plays this role. In the sentence below, which **il** refers to Monet and which is an impersonal pronoun?

> Chaque jour, il fait une promenade et observe la nature quand il fait beau, quand il pleut, quand il fait du vent.

As you read the text, be sure that you are able to identify the referent for each pronoun to ensure accurate comprehension.

Giverny: le petit paradis de Monet

À propos de la lecture…
Les auteurs de *Vis-à-vis* ont écrit ce texte.

«Mon cœur[1] est à Giverny, toujours et toujours… »
Claude Monet

Nous sommes à Giverny, chez le peintre Monet (1840[2]–1926[3]), maître de l'impressionnisme. Devant la maison rose, on découvre un immense jardin symétrique, planté d'arbres et de fleurs extraordinaires. C'est le Clos normand.[4] Puis on arrive au fameux Jardin d'eau[5] qu'on traverse en passant[6] sur le célèbre Pont[7] japonais. Ce lieu a une histoire.

En 1883,[8] l'artiste s'installe à Giverny, village situé aux portes de la Normandie, à 75 kilomètres de Paris. Jusqu'à sa mort,[9] Monet vit[10] dans cette propriété bourgeoise avec sa famille. Pendant 43 ans un lien[11] extraordinaire attache Monet à Giverny: ici, l'artiste crée un environnement qui stimule sa peinture.[12] Il dispose les fleurs dans un désordre apparent; il conçoit[13] les perspectives; il associe les couleurs, les reflets, les nuances. Puis il peint. Il peint avec passion ce jardin qui est déjà une œuvre[14] d'art.

Le Pont japonais à Giverny

Chaque jour, il fait une promenade et observe la nature quand il fait beau, quand il pleut, quand il fait du vent. Il analyse la lumière[15] du matin, de l'après-midi, du soir. C'est à Giverny qu'il trouve son inspiration et qu'il définit son art. Ses peintures ne reproduisent pas les objets mais traduisent[16] une impression ou une émotion. «Je veux réussir à traduire ce que je ressens[17]» explique-t-il. C'est le principe de l'impressionnisme.

L'œuvre de Monet est un hymne à Giverny. La nature sublime inspire à l'artiste des œuvres célèbres comme le *Champ d'iris jaunes à Giverny* (1885[18]) ou le *Printemps, Giverny* (1890[19]). Le Jardin d'eau donne naissance aux *Nymphéas:* une série de 250[20] tableaux qui évoquent sous mille formes les nénuphars[21] du bassin.

Dans la maison, toutes les pièces semblent encore habitées. La salle à manger, les salons et les chambres sont marqués par la présence des illustres amis de Monet: les peintres Cézanne, Renoir et Matisse et l'écrivain Zola.

Chaque année, 500 000[22] visiteurs découvrent avec émotion le petit paradis de Giverny. Et ils se demandent:[23] Est-ce que c'est un rêve? Tout cela ne va-t-il pas disparaître?

[1]heart [2]mille huit cent quarante [3]mille neuf cent vingt-six [4]Clos... *field in the Norman style* [5]water
[6]en... *by crossing* [7]Bridge [8]mille huit cent quatre-vingt-trois [9]Jusqu'à... *Until his death* [10]lives [11]link
[12]painting [13]conceives [14]work [15]light [16]translate [17]réussir... *to succeed in translating what I feel*
[18]mille huit cent quatre-vingt-cinq [19]mille huit cent quatre-vingt-dix [20]deux cent cinquante [21]water lillies
[22]cinq cent mille [23]se... *ask themselves*

Compréhension

Une brochure publicitaire. Create a travel brochure for Monet's garden in Giverny by filling in the blanks with the appropriate expressions from the text.

Un petit paradis terrestre? Ça existe à quelques _____[1] de Paris! Découvrez Giverny où le peintre _____[2] a trouvé son inspiration. Son œuvre ne reproduit pas les objets mais traduit _____[3]ou _____[4] —c'est le principe de l'impressionnisme.

   Devant la maison de Monet, on trouve un immense jardin symétrique qui s'appelle «_____»[5]. En traversant le célèbre Pont japonais, on arrive au fameux _____[6] qui a donné naissance à une série de 250 _____[7] appelés «_____»[8].

   La maison a l'air toujours _____[9], marquée par la présence des amis illustres de Monet, parmi eux (*among them*), l'écrivain _____[10].

   Giverny, c'est la nature, la lumière, les couleurs, les nuances. Venez découvrir ce lieu privilégié!

Claude Monet: *Le jardin de l'artiste à Giverny*, 1900. (Musée d'Orsay, Paris)

Écriture

Portrait de famille. Répondez aux questions suivantes pour parler de votre famille. Ensuite, mettez vos réponses sous la forme d'un texte. Vous pouvez ajouter des informations supplémentaires.

1. Combien de personnes y a-t-il dans votre famille (parents et enfants)?
2. Donnez quelques informations sur chaque membre de votre famille: nom, âge, profession, et cetera.
3. Actuellement (*Currently*), où habitez-vous? Vous habitez chez vos parents? Vous louez un appartement avec des amis? Vous êtes propriétaire d'une maison ou d'un condo? Combien est-ce qu'il y a de pièces chez vous? Lesquelles (*Which ones*)?
4. En général, qui s'occupe (*takes care*) des tâches ménagères (*housework*) à la maison? Énumérez plusieurs tâches et dites qui en est responsable.

À l'écoute sur Internet

Une grande famille. Véronique is 15. She is very fond of her family and is describing it to a friend. First, look at the diagram on the following page. Next, listen to the vocabulary and the names of the people in Véronique's family. Then, listen to Véronique's description. Finally, complete the activity. (See Appendix G for answers.)

VOCABULAIRE UTILE

au lycée	at the high school
une banque	a bank
un garçon	a boy
unique	only
un atelier	an artist's studio

LA FAMILLE DE VÉRONIQUE

Henri	Josiane	Juliette
Virginie	Raphaël	Laurence
Georges	Géraldine	Franck
Gérard	Charles	Caroline
Nicole	Marie	Léa

Fill in the blank boxes with the correct names based on Véronique's description.

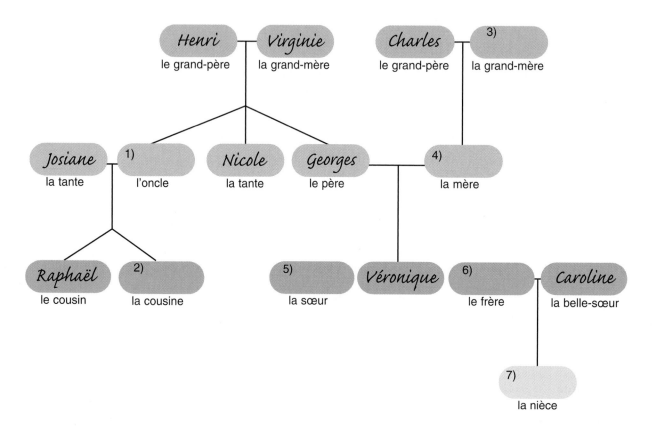

Le vidéoblog d'Hassan

En bref

Dans cet épisode, Hassan est dans son restaurant avec son copain Abdel et Carole, la fiancée d'Abdel. Abdel et Carole mentionnent des endroits (lieux) possibles pour leur cérémonie et leur réception de mariage.

Vocabulaire en contexte

Indiquez vos préférences pour une cérémonie et une réception idéale de mariage.

Une péniche pour la réception de mariage

Les invités
- ☐ **seulement** (*only*) moi et mon fiancé / ma fiancée
- ☐ seulement les deux familles
- ☐ seulement de très bons amis
- ☐ les deux familles et de bons amis
- ☐ **tout le monde** (*everyone*)!

Les lieux
- ☐ sur une **péniche** (*river barge*)
- ☐ au **56**ᵉ étage d'une **tour** (*tower*)
- ☐ sur la terrasse d'un musée ou d'un institut
- ☐ dans un hôtel de grand **luxe** (*luxury*)
- ☐ dans une église (*church*), une mosquée, une synagogue

Visionnez!

Choisissez la bonne réponse.

1. Pour Carole, le détail le plus (*most*) important est _____.
   a. le nombre d'invités   b. le lieu   c. le mois de l'année
2. Pour Carole, une réception de mariage sur une péniche _____.
   a. **coûte** (*costs*) trop cher   b. est très romantique   c. est une mauvaise idée
3. La tour Montparnasse et l'Institut du **monde** (*world*) arabe offrent de belles vues _____.
   a. quand il fait beau   b. seulement le soir   c. seulement en été
4. On fête un mariage au Maroc _____.
   a. à la plage (*beach*)   b. chez les parents du marié   c. dans un **ryad** (*Moroccan villa*)

Analysez!

Répondez aux questions.

1. De quels lieux à Paris parlent-ils dans la vidéo? Quel est l'avantage et/ou l'inconvénient de chaque (*each*) lieu? Quel lieu préférez-vous?
2. Abdel et Carole forment-ils un couple «traditionnel»? Pourquoi?

Comparez!

Faites la description d'une cérémonie ou d'une réception de mariage typique dans votre culture. Regardez encore une fois (*once more*) la partie culturelle de la vidéo: les lieux de mariage en France ressemblent-ils aux lieux de mariage aux États-Unis? Expliquez.

Note culturelle

Un ryad (ou riad) est une belle maison bourgeoise, d'architecture traditionnelle mauresque[1] construite autour d'un patio, généralement avec une fontaine. Les ryads, qui servent souvent aujourd'hui de Maisons d'hôtes,[2] sont souvent luxueux, avec plusieurs salons et chambres, et un décor typiquement marocain.

[1]*moorish*   [2]*Maisons… small hotels*

Vocabulaire

Verbes

aller to go
  aller + *inf.* to be going (to do something)
  aller mal to feel bad (ill)
attendre to wait (for)
descendre to go down; to get off
entendre to hear
faire to do; to make
perdre to lose; to waste
préparer to prepare
rendre to give back; to return; to hand in
  rendre visite à to visit (*someone*)
répondre à to answer
rester to stay, remain
vendre to sell

À REVOIR: **étudier, habiter, jouer (à) (de), manger**

Substantifs

l'arbre (*m.*) tree
l'autobus (*m.*) (city) bus
le bruit noise
la clé key
la famille family
la météo weather forecast
les projets (*m. pl.*) plans
le temps time; weather
les vacances (*f. pl.*) vacation

À REVOIR: **l'affiche** (*f.*), **le chien, la commode, le couloir, le lavabo, le lit, le logement**

Adjectifs

célibataire single (*person*)
divorcé(e) divorced
marié(e) married
préféré(e) favorite, preferred

La famille

les arrière-grands-parents great-grandparents

le beau-frère brother-in-law
le beau-père father-in-law; stepfather
la belle-mère mother-in-law; stepmother
la belle-sœur sister-in-law
la bru daughter-in-law
le cousin cousin (*male*)
la cousine cousin (*female*)
le demi-frère half brother; stepbrother
la demi-sœur half sister; stepsister
l'enfant (*m., f.*) child
la femme wife
la fille daughter
le fils son
le frère brother
le gendre son-in-law
la grand-mère grandmother
le grand-parent (les grands-parents) grandparent(s)
le grand-père grandfather
le mari husband
la mère mother
le neveu nephew
la nièce niece
l'oncle (*m.*) uncle
le parent parent; relative
le père father
la petite-fille granddaughter
le petit-enfant grandchild
le petit-fils grandson
la sœur sister
la tante aunt

La maison

le balcon balcony
le bureau office
la chambre bedroom
la cuisine kitchen
l'escalier (*m.*) stairway
le jardin garden
la pièce room
le premier / deuxième étage second / third floor
le rez-de-chaussée ground (first) floor

la salle à manger dining room
la salle de bains bathroom
le séjour living room
le sous-sol basement
la terrasse terrace

Expressions avec *faire*

faire attention (à) to pay attention (to); to watch out (for)
faire la connaissance (de) to meet (for the first time), make the acquaintance (of)
faire les courses to do errands
faire la cuisine to cook
faire ses devoirs to do one's homework
faire la lessive to do the laundry
faire le marché to do the shopping, go to the market
faire le ménage to do the housework
faire une promenade to take a walk
faire la queue to stand in line
faire du sport to play/do sports
  faire de l'aérobic to do aerobics; **... du jogging** to run, jog; **... du ski** to ski; **... du vélo** to go cycling; **... de la voile** to go sailing
faire un tour (en voiture) to take a walk (ride)
faire la vaisselle to do the dishes
faire un voyage to take a trip

Le temps

Quel temps fait-il? How's the weather?
Il fait beau. It's nice (out).
Il fait chaud. It's hot.
Il fait (du) soleil. It's sunny.
Il fait du vent. (Il vente. Il y a du vent.) It's windy.
Il fait frais. It's cool.
Il fait froid. It's cold.
Il fait mauvais. It's bad (out).
Il neige. It's snowing.

Il pleut. It's raining.
Le temps est nuageux. It's cloudy.
Le temps est orageux. It's stormy.

Les saisons

Au printemps (*m.*)... In spring . . .
En automne (*m.*)... In fall . . .
En été (*m.*)... In summer . . .
En hiver (*m.*)... In winter . . .

Mots et expressions divers

l'année prochaine next year
après after; afterward
bientôt soon
ce week-end this weekend
cet après-midi / ce matin / ce soir this afternoon / morning / evening
chez at the home (establishment) of
dans quatre jours in four days (from now)

demain tomorrow
d'habitude usually
une fois par semaine once a week
le lundi / le vendredi soir on Mondays / on Friday evenings
peut-être maybe
la semaine prochaine next week
tous les jours every day
tout à l'heure in a while
tout de suite immediately
le week-end on weekends

CHAPITRE **6**

À table!°

À... Let's eat!

Les dossiers d'Hassan

Hassan

▶ 📁 Mes photos
   ▶ 📁 Une belle salade niçoise
   ▶ 📁 Leçon 1—une salade marocaine
   ▶ 📁 Des cuisses de grenouille°

frog

Une belle salade niçoise avec de la laitue, du thon, des olives noires, des œufs durs, des tomates et des anchois

Dans ce chapitre...

Objectifs communicatifs
▶ talking about food and drink
▶ expressing quantity
▶ giving commands
▶ telling time

Paroles (Leçon 1)
▶ Les repas, la nourriture et les boissons
▶ Le verbe **préférer**
▶ Le couvert à table

Structures (Leçons 2 et 3)
▶ Les verbes **prendre** et **boire**
▶ Les articles partitifs
▶ L'impératif
▶ L'heure

Culture
▶ **Le blog d'Hassan:** *Miam miam!*
▶ **Reportage:** *Les Français, ces mangeurs de grenouilles*
▶ **Lecture:** *Saveurs du monde francophone* (Leçon 4)

Leçon 1—une salade marocaine de carottes râpées à l'orange

Des cuisses de grenouille

MULTIMÉDIA

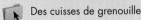

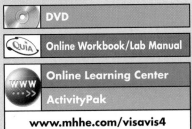

DVD

Online Workbook/Lab Manual

Online Learning Center

ActivityPak

www.mhhe.com/visavis4

Leçon 1

 Les repas de la journée*

Voilà des aliments (*m.*) populaires en France.

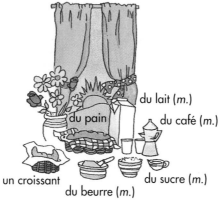

du lait (*m.*)
du café (*m.*)
du pain
un croissant
du beurre (*m.*)
du sucre (*m.*)

Le matin: le petit déjeuner

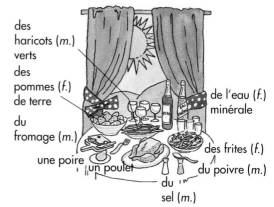

des haricots (*m.*) verts
des pommes (*f.*) de terre
du fromage (*m.*)
une poire
un poulet
de l'eau (*f.*) minérale
des frites (*f.*)
du poivre (*m.*)
du sel (*m.*)

Le midi: le déjeuner

du chocolat (*m.*)
du thé (*m.*)
des serviettes (*f.*)
des gâteaux (*m.*) au chocolat
une tarte aux pommes

L'après-midi: le goûter†

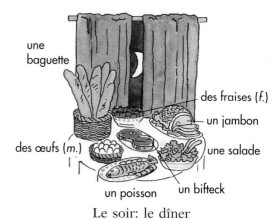

une baguette
des œufs (*m.*)
des fraises (*f.*)
un jambon
une salade
un poisson
un bifteck

Le soir: le dîner

****La journée** (*The day*) is used instead of **le jour** to emphasize the notion of an entire day, as in the expression **Quelle journée!** (*What a day!*).
†**Le goûter** is an afternoon snack: **des petits-pains au chocolat pour les enfants; du thé ou du café et des gâteaux pour les adultes.**

AUTRES MOTS UTILES

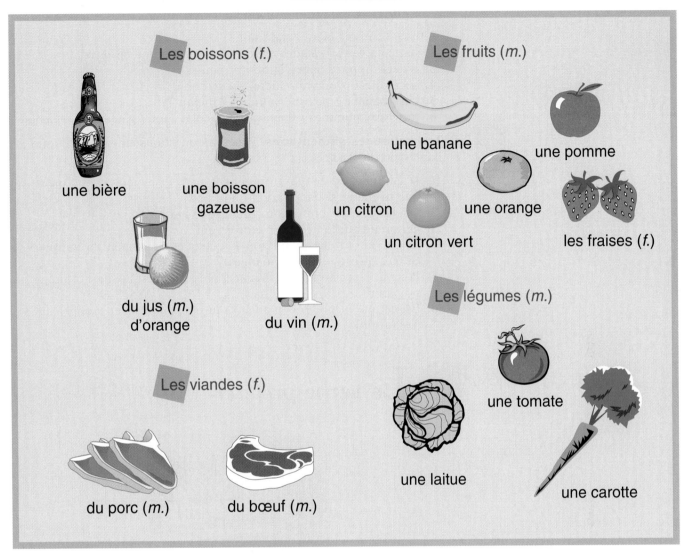

Les boissons (*f.*)

une bière

une boisson
gazeuse

du jus (*m.*)
d'orange

du vin (*m.*)

Les fruits (*m.*)

une banane

une pomme

un citron

une orange

un citron vert

les fraises (*f.*)

Les légumes (*m.*)

une tomate

une laitue

une carotte

Les viandes (*f.*)

du porc (*m.*)

du bœuf (*m.*)

AUTRES MOTS UTILES

les brocolis (*m.*)	broccoli	**le poivron**	bell pepper
le champagne	champagne	**le plat**	dish (of food)
le champignon	mushroom	**des produits**	fresh products
la crème	cream	(*m.*) **frais**	
le dessert	dessert	**déjeuner**	to eat lunch
l'oignon (*m.*)	onion	**dîner**	to eat dinner

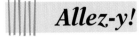 *Allez-y!*

A. Catégories. Ajoutez (*Add*) d'autres aliments dans les catégories
mentionnées.

> **MODÈLE:** La mousse au chocolat est *un dessert*. →
> Le gâteau, la tarte aux pommes et les fraises sont aussi
> des desserts.

1. La bière est *une boisson*.   **3.** Le porc est *une viande*.
2. La pomme de terre est *un légume*.   **4.** La banane est *un fruit*.

B. L'intrus. Dans les groupes suivants, trouvez le mot qui ne va pas avec les autres. Expliquez votre choix.

1. café / fraise / bière / thé / lait
2. haricots verts / salade / carotte / œuf / pomme de terre
3. bifteck / porc / pain / jambon / poulet
4. sel / gâteau / poivre / sucre / beurre
5. vin / banane / pomme / orange / melon
6. tarte aux pommes / fromage / chocolat / thé / gâteau au chocolat

C. Les habitudes alimentaires. Posez les questions suivantes à un(e) camarade de classe.

1. D'habitude, est-ce que tu prends le petit déjeuner? Si oui, qu'est-ce que tu manges? Sinon, pourquoi pas?
2. Quelle boisson préfères-tu prendre le matin?
3. Où prends-tu le déjeuner et avec qui?
4. Est-ce que tu prends un goûter quelquefois pendant la journée? Si oui, qu'est-ce que tu manges?
5. Pour le dîner, tu aimes cuisiner? Si oui, qu'est-ce que tu aimes préparer?
6. Est-ce que tu préfères manger à la maison ou aller manger au restaurant?

 # **L**e verbe *préférer*

Elle préfère le chocolat blanc.

PRESENT TENSE OF **préférer** (*to prefer*)	
je **préfère**	nous préférons
tu **préfères**	vous préférez
il/elle/on **préfère**	ils/elles **préfèrent**

Although the endings are regular, the verb **préférer** is irregular. For the forms of **je, tu, il/elle/on,** and **ils/elles,** the second **é** from the stem (**préfér-**) changes to **è** (**je préfère**). The **nous** and **vous** forms are regular. Verbs conjugated like **préférer** include **répéter, espérer** (*to hope*), **célébrer,** and **considérer**.

Allez-y!

A. Fiche (*Form*) **gastronomique.** Demandez à un(e) camarade de classe quelles sont ses préférences, et complétez la fiche. Utilisez **quel** (*m.*) ou **quelle** (*f.*) et le verbe **préférer**.

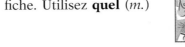

> **MODÈLE:** É1: Quelle boisson préfères-tu?
> É2: Je préfère le/la…

boisson: _____

viande: _____

légume: _____

fruit: _____

dessert: _____

repas: _____

plat: _____

Maintenant, avec vos camarades de classe, examinez les différentes fiches et déterminez quels sont les plats et les boissons préférés de la classe.

B. Question de préférence. Avec un(e) camarade, répondez aux questions suivantes.

1. Quel repas est-ce que tu préfères? Pourquoi?
2. Est-ce que, selon toi (*in your opinion*), tu es bon cuisinier / bonne cuisinière (*cook*)?
3. À quel restaurant est-ce que tu espères aller prochainement (*next*)?
4. Chez toi, quelles fêtes est-ce qu'on célèbre? Qu'est-ce que vous préparez pour célébrer cette/ces (*this/those*) fête(s)?

À table

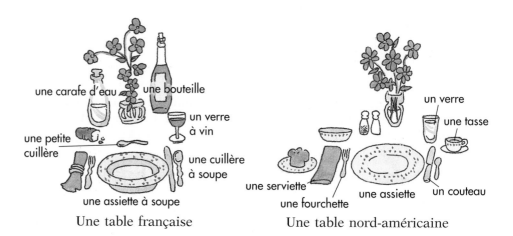

une carafe d'eau une bouteille

un verre
à vin

une petite
cuillère

une cuillère
à soupe

une assiette à soupe

Une table française

un verre

une tasse

une serviette

une fourchette

une assiette

un couteau

Une table nord-américaine

AUTRES MOTS UTILES

un bol   bowl-shaped cup (*for* **café au lait**)
une nappe   tablecloth
la soupe   soup

Allez-y!

A. L'objet nécessaire. Quels objets utilisez-vous?

MODÈLE: le café au lait ⟶
        J'utilise un bol pour le café au lait.

1. le vin   5. le thé   7. l'eau
2. la viande   6. la mousse au   8. le café express
3. la soupe   chocolat
4. la salade

B. L'art de la table. Mettre le couvert (*Setting the table*) est souvent un art. Regardez la photo tirée du magazine *Gault Millau* et répondez aux questions.

1. Décrivez ce qu'il y a sur la table. Est-ce une table pour un repas simple ou élégant? Quel est l'objet en papier à gauche?
2. À votre avis, pourquoi est-ce qu'il y a quatre verres?
3. Et chez vous, qu'est-ce qu'on place sur la table au petit déjeuner, au déjeuner, au dîner, pour un repas spécial?

Une table élégante

Les verbes *prendre* et *boire*

Talking About Food and Drink

Au restaurant

LE SERVEUR: Qu'est-ce que vous **prenez,** messieurs dames?

JULIETTE: Nous **prenons** le poulet à la crème et les légumes.

LE SERVEUR: Et qu'est-ce que vous **buvez**?

JEAN-MICHEL: Je **prends** une bière, et pour mademoiselle une bouteille d'eau minérale, s'il vous plaît.

Maintenant, avec un(e) camarade, faites les substitutions suivantes et jouez à nouveau le dialogue.

le poulet à la crème ⟶ le poisson grillé
les légumes ⟶ la salade de tomates
une bière ⟶ un verre de vin rouge
une bouteille d'eau minérale ⟶ une carafe d'eau

Au café à Paris

Prendre and Similar Verbs

The verb **prendre** is irregular in its plural forms.

PRESENT TENSE OF **prendre** (*to take*)	
je **prends**	nous **prenons**
tu **prends**	vous **prenez**
il/elle/on **prend**	ils/elles **prennent**

1. Verbs conjugated like **prendre** include **apprendre** (*to learn*) and **comprendre** (*to understand; to include*).

—Qu'est-ce que vous **prenez**?	*What are you having?*
—Je **prends** la salade verte.	*I'm having the green salad.*
Il **apprend** l'espagnol.	*He's learning (how to speak) Spanish.*
Est-ce que tu **comprends** l'allemand?	*Do you understand German?*
Le menu à 20 euros **comprend** une entrée, un plat et un dessert.	*The meal for 20 euros includes an appetizer, the main course, and a dessert.*

2. When an infinitive follows **apprendre,** the preposition **à** must be used.

Apprenez-vous **à** skier?	*Are you learning (how) to ski?*

Apprendre can also mean *to teach*. In this case, the person taught is preceded by **à**. If the thing taught is a verb, it is also preceded by **à**.

J'**apprends** le russe **à** Mireille.	*I'm teaching Mireille Russian.*
J'**apprends à** Mireille à parler russe.	*I'm teaching Mireille to speak Russian.*

3. Some common expressions with **prendre** include:

prendre du temps	*to take (a long) time*
prendre son temps	*to take one's time*
prendre un repas	*to eat a meal*
prendre le petit déjeuner	*to have breakfast*
prendre un verre	*to have a drink (usually alcoholic)*

Boire

The verb **boire** is also irregular in form.

PRESENT TENSE OF **boire** (*to drink*)			
je	**bois**	nous	**buvons**
tu	**bois**	vous	**buvez**
il/elle/on	**boit**	ils/elles	**boivent**

Tu **bois** de l'eau minérale.	*You're drinking mineral water.*
Nous **buvons** de la bière.	*We're drinking beer.*

Offrir un verre aux amis, c'est sympa! Qu'est-ce qu'on boit ici? Qu'est-ce qu'on mange?

Allez-y!

A. Des étudiants modèles? Lisez les phrases, puis faites les substitutions suivantes: (1) tu, (2) mon meilleur ami / ma meilleure amie, (3) mon/ma camarade et moi, (4) je, (5) mes copains.

1. Vous apprenez le français. **2.** Vous comprenez presque (*almost*) toujours le professeur. **3.** Pour préparer les examens, vous prenez des livres à la bibliothèque. **4.** Pour faire votre travail, vous prenez votre temps. **5.** Mais malheureusement (*unfortunately*), vous buvez trop de (*too much*) café.

B. Qu'est-ce qu'on boit? Choisissez la boisson qui convient à chaque situation.

Boissons: de l'eau, du jus de pomme, du jus d'orange, du café, du champagne, de la bière, du thé, du lait chaud, de la limonade, du vin

> MODÈLE: Nous sommes le 31 décembre. (Loïc) ⟶
> Il boit du champagne.

1. Il fait très chaud. (vous) **2.** Il fait froid. (Christian) **3.** Il est minuit (*midnight*). (tu) **4.** Il est huit heures du matin (*8 A.M.*). (je) **5.** Nous sommes au café. (nous) **6.** Agnès et Marie sont au restaurant. (elles)

C. Conversations au café. Vous êtes au café. Qu'est-ce que les gens disent? Complétez les conversations avec les verbes **prendre, apprendre** et **comprendre**.

1. CHANTAL: Est-ce que tu _____ un café?
     JOËL: Non, je _____ une bouteille d'eau minérale.
2.   LÉA: Est-ce que tu _____ l'anglais?
  FRANCO: Oui, et j' _____ aussi l'anglais à mes enfants. Et vous deux, qu'est-ce que vous _____ comme (*as*) langue étrangère?
    PAUL: Nous, nous _____ le japonais.
3. CLAUDE: Est-ce que vous _____ toujours le professeur de philosophie?
   JEAN: Non, mais les autres (*others*) _____ tout!

D. Mission impossible? Posez une question avec **Est-ce que tu...** pour trouver un(e) camarade de classe qui (*who*)...

1. ne prend pas de petit déjeuner **2.** prend en général des crêpes (*pancakes*) au petit déjeuner **3.** boit cinq tasses de café ou plus par jour **4.** boit un verre de lait à chaque repas **5.** apprend un nouveau sport ce semestre **6.** comprend le sens de la vie (*meaning of life*)

Les articles partitifs

Expressing Quantity

Pas de dessert

JULIEN: Qu'est-ce qu'on mange aujourd'hui, maman?

MME TESSIER: Il y a **du poulet** avec **des pommes de terre**.

JULIEN: Et **la mousse au chocolat** dans le frigo, c'est pour ce midi?

MME TESSIER: Ah non, **la mousse**, c'est pour ce soir. Pour midi, il y a **des fruits** ou **de la glace au café**.

JULIEN: Je n'aime pas **la glace** et je n'aime pas **les fruits**! Mais j'adore **la mousse**!

MME TESSIER: Non, c'est non!

Et vous? Répondez aux questions suivantes.

1. Mangez-vous souvent **du** poulet?
2. Prenez-vous souvent **des** fruits?
3. Est-ce que vous aimez **la** glace au café?

Forms of Partitive Articles

In addition to the definite and indefinite articles, there is a third article in French, called the partitive (**le partitif**). It has three forms: **du** (*m.*), **de la** (*f.*), and **de l'** (before a vowel or mute **h**). It agrees in gender and number with the noun it precedes.

Prenez-vous **du** jambon?	*Are you having (some) ham?*
de la salade?	*(some) salad?*
de l'eau minérale?	*(some) mineral water?*

Partitive versus Indefinite Articles

1. The partitive article is used to indicate part of a quantity that is measurable but not countable. This idea is sometimes expressed in English by *some* or *any;* usually, however, *some* is only implied.

Examples of noncountable nouns (also called *mass nouns*) include **viande, chocolat, lait, sucre, glace, vin, eau, beurre, pain, temps,** and **argent.**

Avez-vous **du** thé?	*Do you have tea?*
Je voudrais **du** sucre.	*I would like (some) sugar.*
Mangez-vous **du** poisson?	*Do you eat fish?*

2. When something is countable or is considered as a whole, the indefinite article is used instead.

Après le dîner, je prends **un** thé.	*After dinner, I have (a cup of) tea.*
Je voudrais **un** sucre dans mon café.	*I would like one (cube of) sugar in my coffee.*
Je mange **un** poisson par semaine.	*I eat a (whole) fish every week.*

Partitive versus Definite Articles

1. The partitive article is used with verbs such as **prendre, boire, acheter,*** and **manger,** because they usually involve consuming or buying a *portion* of something. However, after verbs of preference such as **aimer, aimer mieux, préférer, adorer,** and **détester,** the definite article is used, because these verbs generally express a reaction to an entire category.

Beaucoup de Français mangent **du** fromage après le repas, mais moi, je déteste **le** fromage.	*Many French people eat cheese after a meal, but I hate cheese.*

2. The partitive is also used with abstract qualities attributed to people, whereas the definite article is used to talk about these qualities in general.

Elle a **du** courage.	*She has (some) courage.*
Elle déteste **l'**hypocrisie.	*She hates hypocrisy.*

Partitives in Negative Sentences

1. In negative sentences, partitive articles become **de (d')**, except after **être.** This is also true with the plural article **des.**

Je bois **du** lait.	⟶	Je ne bois **pas de** lait.
Elle mange **de la** soupe.	⟶	Elle ne mange **pas de** soupe.
Tu prends **de l'**eau.	⟶	Tu ne prends **pas d'**eau.
BUT: C'est **du** vin espagnol.	⟶	Ce n'est pas **du** vin espagnol.
Vous mangez **des** carottes.	⟶	Vous ne mangez **pas de** carottes.
BUT: Ce sont **des** poires.	⟶	Ce ne sont **pas des** poires.

***Acheter** means *to buy.* It will be presented in *Chapitre 8.* Meanwhile, see Appendix B for the conjugation of **acheter.**

Mots clés

Exprimer un désir

Je voudrais means *I would like.* It is used to make a polite request and can be followed by a noun or an infinitive.

Je voudrais un café, s'il vous plaît.
I would like a cup of coffee, please.

Je voudrais prendre le menu du jour.
I would like to have the special of the day.

2. The expression **ne... plus** (*no more, no longer, not any more*) surrounds the conjugated verb, like **ne... pas**.

François et Zoë? Ils **ne** mangent **plus** de viande. Je suis désolé, mais nous **n'**avons **plus** de vin.	*François and Zoë? They don't eat meat anymore. I'm sorry, but we have no more wine.*

[Allez-y! A]

Partitives with Expressions of Quantity

Partitive articles also become **de** (**d'**) after expressions of quantity.

Elle commande **du vin**.

Combien de verres est-ce qu'elle commande?

Elle commande **un peu de vin**.

Elle commande **beaucoup de vin**.

Elle commande **un verre de vin**.

Elle a **assez de vin**.

Elle boit **trop de vin**.

Dans son verre, il y a **peu de vin**.

[Allez-y! B-C]

Allez-y!

A. À table! Qu'est-ce que vous prenez, en général, à chaque repas? Qu'est-ce que vous ne prenez pas? Pensez-y!

Possibilités: du café au lait, des croissants, du bacon, un bifteck, des frites, du fromage, un fruit, un hamburger, de la pizza, du poulet, des spaghettis...

MODÈLE: Au petit déjeuner... ⟶
Au petit déjeuner, je prends du jus d'orange, mais je ne prends pas de café au lait.

1. Au petit déjeuner... **2.** Au déjeuner... **3.** Au dîner...

B. Dîner d'anniversaire (*birthday*). Avec un(e) camarade, vous préparez un dîner surprise pour fêter l'anniversaire d'un ami / d'une amie. Mais avez-vous tous (*all*) les ingrédients nécessaires?

MODÈLE: carottes (assez) / (ne... pas) tomates ⟶
 É1: Est-ce que tu as des carottes?
 É2: Oui, j'ai assez de carottes mais je n'ai pas de tomates.

1. eau minérale (3 bouteilles) / (ne... plus) jus d'orange
2. café (un peu) / (ne... plus) thé
3. fraises (beaucoup) / (ne... pas) melon
4. chocolat (trop) / (ne... pas) œufs
5. viande (assez) / (ne... pas) légumes
6. sucre (un bol) / (ne... plus) sel

C. La réponse est simple! Trouvez des solutions aux problèmes suivants. Utilisez les verbes **boire, apprendre, comprendre** et **prendre** et des expressions avec **prendre**.

MODÈLE: Je désire parler avec un ami. ⟶ Je prends un verre au café avec un ami.

1. J'ai faim. 2. J'ai soif. 3. Je désire bien parler français.
4. Je désire étudier les mathématiques. 5. Je n'aime pas le vin.
6. Je ne suis pas pressé(e) (*in a hurry*).

D. Dis-moi ce que tu manges! Regardez les résultats d'une enquête sur les habitudes alimentaires des Français et répondez aux questions suivantes.

1. Est-ce que les Français dépensent (*spend*) plus pour acheter des boissons alcoolisées ou non alcoolisées (sans compter le lait)?
2. Nommez deux catégories de produits frais que les Français aiment consommer.
3. Quels sont les produits que les Français végétariens ne consomment pas?
4. Dans la liste, nommez deux catégories de produits que l'on (*that one*) achète généralement au marché en plein air (*open-air*).
5. À votre avis, quelles sont les différences entre les habitudes alimentaires des Français et des Nord-Américains?

Ce que les Français consomment (en % du total des dépenses alimentaires)

18,2 Produits laitiers et œufs **15,8** Viandes/ volailles **7,5** Charcuterie/traiteur/ plats cuisinés **2,6** Conserves **5,7** Surgelés/ glaces **1,4** Pâtes/ féculents/ farines Pain **0,7** Produits de la mer (poissons, crustacés...) **3,5**

Source: Secodip-Ania

1,4 Corps gras (huile, margarine...) Condiments/ potages/ épices **2** **9,9** Confiserie/ biscuits/ petits déjeuners **2,4** Café/ thé/ infusions **9,6** Boissons alcoolisées **5,3** Boissons non alcoolisées Fruits/ légumes frais **11,9** Aliments pour animaux **2,1**

Le blog d'Hassan

Miam miam!°

Miam... *Yum yum!*

▲ Leçon 1—une salade marocaine de carottes râpées à l'orange

vendredi 5 juin

Salut les ennemis de la cuisine!

Vous adorez les bons petits plats mais vous détestez cuisiner? C'est parfait! Je vais créer un blog culinaire pour vous: un blog avec plein de recettes[1] délicieuses à accomplir en 10 minutes maximum. Les explications vont être simples, avec des photos et de petits films vidéo.

Je vais proposer des recettes marocaines diététiques, réalisées[2] avec des produits du marché: du poisson, du poulet, de la viande de bœuf, des légumes, des fruits. Dans ces plats, je vais utiliser des épices pour donner du goût:[3] du cumin, du safran, de l'harissa.[4]

Mon copain Hector est mon premier «client»! Il est danseur et il doit absolument avoir une alimentation équilibrée.[5] Je vais lui apprendre à cuisiner. Regardez la vidéo: c'est notre première leçon. Hector prépare une salade marocaine de carottes râpées[6] à l'orange! C'est un étudiant très sérieux. Je suis content de lui.

Bon appétit les amis,
Hassan

. . . .

COMMENTAIRES

 Mamadou

Dans la cuisine africaine, on utilise beaucoup d'épices. C'est le secret du goût et de la couleur!

Charlotte

Hassan, j'attends ton blog! La cuisine, ça prend trop de temps. Préparer un bon dîner en 10 minutes, c'est le top![7]

 Poema

Personnellement, je suis au régime.[8] Bravo pour les recettes diététiques marocaines! Je vais craquer[9] pour ton blog!

 Alexis

Tu vas nous faire mourir[10] avec tes recettes minceur![11] Moi, je mange et je bois de tout: «Bonne cuisine et bon vin, c'est le paradis sur terre[12]». C'est une parole du roi[13] Henri IV...

 Trésor

Tu vas aussi inventer des recettes pour les chiens? Moi, j'adore les os[14] avec de la sauce!

---

[1]plein... *lots of recipes* [2]*prepared, made* [3]épices... *spices to give flavor* [4]*North African spice made from ground or pureed peppers* [5]alimentation... *well-balanced diet* [6]*grated* [7]*best* [8]au... *on a diet* [9]Je... *I'll be unable to resist* [10]nous... *kill us* [11]*slimming* [12]*earth* [13]parole... *saying of King* [14]*bones*

Les Français, ces mangeurs de grenouilles

En France, la cuisine est considérée comme un art: elle a ses règles,[1] ses secrets, ses traditions. Un bon dîner, un excellent vin: voilà le bonheur[2] pour beaucoup de Français! «Moi, j'adore les tripes[3]», déclare Laurence. Quand mes amis américains viennent en France, je les initie à la gastronomie française. Mais ils ont parfois quelques préjugés... Pour eux, manger du lapin,[4] c'est comme manger du chat!»

Oui, c'est vrai, la gastronomie française nécessite une initiation. Il faut[5] avoir le courage d'apprendre, il faut goûter.[6] Ensuite «l'essayer, c'est l'adopter[7]» comme disent les Français. Alan, un ami américain de Laurence, aime les escargots servis dans les grandes brasseries[8] comme Bofinger ou le Terminus Nord, à Paris. «Je n'imaginais pas un jour manger des escargots et adorer cela» dit-il. «Maintenant, je dois tenter[9] les cuisses[10] de grenouille» ajoute-t-il avec une étrange grimace...

Mais comme les visiteurs du monde entier, ce jeune Américain insiste sur sa passion pour les «classiques» de la cuisine française: «Acheter une baguette et un camembert, déjeuner d'un steak-frites et d'un bon petit vin de pays, voilà l'art de vivre à la française.» Cet ami de la France n'a sans doute pas tort.

▲ Non, ces grenouilles ne vont pas sauter hors (*to jump out*) de leur assiette. Leur chair (*meat*) délicieuse va faire le bonheur d'un gourmet. Qui? Un visiteur américain prêt pour des expériences culinaires? Ou peut-être vous, si vous avez le courage de tenter une aventure gastronomique!

[1]*rules* [2]*happiness* [3]*tripe, part of the stomach of an ox or a similar animal* [4]*rabbit* [5]*Il... One must* [6]*taste* [7]*l'essayer... trying it is loving it*
[8]*large cafés that serve light meals* [9]*je... I should try* [10]*legs*

 À vous!

1. Voulez-vous manger, comme les Français, du lapin, des escargots et des cuisses de grenouille? Expliquez vos raisons.
2. Quels sont vos plats préférés? Appréciez-vous la gastronomie ou préférez-vous les fast-foods?
3. Mangez-vous quelquefois des plats exotiques? De quels pays? Dans quelles circonstances?
4. Que pensez-vous de cette assiette de grenouilles présentée en illustration? Avez-vous envie de goûter cette spécialité française?

 On est connectés To learn more about French, Moroccan, and Martiniquaise cuisine, use the links or keywords and search engines provided at the *Vis-à-vis* Online Learning Center (**www.mhhe.com/visavis4**).

Leçon 3

STRUCTURES

 # L'impératif

Giving Commands

L'ennemi d'un bon repas

FRANÇOIS: Martine, **passe**-moi le sel, s'il te plaît... (*Martine passe la salade à François.*)

FRANÇOIS: Mais non, enfin! **Écoute** un peu... je te demande le sel!

MARTINE: François, **sois** gentil—**ne parle pas** si fort. Je n'entends plus la télé...

1. Est-ce que François demande la salade?
2. Est-ce que Martine passe le sel à François?
3. Est-ce que Martine écoute François?

The imperative is the command form of a verb. It is used to express an order, a piece of advice, or a suggestion. There are three forms in French. As in English, subject pronouns are not used with the imperative.

(tu)	**Arrête** de parler!	*Stop talking!*
(nous)	**Allons** au restaurant!	*Let's go to the restaurant!*
(vous)	**Passez** une bonne journée!	*Have a nice day!*

1. Verbs ending in **-er:** The imperatives are the same as the corresponding present-tense forms, except that the **tu** form does not end in **-s**.

INFINITIVE	tu	nous	vous
regarder	**Regarde!**	**Regardons!**	**Regardez!**
entrer	**Entre!**	**Entrons!**	**Entrez!**

Écoute!   *Listen!*
Regardez! Un restaurant russe.   *Look! A Russian restaurant.*
Entrons!   *Let's go in!*

The imperative forms of the irregular verb **aller** follow the pattern of regular **-er** imperatives: **va, allons, allez**.

2. Verbs ending in **-re** and **-ir:** The imperative forms are identical to their corresponding present-tense forms. This is true even of most irregular **-re** and **-ir** verbs.

INFINITIVE	**tu**	**nous**	**vous**
attendre	**Attends!**	**Attendons!**	**Attendez!**
finir	**Finis!**	**Finissons!**	**Finissez!**
faire	**Fais... !**	**Faisons... !**	**Faites... !**

Attends! Finis ton verre!	*Wait! Finish your drink!*
Faites attention!	*Pay attention! (Watch out!)*

3. The verbs **avoir** and **être** have irregular command forms.

INFINITIVE	**tu**	**nous**	**vous**
avoir	**Aie... !**	**Ayons... !**	**Ayez... !**
être	**Sois... !**	**Soyons... !**	**Soyez... !**

Sois gentil, Michel.	*Be nice, Michel.*
Ayez de la patience.	*Have patience.*

4. In negative commands, **ne** comes before the verb and **pas** follows it.

Ne prends pas de sucre!	*Don't have any sugar!*
Ne buvons pas trop de café.	*Let's not drink too much coffee.*
N'attendez pas le dessert.	*Don't wait for dessert.*

5. When using these command forms, you should be aware that they are not the most polite way of expressing your wishes. Later on you will learn about indirect commands or requests with the conditional, which are much more polite. With the imperative, however, the use of **s'il vous plaît** and **s'il te plaît** will make your requests more polite

Aie de la patience, **s'il te plaît.**	*Please have patience.*
Ne fumez pas, s'il vous plaît.	*Please don't smoke.*

||||| *Allez-y!*

A. Les bonnes manières. Vous êtes à table avec un enfant. Dites-lui ce qu'il faut (= il est nécessaire de) faire ou ne pas faire.

MODÈLE: ne pas jouer avec ton couteau ⟶
Ne joue pas avec ton couteau!

1. attendre ton frère **2.** prendre ta serviette **3.** finir ta soupe
4. manger tes carottes **5.** regarder ton assiette **6.** être sage (*good* [*lit., wise*]) **7.** ne pas manger de sucre **8.** boire ton verre de lait
9. ne pas demander de dessert

B. Un job d'été. Vous travaillez comme serveur / serveuse dans un café. Voici les recommandations de la patronne (*owner*).

MODÈLE: faire attention aux clients ⟶ Faites attention aux clients.

1. être aimable **2.** avoir de la patience **3.** écouter les clients **4.** répondre aux questions **5.** ne pas perdre de temps **6.** rendre correctement la monnaie (*change*)

Maintenant vous parlez avec un autre serveur / une autre serveuse de ce qu'il faut faire au travail. Répétez les recommandations de la patronne.

MODÈLE: faire attention aux clients ⟶ Faisons attention aux clients!

 C. Le robot. Vous avez un robot qui travaille pour vous. La classe choisit un étudiant / une étudiante pour jouer le rôle du robot. Donnez cinq ordres en français au robot. Il/Elle est obligé(e) d'obéir. Utilisez «s'il te plaît».

MODÈLE: Va au tableau, s'il te plaît!

L'heure

Telling Time

Quelle heure est-il?

Il est **sept heures**. Quel repas est-ce que Vincent prend?

Il est **dix heures et demie**.* Où est Vincent?

Il est **midi**. Quel repas est-ce qu'il prend?

Il est **deux heures et quart**. Où est Vincent?

---

*To tell the time on the half hour, **et demie** is used after the feminine noun **heure(s)** and **et demi** is used after the masculine nouns **midi** and **minuit**.

Il est trois heures **et demie**.   *It's 3:30 (half past three).*
Il est midi **et demi**.   *It's 12:30 (half past noon).*

Il est **quatre heures moins le quart.** Qu'est-ce qu'il fait?

Il est **huit heures vingt.** Il dîne en famille?

Il est **minuit moins vingt.** Est-ce qu'il étudie encore?

Il est **minuit,** et Vincent dort (*is sleeping*).

1. To ask the time:

> **Excusez-moi, quelle heure est-il?**
> *Excuse me, what time is it?*

2. To ask at what time something happens:

> —**À quelle heure** commence le film?
> *At what time does the movie start?*
> —**À** deux heures et demie.
> *At 2:30.*

3. To tell the time:

> **Il est** une **heure.**
> *It is 1:00.*
> **Il est** deux **heures.**
> *It is 2:00.*
> **Il est** presque **midi / minuit.**
> *It's almost noon / midnight.*

4. To make a distinction between A.M. and P.M.:

> Il est neuf heures **du matin.**
> *It's 9 A.M. (in the morning).*
> Il est quatre heures **de l'après-midi.**
> *It's 4 P.M. (in the afternoon).*
> Il est onze heures **du soir.**
> *It's 11 P.M. (in the evening, at night).*

The 24-hour clock is used for official announcements (e.g., TV or transportation schedules), to make appointments, and to avoid ambiguity. For time expressed in figures, **h** (**heures**) is used (without a colon).

	OFFICIAL 24-HOUR	12-HOUR
9 h 15	neuf heures quinze	neuf heures **et quart** (du matin)
15 h 30	quinze heures trente	trois heures **et demie** (de l'après-midi)
18 h 45	dix-huit heures quarante-cinq	sept heures **moins le quart** (du soir)
20 h 50	vingt heures cinquante	neuf heures **moins dix** (du soir)

Mots clés

Exprimer le temps de façon générale

Il est **tard.**
It's late.

Il est **tôt.**
It's early.

Alain prend son repas **de bonne heure.**
Alain eats early.

Gabriel est **en retard** aujourd'hui.
Gabriel is late today.

D'habitude, il est **en avance.**
Usually, he's early.

Monique est toujours **à l'heure.**
Monique is always on time.

Allez-y!

A. Quelle heure est-il?. Donnez l'heure selon les deux systèmes.

1.    2.    3.    4.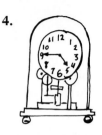

5.    6.    7.    8.

9.    10.    11.    12.

B. Quelle heure est-il pour vous? Qu'est-ce que vous faites?

1.    2.

3. 4.

C. Les bars et restaurants de Carcassonne. Imaginez que vous êtes à Carcassonne et que vous consultez la liste des restaurants et cafés de la ville. Voici des informations sur quatre établissements et leurs horaires (*schedules*).

LES BARS ET RESTAURANTS de CARCASSONNE

L'Auberge des Chênes
Formule midi 15€ en semaine - Menus 22€ à 42€ - Carte
Fermé lundi soir et samedi midi
1 Rte de Limoux - Tél. 04 68 25 40 11

L'ESCALIER
Pizzas - TEX-MEX
Spécialités méditerranéennes
De 12h à 14h et de 19h à minuit.
La pizzeria qui fait disjoncter
le Guide du Routard
22, bd Omer Sarraut 11000 CARCASSONNE
Tél. 04 68 25 65 66

Cyber Café le QG

Mail - Connexion internet - Jeux en réseau

Restauration rapide à toutes heures - Boissons chaudes/froides

Ouvert du lundi au vendredi 8h-19h - Samedi 13h-19h fermé le dimanche

80 allée d'Iéna - Tél. 0811 094 015

Le Colonial Lounge
Restaurant - Bar d'ambiance
Vous invite à l'évasion tous les jours de 11h à 16h
et de 19h à 2h du mat' - Formule à partir de 10€50 et sa carte
Au bord du canal, face à la gare - 3, avenue Maréchal Foch
Tél. 04 68 72 48 43 - mail.lecoloniallounge@aol.com

1. À quelle heure préférez-vous prendre le petit déjeuner? Où pouvez-vous aller? Est-il possible de prendre votre repas à sept heures et demie dans ce restaurant? à huit heures et demie?
2. Samedi, vous voulez (*want*) surfer sur Internet pendant votre déjeuner à midi. Pouvez-vous visiter le QG? Pourquoi? À quelle heure décidez-vous d'aller au QG?
3. Où allez-vous pour manger une spécialité méditerranéenne? Est-il possible d'aller dans ce restaurant à trois heures de l'après midi? à six heures du soir? À quelles heures pouvez-vous dîner dans ce restaurant?
4. Pouvez-vous (*Can you*) dîner à l'Auberge des Chênes le lundi? Pourquoi? Pouvez-vous déjeuner dans ce restaurant le lundi? À quelle heure?
5. Quel restaurant reste ouvert (*remains open*) après minuit? Jusqu'à (*Until*) quelle heure?

Leçon 4

  Lecture

Avant de lire

Scanning. You are planning a dinner party featuring dishes from a number of French-speaking countries. One of your guests doesn't eat fish; another is allergic to dairy products. As you look for recipes, you rapidly *scan* the list of ingredients, rejecting those that contain salmon and/or cream, for example. Scanning allows you to read more efficiently. Instead of reading line by line, you can skip much of a text and still find the information you need.

Scan the recipes in this section. Would you be able to prepare both of them for the guests described here?

Le vocabulaire culinaire. In recipes, instructions are often given in the infinitive form, which can be translated by an imperative in English.

Râper finement les carottes.	*Finely grate the carrots.*
Couper en morceaux un kilo de poissons.	*Cut up a kilo of fish into pieces.*

In addition, many cooking instructions include the verbs **faire** and **laisser**. Read the following examples carefully.

Faire bouillir…	*Boil . . .*
Laisser mijoter…	*Let simmer . . .*

Can you guess the meaning of the expression **laisser cuire**? (Note that the verb **cuire** is related to the noun **cuisine**).

Voyons voir… Parcourez rapidement (*Scan*) le texte suivant et décidez si les affirmations sont vraies ou fausses.

1. V F La salade marocaine est sucrée.
2. V F On sert la soupe avec du riz.
3. V F La soupe se cuit (*cooks*) assez rapidement.
4. V F Il y a du jus d'orange dans la salade.
5. V F La soupe contient beaucoup de matières grasses (*fat*).

Compréhension

Quel verbe, quel ingrédient? Lisez (*Read*) les recettes avant de répondre, Ensuite, choisissez l'ingrédient de la colonne de droite qui suit logiquement le verbe dans la colonne de gauche. Attention: Parfois il y a plus d'une réponse possible.

1. Écraser _____.	**a.** l'eau
2. Hacher _____.	**b.** les oranges
3. Faire bouillir _____.	**c.** les carottes
4. Peler _____.	**d.** les oignons
5. Râper _____.	**e.** la gousse d'ail
6. Couper _____.	**f.** les cives

PERSPECTIVES ▽

À propos de la lecture...
Ces recettes sont tirées et adaptées de deux sites Web.

Saveurs du monde francophone

Salade marocaine de carottes râpées à l'orange

Ingrédients

500 g de carottes

1 pincée de cannelle[1]

1 cuillerée à soupe de sucre en poudre

1 cuillerée à soupe d'eau de fleur d'oranger

1 verre de jus d'orange

le jus d'un citron

2 oranges

Préparation

Râper finement les carottes. Les arroser du mélange cannelle, jus de citron, sucre, eau de fleur d'oranger, jus d'orange. Mélanger. Disposer sur assiettes et décorer de tranches[2] d'oranges pelées à vif.[3]

Servir frais.

Blaff de poissons martiniquais

Ingrédients

1 kilo de poissons variés

1 citron vert

1 citron

2 oignons

1 gousse d'ail[4]

1 clou de girofle[5]

1 pincée de thym

2 cuillerées à soupe de persil finement haché[6]

3 cives[7] hachées

un morceau de piment[8]

du sel et du poivre

Préparation

Préparer le court-bouillon: Faire bouillir longuement dans une casserole[9] d'eau le girofle, le thym, le persil, et les oignons préalablement[10] coupés en rondelles,[11] les cives hachées, le sel, le poivre, et le piment. Couper en morceaux[12] un kilo de poissons, les frotter[13] de citron vert et les plonger dans le court-bouillon.

Laisser cuire de 10 à 15 minutes. Ajouter[14] le jus d'un citron et la gousse d'ail écrasée.[15] Laissez mijoter pendant quelques minutes.

Servir les poissons dans ce bouillon très parfumé.[16]

---

[1]pincée... *pinch of cinammon* [2]*slices* [3]pelées... *peeled with the zest removed* [4]gousse... *clove of garlic*
[5]*clove* [6]*chopped* [7]*chives* [8]*hot pepper* [9]*pot* [10]*ahead of time* [11]*round slices* [12]*pieces* [13]*rub*
[14]*Add* [15]*crushed* [16]*flavorful*

Écriture

Vous êtes ce que vous mangez. Répondez aux questions suivantes pour parler de vos habitudes alimentaires. Ensuite, mettez vos réponses sous la forme d'un texte. Vous pouvez ajouter des informations supplémentaires.

1. Combien de repas prenez-vous par jour? Lesquels (*Which ones*)? À quelle heure?
2. Si vous prenez le petit déjeuner, qu'est-ce que vous mangez?
3. Achetez-vous régulièrement des fruits, des légumes, des produits laitiers (*dairy products*)? Lesquels?
4. Qu'est-ce que vous aimez boire aux repas?
5. Êtes-vous végétarien(ne) ou végétalien(ne) (*vegan*)? Si oui, qu'est-ce que vous ne mangez pas? Sinon, quelles sortes de viande aimez-vous?

  # À l'écoute sur Internet

Les supermarchés Traffic. The **Traffic** supermarket chain is advertising some of its products on the radio. First, look at activities A and B. Next, listen to the vocabulary and the ad. Then do the activities.

VOCABULAIRE UTILE

des promotions	specials (sales)
des prix incroyables	incredible prices
ouverts	open
Venez vite!	Come quickly!

A. Les promotions Traffic. Draw a line linking each price with the appropriate product, based on the ad.

1. 2,30 €   **a.** un litre de jus de pomme
2. 19,50 €   **b.** un kilo de jambon
3. 0,6 €   **c.** une baguette
4. 1,25 €   **d.** un kilo d'oranges

B. Horaire. Place a check mark next to the correct answer.

Les supermarchés Traffic sont ouverts:

_____ **1.** de 8 h à 21 h
_____ **2.** de 9 h à 22 h
_____ **3.** de 9 h à 21 h

Le vidéoblog d'Hassan

Une brochette de poisson à la martiniquaise

En bref

Dans cet épisode, Léa et Juliette regardent le vidéoblog d'Hassan. Le jeune homme donne une petite leçon de cuisine à Hector. Les deux amis préparent une salade marocaine traditionnelle: des carottes râpées à l'orange. Ensuite, Hector parle de la cuisine martiniquaise.

Vocabulaire en contexte

Mesurez *votre* talent en cuisine et décrivez *votre* repas typique.

Votre talent en cuisine
- ☐ Moi, je suis un excellent cuisinier!
- ☐ **Je sais** (*I know how*) préparer de bons **plats**.
- ☐ Il y a un ou deux plats que je sais préparer.
- ☐ Je suis incapable de faire un sandwich!

Votre repas typique
- ☐ un repas **diététique** composé de produits frais
- ☐ un repas équilibré (*well-balanced*) traditionnel
- ☐ un repas lourd et gras (*heavy and greasy*)
- ☐ un repas fast-food

Note culturelle

Au Maroc, pays à l'hospitalité légendaire, le thé à la menthe[1] vous est proposé à toute heure. Préparé dans une théière[2] de métal, on vous le présente bien chaud et très sucré. On le verse[3] très haut[4] dans un petit verre. Refuser un thé à la menthe est impoli. C'est parfois[5] considéré comme une offense.

[1]*mint* [2]*teapot* [3]*pours* [4]*high* [5]*sometimes*

Visionnez!

Regardez la vidéo et trouvez l'équivalent des mots en caractères gras.

1. _____ Hassan **râpe** les carottes.
2. _____ Hector **coupe** les oranges en tranches fines (*thin slices*).
3. _____ Hector **verse** le jus de citron sur les carottes.
4. _____ Hassan **ajoute** du sucre et de l'eau de fleur d'oranger (*orange blossom water*).
5. _____ Hassan **met** un peu de cannelle sur la salade.
6. _____ Hassan **mélange** les ingrédients.

a. cuts
b. adds
c. pours
d. grates
e. mixes
f. puts

Analysez!

Répondez aux questions.

1. Le climat a une influence sur la cuisine d'un pays. Existe-t-il d'autres influences? Donnez des exemples.
2. Trouvez-vous la cuisine martiniquaise appétissante? Pourquoi (pas)?

Comparez!

Qu'est-ce qui influence la cuisine de votre région? Quels sont les plats et les ingrédients typiques? Regardez encore une fois la partie culturelle de la vidéo: préférez-vous la cuisine de votre région ou la cuisine martiniquaise? Expliquez.

Vocabulaire

Verbes

apprendre to learn
boire to drink
célébrer to celebrate
commander to order (*in a restaurant*)
comprendre to understand; to include
considérer to consider
déjeuner to eat lunch
dîner to dine, eat dinner
espérer to hope
passer to pass, spend (*time*)
préférer to prefer
prendre to take; to have (to eat; to order)
  prendre le petit déjeuner to have breakfast
  prendre du temps to take (a long) time
  prendre son temps to take one's time
  prendre un repas to eat a meal
  prendre un verre to have a drink (usually alcoholic)

À REVOIR: **aimer mieux, préparer**

Substantifs

l'après-midi (*m.*) afternoon
la cuisine cooking; kitchen
le déjeuner lunch
le dîner dinner
le goûter afternoon snack
la journée (whole) day
le matin morning
le midi noon
le plat dish (*of food*)
le petit déjeuner breakfast
le produit product
le repas meal
le soir evening

Les provisions

l'aliment (*m.*) food
la bière beer
le bifteck steak
le bœuf beef
la boisson gazeuse soft drink
le champignon mushroom
le citron lemon
le citron vert lime
la crème cream
l'eau (*f.*) **(minérale)** (mineral) water
la fraise strawberry
les frites (*f. pl.*) French fries
le fromage cheese
le gâteau cake
les haricots* (*m. pl.*) **verts** green beans
le jambon ham
le jus (d'orange) (orange) juice
le lait milk
le légume vegetable
l'œuf (*m.*) egg
l'oignon (*m.*) onion
le pain bread
la poire pear
le poisson fish
le poivre pepper
le poivron bell pepper
la pomme de terre potato
le poulet chicken
les produits (*m.*) **frais** fresh products
le sel salt
le sucre sugar
la tarte pie
le thé tea
la viande meat
le vin wine

À table

l'assiette (*f.*) plate
le bol wide cup

la bouteille bottle
le couteau knife
la cuillère (à soupe) (soup) spoon
la fourchette fork
la glace ice cream
la nappe tablecloth
la serviette napkin
la tasse cup
le verre glass

Substantifs apparentés

la baguette, la banane, les brocolis (*m. pl.*)**, la carafe, la carotte, le champagne, le chocolat, le croissant, le dessert, le fruit, la laitue, l'orange** (*f. pl.*)**, le porc, la salade, la soupe, la tomate**

Adjectif

frais/fraîche fresh

L'heure

Quelle heure est-il? What time is it?
Il est... heure(s). It is . . . o'clock.
  ... et demi(e) half past (the hour)
  ... et quart quarter past (the hour)
  ... moins le quart quarter to (the hour)
  ... du matin in the morning
  ... de l'après-midi in the afternoon
  ... du soir in the evening, at night
Il est midi. It's noon.
Il est minuit. It's midnight.
À quelle heure... ? At what time . . . ?

À REVOIR: **les chiffres** (*numbers*)

---

*The initial **h** is aspirate here, which means there is no elision with the article **les**.

Les expressions de quantité

assez de enough of
beaucoup de a lot of
peu de little of
trop de too much of, too many of
un peu de a little of

Mots et expressions divers

à l'heure on time
de bonne heure early
en avance early
en retard late
je voudrais I would like
ne… plus no more, no longer, not any more

presque almost
tard late
tôt early
vers around, about (*with time expressions*)

À REVOIR: **s'il vous/te plaît** please

Les plaisirs de la cuisine

Les dossiers d'Hassan

Hassan

▶ 📁 Mes photos
   ▶ 📁 Un marché en plein air
   ▶ 📁 Faire le marché
   ▶ 📁 Un tajine marocain

Un beau marché en plein air à Aix-en-Provence, en France

Dans ce chapitre...

Objectifs communicatifs
▶ asking about choices
▶ pointing out people and things
▶ expressing desire, ability, necessity, and obligation

Paroles (Leçon 1)
▶ Les magasins d'alimentation
▶ Au restaurant
▶ Les nombres supérieurs à 60

Structures (Leçons 2 et 3)
▶ L'adjectif interrogatif **quel**
▶ Les adjectifs démonstratifs
▶ Les verbes **vouloir, pouvoir** et **devoir**
▶ Le passé composé avec l'auxiliaire **avoir**

Culture
▶ **Le blog d'Hassan:** *Marché ou cybermarché?*
▶ **Reportage:** *Comment voyager dans son assiette?*
▶ **Lecture:** *Les grandes occasions* (Leçon 4)

Faire le marché, c'est un plaisir!

Un tajine marocain

MULTIMÉDIA

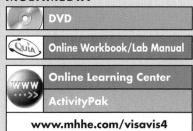

DVD

Online Workbook/Lab Manual

Online Learning Center

ActivityPak

www.mhhe.com/visavis4

175

Leçon 1

 # **L**es magasins (*m.*) d'alimentation

Mme Dupont va d'abord (*first*) à la boulangerie, puis (*then*) à la poissonnerie, et ensuite (*then*) à la boucherie.

AUTRES MOTS UTILES

de l'ail (*m.*)	garlic	**de l'huile** (*f.*)	oil
une boîte (de conserve)	a can (of food)	**un saucisson**	a salami
		du saumon	salmon
des crevettes (*f.*)	shrimp		
un homard†	a lobster		

---

*These are also separate stores: **la boulangerie,** where one buys bread, **la pâtisserie,** where one buys pastries, **la boucherie,** where one buys beef and poultry, and **la charcuterie** where one buys pork products.
†The **h** in **homard** is aspirate, which means that there is no "elision" with the article **le** (i.e., **le homard**). Note how this is different from **l'huître,** which has a mute **h**. In both cases, the **h** is silent.

 *Allez-y!*

Les magasins du quartier. Où est-ce qu'on va pour acheter les produits suivants?

MODÈLE: des éclairs au chocolat →
Pour acheter des éclairs au chocolat, on va à la boulangerie-pâtisserie.

1. des saucisses et un rôti de veau
2. des huîtres et des crabes
3. des sardines à l'huile
4. des côtes de porc
5. de la sole et du saumon
6. du pâté de campagne et du filet de bœuf
7. de l'ail et des boîtes de conserve
8. un pain de campagne

 # **A**u restaurant

Restaurant La Guirlande de Julie
Ouvert de 12 h 00 à 14 h 30 et de 19 h 00 à 22 h 30. Fermé le lundi.

Pour commencer

Kir[1]	6,9 euros
Coupe[2] de champagne	6,1 euros
Américano	7,6 euros

Nos formules[3]

(excepté le soir, le samedi, le dimanche et les jours fériés)

Plat du marché	9,91 euros
Entrée, plat du marché	13,72 euros

ou

Plat du marché, dessert	13,72 euros
Entrée, plat du marché, dessert	16,77 euros

Les entrées

Fromage de chèvre au basilic et à l'huile d'olive	7 euros
Escargots de Bourgogne	7,32 euros
Terrine de gibier,[4] petite salade «selon saison»	7,32 euros
Foie gras de canard maison	10,37 euros

Les plats

Notre spécialité «Pot-au-feu[5] royal»	13,26 euros
Confit de canard, pommes bûcheronnes, champignons	13,26 euros
Rognons de veau[6] bordelais et petits oignons	14,64 euros
Saumon braisé en croûte d'herbes, tagliatelle de légumes	13,11 euros

Nos fromages

Petit chèvre frais mariné à l'huile vierge	5,95 euros
Assiette de fromages	5,95 euros

Les desserts

Tarte aux pommes, glace à la cannelle	6,86 euros
Crème brûlée à la vanille de Bourbon	7,01 euros
Glaces et sorbets, parfums au choix	6,56 euros

Prix nets, TVA 20,6 % et 15 % inclus

[1]*White wine with blackcurrant liqueur* [2]*Goblet* [3]*Special of the day generally including* un plat *and* une entrée *or* un dessert. [4]*Terrine... Game paté* [5]*Stew* [6]*Rognons... Veal kidneys*

AUTRES MOTS UTILES

l'addition (*f.*)	check
l'argent (*m.*)	money
autre chose	something else
la carte	menu
compris(e)	included
l'entrée (*f.*)	first course
les escargots (*m.*)	snails
goûter	to taste
le menu	fixed-price meal (*usually including* **une entrée, un plat,** *and* **du fromage** *or* **un dessert**)
la mousse au chocolat	chocolate mousse
le plat	course (*of a meal*); dish (*type of food*)
le plat principal	main course
le pourboire	tip
le prix	price
quelque chose	something
le serveur / la serveuse	waiter / waitress

||||| *Allez-y!*

A. La Guirlande de Julie. Mettez le dialogue dans le bon ordre. Numérotez les phrases de 1 à 10.

LE SERVEUR

_3_ Vous désirez quelque chose à boire?

_9_ (*plus tard*) Vous désirez autre chose?

_5_ Une eau minérale. Vous désirez une entrée?

_1_ Bonjour, madame. Avez-vous choisi? (*Have you decided?*)

_7_ Très bien, madame. (*plus tard*) Prenez-vous du fromage, un dessert?

LA CLIENTE

_4_ Une eau minérale, s'il vous plaît.

_2_ Oui, j'ai fait mon choix (*choice*).

_6_ Oui, comme entrée, je vais prendre le foie gras de canard, et ensuite, le pot-au-feu.

_8_ Euh, je vais prendre une crème brûlée à la vanille, s'il vous plaît.

_10_ Non, merci. Apportez-moi (*Bring me*) l'addition, s'il vous plaît.

B. Au restaurant. Avec un(e) camarade, regardez la carte de La Guirlande de Julie. Jouez les rôles du serveur / de la serveuse et du client / de la cliente. Notez ce que le client commande.

MODÈLE: LE SERVEUR / LA SERVEUSE: Qu'est-ce que vous prenez comme entrée? (plat principal, boisson...)

LE CLIENT / LA CLIENTE: Je prends le/la*...

---

*The definite article, rather than the partitive, is often used when one orders a dish from a menu.

Les nombres supérieurs à 60

60 soixante	72 soixante-douze	90 quatre-vingt-dix
61 soixante **et** un	73 soixante-treize	91 quatre-vingt-onze
62 soixante-deux	80 quatre-vingt**s**	92 quatre-vingt-douze
63 soixante-trois	81 quatre-vingt-un	93 quatre-vingt-treize
70 soixante-dix	82 quatre-vingt-deux	100 cent
71 soixante **et** onze	83 quatre-vingt-trois	

- Note that **quatre-vingts** takes an **-s,** but that numbers based on it do not: **quatre-vingt-un,** and so on.

101 cent un	600	six cents
102 cent deux	700	sept cents
200 deux cents	800	huit cents
201 deux cent un	900	neuf cents
300 trois cents	999	neuf cent quatre-vingt-dix-neuf
400 quatre cents	1 000	mille
500 cinq cents	999 999	?

- Note that the **-s** of **cents** is dropped if it is followed by any other number: **deux cent un, sept cent trente-cinq.**
- Like **cent, mille** (*one thousand*) is expressed without an article. **Mille** is invariable and thus never ends in **-s: mille quatre, sept mille, neuf mille neuf cent quatre-vingt-dix-neuf.**

Des produits régionaux: Préférez-vous les légumes ou la viande?

Épinards hachés : 2,39 € le sac de 1 kg

Langoustines crues : 11,90 € la boîte de 500 g

Côtes d'agneau : 14,85 € le sac de 1 kg

- French currency is **l'euro** (*m.*) (€); it is divided into **centimes**. The most common way of writing prices in **euros** is: 48,50 € (**quarante-huit euros cinquante**).
- The nouns **million** and **milliard** (*billion*) take **-s** in the plural. When introducing a noun, they are followed by **de (d')**.

Ce château a coûté sept **millions de** dollars.

This chateau cost seven million dollars.

Allez-y!

A. Problèmes de mathématiques. Inventez six problèmes, puis demandez à un(e) camarade de les résoudre (*solve them*).

Vocabulaire utile: + (plus, et), − (moins), × (fois), ÷ (divisé par), = (font, égalent)

MODÈLES: 37 + 42 ⟶
    É1: Trente-sept plus (et) quarante-deux?
    É2: Trente-sept plus (et) quarante-deux font (égalent) soixante-dix-neuf.

10 × 10 000 ⟶
    É1: Dix fois dix mille?
    É2: Dix fois dix mille font (égalent) cent mille.

B. La cuisine diététique. Votre partenaire et vous avez un restaurant français qui sert de la cuisine diététique. Créez un menu à moins de (*fewer than*) 1 000 calories. Le menu doit (*must*) avoir...

un hors-d'œuvre ou une entrée
un plat principal
des légumes
un fromage ou un dessert

VALEUR CALORIQUE DE QUELQUES ALIMENTS (pour 100 grammes)							
TRÈS CALORIQUES		CALORIQUES		PEU CALORIQUES		TRÈS PEU CALORIQUES	
Saucisson	559	Brie	271	Banane	97	Poire	61
Chocolat	500	Pain	259	Crevettes	96	Pomme	61
Pâté de foie gras	454	Côte d'agneau	256	Pommes de terre	89	Carotte	43
Biscuits secs	410	Filet de porc	172	Lait	67	Fraise	40
Macaronis, pâtes	351	Œufs	162	Artichaut	64	Orange	40
Riz	340	Poulet	147			Champignons	31
Camembert	312	Canard (*Duck*)	135			Tomates	22

C. Les promotions du mois. Ce soir, vous faites des courses. Vous allez dans un magasin spécialisé en produits surgelés (*frozen*). Vous achetez un plat principal, des légumes et un dessert. Qu'est-ce que vous allez choisir?

CHEZ PICARD SURGELÉS

Côtes d'agneau
(pièces de 60 g environ)
le sac de 1 kg 15,80

**Gigot d'agneau prêt
à découper**
(pièce de 1,4 à 1,8 kg) le kg 12,60

4 steaks hachés
(100 g) Picard, *le kg 9,45 €,*
la boîte de 400 g 5,90

10 steaks hachés
(100 g) Picard,
la boîte de 1 kg 10,20

Crevettes crues
(10-20 au kg) élevées à
Madagascar, *le kg 37,50 €,*
l'étui de 800 g 32,00

Magret de canard
(pièce de 300-400 g)
le kg 18,40

2 cuisses de poulet rôties
avec partie de dos,
le kg 11,40 €, le sac de 400 g..............6,60

Poulet à la mexicaine
hauts de cuisses marinés,
cuits (5 pièces) *le kg 13,62 €,*
le sac de 400 g 6,95

Tarte sorbet pêche-framboisée : 9,50 € la pièce de 650 ml

**Petits pois doux extra-fins
et jeunes carottes**
le kg 2,84 €, le sac de 450 g.................2,40

**Petits pois doux à
la française**
(avec laitue en tablettes
et petits oignons blancs)
le sac de 1 kg.........................3,50

**Carottes jeunes entières
extra-fines**
le sac de 1 kg.........................2,90

Carottes en rondelles
le sac de 1 kg.........................2,50

20 crêpes au jambon-fromage
la boîte de 1 kg 4,90

2 crêpes savoyardes
reblochon, pommes de terre,
lardons, oignons,
le kg 13,36 €, la boîte de 250 g........4,40

4 crêpes campagnardes
champignons, jambon, lard
fumé, *le kg 10,56 €,*
la boîte de 460 g.....................5,90

Framboises brisées
Chili, le sac de 1 kg 5,50

Framboises entières
Chili, le sac de 1 kg 9,00

2 mousses au chocolat
Picard, *le kg 15,70 €,*
la boîte de 170 g 3,90

2 Petits Plaisirs au chocolat
recette Lenôtre, Brossard,
le kg 33,38 €, la boîte de 130 g 5,50

2 Tiramisù
crème au mascarpone,
génoise imbibée de café,
saupoudrage cacao, Picard,
le kg 19,25 €, la boîte de 200 g 4,80

Composez votre menu.

Maintenant calculez le prix de ce que vous allez acheter.

	PRIX
Plat principal	_____
Légumes	_____
Dessert	_____
Total	_____

Enfin, donnez votre menu et les résultats de vos calculs à la classe. Qui compose le menu le plus cher (*most expensive*), le plus original?

Leçon 2

STRUCTURES ▽

 # L'adjectif interrogatif *quel*

Asking About Choices

Henri Lefèvre, restaurateur à Deauville

Dan Bartell, journaliste américain, interroge Henri Lefèvre.

DAN BARTELL: **Quelle** est la principale différence entre la cuisine traditionnelle et la nouvelle cuisine?
HENRI LEFÈVRE: Les sauces, mon ami, les sauces.
DAN BARTELL: Et **quelles** sauces préparez-vous?
HENRI LEFÈVRE: J'aime beaucoup préparer les sauces traditionnelles comme la sauce bordelaise et le beurre blanc.
DAN BARTELL: **Quels** vins achetez-vous pour votre restaurant?
HENRI LEFÈVRE: J'achète surtout des vins rouges de Bourgogne et des vins blancs d'Anjou.

Et vous?

1. Quel est votre plat favori?
2. Quelle boisson préférez-vous?
3. Quelle cuisine préférez-vous?

Forms of *quel*

Quel (quelle, quels, quelles) means *which* or *what*. It agrees in gender and number with the noun it modifies. You are already familiar with **quel** in expressions such as **Quelle heure est-il?** and **Quel temps fait-il?** It is used to obtain more precise information about a noun already mentioned or implied. Questions with **quel** can be formed either with inversion or with **est-ce que**.

Quel fromage voulez-vous goûter?	Which (What) cheese would you like to try?
À **quelle** heure est-ce que vous dînez?	(At) what time do you eat dinner?

Dans **quels** restaurants aimez-vous manger?	*In what (which) restaurants do you like to eat?*
Quelles boissons préférez-vous?	*What (Which) beverages do you prefer?*

[Allez-y! A]

Quel with être

Quel can also stand alone before **être** followed by the noun it modifies.

Quel est le prix de ce champagne?	*What's the price of this champagne?*
Quelle est la différence entre le Perrier et l'Évian?	*What's the difference between Perrier and Évian?*

[Allez-y! B]

Mots clés

S'exclamer

Quel is also used in exclamations.

Quel plat exemplaire!
What an exemplary dish!

Quelle horreur!
How awful!

Allez-y!

A. Qui vient dîner? Mme Guilloux veut organiser un dîner demain soir. Son mari l'interroge (*asks her questions*). Complétez leur dialogue avec **qu'est-ce que, quel(le)** ou **qui**.

M. GUILLOUX: _____¹ vas-tu inviter?

MME GUILLOUX: Maxime, Isabelle et Laurence.

M. GUILLOUX: Et _____² tu vas préparer?

MME GUILLOUX: Un rôti de bœuf avec des pommes de terre sautées.

M. GUILLOUX: Oh là là, _____³ chance (*luck*)! Mais _____⁴ va faire les courses?

MME GUILLOUX: Toi, bien sûr.

M. GUILLOUX: Bien voyons! _____⁵ vin est-ce que je dois acheter?

MME GUILLOUX: Je ne sais pas. _____⁶ tu préfères?

M. GUILLOUX: Un vin rouge. Un bordeaux, par exemple.

MME GUILLOUX: Très bien. _____⁷ heure est-il?

M. GUILLOUX: 6 h 30.

MME GUILLOUX: Déjà! _____⁸ tu attends? Dépêche-toi (*Hurry up*), les magasins vont bientôt fermer.

B. Une conversation à table. Parlez avec vos camarades de leurs goûts. Utilisez l'adjectif interrogatif **quel** et variez la forme de vos questions.

MODÈLE: sport → Quel est le sport que tu préfères?

1. boisson
2. légume
3. viande
4. repas
5. distractions
6. CD
7. boîte (*f.*) de nuit (*nightclub*)
8. émission (*f.*) de télévision (*TV program*)
9. livres
10. magazines
11. couleur
12. matières
13. vêtements
14. films

Les adjectifs démonstratifs

Pointing Out People and Things

Un dîner entre amis

BRUNO: **Ce** rôti de bœuf, il est vraiment délicieux!
ANNE: Merci.
BRUNO: Est-ce que je peux goûter encore un peu de **cette** sauce-**là**?
ANNE: Mais bien sûr.
MARIE: **Ces** haricots verts, hum! Où vas-tu faire tes courses?
ANNE: Rue Mouffetard.
MARIE: Moi aussi. J'adore **cette** rue, **cette** ambiance de village, **ces** petits magasins...

Au marché, dans la rue Mouffetard, à Paris. Que désirez-vous?

Répondez.

1. Qu'est-ce que les trois amis mangent?
2. Est-ce qu'ils mangent des légumes?
3. Pourquoi est-ce que Marie aime la rue de la Contrescarpe?

Forms of Demonstrative Adjectives

Demonstrative adjectives (*this / that, these / those*) are used to specify a particular person, object, or idea. They agree in gender and number with the nouns they modify.

	SINGULAR	PLURAL
Masculine	**ce** magasin	**ces** magasins
	cet escargot	**ces** escargots
	cet homme	**ces** hommes
Feminine	**cette** épicerie	**ces** épiceries

Note that **ce** becomes **cet** before masculine nouns beginning with a vowel or mute **h**.

[Allez-y! A-B]

Use of -ci and -là

In English, *this / these* and *that / those* indicate the relative distance to the speaker. In French, the suffix **-ci** is added to indicate closeness, and **-là,** to indicate greater distance.

—Prenez-vous **ce** gâteau-**ci**?
—Non, je préfère **cet** éclair-**là**.

[Allez-y! C]

Allez-y!

A. Au supermarché. Qu'est-ce que vous achetez?

MODÈLE: une bouteille d'huile ⟶ J'achète cette bouteille d'huile.

1. une boîte de sardines **2.** un camembert **3.** des tomates **4.** une bouteille de vin **5.** quatre poires **6.** une bouteille d'eau minérale **7.** des pommes de terre **8.** un éclair au café **9.** un artichaut

B. Exercice de contradiction. Vous allez faire un pique-nique. Vous faites des courses avec un(e) camarade, mais vous n'êtes pas d'accord! Jouez les rôles.

MODÈLE: pain / baguette ⟶
É1: On prend ce pain?
É2: Non, je préfère cette baguette.

1. saucisson / tranche (*f.*) (*slice*) de jambon
2. pâté / poulet froid
3. filet de bœuf / rôti de veau
4. haricots verts / oignons
5. pizza (*f.*) / sandwich
6. pommes / bananes
7. tarte / éclair
8. gâteau / glace
9. jus de fruits / bouteille de vin
10. boîte de sardines / morceau (*m.*) (*piece*) de fromage

C. Chez le traiteur. (*At the delicatessen.*) Jouez les rôles du client / de la cliente et du traiteur.

MODÈLE: poulet ⟶
LE CLIENT / LA CLIENTE: Donnez-moi un poulet, s'il vous plaît.
LE TRAITEUR: Quel poulet? Ce poulet-ci ou ce poulet-là?
LE CLIENT / LA CLIENTE: Ce poulet-ci. Et donnez-moi aussi un peu de ce fromage.
LE TRAITEUR: Tout de suite, monsieur / madame.

1. salade **2.** rôti **3.** légumes **4.** pâté **5.** pizza **6.** saucisses

Le blog d'Hassan

Marché ou cybermarché?

dimanche 7 juin

Salut tout le monde!

Dimanche prochain, Juliette et moi on va faire les courses au marché de la place Monge. Ensuite, avec nos potes,[1] on va préparer le déjeuner chez moi. Hector et Léa vont acheter une tarte pour le dessert, Juliette va préparer les légumes et moi le poisson! Ça va être marrant![2]

Juliette aime bien le marché, mais elle préfère les cybermarchés. Un seul clic et tout apparaît[3] sur l'écran: la charcuterie, l'épicerie, la poissonnerie et la pâtisserie. La livraison[4] est souvent gratuite.[5] Je dois dire que c'est pas mal...

Mais moi, je préfère le marché: c'est animé; je peux sentir[6] l'odeur des produits frais; je peux toucher, peser,[7] sélectionner et quelquefois goûter! C'est vraiment agréable!

Et vous? Vous faites vos courses en ligne ou au marché?
Hassan

▲ Faire le marché, c'est un plaisir!

COMMENTAIRES

 Alexis

Moi aussi, je commande sur Internet, c'est tellement[8] facile! Tu cliques sur un rôti de bœuf, et il est dans ton assiette!

 Trésor

Alexis, je déteste le cybermarché: La bouffe,[9] ce n'est pas virtuel! C'est réel!

 Mamadou

Chez moi, au Sénégal, tous les matins, ma mère fait son marché. Le marché africain, c'est l'odeur du poivre et des épices associé au parfum des mangues et des poissons frais.

 Charlotte

Tu sais Hassan, pour une mère de famille, le supermarché c'est la solution idéale. À Genève, je fais les courses le samedi matin et je suis tranquille pour huit jours. Et il y a toujours des promotions!

 Poema

Les marchés de Papeete sentent le tiare—c'est la fleur emblème de Tahiti—l'ananas[10] et la vanille.

[1]*buddies* [2]*lots of fun* [3]*appears* [4]*delivery* [5]*free* [6]*je... I can smell* [7]*weigh* [8]*so* [9]*food (slang)* [10]*pineapple*

Comment voyager dans son assiette?

Chaque nation dans le monde a une spécialité culinaire. Le plat national, c'est un peu le drapeau d'un pays, sa culture, son âme.[1]

Pour connaître les saveurs[2] des tables francophones, faisons un voyage culinaire…

Nous voilà d'abord en Suisse. Quel est le plat national ici? La fondue! Arrêtons-nous maintenant en Belgique. Que mange-t-on dans les petits restaurants populaires de Bruxelles? Des moules-frites![3] Faisons une petite excursion en France. C'est étrange: au pays de la gastronomie, le plat du jour idéal, c'est tout simplement un steak-frites accompagné d'un petit vin rouge!

Maintenant, nous voyageons au Québec. Ici «la poutine» est sur tous les menus de restaurants. Inventé dans les années 1950, ce plat est préparé avec des frites, du fromage et de la sauce brune.[4] C'est parfait pour un pays froid!

▲ Un tajine marocain

Enfin, nous visitons l'Afrique. Au Cameroun, on adore le «n'dolé», une préparation d'épinards,[5] de crevettes, de poisson ou de viande mélangés à des arachides.[6] En Algérie, le couscous, à base de semoule,[7] est sur toutes les tables. On peut le préparer de mille et une façons.[8] C'est la même chose pour «le tajine», le plat national du Maroc. Ce ragoût[9] de viande, de volaille,[10] de poisson et de légumes est délicieux pour la bouche et beau pour les yeux. Regardez la photo!

Tous ces plats traditionnels des pays francophones vous invitent au voyage. Partez! L'aventure commence dans votre assiette.

[1]soul [2]flavors [3]mussels with French fries [4]sauce… gravy [5]spinach [6]peanuts [7]semolina [8]ways [9]stew [10]poultry

 À vous!

1. Qu'est-ce qu'un «plat national»?
2. Quel est le plat national de chaque pays francophone mentionné dans ce reportage? Quels autres plats de ces pays connaissez-vous? Si possible, citez aussi les plats nationaux d'autres pays francophones.
3. Quand vous voyagez, aimez-vous goûter des aliments ou des plats nouveaux? Racontez une de vos découvertes culinaires dans un pays étranger ou dans un restaurant étranger de votre ville.
4. Quel est le plat national de votre pays? Comment est-il préparé?
5. Quels ingrédients y a-t-il dans le tajine sur la photo? Avez-vous envie de le gouter? Expliquez.

 On est connectés To learn more about French markets, cybermarkets and supermarkets, use the links or keywords and search engines provided at the *Vis-à-vis* Online Learning Center (**www.mhhe.com/visavis4**).

Leçon 3

STRUCTURES

 Les verbes *vouloir,*
pouvoir et *devoir*

Expressing Desire, Ability, and Obligation

Le Procope*

MARIE-FRANCE: Tu **veux** du café?

CAROLE: Non, merci, je ne **peux** pas boire de café. Je **dois** faire attention. J'ai un examen aujourd'hui. Si je bois du café, je vais être trop nerveuse.

PATRICK: Je bois du café seulement les jours d'examen. Ça me donne de l'inspiration, comme à Voltaire!

Répétez le dialogue et substituez les nouvelles expressions aux expressions suivantes.

1. café ⟶ vin
2. nerveux / nerveuse ⟶ fatigué(e)
3. Voltaire ⟶ Bacchus†

Un peu plus...

Le Procope.

Le Procope est le plus vieux (*oldest*) café de Paris. Il a ouvert ses portes en 1686 et reste toujours ouvert aujourd'hui. Il est situé sur la Rive gauche (*Left Bank*) dans le Quartier latin. Le café a accueilli (*welcomed*) des gens célèbres tout au long de son histoire. De nos jours, on peut voir la table où Voltaire discutait avec d'autres libres penseurs comme Diderot et Rousseau. Quels sont les endroits dans votre ville qui ont une importance historique?

---

*In the 18th century, **Le Procope** was the first place in France to serve coffee. Because coffee was considered a subversive beverage, only freethinkers such as the writer Voltaire dared to consume it.
†In classical mythology, Bacchus is the god of wine.

Forms of *vouloir, pouvoir,* and *devoir*

The verbs **vouloir** (*to want*), **pouvoir** (*to be able to*), and **devoir** (*to have to; to be obliged to; to owe*) are all irregular in form.

vouloir	pouvoir	devoir
je **veux**	je **peux**	je **dois**
tu **veux**	tu **peux**	tu **dois**
il/elle/on **veut**	il/elle/on **peut**	il/elle/on **doit**
nous **voulons**	nous **pouvons**	nous **devons**
vous **voulez**	vous **pouvez**	vous **devez**
ils/elles **veulent**	ils/elles **peuvent**	ils/elles **doivent**

Uses of *vouloir, devoir,* and *pouvoir*

1. **Vouloir** can be followed by a noun or an infinitive.

   Je **veux** un café.   *I want a cup of coffee.*
   Je **veux** commander un café.   *I want to order a cup of coffee.*

   Vouloir bien means *to be willing to, be glad (to do something).*
   Vouloir dire expresses *to mean.*

   Il **veut bien** goûter les escargots.   *He's willing to taste the snails.*
   Qu'est-ce que ce mot **veut dire**?   *What does this word mean?*

2. **Devoir,** followed by an infinitive, expresses necessity, obligation, or probability.

   Je suis désolé, mais nous **devons** partir.   *I'm sorry, but we must leave.*
   Marc est absent; il **doit** être malade.   *Marc is absent; he must be sick.*

   When not followed by an infinitive, **devoir** means *to owe.*

   —Combien d'argent est-ce que tu **dois** à tes amis?   *How much money do you owe to your friends?*
   —Je **dois** 10 euros à Jacques et 20 euros à François.   *I owe Jacques 10 euros and François 20 euros.*

3. **Pouvoir** is usually followed by an infinitive.

   Vous **pouvez** arriver à 3 h?   *Can you arrive at 3:00?*

Allez-y!

A. Une soirée compliquée. Composez un dialogue entre Christiane et François.

CHRISTIANE: je / avoir / faim / et / je / vouloir / manger / maintenant

FRANÇOIS: tu / vouloir / faire / cuisine?

CHRISTIANE: non... / est-ce que / nous / pouvoir / aller / restaurant?

FRANÇOIS: oui, je / vouloir / bien

CHRISTIANE: où / est-ce que / nous / pouvoir / aller?

FRANÇOIS: on / pouvoir / manger / couscous / Chez Bébert

CHRISTIANE: nous / devoir / inviter / Carole

FRANÇOIS: tu / pouvoir / inviter / Jean-Pierre / aussi

CHRISTIANE: ce / soir / ils / devoir / être / cité universitaire?

FRANÇOIS: oui, ils / devoir / préparer / un / examen / nous / pouvoir / parler / de / ce / examen / restaurant

B. Le Ritz. Pour fêter son anniversaire (*To celebrate his birthday*), Stéphane invite ses amis américains Ben et Jessica au restaurant «le Ritz». Complétez leur dialogue avec les verbes **pouvoir, devoir** et **vouloir** à la forme appropriée. Quelquefois plusieurs réponses sont possibles.

BEN: Qu'est-ce qu'on _____[1] prendre?

STÉPHANE: Comme entrée, vous _____[2] prendre le pâté de lapin, il est excellent. Et comme plat de résistance...

JESSICA: Pardon, que _____[3] dire «plat de résistance»?

STÉPHANE: Bon, c'est le plat principal du repas. Vous _____[4] absolument essayer la truite (*trout*) aux amandes, c'est la spécialité de la maison. Comme dessert si vous _____[5], vous _____[6] prendre une charlotte aux framboises.

JESSICA: Ça _____[7] être très nourrissant (*rich, fattening*) tout ça, non?

STÉPHANE: Un peu, mais ce n'est pas tous les jours mon anniversaire. Tu _____[8] oublier ton régime pour aujourd'hui.

C. Vos impressions. Complétez les phrases suivantes à la forme affirmative ou à la forme négative, selon votre opinion personnelle. Utilisez **devoir, pouvoir** ou **vouloir** + infinitif dans chaque phrase.

MODÈLE: Les étudiants _____. → Les étudiants ne doivent pas étudier jusqu'à (*until*) minuit tous les soirs.

1. Le professeur _____. **2.** Les parents _____. **3.** Mes camarades _____. **4.** Les hommes _____. **5.** Les femmes _____. **6.** Je _____.

Mots clés

Demander poliment et remercier

Je voudrais (presented in **Chapitre 6**) and **je pourrais** (*I could*) are conditional forms of **vouloir** and **pouvoir,** respectively. They are used to make a request sound more polite.

Je veux l'addition.
  I want the check.
Je **voudrais** l'addition.
  I would like the check.
Est-ce que je peux avoir de l'eau?
  Can I have some water?
Est-ce que je **pourrais** avoir de l'eau?
  Could I have some water?

Don't forget to add **s'il vous plaît** to your request and to say **merci**. The appropriate answers for **merci** are:

De rien. (*more familiar*)
Il n'y a pas de quoi.
Je vous en prie, madame.* (*formal*)

*In polite conversation in French, **monsieur, madame,** and **mademoiselle** are used much more often than *ma'am* or *sir* in English.

D. Soyons polis! Avec un(e) partenaire, demandez et remerciez selon le modèle.

MODÈLE: vouloir / tasse / café
É1: Je voudrais une tasse de café, s'il vous plaît.
É2: Voilà, madame / monsieur.
É1: Merci, monsieur / madame.
É2: Il n'y a pas de quoi.

1. pouvoir avoir / carafe / eau?
2. vouloir / morceau / fromage
3. pouvoir avoir / bouteille / vin?
4. vouloir / kilo / poulet

Le passé composé avec l'auxiliaire *avoir*

Talking About the Past

Au restaurant

LE CLIENT: Bonjour, madame. J'ai réservé une table pour deux personnes.
L'EMPLOYÉE: Votre nom, s'il vous plaît?
LE CLIENT: Bernard Meunier.
L'EMPLOYÉE: Euh… oui. Vous avez demandé une table avec vue sur la mer, c'est bien ça?
LE CLIENT: Oui, c'est exact. Nous avons voyagé pendant une heure pour dîner ici. Merci beaucoup pour cette table.
L'EMPLOYÉE: Oui, alors, suivez-moi.

Jouez le dialogue avec un(e) camarade, et faites les substitutions suivantes.

Nombre de personnes: une
Nom: votre nom

The **passé composé** is a compound past tense. It relates events that began and ended at some point in the past. The **passé composé** of most verbs consists of the present tense of the auxiliary verb (**le verbe auxiliaire**) **avoir** plus the past participle (**le participe passé**) of the verb in question.

PASSÉ COMPOSÉ OF **dîner** (*to dine, eat dinner*)	
j' **ai dîné**	nous **avons dîné**
tu **as dîné**	vous **avez dîné**
il/elle/on **a dîné**	ils/elles **ont dîné**

The **passé composé** has several equivalents in English. For example, **j'ai dîné** can mean *I dined* (*ate dinner*), *I have dined* (*have eaten dinner*), *I did dine* (*did eat dinner*), according to the context.

Regular Past Participles

The following chart illustrates the formation of regular past participles.

Verbs ending in **-er**:	**-er** ⟶ **-é**	trouv**er** ⟶ trouv**é**
Verbs ending in **-ir**:	**-ir** ⟶ **-i**	chois**ir** ⟶ chois**i**
Verbs ending in **-re**:	**-re** ⟶ **-u**	per**dre** ⟶ perd**u**

J'**ai trouvé** une pâtisserie magnifique.

I found a wonderful pastry shop.

Tu **as choisi** une tarte aux pommes?

Have you chosen an apple pie?

Non, nous **avons perdu** l'adresse de la pâtisserie.

No, we lost the address of the pastry shop.

Irregular Past Participles

Most irregular verbs have irregular past participles, and they must be memorized. However, there are some predictable patterns.

1. The past participle of many verbs in **-oir** ends in **-u**.

avoir ⟶ **eu**   pouvoir ⟶ **pu**
devoir ⟶ **dû**   vouloir ⟶ **voulu**
pleuvoir (*to rain*) ⟶ **plu**

Hier, il **a plu** toute la journée.

Yesterday, it rained all day long.

2. The past participle of some verbs in **-re** ends in **-is**.

apprendre ⟶ **appris**   prendre ⟶ **pris**
comprendre ⟶ **compris**

J'**ai pris** l'autobus à la boulangerie.

I took the bus to the bakery.

3. Other important irregular past participles include:

boire ⟶ **bu**   faire ⟶ **fait**
être ⟶ **été**

Elle **a fait** le marché.

She did the shopping.

[Allez-y! A-B]

Negative and Interrogative Sentences in the *passé composé*

1. In negative sentences, **ne... pas** surrounds the auxiliary verb (**avoir**).

Nous **n'avons pas** préparé les hors-d'œuvre.

We have not prepared the hors-d'œuvres.

Vous **n'avez pas** pris de dessert?

Didn't you have a dessert?

2. In questions with inversion, only the auxiliary verb and the subject are inverted.

As-tu oublié le dessert?   *Did you forget dessert?*

[Allez-y! C-D]

A. Un voyage. Qu'est-ce que ces personnes ont fait dans le sud de la France? Faites des phrases complètes au passé composé.

> **MODÈLE:** nous / choisir / huîtres
> Nous avons choisi des huîtres.

1. vous / goûter / crevettes
2. Sylvie / finir / bouteille de vin
3. toi et moi, nous / boire / Coca-cola / café
4. Thibaut / perdre / porte-monnaie (*wallet*)
5. Michèle et Vincent / visiter / pâtisserie magnifique
6. Thérèse et toi, vous / apprendre / à parler avec l'accent marseillais
7. je / faire / de la planche à voile (*windsurfing*)

B. Une carte postale. Complétez la carte postale de Marie. Choisissez le verbe approprié et conjuguez-le au passé composé.

Chère Claudine,

J'_____¹ mes vacances d'hiver une semaine avant Noël avec Christine. Nous _____² deux semaines à la montagne en Suisse.

Nous _____³ de rester à Saint-Moritz. Nous _____⁴ du ski et du shopping. Nous _____⁵ une fondue délicieuse. Au retour, nous _____⁶ visite à des amis à Genève et nous _____⁷ le Palais des Nations de l'ONU. Notre séjour et les repas en Suisse _____⁸ inoubliables.

Je t'embrasse,   *Marie*

commencer
décider
être
faire
passer
préparer
rendre
visiter

L'amphithéâtre à Orange, près d'Avignon, en France. Combien de personnes peuvent s'y asseoir (*sit there*)?

C. À Orange. Thierry pose des questions à ses cousins Chantal et Jean-Claude, qui (*who*) ont visité la ville historique d'Orange, près d'Avignon. Jouez les rôles avec deux camarades.

MODÈLE: trouver un restaurant pas cher à Orange ⟶

THIERRY: Avez-vous trouvé un restaurant pas cher à Orange?

JEAN-CLAUDE: Non, nous n'avons pas trouvé de restaurant pas cher à Orange.

1. prendre le petit déjeuner près de l'amphithéâtre romain
2. faire une promenade dans la vieille ville
3. contempler la vieille fontaine
4. étudier les inscriptions romaines
5. apprendre l'histoire de France
6. chercher des fruits à l'épicerie
7. envoyer une description de la ville à vos parents

D. Interview. Posez des questions à un(e) camarade sur ses activités passées. Essayez d'utiliser les expressions des **Mots clés**. Voici des suggestions:

Le matin: faire du sport, faire le marché, regarder la télévision, boire du café, prendre le petit déjeuner,...

L'après-midi / Le soir: pique-niquer, skier, jouer aux cartes, étudier une leçon, inviter des amis,...

La semaine dernière / L'année dernière: dîner au restaurant, voyager en Europe, finir une dissertation, travailler dans un magasin, rendre visite à des amis,...

MODÈLE: É1: Est-ce que tu as fait du sport hier matin?
É2: Oui, j'ai fait du jogging jusqu'à (*until*) onze heures. (Non, je n'ai pas fait...) Et toi?

Puis racontez à la classe ce que votre camarade a fait.

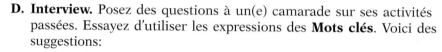

Mots clés

Exprimer le passé

avant-hier
the day before yesterday

hier, hier matin, hier soir
yesterday, yesterday morning, last night

le mois / l'hiver **dernier (passé)**
last month, last winter

la semaine / l'année **dernière (passée)**
last week, last year

toute la matinée / la journée / la soirée* / la nuit
all morning, all day, all evening, all night

*Use **matinée, journée,** and **soirée** rather than **matin, jour,** and **soir** if you wish to express a duration. They are often used with **toute**.

Lecture

Avant de lire

Using titles and visuals. You have already used bulleted lists (**Chapitre 2**) and titles (**Chapitre 4**) to help you guess the content of a text. In many cases, visuals such as photos, graphs, and diagrams also allow you to anticipate the major themes of the text. Look at the title, the photos, and the photo captions in the following reading selection: what kinds of information do you think you might find in this passage? After you have read through the text, decide whether the title describes the content adequately. If not, suggest a title that is more descriptive. How well do the photos correspond to the text? What other ideas in the text would you like to see illustrated?

Ça se fête! Quelles sont les plus grandes occasions de l'année pour vous: votre anniversaire, Noël, le nouvel an? Comment célébrez-vous ces occasions? Faites une liste des plats que vous mangez.

Les grandes occasions

À propos de la lecture...
Les auteurs de *Vis-à-vis* ont écrit ce texte.

En France, les jours de fête sont l'occasion de se réunir[1] en famille ou entre amis. À chaque fête, on mange des plats typiques qui varient parfois[2] selon les régions. Voici les fêtes les plus gourmandes[3] du calendrier français.

Pour la fête des Rois,* le 6 janvier, on achète chez le pâtissier une galette. C'est un gâteau qui contient une fève.[4] La personne qui trouve la fève dans son morceau de gâteau est le roi (ou la reine),[5] et cette personne choisit sa reine (ou son roi). La famille ou les amis boivent à leur santé.[6]

Pâques[7] est, bien sûr, la fête du chocolat. C'est aussi un jour où l'on se retrouve ensemble, en famille à l'église et à table. On fait un grand repas, et au dessert, grands et petits mangent des œufs, des cloches,[8] des poules ou des poissons en chocolat remplis[9] de bonbons.

[1]*se... getting together* [2]*sometimes* [3]*les plus... où l'on mange bien* [4]*bean* [5]*roi... king (or queen)*
[6]*health* [7]*Easter* [8]*bells* [9]*filled*

*This Christian holiday, Epiphany, also called Twelfth Night, commemorates Christ's appearance to the Gentiles (in the form of the Three Kings).

De bonnes huîtres pour la Saint-Sylvestre (*New Year's Eve*)

Paris: les délices de Pâques

Noël est peut-être la fête des fêtes. Le Réveillon[10] de Noël est un grand dîner que l'on prend le plus souvent après la messe[11] de minuit. Au menu: huîtres, foie gras, dinde aux marrons[12] et beaucoup de champagne! Au dessert, on mange une bûche[13] de Noël, un gâteau roulé au chocolat en forme de bûche. Les enfants, bien sûr, attendent avec impatience l'arrivée du Père Noël.

[10]Le... *Midnight supper* [11]cérémonie catholique [12]huîtres... *oysters, pâté, turkey with chestnuts* [13]*log*

Compréhension

Match the following quotations with the relevant paragraphs in "Les grandes occasions."

1. «C'est ma fête préférée parce que j'adore les œufs en chocolat.»
2. «Je suis le roi!»
3. «Nous attendons toujours avec impatience l'arrivée de la bûche.»

Écriture

Vous aimez faire la cuisine? Répondez aux questions suivantes pour parler de votre plat préféré. Ensuite, mettez vos réponses sous la forme d'un texte. Vous pouvez ajouter des informations supplémentaires.

1. Comment s'appelle votre plat préféré?
2. Quels sont les ingrédients nécessaires à sa préparation?
3. Quelles sont les étapes à suivre? Donnez les cinq étapes principales. **Expressions utiles:** couper, trancher (*to slice*), mélanger (*to mix*), ajouter, faire cuire, faire griller, et cetera.
4. À quelle occasion préparez-vous ce plat?
5. Qu'est-ce que vous offrez comme boisson pour accompagner ce repas?

À l'écoute sur Internet

Un repas inoubliable. Maryse and Thomas, a couple visiting from Belgium, are having dinner in a French restaurant. A waiter is taking their order. First, look at the activity. Next, listen to their conversation. Then do the activity.

Précisions. Circle the correct answer.

1. Ils ont une réservation pour _____.
   a. 20 h   **b.** 19 h 30
2. Le nom de famille de Thomas est _____.
   a. Bonnet   **b.** Blanchard
3. Maryse commande _____.
   a. un poisson   **b.** le filet de bœuf
4. Thomas commande _____.
   a. un steak au poivre   **b.** un saumon
5. Aujourd'hui, c'est _____.
   a. la fête   **b.** dimanche
6. Maryse et Thomas dînent dans _____.
   a. un restaurant élégant   **b.** un café

Un marchand d'olives à Marrakech, au Maroc

Le vidéoblog d'Hassan

En bref

Dans cet épisode, Juliette et Hassan sont au marché. Ils cherchent des ingrédients pour le dîner qu'ils vont préparer pour Léa et Hector. Dans son vidéoblog, Hassan décrit ses marchés préférés à Paris et au Maroc et Hector décrit les marchés à la Martinique.

Vocabulaire en contexte

Imaginez que vous faites votre marché en France. Quels produits dans la liste désirez-vous avoir pour votre propre (*own*) dîner ce soir?

Provisions possibles
- ☐ des **fruits de mer** (*seafood*)
- ☐ du saumon frais
- ☐ des **huîtres** (*oysters*)
- ☐ des fruits/légumes bio (*organic*)
- ☐ du fromage **de chèvre** (*goat*)
- ☐ du pain **de campagne**
- ☐ des **épices/piments** (*spices/hot peppers*)
- ☐ des fleurs
- ☐ tout (*everything*)

Visionnez!

Qu'est-ce que les quatre amis vont manger ce soir? Écoutez bien et faites le menu.

Entrée
_____

Pain
_____

Dessert
_____

Plat principal
_____
_____
_____

Fromages
_____
_____
_____

Boisson
_____

Note culturelle

Le souk[1] est un élément fondamental de la vie marocaine. Il joue un rôle social et économique: 40 000 artisans et 5 000 commerçants travaillent dans les souks de Marrakech et aussi des milliers[2] de porteurs, guides, marchands ambulants, et cetera. Vous pouvez tout acheter: du téléphone portable aux babouches faites main.[3] Noter qu'en français, le mot «souk» désigne aussi un lieu en désordre («C'est un vrai souk, ici!»).

[1]marché marocain [2]thousands
[3]babouches... *handmade slippers*

Analysez!

Répondez aux questions.

1. Quelles différences y a-t-il entre les marchés de France et les marchés d'autres pays francophones?
2. Qu'est-ce qu'un marché offre à sa clientèle qu'un *supermarché* n'offre pas?

Comparez!

Où allez-vous normalement «faire votre marché»? Y a-t-il un marché semblable (*similar*) aux marchés parisiens dans votre région? Regardez encore une fois la partie culturelle de la vidéo: où préférez-vous faire votre marché? Expliquez.

198   *cent quatre-vingt-dix-huit*

Vocabulaire

Verbes

apporter to bring; to carry
coûter to cost
devoir to have to, be obliged to; to owe
goûter to taste
laisser to leave (behind)
pleuvoir to rain
pouvoir to be able to, can
vouloir to want
  vouloir bien to be willing; to agree
  vouloir dire to mean

À REVOIR: **apprendre, avoir, boire, choisir, commander, comprendre, dîner, être, faire, perdre, prendre, préparer, trouver, vendre**

Substantifs

l'addition (*f.*) bill, check (*in a restaurant*)
l'ail (*m.*) garlic
l'argent (*m.*) money
la boîte (de conserve) can (*of food*)
la carte menu
le centime 1/100th of a euro
les conserves (*f. pl.*) canned goods
la côte chop
la chose thing
les crevettes (*f.*) shrimp
l'éclair (*m.*) eclair (*pastry*)
l'entrée (*f.*) first course
l'escargot (*m.*) snail
l'euro (*m.*) euro (*European Union currency*)
le filet fillet (*beef, fish, etc.*)
le homard lobster

l'huile (*f.*) **(d'olive)** (olive) oil
l'huître (*f.*) oyster
le kilo(gramme) kilo(gram)
le magasin store, shop
la matinée morning
le menu fixed (price) menu
le morceau piece
la mousse au chocolat chocolate mousse
la nuit night
le pain de campagne country-style wheat bread
le pâté de campagne (country-style) pâté
le plat course (*meal*)
  plat principal main dish
le pourboire tip
le prix price
le régime diet
le rôti roast
les sardines (à l'huile) (*f.*) sardines (in oil)
la saucisse sausage
le saucisson salami
le saumon salmon
le serveur / la serveuse waiter / waitress
la soirée evening
la sole sole (*fish*)
la tranche slice
le veau veal

À REVOIR: **l'assiette** (*f.*), **le bœuf, la boisson, le crabe, la cuisine, le déjeuner, le dîner, le fromage, la glace, le gâteau, les haricots verts, le matin, le pain, le petit déjeuner, la pomme, la pomme de terre, le porc, le soir, la viande, le vin**

Les magasins

la boucherie butcher shop
la boulangerie bakery
la charcuterie pork butcher's shop (delicatessen)
l'épicerie (*f.*) grocery store
la pâtisserie pastry shop; pastry
la poissonnerie fish store

Expressions temporelles

avant-hier the day before yesterday
dernier / dernière last
hier yesterday
  hier soir last night
passé(e) last
toute la matinée / la journée / la soirée / la nuit all morning / day / evening / night

Mots et expressions divers

autre chose something else
ça this, that
ce (cet, cette) this, that
compris(e) included
d'abord first
ensuite next, then
Il n'y a pas de quoi. You're welcome.
je pourrais I could
Je vous en prie. You're welcome. (*formal*)
(et) puis (and) then, next
quel(le) which, what

À REVOIR: **je voudrais, de rien**

Vive les vacances!

Les dossiers d'Hassan

Hassan

▶ 📁 Mes photos
  ▶ 📁 Les Contamines dans les Alpes
  ▶ 📁 À La Nouvelle-Orléans
  ▶ 📁 En vacances à Cannes

Un beau jour aux Contamines près de Chamonix dans les Alpes françaises

Dans ce chapitre...

Objectifs communicatifs
▶ talking about vacation, recreational equipment
▶ expressing dates and actions
▶ talking about the past
▶ expressing how long ago something happened
▶ expressing location

Ça, c'est vraiment La Nouvelle-Orléans!

Paroles (Leçon 1)
▶ Les régions de la France et les loisirs
▶ Le verbe **acheter**
▶ L'équipement de sport et de voyage
▶ L'année

Structures (Leçons 2 et 3)
▶ Quelques verbes irréguliers en **-ir**
▶ Le passé composé avec l'auxiliaire **être**
▶ L'expression impersonnelle **il faut**
▶ Les prépositions devant les noms de lieu

En vacances à Cannes

Culture
▶ **Le blog d'Hassan:** *Partir!*
▶ **Reportage:** *France: le pays des grandes vacances*
▶ **Lecture:** *Bienvenue au Sénégal: pays de la Teranga* (Leçon 4)

MULTIMÉDIA

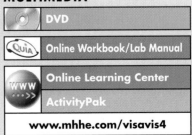

DVD
Online Workbook/Lab Manual
Online Learning Center
ActivityPak
www.mhhe.com/visavis4

Leçon 1

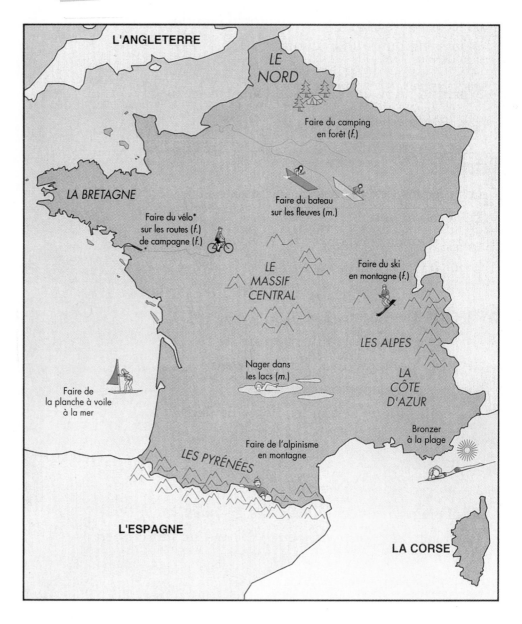

En vacances

L'ANGLETERRE

LE NORD

Faire du camping
en forêt (f.)

LA BRETAGNE

Faire du bateau
sur les fleuves (m.)

Faire du vélo*
sur les routes (f.)
de campagne (f.)

LE
MASSIF
CENTRAL

Faire du ski
en montagne (f.)

LES ALPES

Nager dans
les lacs (m.)

LA
CÔTE
D'AZUR

Faire de
la planche à voile
à la mer

Bronzer
à la plage

Faire de l'alpinisme
en montagne

LES PYRÉNÉES

L'ESPAGNE

LA CORSE

---

*__Faire du vélo__ is synonymous with __faire de la bicyclette__.

AUTRES MOTS UTILES

faire... du cheval, de l'équitation	to go . . . horseback riding
de la plongée libre	snorkeling
de la plongée sous-marine	scuba diving
du ski nautique	waterskiing
du ski alpin	downhill skiing
du ski de fond	cross-country skiing
une randonnée	for a hike
aller à la pêche	to go fishing
patiner	to skate
prendre des vacances	to take a vacation
un endroit	a place

Allez-y!

Où passer les vacances? Quels sont les avantages touristiques des endroits suivants?

1. Qu'est-ce qu'on peut faire en montagne?
2. Au lac?
3. À la plage?
4. Sur une route de campagne?
5. Sur un fleuve?
6. En forêt?
7. À la mer?

Maintenant expliquez où vous voulez passer vos prochaines vacances et quelles activités on peut faire à cet endroit.

Le verbe *acheter*

The verb **acheter** (*to buy*) is irregular. The **e** from the stem (**achet-**) becomes **è** for the forms of **je, tu, il/elle/on,** and **ils/elles**. The forms of **nous** and **vous** are regular. Note that all the endings are regular.

PRESENT TENSE OF **acheter**			
j'	**achète**	nous	achetons
tu	**achètes**	vous	achetez
il/elle/on	**achète**	ils/elles	**achètent**

Faire du shopping en vue des vacances. Va-t-elle faire du bateau ou du vélo en vacances? Qu'est-ce qu'elle achète? Qu'est-ce qu'elle porte?

Allez-y!

A. Les besoins sont différents. Ces personnes préparent leurs vacances. Complétez les phrases avec la forme appropriée du verbe **acheter**.

1. Caroline veut aller à la plage. Elle _____ un maillot de bain.
2. Nous voulons passer les vacances de Noël à la Martinique. Nous _____ des shorts et des tee-shirts.
3. Tu veux bien aller à la montagne. Tu _____ un sac à dos.
4. Rock et Hélène organisent un voyage à Londres. Ils _____ des imperméables.
5. L'été prochain, vous voulez rendre visite à des amis à Paris. Vous _____ une jupe noire et un pull rouge.

B. Activités de vacances. Qu'est-ce qu'ils font?

1. Que fait un nageur / une nageuse? Où est-ce qu'on trouve beaucoup de nageurs?
2. Que fait un campeur / une campeuse? Où est-ce qu'on fait du camping en France? aux États-Unis?
3. Que fait un skieur / une skieuse? Où est-ce qu'on fait du ski en France? aux États-Unis?
4. Que fait un(e) cycliste? Où est-ce qu'on fait de la bicyclette en France? aux États-Unis?
5. Combien de nageurs, de campeurs, de skieurs, de cyclistes est-ce qu'il y a dans la classe? D'habitude, où est-ce qu'ils passent leurs vacances?

Au magasin de sports

des skis (*m.*)
des lunettes (*f.*) de soleil
des lunettes de ski
un maillot de bain
un sac de couchage
un anorak
un parapluie
une tente
une serviette de plage
des chaussures (*f.*) de ski
un pantalon de ski
des chaussures (*f.*) de montagne

AUTRES MOTS UTILES

des gants (*m.*)	gloves
un sac à dos	backpack
une valise	suitcase

 *Allez-y!*

A. Achats. (*Purchases.*) Complétez les phrases en vous basant sur le dessin à la page 204.

1. Le jeune homme va acheter des _____. Il va passer ses vacances à Grenoble où il veut _____.
2. La jeune femme veut acheter un _____, une _____ et des _____. Elle va descendre sur la Côte d'Azur (*French Riviera*) où elle va _____ et _____.
3. La jeune fille a envie d'acheter des _____ de ski, des chaussures de _____ et un _____ de ski. Sa famille va passer les vacances dans les Alpes où elle va _____.
4. L'homme va acheter un _____ et une _____. Il va _____ dans le nord de la France ce week-end.

B. L'intrus. Dans les groupes suivants, trouvez le mot qui ne va pas avec les autres. Expliquez votre choix.

1. le maillot de bain / les lunettes de soleil / l'huile solaire (*suntan oil*) / l'anorak
2. la tente / le maillot de bain / le sac de couchage / le sac à dos
3. les gants de ski / la serviette de plage / les skis / l'anorak
4. les lunettes de soleil / les chaussures de ski / le short / le maillot de bain

C. Choix de vêtements. Qu'est-ce qu'on porte pour faire les activités suivantes?

MODÈLE: pour aller à la pêche ⟶
Pour aller à la pêche, on porte un chapeau...

1. pour faire du ski nautique 2. pour aller à la montagne 3. pour faire une promenade dans la forêt 4. pour faire du vélo 5. pour faire du bateau 6. pour faire du ski de fond

Et vous? Décrivez les vêtements que vous portez quand vous faites votre sport favori.

D. Conseils pratiques. Vous préparez un voyage en Tunisie. Voici les vêtements qu'on vous recommande.

1. Selon (*According to*) la brochure, quels vêtements sont recommandés pour un voyage en hiver, en été? Donnez des exemples.
2. À votre avis, quel temps fait-il en Tunisie en hiver, en été?

> **Les vêtements**
> En hiver : quelques pulls, un imperméable et des vêtements de demi-saison.[1]
> En été : des vêtements légers[2] en fibres naturelles, maillot de bain, lunettes de soleil, chapeau, chaussures aérées,[3] tenues[4] pratiques pour les excursions. Sans oublier un léger pull pour les soirées et les hôtels climatisés.[5]

[1]*spring or autumn* [2]*lightweight* [3]*well-ventilated* [4]*outfits, clothes* [5]*air-conditioned*

Imaginez maintenant que vous travaillez dans une agence de voyages. Quels vêtements allez-vous conseiller (*to suggest*) à des touristes qui vont en Alaska, au Mexique ou dans le Grand Canyon? Quels autres achats conseillez-vous?

Des années importantes

La machine à calculer inventée par Blaise Pascal en **1642** (mille six cent quarante-deux).

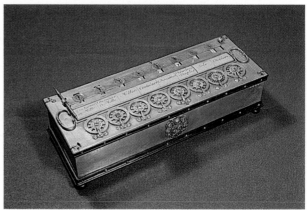

L'Aéro-Montgolfière
dénommée « Tour de Calais »
1783

Le ballon à air chaud inventé par les frères Montgolfier en **1783** (mille sept cent quatre-vingt-trois).

Les procédés de développement des images photographiques inventés par Jacques Daguerre en **1835** (mille huit cent trente-cinq).

- In French, years are expressed with a multiple of **mille** or with **cent**.

mille neuf cents (dix-neuf cents)	*1900*
mille neuf cent quatre-vingt-dix-neuf	*1999*
(**dix-neuf cent quatre-vingt-**	
dix-neuf)	
deux mille huit	*2008*

- The preposition **en** is used to express *in* with a year.

en mille neuf cent vingt-trois	*in 1923*

- Note the expression **les années 50: les années cinquante,** *the (nineteen) fifties.*

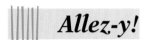 *Allez-y!*

A. Un peu d'histoire. Êtes-vous bon(ne) en histoire? Avec un(e) camarade, trouvez la date qui correspond à chaque événement historique. Les événements sont présentés par ordre chronologique!

1. Charlemagne est couronné (*crowned*) empereur d'Occident.
2. Guillaume, duc de Normandie, conquiert (*conquers*) l'Angleterre.
3. Jeanne d'Arc bat (*beats*) les Anglais à Orléans.
4. Prise de la Bastille.
5. Napoléon est couronné empereur des Français.
6. Gustave Eiffel construit la tour Eiffel.
7. Débarquement (*Landing*) anglo-américain en France.

   a. 1944
   b. 1804
   c. 1889
   d. 1066
   e. 1429
   f. 1789
   g. l'an 800

B. L'avenir. (*The future.*) Quels sont vos projets d'avenir? Posez les questions suivantes à un(e) camarade. Ensuite, présentez à la classe une observation sur l'avenir de votre camarade.

1. En quelle année vas-tu obtenir (*to obtain*) ton diplôme universitaire?
2. En quelle année vas-tu passer des vacances en France?
3. En quelle année vas-tu avoir 65 ans?

Leçon 2

 ## **Q**uelques verbes irréguliers en -*ir*

Expressing Actions

Les joies de la nature

STÉPHANE: Vous allez où en vacances cet été?

ANNE-LAURE: Cette année on va à la Martinique. On va camper dans un petit village à 30 km de Fort-de-France. Boire du ti'punch,* **sortir** tous les soirs, bronzer à la plage... le rêve quoi!† **Viens** avec nous. On **part** le deux août.

STÉPHANE: Non merci, la mer, ce n'est pas pour moi. **Sentir** les odeurs de poisson, **dormir** avec les moustiques, pas question!

ROMAIN: Décidément, tu ne changes pas. Monsieur a besoin de son petit confort. Tant pis pour toi! Nous, on aime **dormir** à la belle étoile, **sentir** le vent de la mer et admirer les étoiles.

Dites si les phrases suivantes sont probables ou peu probables. Corrigez les phrases improbables.

1. Anne-Laure aime faire la fête (*to party*).
2. Stéphane adore camper.
3. Romain est romantique.
4. Anne-Laure et Romain ont peur de dormir à la belle étoile.
5. Anne-Laure et Romain adorent la nature.

---

*Creole language for a white rum and lime drink.
†*Such a dream!* **Quoi** is often added to the end of sentences in informal conversations for emphasis.

Dormir and Similar Verbs

The verb **dormir** (*to sleep*) has an irregular conjugation.

PRESENT TENSE OF **dormir**			
je	**dors**	nous	**dormons**
tu	**dors**	vous	**dormez**
il/elle/on	**dort**	ils/elles	**dorment**

Je **dors** très bien.	*I sleep very well.*
Dormez-vous à la belle étoile?	*Do you sleep in the open air?*
Nous **dormons** jusqu'à 7 h 30.	*We sleep until 7:30.*

Verbs conjugated like **dormir** include:

partir *to leave, depart*
sentir *to feel; to sense; to smell*
servir *to serve*
sortir *to leave; to go out*

Je **pars** en vacances.	*I'm leaving on vacation.*
Ce plat **sent** bon / mauvais.	*This dish smells good / bad.*
Nous **servons** le petit déjeuner à 8 h.	*We serve breakfast at 8:00.*
À quelle heure allez-vous **sortir** ce soir?	*What time are you going out tonight?*

Partir and *sortir*

Partir and **sortir** mean *to leave*, but they are used differently.

1. **Partir** is the opposite of **arriver**. It can be used alone or followed by a preposition.

Je **pars** demain.	*I'm leaving (departing) tomorrow.*
Elle **part** de / pour Cannes.	*She's leaving from / for Cannes.*

2. **Sortir** is the opposite of **entrer** (*to enter*). It can also be used alone or followed by a preposition.

Ils **sortent** du théâtre.	*They're leaving the theater.*
Elle **sort** de la caravane.	*She's getting out of the camper.*
Sortons de l'eau!	*Let's get out of the water!*

Sortir can also mean that one is going out for the evening, or seeing another person regularly.

Tu **sors** ce soir?	*Are you going out tonight?*
Michèle et Édouard **sortent** ensemble.	*Michèle and Édouard are going out together.*

Note: **Quitter** (a regular **-er** verb) means *to leave (go away from) something or someone.* It always requires a direct object, either a place or a person.

Je **quitte** Paris.	*I'm leaving Paris.*
Elle **quitte** son ami.	*She's leaving her boyfriend.*

[Allez-y! A-D]

Venir and the *passé récent*

The verb **venir** (*to come*) is irregular.

PRESENT TENSE OF **venir**			
je	**viens**	nous	venons
tu	**viens**	vous	venez
il/elle/on	**vient**	ils/elles	**viennent**

Nous **venons** de Saint-Malo.	*We come from Saint-Malo.*
Viens voir la plage!	*Come see the beach!*

1. **Venir de** + infinitive means *to have just (done something).* This is called **le passé récent.**

Je **viens de nager**.	*I've just been swimming.*
Mes amis **viennent de téléphoner**.	*My friends have just telephoned.*

2. Verbs conjugated like **venir** include:

devenir *to become*
obtenir *to obtain*
revenir *to come back*

Ils **reviennent** de vacances.	*They're coming back from vacation.*
On **devient** expert grâce à l'expérience.	*One becomes an expert with (thanks to) experience.*

[Allez-y! B-C-D]

Allez-y!

A. Quel verbe? Choisissez le verbe correct: **partir, sortir** ou **quitter**.

MODÈLE: Alain, Philippe et Claire sont amis. ⟶
Ils **sortent** ensemble tous les week-ends.

1. Luc aime aller au ciné. Il _____ souvent.
2. Caroline et Patrick vont au Canada. Ils _____ demain.
3. Je _____ Rome lundi; je _____ pour Bruxelles.
4. Isabelle est dans la piscine. Il fait trop froid. Elle _____ de la piscine.
5. Vous avez fini vos études. Vous _____ en vacances.
6. Léa _____ de chez elle à sept heures du matin.
7. Je ne veux pas rester seul(e) ce soir. Je _____ avec mes amis.

B. Au pays des pharaons. Loïc et Nathalie sont en vacances en Égypte avec le Club Aquarius. Ils envoient (*send*) une carte postale à leur grand-mère. Complétez la carte avec les verbes de la colonne de droite.

CLUB AQUARIUS EN EGYPTE

Chère mamie,
    Nous _____¹ d'arriver en Égypte. Le Club Aquarius, c'est le grand confort. Nous _____² dans des chambres immenses et tous les matins on _____³ le petit déjeuner dans la chambre. Demain nous _____⁴ pour le temple de Louxor. Nous _____⁵ des experts en égyptologie. Nous _____⁶ en France dans quatre jours.
    À bientôt et grosses bises.

devenir
dormir
partir
revenir
servir
venir

Loïc et Nathalie

C. La curiosité. Imaginez avec un(e) camarade ce que ces personnes viennent de faire. Donnez trois possibilités pour chaque phrase.

MODÈLE: Albert rentre d'Afrique. ⟶
Il vient de visiter le Sénégal. Il vient de passer une semaine au soleil. Il vient de faire un safari.

1. Jennifer part en vacances.
2. Je sors du magasin de sports.
3. Nous revenons de la montagne.
4. Jean-Jacques et Yvon reviennent de la campagne.
5. Marie-Laure rentre du Canada.

D. Conversation. Engagez avec un(e) camarade une conversation basée sur les questions suivantes. Ensuite, faites un commentaire sur les habitudes (*habits*) ou les attitudes de votre camarade.

1. Tu pars souvent en voyage? Tu vas où? Tu viens d'acheter des vêtements ou d'autres objects nécessaires pour tes vacances? Qu'est-ce que tu viens d'acheter?
2. Tu sors souvent pendant (*during*) le week-end ou tu restes à la maison? Tu sors souvent pendant la semaine? Qu'est-ce que tu portes quand tu sors?
3. Tu aimes la fin des vacances? Tes ami(e)s sentent une différence quand tu rentres chez toi? Tu es plus calme? nerveux/nerveuse? triste? heureux/heureuse?

Une école de ski à Meribel en Savoie, en France

Le passé composé avec l'auxiliaire *être*

Talking About the Past

Les explications du dimanche matin

MME FERRY: Je voudrais bien savoir où tu **es allée** hier
soir! Et à quelle heure **es-tu rentrée**?

STÉPHANIE: Pas tard, maman. Je **suis sortie** avec des
copains. On **est allés*** prendre un verre
chez Laurent, on **est restés** à peu près
une heure puis on **est partis** pour aller
au ciné. Je **suis rentrée** à la maison
après le ciné.

MME FERRY: Tu es sûre? Parce que ton père **est
revenu** du match de foot à 11 h et il
n'a pas vu la voiture dans le garage...

Retrouvez la phrase équivalente dans le dialogue.

1. À quelle heure es-tu arrivée hier soir?
2. On a bu un verre chez Laurent.
3. On a discuté pendant une heure.
4. On a vu un film.
5. Ton père est rentré à 11 h.

Most French verbs form the **passé composé** with **avoir** as the auxiliary
verb. A few, however, require **être** as the auxiliary verb. One of these
verbs is **aller**.

PASSÉ COMPOSÉ OF **aller**			
je	suis all**é(e)**	nous	sommes all**é(e)s**
tu	es all**é(e)**	vous	êtes all**é(e)(s)**
il/on	est all**é**	ils	sont all**és**
elle	est all**ée**	elles	sont all**ées**

---

*When **on** clearly represents a plural subject, the past participle agrees with the subject.
The auxiliary verb will always stay singular.

1. The past participle of verbs conjugated with **être** in the **passé composé** agrees with the subject in gender and number.

Marc est all**é** au Japon.	*Marc went to Japan.*
Hélène est all**ée** en Côte-d'Ivoire.	*Hélène went to Ivory Coast.*
Jean et Loïc sont all**és** à Chartres.	*Jean and Loïc went to Chartres.*
Elles sont all**ées** à Hawaï.	*They went to Hawaii.*

2. The following verbs take **être** in the **passé composé**. Note that most convey motion or a change in state. Irregular past participles are indicated in parentheses.

aller *to go*
arriver *to arrive*
*__descendre__ *to go down; to get off*
devenir (devenu) *to become*
entrer *to enter*
*__monter__ *to go up; to climb*
mourir (mort) *to die*
naître (né) *to be born*
partir *to leave*

*__passer (par)__ *to pass (by)*
rentrer *to return; to go home*
rester *to stay*
retourner *to return; to go back*
revenir (revenu) *to come back*
*__sortir__ *to go out*
tomber *to fall*
venir (venu) *to come*

arriver
entrer
rentrer
retourner
revenir
venir

rester

tomber

naître   mourir

aller
partir
sortir

descendre   monter   passer

[Allez-y! A-B-C]

---

*When **descendre, monter, passer,** and **sortir** are followed by a direct object, they take **avoir** in the **passé composé: Nous avons descendu la rivière en bateau. Elle a passé la frontière** (*border*) **hier.**

3. Word order in negative and interrogative sentences in the **passé compose** with **être** is the same as that for the **passé composé** with **avoir**.

> Je **ne suis pas** allé au cours.   *I did not go to class.*
> **Sont-ils** arrivés à l'heure?   *Did they arrive on time?*

[Allez-y! D-E]

L'année dernière, je suis allée voir le Centre Pompidou à Paris. C'est une usine (*factory*)? une église? un musée?

Mots clés

L'expression *il y a*

The expression **il y a** used with a time period means *ago*. It requires a past tense.

> Ils sont allés au Mexique **il y a** deux ans.
> *They went to Mexico two years ago.*

Allez-y!

A. Des sorties. Dites où ces personnes sont allées. Utilisez l'expression **il y a**.

> MODÈLE: une semaine / Françoise / concert →
> Il y a une semaine, Françoise est allée à un concert.

1. un mois / Joël / plage
2. deux jours / tu / forêt
3. six mois / Mme Robert / montagne
4. trois jours / nous / campagne
5. deux ans / je / Nice

B. Départ en vacances. Les Dupont, vos voisins, sont partis en vacances ce week-end. Vous racontez maintenant la scène à vos amis. Complétez l'histoire de façon logique et mettez les verbes au passé composé.

Ce matin, mes voisins les Dupont _____[1] en vacances.   aller
Ils _____[2] à la mer. À 8 h, M. Dupont et son fils   entrer
_____[3] et _____[4] de la maison plusieurs fois avec des   partir
sacs et des valises. Mme Dupont _____[5] cinq fois dans   retourner
la maison pour aller chercher des objets oubliés.   sortir

Enfin, trois heures plus tard, toute la famille _____[6] dans la voiture et elle _____[7]. Mais pas de chance, une des valises _____[8] de la galerie (*roof rack*). M. Dupont _____[9] de la voiture pour la remettre sur la galerie et ils _____[10]. Moi, je _____[11] chez moi.

descendre
monter
partir
repartir
rester
tomber

C. Week-end en Suisse. Brigitte et Bernard ont passé le week-end à Genève. Mettez l'histoire au passé composé et faites attention au choix de l'auxiliaire (**avoir** ou **être**).

Bernard vient[1] chercher Brigitte pour aller à la gare. Ils montent[2] dans le train. Ils cherchent[3] leur voiture. Le train part[4] quelques minutes plus tard. Il entre[5] en gare de Genève à midi. Bernard et Brigitte descendent[6] du train et vont[7] tout de suite à l'hôtel. L'après-midi, ils sortent[8] visiter la ville. Le soir, ils dînent[9] dans un restaurant élégant. Dimanche Brigitte va[10] au musée et prend[11] beaucoup de photos de la ville. Bernard reste[12] à l'hôtel. Brigitte et Bernard quittent[13] Genève en fin d'après-midi. Ils arrivent[14] à Paris fatigués mais contents de leur week-end.

Qu'est-ce que Brigitte a fait que Bernard n'a pas fait?

D. Les voyageurs. Ces personnes sont allées en Europe. Vous voulez connaître tous les détails du voyage. Avec un(e) camarade, posez des questions et donnez des réponses originales.

MODÈLE: Jacqueline / partir le 19 juin ⟶
  É1: Est-ce qu'elle est partie le 19 juin?
  É2: Non, elle n'est pas partie le 19 juin; (elle a perdu son passeport).

1. Raphaël / rester une semaine à Nice
2. toi / arriver hier soir
3. Emma / aller en Italie
4. Marianne et David / passer par la Suisse
5. vous / repartir le 15 août
6. Marie et Flore / revenir en septembre

E. Souvenirs de vacances. Décrivez les vacances de l'année passée d'un(e) camarade. D'abord, posez les questions suivantes à votre camarade. Si vous voulez, posez encore d'autres questions. Ensuite, présentez à la classe une description de ses vacances.

1. Quand es-tu parti(e)? Où es-tu allé(e)? Es-tu resté(e) aux États-Unis ou es-tu allé(e) à l'étranger? As-tu visité un endroit exotique?
2. Es-tu allé(e) voir l'endroit où tes parents sont nés? Où es-tu né(e)?
3. Qu'est-ce que tu as fait pendant les vacances? Est-ce que tu as rencontré des gens intéressants?
4. Comment es-tu rentré(e): en avion ou en voiture? Es-tu revenu(e) mort(e) de fatigue?
5. Est-ce que tu prépares déjà tes vacances de l'année prochaine?

Le blog d'Hassan

Partir!

samedi 13 juin

L'été dernier, j'ai passé des vacances super originales: j'ai fait un échange de logements. Je vous explique: je voulais[1] aller en Louisiane, mais pas comme un simple touriste. Je voulais vivre une expérience authentique. Par Internet, j'ai contacté une famille de La Nouvelle-Orléans qui voulait passer ses vacances à Paris. Et nous avons échangé nos logements: je suis allé chez eux; ils sont venus chez moi.

J'ai découvert La Nouvelle-Orléans, capitale du jazz; j'ai pique-niqué dans le parc Louis Armstrong, j'ai descendu le Mississippi en bateau… Le soir, je rentrais[2] «chez moi» pour cuisiner les spécialités locales. Depuis mon séjour[3] en Louisiane, je suis le champion des haricots rouges avec du riz!

Pendant ce temps, Debby et son mari Scott vivaient[4] dans mon appartement parisien et arrosaient[5] mes plantes!

Maintenant, une amitié est née entre nous.

Et vous? Vous avez déjà pratiqué ce type d'échanges? C'était comment?[6]
Hassan

▲ Ça, c'est vraiment La Nouvelle-Orléans!

....

COMMENTAIRES

 Alexis

C'était fabuleux: il y a trois ans, j'ai échangé mon appartement de Québec avec un couple de la Réunion. Trésor et moi nous sommes restés deux semaines chez eux, dans une belle villa avec piscine.[7] On a visité l'île; on a fait de la planche à voile, du ski nautique, de la plongée sous-marine, des randonnées… Eux, ils sont «tombés en amour»[8] pour le Québec!

 Trésor

Moi, j'ai nagé dans l'océan Indien!

 Charlotte

Hassan et Alexis, je pense que vous êtes fous![9] Des étrangers dorment dans votre lit; ils mangent dans vos assiettes…

 Alexis

Et alors? C'est comme à l'hôtel.

 Poema

Alexis, est-ce que tù as déjà des projets de vacances pour l'année prochaine? Mes parents ont une jolie villa en Polynésie, à Bora-Bora…

[1]wanted [2]returned [3]Depuis… Since my stay [4]were living [5]were watering [6]C'était… How was it? [7]pool
[8]tombés… fell in love (expression used in Quebec) [9]crazy

France: le pays des grandes vacances

Chez les Beaufour, on voyage énormément. Mme Beaufour est professeur et a presque[1] quatre mois de congés[2] payés; M. Beaufour, comme tous les salariés, a au minimum cinq semaines de vacances. «À Noël, explique Mme Beaufour, toute la famille part à la neige. Mon mari a la passion du ski alpin, mes deux fils adorent le snowboard. Les vacances de février sont généralement consacrées à[3] un petit voyage en Suisse. Pour Pâques, nous passons toujours une semaine chez ma mère qui possède une maison de campagne à Aix-en-Provence. Enfin, pour les vacances d'été, nous aimons le camping.»

En France, les vacances sont sacrées et intouchables.

À Noël et en février, les Français privilégient[4] la montagne. À Pâques, on choisit souvent des vacances familiales. En été, on va se faire bronzer sur les plages de la Côte d'Azur ou on pratique le «tourisme vert» à la campagne. Mais certains préfèrent le luxe et optent pour une ou deux semaines dans un château.

▲ Voilà les vacances! À Cannes, sur la Côte d'Azur, on peut bronzer, nager, faire de la planche à voile ou de la plongée libre et s'amuser.

Les jours de départ en vacances sont souvent un vrai cauchemar[5] à cause des embouteillages:[6] pour ne pas perdre une seule minute de leurs précieuses vacances, les Français partent tous le même jour, à la même heure, sur les mêmes autoroutes! Alors voici un bon conseil: en hiver et au printemps, évitez[7] de vous trouver sur les routes du soleil ou de la montagne la veille[8] de Noël ou de Pâques. C'est l'enfer![9] Et en été, ne partez pas le 1er juillet ou le 1er août: sur l'autoroute du Sud, les vacanciers restent prisonniers de leurs voitures pendant des heures!

[1]almost [2]vacation [3]consacrées... devoted to [4]favor [5]nightmare [6]à... because of traffic jams [7]avoid [8]day before [9]hell

 À vous!

1. Combien de semaines de vacances ont M. et Mme Beaufour? Leur cas est-il unique en France?
2. À quels moments les Français prennent-ils leurs vacances?
3. Comparez les vacances des Français à celles (*those*) des Américains: quelles différences observez-vous? Préférez-vous le système français ou le système américain? Pourquoi?
4. Décrivez cette photo. Quelles sont les activités des gens sur la plage?

 On est connectés To learn more about house exchanges for French and Francophone destinations, use the links or keywords and search engines provided at the *Vis-à-vis* Online Learning Center (**www.mhhe.com/visavis4**).

Leçon 3

 L'expression impersonnelle *il faut*

Expressing Obligation and Necessity

Préparatifs

Danielle et François font des préparatifs en vue des vacances.

DANIELLE: Qu'est-ce qu'on doit faire avant de partir?

FRANÇOIS: Il faut faire une liste.

DANIELLE: Excellente idée! Qu'est-ce qu'il faut mettre sur la liste?

FRANÇOIS: Il faut des lunettes de soleil et nos maillots de bain.

DANIELLE: Et parce que nous faisons du camping, au cas où il pleut, il faut un anorak et une tente.

FRANÇOIS: Alors il faut faire vite. Nous partons dans trois heures!

1. Que faut-il apporter s'il fait beau?
2. Et quelles sont les choses nécessaires s'il ne fait pas beau?
3. Est-ce qu'ils ont beaucoup de temps?

1. The expression **il faut** is the impersonal form of the verb **falloir**. Followed by an infinitive, it is used to express general obligation or a necessity.

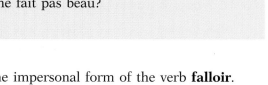

Il faut étudier pour réussir.	*One has to study to do well.*
Il faut manger pour vivre.	*One has to (It is necessary to) eat to live.*

In the near future (**le futur proche**), **il faut** + infinitive becomes **il va falloir** + infinitive. In the **passé composé,** it becomes **il a fallu.**

Nous avons une réservation pour
le train à 8 h: **il va falloir**
arriver à l'heure.
Il a fallu réserver très tôt en
avance.

*We have a train reservation
for 8:00: We will have to
be on time.*
*We had to make our
reservation very early.*

2. In the negative, the form **il ne faut pas** (*one must not*) expresses a
prohibited action.

Il ne faut pas boire d'eau
non-potable.

*You must not (should not)
drink untreated water.*

3. **Il faut** can also be followed by nouns referring to objects or to
qualities to talk about what is needed. The partitive article is usually
used before the noun in the construction **il faut** + noun.

Pour faire de la soupe à l'oignon,
il faut des oignons, du
consommé de bœuf, du gruyère
et du pain.

*To make onion soup, you
need onions, beef broth,
Swiss cheese, and bread.*

Il faut du courage pour manger
des escargots!

*One needs courage to eat
snails!*

Allez-y!

A. Qu'est-ce qu'il faut? Répondez aux questions avec un(e) camarade
et notez vos conclusions. Répondez avec **il faut** + *infinitif* ou *nom*.

MODÈLE: pour passer une soirée à la française? ⟶
Qu'est-ce qu'il faut pour passer une soirée à la française?
Il faut des amis.
(*ou* Il faut aimer la bonne cuisine. / Il faut prendre son
temps.)

1. pour passer des vacances parfaites?
2. pour ne pas grossir (*not to gain weight*)?
3. pour s'amuser (*to have fun*) à une soirée à l'américaine?
4. pour se faire «une bonne bouffe (*a big meal*)»?
5. pour bien dormir?
6. pour faire un voyage en Antarctique?
7. pour être en bonne santé (*health*)?
8. pour fêter son anniversaire?

B. Conversation à trois. Avec deux autres camarades, vous allez orga-
niser un voyage pour toute la classe. Qu'est-ce que vous voulez faire?
Où voulez-vous voyager? Qu'est-ce qu'il faut faire avant de partir?
Qu'est-ce qu'il faut acheter? Comment voulez-vous partager le travail?
Utilisez les verbes **pouvoir, vouloir** et **devoir** et l'expression **il faut.**
Expressions utiles: vouloir bien, devoir acheter, devoir commander,
devoir apporter, pouvoir acheter, pouvoir choisir, devoir demander

Après votre conversation, décrivez le voyage à la classe.

Les prépositions devant les noms de lieu

Expressing Location

Bruno au Congo

Bruno est en vacances au Congo. Il a fait la connaissance de Kofi.

KOFI: Tu es d'où **en France**?

BRUNO: **De Marseille.**

KOFI: Ça doit être beau là-bas! Dis, tu as d'autres projets de voyages pour l'avenir?

BRUNO: Oui, plein. D'abord, l'année prochaine, je vais aller **au Mexique** avec un ami. Et plus tard, je veux aller **en Russie, au Québec, au Sénégal** et aussi **en Asie**.

KOFI: Et tu veux habiter dans quelle ville?

BRUNO: **À Vérone en Italie**—pour trouver ma Juliette!

Répondez aux questions selon les indications.

1. D'où vient Bruno? (ville, pays) D'où est Kofi? (pays, continent)
2. Où est-ce que Bruno va aller l'année prochaine? (pays, continent)
3. Et où est-ce qu'il veut aller plus tard? (continents)
4. Où est-ce qu'il rêve d'habiter? (ville, pays)

Gender of Geographical Nouns

1. In French, most place names that end in **-e** are feminine; most others are masculine. One important exception: **le Mexique.**
2. The names of the continents are feminine: **l'Afrique, l'Amérique du Nord, l'Amérique du Sud, l'Antarctique, l'Asie, l'Europe, l'Océanie** (Australia and the Pacific islands).
3. The names of most states in the United States are masculine: **le Connecticut, le Kentucky.** The names of nine states end in **-e** in French and are feminine:

la Californie	la Louisiane
la Caroline du Nord et du Sud	la Pennsylvanie
la Floride	la Virginie
la Géorgie	la Virginie-Occidentale

Prepositions with Geographical Names

	to, at, in		from	
cities islands	**à**	Suzanne habite **à** Lyon. Ils sont allés **à** Cuba.	**de** **(d')**	Elle vient **de** Montréal. Ils arrivent **d'**Hawaï.
continents	**en**	Lidia est née **en** Amérique du Sud.	**de** **(d')**	Je pars **d'**Europe.
feminine countries, states, provinces		Il y a deux ans, vous avez fait un voyage **en** Suisse. Bâton Rouge est **en** Louisiane. Les explorateurs sont arrivés **en** Nouvelle-Écosse.		Jean arrive **de** Floride. Viviane est **de** Colombie-Britannique.
masculine countries, states, or provinces starting with a vowel		On a voyagé **en** Israël. Il est né **en** Alaska. Elle a travaillé **en** Ontario.		Elle vient **d'**Iran. Ils arrivent **d'**Oregon. Mariane est originaire **d'**Ontario.
masculine countries or provinces (and some states)* starting with a consonant	**au**	**Au** Canada, il y a dix provinces. Je voudrais aller **au** Québec.	**du**	Ils reviennent **du** Brésil. Il va partir **du** Nouveau- Brunswick.
all plural countries	**aux**	Il y a dix ans, ils sont arrivés **aux** États-Unis.	**des**	Quand sont-ils partis **des** Pays-Bas?
regions masculine states* starting with a consonant	**dans le**	Elle va **dans le** Poitou. J'aime l'automne **dans le** Vermont.	**du** **(de l')**	Nous revenons **du** Sud. Elle vient **du** Colorado.

---

*Some exceptions: **au** / **du** Texas
             au / **du** Nouveau-Mexique
             dans l'état de / **de l'état de** New York / Washington (to distinguish
              the states from the cities)

Allez-y!

A. Jeu géographique. Voici quelques villes francophones. Dans quels pays se trouvent-elles? (Voir les cartes au début et à la fin du livre.)

MODÈLE: Paris est en France.

1. Rabat
2. Montréal
3. Kinshasa
4. Alger
5. Dakar
6. Bruxelles
7. Tunis
8. Abidjan
9. Port-au-Prince
10. Genève

a. Haïti
b. la Belgique
c. la Tunisie
d. la République Démocratique du Congo
e. le Canada
f. la Suisse
g. le Maroc
h. la Côte-d'Ivoire
i. l'Algérie
j. le Sénégal

B. Retour de vacances. Un groupe de touristes rentre de vacances. D'après ce qu'ils ont dans leurs valises, dites d'où ils arrivent.

MODÈLE: une montre
la Suisse ⟶ Ils arrivent de Suisse.

SOUVENIRS	PAYS
1. du parfum	le Cameroun
2. un caméscope (*video camera*)	la Hollande
3. une bouteille de tequila	l'Italie
4. un masque d'initiation	le Mexique
5. des chaussures en cuir (*leather*)	le Japon
6. un pull en cachemire	l'Écosse
7. des tulipes	le Maroc
8. du café	la Colombie
9. un couscoussier (*couscous maker*)	la Belgique
10. du chocolat	la France

C. Un(e) jeune globe-trotter. Votre camarade va faire le tour du monde. Vous lui demandez où il/elle va aller.

Continents: l'Afrique, l'Océanie, l'Europe, l'Asie, l'Amérique du Nord, l'Amérique du Sud, l'Antarctique

Pays: l'Algérie, l'Allemagne, l'Australie, le Brésil, le Canada, la Chine, le Danemark, l'Égypte, les États-Unis, la Finlande, la Grèce, l'Inde, l'Italie, le Japon, le Maroc, le Mexique, la Polynésie française, la Norvège, le Viêt-nam...

MODÈLE: É1: Vas-tu en Asie?
  É2: Oui, je vais en Chine (au Japon...).

D. Interview. Posez les questions à un(e) camarade de classe. Ensuite, révélez sa réponse la plus surprenante à la classe.

1. D'où viens-tu? De quelle ville? De quel état? Et tes parents?
2. Où habitent tes parents? Et le reste de ta famille?
3. Dans quels états as-tu voyagé?
4. Est-ce qu'il y a un état que tu préfères? Pourquoi?
5. Dans quel état est-ce qu'il y a de beaux parcs? de beaux lacs? de belles montagnes? de grandes villes? de grands déserts?

Le Mont-Saint-Michel, en Normandie

Un peu plus...

Le Mont-Saint-Michel.
C'est un monument avec une histoire riche. Située au large des (*off the*) côtes bretonne et normande, la petite île rocheuse héberge (*shelters*) depuis l'an 966 une abbaye bénédictine dédiée à Saint Michel. Haut lieu de spiritualité, les pèlerinages (*pilgrimages*) au Mont-Saint-Michel ont eu lieu tout au long de son histoire. L'abbaye héberge également des documents précieux qui datent du Moyen Âge. Aujourd'hui, le Mont-Saint-Michel accueille des visiteurs du monde entier. Avez-vous déjà visité un monument avec une histoire riche? Expliquez.

Leçon 4

  # Lecture

Avant de lire

Skimming for the gist. Skimming is a useful way to approach any new text, particularly in a foreign language. You will usually find it easier to understand more difficult passages once you have a general idea of the content. At this point, you need not be concerned with understanding everything when reading authentic French texts. Just try to get the gist, then answer the questions that follow the reading to check your overall comprehension.

In the following article, glance at the title and headings. What kind of information do you think the text contains, and how is the information organized? Next, skim the article to get the impression of the major points. Do not attempt to understand every word. Then, read the sections that may have appeared most difficult when you skimmed the article, and guess the meaning based on the rest of the text.

Un peu de pratique. Parcourez rapidement le texte suivant, puis choisissez la ville ou la région qui correspond à la description.

1. C'est un site archéologique.
2. C'est le centre politique du Sénégal.
3. C'est une ville située sur la côte.

À propos de la lecture...

Cette lecture est tirée et adaptée d'un site Web d'informations touristiques sur le Sénégal.

Bienvenue au Sénégal: pays de la Teranga[1]

Dakar

Ville cosmopolite, Dakar est le point de rencontre entre l'Afrique et le reste du monde, entre la tradition et la modernité, le point de départ de votre tourisme de découverte. Dakar, capitale du Sénégal et porte de l'Afrique à quelques cinq

[1] hospitality (in wolof, a Senegalese language)

heures de vol[2] de l'Europe, regroupe la quasi-totalité[3] des activités administratives, commerciales et politiques du pays: le Palais présidentiel, l'Assemblée nationale, les marchés (Kermel, Sandaga et Tilène), où l'on peut acheter des parfums exotiques et voir des couleurs incroyables; la Gare, la Cathédrale du Souvenir africain, la Grande Mosquée, le village artisanal de Soumbédioune, le Musée de la place Sowéto, et cetera.

Île de Gorée, au Sénégal

Gorée

À trois kilomètres au large de Dakar, Gorée, petite île, évoque pour l'humanité 350 ans d'esclavage[4] et de traite[5] négrière. Cette île a été le théâtre du plus grand mouvement humain imaginable: les enfants d'Afrique déportés vers l'Europe et les Amériques. La Maison des Esclaves vous plongera[6] dans une ambiance que vous n'oublierez jamais.[7] Classé comme site du patrimoine mondial de l'humanité,[8] Gorée est admirablement préservée par les autorités sénégalaises.

Joal

C'est la ville natale du premier président de la République du Sénégal Léopold Sédar Senghor, poète et académicien. Joal se singularise[9] par son port qui date du XV[e][10] siècle, ses plages bordées de cocotiers[11] et la quantité des coquillages.[12] Les vieilles maisons à étages ajoutent au charme de cette petite ville.

Les sites mégalithiques[13] à Sine Bgayène

C'est un ensemble de cercles concentriques faits de pierres[14] de plus de 2 mètres. Les archéologues n'ont pas encore pu établir formellement s'il s'agit de[15] tombes. Cependant les squelettes[16] et vestiges que l'on trouve sur ce site ne laissent pas beaucoup de doute.

---

[2]*flight* [3]*la... almost all* [4]*slavery* [5]*trade* [6]*vous... will plunge you* [7]*vous... you will never forget*
[8]*site... World Heritage Site* [9]*se... is distinguished* [10]*quinzième (15th)* [11]*coconut palms* [12]*shells*
[13]*megalithic (built with large stones)* [14]*stones* [15]*s'il... if they are* [16]*skeletons*

deux cent vingt-cinq **225**

Compréhension

La destination de prédilection. Des touristes organisent leur itinéraire. Quel endroit mentionné dans le texte intéresserait (*would interest*) les personnes suivantes?

1. M. Os est un passionné de l'histoire et de l'archéologie.
2. Mme Langlois fait une enquête sur le système politique sénégalais.
3. Mme Léonie adore les paysages tropicaux.
4. M. Roman est un littéraire.
5. Mlle Négoce est une femme d'affaires qui cherche à organiser une entreprise.

  # Écriture

Ah! Les voyages... Répondez aux questions suivantes pour raconter un voyage que vous avez fait. Ensuite, écrivez un paragraphe à partir de vos réponses. Vous pouvez ajouter des informations supplémentaires.

1. Où êtes-vous allé(e)? En quelle année avez-vous fait ce voyage? Vous avez voyagé seul(e) ou avec quelqu'un?
2. Avez-vous loué une chambre d'hôtel, un appartement?
3. Donnez cinq activités que vous avez faites pendant votre voyage.

On peut faire un safari au Sénégal. Vous avez déjà fait un safari? Expliquez.

À l'écoute sur Internet

Souvenirs de vacances. This is the first day of class at the **université de Nice**. Sandrine and Jean-Yves are talking about their vacations. First, read through the activities. Next, listen to the vocabulary followed by the conversation. Then do the activities.

VOCABULAIRE UTILE
quinze jours   two weeks
essayer   to try

You will now hear their conversation, followed by a few statements about it. Listen carefully, then do the exercises.

A. Vrai ou faux? Think about it!

1. V   F   Jean-Yves a passé du temps à la campagne.
2. V   F   Jean-Yves a fait du sport.
3. V   F   Sandrine a passé un mois avec des amis.
4. V   F   Sandrine a fait de la planche à voile, mais elle a eu peur.
5. V   F   Sandrine a fait du bateau.

B. Qui a fait ça? Now determine who could have made the following statements. Mark **S** for Sandrine and **J-Y** for Jean-Yves.

1. _____ Cette année, j'ai pris deux semaines de vacances.
2. _____ J'ai rendu visite à ma grand-mère.
3. _____ J'ai beaucoup dormi.
4. _____ J'ai loué un bateau.
5. _____ J'ai marché sur la plage.

Le vidéoblog d'Hassan

Le Saute-Moutons brave les rapides de Lachine sur le fleuve Saint-Laurent près de Montréal

En bref

Dans cet épisode, Léa et Hassan consultent un site Web qui leur donne des renseignements (*information*) sur des échanges de logement au Québec, au Maroc et à la Martinique. Hassan évoque les activités touristiques à Paris.

Vocabulaire en contexte

Où aimez-vous vous loger et qu'est-ce que vous aimez faire quand vous êtes en vacances? Indiquez vos préférences.

Logement
- [ ] une tente et un sac de couchage
- [ ] un appartement en ville
- [ ] une villa **au bord de la mer** (*at the seaside*)
- [ ] un chalet à la montagne
- [ ] un hôtel somptueux dans une capitale **étrangère** (*foreign*)

Activités
- [ ] bronzer à la plage
- [ ] faire des randonnées et du rafting
- [ ] aller dans des musées et des galeries d'art
- [ ] faire de la pêche et de la plongée sous-marine
- [ ] **flâner** (*stroll*); observer la vie **quotidienne** (*everyday*) des gens

Note culturelle

Le Saute-Moutons est une des principales attractions de Montréal. Il consiste à embarquer de 40 à 50 de personnes pour une excursion à travers[1] les rapides de Lachine sur le fleuve Saint-Laurent. Le bateau-jet se lance à toute vitesse[2] dans les eaux agitées du fleuve avec parfois des virages[3] à 360 degrés. Manteau de pluie, bottes et gilet de sauvetage[4] sont indispensables pendant l'expédition.

[1]à... *through*   [2]se... *throws itself at top speed*
[3]*turns*   [4]gilet... *lifejacket*

Visionnez!

Indiquez si les phrases suivantes sont vraies ou fausses.

1. _____ Léa cherche à faire un **échange** (*exchange*) de logements.
2. _____ Hassan pense que l'échange de logements est une bonne formule.
3. _____ Le **vacancier** (*vacationer*) à Montréal a apprécié le mélange de sports et de culture.
4. _____ Le vacancier à Marrakech a apprécié les bains de mer.
5. _____ Le vacancier à la Martinique a apprécié la cuisine.

Analysez!

1. Comment l'environnement—paysage (*landscape*) et climat—influence-t-il les activités de vacances proposées dans chaque pays?
2. Quels sont les avantages et les inconvénients de l'échange de logements?

Comparez!

Regardez encore une fois les commentaires des trois vacanciers. Puis, proposez, dans un message électronique, un échange de logements à une personne qui habite dans un des trois lieux présentés dans la vidéo. Mentionnez les avantages de votre propre (*own*) domicile et de la ville où vous habitez.

Vocabulaire

Verbes

acheter to buy
aller à la pêche to go fishing
bronzer to get a suntan
devenir to become
dormir to sleep
entrer to enter
faire une randonnée to go hiking
falloir (il faut) to be necessary
monter to go up; to climb
mourir to die
nager to swim
naître to be born
obtenir to obtain, get
oublier to forget
partir (à) (de) to leave (for) (from)
passer (par) to pass (by)
patiner to skate
prendre des vacances to take a vacation
quitter to leave (*someone or someplace*)
rentrer to return; to go home
retourner to return; to go back
revenir to come back to, return (*someplace*)
sentir to feel; to sense; to smell
servir to serve
sortir to leave; to go out
tomber to fall
venir to come
  venir de + *inf.* to have just (*done something*)
voyager to travel

À REVOIR: **descendre, porter, pouvoir, rendre visite à, rester**

Substantifs

l'alpinisme (*m.*) mountaineering
le bateau (à voile) (sail)boat
la campagne country(side)
le camping camping
le cheval horse
l'endroit (*m.*) place
l'équitation (*f.*) horseback riding
l'état (*m.*) state
le fleuve (large) river
la forêt forest
le lac lake
la mer sea, ocean
le monde world
la montagne mountain
le parapluie umbrella
la plage beach
la planche à voile windsurfer
la plongée libre snorkeling
la plongée sous-marine scuba diving
la randonnée hike
la route road
le ski alpin downhill skiing
  ...de fond cross-country skiing
  ...nautique waterskiing
le vélo bicycle

À REVOIR: **la carte postale, le pays, la promenade, les vacances** (*f. pl.*)

Les vêtements et l'équipement sportifs

l'anorak (*m.*) (ski) jacket
les chaussures (*f.*) **de ski** ski boots
  ...de montagne hiking boots
les gants (*m.*) gloves
les lunettes (*f. pl.*) glasses
  lunettes de ski ski goggles
  lunettes de soleil sunglasses
le sac de couchage sleeping bag
la serviette de plage beach towel
le ski ski
la tente tent
la valise suitcase

À REVOIR: **la chaussure, le maillot de bain, la robe**

Expressions temporelles

les années (cinquante) the decade (era) of (the fifties)
il y a ago

Mots et expressions divers

il faut It is necessary to . . . / One needs . . .
selon according to

deux cent vingt-neuf **229**

Bienvenue...

Un coup d'œil sur Marrakech, au Maroc

À quelques heures d'avion de New York, vous pouvez partir à la découverte du Maroc en Afrique du Nord (le Maghreb). Le Maroc est connu pour son climat exceptionnel et la variété de ses paysages. Il est bordé par l'océan Atlantique et la mer Méditerranée. Parmi les principales villes marocaines, il y a Marrakech, qui est aussi surnommée *La perle du Sud* ou *La ville rouge*. Fondée en 1062, cette ancienne cité impériale est située aux portes du désert. Elle est entourée par une muraille[1] ocre rouge, et une palmeraie[2] de 100 000 arbres. À l'intérieur des remparts, il y a la Médina (la vieille ville), où on ne peut se promener qu'à pied, car[3] les rues sont très étroites. Ainsi, on peut découvrir ses souks[4] et ses charmants ryads. Mais Marrakech est surtout célèbre pour sa Place *Jamaa El Fna*, qui date du XI[e][5] siècle. On peut y voir tous les jours des spectacles en plein air, des conteurs,[6] des acrobates, des musiciens et même des charmeurs de serpents. Marrakech offre aussi des manifestations culturelles tout au long de l'année comme le Festival International du Film.

Un *souk* (marché en plein air) à Marrakech, au Maroc

[1]*wall* [2]*palm grave* [3]*for, as* [4]*marchés* [5]*onzième* [6]*storytellers*

Portrait - Hicham El Guerrouj, le roi° du 1500m*

°*king*

Hicham El Guerrouj est un athlète à part. Il est né en 1974 à Berkane, une petite ville du nord-est du Maroc. Hicham a commencé à courir très jeune. Il a gagné sept titres de champion du monde et cinq records du monde. On l'a surnommé *le roi du 1500m* et *le TGV de Berkane*. Depuis 1995, Hicham a dominé la course du 1500m mais il a aussi connu quelques défaites. En 1996, aux Jeux Olympiques d'Atlanta, il est tombé à un tour de l'arrivée. Ensuite aux Jeux Olympiques de Sydney, il est arrivé deuxième. Mais le 28 août 2004 au stade d'Athènes, il a remporté[1] deux médailles d'or, du 1500 et du 5000 m—un véritable exploit qui a effacé[2] les douloureux[3] souvenirs de Sydney et d'Atlanta.

À cet égard,[4] il a répondu à un journaliste qui lui a demandé ce qui le distingue des autres athlètes: «Je crois que c'est la passion et l'acceptation de la souffrance... Il n'y a qu'un seul Zidane au monde, un seul Beckham, un seul Mohammed Ali... Peut-être qu'à l'avenir, il y aura un seul Hicham El Guerrouj... »

La fin du 1500m aux Jeux Olympiques à Athènes, 2004

[1]*won* [2]*erased* [3]*unhappy* [4]*À... In this regard*

*1500-meter race in track events; this is approximately 1640 yards, or just under one mile. Hicham El Guerrouj is the world record holder in races of 1500 meters (3:26.00), one mile (3:43.13), and 2000 meters (4:44.79). (Wikipedia)

en Afrique francophone

Un coup d'œil sur Dakar, au Sénégal

Au Sénégal dont[1] elle est la capitale, Dakar est l'une des pointes[2] les plus avancées de l'Afrique de l'Ouest dans l'océan Atlantique. Les Dakarois vous accueillent toujours avec amitié, «teranga». Visitez avec eux le Marché Sandaga, près de la petite gare, et regardez partir les bateaux qui relient[3] Dakar à la Casamance ou à la Gambie voisines. Dans l'arrondissement du Plateau, vous voyez aussi l'Assemblée nationale et le Palais présidentiel.

Là-bas,[4] on voit dans l'océan l'Île de Gorée, ce joyau[5] de l'architecture coloniale avec ses petites rues et l'ombre[6] fraîche des bougainvillées. Mais, cet endroit tranquille cache[7] un passé terrible: le point de départ de la traite négrière[8] dès le XVI[e][9] siècle. La Maison des Esclaves résonne encore de la tragédie de femmes, enfants, hommes, transportés dans des conditions inhumaines vers les Antilles et les Amériques.

[1]*of which* [2]*headlands* [3]*link* [4]*There* [5]*jewel* [6]*shade* [7]*hides* [8]*traite... slave trade* [9]*seizième*

Voici Dakar sur sa péninsule

Tiken Jah Fakoly

Portrait - Tiken Jah Fakoly

Quand il était petit, son père lui disait: «Arrête de danser, il faut bosser.[1]»

La vocation artistique de Tiken Jah a été précoce[2] et irrésistible. Aujourd'hui, il attire des fans en délire[3] dans des stades de 20 000 personnes. Les jeunes s'identifient à ce fils de l'Afrique qui, sur les rythmes reggae, chante des valeurs sociales fondamentales: la démocratie et la justice. Ses chansons sont engagées.[4] Dans ses fameux albums «Mangercratie» et «Cours d'histoire», il milite en faveur d'un gouvernement «propre»[5] et condamne les conflits ethniques. Il chante dans le monde entier mais reste attaché à ses origines. Il répète: «L'Afrique, c'est ma vie, j'y reviendrai[6] toujours.»

[1]*to work* [2]*precocious* [3]*en... ecstatic* [4]*politically oriented* [5]*"clean"* [6]*j'y... I will return there*

Watch the *Bienvenue au Sénégal* video segment to learn more about Dakar, l'Île de Gorée, and Sénégal.

deux cent trente et un **231**

En route!

Les dossiers de Juliette

Juliette

▶ Mes photos
   ▶ En route en Provence
   ▶ Je voyage en première classe
   ▶ Le train «Eurostar»

En route parmi les champs de lavande en Provence

Dans ce chapitre...

Objectifs communicatifs
▶ talking about transportation
▶ expressing actions
▶ expressing how long, how long ago, and since when
▶ talking about the past
▶ expressing negation

Paroles (Leçon 1)
▶ À l'aéroport
▶ À la gare
▶ En route!
▶ Les points cardinaux

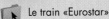
Avec mon vélo, je voyage en première classe!

Structures (Leçons 2 et 3)
▶ Le verbe **conduire**
▶ **Depuis** et **pendant**
▶ Les adverbes affirmatifs et négatifs
▶ Les pronoms affirmatifs et négatifs

Culture
▶ **Le blog de Juliette:** *La Rolls du vélo**
▶ **Reportage:** *Étudiants: comment voyager moins cher?*
▶ **Lecture:** *Légendes et héros du cyclisme* (Leçon 4)

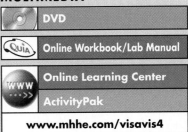
Le train «Eurostar»

MULTIMÉDIA
DVD
Online Workbook/Lab Manual
Online Learning Center
ActivityPak
www.mhhe.com/visavis4

*In **Chapitres 9–12**, Juliette Graf creates a blog and writes about cycling in Paris, the everpresent technologies in Parisian life, the pleasures of living in a city, and her love of art.

Leçon 1

 ## À l'aéroport

Air France Vol 512
à destination de New York

un avion   le pilote

le steward   l'hôtesse de l'air

Première classe   Classe affaires   Classe économique   un siège

une passagère

une carte d'embarquement   un passager

Allez-y!

Bienvenue à bord! Complétez les phrases d'après le dessin.

1. Le _____ est le conducteur (*driver*) de l'avion.
2. L'_____ apporte les repas.
3. Les gens très riches voyagent en _____.
4. Le _____ sert les boissons.
5. On présente une _____ pour monter dans l'avion.
6. Les hommes et les femmes d'affaires voyagent en _____.
7. Les étudiants voyagent en _____.
8. Le départ du _____ 512 est à 13 h 50.

0,46 €

RF **Concorde**

À la gare

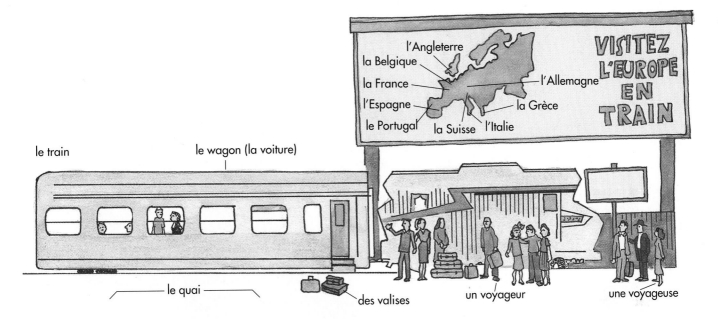

l'Angleterre
la Belgique
la France — l'Allemagne
l'Espagne
le Portugal — la Grèce
la Suisse l'Italie

VISITEZ L'EUROPE EN TRAIN

le train
le wagon (la voiture)
le quai
des valises
un voyageur
une voyageuse

AUTRES MOTS UTILES

un aller-retour	round trip; round-trip ticket
le billet	ticket
la couchette	berth
le guichet	(ticket) window
le compartiment	compartment

 *Allez-y!*

A. **Définitions.** Répondez, s'il vous plaît!

1. Quel moyen de transport est-ce qu'on trouve dans une gare?
2. Comment s'appelle chaque voiture d'un train?
3. Comment s'appellent les personnes qui voyagent?
4. Comment s'appelle la partie du wagon où les passagers sont assis (*seated*)?
5. Où est-ce que les passagers attendent l'arrivée d'un train?
6. Où est-ce qu'on achète les billets?

B. **Interview.** Demandez à un(e) camarade s'il / si elle a voyagé en train. Est-ce qu'il/elle a mangé dans un wagon-restaurant? Est-ce qu'il/elle a dormi dans un wagon-lit? Quelle ville est-ce qu'il/elle a visitée pendant ce voyage? À qui est-ce qu'il/elle a rendu visite? Ensuite, racontez à la classe le voyage de votre camarade.

C. Train + Vélo. Beaucoup de Français prennent leur vélo avec eux quand ils voyagent en train. Lisez la publicité de la SNCF (Société nationale des chemins de fer français), puis indiquez si les phrases suivantes sont vraies ou fausses.

1. _____ Il est facile de se balader en vélo quand on visite des régions de France.
2. _____ Il n'est pas possible de transporter son vélo dans le train quand on sort du territoire français.
3. _____ Pour voyager en train avec son vélo, il n'y a qu'une seule solution: le prendre avec soi à la gare le jour du départ.
4. _____ On peut laisser son vélo dans certaines gares pendant (*while*) qu'on travaille.
5. _____ On peut louer un vélo dans certaines gares.
6. _____ Toutes les gares de SNCF ont un parc à vélos.

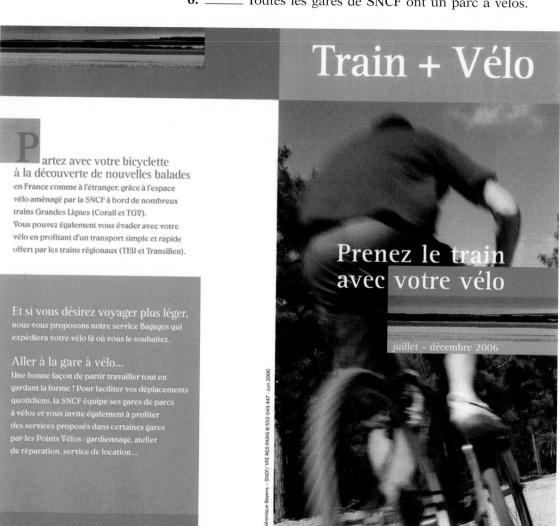

Train + Vélo

Partez avec votre bicyclette à la découverte de nouvelles balades en France comme à l'étranger, grâce à l'espace vélo aménagé par la SNCF à bord de nombreux trains Grandes Lignes (Corail et TGV). Vous pouvez également vous évader avec votre vélo en profitant d'un transport simple et rapide offert par les trains régionaux (TER et Transilien).

Et si vous désirez voyager plus léger, nous vous proposons notre service Bagages qui expédiera votre vélo là où vous le souhaitez.

Aller à la gare à vélo... Une bonne façon de partir travailler tout en gardant la forme ! Pour faciliter vos déplacements quotidiens, la SNCF équipe ses gares de parcs à vélos et vous invite également à profiter des services proposés dans certaines gares par les Points Vélos : gardiennage, atelier de réparation, service de location...

À vous de choisir la formule qui vous correspond le mieux pour enfourcher votre bicyclette ! D'autant que cet exercice, bon pour la forme, l'est aussi pour l'environnement.

Prenez le train avec votre vélo

juillet - décembre 2006

www.voyages-sncf.com

SNCF

donner au train des idées d'air

En route!

Jean-Pierre conduit (*drives*) sa **moto** avec prudence.

Annick **roule** toujours très **vite.** Elle préfère **l'autoroute!**

Marianne **fait le plein** d'**essence** (*f.*) à **la station-service.**

Martine et Annie **traversent** la France **à vélo.**

 ## *Allez-y!*

A. Moyens de transport. Comment vous rendez-vous à (*How do you get to*) destination dans les situations suivantes? Utilisez les **Mots clés** et les verbes **voyager, aller,** etc.

> MODÈLE: Vous voulez aller sur l'autre rive (*shore*) du lac. → Vous voyagez en bateau.

1. La classe fait une excursion.
2. Il y a des pistes cyclables (*bicycle paths*) dans votre ville.
3. Vous allez en Europe.
4. Vous voulez faire de l'équitation.
5. Vous aimez l'autoroute.
6. Votre famille déménage.
7. Vous voulez vous rendre vite au centre-ville.
8. Vous passez le week-end sur l'île Catalina.

B. Interview. Posez les questions suivantes à un(e) camarade.

1. Comment préfères-tu voyager en vacances? Pourquoi? Est-ce que ça dépend de ta destination?
2. Quels moyens de transport préfères-tu prendre en ville?

Mots clés

Les prépositions devant les moyens de transport

En is used with means of transportation that you enter.

en autocar, **en** autobus, **en** avion, **en** bateau, **en** camion, **en** métro, **en** train, **en** voiture, et cetera

À is used with means of transportation that you mount or on which you ride. It is also used in the expression **à pied.**

à bicyclette, **à** cheval, **à** moto, **à** vélo, et cetera

---

3. Nomme des moyens de transport qui correspondent à chacun des adjectifs suivants: **économique, dangereux, rapide, polluant, agréable**.

4. Est-ce qu'il y a des problèmes de transport dans ta ville ou ta région? Si oui, lesquels (*which ones*)?

Les points cardinaux

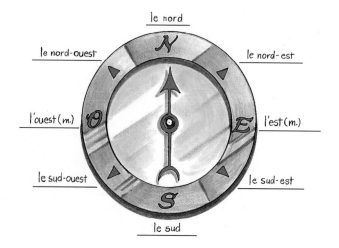

Allez-y!

Quelques pays européens et leurs capitales. Quel pays est situé dans chacune des régions mentionnées ici? Quelle est sa capitale? (Consultez la carte géographique de l'Europe à la fin de ce livre.)

MODÈLE: au sud-est de l'Italie ⟶
La Grèce est située au sud-est de l'Italie. Capitale: Athènes.

RÉGIONS	CAPITALES
1. au nord-est de l'Espagne	Londres
2. à l'est de la Belgique	Madrid
3. au sud-ouest de la France	Bruxelles
4. à l'ouest de l'Espagne	Berne
5. au nord-ouest de la France	Berlin
6. au sud-est de la France	Rome
7. au nord de l'Italie	Lisbonne
8. au nord de la France	Paris

Le verbe *conduire*

Expressing Actions

Un week-end à la montagne

MARIE-JOSÉE: On va à la montagne ce week-end?

ALEX: Bonne idée! Ça va me donner l'occasion de **conduire** ma nouvelle décapotable!

MARIE-JOSÉE: Ah non! Tu **détruis** l'environnement avec ta voiture et puis tu **conduis** beaucoup trop vite! Allons-y en train!

ALEX: Mais on **a construit** une toute nouvelle autoroute. Prenons ma voiture; ça va être plus rapide.

MARIE-JOSÉE: Tu as reçu combien de contraventions dernièrement?

ALEX: Euh! À quelle heure part le train?...

Répondez aux questions selon le dialogue.

1. Comment est-ce qu'Alex conduit?
2. Est-ce que Marie-Josée se soucie de (*worries about*) l'environnement?
3. Pourquoi est-ce qu'Alex accepte de prendre le train?

PRESENT TENSE OF **conduire** (*to drive*)	
je condu**is**	nous condu**isons**
tu condu**is**	vous condu**isez**
il/elle/on condu**it**	ils/elles condu**isent**
Past participle: **conduit**	

All verbs ending in **-uire** are conjugated like **conduire**.

construire *to construct*   Nous **construisons** une nouvelle ville.

détruire *to destroy*	On **détruit** le vieux pour construire du neuf.
produire *to produce*	Le soleil **produit** de l'énergie.
réduire *to reduce*	**Réduisez** votre vitesse dans les zones scolaires.
traduire *to translate*	**Traduis** cette brochure en espagnol.

In French, the verb **conduire** is used to express the physical act of driving. It is used with types of cars, ways of driving, and so on.

Sébastien **conduit** une Peugeot.	*Sébastien drives a Peugeot.*
Les jeunes **conduisent** rapidement.	*Young people drive fast.*

However, the construction **aller en voiture** is used to express *to drive somewhere.*

Ils sont allés en Belgique en voiture.	*They drove to Belgium.*

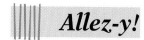

Allez-y!

A. Sur la route. Conjuguez les verbes dans les phrases suivantes.

1. ma vieille voiture / produire / trop de pollution
2. les gaz toxiques / détruire / l'environnement
3. nous / conduire / de nouveaux véhicules
4. ils / réduire / le niveau (*level*) de pollution
5. conduire (*impératif, vous*) / avec prudence

B. Interview. Posez les questions suivantes à un(e) camarade de classe. Ensuite, mentionnez le fait le plus intéressant à la classe.

1. Conduis-tu souvent? Quand tu sors avec des copains, conduisez-vous ou utilisez-vous les transports en commun?
2. Dans ta famille, qui conduit le plus (*the most*) souvent? Qui ne conduit pas?
3. Aimes-tu conduire? Quelle marque de voiture préfères-tu? Pourquoi? Préfères-tu les voitures américaines ou les voitures fabriquées à l'étranger (*abroad*)?
4. Penses-tu que les voitures détruisent la qualité de la vie en ville? Est-ce qu'on construit trop d'autoroutes aux États-Unis?
5. Qu'est-ce que tu penses des motos et des vélos?
6. As-tu déjà traversé les États-Unis en voiture? Si oui, quand et avec qui?

Depuis et *pendant*

Expressing How Long, How Long Ago, and Since When

La course automobile

JOURNALISTE: **Depuis quand** est-ce que vous faites de la course automobile?

PILOTE: Je participe à des compétitions professionnelles **depuis** 1998. Avant, j'ai été au niveau amateur **pendant** trois ans.

JOURNALISTE: **Pendant combien de temps** est-ce que vous vous entraînez?

PILOTE: D'habitude, je travaille tous les jours **pendant** sept heures. C'est un travail exigeant, mais aussi vraiment très excitant!

Vrai ou faux?

1. Cet homme est pilote professionnel depuis 2000.
2. Il a été pilote amateur pendant trois ans.
3. Le week-end, il travaille pendant cinq heures.

Depuis

Depuis is used with a verb in the present tense to talk about an activity that began in the past and continues in the present time. The most frequent English equivalent is *have been + -ing.*

1. With a starting point that can be a date (day, month, year) or a noun:

Depuis quand... ? + *present tense* = Since when . . . ?

present tense + **depuis** + *starting point in the past* = . . . since . . .

Depuis quand est-ce que tu conduis?
Je conduis **depuis** 2005.
Je conduis plus lentement **depuis** mon accident.

Since when have you been driving?
I have been driving since 2005.
I have been driving more slowly since my accident.

2. To express a duration:

Depuis combien de temps... ? +	
present tense	= (For) How long . . . ?
present tense + **depuis** + *period of time*	= . . . for (*duration*)

Depuis combien de temps est-ce que vous prenez l'autobus?	*(For) How long have you been taking the bus?*
Je prends l'autobus **depuis** six mois.	*I have been taking the bus for six months.*

[Allez-y! A-B-C]

Pendant

1. **Pendant** expresses the duration of a habitual or repeated action, situation, or event with a definite beginning and end. It is often used with the **passé composé**.

Pendant combien de temps... ? +	
present or past tense	(For) How long . . . ?
present or past tense + **pendant** + *time period*	. . . for (*duration*)

Pendant combien de temps es-tu resté en Belgique?	*(For) How long did you stay in Belgium?*
Je suis resté en Belgique **pendant** deux semaines.	*I stayed in Belgium for two weeks.*
D'habitude, le matin, j'attends l'autobus **pendant** vingt minutes.	*Usually, in the morning, I wait for the bus for 20 minutes.*

2. **Pendant** can also mean *during*.

Qu'est-ce que tu as fait **pendant** ce temps?	*What did you do during this time?*

Reminder: **Il y a** + *time period* = ago

J'ai fait mes réservations **il y a** un mois.	*I made my reservations a month ago.*

[Allez-y! B]

Allez-y!

A. Le temps passe. Carole (C) et Thomas (T), deux étudiants étrangers à l'université de Lyon, parlent de leur vie en France. Avec un(e) partenaire, à tour de rôle, posez les questions et répondez. Utilisez **depuis quand** ou **depuis combien de temps** selon l'indice.

Since when / how long

MODÈLE: (C) habiter / Europe (2004) →
CAROLE: Depuis quand est-ce que tu habites en Europe?
THOMAS: J'habite en Europe depuis 2004.

1. (T) travailler / Lyon (deux ans)
2. (C) faire / vélo (mon arrivée en France)
3. (T) étudier / cette université (un an)
4. (C) conduire (2003)
5. (T) être mariée (six mois)
6. (C) étudier l'informatique (l'automne dernier)

B. Expressions de temps. Thomas et Carole continuent leur conversation. Complétez les phrases suivantes en utilisant **depuis**, **pendant** ou **il y a**.

1. Thomas a rencontré sa femme *pendant* ses vacances. Aujourd'hui, ils sont mariés *depuis* trois ans.
2. *Il y a* deux mois, Carole a fait un voyage en Tunisie. Elle est restée à Sousse *pendant* trois semaines.
3. L'été prochain, ils veulent visiter la Belgique *pendant* deux semaines. Ils ont fait leurs réservations *pendant* deux jours.
4. Il est maintenant 3 h. Ils ont commencé à parler à 1 h. Ils parlent *pendant* deux heures.

C. Activités. Demandez à vos camarades depuis quand ou depuis combien de temps ils/elles font les activités suivantes.

MODÈLE: être étudiant(e) →
—Depuis combien de temps est-ce que tu es étudiant(e)?
—Je suis étudiant(e) depuis...

1. étudier le français
2. pratiquer son sport préféré
3. être à l'université
4. avoir son ordinateur
5. habiter à...
6. ?

RÉPUBLIQUE TUNISIENNE
500 POSTES
Vendeur d'ombrelles et d'éventails
YAHIA TURKI 1999

Sur la route, dans les environs de Saint-Rémy-de-Provence

Un peu plus...

En voiture. Voyager en France est facile. Le système ferroviaire (les chemins de fer) et le système routier (les autoroutes) sont très développés. Les voitures en France sont souvent plus petites qu'en Amérique. Ceci facilite la circulation dans les rues étroites des villes médiévales, et la taille modeste des voitures leur permet de consommer moins d'essence, chose indispensable étant donné (*given*) le prix beaucoup plus élevé (*higher*) de l'essence en France. Il y a trois grandes marques de voiture fabriquées en France: Peugeot, Renault et Citroën. Quelle marque de voiture préférez-vous?

Le blog de Juliette

La Rolls du vélo

vendredi 10 juillet

Salut!

J'espère que vous allez aimer mon blog. Je viens de le créer et j'ai déjà une bonne nouvelle! Depuis longtemps, je rêve d'un vélo! Et voilà! Il est là, mon vélo neuf.[1] C'est un vélo hollandais, la Rolls du vélo: il est solide, élégant, écolo.[2] Regardez la photo!

Moi, j'ai toujours détesté les transports en commun.[3] Mais pendant deux ans—depuis que j'habite Paris—j'ai pris le bus ou le métro. Ces modes de transport ne sont pas très agréables: il y a trop de gens!

Au contraire, Paris à vélo, quel bonheur[4] et quelle liberté! Cet après-midi, j'ai roulé pendant des heures du Quartier latin à La Villette, dans de petites rues, de grandes avenues et sur la piste cyclable[5] du Canal Saint-Martin.

Mais rouler à Paris, c'est vraiment du sport! Ça monte et ça descend constamment! Pour aller à Montmartre, à la Montagne Sainte-Geneviève, à Belleville et Ménilmontant, il faut pédaler dur![6] Alors, voilà une suggestion: pour faire du vélo à Paris, mangez des vitamines!

▲ Avec mon vélo, je voyage en première classe!

COMMENTAIRES

 Charlotte

Le vélo, c'est un moyen de transport économique, agréable et excellent pour l'environnement. Mais c'est dangereux, non? Tu roules au milieu des voitures et des gaz toxiques... Tu risques un accident... Il faut porter un casque![7]

 Poema

Est-ce que tu sais[8] que, tous les vendredis soirs, il y a une balade[9] gratuite dans les rues de Paris? Les cyclistes ont rendez-vous à 21 h 30 à l'Hôtel de Ville.

 Mamadou

Juliette, tu vas aller sur les Champs-Élysées pour l'arrivée du Tour de France le 23 juillet?

 Alexis

Salut, Juliette
Moi aussi, j'ai un vélo. Des balades dans Paname,[10] ça t'intéresse? J'habite à Versailles mais je peux mettre mon vélo dans le RER.

 Trésor

Je veux venir!

[1]new [2]ecological (fam.) [3]transports... public transportation [4]happiness [5]piste... bicycle path [6]hard [7]helmet
[8]Est-ce... Do you know [9]ride, outing [10]affectionate name for Paris

Étudiants: comment voyager moins cher?

Vous êtes étudiant(e)? Cela signifie que vous n'avez pas beaucoup d'argent. Mais vous avez du temps et surtout, vous adorez voyager!

Partir à petit prix, cela est possible en France avec la SNCF (Société nationale des chemins de fer français) qui vous propose toutes sortes de solutions pour voyager moins cher. Le week-end, Aurélie rend souvent visite à ses parents qui habitent à Brest. Avec le billet «Découverte Séjour», elle bénéficie d'une réduction de 25 %.

Tristan et sa copine Noémie choisissent souvent la formule «Découverte à deux», qui leur donne aussi droit à une réduction de 25 %. Pourtant, on peut encore mieux faire avec les billets «Prem's» qu'on doit acheter directement sur Internet. «Un aller-retour Paris–Toulouse ou Paris–Lyon ne coûte que[1] 20 euros si on achète son billet deux mois à l'avance! La réduction est très avantageuse, déclare Aurélie. Mais je n'arrive jamais à avoir ces excellents tarifs: je suis incapable de planifier mes voyages à l'avance.»

▲ Star des trains européens, l'Eurostar renforce l'amitié entre la France et l'Angleterre: en trois heures (bientôt 2 h 15), le voyageur va de Paris à Londres grâce au (*thanks to the*) fabuleux tunnel sous la Manche! Mais attention: même si (*even if*) l'Angleterre fait partie de l'Union européenne, elle n'utilise pas l'euro.

Pour les grands voyageurs, la solution idéale existe: c'est la «Carte Pass Inter Rail» de libre circulation. Elle donne accès à 30 pays d'Europe et d'Afrique du Nord pour un prix unique. Jules l'a achetée: «J'embarque à Paris. Je passe un petit week-end à Nice. Puis je vais à Florence et à Rome. Je traverse ensuite l'Allemagne. Après, je ne sais pas. Je peux improviser.» Oui, tout est possible et facile dans une Europe sans frontières. Bon voyage à tous!

[1]*ne... costs only*

À vous!

1. Quelles sont les meilleures (*best*) solutions pour voyager moins cher quand on est seul? quand on est à deux?
2. Dans quel cas est-il impossible d'acheter des billets «Prem's»?
3. Existe-t-il en Amérique du Nord une formule «Carte Pass Inter Rail»? Comment faites-vous pour voyager avec un petit budget?
4. D'après la légende de la photo, comment le mot «Eurostar» est-il formé? Que suggère ce nom?

On est connectés To learn more about Friday night bicycle rides around Paris and about the Tour de France, use the links or keywords and search engines provided at the *Vis-à-vis* Online Learning Center (**www.mhhe.com/visavis4**).

Leçon 3

Les adverbes affirmatifs et négatifs

Expressing Negation

Le Train à grande vitesse

PATRICIA: Tu as **déjà** voyagé en TGV?
FRÉDÉRIC: Non, **pas encore**. Mais j'ai réservé une place pour samedi prochain. Je vais voir mes parents à Lyon.
PATRICIA: Est-ce qu'il faut **toujours** réserver à l'avance pour le TGV?
FRÉDÉRIC: Oui, c'est obligatoire. Moi, je **n'**aime **pas du tout** ce système parce que j'ai **toujours** eu horreur de prévoir à l'avance. J'aime partir à la dernière minute, je **ne** fais **jamais de** projets, et je **n'**ai **jamais** eu d'agenda.

Trouvez la phrase ou la question équivalente dans le dialogue.

1. Tu n'as pas encore voyagé en TGV?
2. On ne peut jamais prendre le TGV sans réservation?
3. Moi, je déteste ce système.

Sur le quai à la gare de l'Est à Paris

The adverbs **toujours, souvent,** and **parfois** (*sometimes*) generally follow the verb in the present tense. The expression **ne (n')... jamais,** constructed like **ne... pas,** is the negative adverb (**l'adverbe de négation**) equivalent to *never* in English.

Henri voyage **toujours** en train.*
Marie voyage **souvent** en train.*
Hélène voyage **parfois** en train.

Je **ne** voyage **jamais** en train.
I never travel by train.

*Sentences whose verbs are modified by **toujours** and **souvent** can also be negated by **ne (n')... pas:** Henri ne voyage pas toujours en train. Il voyage parfois en avion. Marie ne voyage pas souvent en train. Elle préfère conduire.

Other common adverbs follow this pattern.

AFFIRMATIVE	NEGATIVE
encore *still*	**ne (n')... plus** *no longer, no more*
Le train est **encore** sur le quai.	Le train **n'**est **plus** sur le quai.
The train is still at the platform.	*The train is no longer at the platform.*
déjà *already*	**ne (n')... pas encore** *not yet*
Nos valises sont **déjà** là?	Nos valises **ne** sont **pas encore** là.
Are our suitcases there already?	*Our suitcases aren't there yet.*
déjà *ever*	**ne... jamais** *never*
Est-ce que tu es **déjà** allé à Lyon?	Non, je **ne** suis **jamais** allé à Lyon.
Have you ever been to Lyon?	*No, I have never been to Lyon.*

1. As with **ne (n')... pas,** the indefinite article and the partitive article become **de (d')** when they follow negative adverbs.

AFFIRMATIVE	NEGATIVE
Je vois **toujours des Américains** dans l'autocar.	Je **ne** vois **jamais de Français** dans l'autocar.
I always see Americans on the tour bus.	*I never see (any) French people on the tour bus.*
Avez-vous **encore des billets** à vendre?	Non, je **n'**ai **plus de billets** à vendre.
Do you still have (some) tickets to sell?	*No, I have no more (I don't have any more) tickets to sell.*
Karen a **déjà des amis** en France.	Vincent **n'**a **pas encore d'amis** aux États-Unis.
Karen already has (some) friends in France.	*Vincent doesn't have any friends in the United States yet.*

2. Definite articles do not change.

   Je ne vois jamais **le** contrôleur (*conductor*) dans ce train.
   Annick ne prend plus **l'**autoroute à Caen.
   On ne voit pas encore **le** sommet de la montagne.

3. In the **passé composé,** affirmative adverbs are generally placed between the auxiliary and the past participle.

   M. Huet a **toujours / souvent / parfois** pris l'avion.

4. **Ne... pas du tout** is used instead of **ne... pas** for emphasis.

   Je **n'**aime **pas du tout** les avions!   *I don't like planes at all!*
   —As-tu faim?   *Are you hungry?*
   —**Pas du tout!**   *Not at all!*

Allez-y!

A. Un voyageur nerveux. Chaque fois qu'il part en vacances, M. Laffont se préoccupe de tout (*worries about everything*). Mme Laffont essaie toujours de le calmer (*calm him down*). Avec un(e) camarade, jouez les rôles de M. et Mme Laffont. Suivez le modèle.

MODÈLE: M. LAFFONT: Tu n'as pas encore trouvé les valises.
               MME LAFFONT: Mais si!* J'ai déjà trouvé les valises.

1. Nous ne faisons jamais de voyages agréables.
2. Il n'y a plus de places dans le train.
3. Il n'y a plus de billets en seconde classe.
4. Nous ne sommes pas encore arrivés.
5. Il n'y a jamais de téléphone à la gare.
6. Il n'y a plus de voitures à louer.
7. Tu n'as pas encore trouvé la carte.
8. Nous ne sommes pas encore sur la bonne route (*the right road*).

B. En voyage. Dites ce que font ces personnes quand elles sont en voyage. Remplacez **seulement** par **ne... que.**

MODÈLE: Je prends seulement le train. →
               Je ne prends que le train.

1. Martin envoie (*sends*) seulement des cartes postales.
2. Vous achetez seulement des souvenirs drôles.
3. Mes cousins mangent seulement dans les fast-foods.
4. Tu prends seulement une valise.
5. Nous dormons seulement dans des auberges de jeunesse.
6. Sophie regarde seulement les bateaux sur la mer.

C. Préparatifs de voyage. Quand vous partez en voyage, faites-vous les choses suivantes? Utilisez **toujours, souvent, parfois** ou **ne... jamais** dans vos réponses.

MODÈLE: arriver à l'aéroport à la dernière minute →
        É1: Est-ce que tu arrives toujours à l'aéroport à la dernière minute?
        É2: Moi non, je n'arrive jamais à l'aéroport à la dernière minute! (J'arrive parfois à l'aéroport à la dernière minute.) Et toi?

1. oublier ton passeport (ton billet, ta carte de crédit...)
2. prendre ton appareil photo (un guide, une carte...)
3. acheter de nouveaux vêtements (de nouvelles chaussures, de nouvelles lunettes de soleil...)
4. tracer un itinéraire (à l'avance, au dernier moment...)
5. faire ta valise au dernier moment (la veille [*the day before*], une semaine avant...)

Mots clés

La négation *ne... que*

The expression **ne (n')... que (qu')** is used to indicate a limited quantity of something or a limitation of choices. It has the same meaning as **seulement** (*only*).

Je **n'**ai **qu'**un billet.
J'ai **seulement** un billet.
   I have only one ticket.

Hélène **n'**a fait **que** deux réservations.
Hélène a fait **seulement** deux réservations.
   Hélène made only two reservations.

---

*Remember that **si** rather than **oui** is used to contradict a negative question or statement.

D. Voyages exotiques. Interviewez vos camarades.

MODÈLE: camper dans le Sahara
VOUS: N'as-tu jamais campé dans le Sahara?
VOTRE CAMARADE: Non, je n'ai jamais campé dans le Sahara. (*ou* Si, j'ai campé dans le Sahara [l'été passé, il y a deux ans, etc.].)

1. faire du bateau sur le Nil
2. voir le Sphinx en Égypte
3. faire une expédition en Antarctique
4. passer tes vacances à Tahiti
5. faire de l'alpinisme dans l'Himalaya
6. voir les chutes Victoria (*Victoria Falls*) en Afrique
7. faire un safari-photos au Cameroun
8. ?

Qui dans votre classe a fait le voyage le plus exotique?

Les pronoms affirmatifs et négatifs

Expressing Negation

La consigne automatique

SERGE: Il y a **quelque chose** qui ne va pas?
JEAN-PIERRE: Oui, j'ai des ennuis avec la consigne; elle ne marche pas.
SERGE: Ah, ça! Il **n'y** a **rien** de plus énervant!
JEAN-PIERRE: **Tout le monde** semble toujours trouver une consigne qui marche, sauf moi.
SERGE: Regarde, **quelqu'un** sort ses bagages d'une consigne. Là, tu es sûr qu'elle marche!
JEAN-PIERRE: Excellente idée!

Corrigez les phrases inexactes.

1. Tout va bien pour Jean-Pierre.
2. Il y a quelque chose de plus énervant (*something more exasperating*) qu'une consigne qui ne marche pas.
3. Jean-Pierre et deux autres passagers ne trouvent pas de consigne qui marche.
4. Quand quelqu'un sort ses bagages d'une consigne, on peut être sûr qu'elle marche.

Just as there are affirmative and negative adjectives (see pages 246–247), there are also affirmative and negative pronouns.

1. **Quelqu'un*** (*Someone*), **quelque chose** (*something*), **tout** (*everything, all*), and **tout le monde** (*everybody*) are indefinite pronouns (**des pronoms indéfinis**). All four can serve as the subject of a sentence, the object of a verb, or the object of a preposition.

   Personne (*No one, nobody, not anybody*) and **rien** (*nothing, not anything*) are negative pronouns generally used in a construction with **ne** (**n'**). They can be the subject of a sentence, the object of a verb, or the object of a preposition.

AFFIRMATIVE	NEGATIVE
quelqu'un / tout le monde	**personne**
Quelqu'un est monté dans le train. *Someone got on the train.*	**Personne n'**est monté dans le train. *No one got on the train.*
J'ai vu **quelqu'un** sur le quai. *I saw someone on the platform.*	Je **n'**ai vu **personne** sur le quai. *I didn't see anyone on the platform.*
Jacques a parlé avec **quelqu'un**. *Jacques spoke with someone.*	Jacques **n'**a parlé avec **personne**. *Jacques didn't speak with anyone.*
Tout le monde est prêt? *Is everyone ready?*	**Personne n'**est prêt. *No one is ready.*

AFFIRMATIVE	NEGATIVE
quelque chose / tout	**rien**
Quelque chose est arrivé. *Something happened.*	**Rien n'**est arrivé. *Nothing happened.*
Marie a acheté **quelque chose** de bizarre. *Marie bought something bizarre.*	Marie **n'**a **rien** acheté de bizarre. *Marie didn't buy anything bizarre.*
Je pense à **quelque chose** d'intéressant. *I'm thinking of something interesting.*	Je **ne** pense à **rien** d'intéressant. *I'm not thinking of anything interesting.*
Tout est possible. *Everything is possible.*	**Rien n'**est impossible. *Nothing is impossible.*

2. As the object of a verb in the **passé composé, rien** precedes the past participle, whereas **personne** follows it.

Marie **n'**a **rien** acheté au buffet de la gare.	*Marie didn't buy anything at the station restaurant.*
Je **n'**ai vu **personne**.	*I didn't see anyone.*

[Allez-y! A-C]

*****Quelqu'un** is invariable in form: It can refer to both males and females.

3. Like **jamais, rien** and **personne** can be used without **ne** to answer a question.

—Qu'est-ce qu'il y a sur la voie?	*What's on the track?*
—**Rien.**	*Nothing.*
—Qui est au guichet?	*Who's at the ticket counter?*
—**Personne.**	*Nobody.*

4. You may have noticed that when used with adjectives, the expressions **quelque chose, quelqu'un, ne... rien,** and **ne... personne** are followed by **de (d')** plus the masculine singular form of the adjective.

J'ai rencontré **quelqu'un d'intéressant** dans le compartiment d'à côté.	*I met someone interesting in the next compartment.*
Je **n'**ai parlé à **personne d'important.**	*I didn't speak to anyone important.*

[Allez-y! B-C]

Allez-y!

A. À la gare. Vous avez des ennuis avant de partir en voyage. Transformez les phrases suivantes.

MODÈLE: Quelqu'un est prêt! ⟶ Personne n'est prêt!

1. Quelqu'un a acheté les billets.
2. Quelqu'un a apporté nos valises.
3. Tout est prêt.
4. Jean-Claude pense à quelque chose.
5. Éric a tout pris.
6. Claudine parle avec quelqu'un.

B. La vie en rose. Transformez les phrases pessimistes de votre camarade. Suivez le modèle.

MODÈLE: Il n'y a personne à la caisse (*cash register*). ⟶
É1: Il n'y a personne à la caisse.
É2: Mais si! Il y a quelqu'un à la caisse.

1. Il n'y a personne dans ce restaurant. 2. Il n'y a rien de bon sur le menu. 3. Il n'y a rien dans ce magasin de sports. 4. Il n'y a rien de joli ici. 5. Il n'y a personne dans cette agence de voyages. 6. Il n'y a rien d'intéressant dans ces brochures. 7. Il n'y a rien de moderne dans ce quartier. 8. Il n'y a rien d'intéressant dans les rues.

C. Trouvez quelqu'un... Circulez dans la classe et trouvez quelqu'un qui a fait les choses suivantes. Avec un(e) camarade, posez les questions et répondez. (Attention à la question qu'il faut poser!)

1. prendre sa voiture pour aller au marché (hier)
2. avoir quelque chose d'important à faire (la semaine dernière)
3. voir quelqu'un d'intéressant (avant de venir en classe)
4. travailler jusqu'à une heure du matin (hier soir)
5. arriver en classe à 8 heures (ce matin)
6. finir tous les devoirs pour demain (déjà)

Leçon 4

PERSPECTIVES ▽

  Lecture

Avant de lire

Using knowledge of text type to predict content. Identifying the type or genre of a text can help you predict its content. In historical and biographical genres, you can make fairly precise predictions regarding content. Furthermore, your general knowledge of people and events may help you anticipate important details.

The text you will be reading contains information about the first Tour de France race and short biographical information about two famous Tour de France cyclists: Eddy Merckx and Lance Armstrong. What do you already know about this race? about these athletes? What kind of information might you expect to find in a history of the first Tour de France? What would you expect to find in the athletes' biographies? Make a list of at least four items for the history and four items for the biographies.

Now, scan the text and look for this information. How accurate were your predictions?

À propos de la lecture...
Les auteurs de *Vis-à-vis* ont écrit ce texte.

Légendes et héros du cyclisme

Parmi les plus grands cyclistes de l'histoire du sport, deux noms sont connus mondialement: le Belge Eddy Merckx et l'Américain Lance Armstrong. Mais c'est en France où ces deux sportifs sont devenus légendaires, remportant à plusieurs reprises[1] l'épreuve[2] internationale la plus célèbre:[3]* le Tour de France.

Un peu d'histoire

En l'année 1903, Henri Desgrange, fondateur de la revue *L'Auto*, crée[4] le premier Tour de France. Son objectif: concurrencer[5] les courses organisées par des revues rivales. Le 5 juillet à 15 h 16, soixante coureurs sont partis de Montgeron, dans la banlieue sud de Paris. Le premier Tour comprend[6] seulement six étapes: Paris, Lyon, Marseille, Toulouse, Bordeaux et Nantes.

Le Tour de France se tient actuellement[7] sur environ 4 000 km et comprend une vingtaine d'étapes. Cette compétition compte le plus de spectateurs au monde, avec environ 10 millions de personnes présentes au total.

Le 27 juin 1953, à Montgeron, en France: À l'occasion du 50e (cinquantième) anniversaire du Tour de France, une reconstitution de la première course est organisée en présence de Maurice Garin, le vainqueur du Tour de France de 1903. Le signal de départ est donné au même endroit que le jour de la première course.

Eddy Merckx: «le cannibale»

Eddy Merckx (1945–) est considéré comme le plus grand sportif belge de tous les temps. Sa carrière de coureur cycliste commence en 1961 chez les débutants et se termine en 1978. Il gagne le Tour de France à cinq reprises entre 1969 et 1974. On l'a surnommé «le cannibale», à cause de son dévorant désir de vaincre.[8] Grâce à son palmarès[9] sportif et ses qualités humaines, Eddy Merckx est considéré un des plus grands cyclistes de l'histoire.

(continued)

[1]remportant... *winning several times* [2]*test* [3]la plus... *the most famous.* [4]*creates* [5]*to compete with* [6]*comprises* [7]se... *is held currently* [8]dévorant... *all-consuming desire to win* [9]*record of achievement*

*As you might expect, superlatives are often used to describe extraordinary sports figures. You can recognize the superlative construction by the phrase **le/la plus** followed by an adjective or **le/la plus de** followed by a noun. In the second paragraph, for example, you see the expression **le plus de spectateurs** (*the most spectators*); Eddy Merckx is referred to as **le plus grand sportif belge** (*the greatest Belgian athlete*) in the fourth paragraph.

Le champion belge Eddy Merckx lève les bras en signe de victoire le 21 juillet 1974 au Vélodrome municipal de Vincennes, après avoir remporté le Tour de France pour la cinquième fois.

Lance Armstrong sur les Champs-Élysées lors de la dernière étape du 92ᵉ (quatre-vingt-deuxième) Tour de France, le 24 juillet 2005. Armstrong s'est retiré du Tour de France après sa septième victoire consécutive.

Le Texan Lance Armstrong

Né le 18 septembre 1971, Lance Armstrong commence le cyclisme à 14 ans. Fin 1996, Armstrong est 9ᵉ[10] mondial et à son meilleur[11] niveau depuis le début de sa carrière. Tragiquement, il contracte un cancer et il est écarté[12] de la compétition pendant un an.

Après une guérison[13] et une longue rééducation, il reprend le vélo. En 1999, il remporte son premier Tour de France. Il est aussi victorieux les six années suivantes. Après le Tour 2005, Armstrong part à la retraite[14] au sommet de son art. À la fin de son dernier Tour de France, Lance déclare «Le vélo est le sport le plus beau et le plus difficile du monde. Et le Tour de France est la plus belle et la plus difficile course du monde. Vive le Tour pour toujours.»

[10]neuvième [11]*best* [12]*est... withdrew* [13]*recovery* [14]*part... goes into retirement*

Compréhension

Détails biographiques. Remplissez la grille en donnant des détails tirés des biographies d'Eddy Merckx et de Lance Armstrong. Dans certains cas, il faut tirer des conclusions en vous basant sur (*based on*) des détails du texte.

	EDDY MERCKX	LANCE ARMSTRONG
Année de naissance		
Âge actuel (*current*)		
Année où il a commencé sa carrière		
Nombre de victoires au Tour de France		
Pratique toujours le cyclisme professionnel		

Écriture

Excursion en voiture. Répondez aux questions suivantes pour parler d'un voyage que vous avez fait en voiture, puis écrivez un paragraphe en utilisant vos réponses. Vous pouvez ajouter des informations supplémentaires.

1. Où êtes-vous allé(e)? Quand y (*there*) êtes-vous allé(e)? Qui vous a accompagné(e)?
2. Avez-vous préparé un itinéraire avant de partir ou êtes-vous parti(e) à l'aventure?
3. Quel genre d'équipement avez-vous apporté?
4. Est-ce vous qui avez conduit pendant tout le voyage?

À l'écoute sur Internet

Le Tour de France. Vous allez entendre une retransmission de la manifestation sportive, Le Tour de France, à la radio. Lisez les activités, puis écoutez le vocabulaire et la retransmission. Ensuite, complétez les activités.

VOCABULAIRE UTILE

la douzième étape	the twelfth lap/stage (in a race)
les coureurs	runners, racers
approchent	are getting closer
en tête	in the lead
le maillot jaune	yellow jersey (*worn by the current leader of the* **Tour**)

A. Partez! Choisissez la bonne réponse.

1. La douzième étape du Tour a lieu _____.
   a. dans les Pyrénées   **b.** dans les Alpes   **c.** dans les Vosges
2. Dehors (*Outside*), il fait _____.
   a. gris   **b.** mauvais   **c.** beau
3. Près de la ligne d'arrivée, _____.
   a. il n'y a personne   **b.** il y a peu de gens   **c.** il y a beaucoup de gens
4. Alain Laville porte le numéro _____.
   a. 62   **b.** 52   **c.** 42
5. Alain Laville est né à _____.
   a. Annecy   **b.** Chamonix   **c.** Paris
6. _____ gagne la douzième étape.
   a. Gilbert Monier   **b.** Alain Laville   **c.** Steve Johnson
7. La treizième étape du Tour va partir demain _____.
   a. d'Annecy   **b.** de Chamonix   **c.** de Paris

B. Les classements. Remplissez les tableaux en vous basant sur la retransmission.

1. Précisez la nationalité des coureurs arrivés en deuxième et troisième positions lors de la douzième étape du Tour. Suivez le modèle.

Classement de l'étape	Nationalité
1er	Il est français.
2^e	
3^e	

2. Précisez la nationalité des leaders du Tour. Suivez le modèle.

Classement du Tour	Nationalité
1er	Il est français.
2^e	
3^e	

Le vidéoblog de Juliette

En bref

Dans cet épisode, Juliette a rendez-vous avec Léa au Jardin du Luxembourg; elle y arrive sur son nouveau vélo. Les deux amies veulent regarder l'arrivée du Tour de France—la célèbre course cycliste que Juliette décrit dans son vidéoblog.

Vocabulaire en contexte

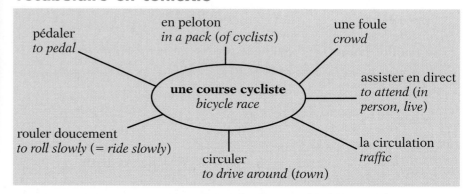

pédaler
to pedal

en peloton
in a pack (of cyclists)

une foule
crowd

une course cycliste
bicycle race

assister en direct
to attend (in person, live)

rouler doucement
to roll slowly (= *ride slowly*)

circuler
to drive around (town)

la circulation
traffic

L'arrivée à Paris du 93e (quatre-vingt-treizième) Tour de France sur les Champs-Élysées, en juillet

Visionnez!

Indiquez si les phrases sont vraies ou fausses.

1. _____ Juliette va rouler à vélo au lieu d'utiliser (*instead of using*) les transports en commun.
2. _____ Juliette et Léa comptent (*plan on*) regarder l'arrivée du Tour de France ensemble.
3. _____ Juliette préfère regarder l'arrivée du Tour de France à la télé.
4. _____ Le Tour de France passe dans toute la France pendant quatre semaines.
5. _____ Le cycliste victorieux porte un maillot tricolore (bleu, blanc, rouge).

Analysez!

Répondez aux questions suivantes.

1. L'arrivée à Paris du Tour de France est une grande fête populaire. Donnez des exemples.
2. Comment la ville de Paris se prépare-t-elle pour l'arrivée du Tour de France?

Comparez!

Quel est l'événement sportif le plus (*the most*) prestigieux dans votre pays? Où et quand a-t-il lieu? Regardez encore une fois la partie culturelle de la vidéo: en France, le Tour de France est une grande fête populaire. Est-ce que c'est aussi le cas pour le grand événement sportif dans votre pays? Expliquez.

Note culturelle

Le développement du vélo urbain correspond à une politique nationale. À Lyon, la compagnie *Vélo'v* met 3000 vélos à la disposition[1] des Lyonnais, 24 heures sur 24 et 7 jours sur 7. Les abonnés[2] «longue durée[3]» ont la possibilité d'utiliser le vélo sans payer les 30 premières minutes.

[1]à... *available* [2]*suscribers* [3]*duration*

Vocabulaire

Verbes

conduire to drive
construire to construct
détruire to destroy
faire le plein to fill it up (*gas tank*)
produire to produce
réduire to reduce
rouler to roll; to travel (*in a car, on a bike*)
traduire to translate
traverser to cross

À REVOIR: **partir, voyager**

Substantifs

l'aéroport (*m.*) airport
un aller-retour round trip; round-trip ticket
l'arrivée (*f.*) arrival
l'auberge (*f.*) **de jeunesse** youth hostel
l'autocar (*m.*) interurban bus
l'autoroute (*f.*) highway
l'avion (*m.*) airplane
le billet ticket
le camion truck
la carte d'embarquement boarding pass
la classe affaires business class
la classe économique tourist class
le coffre trunk
le compartiment compartment
le conducteur / la conductrice driver
la consigne (automatique) coin locker
la couchette berth
le départ departure
la deuxième classe second class

l'ennui (*m.*) problem, trouble
l'essence (*f.*) gasoline
la gare train station
le guichet (ticket) window
l'hôtesse (*f.*) **de l'air** stewardess
le métro subway
la moto(cyclette) motorcycle
le moyen de transport means of transportation
le passager / la passagère passenger
le pilote pilot
la première classe first class
le quai platform (*at the train station*)
le siège seat
la station-service service station
le steward steward
le train train
le vol flight
le wagon train car

À REVOIR: **l'endroit** (*m.*), **l'état** (*m.*), **la fois, le monde, le pays, la semaine, la valise, la voiture**

Expressions affirmatives et négatives

déjà already; ever
encore still
ne... jamais never
ne... pas du tout not at all
ne... pas encore not yet
ne... personne no one, nobody
ne... plus no longer
ne... que only
ne... rien nothing
parfois sometimes
quelque chose something

quelqu'un someone
seulement only
tout everything
tout le monde everybody, everyone

Les points cardinaux

l'est (*m.*) east
le nord north
le nord-est northeast
le nord-ouest northwest
l'ouest (*m.*) west
le sud south
le sud-est southeast
le sud-ouest southwest

Mots et expressions divers

à by; on (*bicycle, horseback, foot*)
à destination de to, for
à l'est / l'ouest to the east / the west
à l'étranger abroad, in a foreign country
à l'heure on time
à pied on foot
à velo by bike
au nord / sud to the north / south
depuis since, for
  Depuis combien de temps... ? (For) How long . . . ?
  Depuis quand... ? Since when . . . ?
en in; by (*train, plane, bus*)
pendant for; during
  Pendant combien de temps... ? (For) How long . . . ?
si yes (*response to a negative question*)
vite quickly

Comment communiquez-vous?

Les dossiers de Juliette

Juliette

► 📁 Mes photos
   ► 📁 Wi-Fi à la gare du Nord
   ► 📁 J'adore mes gadgets!
   ► 📁 Vive le SMS!

La gare du Nord à Paris: Partout où on va, on est connecté.

Dans ce chapitre...

Objectifs communicatifs

- talking about communication, the media, and modern technology
- describing the past
- speaking succinctly
- talking about the past
- expressing observations and beliefs

J'adore mes gadgets!

Paroles (Leçon 1)

- Les nouvelles technologies
- Les médias et la communication
- Quelques verbes de communication

Structures (Leçons 2 et 3)

- L'imparfait
- Les pronoms d'objet direct
- L'accord du participe passé
- Les verbes **voir** et **croire**

Vive le SMS!

Culture

- **Le blog de Juliette:** *Ordinateur, mon amour!*
- **Reportage:** *Jamais sans mon portable!*
- **Lecture:** *Rencontre Internet: rendez-vous avec le bonheur* (Leçon 4)

MULTIMÉDIA

- DVD
- Online Workbook/Lab Manual
- Online Learning Center
- ActivityPak

www.mhhe.com/visavis4

Leçon 1

 # **L**es nouvelles technologies

Qu'est-ce que vous voulez comme cadeau (*m.*) (*gift*)?

un assistant numérique (un PDA)

un appareil (photo) numérique

un caméscope

un lecteur de CD

des CD (*m.*)

le moniteur, l'écran (*m.*)

le clavier — la souris

un ordinateur de bureau (de table), un micro (micro-ordinateur)

un ordinateur portable (un portable)

une imprimante

un scanner

AUTRES MOTS UTILES

un baladeur iPOD® (un iPOD®)	iPOD®
le browser	browser
cliquer sur	to click on
une connexion ADSL	DSL connection/line
le courriel, le mél	e-mail message
le fichier	file
Internet (*m.*) (**sur Internet**)	Internet (on the Internet)
le logiciel	software (program)
un photocopieur	photocopy machine
le site	site
surfer sur le Web	to surf the web
télécharger	to download
un téléphone multimédia	video and picture phone
le traitement de texte	word processing
le Web	(World Wide) Web
le Wi-Fi	Wi-Fi, wireless (connection)

Allez-y!

Définitions. Regardez les illustrations et la liste de vocabulaire et trouvez le mot qui correspond à chaque définition. Faites une phrase avec **C'est un(e)...**

1. C'est un appareil qui vous permet d'imprimer vos fichiers.
2. C'est un appareil qu'on utilise pour faire des films.
3. C'est un appareil qui nous permet d'écouter notre musique préférée.
4. Ce sont deux machines qu'on peut utiliser pour copier une image.
5. C'est un message écrit sur l'ordinateur.
6. Avec cet appareil, on prend des photos.
7. Avec ces deux appareils, on peut regarder des vidéos sur un écran.
8. On fait cette action si on recoit (*receives*) un fichier avec un mél.
9. Dans ce mini-ordinateur, vous enregistrez tous vos rendez-vous, vos adresses et vos numéros de téléphone.
10. Avec ce service, on surfe très vite (*fast*) sur le Web.

Les médias et la communication

1. Nous écrivons (*write*) et nous envoyons*...

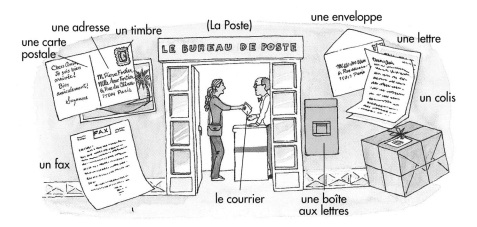

Où est la dame sur l'illustration? Qu'est-ce qu'il y a, en général, sur une enveloppe? Où se trouve la boîte aux lettres? Que fait-on quand on a besoin d'une copie d'un document tout de suite. Qu'est-ce qu'on envoie souvent pendant les vacances? Si vous envoyez un cadeau à quelqu'un, qu'est-ce que vous envoyez?

---

*The conjugation of **écrire** (*to write*) is presented on page 265. The present-tense conjugation of **envoyer** (*to send*) is **j'envoie, tu envoies, il/elle/on envoie, nous envoyons, vous envoyez, ils/elles envoient**.

2. Nous lisons (*read*)*...

AUTRES MOTS UTILES

les petites annonces (*f.*) classified ads
un roman novel

Où est-ce qu'on va pour acheter des journaux? Où se trouvent (*are found*) les petites annonces? Pour quelles raisons est-ce qu'on lit les petites annonces?

3. Nous parlons...

AUTRES MOTS UTILES

l'annuaire (*m.*)	telephone directory
appeler‡	to call
la boîte vocale	voice mail
composer le numéro	to dial the number
consulter l'annuaire	to look up (a phone number) in the phone book
le SMS,§ **un texto**	text message
une télécarte**	phone card

Comment est-ce qu'on cherche les numéros de téléphone? Qu'est-ce qu'on fait pour appeler un ami? Que dit la personne qui répond? Qu'est-ce qu'on fait si on veut envoyer un message court (*short*)? Comment est-ce qu'on peut payer sa communication dans une cabine téléphonique?

---

*The conjugation of **lire** is presented on page 265.
†**Une revue** is generally a monthly publication of a scholarly or informational nature; **un magazine,** on the other hand, contains articles on a wide variety of topics and has many photographs and advertisements.
‡The present-tense conjugation of **appeler** (*to call*) is **j'appelle, tu appelles, il/elle/on appelle, nous appelons, vous appelez, ils/elles appellent. Appeler** takes a direct object: **Il appelle sa petite amie.**
§**SMS** (Short Message Service) and **texto** are both used to mean a text message sent from one cell phone to another. Messages are limited to 140–160 characters. More information can be found in the *Reportage* section later in this chapter.
Nearly all public phones in France require the **télécarte, which can be purchased at the post office, the tobacco store (**le bureau de tabac**), or the gas or train station.

4. Nous écoutons et nous regardons...

le journal télévisé, les informations (*f. pl.*)

une retransmission sportive

un documentaire

une émission de musique

un jeu télévisé

une publicité

AUTRES MOTS UTILES

le câble	cable television
une châine	television channel; network
un DVD (des DVD)	DVD
une émission de télé réalité	reality show
un feuilleton	soap opera
un lecteur de DVD	DVD player
une série télévisée	serial drama
une télécommande	remote control
la télévision satellite	satellite television
la TNT (télévision numérique terrestre)	high-definition television

Aimez-vous les émissions de musique classique? les retransmissions sportives? les documentaires? les séries humoristiques? Regardez-vous régulièrement le journal télévisé? Que pensez-vous des publicités? Préférez-vous regarder un DVD ou une émission télévisée? Pourquoi? Utilisez-vous souvent la télécommande?

 *Allez-y!*

Les nouvelles technologies et la communication. Posez les questions suivantes à un(e) ou plusieurs camarades.

1. Tu as un ordinateur? Est-ce un portable ou un ordinateur de bureau? Est-ce que tu as ton propre (*own*) site Web? Que fais-tu sur le Web? En général, qu'est-ce que tu fais sur ton ordinateur?

2. Est-ce que tu préfères visionner des DVD chez toi ou aller au cinéma? Explique.
3. Est-ce que tu as un baladeur? Décris-le.
4. Tu as un caméscope? Si oui, qu'est-ce que tu aimes filmer?
5. Vas-tu souvent à la poste? Pourquoi (pas)?
6. Quels journaux, magazines ou revues achètes-tu régulièrement?
7. Tu as un fax et un mobile/téléphone portable? Quelles technologies de communication sont indispensables pour toi? Explique.
8. Que fais-tu si tu veux contacter une personne qui n'est pas chez elle (*at home*)? Que fais-tu quand elle est chez elle?
9. Préfères-tu la télé ou Internet? Explique.
10. Quelle est ton émission préférée à la télé? Pourquoi?

 # Quelques verbes de communication

dire bonjour

lire le journal

écrire une lettre

mettre une lettre à la boîte

dire *(to say; to tell)*		**lire** *(to read)*		**écrire** *(to write)*		**mettre** *to put on* *(to place; to put)*	
je	dis	je	lis	j'	écris	je	mets
tu	dis	tu	lis	tu	écris	tu	mets
il/elle/on	dit	il/elle/on	lit	il/elle/on	écrit	il/elle/on	met
nous	disons	nous	lisons	nous	écrivons	nous	mettons
vous	dites	vous	lisez	vous	écrivez	vous	mettez
ils/elles	disent	ils/elles	lisent	ils/elles	écrivent	ils/elles	mettent
Past participle: **dit**		**lu**		**écrit**		**mis**	

Another verb conjugated like **écrire** is **décrire** (*to describe*). **Mettre** can also be used to mean *to put on* (*clothing*). **Mettre le couvert** means *to set the table*.

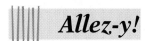

Allez-y!

A. Lettre aux parents. Vous racontez à un(e) camarade ce que vous mettez dans la lettre que vous écrivez à vos parents. Complétez les phrases avec les verbes **décrire, dire, écrire, lire** et **mettre,** au présent. Faites tous les changements nécessaires.

Cet après-midi, je/j' _____¹ une longue lettre à mes parents. Dans ma lettre, je _____² mes cours et ma vie à l'université. Je donne aussi beaucoup de détails sur mes camarades et mes professeurs parce que mes parents sont très curieux. Ils sont aussi très compréhensifs (*understanding*) et je leur _____³ toujours la vérité quand j'ai des problèmes. Avant de cacheter (*sealing*) l'enveloppe, je _____⁴ la lettre une dernière fois (*last time*). Puis je _____⁵ la lettre à la boîte aux lettres.

Racontez la même histoire, mais cette fois remplacez **je** par **mon (ma) camarade de chambre**, puis par **Stéphanie et Albane**. Faites tous les changements nécessaires.

B. Interview. Posez les questions suivantes à un(e) camarade, puis inversez les rôles.

1. Est-ce que tu écris souvent des lettres ou des cartes postales? À qui écris-tu? D'habitude, pour donner de tes nouvelles à tes amis, préfères-tu écrire une lettre ou un message électronique ou préfères-tu téléphoner?
2. Est-ce que tu aimes lire? Lis-tu le journal tous les jours? Si oui, lequel? As-tu déjà cherché du travail dans les petites annonces? Quel(s) magazine(s) achètes-tu régulièrement? As-tu lu un bon livre récemment? Quel est le titre de ce livre?
3. Est-ce que tu regardes la télévision tous les soirs? Quelles émissions préfères-tu? Que penses-tu de la télévision américaine? À ton avis, y a-t-il trop de publicité à la télévision?

D'après ses réponses, que pouvez-vous dire de votre camarade et de ses goûts?

0,46€   3,00F

Le téléphone portable

LA POSTE 2001

RF

Leçon 2

 L'imparfait

Describing the Past

Pauvre grand-mère!

M_{ME} CHABOT: Tu vois, quand j'**étais** petite, la télévision n'**existait** pas.

CLÉMENT: Mais alors, qu'est-ce que vous **faisiez** le soir?

M_{ME} CHABOT: Eh bien, nous **lisions**, nous **bavardions;** nos parents nous **racontaient** des *Chat* histoires...

CLÉMENT: Pauvre grand-mère, ça **devait** être triste de ne pas pouvoir regarder la télévision le soir...

Qui parle dans les phrases suivantes, Mme Chabot ou Clément?

1. La télévision n'existait pas quand j'étais petite.
2. Ça devait être triste de ne pas regarder la télévision.
3. Tu n'avais pas de télévision, mais avais-tu la radio?
4. La télévision existait-elle quand je suis né?
5. Nous n'avions que la radio et les journaux pour avoir les nouvelles.

You are already familiar with one past tense in French: the **passé composé,** used to relate events that began and ended in the past. In contrast, the **imparfait** (*imperfect*) is used to describe continuous, repeated, or habitual past actions or situations.[*] It is also used in descriptions.

The **imparfait** has several equivalents in English. For example:

Je parlais.
{
I talked.
I was talking.
I used to talk.
I would talk.
}

[*]You will learn more about the differences between the **passé composé** and the **imparfait** in **Chapitre 11, Leçon 2.**

Formation of the *imparfait*

The formation of the **imparfait** is identical for all French verbs except **être**. To find the regular imperfect stem, drop the **-ons** ending from the present-tense **nous** form. Then add the imperfect endings.

nous parlø̶n̶s̶	**parl-**	nous vendø̶n̶s̶	**vend-**
nous finissø̶n̶s̶	**finiss-**	nous avø̶n̶s̶	**av-**

IMPARFAIT OF **parler**	
je parl**ais**	nous parl**ions**
tu parl**ais**	vous parl**iez**
il/elle/on parl**ait**	ils/elles parl**aient**

J'**allais** au bureau de poste tous les matins.	*I used to go to the post office every morning.*
Mon grand-père **disait** toujours: «L'excès en tout est un défaut.»	*My grandfather always used to say, "Moderation in all things."*
Quand j'**habitais** avec les Huet, je **mettais** souvent la table.	*When I lived with the Huets, I would often set the table.*

1. Verbs with an imperfect stem that ends in **-i** (**étudier: étudi-**) have a double **i** in the first- and second-person plural of the **imparfait: nous étud*i*ions, vous étud*i*iez**. The **ii** is pronounced as a lengthened *i* sound, to distinguish the **imparfait** from the present-tense forms **nous étudions** and **vous étudiez**.
2. Verbs with stems ending in **-c** or **-g** have a spelling change when the **imparfait** endings start with **a: je mang*e*ais, nous mangions; elle commen*ç*ait, nous commencions**. In this way, the pronunciation of the stem is preserved.
3. The verb **être** has an irregular stem in the **imparfait: ét-**. The endings, however, are regular.

À Paris, j'allais au bureau de poste tous les jours pour envoyer des cartes postales. Quand est-ce que vous envoyez des cartes postales?

IMPARFAIT OF **être**	
j' **étais**	nous **étions**
tu **étais**	vous **étiez**
il/elle/on **était**	ils/elles **étaient**

Quand tu **étais** petit, tu aimais bien lire les contes de ma mère l'Oye.	*When you were little, you liked to read Mother Goose stories.*
J'**étais** très heureux quand j'habitais à Paris.	*I was very happy when I lived in Paris.*

Uses of the *imparfait*

In general, the **imparfait** is used to describe actions or situations that existed for an indefinite period of time in the past. There is usually no mention of the beginning or end of the event. The **imparfait** is used in the following situations.

1. In descriptions, to set a scene:

C'**était** une nuit tranquille à Paris. Il **pleuvait** et il **faisait** froid. M. Cartier **lisait** le journal. Mme Cartier **regardait** la télévision.	*It was a quiet night in Paris. It was raining and (it was) cold. Mr. Cartier was reading the newspaper. Mrs. Cartier was watching television.*

2. For habitual or repeated actions:

Quand j'étais jeune, j'**allais** chez mes grands-parents tous les dimanches. Nous **faisions** de belles promenades.	*When I was young, I went to my grandparents' home every Sunday. We would take (used to take) lovely walks.*

3. To describe feelings and mental states:

Claudine **était** très heureuse— elle **avait** envie de chanter.	*Claudine was very happy—she felt like singing.*

4. To tell the time of day, the date, and to express age in the past:

C'était un samedi. Il **était** cinq heures et demie du matin. C'était son anniversaire; il **avait** 12 ans.	*It was a Saturday. It was 5:30 A.M. It was his birthday; he was 12 years old.*

5. To describe appearance and physical traits:

Le suspect **portait** un jean; il **avait** les cheveux blonds et les yeux verts.	*The suspect was wearing jeans; he had blond hair and green eyes.*

6. To describe an action or situation that was happening when another event (usually in the **passé composé**) interrupted it:

> Jean **lisait** le journal quand le téléphone a sonné.
>
> *Jean was reading the paper when the phone rang.*

 *Allez-y!*

A. Sorties. L'an dernier, vous sortiez régulièrement avec vos amis. Faites des phrases complètes selon le modèle.

MODÈLE: dîner ensemble —→ Nous dînions ensemble.

1. jouer au tennis **2.** prendre un café **3.** faire des promenades l'après-midi **4.** pique-niquer à la campagne **5.** aller en boîte tous les week-ends **6.** partir en vacances ensemble

night club

B. Souvenirs d'enfance. Qui dans votre famille faisait les choses suivantes quand vous étiez petit(e)? **Expressions utiles: mes parents, mon frère / ma sœur, mon meilleur ami / ma meilleure amie et moi, je...**

1. Qui lisait le journal tous les matins? **2.** Qui regardait la télévision après le dîner? **3.** Qui aimait écouter la radio le matin? **4.** Qui faisait beaucoup de sport? **5.** Qui étudiait tous les après-midi?

C. Avant la télévision. Marc demande à sa grand-mère Isabelle de parler de sa jeunesse (*youth*). Complétez la conversation avec les verbes indiqués à l'imparfait.

MARC: Est-ce que tu _____¹ (regarder) la télé tous les soirs quand tu _____² (être) jeune?

ISABELLE: Mais non, il n'y _____³ (avoir) pas de télévision!

MARC: Et alors, qu'est-ce que vous _____⁴ (faire) chaque soir?

ISABELLE: D'habitude, nous _____⁵ (écouter) la radio. Mais moi, j'_____⁶ (aimer) lire pendant que (*while*) mon frère _____⁷ (jouer) du piano.

MARC: Dis donc, la vie n'_____⁸ (être) pas très intéressante en ce temps-là.

ISABELLE: Ce n'est pas vrai. En général, nous _____⁹ (être) très heureux. Toute la famille _____¹⁰ (passer) du temps ensemble. Tous les dimanches, nous _____¹¹ (déjeuner) chez mes grands-parents et après le déjeuner nous _____¹² (aller) au cinéma ou au parc. Aujourd'hui, il est difficile de trouver le temps.

D. Conversation. Posez les questions suivantes à un(e) camarade. En 1998...

1. Quel âge avais-tu? **2.** Habitais-tu à la campagne, dans une petite ville ou dans une grande ville? Avec qui habitais-tu? **3.** Comment était ta maison ou ton appartement? **4.** Étais-tu bon(ne) élève (*pupil*)? Aimais-tu tes instituteurs (*teachers*)? **5.** Où passais-tu tes vacances? **6.** Faisais-tu du sport?

Maintenant racontez à la classe ce que votre camarade faisait en 1998.

Mots clés

Exprimer une action répétée dans le passé

Use **tous les** (*m.*) or **toutes les** (*f.*) in the following expressions to indicate habitual actions.

tous les jours
every day

tous les après-midi (matins / soirs)
every afternoon (morning / evening)

toutes les semaines
every week

Other adverbs used with the **imparfait** include the following.

d'habitude
as a rule, habitually

en général
generally

souvent
often

E. Mon enfance. D'abord, posez les questions suivantes (et encore d'autres) à un(e) camarade. Ensuite, trouvez quelque chose que vous avez en commun avec ce (cette) camarade et une chose que vous n'avez pas en commun.

1. Quand tu étais petit(e), est-ce que tu voyais beaucoup de films? Quels films est-ce que tu aimais surtout (*especially*)? Avec qui est-ce que tu allais au cinéma?
2. Qu'est-ce que tu regardais à la télé? Quelles étaient tes émissions préférées? Jusqu'à quelle heure est-ce que tu pouvais regarder la télé?
3. Tu lisais beaucoup? Quels livres est-ce que tu aimais? Quelles bandes dessinées (*comic strips*)? Quand est-ce que tu lisais?

Les pronoms d'objet direct

Speaking Succinctly

Les Cossec déménagent

THIERRY: Qu'est-ce qu'on fait avec la télé?
MARYSE: On va **la** donner à ta sœur.
THIERRY: D'accord. Et avec tous nos livres?
MARYSE: On va **les** envoyer par la poste. Ils ont un tarif spécial pour les livres.
THIERRY: Tu as raison. Je n'ai pas envie de **les** jeter. Et ton ordinateur, tu vas **le** vendre?
MARYSE: Mais non. Tu sais bien que je **l'**utilise tous les jours. Je **le** garde tout près.

Trouvez la réponse correcte et complétez la phrase.

1. Qu'est-ce qu'ils font avec la télé?
2. Et avec les livres?
3. Et avec le l'ordinateur?

a. Ils vont _____ envoyer par la poste.
b. Ils vont _____ donner à la sœur de Thierry.
c. Ils vont _____ garder.

Direct objects are nouns that receive the action of a verb. They usually answer the question *what?* or *whom?* For example, in the sentence *Robert dials the number,* the word *number* is the direct object of the verb *dials.*

Direct object pronouns (**les pronoms complément d'objet direct**) replace direct object nouns: Robert dials *it.*

J'aime bien mon ordinateur. Je **l'**utilise tous les jours.	*I like my computer. I use it every day.*
J'ai écrit le texto hier: Je **l'**ai envoyé tout de suite.	*I wrote the text yesterday. I sent it right away.*

Forms and Position of Direct Object Pronouns

DIRECT OBJECT PRONOUNS			
me (m')	*me*	**nous**	*us*
te (t')	*you*	**vous**	*you*
le (l')	*him, it*	**les**	*them*
la (l')	*her, it*		

1. Usually, French direct object pronouns immediately precede the verb in the present and the imperfect tenses and the auxiliary verb in the **passé composé**.

   Robert compose **le numéro**.   Robert composait **le numéro**.
       Robert **le** compose.   Robert **le** composait.

           Robert a composé **le numéro**.
               Robert **l'**a composé.

2. Third-person direct object pronouns agree in gender and in number with the nouns they replace.

   —Est-ce que Pierre lisait **le journal**?   *Was Pierre reading the newspaper?*
   —Oui, il **le** lisait.   *Yes, he was reading it.*

   —Vois-tu **ma mère**?   *Do you see my mother?*
   —Oui, je **la** vois.   *Yes, I see her.*

   —Est-ce que vous postez **ces lettres**?   *Are you mailing these letters?*
   —Oui, je **les** poste.   *Yes, I'm mailing them.*

3. If the verb following the direct object pronoun begins with a vowel sound, the direct object pronouns **me, te, le,** and **la** become **m', t',** and **l'**.

   J'achète la carte postale.   *I'm buying the postcard.*
     Je **l'**achète.   *I'm buying it.*
   Isabelle **t'**admirait. Elle   *Isabelle used to admire you.*
     ne **m'**admirait pas.   *She didn't admire me.*
   Nous avons lu le journal.   *We read the newspaper. We*
     Nous **l'**avons lu.   *read it.*

4. If the direct object pronoun is the object of an infinitive, it is placed immediately before the infinitive.

Annick va **poster la lettre** demain.	*Annick is going to mail the letter tomorow.*
Annick va **la poster** demain.	*Annick is going to mail it tomorrow.*
Elle allait **la poster**. Elle est allée **la poster**.	*She was going to mail it. She went to mail it.*

5. In a negative sentence, the direct object pronoun always immediately precedes the verb to which it refers.

Nous ne regardons pas **la télévision**. Nous ne **la** regardons pas.	*We don't watch TV. We don't watch it.*
Je ne vais pas acheter **les billets**. Je ne vais pas **les** acheter.	*I'm not going to buy the tickets. I'm not going to buy them.*
Elle n'est pas allée chercher **le journal**. Elle n'est pas allée **le** chercher.	*She did not go to get the newspaper. She did not go to get it.*

6. Direct object pronouns also precede **voici** and **voilà**.

Le voici!	*Here he (it) is!*
Me voilà!	*Here I am!*

Allez-y!

A. Eurêka! Suivez le modèle.

MODÈLE: Je cherche le bureau de poste. ⟶ Le voilà. (*ou* Le voici.)

1. Où est l'annuaire?
2. Elle a perdu le numéro de téléphone.
3. Où est le téléphone?
4. Il cherche le kiosque.
5. Il a envie de lire *Le Monde* d'hier.
6. Avez-vous le journal?
7. Où est l'adresse des Thibaudeau?
8. J'ai besoin de la grande enveloppe blanche.
9. Où sont les toilettes?
10. Chantal et Didier, où êtes-vous?

LA POSTE

Pas de problème,
La Poste est là.

B. De quoi parlent-ils? Vous êtes dans un café parisien et vous entendez les phrases suivantes. Trouvez dans la colonne de droite l'information qui correspond à chaque pronom.

1. Je vais les poster cet après-midi.   **a.** l'adresse
2. Elle le consulte.   **b.** les lettres
3. Je l'écris sur l'enveloppe.   **c.** le numéro
4. Nous venons de la lire.   **d.** l'annuaire
5. Je les achète à la poste.   **e.** la revue
6. Je l'ai déjà composé.   **f.** les timbres

C. Projets de voyage. Jean-Luc et Philippe font toujours la même chose. Avec un(e) camarade, parlez de leurs projets selon le modèle.

MODÈLE: étudier le français cette année →
    É1: Est-ce que Jean-Luc va étudier le français cette année?
    É2: Oui, et Philippe va l'étudier aussi.

1. apprendre le français très rapidement
2. prendre l'avion pour Paris en juin
3. lire les journaux le matin
4. admirer la vue du haut de la tour Eiffel
5. prendre ses repas dans de bons restaurants
6. regarder les gens sur les Champs-Élysées
7. essayer de lire les romans de Flaubert

Maintenant imaginez que Jean-Luc est l'opposé de Philippe.

MODÈLE: É1: Est-ce que Jean-Luc va étudier le français cette année?
    É2: Oui, mais Philippe, il ne va pas l'étudier.

Le Figaro, un petit café crème: un après-midi parisien. Lisez-vous un journal? Quel journal? Quand le lisez-vous?

D. Interview. Interviewez un(e) camarade de classe sur ses préférences. Votre camarade doit utiliser un pronom complément d'objet direct dans sa réponse.

1. Utilises-tu souvent le mobile?
2. Appelles-tu souvent tes camarades de classe? tes professeurs? tes parents?
3. Est-ce que tes parents t'appellent souvent? tes amis?
4. Regardes-tu souvent la télé?
5. Aimes-tu regarder la publicité?
6. Préfères-tu apprendre les nouvelles dans le journal ou à la radio? à la télé ou sur Internet?
7. Lis-tu les bandes dessinées?
8. Tu utilises souvent Internet pour faire des recherches? pour faire des achats?

Le blog de Juliette

Ordinateur, mon amour!

jeudi 18 juin

Salut tout le monde!

Je vous pose une question: «Peut-on vivre aujourd'hui sans ordinateur?»

Ma réponse est NON. Sans mon ordinateur, je suis comme un poisson hors de[1] l'eau. Je meurs![2]

▲ J'adore mes gadgets! Voilà un cadeau de mes parents: un assistant numérique.

Avec mon ordinateur, je fais tout: je travaille, j'étudie, je lis, j'écris. Je surfe sur le Web, je lis la presse, je participe à des forums, et, bien sûr, j'écris mon blog! En plus, chaque jour, je reçois[3] et j'envoie des dizaines de courriels, je regarde des DVD et j'écoute de la musique. Donc, mon ordinateur, c'est mon oxygène.

Pour vous montrer une image exacte de mon univers technologique, je vais vous faire une confession: je vis scotchée[4] à mon téléphone portable. Je suis la championne des SMS et des textos; j'appelle mes amis cent fois par jour (Léa, 50 fois!).

Chez moi, j'ai une télé, un ordinateur portable avec une connexion ADSL, une imprimante, un appareil photo numérique, un iPod® et, pour Noël, mes parents m'ont offert un assistant numérique. Bon, vous avez compris: je suis une technophile.

Mais j'ai une excuse: la technologie, c'est mon univers! Je prépare un Master[5] multimédia à la Sorbonne.

Juliette

....

COMMENTAIRES

Poema

Est-ce qu'il te reste du temps pour rêver et pour ne rien faire?

Alexis

Tu massacres la langue française avec des textos? Tu me déçois,[6] Juliette...

Charlotte

Nos parents, ils n'avaient pas tous ces gadgets technologiques et ils étaient très heureux! Mais j'apprécie ton blog Juliette, et je le lis régulièrement.

Mamadou

Quand j'étais petit, au Sénégal, on avait rarement la télévision; le téléphone était réservé aux riches; on rêvait de posséder un ordinateur. Aujourd'hui, un «Fonds de solidarité numérique» a été créé pour aider l'Afrique à entrer dans la société de l'information. C'est bien.

[1]hors... *out(side) of* [2]*am dying* [3]*receive* [4]vis... *live glued (slang)* [5]*two-year degree* [6]me... *disappoint me*

Jamais sans mon portable!

Au début, quand on avait un téléphone portable, on était nécessairement snob, prétentieux et vulgaire.

Maintenant, tout le monde possède un téléphone portable. C'est devenu un phénomène de société. Partout, on téléphone: chez l'épicier, à la gare, au café, dans le bus... Avec ce petit objet magique, on discute, on envoie des SMS, on prend des photos, on lit son courrier électronique. Et même, on regarde la télévision et les vidéos!

La guerre des prix entre les opérateurs[1] français comme Bouygues, SFR et Orange de France Télécom stimule la concurrence.[2] «Le meilleur plan inclut des week-ends gratuits,[3] déclare Stéphanie. Le samedi et le dimanche, je passe des heures au téléphone.»

▲ En France, SMS (*Short Message Service*) est devenu très populaire parmi les jeunes utilisateurs des portables. Les jeunes Français ont créé une sorte de code SMS pour se parler, comme Je t'm (jetèm), G 1 Kdo, Biz, A+, JV.

«Chaque année, les opérateurs lancent des promotions pour les étudiants, dit Laurent. Je compare les offres pour trouver la formule la plus avantageuse.»

«Moi, explique Bastien, je n'ai pas d'abonnement.[4] J'achète une carte à 15, 25 ou 35 euros qui me donne droit à un nombre limité de minutes de communication.»

Aujourd'hui, le téléphone portable est indispensable. Les jeunes l'adorent. Les parents sont contents. Pour Madame Guez, c'est une sécurité. «En cas de problème, mes filles peuvent m'appeler. Si elles sont vraiment en danger, elles composent le numéro de la police (le 17), des pompiers[5] (le 18) ou du Samu[6] (le 15). Les secours[7] arrivent immédiatement».

Le portable est le véhicule des déclarations d'amour, des disputes et des confidences. Il favorise les contacts et sauve des vies. Dans le sac des femmes, il a trouvé sa place comme un rouge à lèvres.[8] Dans la poche[9] des hommes, c'est un gadget très élégant et très pratique.

[1]*phone companies* [2]*competition* [3]*free* [4]*subscription* [5]*fire department* [6]*Services d'assistance médicale d'urgence paramedic rescue services* [7]*Help*
[8]*rouge... lipstick* [9]*pocket*

À vous!

1. Pourquoi les Français ont-ils d'abord résisté au portable? Que pensez-vous de leurs arguments?
2. Expliquez la popularité du portable: quels sont les avantages de «ce petit objet magique»?
3. À votre avis, quels inconvénients ou quels dangers présente le téléphone portable?
4. Que veut dire le SMS sur l'écran du portable présenté sur la photo?
5. Votre téléphone portable et vous: racontez...

Leçon 3

STRUCTURES

 # L'accord du participe passé

Talking About the Past

L'opinion d'un téléspectateur américain en France

LE REPORTER: Avez-vous déjà regardé la télévision française?

L'AMÉRICAIN: Oui, je **l'ai regardée** hier soir.

LE REPORTER: Quelles **émissions** avez-vous **préférées**?

L'AMÉRICAIN: C'est difficile à dire...

LE REPORTER: Ne trouvez-vous pas qu'elle est très différente de la télévision américaine?

L'AMÉRICAIN: Eh bien... **les émissions** que j'ai **vues** sont plutôt semblables... «Six pieds sous terre», «Les Simpson»... Enfin oui, elles sont différentes—elles sont en français!

Et vous?

1. Est-ce que vous avez lu le journal ce matin?
2. Avez-vous regardé la télévision hier soir?
3. Quelles émissions avez-vous choisies? Les avez-vous aimées?

In the **passé composé,** the past participle is generally used in its basic form. However, when a direct object—noun or pronoun—precedes the auxiliary verb **avoir** plus the past participle, the participle agrees with the preceding direct object in gender and number.

J'ai lu le **journal**.
    Je **l'ai lu**.

J'ai lu **la revue**.
    Je **l'ai lue**.

Quels **amis** avez-vous **appelés**?

J'ai lu les **journaux**.
    Je **les** ai **lus**.

J'ai lu les **revues**.
    Je **les** ai **lues**.

Quelles **émissions** avez-vous **regardées**?

Allez-y!

A. Un nouveau travail. Vous travaillez comme assistant administratif / assistante administrative. Votre patronne (*boss*) vous pose des questions. Répondez à la forme affirmative ou négative.

> **MODÈLE:** Avez-vous regardé *le calendrier* ce matin? ⟶
> Oui, je l'ai regardé. (Non, je ne l'ai pas regardé.)

1. Est-ce que vous avez donné *notre numéro de téléphone* à Mme Milaud?
2. Est-ce que vous avez mis *le nouveau nom de la firme* sur les enveloppes?
3. Attendiez-vous *le facteur* (*mailman*) à 5 h hier soir?
4. Allez-vous finir *le courrier* avant midi?
5. Avez-vous appelé *Georges Dupic et Catherine Duriez*?
6. Avez-vous vu *Annick et Françoise* ce matin?
7. *M'*avez-vous comprise pendant la réunion (*meeting*) hier?
8. Est-ce que je *vous* dérange (*disturb*) si je téléphone à midi et demi?

B. Conversation. Posez les questions suivantes a un(e) camarade. Il/elle utilise, quand c'est possible, un pronom complément d'objet direct dans ses reponses.

1. Quand tu étais enfant, aimais-tu toujours l'école? les vacances? les voyages? l'aventure? Quelle sorte d'aventure aimais-tu?
2. L'année dernière, as-tu passé tes vacances à la montagne? à l'étranger? en famille?
3. As-tu déjà essayé le camping? l'alpinisme? le bateau? le ski?
4. As-tu lu le dernier numéro de *Time*? de *Newsweek*? de *Sports Illustrated*? de *L'Express*?
5. As-tu lu les romans d'Albert Camus? les livres de Saint-Exupéry?
6. Quand as-tu appelé tes grands-parents? tes parents? ton professor de francais? Pourquoi?

"Sur Africa N° 1 je raconte des histoires africaines"

Hit-parade, concerts, interviews, derniers succès, nouveaux talents : la musique africaine, c'est le rythme d'Africa N°1. Pourrait-il être autrement quand l'ensemble de ses journalistes, animateurs et techniciens sont eux-mêmes africains.
Africa N°1, c'est jour après jour l'information, la musique et le sport pour 20 millions d'auditeurs africains entre Dakar et Kinshasa.
Pour rester à la pointe de l'information à travers l'Afrique et dans le monde entier, branchez-vous sur l'Afrique en direct...
Branchez-vous sur Africa N°1.

Photo Roland DUBOZE

"HISTOIRES D'ENFANTS", "CARTE BLANCHE" : les émissions de Ghislaine sont la mémoire de l'Afrique.

AFRIQUE DE L'OUEST
de 07 h à 16 h : 17620 KHz
de 16 h à 21 h : 15475 KHz
ou de 05 h à 23 h : 9580 KHz
AFRIQUE CENTRALE
de 06 h à 24 h : 9580 KHz

AFRICA N°1

BP 1 Libreville - GABON
Tél. : (241) 76 00 01
Fax : (241) 74 21 33
Télex : 5388 GO

L'AFRIQUE EN DIRECT

Les verbes *voir, croire* et *recevoir*

Expressing Observations and Beliefs

Où sont les clés?

MICHAËL: Je **crois** que* j'ai perdu les clés de la voiture.
VIRGINIE: Quoi!... Elles doivent être au restaurant.
MICHAËL: Tu **crois**?
VIRGINIE: Je ne suis pas sûre mais on peut aller **voir**.

(au restaurant)

MICHAËL: Tu as raison. Elles sont là-bas sur la table. Je les **vois**.
VIRGINIE: Ouf! Bon, qu'est-ce qu'on fait maintenant?
MICHAËL: Allons **voir** ce qu'on trouve chez les bouquinistes.†

Vrai ou faux?

1. Michaël a perdu son stylo.
2. Virginie croit que les clés sont au restaurant.
3. Michaël voit une plante sur la table.
4. Michaël veut voir la tour Eiffel.

The verbs **voir** (*to see*) and **croire** (*to believe*) are irregular.

voir		croire	
je **vois**	nous **voyons**	je **crois**	nous **croyons**
tu **vois**	vous **voyez**	tu **crois**	vous **croyez**
il/elle/on **voit**	ils/elles **voient**	il/elle/on **croit**	ils/elles **croient**
Past participle: **vu**		*Past participle:* **cru**	

---

*Croire and voir must be followed by **que** (*that*) when they introduce another clause.
†The **bouquinistes** (*booksellers*) and their stalls filled with new and used books, magazines, engravings, postcards, and sundry items are a fixture along the banks of the Seine.

J'**ai vu** Michèle à la plage la semaine passée.	*I saw Michèle at the beach last week.*
Est-ce que tu **crois** cette histoire?	*Do you believe this story?*
Je **crois** qu'il va faire beau demain.	*I think the weather is going to be fine tomorrow.*
Tu **crois**?	*You think so? / Are you sure?*

1. **Revoir** (*to see again*) is conjugated like **voir**.

Je **revois** les Moreau.	*I'm seeing the Moreau family again.*

2. **Croire à** means *to believe in* a concept or an idea.

Nous **croyons à** la chance.	*We believe in luck.*
Ils **croient au** Père Noël.	*They believe in Santa Claus.*

3. **Croire en** means *to believe in* a god or to have confidence in someone.

Vous **croyez en** Dieu?	*Do you believe in God?*

4. **Croire que** means *to think (that)*, *to believe (that)* and is followed by another clause. It is used to express an opinion.

Je **crois qu'**Internet est l'invention du XXe siècle.	*I think (that) the Internet is the invention of the 20th century.*

Note: The verb **recevoir** (*to receive; to entertain as guests*) is also irregular. The conjugation is similar to the verb **voir** in the singular forms, but differs in the plural forms.

recevoir			
je	**reçois**	nous	**recevons**
tu	**reçois**	vous	**recevez**
il/elle/on	**reçoit**	ils/elles	**reçoivent**
	Past participle: **reçu**		

Elle **reçoit** beaucoup de cartes postales chaque été.

||||| ***Allez-y!***

Mots clés

Marquer une hésitation ou une pause

Eh bien,...	*Well . . .*
Voyons,...	*Let's see, . . .*
C'est-à-dire que...	*That is / I mean . . .*
Euh...	*Uhmm . . .*
Oui, mais...	*Yes, but . . .*

A. Paris dans le brouillard (*fog*)**.** Trois étudiants étrangers sont désorientés. Complétez la conversation avec les verbes **croire** et **voir** au présent, sauf quand le passé composé est indiqué.

JULIE: Tu _____¹ où on est?

KANI: Non, je ne _____² pas cette rue sur le plan.

WAN QING: Vous faites confiance à ce vieux plan?

JULIE: Non, nous _____³ ce que nous a dit Annick, le guide.

KANI: Elle a beaucoup d'expérience et je _____⁴ ce qu'elle dit.

WAN QING: Moi, je pense qu'elle _____⁵ à la chance!

JULIE: Très drôle... mais dis, Kani, tu _____⁶ (*passé composé*) le guide quelque part?

KANI: Oui, j'_____⁷ (*passé composé*) Annick, mais il y a environ une heure, au café...

WAN QING: Cette fois, je _____⁸ que nous sommes perdus! Heureusement, j'ai mon portable!

B. Conversation. Avec un(e) camarade, parlez d'une ville qu'il/elle a visitée récemment. Qu'est-ce qu'il/elle a vu? Qui est-ce qu'il/elle a rencontré? Qu'est-ce qu'il/elle veut revoir? Qui veut-il/elle revoir? Ensuite, racontez à la classe l'expérience la plus intéressante (*most interesting*) de votre camarade.

C. Interview. Interrogez un(e) camarade sur ses croyances. Est-ce qu'il/elle croit à la chance, à l'amour, au progrès, à une religion, à la perception extra-sensorielle, aux O.V.N.I.* (*UFOs*), à _____? Utilisez les **Mots clés**.

Un peu plus...

Cabines téléphoniques.
Dans les années 70, la France s'est lancée (*threw itself*) dans un grand projet de modernisation de son système téléphonique. De cet effort est né les nouvelles cabines téléphoniques qui sont pratiques et fiables (*reliable*). Les téléphones publics en France fonctionnent avec une carte téléphonique qu'on achète à la poste ou dans un bureau de tabac. On introduit la télécarte dans une fente (*slot*) et sur un petit écran, on voit le nombre de minutes (en unités) qui restent pour parler. Aujourd'hui, les télécartes sont devenues des petits «panneaux de poche» (*pocket billboards*): c'est-à-dire que la télécarte porte des publicités. Et les cabines téléphoniques aux États-Unis, sont-elles comparables aux téléphones publics en France, à votre avis?

«Alors, c'est d'accord pour se voir vendredi soir?»

*Objets volants non identifiés

Lecture

Avant de lire

Identifying a text's logical structure. Being able to identify words that authors use to sequence their presentation of ideas, express cause and effect, or qualify an observation will facilitate your comprehension of a text's logical structure. For example, words such as **d'abord, en plus, puis, ensuite, enfin,** and **finalement** may be used to develop an argument or support a point of view. To support the point of view that technology has revolutionized communication, an author might write:

> D'abord, Internet facilite la communication.
> En plus, on peut communiquer plus rapidement.
> Finalement, on peut contacter des gens partout dans le monde.

To affirm a preceding idea, words such as **alors, en effet** (*indeed*), and **effectivement** might be used:

> Internet est un outil important dans la vie quotidienne. En effet, il a transformé nos goûts et nos habitudes.

Cependant (*However, Nevertheless*) and **pourtant** (*yet*) qualify a preceding idea or express a reservation:

> Cependant, certains pensent qu'Internet a des effets négatifs.

As you read, pay attention to these important words that express logical development and the relationship between ideas.

Rencontre Internet: rendez-vous avec le bonheur

À propos de la lecture...
Les auteurs de *Vis-à-vis* ont écrit ce texte.

C'est la révolution! Internet vient au secours[1] des célibataires.[2]

Vous ne savez pas comment sortir de votre solitude? Vous êtes timide? Ou tout simplement vous n'avez pas de temps pour la séduction? Alors, les rencontres en ligne[3] s'adressent à vous!

En France de nombreux sites vous ouvrent les portes du bonheur. La plupart sont très sérieux et contrôlent la bonne moralité des membres inscrits. Ils attirent une foule[4] de célibataires

[1]*aid* [2]*singles* [3]*en... online* [4]*crowd*

Une histoire d'amour à Paris

à la recherche de l'amour. Les jeunes, les adultes et même les retraités[5] voient en ce moyen une façon de briser[6] la solitude. D'ailleurs, 79 % des Français pensent qu'il y aura de plus en plus de rencontres via Internet d'ici 2010.[7]

Plusieurs facteurs expliquent ce fabuleux succès des rencontres en ligne.

D'abord, Internet, c'est facile. Un «clic» et le contact est établi! On choisit un pseudonyme et un mot de passe; on décrit son profil; on définit le partenaire idéal et, parfois, on donne son numéro de carte bancaire... C'est tout. On peut immédiatement envoyer son premier message. Sur certains sites, il est même possible de se présenter avec photo, vidéo ou message téléphonique enregistré.[8]

Et puis, Internet, c'est anonyme. Le pseudonyme permet aux candidats d'approcher les autres membres sans prendre de risques en gardant le secret de leur véritable identité. En plus, Internet favorise le dialogue. Pour séduire, les internautes[9] s'expriment.[10] Ils échangent des sentiments et des idées. Ils écrivent de belles lettres pleines d'humour ou de romantisme.

Enfin avec Internet, on multiplie les chances d'une bonne rencontre: un seul courrier électronique peut générer[11] plusieurs centaines de réponses, surtout si on a pris soin[12] de joindre une photo à sa candidature... En effet, c'est une réalité: la candidature avec photo a nettement[13] plus de succès.

Coup de foudre,[14] amitié amoureuse, amours sans frontières... Tous les scénarios sont possibles sur Internet. Pourtant, il y a les déçus[15] des rencontres Internet comme Marc, un jeune agriculteur de 35 ans. Les jeunes femmes qu'il a rencontrées n'ont pas supporté l'isolement de sa ferme. Elles sont toutes reparties en le laissant seul avec ses vaches[16] et son ordinateur.

Les statistiques confirment ce cas: les rencontres Internet favorisent surtout les citadins.[17] De même, elles inspirent surtout les hommes: sur les sites, on trouve trois hommes pour une femme!

[5]retired people [6]ending [7]d'ici... from now until 2010 [8]recorded [9]Internet users [10]express themselves [11]generate [12]a... took care [13]clearly [14]Coup... Love at first sight [15]disappointed users [16]cows [17]city dwellers

Compréhension

A. Vocabulaire. Pour chaque mot, donnez l'équivalent en anglais.

1. en ligne
2. un clic
3. un pseudonyme
4. un mot de passe
5. un(e) internaute

B. Vrai ou faux? Si c'est faux, donnez la solution correcte.

1. V F Il y a peu de sites Web où vous pouvez trouver l'amour en ligne en France.
2. V F Les sites de rencontres en ligne attirent des gens de tout âge.
3. V F Le succès des rencontres en ligne est d'abord dû à la facilité de l'usage.
4. V F D'habitude, les gens qui habitent en ville trouvent plus facilement l'amour sur les sites de rencontre que les gens qui habitent à la campagne.

C. Opinions. Lisez la phrase suivante et donnez votre opinion.

Internet est un outil important dans la vie quotidienne [...], cependant certains pensent qu'il a des effets négatifs.

Internet: un monde vaste!

Voici une liste de quelques autres mots et expressions utiles pour parler des ordinateurs et d'Internet.

appuyer	press/push a key
(re)lier	to link
une base de données	database
une carte vidéo	video card
le courrier électronique	e-mail
un clic	click
un dossier	document, file
un fournisseur d'accès	Internet provider
un graveur de CD/DVD	CD/DVD burner
un lien	a link
le matériel	hardware
la mémoire	memory
un message	message
un moteur de recherche	search engine
une page d'accueil	home page
un port USB	USB port
un répertoire	directory
un réseau	network
une station d'amarrage	USB port
le survol	browsing

Écriture

Le courrier du lecteur. Écrivez une lettre au journal de votre université où vous exprimez votre opinion concernant l'ouverture d'un méga laboratoire d'informatique. Utilisez les conseils suivants.

1. Adoptez la position pour ou contre et justifiez.
2. Parlez des avantages ou des inconvénients de la technologie en milieu universitaire.
3. Donnez des exemples personnalisés.

Expressions utiles:

Monsieur, / Madame,
J'aimerais vous faire part de ma position...
Je vous prie de recevoir mes meilleures salutations,*

  # À l'écoute sur Internet

Où suis-je? Vous allez entendre parler diverses personnes dans des situations variées. Lisez l'activité suivante avant d'écouter les séquences sonores.

Où se trouve-t-on? Décidez où on peut entendre de telles bribes (*snatches*) de conversation.

1. La première séquence a lieu _____.
   a. dans une cabine téléphonique
   b. dans une boucherie
   c. dans un bureau de poste
2. La deuxième séquence a lieu _____.
   a. dans une librairie
   b. dans un kiosque à journaux
   c. dans une boulangerie
3. La troisième séquence a lieu _____.
   a. pendant un match de football
   b. à la radio
   c. au cinéma

---

*This phrase is standard closing formulation in French business letters.

Le vidéoblog de Juliette

En bref

Dans cet épisode, Juliette et Hector répondent aux questions d'un sondage (*survey*) sur l'utilisation des téléphones portables. Dans son vidéoblog, Juliette continue à parler des nouvelles technologies dans le monde francophone.

Vocabulaire en contexte

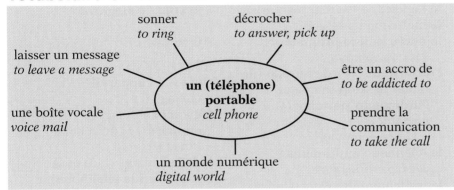

sonner
to ring

décrocher
to answer, pick up

laisser un message
to leave a message

un (téléphone) portable
cell phone

être un accro de
to be addicted to

une boîte vocale
voice mail

prendre la communication
to take the call

un monde numérique
digital world

Le portable: un phénomène universel

Visionnez!

Indiquez qui fait les activités suivantes: Juliette, Hector ou les deux.

	Juliette	Hector	les deux
1. téléphoner à quelqu'un avant le petit déjeuner	☐	☐	☐
2. prendre son portable dans les toilettes	☐	☐	☐
3. décrocher quand le téléphone sonne dans un restaurant	☐	☐	☐
4. annoncer que le portable symbolise l'amitié	☐	☐	☐
5. avoir son portable dans son lit la nuit	☐	☐	☐

Analysez!

Répondez aux questions suivantes.

1. Quels éléments, autres que le téléphone portable, font partie de la «culture du multimédia»?
2. Selon la vidéo, nous vivons dans un «monde numérique». Est-ce une bonne chose, selon vous? Pourquoi ou pourquoi pas?

Comparez!

Est-ce que votre propre culture est aussi une culture du multimédia? Expliquez pourquoi (pas). Êtes-vous, comme Juliette et Hector, «accro» du téléphone portable? Regardez encore une fois la partie culturelle de la vidéo: utilisez-vous les nouvelles technologies plus (*more*) ou moins (*less*) souvent qu'une personne typique de votre pays?

Note culturelle

En France, il est interdit[1] de téléphoner dans un hôpital ou dans sa voiture si on n'a pas de kit mains-libres.[2] Dans de nombreux lycées, il est interdit de téléphoner en cours ou dans les couloirs, mais l'utilisation du portable est permis dans les cours de récréation.[3] En avion, Air France interdit l'utilisation du portable pendant le vol. Dans le train, il est demandé aux voyageurs d'utiliser leur portable avec discrétion pour ne pas irriter les autres voyageurs.

[1]*prohibited*   [2]*kit... hands-free phone*
[3]*cours... playgrounds*

Vocabulaire

Verbes

appeler to call
composer le numéro to dial the number
consulter l'annuaire to look up (a phone number) in the phone book
croire to believe
décrire to describe
dire to say
écrire (à) to write (to)
envoyer (à) to send (to)
lire to read
mettre to put, place; to put on (clothes)
mettre le couvert to set the table
poster to mail
recevoir to receive
revoir to see again
télécharger to download
voir to see

MOTS APPARENTÉS: **cliquer, payer, surfer sur le Web**

À REVOIR: **acheter, écouter, entendre, jouer, regarder, rendre**

Substantifs

l'appareil (*m.*) apparatus
le bureau de tabac tobacco store
le cadeau gift
la monnaie coins, change

Les nouvelles technologies

l'appareil (*m.*) **(photo) numérique** digital camera
l'assistant (*m.*) **numérique (le PDA)** personal digital assistant (PDA)
le caméscope digital camcorder
le clavier keyboard
la connexion ADSL DSL connection/line

le courriel e-mail message
le fichier file
l'imprimante (*f.*) printer
Internet (*m.*) Internet
  sur Internet on the Internet
le logiciel software (program)
le mél e-mail message
le micro (micro-ordinateur) desktop computer
l'ordinateur (*m.*) **de bureau (de table)** desktop computer
l'ordinateur portable (*fam.* le portable) laptop computer
le téléphone multimédia video/picture phone
le traitement de texte word processing

MOTS APPARENTÉS: **le browser, le moniteur, le photocopieur, le scanner, le site, le téléphone multimédia, le Web, le Wi-Fi**

À REVOIR: **le baladeur iPod® (l'iPod®), le CD (les CD), l'écran** (*m.*)**, le lecteur de CD, l'ordinateur** (*m.*)**, la souris**

Au bureau de poste

la boîte aux lettres mailbox
le bureau de poste (La Poste) post office
le colis package
le courrier mail
la poste mail
le timbre stamp

MOTS APPARENTÉS: **l'adresse** (*f.*)**, la carte postale, l'enveloppe** (*f.*)**, le fax, la lettre**

Au kiosque

le journal (les journaux) newspaper; news
le kiosque kiosk; newsstand

les petites annonces (*f.*) classified ads
le roman novel

MOTS APPARENTÉS: **la revue**

À REVOIR: **le magazine**

Au téléphone

Allô. Hello.
Qui est à l'appareil? Who's calling?
C'est moi. It's me.
l'annuaire (*m.*) telephone directory
la boîte vocale voice mail
le numéro (de téléphone) (telephone) number
le portable (téléphone portable) cell phone
le SMS text message
la télécarte phone card
le texto text message

MOTS APPARENTÉS: **la cabine téléphonique**

À REVOIR: **le mobile, le téléphone**

À la télévision

la chaîne televison channel; network
l'émission (*f.*) program; broadcast
  emission de musique music program
  emission de télé réalité reality show
le feuilleton soap opera
les informations (*f. pl.*) news
le jeu télévisé game show
le journal télévisé television news program
la publicité commercial; advertisement; advertising
la retransmission sportive sports broadcast

la série series
série télévisée serial drama
la télécommande remote control
la TNT (télévision numérique terrestre) high-definition television

MOTS APPARENTÉS: **le câble, le documentaire, la télévision satellite**

À REVOIR: **le DVD (les DVD), le lecteur de DVD, la télé(vision)**

Autres mots et expressions

C'est-à-dire (que)... That is / I mean . . .
Eh bien,... Well, . . .
Euh... Uhmm . . .
là-bas over there
Oui, mais... Yes, but . . .
surtout especially
tous les (jours, après-midi, matins, soirs, etc.) every (day, afternoon, morning, evening, etc.)

tout, toute, tous, toutes all; every
toutes les semaines every week
Voyons,... Let's see, . . .

À REVOIR: **d'habitude, en général, souvent**

Vivre en ville

Les dossiers de Juliette

Juliette

► Mes photos
   ► La Grand-Place de Bruxelles
   ► La campagne à Paris
   ► La place de la Halle, à Pérouges

De jolies fleurs sur la Grand-Place de Bruxelles, en Belgique

Dans ce chapitre...

Objectifs communicatifs

▶ talking about city life
▶ describing past events
▶ speaking succinctly
▶ expressing what and whom you know

Paroles (Leçon 1)

▶ La ville et les directions
▶ Les arrondissements de Paris et les nombres ordinaux

Structures (Leçons 2 et 3)

▶ Le passé composé et l'imparfait
▶ Les pronoms d'objet indirect
▶ Les verbes **savoir** et **connaître**
▶ Les pronoms **y** et **en**

Culture

▶ **Le blog de Juliette:** «*Ajoutez deux lettres à Paris: c'est le Paradis.*»
▶ **Reportage:** *Vivre en ville: enfer ou paradis?*
▶ **Lecture:** *Paris: ville hétérogène* (Leçon 4)

La campagne à Paris

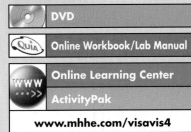
La place de la Halle, à Pérouges, en France

MULTIMÉDIA

💿	**DVD**
Quia	**Online Workbook/Lab Manual**
WWW	**Online Learning Center**
	ActivityPak
	www.mhhe.com/visavis4

Leçon 1

Une petite ville

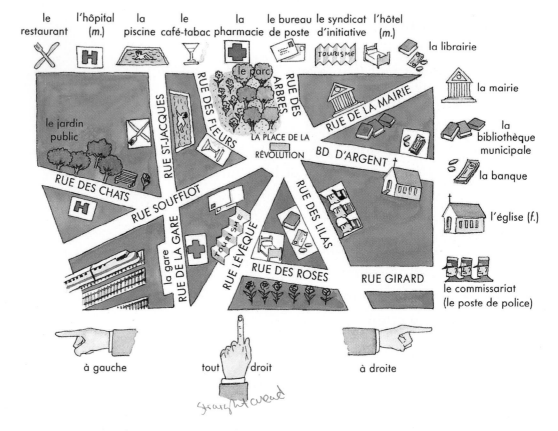

le restaurant — l'hôpital (*m.*) — la piscine — le café-tabac — la pharmacie — le bureau de poste — le syndicat d'initiative — l'hôtel (*m.*) — la librairie — la mairie — la bibliothèque municipale — la banque — l'église (*f.*) — le commissariat (le poste de police)

le parc — RUE DES ARBRES — RUE DE LA MAIRIE — RUE ST-JACQUES — RUE DES FLEURS — le jardin public — LA PLACE DE LA RÉVOLUTION — BD D'ARGENT — RUE DES CHATS — RUE SOUFFLOT — RUE DES LILAS — la gare — RUE DE LA GARE — TOURISME — RUE LÉVÊQUE — RUE DES ROSES — RUE GIRARD

à gauche — tout droit — à droite

AUTRES MOTS UTILES

le bâtiment	building
le carrefour	intersection
le chemin	way; road
le coin	corner
jusqu'à	up to, as far as
le marché en plein air	open-air market
le plan	map (*of a city*)
se trouver	to be located (situated)

—Comment fait-on pour aller de la banque à la pharmacie?
—On **prend** le boulevard d'Argent **à droite** et on va **jusqu'à** la place de la Révolution. On **traverse** la rue des Lilas et on **prend** la rue Lévêque **à gauche**. On **continue tout droit jusqu'au coin** et on **prend** la rue de la Gare **à droite**. La pharmacie est **en face de** la gare.

Allez-y!

A. Les endroits importants. Où est-ce qu'on va pour _____?

MODÈLE: acheter des livres ⟶
Pour acheter des livres, on va à la librairie.

1. toucher (*to cash*) un chèque de voyage **2.** acheter de l'aspirine
3. parler avec le maire (*mayor*) de la ville **4.** obtenir des brochures
touristiques **5.** nager **6.** admirer des plantes et des fleurs
7. assister à (*to attend*) des services religieux catholiques **8.** acheter
des timbres **9.** prendre une bière

B. Où est-ce? Précisez l'emplacement des endroits suivants selon le
plan de la ville à la page précédente.

MODÈLE: Où est l'hôtel? ⟶
L'hôtel est en face du syndicat d'initiative dans* la rue
Lévêque.

1. Où est le jardin public? **4.** Où est l'église?
2. Où est le commissariat? **5.** Où est la librairie?
3. Où est la bibliothèque? **6.** Où est le syndicat d'initiative?

C. Trouvez votre chemin. Regardez le plan de la ville. Imaginez que
vous êtes à la gare. Un(e) touriste vous demande où est le bureau de
poste; vous lui indiquez le chemin. Jouez les rôles avec un(e)
camarade.

MODÈLE: LE/LA TOURISTE: Pardon, madame / monsieur, pourriez-
vous me dire où est le bureau de poste?
VOUS: Tournez à gauche. Prenez la rue
Soufflot à droite et vous y êtes
(*you're there*).
LE/LA TOURISTE: Je tourne à gauche, je prends la rue
Soufflot à droite et j'y suis.

1. le café-tabac **2.** le restaurant **3.** l'hôtel **4.** la banque
5. le poste de police **6.** le parc **7.** la mairie **8.** la pharmacie
9. le jardin public **10.** la place de la Révolution **11.** la piscine
12. le syndicat d'initiative

Maintenant, avec un(e) autre camarade de classe, faites une liste de
cinq ou six endroits sur votre campus ou dans votre ville. À tour de
rôle, indiquez le chemin pour aller à ces endroits. Votre salle de
classe est votre point de départ.

---

*One says **dans la rue, sur le boulevard,** and **sur** or **dans l'avenue.**

Les arrondissements° de Paris

districts

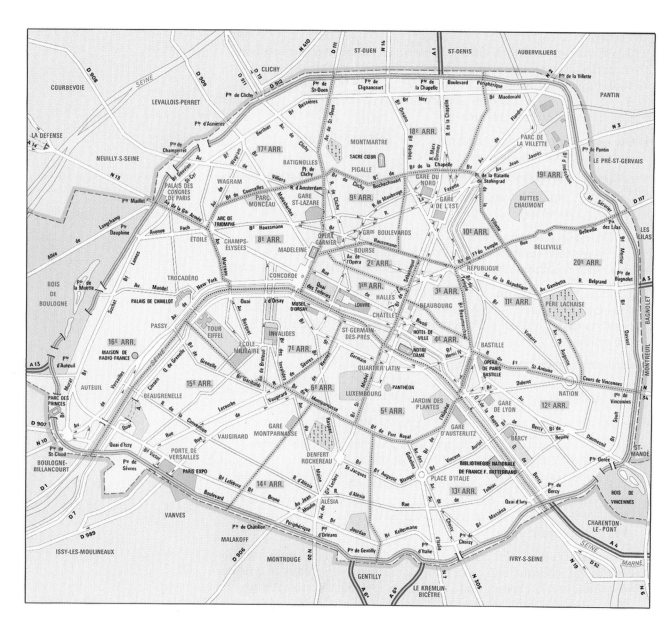

AUTRES MOTS UTILES

la banlieue	suburbs
la carte	map (*of a region, country*)
le centre-ville	downtown
la Rive droite / gauche	Right / Left Bank

Les vingt arrondissements de Paris:

1ᵉʳ le premier	11ᵉ le onzième
2ᵉ le deuxième	12ᵉ le douzième
3ᵉ le troisième	13ᵉ le treizième
4ᵉ le quatrième	14ᵉ le quatorzième
5ᵉ le cinquième	15ᵉ le quinzième
6ᵉ le sixième	16ᵉ le seizième
7ᵉ le septième	17ᵉ le dix-septième
8ᵉ le huitième	18ᵉ le dix-huitième
9ᵉ le neuvième	19ᵉ le dix-neuvième
10ᵉ le dixième	20ᵉ le vingtième

Les nombres ordinaux

- Ordinal numbers (*first, second,* and so on) are formed by adding **-ième** to cardinal numbers. Note the irregular form **premier / première,** and the spelling of **cinquième** and **neuvième.**
- **Le** and **la** do not elide before **huitième** and **onzième: le huitième.**
- The superscript abbreviation ᵉ indicates that a number should be read as an ordinal: 7 = **sept;** 7ᵉ = **le/la septième.**
- Note the forms **vingt et unième, trente et unième,** and so on.

Allez-y!

A. Les arrondissements de Paris. Quels arrondissements se trouvent sur la Rive gauche de la Seine? sur la Rive droite? Quel arrondissement est situé au bord du bois de Boulogne? du bois de Vincennes? Où est l'île de la Cité?*

B. Le plan de Paris. Avec un(e) partenaire, situez les endroits suivants.

 MODÈLE: É1: la tour Eiffel?
 É2: Euh, voyons… La tour Eiffel se trouve dans le septième arrondissement.

1. le Panthéon†
2. Notre-Dame
3. la gare de l'Est
4. le Louvre
5. Montmartre‡
6. Beaubourg§
7. Sacré-Cœur
8. l'Opéra de Paris-Bastille
9. l'Arc de Triomphe

---

*The **île de la Cité** is the historical center of Paris; it is one of the two islands on the Seine in Paris. The other is the **île St-Louis.**
†The **Panthéon** is a building in the 5ᵉ **arrondissement** in Paris where several famous people are buried, including Voltaire, Rousseau, Marie Curie, and Louis Braille.
‡**Montmartre** is a lively area in northern Paris where Sacré-Cœur, a basilica, is located. The name **Montmartre** comes from **Mont des Martyrs** because several church officials were killed there long ago.
§**Beaubourg** is an ultramodern museum in Paris, and is also known as the **Centre Pompidou.** It is often surrounded by street artists and contains a wonderful collection of modern art.

Leçon 2

STRUCTURES

 # Le passé composé et l'imparfait

Describing Past Events

Casablanca

ALAIN: Alors, tu nous racontes tes vacances au Maroc?

SYLVIE: Eh bien, je **suis partie** de Paris le 23 juillet. Il **faisait** un temps pourri, il **faisait** froid, il **pleuvait,** l'horreur! Mais quand je **suis arrivée** à Casablanca, le ciel **était** tout bleu, le soleil **brillait,** la mer **était** tiède...

RÉMI: Et tu **as aimé** la ville?

SYLVIE: Oui, beaucoup. Mais je **voulais** visiter une mosquée et je n'**ai** pas **pu** entrer.

ALAIN: Pourquoi?

SYLVIE: C'est ma faute parce que je **portais** une mini-jupe.

Répondez aux questions.

1. Quel temps faisait-il à Paris le 23 juillet? Et à Casablanca?
2. Que voulait faire Sylvie à Casablanca?
3. Pourquoi est-ce qu'elle n'a pas visité la mosquée?

When speaking about the past in English, you choose which past tense forms to use in a given context: *I visited Casablanca, I did visit Casablanca, I was visiting Casablanca, I used to visit Casablanca,* and so on. Usually only one of these options will convey exactly the meaning you want to express. Similarly in French, the choice between the **passé composé** and the **imparfait** depends on the kind of past action or condition that is being conveyed, and sometimes on the speaker's point of view with respect to the past event.

As you've learned, the **passé composé** is used to indicate a single completed action, something that began and ended in the past, or a sequence of such actions. The **imparfait,** on the other hand, usually indicates an ongoing or habitual action in the past. It does not emphasize the end of that action.

1. Compare the following sets of examples.

J'écrivais des lettres.	*I was writing letters.*
J'ai écrit des lettres.	*I wrote (have written) letters.*
Je **commençais** mon travail.	*I was starting on my assignments.*
J'ai commencé mon travail.	*I started (have started) my assignments.*
Elle **allait** au parc le dimanche.*	*She went (used to go) to the park on Sundays.*
Elle **est allée** au parc dimanche.	*She went to the park on Sunday.*

2. The following chart sets out the major differences between these two tenses.

IMPARFAIT	PASSÉ COMPOSÉ
1. *Ongoing action with no emphasis on the completion or end of the action*	*Completed action, or a series of completed events or actions*

J'allais en France.
     Je **visitais** des monuments.
	Je **suis allé(e)** en France.
	     J'ai visité des monuments.

2. *Habitual or repeated action*	*A single event*

J'allais en France tous les ans.
     Je **visitais** souvent le château de Versailles.
	Je **suis allé(e)** en France l'année dernière.
	     J'ai visité Versailles un samedi matin.

[Allez-y! A]	
3. *Description or "background" information; how things were or what was happening when . . .*	*. . . an event or events occurred. ("foreground" information)*
Je **visitais** Beaubourg...	...quand on **a annoncé** la projection d'un vieux film de Chaplin.
J'étais à Paris...	...quand une lettre **est arrivée**.
[Allez-y! B]	
4. *Physical or mental states of being (general description)*	*Changes in an existing physical or mental state at a precise moment, or for a particular isolated cause*
Ma nièce **avait** peur des chiens.	Ma nièce **a eu** peur quand le chien a aboyé (*barked*).

---

*Remember the role of the definite article with days of the week: **le dimanche** (*on Sundays*); **dimanche** (*on Sunday*).

3. In summary, the **imparfait** is generally used for *descriptions* in the past, and the **passé composé** is generally used for the *narration* of specific events in the past. The **imparfait** also often sets the stage for an event expressed with the **passé composé**. Look over the following passages with these points in mind.

IMPARFAIT	PASSÉ COMPOSÉ
Il **faisait** beau; le ciel (*sky*) **était** clair; les terrasses des cafés **étaient** pleines (*filled*) de gens; c'**était** un beau jour de printemps à Paris.	**J'ai continué** tout droit dans la rue Mouffetard, j'**ai traversé** le boulevard de Port-Royal et j'**ai descendu** l'avenue des Gobelins jusqu'à la place d'Italie.

4. The following indicators of tense can help you determine whether to use the **passé composé** or the **imparfait**.

IMPARFAIT	PASSÉ COMPOSÉ
autrefois (*formerly*) d'habitude de temps en temps le lundi (le mardi…) le week-end pendant que	au moment où lundi (mardi…) plusieurs fois soudain (*suddenly*) tout à coup (*suddenly*) un jour un week-end une fois (*once*), deux fois…
D'habitude, nous **étudiions** à la bibliothèque.	**Un jour,** nous **avons étudié** au café.
Quand j'**étais** jeune, nous **allions** à la plage **le week-end**.	**Un week-end,** nous **sommes allés** à la montagne.

Allez-y!

A. **Un dimanche pas comme les autres.** Votre voisin Marc Dufour était une personne routinière, mais un dimanche, il a changé ses habitudes. Voici son histoire.

MODÈLE: le dimanche matin / dormir en général jusqu'à huit heures / mais ce dimanche-là / dormir jusqu'à midi $\longrightarrow$
Le dimanche matin, il dormait en général jusqu'à huit heures, mais ce dimanche-là, il a dormi jusqu'à midi.

1. normalement au petit déjeuner / prendre des céréales et une tasse de café / mais ce matin-là / prendre un petit déjeuner copieux

2. après le petit déjeuner / faire toujours du jogging dans le parc / mais ce jour-là / rester longtemps au téléphone
3. souvent l'après-midi / regarder le match de football à la télé / mais cet après-midi-là / lire des poèmes dans le jardin
4. d'habitude le soir / sortir avec ses copains / mais ce soir-là / sortir avec une jeune fille
5. parfois / aller au cinéma ou / lire un roman / mais ce soir-là / inviter son amie à un restaurant élégant
6. normalement / rentrer chez lui assez tôt / mais ce dimanche-là / danser jusqu'au petit matin (*early morning*)

À votre avis, est-ce que Marc est malade (*sick*)? amoureux (*in love*)? déprimé (*depressed*)?... Justifiez votre réponse. Et vous, est-ce qu'il y a des choses que vous faisiez autrefois que vous ne faites plus maintenant? Expliquez.

Au jardin du Luxembourg, à Paris. Est-ce que vous aimiez les jardins quand vous étiez petit(e)?

B. Interruptions. Annie était à la maison hier soir. Elle voulait faire plusieurs choses, mais il y a eu toutes sortes d'interruptions. Décrivez-les.

MODÈLE: étudier... téléphone / sonner ⟶
Annie étudiait quand le téléphone a sonné.

1. parler au téléphone / un ami... l'employé / couper la ligne (*to cut the line*)
2. écouter / CD... son voisin / commencer à faire / bruit (*m., noise*)
3. lire / journal... le propriétaire (*landlord*) / venir demander / argent
4. faire / devoirs... un ami / arriver
5. regarder / informations à la télé... son frère / changer de chaîne
6. dormir... quelqu'un / frapper (*to knock*) à la porte

C. Une année à l'université de Caen. François a passé un an à Caen, une de grandes villes de Normandie. Il raconte son histoire. Choisissez l'imparfait ou le passé composé pour les verbes suivants.

Mon année en Normandie a été vraiment super, mais j'ai dû passer beaucoup de temps à étudier. Je (avoir)[1] cours le matin de 8 h à 11 h. L'après-midi, je (étudier)[2] en général à la bibliothèque. Le week-end, avec des amis, nous (faire)[3] du tourisme. Le samedi, nous (rester)[4] en ville et le dimanche, nous (aller)[5] à la campagne. En octobre, nous (faire)[6] une excursion à Rouen. Ce (être)[7] très intéressant. Pour Noël, je (rentrer)[8] chez mes parents. En février, je (faire)[9] du ski dans les Alpes. Nous (avoir)[10] de la chance car (*because*) il (faire)[11] très beau et je (rentrer)[12] bien bronzé (*tanned*). De temps en temps, je (manger)[13] chez les Levergeois, des amis français très sympathiques. Pendant ces dîners entre amis, je (perfectionner)[14] mon français. Finalement, au début du mois de mai, je (devoir)[15] quitter Caen. Je (être)[16] triste de partir.

Marguerite Yourcenar

D. Biographie de Marguerite Yourcenar. Voici quelques faits (*facts*) importants de la vie de cette romancière (*novelist*) et historienne de langue française. Mettez-les dans l'ordre chronologique et utilisez les adverbes de temps des **Mots clés**.

1. Elle est allée aux États-Unis en 1958.
2. Elle a écrit son fameux livre *L'Œuvre au noir* en 1968.
3. Elle est née à Bruxelles en 1903.
4. Elle est morte en 1987 à l'âge de 84 ans dans le Maine, aux États-Unis.
5. Elle a été la première femme élue à l'Académie française, en 1980.

Maintenant, faites brièvement (*briefly*) votre autobiographie. Utilisez des adverbes de temps.

E. Conversation. Posez les questions suivantes à un(e) camarade pour découvrir ce qui s'est passé dans sa vie l'année dernière. Ensuite, changez de rôle.

1. Où étais-tu? Où as-tu étudié? Qu'est-ce que tu as étudié?
2. Qu'est-ce que tu as fait pendant tes vacances? As-tu fait un voyage? Où es-tu allé(e)? Comment était le voyage?
3. Et tes amis, où étaient-ils l'année dernière? Qu'est-ce qu'ils ont fait pendant les vacances?

F. Il était une fois... (*Once upon a time . . .*). Racontez une histoire que vous avez vécue (*lived*) ou une histoire fantastique (inventez-la!). Utilisez les éléments suggérés pour organiser votre histoire et choisissez le temps convenable (passé composé ou imparfait).

Suggestions: l'heure, le temps, la description de la scène, la description des personnages, la description des sentiments...

Expressions utiles: soudain, tout à coup, d'habitude, en général, puis, ensuite, enfin, alors, autrefois, quand, souvent, parfois, toujours...

Mots clés

Mettre les événements par ordre chronologique

d'abord *first of all*
puis *next*
ensuite *and then . . .*
après *after that . . .*
enfin *finally*

Puis and **ensuite** can be used interchangeably.

DÉPANNAGE (*Emergency Repair*)
D'abord, j'ai garé (*parked*) la voiture.
Puis, j'ai cherché une cabine téléphonique.
Ensuite, j'ai tout expliqué au mécanicien.
Après, j'ai attendu dans la voiture.
Enfin, il est arrivé. Maintenant, le carburateur fonctionne à merveille.

Les pronoms d'objet indirect

Speaking Succinctly

Un nouveau parc au centre-ville

RÉGIS: Tu as écrit au maire de la ville?

NICOLE: Oui, je **lui** ai écrit.

RÉGIS: Et il **t'**a répondu?

NICOLE: Oui, il **nous** a donné rendez-vous demain.

RÉGIS: Est-ce qu'il a aimé l'idée de la création d'un nouveau parc au centre-ville?

NICOLE: Il ne **m'**a encore rien dit. On va devoir attendre jusqu'à demain.

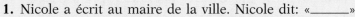

Retrouvez la phrase équivalente dans le dialogue.

1. Nicole a écrit au maire de la ville. Nicole dit: «_____»
2. Le maire a donné rendez-vous à Nicole et à Régis. Nicole dit: «_____»
3. Le maire n'a encore rien dit à Nicole. Elle dit: «_____»

Indirect Objects

1. As you know, direct object nouns and pronouns answer the question *what?* or *whom?* Indirect object nouns and pronouns usually answer the question *to whom?* or *for whom?* In English, the word *to* is frequently omitted: I gave the book *to Paul.* ⟶ I gave *Paul* the book. In French, the preposition **à** is *always* used before an indirect object noun.

J'ai donné des informations **à** Paul.	*I gave information to Paul.*
Elle a écrit une lettre **au** maire.	*She wrote a letter to the mayor.*
Nous montrons l'article **aux** journalistes.	*We show the article to the journalists.*
Elle prête les photos **à** son frère.	*She lends the photos to her brother.*

2. If a sentence has an indirect object, it usually has a direct object as well. Some French verbs, however, take only an indirect object. These include **téléphoner à, parler à,** and **répondre à**.

Je téléphone / parle souvent **à** mes amis.	*I often phone / speak to my friends.*
Elle a répondu **au** professeur.	*She answered the instructor.*

Indirect Object Pronouns

1. Indirect object pronouns replace indirect object nouns. They are identical in form to direct object pronouns, except for the third-person forms, **lui** and **leur**.

INDIRECT OBJECT PRONOUNS			
me, m'	(*to/for*) *me*	nous	(*to/for*) *us*
te, t'	(*to/for*) *you*	vous	(*to/for*) *you*
lui	(*to/for*) *him, her*	**leur**	(*to/for*) *them*

2. The placement of indirect object pronouns is identical to that of direct object pronouns. However, the past participle does not agree with a preceding indirect object.

Je **lui** ai montré la réception.	*I showed him (her) the (front) desk.*
On **m'**a demandé l'adresse de l'auberge de jeunesse.	*They asked me for the address of the youth hostel.*
Valérie **nous** a envoyé une carte postale.	*Valérie sent us a postcard.*
Nous allons **leur** téléphoner maintenant.	*We're going to telephone them now.*
Je **leur** ai emprunté* la voiture.	*I borrowed the car from them.*
Ils **m'**ont prêté de l'argent.	*They loaned me some money.*

3. In negative sentences, the object pronoun immediately precedes the auxiliary verb in the **passé composé**. If the pronoun is the indirect object of an infinitive, it is placed directly before the infinitive.

Elle **ne lui** a **pas** téléphoné.	*She hasn't telephoned him (her).*
Je **ne** vais **pas leur** écrire.	*I am not going to write to them.*

 *Allez-y!*

A. **L'après-midi de Léa.** Léa va tous les vendredis après-midi chez sa grand-mère qui habite dans son quartier. Elle nous raconte ce qu'elle a fait vendredi dernier. Complétez son histoire avec les pronoms qui correspondent: **me, te, lui, nous, vous, leur**.

Après les cours, j'ai pris un café avec des amies. Je _____¹ ai montré mon nouveau iPod®. Un peu plus tard, j'ai rendu visite à ma grand-mère. Je _____² ai apporté ses magazines préférés. Elle était très contente et elle _____³ a dit: «Je vais _____⁴ préparer un

---

*Emprunter** takes both a direct object (the thing borrowed) and an indirect object (the person from [**à**] whom it is borrowed).

bon goûter.» En fin d'après-midi, mon frère est arrivé. Il _____5 a raconté ses aventures avec sa nouvelle moto. Nous avons bien ri. (*We laughed a lot*.)

Au moment de partir, ma grand-mère _____6 a demandé (à mon frère et à moi): «Je vous revois la semaine prochaine, les enfants?» Nous _____7 avons répondu, «Bien sûr, à vendredi prochain!»

B. N'oublie pas... Au moment de dire au revoir, la grand-mère de Léa se rappelle (*remembers*) plusieurs questions qu'elle voulait lui poser. Jouez le rôle de Léa et répondez-lui, en utilisant les pronoms complément d'objet indirect.

1. As-tu téléphoné à ton oncle? **2.** Tu as écrit à ta tante Louise?
3. Tu as donné le plan de la ville à ton frère pour son voyage?
4. As-tu répondu à M. et Mme Morin en Espagne? **5.** Est-ce que tu as souhaité (*wished*) «bon anniversaire» à ton petit cousin?
6. Est-ce que tu as rendu à Nicolas et Virginie le livre qu'ils nous ont prêté?

C. Êtes-vous communicatif / communicative? Posez les questions suivantes à un(e) camarade et créez de nouvelles questions sur le même sujet.

1. À qui as-tu écrit la semaine dernière? Qu'est-ce que tu lui as écrit? Pourquoi? En général, écris-tu souvent?
2. À qui as-tu téléphoné hier soir? Qu'est-ce que tu lui as dit?
3. Tu envoies souvent du courrier électronique? À quelle occasion? À qui?

Ensuite, dites à la classe si votre camarade est très ou peu communicatif / communicative. Qui est la personne la plus communicative de la classe?

Le Trocadéro au crépuscule (*dusk*). Décrivez la scène.

Un peu plus...

Le Trocadéro.
Où trouver, à Paris, un endroit où l'on peut visiter plusieurs grands musées, se rendre dans un théâtre national et profiter d'une vue impressionnante de la tour Eiffel? Place du Trocadéro, bien sûr! Le Trocadéro est une grande place située en face de la tour Eiffel, sur la Rive droite de la Seine. Sur cette place se trouve le Palais de Chaillot qui abrite (*houses*) les musées de la Marine, de l'Homme, du Cinéma et des Monuments français. C'est aussi le lieu du Théâtre National de Chaillot.

Le blog de Juliette

«Ajoutez deux lettres à Paris: c'est le Paradis.»

(Jules Renard)

mardi 21 juillet

▲ Vous voyez, la campagne à Paris, c'est une réalité!

Vous rêvez de Paris? Moi, j'y[1] habite depuis trois ans!

Avant, je visitais la capitale comme une touriste: je connaissais[2] tous les monuments, les musées, les promenades, les restaurants.

Maintenant, je sais[3] utiliser les transports en commun et lire un plan; je passe sans problème des cafés de la Rive gauche aux grands magasins de la Rive droite; je fréquente les petits restaurants branchés[4] du 11e. Je connais aussi le vieux Paris, avec ses lieux secrets pleins[5] de charme.

J'ai toujours aimé les grandes villes. Après mon Master, dans un an, je veux aller travailler dans une capitale à l'étranger. Déjà, l'an dernier, j'ai fait un stage[6] de trois mois dans une entreprise à Londres.

Vous avez compris: la banlieue ou les petites villes de province, ce n'est pas mon fort (ou ce n'est pas ma tasse de thé, comme disent les Anglais!).

Bisous quand même[7] à tous les banlieusards[8] et à tous les provinciaux![9]

Juliette

....

COMMENTAIRES

 Alexis

Moi, j'ai passé toute mon enfance à Québec et je connais New York, Chicago, Miami. J'ai aussi visité Rome, Barcelone et Varsovie. Eh bien, je vais te dire: j'aime mieux Versailles! Quand je suis arrivé ici, j'ai compris que je préférais le charme à la grandeur...

 Trésor

Hypocrite! Et le château, c'est du charme ou de la grandeur?

 Poema

Personnellement, je suis très attachée à Papeete, la ville de mon enfance. Cette petite capitale de la Polynésie française n'a que 100 000 habitants! Avec ses bateaux à voile blancs, ses palmiers du bord de mer, elle ressemble à une cité balnéaire[10] de la Côte d'Azur.[11]

 Mamadou

Vous connaissez Dakar, ma ville natale? On y trouve plein de[12] choses à faire.

 Charlotte

C'est vrai! À Dakar, on trouve des bars, des restaurants, et aussi des musées, une université, des bibliothèques, des galeries d'art, des cinémas! Je le sais, j'y suis allée!

[1]y = there [2]was familiar with [3]know how to [4]"in" (in style, popular) [5]full [6]internship [7]quand... nevertheless
[8]people living in the suburbs (pej.) [9]city dwellers in other regions of France (as opposed to Paris) (fam.) [10]cité..
summer resort town [11]Côte... French Riviera [12]plein... plenty of

Vivre en ville: enfer[1] ou paradis?

Vivre en ville ou à la campagne? À l'heure du TGV et d'Internet, le débat est très actuel.

«Je m'appelle Mélanie. J'ai 25 ans; je suis mariée; j'ai un bébé. Depuis quelques mois, j'habite à la campagne, à Pérouges, un petit village près de Lyon. Avant je vivais à Paris. C'était la galère![2] Jamais je ne retournerai[3] en ville. Les gens y sont trop violents et égoïstes.[4] Ici, en pleine nature, mon mari et moi vivons dans le calme; l'air est pur; nous avons trouvé la paix[5] et l'harmonie, loin du stress, des embouteillages,[6] de l'insécurité et de la pollution. Pour gagner de l'argent,[7] nous vendons des produits de la ferme sur Internet.»

On l'a compris: pour cette jeune femme, vivre dans une grande ville, c'était abominable. Vivre au milieu des vaches,[8] c'est le bonheur.[9] Elle n'est pas la seule:[10] Une récente enquête[11] montre que 34 %—près de 7 millions de personnes en France—ont l'intention de s'installer[12] à la campagne!

▲ La place de la Halle à Pérouges, un village médiéval dans la vallée du Rhône près de Lyon

À l'inverse, Régine défend la ville avec passion: «Moi, j'habite dans le centre de Paris et j'adore mon style de vie. Naturellement, tout est cher, les sorties comme les loyers.[13] Mais j'aime l'agitation de la capitale. En plus, à Paris, j'ai tout à côté de chez moi; je peux sortir tous les soirs. En fait,[14] je n'ai jamais le temps de faire tout ce que je veux. Et les transports en commun, j'aime ça: on y rencontre toujours des gens intéressants.»

Même chanson[15] en faveur des grandes villes chez Élodie, une étudiante bruxelloise: «C'est génial[16] de vivre dans une grande ville cosmopolite, jeune, créative et active; à proximité des cinémas, des théâtres, des magasins, des restaurants. Évidemment, il y a un prix à payer: des appartements trop petits, les gens énervés,[17] les embouteillages, les grèves[18]... Mais moi, le calme de la campagne m'ennuie!»[19]

Finalement, la solution ne serait-elle pas dans le compromis, comme le suggère Pierre-Alain, jeune cadre[20] de banque à Genève: «J'aime passer la semaine au centre-ville. Mais le week-end, je suis dans la nature: j'ai un studio à Megève, en pleine montagne!»

Autre système chez Arthur, père de deux adolescents: «Nous, on vit dans une grande maison de campagne à une heure de Paris. Et le week-end, on vient dans la capitale pour profiter des musées, des librairies et des restaurants.»

[1]hell [2]hell (fam.) [3]Jamais... I'll never return [4]selfish [5]peace [6]traffic jams [7]gagner... earn money [8]cows [9]happiness [10]only one [11]survey [12]settle down [13]rents [14]En... In fact [15]Même... Same tune (song) [16]cool, great [17]edgy, testy [18]strikes [19]bores me [20]executive

À vous! 1. Quels reproches Mélanie adresse-t-elle à la ville? Pourquoi aime-t-elle la campagne? Comment sa vie a-t-elle changé après son déménagement?
2. Quels avantages Régine trouve-t-elle à la ville? Pourquoi adore-t-elle Paris?
3. Préférez-vous vivre à la campagne ou en ville? Donnez vos raisons.
4. Que pensez-vous d'une vie partagée entre la campagne et la ville? Quel système préférez-vous: celui de Pierre-Alain ou celui d'Arthur? Donnez vos raisons.
5. Avez-vous envie d'habiter le village présentée sur la photo? Pourquoi?

 On est connectés To learn more about Paris, Dakar, and Papeete, use the links or keywords and search engines provided at the Vis-à-vis Online Learning Center (**www.mhhe.com/visavis4**).

Leçon 3

STRUCTURES

 # Les verbes *savoir* et *connaître*

Expressing What and Whom You Know

Labyrinthe

MARCEL: Taxi! Vous **connaissez** la rue Vaucouleurs?
LE CHAUFFEUR: Mais bien sûr, je **sais** où elle est! Je **connais** Paris comme ma poche!
MARCEL: Je ne **sais** pas comment vous faites. Je me suis perdu hier dans l'île de la Cité.
LE CHAUFFEUR: Je **connais** mon métier et puis, vous **savez,** avec un plan de Paris, ce n'est pas si difficile!

«Savez-vous où se trouve la rue Vaucouleurs?»

Faites des phrases complètes pour décrire ce qui se passe (*what happens*) dans le dialogue.

Marcel	sait	la rue Vaucouleurs
le chauffeur	ne sait pas	où est la rue Vaucouleurs
	connaît	Paris
	ne connaît pas	comment le chauffeur fait son métier

The verbs **savoir** and **connaître** both correspond to the English verb *to know,* but they are used differently.

Forms of *savoir* and *connaître*

PRESENT TENSE OF **savoir**	
je **sais**	nous **savons**
tu **sais**	vous **savez**
il/elle/on **sait**	ils/elles **savent**
Past participle: **su**	

PRESENT TENSE OF **connaître**	
je **connais**	nous **connaissons**
tu **connais**	vous **connaissez**
il/elle/on **connaît**	ils/elles **connaissent**
Past participle: **connu**	

Uses of *savoir* and *connaître*

1. **Savoir** means *to know* or *to have knowledge of* a fact, *to know by heart,* or *to know how to* do something. It is frequently followed by an infinitive or by a subordinate clause introduced by **que, quand, pourquoi,** and so on.

Sais-tu l'heure qu'il est?	*Do you know what time it is?*
Savez-vous où est le bureau de poste le plus proche d'ici?	*Do you know where the closest post office is?*
Je **sais** que le bureau de poste du boulevard Haussmann est fermé.	*I know that the post office on Boulevard Haussmann is closed.*

2. In the **passé composé, savoir** means *learned* or *found out.*

J'ai su hier que la mairie va être démolie.	*I learned yesterday that the city hall is going to be demolished.*

3. **Connaître** means *to know* or *to be familiar (acquainted) with* someone or something. **Connaître**—never **savoir**—means *to know a person or a place.* **Connaître** is always used with a direct object; it cannot be followed directly by an infinitive or by a subordinate clause.

Cagnes-sur-mer, un petit village de la Côte d'Azur. Connaissez-vous la Côte d'Azur? Voulez-vous la visiter? Pourquoi?

—**Connais**-tu Marie-Françoise?   *Do you know Marie-Françoise?*
—Non, je ne la **connais** pas.   *No, I don't know her.*

Ils **connaissent** très bien Dijon.   *They know Dijon very well.*

4. In the **passé composé, connaître** means *met for the first time.* It is the equivalent of the **passé composé** of **faire la connaissance de.**

J'ai connu Jean à l'université.   *I met Jean at the university.*

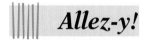

Allez-y!

A. Dialogue. Complétez les phrases avec **connaître** ou **savoir.**

Mᴹᴱ DUPUY: _____¹-vous Paris, monsieur?

M. STEIN: Je _____² seulement que c'est la capitale de la France.

Mᴹᴱ DUPUY: _____³-vous quelle est la distance entre Paris et Marseille?

M. STEIN: Non, mais je _____⁴ une agence de voyages où on doit le _____⁵. Dans cette agence, ils _____⁶ très bien le pays.

Mᴹᴱ DUPUY: _____⁷-vous s'il y a d'autres villes intéressantes à visiter?

M. STEIN: Comme je l'ai dit, je ne _____⁸ pas bien ce pays, mais hier j'ai fait la connaissance d'un homme qui _____⁹ où aller pour passer de bonnes vacances.

Mᴹᴱ DUPUY: Je voudrais bien _____¹⁰ cet homme. _____¹¹-vous où il travaille?

B. Et toi, connais-tu Paris? Avec un(e) camarade, posez des questions et répondez-y.

MODÈLE: l'Opéra-Bastille ⟶

VOUS: Connais-tu l'Opéra-Bastille?

VOTRE CAMARADE: Non, je ne le connais pas, mais je sais qu'on y va pour écouter de la musique.

ENDROITS	DÉFINITIONS
l'Opéra-Bastille	C'est le quartier des étudiants à Paris.
Notre-Dame de Paris	Le président y habite.
le Louvre	On y va pour écouter de la musique.
le Palais de l'Élysée	On y trouve une vaste collection de livres.
la tour Eiffel	C'est une église située dans l'île de la Cité.
la Bibliothèque nationale	C'est la structure en verre (*glass*) devant le Louvre.
le Quartier latin	On y trouve une riche collection d'art.
la Pyramide	Elle a 320 mètres de haut (*tall*) et elle est en fer (*iron*).

Les luxes de la ville: le grand escalier de l'Opéra de Paris.

Un peu plus...

L'Opéra-Garnier.
Cet opéra est l'un des édifices les plus somptueux de Paris. L'intérieur est fait de différents marbres et décoré de nombreuses sculptures. La salle de concert est rouge et or. C'est Napoléon III qui a fait construire l'Opéra du palais Garnier. Son décor flamboyant devait représenter le luxe, l'art et le plaisir. De nos jours, on y présente de grands spectacles de danse.

Aimez-vous le luxe? Expliquez.

C. Vos connaissances. Utilisez ces phrases pour interviewer un(e) camarade. Dans les réponses, utilisez le verbe **savoir** ou **connaître**.

1. Nomme deux choses que tu sais faire.
2. Nomme deux choses que tu veux savoir faire un jour.
3. Nomme deux domaines (*fields*) où tu es plus ou moins compétent(e). (Je connais / ne connais pas bien...)
4. Nomme une personne que tu as connue récemment.
5. Nomme quelqu'un que tu aimerais (*would like*) connaître.

D. Une ville. Donnez le nom d'une ville que vous connaissez bien. Ensuite, racontez ce que vous savez sur cette ville.

MODÈLE: Je connais New York. Je sais qu'il y a d'immenses gratte-ciel (*skyscrapers*).

Les pronoms *y* et *en*

Speaking Succinctly

Paris: ville de l'amour

MYRIAM: Tu es déjà allée au parc Montsouris?

FABIENNE: Non, pas encore, mais j'**y** vais samedi avec Vincent.

MYRIAM: Vincent? Dis-moi, tu as combien de petits amis?

FABIENNE: En ce moment, j'**en** ai deux. Mais je vais bientôt rompre avec Jean-Marc.

MYRIAM: Et tu **en** as parlé à Jean-Marc?

FABIENNE: Non, pas encore, mais j'**y** pense sérieusement.

Trouvez la phrase équivalente dans le dialogue.

1. Je vais au parc Montsouris samedi.
2. J'ai deux petits amis.
3. Tu as parlé à Jean-Marc de ta décision?
4. Je pense à lui parler.

The Pronoun *y*

1. The pronoun **y** can refer to a place that has already been mentioned. It replaces a prepositional phrase, and its English equivalent in such cases is *there*.

—Est-ce que Fabienne est déjà allée **au parc Montsouris**?	*Has Fabienne already gone to Montsouris Park?*
—Non, mais elle **y** va samedi.	*No, but she is going there Saturday.*
—Est-ce que Myriam va **au festival** avec elle?	*Is Myriam going to the festival with her?*
—Non, elle n'**y** va pas avec elle.	*No, she isn't going (there) with her.*
—Vont-elles **chez Fabienne** ce week-end?	*Are they going to Fabienne's this weekend?*
—Oui, ils **y** vont ensemble.	*Yes, they're going (there) together.*

Note that *there* is often implied in English, whereas **y** must always be expressed in French.

2. **Y** can replace the combination **à** + *noun* when the noun refers to a place or thing. This substitution most often occurs after certain verbs that are followed by **à: répondre à, réfléchir à, réussir à, penser à** (*to think about someone or something*), **jouer à**. It is not usually applied to the **à** + *noun* combination when the noun refers to a person; in these cases, a stressed or indirect object pronoun is used.

—As-tu répondu **à la lettre** de ta sœur?	*Did you answer your sister's letter?*
—Oui, j'**y** ai répondu.	*Yes, I answered it.*
—Elle pense déjà **au voyage** à Marseille?	*Is she already thinking about the trip to Marseille?*
—Non, elle n'**y** pense pas encore.	*No, she's not thinking about it yet.*

BUT

—As-tu téléphoné **à ta mère**?	*Did you call your mother?*
—Non, je ne **lui** ai pas téléphoné.	*No, I didn't call her.*

3. The placement of **y** is identical to that of object pronouns: It precedes a conjugated verb, an infinitive, or an auxiliary verb in the **passé composé**.

La ville de Nice? Nous **y** cherchons une maison.	*The city of Nice? We're looking for a house there.*
Mon mari va **y** aller jeudi.	*My husband will go there on Thursday.*
Est-ce qu'il **y** est allé en train ou en avion?	*Did he go there by train or by plane?*

[Allez-y! A]

The Pronoun *en*

1. **En** can replace a combination of a partitive article (**du, de la, de l'**) or indefinite article (**un, une, des**) plus a noun; **en** is then equivalent to English *some* or *any*. Again, whereas these expressions can often be omitted in English, **en** must always be used in French. Like other object pronouns, **en** is placed directly before the verb that refers to it. In the **passé composé,** it is placed directly before the auxiliary verb.

—Est-ce qu'il y a **des musées intéressants** à Avignon?	*Are there interesting museums in Avignon?*
—Oui, il y **en** a.	*Yes, there are (some).*
—Est-ce que vous avez visité **des sites touristiques** à Avignon?	*Did you visit any tourist attractions in Avignon?*
—Oui, nous y **en** avons visité.	*Yes, we visited some (there).*
—Avez-vous acheté **des souvenirs**?	*Did you buy souvenirs?*
—Non, nous n'**en** avons pas acheté.	*No, we didn't buy any.*
—Voici **du vin d'Avignon. En** veux-tu?	*Here's some wine from Avignon. Do you want some?*
—Non merci. Je n'**en** veux pas.	*No, thanks, I don't want any.*

2. **En** can also replace a noun modified by a number or by an expression of quantity such as **beaucoup de, un kilo de, trop de, deux,** and so on. Only **en** (*of it, of them*) and the number or expression of quantity are used in place of the noun.

—Avez-vous **une chambre**?	*Do you have a room?*
—Oui, j'**en** ai **une**.*	*Yes, I have one.*
—Vous avez **beaucoup de chambres** disponibles?	*Do you have a lot of rooms available?*
—Oui, j'**en** ai **beaucoup**.	*Yes. I have a lot.*
—**Combien de lits** voudriez-vous?	*How many beds would you like?*
—J'**en** voudrais **deux**.	*I'd like two.*

3. **En** is also used to replace **de** plus a noun and its modifiers (unless the noun refers to people) in sentences with verbs or expressions that use **de: parler de, avoir envie de,** and so on.

—Avez-vous besoin **de ce guide**?	*Do you need this guidebook?*
—Oui, j'**en** ai besoin.	*Yes, I need it.*
—Parliez-vous **des ruines romaines**?	*Were you talking about the Roman ruins?*
—Non, nous n'**en** parlions pas.	*No, we weren't talking about them.*

[Allez-y! B-C]

Y and *en* Together

The combination of **y en** is very common with the expression **il y a**.

—Combien de terrains de camping est-ce qu'il y a?	*How many campgrounds are there?*
—Il **y en** a sept.	*There are seven (of them).*
—Combien de campeurs y avait-il?	*How many campers were there?*
—Il **y en** avait à peu près cent cinquante.	*There were about a hundred fifty (of them).*

[Allez-y! D-E]

---

*In a negative answer to a question containing **un(e),** the word **un(e)** is not repeated: **Je n'en ai pas**.

Allez-y!

A. Roman policier. Paul Marteau est détective. Il file (*trails*) une suspecte, Pauline Dutour. Doit-il aller partout (*everywhere*) où elle va?

MODÈLE: Pauline Dutour va à Paris. ⟶
           Marteau y va aussi. (*ou* Marteau n'y va pas.)

1. La suspecte entre dans un magasin de vêtements.
2. Elle va au cinéma.
3. Elle entre dans une cabine téléphonique.
4. Pauline reste longtemps dans un bistro.
5. La suspecte monte dans un taxi.
6. Elle va chez le coiffeur (*hairdresser*).
7. Elle entre dans un hôtel.
8. La suspecte va au bar de l'hôtel.
9. Finalement, elle va en prison.

Maintenant, racontez les aventures de Marteau au passé composé.

B. Un dîner chez Maxim. Un(e) camarade vous interroge sur votre choix.

MODÈLE: pâté ⟶
           É1: Tu as envie de manger du pâté? (Prends-tu du pâté?)
           É2: Oui, j'ai envie d'en manger. (Oui, j'en prends.)
           (*ou* Non, je n'ai pas envie d'en manger. / Non, je n'en prends pas.)

1. hors-d'œuvre	3. escargots	5. légumes	7. dessert
2. soupe	4. viande	6. vin	8. café

C. Lettre à ma mère. Lisez la lettre et répondez aux questions suivantes. Utilisez le pronom **en** dans vos réponses.

1. Est-ce que Marie a trouvé un appartement?
2. Combien de pièces est-ce qu'il y a?
3. Est-ce que Marie et sa copine parlent souvent de la vie parisienne?
4. Quand va-t-elle acheter un vélo?
5. Pourquoi ne veut-elle pas de voiture?

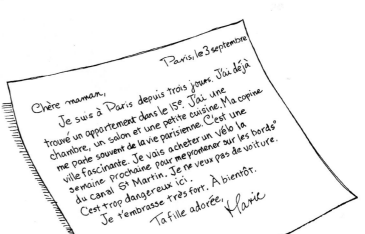

Paris, le 3 septembre

Chère maman,

Je suis à Paris depuis trois jours. J'ai déjà trouvé un appartement dans le 15e. J'ai une chambre, un salon et une petite cuisine. Ma copine me parle souvent de la vie parisienne. C'est une ville fascinante. Je vais acheter un vélo la semaine prochaine. Je vais me promener sur les bords° du canal St Martin. Je ne veux pas de voiture. C'est trop dangereux ici. À bientôt.
Je t'embrasse très fort.

Ta fille adorée,
Marie

°me... *ride along the banks*

CHAPITRE **11** Leçon 3: Structures

D. Votre ville. Imaginez qu'un(e) touriste vous pose des questions sur votre ville. Jouez les rôles avec un(e) camarade. Utilisez dans vos réponses le pronom **en** et un nombre ou une expression de quantité. Donnez aussi le plus de détails possible.

MODÈLE: É1: Il y a de grands magasins dans votre ville?
          É2: Oui, il y en a beaucoup—Saks, Macy's, Nordstrom... (Il y en a seulement deux, Macy's et Saks.)

1. Avez-vous une université dans votre ville?
2. Il y a des musées intéressants à visiter?
3. Combien de cinémas et de théâtres avez-vous?
4. Est-ce qu'on peut y faire beaucoup de sport?
5. Combien d'habitants est-ce qu'il y a dans votre ville?
6. On y rencontre beaucoup d'étrangers?

Résumez! Maintenant, votre camarade décrit votre ville à la classe. Il/Elle commence par «Mon/Ma camarade est de _____. Il y a beaucoup de grands magasins à _____... » Est-ce que tout le monde est d'accord avec cette description? Comparez les descriptions d'une même ville. Qui a donné le plus de détails? Qui a été le plus précis / la plus précise?

Demander à quelqu'un son opinion

Que pensez-vous / penses-tu de...*
What do you think of . . .

Qu'en pensez-vous / penses-tu?
What do you think about that?

À votre / ton avis,...
In your opinion, . . .

Donnez son opinion

Je pense que...
I think that . . .

*Penser de is normally used to ask a person's opinion about something or someone; **penser à** means to think about (to have on one's mind) something or someone.

La Grande Arche à la Défense, le centre d'affaires de Paris. Est-ce qu'il y a une arche comme celle-ci (*this one*) dans votre ville?

E. Échange d'opinions. Avec un(e) camarade, donnez des opinions sur des sujets divers. Utilisez les **Mots clés**.

Suggestions: les musées, les touristes, les chauffeurs de taxi, les monuments, les grandes villes américaines, les transports en commun...

MODÈLE: É1: Que penses-tu des voitures japonaises?
          É2: Elles sont jolies (trop petites, pratiques)... Et toi, qu'en penses-tu?
          É1: Je (ne) les aime (pas). Elles (ne) sont (pas)...

312 trois cent douze

Leçon 4

Lecture

Avant de lire

Using semantic mapping to identify important ideas. Creating a semantic map is a prereading strategy that allows you to organize your prior knowledge of word meanings and relationships into more formal understandings. This exercise will help you to "map out" major themes and how they are formulated by means of related vocabulary items.

The text you are about to read concerns the immigrant population of Paris. In particular, you will learn in what parts of the city they have settled, and the type of housing they have found. In performing this semantic mapping exercise, you will be asked to associate words related to a keyword. Here is an example using the word **la ville**.

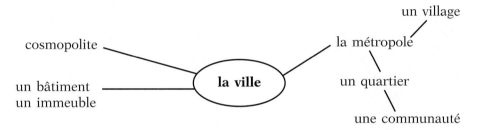

What other words do you associate with the key word **la ville**?

As you read, look for words that can be associated with the notion of diversity (or the keyword **la diversité**). After the reading, you will be asked to create a semantic map using this keyword.

Paris: ville hétérogène

Comme les principales métropoles mondiales, Paris est une ville qui attire[1] des immigrés du monde entier. C'est le lieu d'un métissage[2] ethnique, social et culturel qui brasse[3] Français et étrangers, ouvriers et cadres, étudiants et intellectuels.

Au XVIIIe siècle, les «immigrés» venaient des provinces françaises d'Auvergne, de Bretagne et de Savoie* pour chercher dans la capitale le travail qu'ils ne trouvaient pas ou plus dans leur

[1]*attracts* [2]*mixing of races* [3]*(lit.), brews; mixes up*

À propos de la lecture...
Ce texte est basé sur des informations obtenues sur les sites Web du *Centre international d'études pédagogiques,* du *Belleville, un village à Paris* et de *Paris balades.*

****Auvergne, Bretagne**, and **Savoie** are historical provinces of France. The Auvergne is located in the center of the country; Brittany is in the northwest, and Savoie, in the Alps. The historical provinces were reorganized in 1790 into **départements**, and there are now twenty-two administrative regions, each composed of several **départements**. However, the names of the former provinces are commonly used.

région. Le recensement[4] de 1901 montre que les «provinciaux» représentent la majorité de la population parisienne et constituent de véritables communautés dans certains quartiers.

À partir du XIXe siècle, de nouveaux immigrés commencent à venir d'autres pays. Ils présentent deux visages: celui[5] d'une élite cosmopolite qui participe à la vie intellectuelle et artistique et celui des travailleurs qui s'échappent[6] à des persécutions politiques ou à la misère économique. Les grands groupes sont d'abord les Italiens et les Polonais avant la Seconde Guerre mondiale, puis les Espagnols et les Portugais, et ensuite par des immigrés originaires d'Afrique du Nord, d'Afrique noire, d'Asie, du continent indien et d'Europe de l'Est.

Paris est à l'image de la société française actuelle, avec une diversité et une hétérogénéité qui justifient le terme de «mosaïque».

Portrait d'un quartier: Belleville

Le quartier de Belleville s'étend sur quatre arrondissements: le 11e, le 12e, le 19e, et le 20e. Village à son origine, Belleville a été annexé à la ville de Paris en 1860 mais continue à garder son âme[7] de village, riche d'histoire et de diversités culturelles.

Belleville devient un quartier d'immigration au XXe siècle: d'abord avec des Arméniens, des Grecs et des Juifs polonais. À partir des années 1960, de nouveaux immigrés algériens et tunisiens juifs s'installent dans les vieux immeubles du quartier. Dans les années 1980 arrivent des Africains d'Afrique noire et des Asiatiques, qui tiennent des commerces dans le quartier. Deux nouvelles populations s'y installent aussi: des classes moyennes françaises à qui l'on a attribué un logement social[8] dans le quartier et des jeunes artistes et cadres moyens qui s'y installent justement pour la diversité culturelle.

La diversité est évidente dans le grand marché entre les stations de métro Belleville et Ménilmontant.

[4]*census* [5]*the one* [6]*are escaping* [7]*soul* [8]*logement... subsidized housing*

Compréhension

Une carte sémantique. Inspirez-vous du modèle à la page 313 pour créer une carte sémantique en utilisant le mot clé **diversité**. Utilisez des substantifs (*nouns*), des verbes, des adjectifs, etc., tirés de la lecture et ajoutez d'autres mots que vous connaissez, si vous le désirez.

(**la diversité**)

Écriture

Témoin d'un événement cocasse (*Witnessing something amusing*).
Répondez aux questions suivantes pour parler d'un événement drôle
dont vous avez été témoin (*you witnessed*). Ensuite, écrivez un
paragraphe à partir de vos réponses. Utilisez les **Mots clés** de la
page 298. Ajoutez des informations supplémentaires, si nécessaire.

1. Où s'est passé cet événement? Combien de personnes est-ce qu'il
   y avait? Avec qui étiez-vous?
2. Quel temps faisait-il? À quelle heure de la journée est survenu
   (*happened*) cet événement?
3. Qu'est-ce qui s'est passé exactement?
4. Est-ce que c'était la première fois que vous étiez témoin d'un
   tel (*such an*) événement? Avez-vous été impliqué(e) (*involved*)
   directement?

À l'écoute sur Internet

Pour aller au syndicat d'initiative. Anne-Marie visite Blain, une petite
ville dans le nord-ouest de la France. Elle demande à un passant où se
trouve le syndicat d'initiative. Lisez les activités avant d'écouter le
dialogue qui leur correspond.

A. Vous avez bien compris? Entourez la bonne réponse en vous basant
sur le dialogue.

1. Pour aller au syndicat d'initiative, Anne-Marie préfère _____.
   a. marcher   **b.** prendre le bus
2. Elle doit prendre la première rue _____.
   a. à droite   **b.** à gauche
3. Elle doit traverser _____.
   a. la place de la Gare   **b.** la rue Pasteur
4. À la rue Pasteur, elle doit tourner à gauche dans
   la _____.
   a. quatrième rue   **b.** cinquième rue
5. Le syndicat d'initiative est en face _____.
   a. d'une boulangerie   **b.** du commissariat

B. Le chemin d'Anne-Marie. Maintenant tracez le
chemin sur la carte.

Indiquez où se trouve le syndicat d'initiative.
Ensuite cherchez un chemin plus court (*shorter*)
pour aller au syndicat d'initiative et tracez-le aussi.

Le vidéoblog de Juliette

L'église aux Anses d'Arlet, à la Martinique

En bref

Dans cet épisode, Juliette et Hector font une promenade au jardin du Luxembourg. Les deux amis parlent de leur ville natale et de leur vie actuelle (*present*) à Paris. Dans son vidéoblog, Juliette présente le côté «villageois» de Paris et Hector nous fait visiter son village à la Martinique.

Vocabulaire en contexte

se promener
to take a walk

le bruit
noise

le mouvement
movement

une place
square

se connaître
to know each other

la vie en ville
life in the city

un immeuble
apartment building

rencontrer
to run into

une cour
courtyard

un milieu hostile
hostile environment

une ruelle
alley

une impasse
dead end (*street*)

Note culturelle

Le long des côtes de la Martinique, on trouve de nombreux villages de pêcheurs[1] dans de très petites baies appelées «anses». L'Anse Dufour est un village de pêcheurs qui a gardé tout son charme d'origine; les Trois-îlets tiennent[2] leur nom des trois petits îlots rocheux[3] qui émergent au large de[4] la pointe aux Pères; le village des Anses d'Arlet est célèbre pour ses deux plages superbes: la grande Anse et la Petite Anse.

[1]villages… *fishing villages* [2]*take*
[3]îlots… *rocky islands* [4]au… *offshore from*

Visionnez!

Est-ce que les phrases suivantes décrivent Paris ou les Anses d'Arlet à la Martinique?

	Paris	les Anses d'Arlet
1. Il y a toujours du bruit, du mouvement.	☐	☐
2. On rencontre toujours les mêmes gens.	☐	☐
3. On vit (*makes a living*) de la pêche.	☐	☐
4. On est toujours près de la nature.	☐	☐
5. Au cœur (*heart*) de la capitale, il y a de vrai villages.	☐	☐
6. Il y a des villas, des lofts et des ateliers d'artistes.	☐	☐

Analysez!

1. Hector nous dit qu'aux Anses d'Arlet, tout est «à l'échelle (*scale*) humaine». Expliquez pourquoi il a ce sentiment.
2. Quels aspects d'une petite ville trouve-t-on même à Paris?

Comparez!

Décrivez votre ville natale. S'agit-il d'une commune (*town*) rurale ou d'une grande ville? Qu'a-t-elle en commun avec les Anses d'Arlet? Et avec Paris? Regardez encore une fois les parties culturelles de la vidéo: Dans quelle sorte de lieu désirez-vous vivre plus tard (*later*)? Expliquez.

Vocabulaire

Verbes

connaître to know, be familiar with
emprunter (à) to borrow (from)
penser à to think of (about)
penser de to think of (about) (to have an opinion about)
poser une question (à) to ask a question
prêter (à) to lend (to)
savoir to know (how, a fact)

À REVOIR: **écrire, envoyer, montrer, prendre, réfléchir (à), rendre visite (à), réussir (à), traverser**

Substantifs

l'arrondissement (*m.*) district, section (*of Paris*)
la banlieue suburbs
le bâtiment building
le bois forest, woods
le boulevard boulevard
le café-tabac bar-tobacconist
le carrefour intersection
la carte map (*of a region, country*)
le centre-ville downtown
le château castle, château
le chemin way (road)
le coin corner
le commissariat police station
l'église (*f.*) church
l'île (*f.*) island
la mairie town hall

le marché en plein air open-air market
la piscine swimming pool
la place square
le plan map (*of a city*)
le poste de police police station
la Rive droite the Right Bank (*in Paris*)
la Rive gauche the Left Bank (*in Paris*)
le syndicat d'initiative tourist information bureau
la tour tower

À REVOIR: **la bibliothèque, le bureau de poste, le jardin, la librairie, la pièce, le quartier, le restaurant, la rue**

Les nombres ordinaux

le premier (la première), le/la deuxième,... , le/la cinquième,... , le/la huitième, le/la neuvième,... , le/la onzième, etc.

Les expressions temporelles

au moment où at the time when
autrefois formerly
d'abord first, first of all, at first
enfin finally
ensuite then, next
pendant que while
puis then, next

soudain suddenly
tout à coup suddenly
une fois once

À REVOIR: **de temps en temps, un week-end, une fois**

Mots et expressions divers

À votre (ton) avis,... ? In your opinion, . . . ?
de nouveau (*adv.*) again
en (*pron.*) of them; of it; some; any (*in negatives*)
jusqu'à up to, as far as
partout (*adv.*) everywhere
plusieurs several
Qu'en penses-tu? What do you think of that?
Que pensez-vous de... ? What do you think about . . . ?
tout droit (*adv.*) straight ahead
y (*pron.*) there

À REVOIR: **à droite, à gauche**

Mots apparentés

Verbes: **continuer, tourner, traverser**
Substantifs: **la banque, l'hôpital** (*m.*), **l'hôtel** (*m.*), **le monument, le musée, le parc, la pharmacie, la station (de métro)**
Adjectifs: **municipal(e), public / publique**

La passion pour les arts

Les dossiers de Juliette

Juliette

▶ 📁 Mes photos
  ▶ 📁 *Le Penseur*, de Rodin
  ▶ 📁 Grand stabile rouge
  ▶ 📁 Au musée d'Orsay

Le Penseur de Rodin, dans le jardin du musée Rodin avec, à l'arrière, le dôme des Invalides

Dans ce chapitre...

Objectifs communicatifs
▶ talking about artistic and historical heritage
▶ emphasizing and clarifying
▶ speaking succinctly
▶ expressing actions
▶ talking about how things are done

Paroles (Leçon 1)
▶ Le patrimoine historique
▶ Les œuvres d'art et de littérature
▶ Les verbes **suivre, vivre** et **habiter**

Structures (Leçons 2 et 3)
▶ Les pronoms accentués
▶ La place des pronoms personnels
▶ Les verbes suivis de l'infinitif
▶ Les adverbes

Culture
▶ **Le blog de Juliette:** *Pour les amateurs d'art*
▶ **Reportage:** *Les musées parisiens*
▶ **Lecture:** *Déjeuner du matin* (Leçon 4)

Grand stabile rouge de Calder, sur l'esplanade de la Défense

Le musée d'Orsay

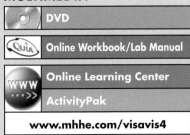

MULTIMÉDIA
DVD
Online Workbook/Lab Manual
Online Learning Center
ActivityPak
www.mhhe.com/visavis4

319

Leçon 1

PAROLES

Le patrimoine historique° Le... *Historical heritage*

Les arènes d'Arles, monument de l'époque romaine (59 av. J.-C.*–Ve siècle)

La cathédrale d'Amiens, chef-d'œuvre (*masterpiece*) du Moyen Âge (l'époque médiévale: V^e–XVe siècles)

*avant Jésus-Christ

Chenonceaux, château de la Renaissance (XVIe siècle)

Versailles, château de l'époque classique (XVIIe siècle)

Allez-y!

A. Définitions. Regardez les quatre photos et complétez les phrases.

1. Une période historique, c'est une _____.
2. Une durée de cent ans, c'est un _____.
3. On a bâti (*built*) la cathédrale d'Amiens à l'époque _____.
4. L'époque historique qui se situe entre le Ve et le XVe siècles s'appelle le _____.
5. Le château de Chenonceaux a été bâti au _____.
6. Le château de Versailles date de l'époque _____.
7. Les arènes d'Arles datent de l'époque _____.

B. Leçon d'histoire. Indiquez dans une phrase en quel siècle et à quelle époque chacun des événements suivants s'est passé (*took place*). Remplacez les éléments en italique par des pronoms.

MODÈLE: *Guillaume, duc de Normandie,* a conquis *l'Angleterre* en 1066. ⟶ Il l'a conquise au XIe siècle, à l'époque du Moyen Âge.

1. *Blaise Pascal* a inventé *la première machine à calculer* en 1642.
2. On a bâti *les arènes de Nîmes* au premier siècle.
3. *La ville de Paris* s'appelait Lutèce du IIe siècle av. J.-C. jusqu'au IVe siècle après J.-C.
4. *Jacques Cartier* a pris possession *du Canada* au nom de la France en 1534.
5. *Jeanne d'Arc* a essayé de prendre *la ville de Paris* en 1429.
6. *René Descartes* a écrit *sa «Géométrie»* en 1637.
7. *Charlemagne* est devenu roi (*king*) en 768.

C. À vous! Imaginez que votre classe de français est en visite à Paris. Votre guide vous propose trois sites à visiter. En groupes de trois ou quatre personnes, choisissez un site parmi les suggestions suivantes. Vous devez présenter votre choix à la classe et le justifier. Finalement, on vote pour choisir un seul site pour toute la classe.

Les arènes de Lutèce

    Histoire: des arènes romaines de 15 000 places avec une arène séparée pour les combats des gladiateurs

    Aujourd'hui: un jardin public très agréable où on peut flâner (*stroll*), pique-niquer ou rêver

    À proximité: le Quartier latin

Le palais du Louvre

    Histoire: ancienne résidence royale commencée au XIIIe siècle

    Aujourd'hui: un magnifique musée d'art

    À proximité: le quartier élégant de l'Opéra

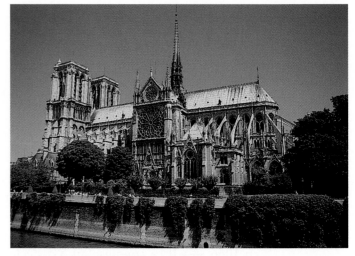

La cathédrale de Notre-Dame

    Histoire: Le grand chef-d'œuvre du Moyen Âge. Commencée en 1163 et finie en 1345. Son architecture de style gothique crée une atmosphère de mystère et de beauté.

    Aujourd'hui: Toujours une église catholique. On peut monter les 387 marches (*steps*) jusqu'au sommet de sa tour et prendre de splendides photos de Paris.

    À proximité: le Quartier latin, l'île Saint-Louis, l'Hôtel de Ville (*City Hall*) de Paris

Les œuvres d'art et de littérature

La littérature

une pièce de théâtre

un poème
la poésie

un roman

un écrivain, une femme écrivain

La sculpture

une sculpture

un sculpteur, une femme sculpteur

La peinture

un tableau

un peintre, une femme peintre

La musique

un musicien, une musicienne

Le cinéma

une actrice

un acteur

un/une cinéaste

AUTRES MOTS UTILES

un compositeur,	
une compositrice	composer
une œuvre	work, composition
un recueil	collection

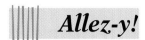

Allez-y!

A. Qui sont-ils? Retrouvez la profession de ces artistes. Si vous ne savez pas, devinez ou faites des recherches.

MODÈLE: Jean-Paul Sartre ⟶ C'est un écrivain.

1. Sarah Bernhardt	peintre / femme peintre
2. Auguste Rodin	sculpteur / femme sculpteur
3. Pierre Auguste Renoir	musicien (ne) et compositeur /
4. Simone de Beauvoir	compositrice
5. Louis Malle	cinéaste
6. Camille Claudel	écrivain / femme écrivain
7. Claude Debussy	acteur / actrice
8. Mary Cassatt*	
9. Henri Matisse	
10. Catherine Deneuve	

B. Littérature. Complétez les phrases avec la forme correcte des mots suivants: **poésie, acteur, roman, pièce de théâtre, écrivain, poème**.

1. *L'Étranger* est un _____ d'Albert Camus.
2. Molière était un _____ et un _____. Il a écrit des _____.
3. La vie de Verlaine a été turbulente, mais ses _____ font partie des chefs-d'œuvre de la _____ française.
4. Simone de Beauvoir a écrit des _____ et des essais sur la condition féminine.
5. *Les Fleurs du mal* est un recueil de _____ de Charles Baudelaire.

C. Les goûts artistiques. Posez les questions à un(e) camarade.

1. Quel est ton roman préféré? C'est de qui?
2. Qui est ton peintre préféré? Pourquoi?
3. Connais-tu des artistes français? Lesquels (*Which ones*)?
4. Est-ce que tu écoutes de la musique classique? Qui est ton compositeur préféré / ta compositrice préférée?
5. Aimes-tu la poésie? Quels poètes anglais ou américains aimes-tu? Connais-tu un poème par cœur (*by heart*)? Lequel?
6. Vas-tu quelquefois au théâtre? Quelle pièce as-tu vue récemment?
7. Aimes-tu aller au cinéma? Quel film as-tu vu récemment?

Maintenant, décrivez les goûts artistiques de votre camarade à la classe.

---

*Mary Cassatt est née à Pittsburgh, mais elle a vécu (*lived*) à Paris et a participé au mouvement impressionniste.

Les verbes *suivre* et *vivre*

suivre (*to follow*)	
je **suis**	nous **suivons**
tu **suis**	vous **suivez**
il/elle/on **suit**	ils/elles **suivent**
Past participle: **suivi**	

vivre (*to live*)	
je **vis**	nous **vivons**
tu **vis**	vous **vivez**
il/elle/on **vit**	ils/elles **vivent**
Past participle: **vécu**	

Suivre and **vivre** are irregular verbs, and they have similar conjugations in the present tense. **Suivre un cours** means *to take a course.* **Poursuivre** (*to pursue*) is conjugated like **suivre.**

Combien de cours d'art **suis**-tu?	*How many art courses are you taking?*
Suivez mes conseils!	*Follow my advice!*
Monet **a vécu** de nombreuses années à Giverny.	*Monet lived many years in Giverny.*
Est-ce qu'il **a poursuivi** ses études de musique?	*Did he pursue his musical studies?*

Allez-y!

A. Van Gogh. Complétez l'histoire en utilisant les verbes suivants: **suivre, poursuivre, vivre, habiter**. Mettez tous les verbes, excepté le numéro 7, au présent.

Vincent Van Gogh est né en 1853 à Groot-Zundert, aux Pays-Bas. En 1877, il _____[1] des cours pour devenir pasteur (*preacher*), mais malheureux, il change d'avis. Il _____[2] des études de dessin anatomique parce qu'il veut devenir artiste. Après des séjours en Belgique et aux Pays-Bas, où il peint *Les Mangeurs de pommes de terre*, il _____[3] à Paris, où il fait la connaissance des peintres impressionnistes. C'est Pissarro qui le convainc d'utiliser des couleurs vives (*bright*). À Paris, Van Gogh ne vend aucun* tableau; il _____[4] dans la misère (*poverty*). De 1888 jusqu'à sa mort, Van Gogh _____[5] le sud de la France où il _____[6] sa passion pour la peinture. De plus en plus tourmenté, il se suicide en 1890. Il _____[7] (*passé composé*) seulement jusqu'à l'âge de 37 ans et n'a vendu qu'un seul tableau pendant sa vie.

---

*ne... aucun(e) is a negative expression meaning *no, not one.*

B. Conversation. Avec un(e) camarade, répondez aux questions suivantes.

1. Quelle carrière veux-tu poursuivre? Suis-tu déjà des cours qui mènent à (*lead to*) cette carrière?
2. Est-ce que la plupart (*majority*) des gens basent leur choix de carrière sur ce qui les intéresse? Sinon, comment la choisissent-ils?
3. Comment veux-tu vivre dans dix ans? Dans le luxe en ville, par exemple, ou très simplement à la campagne? Dans quelle sorte de logement veux-tu habiter?
4. À ton avis, est-il plus important de suivre ses passions dans la vie ou de poursuivre la fortune? Pourquoi?

Vincent Van Gogh: *Autoportrait*, 1889–1890 (Musée d'Orsay, Paris)

Point de départ

Vincent Van Gogh. (1853–1890)
Le séjour à Paris de Van Gogh a une influence définitive sur son travail. Il visite les toutes premières expositions des impressionnistes et incorpore certaines techniques dans son propre travail. Sa palette de couleurs change: les couleurs traditionnelles en Hollande, plus sombres, font place (*give way to*) aux couleurs vives des impressionnistes. Van Gogh commence aussi à collectionner les estampes (*engravings*) japonaises qui auront (*will have*) une influence subtile sur son art à travers sa carrière.

Vous aimez les tableaux de Van Gogh? Pourquoi ou pourquoi pas?

Leçon 2

Les pronoms accentués

Emphasizing and Clarifying

STRUCTURES

Des visites artistiques

David est en visite à Paris avec ses parents et son frère. Il raconte leurs activités à Géraldine, une amie parisienne.

GÉRALDINE: Et **toi,** David, tu es allé au Louvre?

DAVID: Non, c'est trop grand pour **moi.** Je préfère le musée Picasso.

GÉRALDINE: **Moi** aussi! Mais tes parents, ils ont visité le Louvre?

DAVID: **Eux?** Oui, ils y sont allés plusieurs fois. Mais mon frère, **lui,** il préfère visiter les magasins et les boîtes de nuit!

Les phrases suivantes sont des variantes des phrases du dialogue. Complétez ces phrases avec **moi, toi, lui** ou **eux**.

1. Tu es allé au Louvre, _____?
2. _____, j'aime mieux le musée Picasso.
3. Non, mais _____, ils l'ont visité.
4. _____, il n'aime pas les musées.

Le musée Picasso, à Paris

Forms of Stressed Pronouns

Stressed pronouns (**les pronoms accentués**) are used as objects of prepositions or for clarity or emphasis. The following chart shows their forms. Note that several are identical in form to subject pronouns.

moi	*I, me*	nous	*we, us*
toi	*you*	vous	*you*
lui	*he, him*	eux	*they, them (m.)*
elle	*she, her*	elles	*they, them (f.)*
soi*	*oneself*		

Uses of Stressed Pronouns

Stressed pronouns are used:

1. As objects of prepositions

Nous allons travailler chez **toi** ce soir.	*We're going to work at your house tonight.*
Après **vous**!	*After you!*
Après le concert, tout le monde rentre chez **soi**.	*After the concert, everybody goes back home.*

2. As part of compound subjects

Clara et elle ont lu *À la recherche du temps perdu*† en entier.	*She and Clara read the entire* In Search of Lost Time.
Michel et moi avons joué ensemble une sonate de Debussy.	*Michel and I played a Debussy sonata together.*

3. With subject pronouns, to emphasize the subject

Et **lui**, écrit-il un roman?	*What about him? Is he writing a novel?*
Eux, ils ont de la chance.	*As for them, they are lucky.*
Tu es brillant, **toi**!	*You're brilliant!*

When stressed pronouns emphasize the subject, they can be placed at the beginning or the end of the sentence.

[Allez-y! A]

4. After **ce** + **être**

—C'est **vous,** Monsieur Lemaître?	*Is it you, Mr. Lemaître?*
—Oui, c'est **moi**.	*Yes, it's me (it is I).*
C'est **lui** qui donnait le cours sur Proust.	*He's the one who was teaching the course on Proust.*

---

*Soi corresponds to the subjects **on, tout le monde,** and **chacun** (*each one*).
†Long novel by Marcel Proust, in seven volumes. The original English translation was titled *Remembrance of Things Past.* A recent translation is called *In Search of Lost Time.*

5. In sentences without verbs, such as one-word answers to questions and tag questions

—Qui a visité le musée Delacroix?	*Who has visited the Delacroix Museum?*
—**Toi**!	*You!*
—As-tu pris mon livre d'art?	*Did you take my art book?*
—**Moi**?	*Me?*
Nous allons visionner une vidéo sur la peinture moderne. Et **lui**?	*We're going to see a video on modern painting. What about him?*

6. In combination with **même(s)** for emphasis

Préparent-ils la vidéo **eux-mêmes**?	*Are they preparing the video themselves?*
Allez-vous choisir les images **vous-même**?	*Are you going to choose the pictures yourself?*

[Allez-y! B-C]

Allez-y!

A. Au théâtre. Vos amis et vous avez présenté une pièce de théâtre devant la classe. Décrivez le comportement des acteurs / actrices avant le commencement de la pièce, à l'aide des pronoms accentués.

MODÈLE: nous / fatigués ⟶ Nous, nous étions fatigués.

1. je / préoccupé(e)
2. Catherine / anxieuse
3. Louis / agité
4. Jessica et Christine / sérieuses
5. Marc et Angela / calmes
6. nous / heureux

B. Pour monter la pièce. (*To prepare the play.*) D'autres étudiants vous ont aidé(e) à monter la pièce de l'exercice précédent. Dites ce qu'ils ont fait. Remplacez les mots en italique par des pronoms qui correspondent aux mots entre parenthèses. Faites attention à la conjugaison du verbe.

1. Qui a fait les costumes? C'est *moi* qui ai fait les costumes. (Sandrine, Bruno, Pierre et Jean-Paul)
2. Vous avez écrit le scénario vous-mêmes? Oui, *nous* l'avons écrit *nous*-mêmes. (je, une amie et moi, Richard et Jean-Claude, les acteurs)

C. Êtes-vous indépendant(e)? Est-ce que vos camarades et vous faites des choses intéressantes, utiles ou inhabituelles? Renseignez-vous sur les activités de quatre camarades. Utilisez les pronoms accentués + **même(s)** et les verbes de la liste suivante.

Verbes utiles: acheter, aller, bâtir* (*to build*), devoir, faire, gagner, jouer, lire, pouvoir, préparer, réparer, travailler, vendre, venir, voir, vouloir

MODÈLES: Moi, je fais toujours le pain moi-même pour les repas à la maison.

J'ai une camarade qui, elle, répare elle-même sa voiture.

 # **L**a place des pronoms personnels

Speaking Succinctly

Un tempérament artistique

Marie veut une boîte de peinture.

MARIE: Allez, maman, achète-**la-moi**!
MAMAN: Écoute-moi bien, Marie! Je vais **te l'**acheter mais à condition que tu la partages avec ta sœur. Donne-**lui-en** la moitié.
MARIE: Je **te le** promets.

Trouvez la phrase équivalente dans le dialogue.

1. Tu m'achètes la boîte de peinture.
2. Je vais t'acheter la boîte.
3. Donne la moitié de la boîte à ta sœur.

Order of Object Pronouns in Declarative Statements

When two or more pronouns are used in a declarative sentence, they follow a fixed order. The direct object pronoun is usually **le, la,** or **les. Me, te, nous,** and **vous** precede **le, la,** and **les; lui** and **leur** follow them. The pronouns **y** and **en,** in that order, come last.

DIRECT OR INDIRECT OBJECT	DIRECT OBJECT	INDIRECT OBJECT	**y / en**
me	le		
te	la	lui	
nous	les	leur	y / en
vous			

---

*conjugated like **finir**

—Le guide vous a expliqué la théorie des peintres impressionnistes?	*Did the guide explain the theory of the Impressionist painters to you?*
—Oui, il **nous l'**a expliquée.	*Yes, he explained it to us.*
—Avez-vous montré le tableau de Manet aux étudiants américains?	*Did you show the Manet painting to the American students?*
—Oui, je **le leur** ai montré.	*Yes, I showed it to them.*
—Est-ce que le guide a donné des livrets sur l'impressionnisme aux autres étudiants?	*Did the guide give booklets on Impressionism to the other students?*
—Oui, il **leur en** a donné.	*Yes, he gave them some.*

It might help you to remember this formula: First and second person before third; direct object before indirect object. Apply the first part if it is relevant, then the second.

1. When the pronouns are objects of an infinitive, they are placed immediately before the infinitive. The same order rules apply.

—Quand est-ce que tu vas donner le cadeau à Hélène?	*When are you going to give Hélène the gift?*
—Je vais **le lui** donner à Noël.	*I am going to give it to her at Christmas.*

2. In negative sentences with object pronouns, **ne** precedes the object pronouns; when the negative sentence is in the **passé composé, pas** follows the conjugated verb and precedes the past participle.

—Ils nous ont envoyé les horaires des autres musées de Paris?	*Did they send us the schedules of the other museums in Paris?*
—Non, ils **ne nous les** ont **pas** envoyés.	*No, they didn't send them to us.*

[Allez-y! A-B]

Commands with One or More Object Pronouns

1. The order of object pronouns in a negative command is the same as the order in declarative sentences: the pronouns precede the verb.

N'**en** parlons pas!	*Let's not talk about it!*
N'**y** pense pas!	*Don't think about it!*
Ne **me** donnez pas le tableau!	*Don't give me the painting!*
Ne **me le** donnez pas!	*Don't give it to me!*
Ne **leur** dites pas que vous êtes venus!	*Don't tell them you came!*
Ne **le leur** dites pas!	*Don't tell them!*

2. In affirmative commands with one object pronoun, the object pronoun follows the verb and is attached with a hyphen. When **me** and **te** come at the end of the expression, they become **moi** and **toi**.

La lettre? **Écrivez-la**!	*The letter? Write it!*
Voici du papier. **Prenez-en**!	*Here's some paper. Take some!*
Tes amis? **Donne-leur** des billets!	*Your friends? Give them some tickets!*
Parle-moi des concerts!	*Tell me about the concerts!*

As you know, the final **-s** is dropped from the **tu** form of regular **-er** verbs and of **aller** to form the **tu** imperative: **Parle de tes problèmes! Va à la maison!** However, the **-s** is *not* dropped before **y** or **en** in the affirmative imperative: **Parles-*en*! Vas-*y*!**

3. When there is more than one pronoun in an affirmative command, however, all direct object pronouns precede indirect object pronouns, followed by **y** and **en,** in that order. All pronouns follow the command form of the verb and are attached by hyphens. The forms **moi** and **toi** are used except before **y** and **en,** where **m'** and **t'** are used.

DIRECT OBJECT	INDIRECT OBJECT		y / en
le	moi (m')	nous	
la	toi (t')	vous	y / en
les	lui	leur	

—Voulez-vous ma carte d'entrée au musée?	*Do you want my museum entrance card?*
—Oui, **donnez-la-moi**.	*Yes, give it to me.*
—Je t'apporte du papier?	*Shall I bring you some paper?*
—Oui, **apporte-m'en**.	*Yes, bring me some.*
—Tu veux que je cherche l'horaire du musée?	*Do you want me to look for the museum schedule?*
—Oui, **cherche-le-moi**.	*Yes, look for it for me.*
—Est-ce que je dis aux autres que l'entrée est gratuite?	*Shall I tell the others that admission is free?*
—Oui, **dites-le-leur**.	*Yes, tell them that (lit., tell it to them).*

[Allez-y! C-D-E]

Allez-y!

A. Travail d'équipe. (*Teamwork.*) Audrey et ses camarades font un travail sur l'art du XIXe siècle. Transformez les phrases selon le modèle.

MODÈLE: Audrey donne ses notes à Christine. ⟶ Elle les lui donne.

1. Elle prête un livre sur Manet à Sylvie.   2. Christine décide d'emprunter des diapositives (*slides*) à son professeur de français.   3. Le professeur offre aussi la vidéo *Vincent et Théo* aux trois filles.   4. Sylvie prend des notes sur Monet et les donne à Audrey et à Christine.   5. Christine est chargée (*given the responsibility*) d'expliquer le pointillisme aux deux autres.   6. Les trois étudiantes présentent leur exposé aux autres étudiants du cours.

B. **Détails pratiques.** Vous faites une visite artistique de Paris. Répondez par *oui* ou *non* et utilisez des pronoms.

> **MODÈLE:**   Achetez-vous vos guides (*guidebooks*) à la librairie?
> Oui, je les y achète. (Non, je ne les y achète pas.)

1. Prenez-vous vos repas dans les musées?
2. Achetez-vous vos cartes postales au musée?
3. Emmenez-vous vos amis au musée?
4. Il y a des sculptures au musée du Louvre?
5. Avez-vous rencontré vos amis au ciné-club?
6. Apportez-vous votre appareil photo au musée?
7. Est-ce qu'il y avait beaucoup de visiteurs à l'exposition du Grand-Palais?

C. **Pour devenir un écrivain célèbre.** Dans les phrases suivantes, remplacez les mots en italique par des pronoms.

> **MODÈLES:**   Lisez *beaucoup de romans.* $\longrightarrow$
> Lisez-en beaucoup!
>
> Montrez *vos œuvres à vos amis.* $\longrightarrow$
> Montrez-les-leur!

1. N'oubliez jamais *vos cahiers à la maison.*
2. Prenez *des notes.*
3. Révisez *votre travail.*
4. Envoyez *votre roman à l'éditeur.*
5. Invitez *votre éditeur* à dîner.
6. Après la publication du roman, demandez *à vos amis* d'acheter un exemplaire (*copy*).

D. **Situations.** Vous entendez des fragments de conversation. Imaginez la situation.

> **MODÉLE:**   N'y touche pas! $\longrightarrow$
> La Mère de Jean vient de faire un gâteau, et Jean essaie d'en manger un morceau.

1. Vas-y!   2. N'y touche pas!   3. Ne m'en donne pas!   4. Ne les regardez pas!   5. Donne-la-lui!   6. Ne lui parle pas si fort!   7. Montre-les-moi!   8. Ne le lui dis pas!

E. **Interview.** Interrogez un(e) camarade sur une ville ou une région que vous pensez visiter. Suivez le modèle. **Mots utiles:** un musée, une cathédrale, le cinéma, la musique, la sculpture, les tableaux, une pièce de théâtre, des acteurs / actrices célèbres, des compositeurs, des cinéastes, des écrivains

> **MODÈLE:**   É1: Est-ce qu'il y a une belle cathédrale à Strasbourg?
> É2: Oui, il y en a une.

Mots clés

Les verbes *apporter* et *emmener*

Apporter (*to bring something*) is used only with objects.

> Il apporte ses tableaux à la galerie d'art.

Emmener (*to take someone along; to invite*) is used with people or animals.

> Je t'emmène au cinéma?

Le blog de Juliette

Pour les amateurs d'art

samedi 2 août

J'aime l'art.

J'ai commencé à aimer la peinture vers¹ l'âge de 12 ans, quand ma mère m'a emmenée voir une exposition du peintre Kandinsky, le peintre des compositions abstraites et des jeux de couleurs.

Ensuite, j'ai appris à peindre. Je rêvais de créer une œuvre, je voulais être le Mozart de la peinture! Mais rapidement, j'ai accepté de reconnaître une vérité absolue: je n'ai aucun talent²…

Alors, je me contente³ d'admirer les œuvres des autres, de voir des expositions et d'explorer des musées. La semaine dernière, par exemple, j'ai visité les musées en plein air⁴ de Paris: les œuvres sont exposées dans des lieux publics, sous le vent, la pluie⁵ et le soleil! C'est une expérience unique!

Malheureusement, je ne serai jamais⁶ une artiste… Je dois l'accepter. Mais j'ai décidé de promouvoir⁷ les chefs-d'œuvre des jeunes artistes…

Je vais donc créer une galerie d'art virtuelle sur le net pour encourager les jeunes peintres et sculpteurs à montrer leurs œuvres.

Mes amis blogueurs sont les premiers informés!

Juliette

▲ Grand stabile rouge de Calder sur l'esplanade à la Défense

....

COMMENTAIRES

Alexis

Franchement Juliette, c'est une bonne idée. Mais les galeries virtuelles, il y en a déjà beaucoup sur le Web. Pourtant, si tu veux faire la promotion des jeunes peintres québécois, je peux t'aider…

 Charlotte

Juliette, je te conseille de poursuivre ton projet. Il faut seulement créer un site différent et original. Toi, tu as une double expertise et tu peux créer un concept génial: tu connais parfaitement le multimédia et tu connais l'art.

 Mamadou

Pourquoi ne pas organiser des expositions d'art africain d'avant-garde? Évidemment, tout le monde connaît les masques, les statuettes et les tissus⁸ africains traditionnels, mais en Afrique, il y a aussi des artistes contemporains vraiment exceptionnels. Moi-même, j'en connais et je peux te les présenter.

 Poema

La plupart des artistes polynésiens ont des difficultés pour exposer leurs tableaux en Europe. Tu peux les aider à réussir sur le marché français!

¹around ²Je… I have no talent whatsoever ³me… am satisfied ⁴musées… open-air museums ⁵rain ⁶ne… will never be ⁷promote ⁸fabrics

334   trois cent trente-quatre

Où se trouve *Le Penseur*, la plus fameuse sculpture d'Auguste Rodin? À Paris, au musée Rodin, qui était autrefois l'hôtel Biron où l'artiste a passé beaucoup de temps pendant les dernières années de sa vie. Le jardin qui entoure[1] le musée est une petite merveille. Flânez dans les allées et découvrez les chefs-d'œuvre du grand maître exposés en plein air.

Ensuite, visitez le musée. Imaginez une sorte de petit palais avec des parquets cirés.[2] D'une pièce à l'autre, vous découvrez des sculptures remarquables: *Le Baiser*,[3] *La Main de Dieu*[4]...

Vous sortez de ce musée fasciné par la blancheur du marbre, charmé par ces corps et ces visages[5] sculptés dans la pierre[6] éternelle.

Pour continuer votre visite des musées parisiens, vous devez, bien sûr, aller au Louvre: cette ancienne demeure[7] des rois de France est une pièce majeure du patrimoine français et l'un des plus grands musées d'art du monde. On y trouve notamment la célèbre *Joconde*[8] au sourire mystérieux. Le musée d'Orsay, très riche en tableaux impressionnistes, mérite aussi une visite.

Mais si vous voulez sourire, il faut aller au musée Grévin, qui présente 300 personnages célèbres... en cire,[9] ou au musée de la Poupée,[10] qui va vous rappeler votre enfance. Et si vous aimez la littérature, vous devez absolument visiter la maison de Balzac et la maison de Victor Hugo: dans ces murs, des œuvres immortelles sont nées.

▲ C'est dans l'ancienne gare d'Orsay que le musée d'Orsay s'est installé. Ce bâtiment magnifique, classé monument historique, date de 1900. Construit pour l'Exposition Universelle, il réunit aujourd'hui des chefs-d'œuvre de l'impressionnisme et du post-impressionnisme français, comme *Femme à l'ombrelle* de Monet ou *La Danseuse* de Renoir.

[1]*surrounds* [2]*parquets... waxed wood floors* [3]*Kiss* [4]*Main... Hand of God* [5]*faces* [6]*stone* [7]*residence* [8]*Mona Lisa* [9]*en... in wax* [10]*Doll*

À vous!

1. Avez-vous envie de visiter le musée Rodin ou un autre musée parisien? Expliquez pourquoi.
2. Est-ce que vous avez visité, aux États-Unis ou dans d'autres pays, des musées originaux et surprenants? Racontez une de ces expériences et expliquez vos réactions.
3. D'après la photo, le musée d'Orsay ressemble-t-il à une gare ou à un musée? Justifiez votre avis en donnant des arguments.

WWW **On est connectés** To learn more about Paris museums, use the links or keywords and search engines provided at the *Vis-à-vis* Online Learning Center (**www.mhhe.com/visavis4**).

Leçon 3

STRUCTURES

 Les verbes suivis de l'infinitif

Expressing Actions

Sortie au cinéma

FRANÇOISE: **J'ai décidé d'**aller voir le dernier film d'Audrey Tautou ce soir.

THOMAS: Audrey Tautou!!! Ma chère Audrey? Je crois que j'**ai oublié de** te dire que j'étais libre ce soir...

FRANÇOISE: Ah là là! Tu **rêves** encore **de** la rencontrer un jour!

THOMAS: Mais pas du tout! Je **cherche** simplement **à** me cultiver!

FRANÇOISE: Ah bien sûr! Avec des intentions aussi nobles, ce n'est pas moi qui vais t'**empêcher de** venir!

Répondez aux questions suivantes.

1. Qu'est-ce que Françoise a décidé de faire?
2. Qu'est-ce que Thomas a oublié de dire à Françoise?
3. Est-ce que Françoise va empêcher Thomas de l'accompagner?

1. Some verbs can be followed by an infinitive without an intervening preposition. Among the most common:

aimer	**détester**	**falloir (il faut)**	**savoir**
aller	**devoir**	**pouvoir**	**venir**
désirer	**espérer**	**préférer**	**vouloir**

Je **déteste chanter**. Mais je **sais** très bien **jouer** de la guitare.

Sophie **ne peut pas aller** au cinéma samedi soir. Elle **doit aller voir** sa grand-mère.

I hate singing, but I know how to play the guitar very well.
Sophie cannot go to the movies on Saturday evening. She has to visit her grandmother.

When **penser** is followed by an infinitive, it means *to count or plan on doing something.*

> Je **pense rester** chez moi ce week-end.

> *I'm planning on staying home this weekend.*

2. Other verbs require the preposition **à** directly before the infinitive. These include:

aider à	**chercher à**	**continuer à**	**réussir à**
apprendre à	**commencer à**	**enseigner à**	

> **J'ai commencé à fumer** quand j'avais 16 ans. Caroline m'**a aidé à arrêter.**

> *I started to smoke when I was 16. Caroline helped me quit.*

> La semaine prochaine, je vais **apprendre à jouer** au tennis et je **continue à prendre** des cours de yoga deux fois par semaine.

> *Next week I will learn how to play tennis, and I will continue to take yoga classes twice a week.*

3. Still other verbs require the preposition **de** directly before the infinitive.

accepter de	**décider de**	**finir de**	**rêver de**
arrêter de	**demander de**	**oublier de**	**venir de**
choisir de	**empêcher de**	**permettre de**	
conseiller de	**essayer de**	**refuser de**	

> François **a décidé de prendre** des cours d'art dramatique. Il **rêve de devenir** acteur. Il **vient de jouer** un petit rôle dans *Le Cid* à l'université. L'année prochaine, il va **essayer d'entrer** au Conservatoire de Paris.

> *François has decided to take drama classes. He dreams of becoming an actor. He just played a small role in* Le Cid *at the university. Next year, he is going to try to get into the Paris Conservatory.*

4. A few verbs change in meaning with different prepositions. **Commencer** regularly takes **à** before an infinitive; **finir** normally takes **de** before an infinitive. However, they can both take **par**. **Commencer par** is used to talk about what one did first in a series of things; **finir par** means *to end up by doing something.*

> Michel **a commencé par** jouer un petit rôle dans une comédie à l'université. Il **a fini par** devenir acteur à Hollywood.

5. Note that the meaning of **venir** changes depending on whether it is followed directly by an infinitive or by **de** plus an infinitive. **Ils viennent dîner** means *They are coming to dinner*. **Ils viennent de dîner** means *They've just had dinner*.

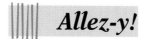

Allez-y!

A. Au cabaret de la Contrescarpe. Corinne, Chuck et Jacques arrivent à la Contrescarpe, dans le quartier Montmartre, à Paris. Classez leurs activités par ordre chronologique de 1 à 8.

_____ Ils décident de commander du champagne.

_____ Ils finissent par s'endormir dans le séjour.

_____ Ils demandent au serveur de leur apporter l'addition.

_____ Ils choisissent de s'asseoir à une table près de la scène.

_____ Ils commencent par regarder la salle.

_____ Ils commencent à chanter en rentrant chez eux.

_____ Ils arrêtent de parler quand le spectacle commence.

_____ Ils n'oublient pas de laisser un pourboire au serveur.

B. Projets et activités. Posez des questions à vos camarades pour vous informer de leurs projets et de leurs activités.

MODÈLE: aller / faire / ce soir ⟶
É1: Qu'est-ce que tu vas faire ce soir?
É2: Je vais sortir avec mes amis.

1. vouloir / faire / ce week-end
2. aller / faire / l'été prochain
3. devoir / faire / demain
4. aimer / faire / après les cours
5. penser / faire / la semaine prochaine
6. détester / faire / le soir
7. espérer / faire / ce soir

C. Résolutions du Nouvel An. Énumérez quelques-unes de vos résolutions à vos camarades. Complétez les phrases suivantes avec un infinitif.

MODÈLE: Cette année, je vais finir... ⟶
Cette année, je vais finir de lire *La Vie mode d'emploi* de Georges Perec.*

1. Je voudrais apprendre...
2. Je vais commencer...
3. J'ai aussi décidé...
4. En plus, je vais arrêter...
5. Enfin, je rêve...
6. Mais je refuse...

D. Interview. Posez les questions suivantes—en français, s'il vous plaît—à un(e) camarade de classe. Puis faites un résumé de ses réponses. Demandez à votre camarade...

1. what he/she likes to do in the evening
2. what he/she hates to do in the house
3. if he/she is learning to do something interesting, and what it is
4. if he/she has decided to continue to study French
5. what he/she has to do after class
6. if he/she prefers going to a play or to a movie

---

*Fruit de neuf années de travail, *La Vie mode d'emploi* retrace l'histoire d'un immeuble parisien et de ses habitants.

7. if he/she has just read a good book, and what it was
8. what he/she knows how to do well
9. what he/she tries, but does not always succeed in doing well
10. if he/she forgot to do something this morning, and what it was
11. if he/she has stopped doing something recently, and what it was
12. ?

Les adverbes

Talking About How Things Are Done

La Provence

ANNE-LAURE: **Demain,** je pars pour la Provence. Je vais visiter **rapidement** la maison de Renoir à Cagnes, puis le musée Matisse à Nice, le musée Picasso à Antibes…

SYLVAIN: Tu voyages **constamment,** toi?

ANNE-LAURE: Non, pas **vraiment.** Mais je veux **absolument** aller en Provence parce que plusieurs peintres français y ont habité.

SYLVAIN: Et **maintenant,** qu'est-ce que tu fais?

ANNE-LAURE: Je vais voir la maison de Monet à Giverny, dans la banlieue parisienne.

SYLVAIN: **Franchement,** à part la peinture, qu'est-ce qui t'intéresse?

ANNE-LAURE: La musique classique… J'aime beaucoup Berlioz.

Corrigez les phrases incorrectes.

1. Anne-Laure est partie en Provence hier.
2. Elle voyage très souvent.
3. Elle veut vraiment aller en Provence.
4. Demain, elle va visiter la maison de Matisse.

Pierre-Auguste Renoir: *La Danse à Bougival,* 1883
Photograph ©2007 Museum of Fine Arts, Boston

Forms of Adverbs

Adverbs (**les adverbes,** *m.*) modify a verb, an adjective, or another adverb: She learns *quickly.* He is *extremely* hardworking. They see each other *quite often.* You have already learned a number of adverbs, such as **souvent, parfois, bien, mal, beaucoup, trop, peu, très, vite, d'abord, puis, ensuite, après,** and **enfin**.

1. Most adverbs are formed by adding **-ment** (often corresponding to *-ly* in English) to the feminine form of an adjective.

FEMININE ADJECTIVE	ADVERB	
lente	**lentement**	*slowly*
franche	**franchement**	*frankly*
active	**activement**	*actively*
(mal)heureuse	**(mal)heureusement**	*(un)fortunately*

2. If the masculine form of the adjective ends in a vowel, **-ment** is usually added directly to it.

MASCULINE ADJECTIVE	ADVERB	
absolu	**absolument**	*absolutely*
poli	**poliment**	*politely*
rapide	**rapidement**	*quickly*
vrai	**vraiment**	*truly, really*

3. If the masculine form of the adjective ends in **-ent** or **-ant,** the corresponding adverbs have the endings **-emment** and **-amment,** respectively. The two endings have the same pronunciation.

MASCULINE ADJECTIVE	ADVERB	
différent	**différemment**	*differently*
évident	**évidemment**	*evidently, obviously*
constant	**constamment**	*constantly*
courant	**couramment**	*fluently*

Note: In English, the adverbial forms of *good* and *bad* are *well* and *badly*. In French, the adverb forms of **bon** and **mauvais** are both irregular.

bon ⟶ **bien**

                   Sonia est une **bonne** actrice; elle joue **bien** son rôle.

mauvais ⟶ **mal**

                   Normand est un **mauvais** cinéaste; il dirige **mal** ses acteurs.

[Allez-y! A-B]

Position of Adverbs

1. When adverbs qualify adjectives or other adverbs, they usually precede them.

Elle est **très** intelligente.   *She is very intelligent.*
Il va au cinéma **assez** souvent.   *He goes to the movies fairly often.*

2. When a verb is in the present or imperfect tense, the qualifying adverb usually follows it. In negative constructions, the adverb comes after **pas**.

Je travaille **lentement**.	*I work slowly.*
Elle voulait **absolument** devenir écrivain.	*She absolutely wanted to become a writer.*
Vous ne l'expliquez pas **bien**.	*You aren't explaining it well.*

3. Short adverbs usually precede the past participle when the verb is in a compound form; they usually follow **pas** in a negative construction.

J'ai **beaucoup** voyagé cette année.	*I've traveled a lot this year.*
Il a **déjà** visité le Louvre.	*He has already visited the Louvre.*
Elle n'est pas **souvent** allée en Normandie.	*She has not often been to Normandy.*
Je n'ai pas **très** faim.*	*I'm not very hungry.*

4. Adverbs ending in **-ment** follow a verb in the present or imperfect tense, and usually follow the past participle when the verb is in the **passé composé**.

Tu parles **couramment** le français.	*You speak French fluently.*
Il était **vraiment** travailleur.	*He was really hardworking.*
Paul n'a pas répondu **intelligemment**.	*Paul didn't respond intelligently.*

[Allez-y! C-D]

Allez-y!

A. Ressemblances. Donnez l'équivalent adverbial de chacun des adjectifs suivants.

MODÈLE: franc ⟶
franchement

1. heureux	**7.** certain
2. actif	**8.** constant
3. long	**9.** absolu
4. vrai	**10.** admirable
5. différent	**11.** poli
6. naturel	**12.** intelligent

---

*In idiomatic expressions with **avoir,** one often uses an adverb: **J'ai très soif; Elle a très chaud,** and so on.

B. Carrières. Complétez les paragraphes suivants avec des adverbes logiques.

1. Le linguiste

Adverbes: bien, bientôt, couramment, ensuite, évidemment, probablement, vite

Jean-Luc parle _____¹ l'anglais. Il a vécu aux États-Unis. Il est allé au lycée (à l'école secondaire) aux États-Unis et il a très _____² appris la langue pendant son séjour. _____³, à l'université il a choisi la section langues étrangères. Il va _____⁴ passer sa licence d'anglais. _____⁵, il doit _____⁶ choisir entre la traduction (*translation*) littéraire et l'enseignement. Ses parents sont professeurs et je pense qu'il va _____⁷ choisir de devenir professeur.

2. L'actrice

Adverbes: absolument, beaucoup, constamment, fréquemment, rarement, seulement, souvent, très

Marie-Hélène veut _____¹ devenir une artiste célèbre. Elle travaille _____² pour y arriver: le matin, elle arrive _____³ au Théâtre national de Chaillot après six heures et elle y reste _____⁴ jusqu'à neuf heures du soir. Dans la journée, elle travaille _____⁵ et prend _____⁶ quinze minutes pour déjeuner. _____⁷, elle est fatiguée le soir. Mais je pense qu'elle va réussir parce qu'elle est _____⁸ travailleuse et ambitieuse.

Le Théâtre national de Chaillot se trouve au Palais de Chaillot, à Paris. Décrivez cette photo comme si c'était une œuvre d'art.

C. Interview. Interviewez un(e) camarade de classe sur ses préférences et ses habitudes. Votre camarade doit utiliser dans sa réponse un adverbe basé sur les mots entre parenthèses. Décidez ensuite quelle sorte de personne il/elle est (pratique, énergique, calme, patiente, travailleuse, et cetera).

MODÈLE: Comment déjeunes-tu d'habitude? (rapide / lent) ⟶
Je déjeune lentement pour me reposer. *ou*
Je déjeune rapidement parce que je suis toujours pressé(e).

1. Quand fais-tu la sieste? (fréquent / rare)
2. Comment attends-tu le résultat de ton examen? (patient / impatient)
3. Regardes-tu souvent ta montre? (constant / fréquent / rare / jamais)
4. Comment travailles-tu en général? (bon / mal)
5. Lis-tu souvent les romans policiers? (fréquent / rare / jamais)

Maintenant décrivez le caractère de votre camarade.

D. Qu'en pensez-vous? Posez les questions suivantes à des camarades. Ils vont répondre en utilisant des adverbes.

Suggestions: absolument, admirablement, constamment, couramment, diligemment, évidemment, franchement, heureusement, intelligemment, lentement, malheureusement, poliment, souvent, tranquillement, vite

MODÈLE: É1: Qu'est-ce qu'on doit faire pour avoir de bonnes notes?
É2: On doit étudier constamment.
É1: On doit travailler intelligemment.

1. Qu'est-ce qu'on doit faire pour être un bon professeur?
2. Qu'est-ce qu'on doit faire pour devenir président(e) des États-Unis?
3. Qu'est-ce qu'on doit faire pour courir dans un marathon?
4. Qu'est-ce qu'on doit faire pour devenir riche?
5. Qu'est-ce qu'on doit faire pour avoir de bons rapports (*a good relationship*) avec une autre personne?

E. Opinions et habitudes. Posez ces questions à un(e) camarade. Dans sa réponse il/elle doit employer des adverbes.

1. À ton avis, est-ce qu'on doit beaucoup travailler pour réussir?
2. Comment est-ce qu'on doit choisir sa carrière future?
3. Est-ce que l'argent fait le bonheur (*happiness*)?
4. Est-ce que l'amitié est plus importante que la réussite?
5. Quel est l'aspect le plus important de ta carrière future?

Claude Monet: *Matin* (left panel), 1914–1926 (Musée de l'Orangerie, Paris)

Un peu plus...

Claude Monet. (1840–1926)
Comme ils ne sont pas acceptés dans les galeries traditionnelles, Monet et ses amis peintres décident, en 1874, d'organiser leur propre exposition. La technique de Monet vise (*aims*) à suggérer une expression spontanée de la nature par une application de couleurs vives. C'est la naissance du mouvement impressionniste qui sera (*will be*) reconnu plus tard comme l'un des plus importants mouvements d'art moderne. Vous aimez l'impressionnisme? Expliquez.

Leçon 4

  Lecture

Avant de lire

Reading poetry. Up until this chapter, you have been reading narrative texts. Depending on the text type, you have used a variety of strategies to facilitate comprehension: anticipating context by the use of titles and visuals, guessing from context, scanning for the gist, and so on.

Reading poetry, on the other hand, requires different skills. To identify these skills, it will be helpful for you to first clarify your expectations in reading poetry. Which of the following statements are true for you?

Poetry _____.

- ☐ is hard to read and understand
- ☐ uses abstract and figurative language
- ☐ must rhyme
- ☐ is written for the ear as well as for the eye
- ☐ should be read for the literal meaning
- ☐ creates a mood
- ☐ tells a story

Based on your answers, which of the following strategies would be most useful to read poetry effectively and pleasurably?

- ☐ Poetry should be read aloud.
- ☐ Be alert to both the literal and figurative meaning of a word.
- ☐ Skip unimportant details and concentrate on the main idea.
- ☐ Both the meaning of words and the shape of the text contribute to understanding.
- ☐ Because poetry is difficult to read, it helps to paraphrase the text.

Déjeuner du matin (par Jacques Prévert)

À propos de la lecture...
La poésie de Jacques Prévert (1900–1977) est accessible à un très large public. Sa poésie traite de justice, de liberté et de bonheur. Ce poème est tiré du recueil *Paroles* (1946).

Il a mis le café
Dans la tasse
Il a mis le lait
Dans la tasse de café
Il a mis le sucre
Dans le café au lait
Avec la petite cuiller
Il a tourné
Il a bu le café au lait
Et il a reposé[1] *la tasse*
Sans me parler
Il a allumé[2]
Une cigarette
Il a fait des ronds
Avec la fumée
Il a mis les cendres

Dans le cendrier
Sans me parler
Sans me regarder
Il s'est levé[3]
Il a mis
Son chapeau sur sa tête
Il a mis
Son manteau de pluie
Parce qu'il pleuvait
Et il est parti
Sous la pluie
Sans une parole
Sans me regarder
Et moi j'ai pris
Ma tête dans ma main
Et j'ai pleuré.[4]

[1]*a... put down again* [2]*a... lit* [3]*s'est... got up* [4]*j'ai... I cried*

Le poète Jacques Prévert

Compréhension

Qu'en pensez-vous? Dites si les phrases suivantes reflètent votre interprétation du poème. Sinon, reformulez-les pour mieux exprimer votre opinion. Justifiez votre point de vue en citant des extraits du poème.

1. Dans ce poème, une mère raconte son petit déjeuner avec son fils.
2. Ces personnes se connaissent (*know each other*) depuis longtemps.
3. On a l'impression que c'est un repas typique entre ces deux personnes.
4. Le narrateur / La narratrice est très satisfait(e) de sa vie.
5. Le poète crée une ambiance de joie.

Écriture

Soif de culture. Décrivez un événement culturel auquel (*that*) vous avez assisté (un film, une pièce de théâtre, un concert, une exposition, et cetera). Répondez aux questions qui suivent. Ensuite, écrivez un paragraphe en vous basant sur vos réponses. N'hesitez pas à donner des détails supplémentaires.

1. Où et quand a eu lieu (*took place*) cet événement?
2. Quels étaient les participants (acteurs, artistes, et cetera)?
3. Est-ce que c'était un événement à contenu classique ou contemporain?
4. Comment était l'auditoire (*audience*), les spectateurs, les visiteurs? Étaient-ils nombreux? Quel était l'âge moyen?
5. En général, est-ce que vous avez aimé cet événement? Expliquez.

  # À l'écoute sur Internet

Les châteaux de la Loire. Virginie parle de ses vacances avec Marc. Lisez les activités avant d'écouter le vocabulaire et le dialogue qui leur correspondent.

VOCABULAIRE UTILE
ses meubles d'époque its antique furniture
ses tapisseries its tapestries

A. Vrai ou faux?

1. V F   Virginie a voyagé avec un groupe de touristes allemands.
2. V F   Marc a déjà visité Blois.
3. V F   Virginie a mieux aimé Azay-le-Rideau.
4. V F   Elle n'aime pas les autres châteaux de la Loire.
5. V F   Elle a aussi visité le château de Chinon.
6. V F   Elle adore le Moyen Âge.

B. Châteaux et visites. Choisissez la bonne réponse en vous basant sur le dialogue.

1. Virginie a visité les châteaux de la Loire _____.
   a. en bus   **b.** à vélo   **c.** en voiture
2. Marc a visité le château de Blois en _____.
   a. 1977   **b.** 1982   **c.** 1987
3. Le château de Blois date _____.
   a. du Moyen Âge   **b.** de l'époque classique   **c.** de la Renaissance
4. Azay-le-Rideau se trouve sur _____.
   a. une île   **b.** une montagne   **c.** un plateau
5. Le château de Chinon date _____.
   a. de l'époque romaine   **b.** de la Renaissance   **c.** du Moyen Âge

Azay-le-Rideau, en France. De quelle époque date ce château, à votre avis?

Le vidéoblog de Juliette

En bref

Dans cet épisode, Juliette rencontre Léa sur le pont près du musée d'Orsay. Comme il faut faire la queue pour y entrer, les deux amies décident de passer l'après-midi à découvrir les œuvres des musées «en plein air».

Vocabulaire en contexte

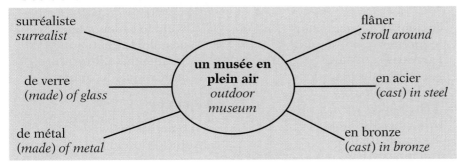

surréaliste
surrealist

de verre
(made) of glass

de métal
(made) of metal

un musée en plein air
outdoor museum

flâner
stroll around

en acier
(cast) in steel

en bronze
(cast) in bronze

Tête monumentale dans le musée en plein air de la Défense

Visionnez!

Trouvez la description qui correspond à chaque œuvre d'art.

ŒUVRES D'ART

1. _____ *Le Pouce* (*The Thumb*)
2. _____ *Stabile*
3. _____ *Le Somnambule*
4. _____ *Deux personnages fantastiques*
5. _____ *Tête monumentale*
6. _____ *Le mur des «je t'aime»*

DESCRIPTIONS

a. un homme qui marche sur une boule de métal
b. une œuvre qui célèbre l'amour
c. un énorme insecte en acier rouge
d. une composition surréaliste
e. une reproduction en bronze par l'artiste César
f. un visage (*face*) sans émotion par l'artiste Mitoraj

Analysez!

1. Comment imaginez-vous un musée parisien typique? Comment est-ce que ces musées en plein air différent de (*differ from*) cette image?
2. Est-ce que les œuvres du musée en plein air à la Défense reflètent bien le quartier dans lequel (*in which*) elles se trouvent? Expliquez pourquoi (pas).

Comparez!

Regardez encore une fois la partie culturelle de la vidéo. Y a-t-il des musées d'art dans votre ville? Trouve-t-on des sculptures à l'extérieur (dans les parcs ou devant les bâtiments, par exemple)? Quelle œuvre présentée dans la vidéo aimeriez-vous (*would you like*) voir dans votre ville? Expliquez.

J'aimerais voir _____ parce que…

Note culturelle

Le monument «la Défense de Paris», qui commémore les soldats défenseurs de la ville pendant la guerre[1] franco-allemande de 1870, a donné son nom au quartier.

L'œuvre *Tête monumentale* se trouve aujourd'hui sur le parvis[2] de la Défense. Elle est accompagnée d'une soixantaine d'œuvres d'art contemporain, fresques et sculptures monumentales qui forment un musée en plein air.

[1]*war* [2]*square*

Vocabulaire

Verbes

bâtir to build
dater (de) to date from
deviner to guess
emmener to take someone along;
   to invite
flâner to stroll
peindre to paint
poursuivre to pursue
suivre to follow; to take
   (*a course*)
vivre to live

À REVOIR: **apporter, habiter**

Verbes suivis de l'infinitif

accepter (de) to accept (to)
aider (à) to help (to)
arrêter (de) to stop
chercher à to try to
commencer par to begin by
   (doing something)
conseiller (de) to advise (to)
continuer (à) to continue (to)
décider (de) to decide (to)
empêcher (de) to prevent (from)
enseigner (à) to teach (to)
essayer (de) to try (to)
finir par to end up (doing
   something)
permettre (de) to permit,
   allow (to)
refuser (de) to refuse (to)
réussir (à) to succeed (in)

À REVOIR: **aimer, aller,
   apprendre à, choisir de,
   commencer à, demander
   de, désirer, détester, devoir,**

**espérer, finir de, il faut,
oublier de, penser, pouvoir,
préférer, rêver de, savoir,
venir, venir de, vouloir**

Substantifs

l'acteur / l'actrice actor
les arènes (*f. pl.*) arena
l'artiste (*m., f.*) artist
la cathédrale cathedral
le chef-d'œuvre (*pl.* **les
   chefs-d'œuvre**) masterpiece
le/la cinéaste filmmaker
**le compositeur / la
   compositrice** composer
la conférence lecture
l'écrivain (*m.*) **/ la femme
   écrivain** writer
l'époque (*f.*) period (*of history*)
l'événement (*m.*) event
l'exposition (*f.*) exhibit
l'horaire (*m.*) schedule
le Moyen Âge Middle Ages
le/la musicien(ne) musician
l'œuvre (*f.*) (**d'art**) work (of art)
le palais palace
le patrimoine legacy, heritage
le peintre / la femme peintre
   painter
la peinture painting
la pièce de théâtre play
la place seat
le poème poem
la poésie poetry
le poète / la femme poète poet
le recueil collection
la reine queen
la Renaissance Renaissance
le roi king

**le sculpteur / la femme
   sculpteur** sculptor
la sculpture sculpture
le siècle century
le tableau painting
le théâtre theater

À REVOIR: **le cadeau, la carte
   postale, le château,
   le cinéma, la littérature,
   la musique, le roman**

Adjectifs

actif / active active
absolu(e) absolute
classique classical
constant(e) constant
courant(e) common; standard
évident evident, obvious
franc(he) frank
gothique Gothic
historique historical
lent(e) slow
magnifique magnificent
malheureux / malheureuse
   unhappy; unfortunate
médiéval(e) medieval
poli(e) polite
rapide fast, rapid
romain(e) Roman

À REVOIR: **bon(ne), différent(e),
   heureux / heureuse,
   mauvais(e), vrai(e)**

Adverbes

activement actively
absolument absolutely
constamment constantly
couramment fluently

différemment differently
évidemment evidently, obviously
franchement frankly
heureusement fortunately
lentement slowly
malheureusement unfortunately
poliment politely
rapidement rapidly

récemment recently
vraiment really

À REVOIR: **après, beaucoup, bien, d'abord, enfin, ensuite, mal, parfois, peu, puis, souvent, très, trop, vite**

Mots et expressions divers

la plupart de the majority
moi-même myself
    toi-même, lui-même...
par cœur by heart

Bienvenue...

LA SUISSE
•Genève

Un coup d'œil sur Genève, en Suisse

Vous avez sans doute déjà entendu parler de Genève, en Suisse, notamment lorsqu'on parle des Conventions de Genève ou du Comité international de la Croix-Rouge.

Genève est une belle ville située dans la partie francophone* de la Suisse, au pied des Alpes.

La Suisse, qui est une des plus anciennes démocraties du monde et un pays politiquement stable et neutre, est donc un lieu privilégié pour de nombreuses organisations internationales. Genève, en particulier, est le siège des Nations Unies en Europe, de l'Assemblée de l'Organisation mondiale de la Santé et du CERN† (Centre européen de recherches nucléaires).

Genève avec, à l'arrière, le mont Blanc, le plus haut sommet des Alpes

Portrait - Henri Dunant (1828–1910)

L'une des organisations internationales les plus importantes du monde, le Comité international de la Croix-Rouge, a été fondée à Genève par un Genevois, Henri Dunant.

À l'âge de 18 ans, Henri Dunant allait déjà visiter les pauvres, les malades et les prisonniers. Plus tard, en 1859, alors qu'il se trouvait à Solférino, en Italie du Nord, le lendemain d'une terrible bataille entre 100 000 Français et Italiens d'une part[1] et 100 000 Autrichiens qui occupaient l'Italie‡ d'autre part, Dunant a été horrifié quand il a vu les nombreux hommes blessés, mourants ou morts, abandonnés sur le champ de bataille. Il a immédiatement organisé le secours aux blessés des deux camps avec l'aide des habitants du village.

Il a décrit cette terrible expérience dans son livre, *Un souvenir de Solférino*, et a proposé la création d'une organisation neutre qui apporterait[2] de l'aide à *tous* les soldats blessés, quelle que soit[3] leur nationalité. Une commission a adopté le projet de Dunant et un comité international de secours aux militaires blessés a été créé en 1863. Ce comité est ensuite devenu le Comité international de la Croix-Rouge.

Dunant s'est battu toute sa vie pour ses idées humanitaires. En 1901, il a reçu le premier prix Nobel de la paix pour son rôle dans la fondation du Comité international de la Croix-Rouge et dans la première Convention de Genève, qui, en cas de guerre, protège les militaires blessés ou malades, les ambulances et hôpitaux militaires et le personnel sanitaire. Cette première convention a été le point de départ d'un vaste mouvement humanitaire.

[1]d'une part... d'autre part *on the one hand . . . on the other hand*   [2]*would bring*   [3]quelle... *regardless of*

Henri Dunant, foundateur de la Croix-Rouge

*There is no language called "Swiss." Switzerland has four official languages: German (63.7 %), French (19.2 %), Italian (7.6 %) and Romanche (0.6 %).
†A scientist at CERN invented the "World-Wide Web" in 1989 to enable the sharing of academic and scientific information.
‡Austria had occupied Italy. The Italians fought back against the Austrian occupation and were aided in the fight by the French.

Un coup d'œil sur Bruxelles, en Belgique

Capitale du Royaume de Belgique, Bruxelles est aussi l'une des villes-phares[1] de la francophonie depuis le Moyen Âge. On y parle flamand—surtout dans les quartiers historiques du centre—et français. En fait, les Bruxellois se composent de deux groupes linguistiques: les Wallons (ceux[2] qui parlent français) et les Flamands (ceux pour qui le flamand est la langue maternelle). Les Bruxellois sont donc souvent bilingues.

À Bruxelles, le temps est souvent gris, mais on dit que ses habitants ont le soleil dans le cœur. Vous y serez[3] accueilli avec chaleur[4] et bonne humeur. Ses musées, ses églises, ses petites rues commerçantes et ses passages couverts où sont installés confiseries,[5] chocolateries et magasins de dentelles font de Bruxelles une ville de culture et de commerce. Les fêtes se succèdent[6] été comme hiver; à ces occasions, les cortèges,[7] comme celui de Carnaval, convergent vers la Grand-Place, ou *Grote Markt* en flamand. Beaucoup de belles demeures anciennes de la Grand-Place sont maintenant des restaurants où vous pouvez trouver des spécialités culinaires comme les moules-frites ou le célèbre waterzoï.[8] Bruxelles est aussi la capitale politique de l'Union européenne, siège du Parlement européen, ce qui lui donne un caractère cosmopolite.

[1]beacons [2]those [3]will be [4]warmth [5]candy stores [6]se... follow each other
[7]processions [8]Belgian speciality made from fish or meat in a cream sauce

Le triple Arc de Triomphe domine le parc du Cinquantenaire, à Bruxelles.

Portrait - René Magritte (1898–1967)

René Magritte est le peintre surréaliste par excellence. Ce Belge rivalise dans cet art du XXe siècle avec l'Espagnol Salvador Dali. Ses nombreuses œuvres nous ouvrent un monde inconnu[1] où se mélangent le rêve et une réalité transposée par l'artiste. Il crée des associations étranges et conçoit[2] des personnages extraordinaires et des paysages fabuleux. Son univers est imprévisible,[3] énigmatique, absurde, ironique.

[1]unknown [2]conceives [3]unpredictable

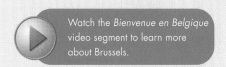

Watch the *Bienvenue en Belgique* video segment to learn more about Brussels.

René Magritte: *Le Maître d'école;* 1954 (collection particulière, Genève)

trois cent cinquante et un **351**

La vie quotidienne

Les dossiers d'Hector

Hector

▶ Mes photos
  ▶ Un petit déjeuner typique
  ▶ Devant la pharmacie
  ▶ La mer des Caraïbes

Un bon petit déjeuner français: du café avec un croissant, du beurre et de la confiture

Dans ce chapitre...

Objectifs communicatifs

▶ talking about love, marriage, the human body, and daily life

▶ expressing actions

▶ reporting everyday events

▶ expressing reciprocal actions

▶ talking about the past

▶ giving commands

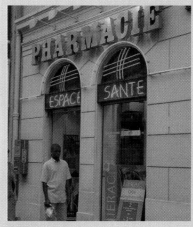

Devant la pharmacie. Les jours de grande fatigue, j'achète des vitamines.

Paroles (Leçon 1)

▶ L'amour et le mariage

▶ Le corps humain

▶ Les activités de la vie quotidienne

Structures (Leçons 2 et 3)

▶ Les verbes pronominaux (première partie)

▶ Les verbes pronominaux (deuxième partie)

▶ Les verbes pronominaux (troisième partie)

▶ Les verbes pronominaux (quatrième partie)

La mer des Caraïbes

Culture

▶ **Le blog d'Hector:** *Discipline!**

▶ **Reportage:** *La Martinique au quotidien*

▶ **Lecture:** *Citations sur le thème de l'amour* (Leçon 4)

MULTIMÉDIA

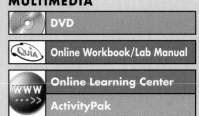

DVD

Online Workbook/Lab Manual

Online Learning Center

ActivityPak

www.mhhe.com/visavis4

*In **Chapitres 13–16** you will read Hector Clément's blog about his life as a dancer, what he likes to do in his spare time, his efforts to find a new job, and his feelings about the problems of the world.

Leçon 1

 L'amour et le mariage

1. Ils se rencontrent.
   Ils tombent amoureux.

Les amoureux:
le coup de foudre*

*****

2. Ils se fiancent.

Le couple:
les fiançailles (*f. pl.*)

*****

3. Ils se marient.

Le couple:
la cérémonie

4. Mais ils ne s'entendent
   pas toujours.

Les nouveaux mariés:
parfois, ils se disputent.

AUTRES MOTS UTILES

l'amitié (*f.*)	friendship
le/la célibataire	single person
divorcer	to divorce
le voyage de noces	honeymoon

 Allez-y!

A. Pour commencer... Quelles phrases de la colonne de droite
correspondent aux étapes traditionnelles qui précèdent le mariage?

**love at first sight* (lit., *flash of lightning*)

1. la rencontre
2. le coup de foudre
3. les rendez-vous
4. les fiançailles
5. la cérémonie
6. l'installation (*setting up house*)

a. Ils se marient.
b. Ils sortent ensemble.
c. Ils tombent amoureux.
d. Ils se rencontrent.
e. Ils s'installent.
f. Ils se fiancent.

B. Conversation. Posez les questions suivantes à un(e) camarade.

1. Est-ce que tu préfères sortir seul(e), avec un ami / une amie ou avec d'autres couples?
2. Selon toi, est-ce que les jeunes d'aujourd'hui tombent trop vite ou trop souvent amoureux?
3. Est-ce que tu crois au coup de foudre? Pourquoi ou pourquoi pas?
4. Est-ce que tout le monde doit se marier? Pourquoi ou pourquoi pas? Si oui, à quel âge?

 # Le corps humain

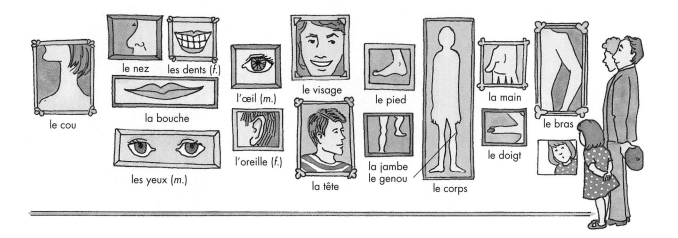

le cou · le nez · les dents (f.) · la bouche · les yeux (m.) · l'œil (m.) · l'oreille (f.) · le visage · la tête · le pied · la jambe · le genou · le corps · la main · le doigt · le bras

AUTRES MOTS UTILES

avoir mal (à)	to hurt, have a pain (in)
J'ai mal à la tête.	My head hurts. (I have a headache.)
le cœur	heart
le dos	back
la gorge	throat
la santé	health
le ventre	abdomen; stomach

Allez-y!

A. Exercice d'imagination. Où ont-ils mal? Répondez d'après le modèle.

MODÈLE: Il y a beaucoup de bruit chez Martine. ⟶
Elle a mal à la tête / aux oreilles.

1. Vous portez des colis très lourds (*heavy*).
2. Les nouvelles chaussures d'Henri-Pierre sont trop petites.
3. J'ai mangé trop de chocolat.
4. Vous apprenez à jouer de la guitare.
5. Patricia a marché très longtemps.
6. La cravate de Patrice est trop serrée (*tight*).
7. Ils font du ski et il y a beaucoup de soleil.
8. Il fait extrêmement froid et vous n'avez pas de gants (*gloves*).
9. Chantal va chez le dentiste.
10. Albert chante depuis deux heures.

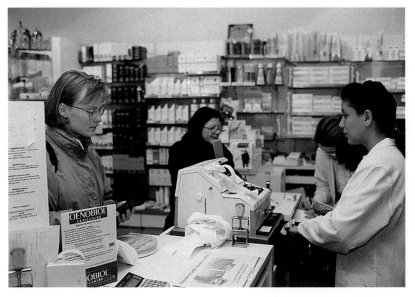

Une pharmacie française. Qu'est-ce que les clientes achètent? Pourquoi? Imaginez.

B. Devinettes. Pensez à une partie du corps et donnez-en une définition au reste de la classe. Vos camarades vont deviner de quelle partie il s'agit.

MODÈLE: Vous en avez une. On fait la bise avec cette partie du corps. ⟶
C'est la bouche!

Les activités de la vie quotidienne

Ils se réveillent et ils se lèvent.

Ils se brossent les dents.

Il se rase et elle se maquille.

Ils se peignent.

Ils s'habillent.

Ils s'en vont.

Ils se couchent.

Ils s'endorment.

 ## *Allez-y!*

A. Et votre journée? Décrivez votre journée en employant le vocabulaire des illustrations.

 MODÈLE: À ____ heures, je me ____. ⟶ À 7 heures, je me réveille.*

B. Habitudes quotidiennes. Dites dans quelles circonstances on utilise les objets suivants.

 Mots utiles: se brosser, se coucher, s'en aller, s'endormir, s'habiller, se lever, se maquiller, se peigner, se raser, se réveiller

 MODÈLE: une voiture ⟶ On utilise une voiture pour s'en aller.

 1. un réveil
 2. une brosse à dents
 3. des vêtements
 4. un lit

 5. un peigne
 6. du rouge à lèvres (*lipstick*)
 7. un rasoir (*razor*)
 8. des pantoufles (*f.*) (*slippers*)

---

*The verbs introduced here are called *pronominal verbs*. To conjugate the **je** form of pronominal verbs, place the pronoun **me** before the first-person conjugation of the verb.

Leçon 2

 Les verbes pronominaux (*première partie*)

Expressing Actions

Une rencontre

DAMIEN: Madeleine! Comment vas-tu?
VÉRONIQUE: Vous **vous trompez,** monsieur. Je ne **m'appelle** pas Madeleine.
DAMIEN: Je **m'excuse,** madame. Je **me demande** si je ne vous ai pas déjà rencontrée...
VÉRONIQUE: Je ne **me souviens** pas de vous avoir rencontré. Mais ça ne fait rien... Je **m'appelle** Véronique. Comment **vous appelez**-vous?
DAMIEN: Damien... Vous voudriez prendre un café peut-être?

Retrouvez la phrase équivalente dans le dialogue.

1. Vous faites erreur, monsieur. Mon nom n'est pas Madeleine.
2. Pardon, je pense que je vous ai déjà rencontrée.
3. Mon nom est Véronique. Quel est votre nom?

Certain French verbs are conjugated with an object pronoun in addition to the subject; consequently, they are called *pronominal verbs* (**les verbes pronominaux**). The object pronoun agrees with the subject of the verb. **Se reposer** (*To rest*) and **s'amuser** (*to have fun*) are two pronominal verbs.

se reposer				s'amuser		
je	**me** repose	nous	**nous** reposons	je	**m'**amuse	nous	**nous** amusons
tu	**te** reposes	vous	**vous** reposez	tu	**t'**amuses	vous	**vous** amusez
il/elle/on	**se** repose	ils/elles	**se** reposent	il/elle/on	**s'**amuse	ils/elles	**s'**amusent

—Est-ce que tu **t'amuses** en général chez tes grands-parents?
—Oui, on **s'amuse** bien ensemble.

Do you usually have fun at your grandparents' house?

Yes, we have a good time together.

1. Note that the object pronouns **me, te,** and **se** become **m', t',** and **s'** before a vowel or a nonaspirate **h**.

2. Common pronominal verbs include:

s'appeler *to be named*	**s'excuser** *to apologize*
s'arrêter *to stop*	**s'installer** *to settle down,*
se demander *to wonder*	*settle in*
se dépêcher *to hurry*	**se rappeler** *to remember*
se détendre *to relax*	**se souvenir (de)** *to remember*
s'entendre (avec) *to get along*	**se tromper** *to make a mistake*
(with)	**se trouver** *to be located*

Où **se trouve** l'arrêt d'autobus?   *Where is the bus stop?*
L'autobus **s'arrête** devant   *The bus stops in front of my*
mon immeuble.   *building.*

3. Note that word order in the negative and infinitive forms follows the usual word order for pronouns: the object pronoun precedes the main verb.

Jean-Luc ne **se souvient** pas à   *Jean-Luc doesn't remember*
quelle heure le musée ouvre.   *what time the museum opens.*
Je vais **me dépêcher** pour   *I'm going to hurry to arrive on*
arriver à l'heure.   *time.*

 *Allez-y!*

A. Questions d'amour. Trouvez dans la colonne de droite une réponse logique aux phrases de la colonne de gauche.

1. Je dis que le mariage précède les fiançailles.
2. Demain c'est l'anniversaire de ma femme et je n'ai encore rien acheté.
3. Jean-Pierre et moi, nous nous disputons tout le temps. Nous travaillons trop et ne nous amusons jamais.
4. Quelle est la date de l'anniversaire de mariage de vos parents?
5. Toi et moi, nous aimons les mêmes choses! Nous ne nous disputons presque jamais.

a. Désolé(e), mais je ne m'en souviens plus.
b. Tu te trompes!
c. Oui, nous nous entendons bien.
d. Je me demande pourquoi tu n'y as pas pensé!
e. Il faut vous arrêter pour respirer un peu. Prenez le temps de vivre!

B. Départ à la hâte. C'est l'heure de partir pour Chartres mais vous avez un petit problème. Remplacez l'expression en italique par un des verbes pronominaux suivants: **se demander, se rappeler, se tromper, se trouver, se dépêcher.**

Où *est*[1] mon sac à dos? Je ne *me souviens*[2] plus où je l'ai mis. En plus, je dois *faire vite*[3], je suis en retard. Mais je ne peux pas aller à Chartres sans mon appareil photo. Je *veux savoir*[4] si Jean-François l'a mis dans sa valise. Il peut facilement *faire une erreur*[5] quand il est en retard.

C. Trouvez quelqu'un qui... Circulez dans la classe pour trouver quelqu'un qui fait une des activités suivantes. Ensuite, trouvez quelqu'un qui fait l'activité suivante et ainsi de suite (*so on*).

1. veut s'installer à l'étranger
2. se souvient de son premier jour de classe à l'université
3. se trompe souvent dans ses calculs
4. se détend en regardant (*while watching*) des matchs de foot
5. s'entend bien avec ses frères ou ses sœurs
6. se repose en écoutant (*while listening*) de la musique classique
7. s'arrête tous les jours au café
8. se rappelle son meilleur ami / sa meilleure amie à l'école primaire

Les verbes pronominaux (*deuxième partie*)

Reporting Everyday Events

Profiter du beau temps

MAX: Tu **t'en vas**?

THÉO: Oui, il fait beau et je **m'ennuie** ici. Je vais **me promener** au bord du lac. Tu viens?

MAX: Non, je ne peux pas. J'ai beaucoup de travail.

THÉO: Oh, tu exagères. Allez, on va **s'amuser** un peu!

MAX: Une autre fois. Si je **m'arrête** maintenant, je ne vais pas avoir le courage de finir plus tard.

1. Qui sort?
2. Est-ce que Théo s'amuse?
3. Qu'est-ce qu'il va faire?
4. Est-ce que Max se repose?
5. Est-ce qu'il veut s'arrêter?

Reflexive Pronominal Verbs

1. In reflexive constructions, the action of the verb reflects or refers back to the subject: *The child dressed **himself**. Did you hurt **yourself**? She talks to **herself**.* In these examples, the subject and the object are the same person. In French, common reflexive pronominal verbs include:

se baigner *to bathe; to swim*	**se lever** *to get up*
se brosser *to brush*	**se maquiller** *to put on makeup*
se coucher *to go to bed*	**se peigner** *to comb one's hair*
se doucher *to take a shower*	**se raser** *to shave*
s'habiller *to get dressed*	**se regarder** *to look at oneself*
se laver *to wash oneself*	**se réveiller** *to wake up*

Zoë **se réveille** à 6 h.
Pierre **se douche** et **se rase** pendant que Sarah **se maquille**.

Zoë wakes up at 6:00.
Pierre showers and shaves while Sarah puts on makeup.

2. Most reflexive pronominal verbs can also be used nonreflexively.

Aujourd'hui, Pierre **lave** la voiture.
Le bruit **réveille** tout le monde.

Today, Pierre is washing his car.
The noise wakes everyone up.

3. Some reflexive pronominal verbs can have two objects, one direct and one indirect; this frequently occurs with the verbs **se brosser** and **se laver** plus a part of the body. The definite article—not the possessive adjective, as in English—is used with the part of the body.

Valérie se brosse **les** dents.
Je me lave **les** mains.

Valérie is brushing her teeth.
I'm washing my hands.

Idiomatic Pronominal Verbs

When certain verbs are used with reflexive pronouns, their meaning changes.

aller *to go*	→	**s'en aller** *to go away*
appeler *to call*	→	**s'appeler** *to be named*
demander *to ask*	→	**se demander** *to wonder*
endormir *to put to sleep*	→	**s'endormir** *to fall asleep*
ennuyer *to bother*	→	**s'ennuyer** *to be bored*
entendre *to hear*	→	**s'entendre** *to get along*
fâcher *to make angry*	→	**se fâcher** *to get angry*
installer *to install*	→	**s'installer** *to settle in* (*to a new house*)
mettre *to place, put*	→	**se mettre à** *to begin*
perdre *to lose*	→	**se perdre** *to get lost*
promener *to (take for a) walk*	→	**se promener** *to take a walk*
tromper *to deceive*	→	**se tromper** *to be mistaken*
trouver *to find*	→	**se trouver** *to be located*

Les jeunes mariés **s'en vont** en voyage de noces.	*The newlyweds are going away on their honeymoon trip.*
Après cela, Véronique va **se mettre à** chercher un appartement.	*Afterward, Véronique is going to start looking for an apartment.*
Tu **te trompes**! Elle en a déjà trouvé un.	*You're wrong! She's already found one.*
Où est-ce qu'il **se trouve**?	*Where is it?*

Allez-y!

Annick

A. La routine. Que font les membres de la famille Duteil?

MODÈLE: Annick se lave les mains.

Le matin...

 1.
Papy

 2.
Wolfgang

3.
Mᵐᵉ Duteil

4.
M. Duteil

Plus tard...

5.    **6.**    **7.**    **8.**

Et vous, parmi ces activités, lesquelles faites-vous régulièrement?

B. Habitudes matinales. Qui dans votre famille a les habitudes suivantes? Faites des phrases complètes. Puis comparez leurs habitudes aux vôtres (*to yours*). Commencez par «Moi aussi, je... » ou «Mais moi, je... ».

mon père	se regarder longtemps dans le miroir
ma mère	se lever souvent du pied gauche*
ma sœur	se réveiller toujours très tôt
mon frère	s'habiller rapidement / lentement
le chien	se maquiller / se raser très vite
le chat	se préparer à la dernière minute
	s'en aller sans prendre de petit déjeuner
	se laver les cheveux tous les jours
	se fâcher quand il n'y a plus de lait
	se tromper de chaussures

C. Synonymes. Racontez l'histoire suivante. Remplacez l'expression en italique par un verbe pronominal.

À sept heures du matin, Sylvie *ouvre les yeux*[1], elle *sort de son lit*[2], *fait sa toilette*[3] (*washes up*) et *met ses vêtements*[4]. À huit heures, elle *quitte la maison*[5]. Au travail, elle *commence à*[6] parler au téléphone. Sylvie *finit de*[7] travailler vers six heures; elle *fait une promenade*[8] et parfois ses amies et elle vont *nager*[9] à la piscine. Le soir, elle *va au lit*[10] et elle *trouve le sommeil*[11] très vite!

D. Interview. Interrogez un(e) camarade sur une de ses journées typiques à l'université. Posez-lui des questions avec les verbes **se réveiller, s'habiller, se dépêcher, s'en aller, s'amuser, s'ennuyer, se reposer, se promener** et **se coucher.** Ensuite, comparez votre journée et celle de votre camarade et présentez les résultats à la classe.

E. Vos habitudes. Comparez vos habitudes avec celles de vos camarades. Trouvez quelqu'un qui...

se lève dix minutes avant de partir	se promène souvent le soir
s'en va sans prendre de petit déjeuner	se douche avant de se coucher
se réveille avant dix heures	se couche souvent après minuit
se lève souvent du pied gauche	a souvent du mal à[†] s'endormir

---

*****Se lever du pied gauche** is the equivalent of *to get up on the wrong side of the bed.*
[†]**Avoir du mal à** means *to have difficulty* (*doing something*). It should not be confused with **avoir mal à,** meaning *to have an ache or pain* (*in a part of the body*).

Le blog d'Hector

Discipline!

vendredi 3 juillet

Salut les amis!

Qui suis-je? Je suis Hector. Je commence mon blog.

Je suis danseur. Danseur, c'est un beau métier, n'est-ce pas? Mais il faut soigner[1] son corps, suivre un régime, avoir de la discipline…

Mes journées sont réglées:[2] je me réveille vers 10 heures. Je me lève, je prends ma douche et je me rase, puis je m'habille. Ensuite, je m'installe devant un petit déjeuner léger avec du thé, des fruits. Si mes colocataires sont là, on s'amuse et on se raconte notre vie! C'est bon pour le moral!

Vers midi, je commence mon entraînement[3] au studio de danse. Quand j'arrive, je mets immédiatement mon tee-shirt et mes collants,[4] puis je m'échauffe[5] seul avant le début du cours de ballet ou la répétition du spectacle.

Je danse jusqu'à 18 heures, mais je m'arrête régulièrement pour manger et pour boire: il faut renouveler[6] les calories et s'hydrater.

Ensuite, je me change et je rentre chez moi. Je me détends avant le spectacle ou je sors avec mes potes.[7] Les jours de grande fatigue, j'achète des vitamines à la pharmacie. Et je retrouve mon énergie.

Elle est belle ma vie d'artiste! C'est vrai. Mais parfois, je désire tout changer et essayer d'autres modes de vie. Mon copain Hassan me parle souvent du Maroc et il me fait rêver…

Hector

▲ Devant la pharmacie. Les jours de grande fatigue j'achète des vitamines.

....

COMMENTAIRES

 Alexis

Tout le monde a sa petite routine. Chaque jour, Trésor règle mon train-train.[8] Le matin, il m'appelle: ouah ouah! Impossible de me reposer! Le soir, après mes cours, je me dépêche de rentrer. Il se fâche si j'arrive tard!

 Trésor

Alexis, je m'ennuie tout seul à la maison!

 Charlotte

Ma routine est celle d'une mère de famille: je me prépare très tôt le matin; j'accompagne ma fille Gilberte à l'école et je m'en vais au travail. Le soir, mon mari se débrouille[9] pour faire les courses. On se met à table vers 19 h et puis on s'installe devant la télé après avoir couché Gilberte. C'est pas très glamour, tout ça!

[1] *take care of* [2] *well-ordered* [3] *practice* [4] *tights* [5] *warm up* [6] *replenish* [7] *buddies* [8] *daily routine* [9] *se… manages*

La Martinique au quotidien°

daily life

Vivre dans l'Hexagone[1] ou à la Martinique, est-ce réellement différent? Élisa, qui travaille à Fort-de-France, est catégorique: «Non, car la Martinique est un départment d'outre-mer: elle fait partie du territoire français et fonctionne sous la loi[2] française. Ici, nous sommes en France; la vie quotidienne d'un Martiniquais est celle[3] d'un Français du continent: le matin, tout le monde se lève pour aller travailler; les élèves[4] se dépêchent sur le chemin de l'école; les étudiants s'en vont à l'université; les magasins ouvrent[5] leur porte; les ménagères[6] font leurs courses.

▲ Débutant(e) ou certifié(e) en plongée libre (*snorkeling*) ou avec bouteille (*scuba diving*), vous pouvez découvrir les eaux cristallines et la faune (*animal life*) de la mer des Caraïbes. Vous êtes accueilli(e) par des bancs de poissons multicolores, des barrières de corail (*coral reefs*) intactes et des variétés d'organismes marins uniques.

Mais le week-end, on tire avantage[7] du climat tropical. Comme sur la Côte d'Azur, on reste dehors[8] pour profiter du soleil et de la chaleur.[9] On se promène dans les rues animées de Fort-de-France ou des petits villages cachés[10] dans l'île; on s'installe sur la plage, en famille et avec ses amis; on se repose, on s'amuse, on se baigne, on pique-nique.

Et le soir, on sort, comme à Paris, à Bordeaux ou à Marseille: on va au restaurant goûter quelques plats traditionnels ou manger... un hamburger! Et ensuite, on va au théâtre, au cinéma ou... en boîte.[11] Les Martiniquais adorent la musique: jazz, rock, variétés françaises ou antillaises.

Comme la Guadeloupe, sa voisine,[12] la Martinique réunit[13] tous les ingrédients d'une vie quotidienne tout à fait[14] française sous le soleil des Caraïbes!

[1]*continental France* [2]*law* [3]*that* [4]*pupils* [5]*open* [6]*housewives* [7]*tire... take advantage* [8]*outside* [9]*heat* [10]*hidden* [11]*en... to nightclubs* [12]*neighbor* [13]*unites* [14]*tout... completely*

À vous!
1. Est-ce qu'il y a une différence majeure entre le style de vie d'un Français du continent et d'un Français de la Martinique? Comment vivent-ils leur quotidien?
2. Présentez une journée typique de votre quotidien. Êtes-vous satisfait(e) de votre vie? Que voulez-vous changer?
3. Que faites-vous pour vous détendre? Faites-vous des sports nautiques comme le jeune homme sur la photo? Racontez.

 On est connectés To learn more about the French and the Moroccan way of life, use the links or keywords and search engines provided at the *Vis-à-vis* Online Learning Center (**www.mhhe.com/visavis4**).

Leçon 3

Les verbes pronominaux (*troisième partie*)

Expressing Reciprocal Actions

Le couple idéal

THIERRY: Tu vois, pour moi, le couple idéal c'est Jacquot et Patricia.

VALÉRY: Pourquoi est-ce que tu dis ça?

THIERRY: Parce qu'ils **s'adorent** tous les deux. Chaque fois que je les vois, ils **se regardent** amoureusement, ils **s'embrassent,** ils **se disent** des choses gentilles. Ils **se connaissent** depuis dix ans et je ne les ai jamais vus **se disputer.**

Vrai ou faux?

1. Patricia et Jacquot s'aiment.
2. Ils se connaissent depuis peu de temps.
3. Ils s'entendent bien.
4. Ils se disputent souvent.
5. Ils se disent des choses désagréables.

The plural reflexive pronouns **nous, vous,** and **se** can be used to show that an action is reciprocal or mutual in which two or more subjects interact. Almost any verb that can take a direct or indirect object can be used reciprocally with **nous, vous,** and **se.**

Ils **se** rencontrent par hasard.	*They meet by chance.*
Ils **s'**aiment.	*They love each other.*
Allons-nous **nous** téléphoner demain?	*Are we going to phone each other tomorrow?*
Vous ne **vous** quittez jamais.	*You are inseparable (never leave each other).*
Vous **vous** disputez souvent?	*Do you argue often?*

Allez-y!

A. Une amitié sincère. Mme Chabot raconte l'amitié qui unit sa famille à la famille Marnier. Complétez son histoire au présent.

Gisèle Marnier et moi, nous _____¹ depuis plus de quinze ans. Nous _____² tous les jours et nous parlons longtemps. Nous _____³ souvent en ville. Quand nous partons en voyage, nous _____⁴ des cartes postales.

Nos maris _____⁵ aussi très bien. Nos enfants _____⁶ surtout pendant les vacances quand ils jouent ensemble. Parfois ils _____⁷, mais comme ils _____⁸ bien, ils oublient vite leurs différends (*disagreements*).

s'aimer
se connaître
se disputer
s'écrire
s'entendre
se rencontrer
se téléphoner
se voir

B. Une brève rencontre. Racontez au présent l'histoire un peu triste d'un jeune homme et d'une jeune fille qui ne forment pas le couple idéal. Dites quand et où chaque action a lieu.

MODÈLE: se voir ⟶ Ils se voient un dimanche matin (au jardin du Luxembourg, à l'Opéra-Garnier, à la gare de Lyon)...

1. se voir
2. se rencontrer
3. s'admirer
4. se donner rendez-vous
5. se téléphoner
6. s'écrire souvent
7. se revoir
8. se disputer
9. (ne plus) s'entendre
10. se détester
11. se quitter

C. Rapports familiaux. Posez les questions suivantes à un(e) camarade de classe.

1. Avec qui est-ce que tu t'entends bien dans ta famille?
2. Tes parents et toi, quand est-ce que vous vous téléphonez?
3. Tes frères et sœurs et toi, combien de fois par semaine, par mois, par an est-ce que vous vous voyez?
4. Est-ce que tu te disputes souvent avec tes frères et tes sœurs? Quand et pourquoi vous disputez-vous?
5. Tes cousins et toi, est-ce que vous vous connaissez bien? Pourquoi ou pourquoi pas?

LES verbes pronominaux (*quatrième partie*)

Talking About the Past and Giving Commands

Un mariage d'amour

SABINE: Dis-moi, Denis, **vous vous êtes rencontrés** comment?

DENIS: La première fois qu'**on s'est vus,** c'était à Avignon.

VÉRONIQUE: **Souviens-toi!** Il pleuvait, tu es entré dans la boutique où je travaillais et...

DENIS: Et ça a été le coup de foudre! **Nous nous sommes mariés** cette année-là.

1. Où se sont vus Véronique et Denis pour la première fois?
2. Véronique et Denis se sont-ils rencontrés par hasard?
3. Quand se sont-ils mariés?

Passé composé of Pronominal Verbs

1. All pronominal verbs are conjugated with **être** in the **passé composé**. The past participle agrees with the reflexive pronoun in number and gender when the pronoun is the *direct* object of the verb.

PASSÉ COMPOSÉ OF **se baigner**			
je	me suis baigné(e)	nous	nous sommes baigné(e)s
tu	t'es baigné(e)	vous	vous êtes baigné(e)(s)
il	s'est baigné	ils	se sont baignés
elle	s'est baignée	elles	se sont baignées
on	s'est baigné(e)(s)		

Nous **nous sommes mariés** en octobre.

Vos parents **se sont fâchés**?

Vous ne **vous êtes** pas **vus** depuis Noël?

We got married in October.

Did your parents get angry?
You haven't seen each other since Christmas?

2. Here are some of the more common pronominal verbs whose past participles do not agree with the pronoun: **se demander, se dire, s'écrire, s'envoyer, se parler, se téléphoner**. The reflexive pronoun of these verbs is *indirect* (**demander à, parler à,** etc.).

<table>
<tr><td>Elles se sont **écrit** des cartes postales.</td><td>*They wrote postcards to each other.*</td></tr>
<tr><td>Ils se sont **téléphoné** hier soir?</td><td>*Did they phone each other last night?*</td></tr>
<tr><td>Vous êtes-vous **dit** bonjour?</td><td>*Did you say hello to each other?*</td></tr>
</table>

[Allez-y! A-B-D]

Imperative of Pronominal Verbs

Reflexive pronouns follow the rules for the placement of object pronouns. In the affirmative imperative, they follow and are attached to the verb with a hyphen; **toi** is used instead of **te**. In the negative imperative, reflexive pronouns precede the verb.

AFFIRMATIVE		NEGATIVE	
Lève-**toi**.	*Get up.*	Ne **te** lève pas.	*Don't get up.*
Dépêchons-**nous**.	*Let's hurry.*	Ne **nous** dépêchons pas.	*Let's not hurry.*
Habillez-**vous**.	*Get dressed.*	Ne **vous** habillez pas.	*Don't get dressed.*

[Allez-y! C]

Allez-y!

A. **Avant la soirée.** Hier, il y avait une fête à la Maison des Jeunes (*youth center*). Décrivez les activités de ces jeunes gens. Faites des phrases complètes au passé composé.

> MODÈLE: Yves / se raser / avant de partir —→
> Yves s'est rasé avant de partir.

1. Fabrice / s'habiller / avec soin (*care*)
2. Christine et toi, vous / se reposer
3. Valérie et Thomas / s'amuser / à écouter des CD
4. Sylvie / s'endormir / sur le canapé
5. David et moi, nous / s'installer / devant la télévision
6. je / se promener / dans le jardin

Un peu plus...

Les Berbères.
On retrouve les traces de ce groupe de peuple à diverses époques, de l'Égypte jusqu'à l'Atlantique et du Niger à la Méditerranée. Aussi loin qu'on remonte (*go back*) dans le passé, l'Afrique du Nord est occupée par ce peuple autochtone (*native*). Pasteurs (*Shepherds*), agriculteurs, ils vivaient divisés en tribus; la division reste un fait constant et essentiel de l'histoire berbère.

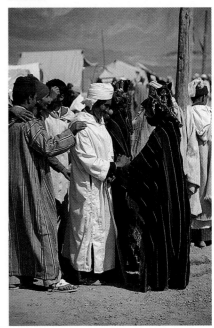

Des époux (*married couple*) berbères, au Maghreb.* Comparez-les aux époux nord-américains.

---

*Le Maghreb est l'ensemble des pays du nord-ouest de l'Afrique, situés entre la Méditerranée et le Sahara, l'océan Atlantique et le désert de Libye.

B. Souvenirs. Annick retrouve un vieil album de photos. Lisez son histoire, puis racontez-la au passé composé.

MODÈLE: Annick s'interroge sur son passé. ⟶
Annick s'est interrogée sur son passé.

1. Elle s'installe pour regarder son album de photos.   **2.** Elle s'arrête à la première page.   **3.** Elle se souvient de son premier amour.   **4.** Elle ne se souvient pas de son nom.   **5.** Elle se trompe de personne.   **6.** Elle se demande où il est aujourd'hui.   **7.** Elle s'endort sur la page ouverte.

C. Un rendez-vous difficile. Bruno a rendez-vous avec quelqu'un qu'il ne connaît pas. Il est très nerveux. Donnez-lui des conseils et utilisez l'impératif.

MODÈLE: Je ne *me suis* pas encore *préparé*. (vite) ⟶
Prépare-toi vite!

1. À quelle heure est-ce que je dois *me réveiller*? (à 5 h)
2. Je n'ai pas envie de *m'habiller*. (tout de suite)
3. Je ne *me souviens* pas de la rue. (rue Mirabeau)
4. J'ai peur de *me tromper*. (ne... pas)
5. Je dois *m'en aller* à 6 h. (maintenant)

Maintenant, utilisez **vous**.

MODÈLE: Je ne *me suis* pas encore *préparé*. (vite) ⟶
Préparez-vous vite!

D. Tête-à-tête. Posez les questions suivantes à un(e) camarade. Ensuite, faites une observation intéressante sur votre camarade.

1. Est-ce que tu t'entends bien avec tes amis? avec tes professeurs? avec tes camarades de chambre? (Si votre camarade ne s'entend pas bien avec eux, demandez-lui pourquoi.)
2. Tu as déjà rencontré une personne qui t'a beaucoup impressionné(e)? Comment s'appelle cette personne? De quels traits physiques (yeux, visage, cheveux, taille, etc.) te souviens-tu?
3. Est-ce que tu te rappelles le moment où tu es tombé(e) amoureux/amoureuse pour la première fois? C'était à quel âge, et avec qui? Ça a été le coup de foudre? C'était l'amour?
4. Tu veux te marier un jour? À quel âge? Où est-ce que tu veux t'installer avec ton mari (ta femme)?

Lecture

Avant de lire

Paraphrasing. You will be reading a series of short observations on the theme of love written by famous French novelists, playwrights, and social commentators. Because of their conciseness and literary style, you may find that although the words are familiar, understanding the sense of the text is a harder task. Reformulating the text by means of a paraphrase is a helpful strategy for extracting meaning.

As an example, consider this observation by the French novelist Pierre Loti (1850–1923).

> Et pourtant on aime de toute son âme cette âme qui vous échappe.
>   Pierre Loti, *Le Mariage de Loti*

Notice first the repetition of the word **âme,** meaning *soul*. It is used in two figurative senses. **Aimer de toute son âme** (literally, *to love with all one's soul*) can be paraphrased as **aimer profondément**. The next use of **âme** is an example of a figure of speech known as *metonymy,* where the word **âme,** or *soul,* is used to represent the meaning of *person*.

In its concrete sense, **échapper** means *to escape, to flee*. The person referred to in this saying is not escaping in a physical sense, but rather is eluding the author's grasp. So a paraphrase of this text might be:

> Et pourtant, on aime profondément la personne que l'on ne peut pas avoir (ou, la personne qui n'accepte pas nos preuves d'amour).

As you read, try to paraphrase the text of each citation in your own words.

Citations sur le thème de l'amour

[A] Il est doux[1] d'être aimé pour soi-même.
   Pierre-Augustin Caron de Beaumarchais, *Le Barbier de Séville*

[B] L'amour qui économise n'est jamais le véritable amour.
   Honoré de Balzac, *Melmoth réconcilié*

[C] Il en est[2] du véritable amour comme de l'apparition[3] des esprits: tout le monde en parle mais peu de gens en ont vu.
   François VI, duc de La Rochefoucauld, *Maximes*

[D] L'amour est la seule passion qui ne souffre ni passé ni avenir.[4]
   Honoré de Balzac, *Les Chouans*

[1]*sweet* [2]*Il... It is the same situation, case* [3]*appearance* [4]*future*

Auguste Rodin: *Le Baiser*, 1886. (Musée Rodin, Paris)

[E] Le baiser se dépose sur le front d'une jeune fille, la joue d'une maman, la main d'une jolie femme, le cou d'un enfant, les lèvres d'une maîtresse.

Gustave Flaubert, *Dictionnaire des idées reçues*

[F] Fierté,[5] raison et richesse, il faudra[6] que tout se rende.[7] Quand l'amour parle, il est le maître [...]

Pierre Carlet de Chamblain de Marivaux, *Les Fausses Confidences*

[G] On ne badine[8] pas avec l'amour.

Alfred de Musset, *On ne badine pas avec l'amour*

[H] Les passions sont les seuls orateurs qui persuadent toujours.

François VI, duc de La Rochefoucauld, *Maximes*

[I] Il y a seulement de la malchance à n'être pas aimé: il y a du malheur à ne point[9] aimer.

Albert Camus, *L'Été*

[J] On ne voit bien qu'avec le cœur. L'essentiel est invisible pour les yeux.

Antoine de Saint-Exupéry, *Le Petit Prince*

Marc Chagall: *Le Cantique des cantiques IV*, 1958 (Musée National Message Biblique Marc Chagall, Nice)

[5]*Pride* [6]*il... it will be necessary* [7]*se... surrender* [8]*banter* [9]*ne pas (lit.)*

Compréhension

La bonne paraphrase. Mettez la lettre du texte qui correspond à chacune des paraphrases suivantes.

1. _____ C'est l'instant présent qui est important quand on aime.
2. _____ On sacrifie tout quand on aime vraiment.
3. _____ L'amour rend heureux quand on sait qu'on est aimé pour ses qualités intérieures et non pour des raisons matérielles.
4. _____ Un même geste peut être plus ou moins intime selon les rapports qu'on a avec les gens.

5. _____ L'amour véritable est rare.

6. _____ Il faut prendre l'amour au sérieux.

7. _____ L'amour véritable est généreux.

8. _____ Les sentiments forts sont toujours convaincants.

9. _____ C'est le cœur, non les yeux, qui nous permet de voir ce qui est important.

10. _____ Quand on n'est pas aimé, on n'a pas de chance, mais quand on n'est pas capable d'aimer, c'est plus grave parce qu'on ne peut pas être heureux.

Écriture

Une journée typique. Décrivez ce que vous avez fait pendant la journée d'hier. Utilisez les verbes de la liste suivante: **se réveiller, se lever, prendre une douche, se raser, se maquiller, s'habiller, prendre le petit déjeuner, se reposer, se promener, aller à l'université / au travail, rentrer, lire, sortir, se détendre, faire du sport / des courses,** et cetera.

1ᵉʳ PARAGRAPHE:

Hier matin,...

2ᵉ PARAGRAPHE:

L'après-midi,...

3ᵉ PARAGRAPHE:

Le soir,...

À l'écoute sur Internet

Un rêve bizarre. Vincent raconte son rêve à Gilles. Lisez les activités suivantes avant d'écouter le vocabulaire et la conversation qui leur correspondent.

VOCABULAIRE UTILE

a disparu   disappeared
dehors   outside

A. Qu'est-ce qu'il fait? Mettez les actions de Vincent dans l'ordre chronologique en les numérotant de 1 à 10.

_____ Il se rase.   _____ Il se brosse les dents.

_____ Personne ne lui dit bonjour.   _____ Il se prépare le petit déjeuner.

__1__ Il se lève.

_____ Il s'en va au bureau.   _____ Il prend sa douche.

_____ Il veut se peigner.   _____ Les policiers l'emmènent.

_____ Il crie «non!»

B. Vrai ou faux?

1. V   F   Tous les matins, Vincent se lève à 7 h 30.

2. V   F   Dans son rêve, il n'y a pas d'eau dans la douche.

3. V   F   Dans son rêve, ses cheveux sont rouges.

4. V   F   Dans son rêve, il se rase avec un couteau.

5. V   F   Dehors, tout est bizarre.

6. V   F   Il se réveille quand les policiers l'emmènent avec eux.

Le vidéoblog d'Hector

Un Marocain lit le journal le matin au café à Marrakech, au Maroc.

En bref

Dans cet épisode, Hassan rencontre Hector devant une pharmacie. Comme Hector ne se sent pas bien, Hassan lui suggère de modifier sa façon de vivre. Il évoque «l'art de vivre» au Maroc.

Vocabulaire en contexte

Qu'est-ce que vous faites pour maintenir (*maintain*) votre santé physique et mentale? Indiquez vos préférences.

- ☐ prendre des **médicaments** (*medications*)
- ☐ ne pas trop **faire la fête** (*to party*)
- ☐ s'arrêter dans un café, un salon de thé
- ☐ boire des jus de fruits
- ☐ se coucher tôt et dormir huit heures

- ☐ prendre des **vitamines**
- ☐ se promener
- ☐ faire du sport, de la gym
- ☐ s'amuser avec des amis
- ☐ **économiser** (*to save, conserve*) son énergie

Visionnez!

Choisissez la bonne réponse.

1. Hector se sent fatigué parce qu'il _____.
   a. **s'entraîne** (*practice*) beaucoup
   b. fait trop la fête
2. Hassan lui conseille _____.
   a. de consulter un médecin
   b. d'aller se détendre à la campagne
3. Hassan est content parce qu'il _____ cette semaine.
   a. a du **temps libre** (*free time*)
   b. ferme son restaurant
4. Hassan **trouve que** (*thinks that*) la vie au Maroc est plus (*more*) _____ qu'à Paris.
   a. agréable et **douce** (*gentle*)
   b. ennuyeuse

Analysez!

Répondez aux questions.

1. Quels sont les éléments de «l'art de vivre» au Maroc? Que fait-on, par exemple, pour se détendre le matin, l'après-midi et le soir?
2. À votre avis, est-ce que le climat a une très grande influence sur l'art de vivre au Maroc? Expliquez.

Comparez!

Quels sont les critères de qualité de vie (une vie agréable, douce) dans votre pays? Selon cette définition, avez-vous vous-même une bonne qualité de vie? Regardez encore une fois la partie culturelle de la vidéo: préférez-vous l'art de vivre *à l'américaine* ou *à la marocaine*? Expliquez.

Note culturelle

En France, on distingue les pharmacies des parapharmacies. Les premières sont autorisées à distribuer des médicaments sur présentation d'une ordonnance[1] et à proposer des équivalents génériques. Elles vendent aussi des médicaments accessibles sans ordonnance (ex: l'aspirine) et des produits de santé (ex: un thermomètre). Signalées par une grande croix verte,[2] elles sont, pour certaines, ouvertes[3] la nuit. Les parapharmacies ne peuvent pas vendre de médicaments. Elles distribuent des produits de confort et de beauté (ex: les produits de toilette pour les bébés et pour les femmes). À noter: la publicité pour les médicaments est interdite par la loi.[4]

[1]prescription [2]croix... *green cross* [3]*open*
[4]interdite... *prohibited by law*

Vocabulaire

Verbes

s'amuser (à) to have fun
s'appeler to be named
s'arrêter to stop
avoir mal (à) to have pain; to hurt
se baigner to bathe; to swim
se brosser (les cheveux, les dents) to brush (one's hair, one's teeth)
se coucher to go to bed
se débrouiller to manage
se demander to wonder
se dépêcher to hurry
se détendre to relax
se disputer to argue
divorcer to divorce
se doucher to take a shower
s'embrasser to kiss
s'en aller to go away, go off (*to work*)
s'endormir to fall asleep
s'ennuyer to be bored
s'entendre (avec) to get along (with)
s'excuser to apologize
se fâcher to get angry
se fiancer to get engaged
s'habiller to get dressed
s'installer to settle down, settle in
se laver to wash oneself
se lever to get up
se maquiller to put on makeup
se marier (avec) to get married (to)
se mettre à (+ *inf.*) to begin to (*do something*)

se peigner to comb one's hair
se perdre to get lost
se préparer to get ready
se promener to take a walk
se rappeler to remember
se raser to shave
se regarder to look at oneself, at each other
se rencontrer to meet
se reposer to rest
se réveiller to awaken, wake up
se souvenir (de) to remember
tomber amoureux / amoureuse (de) to fall in love (with)
se tromper to make a mistake
se trouver to be located

Substantifs

l'amitié (*f.*) friendship
l'amour (*m.*) love
l'amoureux / l'amoureuse lover, sweetheart
la bouche mouth
le bras arm
la brosse brush
  la brosse à cheveux hairbrush
  la brosse à dents toothbrush
le/la célibataire single person
la cérémonie ceremony
le cœur heart
le corps body
le cou neck
le coup de foudre flash of lightning; love at first sight
le couple (engaged, married) couple
la dent tooth

le doigt finger
le dos back
les fiançailles (*f. pl.*) engagement
le genou knee
la gorge throat
la jambe leg
la main hand
le mariage marriage
le nez nose
les nouveaux mariés (*m. pl.*) newlyweds
l'œil (*m.*) **(les yeux)** eye(s)
l'oreille (*f.*) ear
les pantoufles (*f.*) slippers
le peigne comb
le pied foot
le rasoir razor
la rencontre meeting, encounter
le rendez-vous date
le rouge à lèvres lipstick
la santé health
la tête head
le ventre abdomen; stomach
le visage face
le voyage de noces honeymoon

À REVOIR: **les cheveux** (*m. pl.*), **le réveil**

Adjectifs

amoureux / amoureuse loving, in love
quotidien(ne) daily, everyday

Mots et expressions divers

Allez-vous-en! Go away!
Va-t'en! Go away!

Sur le marché du travail

Les dossiers d'Hector

Hector

▶ Mes photos
  ▶ Dans le vignoble
  ▶ Pomme Cannelle
  ▶ Au CIDJ

Un homme travail dans le vignoble du Clos Saint-Vincent à Bellet, près de Nice

Dans ce chapitre...

Objectifs communicatifs
► talking about jobs and professions
► talking about banking and finances
► talking about the future
► linking ideas
► making comparisons

Paroles (Leçon 1)
► Au travail: les métiers et professions
► À la banque
► Le budget
► Le verbe **ouvrir**

Structures (Leçons 2 et 3)
► Le futur simple (première partie)
► Le futur simple (deuxième partie)
► Les pronoms relatifs
► La comparaison de l'adjectif qualificatif

Culture
► **Le blog d'Hector:** *Pas facile, la vie d'artiste!*
► **Reportage:** *Étudiants: la chasse aux stages et aux petits boulots*
► **Lecture:** *Un métier pas ordinaire...* (Leçon 4)

Pomme Cannelle: une troupe de danse antillaise

Au CIDJ on propose 10 000 offres d'emploi pour l'été en France

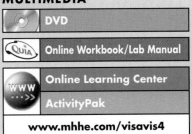

MULTIMÉDIA

	DVD
Quia	**Online Workbook/Lab Manual**
www >>	**Online Learning Center**
	ActivityPak
	www.mhhe.com/visavis4

Leçon 1

 Au travail

1. **Les fonctionnaires:** ils travaillent pour l'État.

M. Durand, agent de police*

Mlle Drouet, secrétaire‡ de mairie

M. Martin, facteur*

Mme Lambert, institutrice†

Mme Guilloux, employée† à la SNCF

2. **Les travailleurs* salariés:** ils travaillent pour une entreprise.

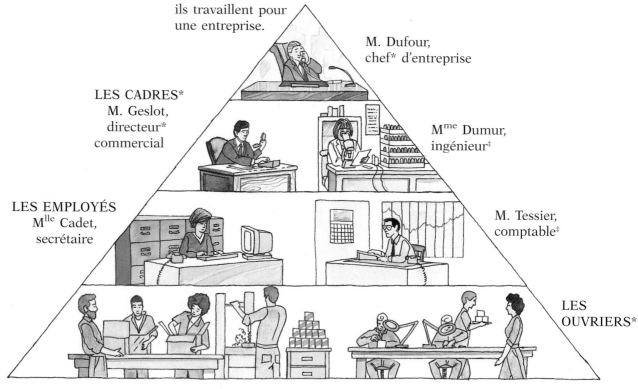

M. Dufour, chef* d'entreprise

LES CADRES*
M. Geslot, directeur* commercial

Mme Dumur, ingénieur‡

LES EMPLOYÉS
Mlle Cadet, secrétaire

M. Tessier, comptable‡

LES OUVRIERS*

Feminine forms: un agent, une factrice, une travailleuse, un cadre, un chef, une directrice, une ouvrière
†*Masculine forms*: un instituteur, un employé
‡**Secrétaire** and **comptable** can be either masculine or feminine.
Ingénieur is always masculine, even for a woman.

3. **Les travailleurs indépendants:** ils travaillent à leur compte.

• Les artisans

M. Lepape,
plombier*

Mᵐᵉ Simon,
coiffeuse†

• Les commerçants

M. Thétiot,
boucher‡

M. Lefranc,
marchand‡ de vin

AUTRE MOT UTILE:

un entretien   job interview
un chômeur /   unemployed
une chômeuse   person

• Les professions de la santé

M. Morin,
pharmacien‡

Mˡˡᵉ Duchamp,
dentiste*

Mᵐᵉ Duchesne,
femme médecin†

• D'autres professions

Mᵐᵉ Aubry,
avocate†

M. Leconte,
architecte‡

M. Colin,
agriculteur‡

Mˡˡᵉ Cossec,
artiste,* peintre*

M. Kalubi,
journaliste*

---

*Plombier** is always masculine, even for a woman, but **dentiste, architecte, artiste,
peintre,** and **journaliste** can all be either masculine or feminine.
†*Masculine forms*: un coiffeur, un médecin, un avocat
‡*Feminine forms*: une bouchère, une marchande, une pharmacienne, une agricultrice

trois cent soixante-dix-neuf   **379**

Allez-y!

A. **Définitions.** Quelle est la profession des personnes suivantes?

MODÈLES: Elle enseigne à l'école primaire. —→ Elle est institutrice.

Il écrit des articles pour des journaux. —→ Il est journaliste.

1. Elle soigne les dents de ses patients.
2. Il travaille à la campagne.
3. Il règle la circulation automobile.
4. Elle vend des billets de train.
5. Elle s'occupe de (*takes care of*) la santé de ses patients.
6. Il distribue des lettres et des colis.
7. Il vend de la viande aux clients.
8. Elle coupe (*cuts*) les cheveux des clients.
9. Elle tape des lettres sur un ordinateur.
10. Il vend des vins et des liqueurs.
11. Il prépare et vend des médicaments.
12. Elle fait des portraits et des paysages (*landscapes*).

B. **Stéréotypes.** Voici quelques dessins du caricaturiste français Jean-Pierre Adelbert. Choisissez la profession qui, selon vous, correspond le mieux à chaque dessin. Expliquez pourquoi.

Professions: architecte, artiste, caricaturiste, chef d'entreprise, chômeur / chômeuse (*unemployed person*), coiffeur / coiffeuse, comptable, critique de cinéma, critique de cuisine, journaliste de mode, peintre, plombier, vendeur / vendeuse de CD... ?

1.   2.   3.   4.   5.   6.   7.   8.

C. **Projets d'avenir.** Découvrez les futures professions de vos camarades de classe. Interviewez cinq étudiant(e)s pour découvrir quel métier ils/elles désirent faire après avoir terminé leurs études. Ensuite, analysez les résultats. En général, avez-vous des ambitions différentes ou semblables (*similar*)?

MODÈLE: É1: Que veux-tu faire après tes études?
É2: Je veux / Je voudrais devenir avocat(e).
É1: Et pourquoi?...

À la banque

Rebecca Johnson est une architecte américaine.
Elle vient de s'installer en France et va à la banque.

1. Elle ouvre (*opens*) **un compte-chèques** pour pouvoir **faire des chèques** et **un compte d'épargne** pour pouvoir **faire des économies** (*f.*) **(économiser) pour l'avenir** (*m.*).

2. Elle prend aussi **une carte bancaire.***

3. Elle regarde **le cours du jour (le taux de change)** et change ses dollars en euros.

CHANGES	Monnaies	Cours du jour
États-Unis....	1 USD	0,792 €

4. Quelques jours plus tard, elle va au **guichet automatique**. Avec sa carte bancaire, elle **retire** du **liquide** et **dépose** un chèque.

AUTRES MOTS UTILES

un bureau de change exchange office
un carnet de chèques checkbook
compter to count
une dépense expenditure
un emprunt loan

des frais (*m. pl.*) expenses, costs
la monnaie change; currency
un montant sum
un reçu receipt
toucher to cash (a check)

Allez-y!

A. Les services bancaires. Assane, un étudiant sénégalais, vient d'obtenir un permis de travail (*work permit*) en France. Complétez les phrases suivantes en utilisant le vocabulaire que vous venez d'apprendre.

1. Pour changer ses francs sénégalais en euros, il consulte _____.
2. Il va à la banque pour ouvrir un _____ et un _____ afin de (*in order to*) pouvoir faire des économies.
3. Quand il veut retirer du _____ ou _____ un chèque sur son compte, il peut aller au _____ et utiliser sa _____.

***Carte bancaire** is a general term that refers to both **cartes de crédit** and **cartes de débit**

B. Une globe-trotter. Audrey vient d'arriver à Paris et veut changer de l'argent. Indiquez dans quel ordre elle doit faire les choses suivantes.

_____ prendre des chèques de voyage avec soi
_____ prendre le reçu
_____ compter l'argent
_____ se présenter à un bureau de change avec son passeport
_____ vérifier le montant sur le reçu
_____ dire combien d'argent elle veut changer

 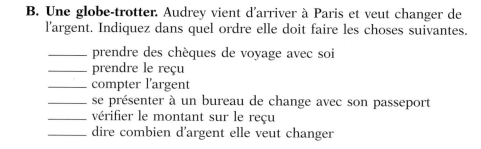

Le budget de Marc Convert

Voulez-vous travailler dans une petite société ou une grande entreprise?

Marc travaille dans une petite **société** (*company*) près de Marseille où il est responsable (*director*) commercial.

Il **gagne** 1 800 euros par mois.

Il **dépense** presque tout ce qu'il gagne pour vivre; le **coût de la vie** est très **élevé** dans les villes françaises. Mais il espère avoir une **augmentation de salaire** dans six mois. En ce moment, il lui est difficile de faire des **économies** pour acheter une maison.

Marc est content de son travail. Il sait qu'il a de la chance **car le taux de chômage** est très élevé en France: 8,8 % en septembre 2006.

 *Allez-y!*

A. Frais et revenus. Complétez les phrases en utilisant le vocabulaire que vous venez d'apprendre.

1. Danielle _____ pour acheter une voiture.
2. Les employés demandent souvent des _____.
3. Le _____ est moins élevé dans les petites villes.
4. Joël est très économe: il _____ très peu.
5. Mme Reich? Elle travaille dans une _____ d'assurance (*insurance*).
6. Irène a un emploi sympa; elle est contente même si elle _____ relativement peu.

B. Parlons d'argent! Posez les questions suivantes à un(e) camarade.

1. Est-ce que tu travailles en ce moment? Si oui, qu'est-ce que tu fais comme travail?
2. Est-ce que tu as un compte-chèques, un compte d'épargne, une carte de crédit?
3. Qu'est-ce que tu fais pour économiser de l'argent?
4. Est-ce que tu as un budget ou est-ce que tu vis au jour le jour (*from day to day*)? Pourquoi?

Le verbe *ouvrir*

PRESENT TENSE OF **ouvrir** *(to open)*	
j' **ouvre**	nous **ouvrons**
tu **ouvres**	vous **ouvrez**
il/elle/on **ouvre**	ils/elles **ouvrent**
Past participle: **ouvert**	

The verb **ouvrir** is irregular. Verbs conjugated like **ouvrir** include **couvrir** *(to cover)*, **découvrir** *(to discover)*, **offrir** *(to offer)*, and **souffrir** *(to suffer)*. Note that these verbs are conjugated in the present tense like **-er** verbs.

The opposite of **ouvrir** is **fermer** *(to close)*.

«J'aimerais ouvrir un compte, s'il vous plaît.» Avez-vous un compte bancaire?

Allez-y!

A. Finances. Ce mois-ci, Jean-Paul a des problèmes d'argent. Racontez cette histoire en utilisant les verbes suivants: **ouvrir, couvrir, découvrir, offrir, souffrir.** Utilisez le passé composé *(p.c.)* où c'est indiqué.

Le mois dernier, Jean-Paul _____[1] *(p.c.)* un compte-chèques et un compte d'épargne. Sa grand-mère lui _____[2] toujours de l'argent pour son anniversaire, mais il l'utilise pour ses frais scolaires. Jean-Paul est très économe. Il _____[3] toujours ses dépenses *(expenses)*. Mais ce mois-ci, il a acheté une nouvelle moto et il _____[4] parce qu'il ne peut pas sortir aussi souvent. Alors, il _____[5] les plaisirs de la lecture!

B. Profil psychologique. Demandez à un(e) camarade _____.

1. s'il / si elle a un compte bancaire
2. s'il / si elle couvre toujours ses dépenses
3. s'il / si elle fait des économies et pourquoi
4. s'il / si elle souffre quand il/elle est obligé(e) de faire des économies
5. combien de fois par semaine, ou par mois, il/elle doit retirer de l'argent de son compte et combien de fois il/elle doit deposer de l'argent
6. si quelqu'un lui a récemment offert de l'argent et ce qu'il/elle en a fait

Maintenant, dites ce que vous avez découvert et faites un petit portrait psychologique de votre camarade. Ou si vous préférez, lisez l'histoire de Jean-Paul dans l'exercice précédent et faites un portrait psychologique de Jean-Paul.

Mots utiles: avare *(stingy)*, économe, impulsif/impulsive, généreux/généreuse, (im)prudent(e), un magnat des affaires *(tycoon)*, négligent(e)

Leçon 2

 # **L**e futur simple (*première partie*)

Talking About the Future

Son avenir

LE PÈRE: Il **apprendra** des langues étrangères et **travaillera** comme diplomate.

LA MÈRE: Non, il **étudiera** le droit et **dirigera** une firme importante.

L'ENFANT: (Je crois que je me **chercherai** un appartement très tôt...)

Remplacez les verbes au futur proche par les formes utilisées dans le dialogue.

1. Il va étudier le droit.
2. Il va travailler comme diplomate.
3. Il va se chercher un appartement.

Expressing the Future in French

In French, there are three ways of expressing future actions or events:

PRESENT	**J'arrive** à 2 h.	*I arrive at 2:00.*
NEAR FUTURE	Je **vais arriver** demain.	*I'm going to arrive tomorrow.*
FUTURE TENSE	**J'arriverai** en janvier.	*I will arrive in January.*

Verbs with Regular Future Stems

The future is a simple tense, formed with the infinitive plus the endings **-ai, -as, -a, -ons, -ez, -ont**. The final **-e** of the infinitive of **-re** verbs is dropped.

parler	**finir**	**vendre**
je parler**ai**	je finir**ai**	je vendr**ai**
tu parler**as**	tu finir**as**	tu vendr**as**
il/elle/on parler**a**	il/elle/on finir**a**	il/elle/on vendr**a**
nous parler**ons**	nous finir**ons**	nous vendr**ons**
vous parler**ez**	vous finir**ez**	vous vendr**ez**
ils/elles parler**ont**	ils/elles finir**ont**	ils/elles vendr**ont**

Demain nous **parlerons** avec le conseiller d'orientation.
Il te **donnera** des conseils.
Ces conseils t'**aideront** peut-être à trouver du travail.
La réunion **finira** vers cinq heures.

Tomorrow we will talk with the job counselor.
He will give you some advice.
Maybe this advice will help you find a job.
The meeting will end around five o'clock.

Allez-y!

A. Stratégies. Anne-Marie cherche du travail pour cet été. Elle doit se présenter demain à un entretien. Dites ce qu'elle fera.

MODÈLE: se lever très tôt ⟶ Elle se lèvera très tôt.

1. se coucher tôt ce soir
2. s'habiller avec soin
3. prendre un petit déjeuner léger
4. mettre son curriculum vitæ dans sa serviette (*briefcase*)
5. prendre le métro pour éviter les embouteillages (*traffic jams*)
6. y arriver un peu en avance
7. se présenter brièvement
8. parler calmement
9. répondre avec précision aux questions de l'employeur
10. remercier l'employeur avant de partir

Maintenant répétez l'exercice en utilisant le sujet **Anne-Marie et Loïc**.

MODÈLE: se lever très tôt ⟶ Ils se lèveront très tôt.

L'architecture: un travail de précision. Est-ce que vous travaillerez comme architecte? comme professeur? comme cadre?

B. Jeu de société. À une soirée, vous jouez à la voyante (*fortune-teller*) et prédisez la carrière de chacun(e) de vos ami(e)s. Choisissez le verbe convenable pour décrire vos prévisions.

Verbes: écrire, enseigner, jouer, participer, s'occuper, travailler, vendre, voyager

1. Vous _____ des bijoux à Alger.
2. Vous _____ le rôle de Hamlet à Londres.
3. Vous _____ à la construction d'un stade à Mexico.
4. Vous _____ des articles pour le *New York Times*.
5. Vous _____ souvent à l'étranger.
6. Vous _____ des malades à Dakar.
7. Vous _____ dans une école primaire à Seattle.
8. Vous _____ comme cosmonaute.

 # Le futur simple (*deuxième partie*)

Talking About the Future

Un emploi de rêve

L'EMPLOYEUR: Vous **aurez** deux mois de vacances par an.
LE CANDIDAT: Est-ce je **devrai** venir travailler au bureau?
L'EMPLOYEUR: Bien sûr que non! Vous **viendrez** quand ça vous **plaira**. Vous **pourrez** également profiter de notre propriété sur la Côte d'Azur.
LA FEMME DU CANDIDAT: Michel, réveille-toi! Il est temps d'aller travailler!

Transformez les phrases en utilisant le futur simple.

1. Il va avoir deux mois de vacances.
2. Il va venir travailler au bureau.
3. Il va pouvoir profiter de la propriété sur la Côte d'Azur.

Verbs with Irregular Future Stems

Some verbs have irregular future stems.

aller: **ir-**	faire: **fer-**	recevoir: **recevr-**
avoir: **aur-**	falloir: **faudr-**	savoir: **saur-**
devoir: **devr-**	mourir: **mourr-**	venir: **viendr-**
envoyer: **enverr-**	pleuvoir: **pleuvr-**	voir: **verr-**
être: **ser-**	pouvoir: **pourr-**	vouloir: **voudr-**

J'**irai** au travail la semaine prochaine.	*I'll go to work next week.*
Et toi, quand **enverras**-tu ta demande d'emploi?	*And you? When will you send in your job application?*
Pas de problème! J'**aurai** bientôt un poste.	*No problem! I will have a position soon.*
Alors, vous **devrez** tous les deux vous lever très tôt le matin.	*So both of you will have to get up very early in the morning.*
C'est vrai. Mais demain on **devra** célébrer cela!	*It's true. But tomorrow we should celebrate!*

Verbs with spelling irregularities in the present tense also have irregularities in the future tense. These include verbs such as **acheter, appeler,** and **payer.** See Appendix D: **-er** Verbs with Spelling Changes, at the end of the book.

Uses of the Future Tense

1. As you can see from the preceding examples, the use of the future tense parallels that of English. This is also true of the tense of verbs after an *if*-clause in the present tense.

Si je pose ma candidature pour ce poste, j'**aurai** peut-être des chances de l'obtenir.	*If I apply for this position, I may (will maybe) have some chance of getting it.*
Mais si tu ne te présentes pas, tu ne l'**auras** sûrement pas!	*But if you don't apply in person, you surely will not get it!*

2. However, in dependent clauses following words such as **quand, lorsque** (*when*), **dès que** (*as soon as*), or **aussitôt que** (*as soon as*), the future tense is used in French if the action is expected to occur at a future time. English uses the present tense in this case.

Mots clés

Exprimer le futur

All the expressions mentioned in the **Mots clés** of **Chapitre 5, Leçon 2** are also applicable to the **futur simple.** The following expressions are mostly used with the **futur simple:**

à l'avenir *from now on; in the future*
un jour *some day*
à partir de maintenant *from now on*

À l'avenir, nous ferons des économies.
Un jour, nous n'aurons plus de dettes.
À partir de maintenant, je te montrerai toutes mes dépenses.

Je te **téléphonerai** *dès que* j'**arriverai**.	*I'll phone you as soon as I arrive.*
Nous **pourrons** en discuter *lorsque* l'avocat **sera** là.	*We'll be able to discuss it when the lawyer arrives.*
La discussion **commencera** *dès que* tout le monde **sera** prêt.	*The discussion will begin as soon as everyone is ready.*

3. The **futur simple** can also be used to politely express a command, a request, or a piece of advice.

Tu me **donneras** ton adresse avant de partir.	*Give me your address before you leave.*
Vous **finirez** de taper ces documents pour demain.	*Finish typing these documents for tomorrow.*

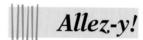

Allez-y!

A. Les exigences du milieu de travail. Transformez les phrases en utilisant le futur simple.

MODÈLE: Téléphone à ton collègue! ⟶
Tu téléphoneras à ton collègue!

1. Va poster ce colis!
2. Venez nous voir pendant les vacances!
3. Sois patient(e) avec tes collègues!
4. Envoyez des références!
5. Fais ton possible!

B. Des promesses, toujours des promesses... Qu'est-ce que ces personnes feront?

MODÈLE: (tu) commencer / dès que / Carine / arriver ⟶
Tu commenceras dès que Carine arrivera.

1. (je) commencer la réunion / aussitôt que / tu / téléphoner
2. (Pierre) en parler / dès que / la patronne / arriver
3. (nous) t'expliquer le problème / quand / nous / avoir le temps
4. (Lyne et Paul) partir / lorsque / tu / être prêt(e)
5. (vous) le lui dire / aussitôt que / il / téléphoner

C. Interview. Vous voulez savoir ce que votre camarade pense de l'avenir, et vous lui posez les questions suivantes. Mais malheureusement, il/elle ne vous prend pas au sérieux! L'interviewé(e) utilise toute son imagination et tout son humour pour répondre. À la fin, inversez les rôles.

MODÈLE: dès que tu auras ton diplôme ⟶
É1: Qu'est-ce que tu feras dès que tu auras ton diplôme?
É2: Moi, plus tard, je vendrai des légumes biologiques (*organic*) à Athènes.

1. quand tu seras vieux / vieille
2. si un jour tu es acteur / actrice
3. dans dix ans
4. lorsque tu te marieras
5. dès que tu pourras réaliser un de tes rêves
6. si tu n'obtiens pas tout ce que tu veux
7. lorsque tu auras des enfants

À votre avis, parmi toutes les réponses, laquelle (*which one*) est la plus originale, la plus amusante et la plus bizarre?

D. Conversation. Posez les questions suivantes à un(e) camarade, qui vous les posera à son tour.

L'été prochain, _____?

1. qu'est-ce que tu écriras?
2. qu'est-ce que tu liras?
3. qu'est-ce que tu achèteras?
4. qui verras-tu?
5. où iras-tu?
6. que feras-tu? Auras-tu un job?

E. Interview. Posez les questions suivantes à un(e) camarade de classe.

1. Qu'est-ce que tu feras quand l'année scolaire sera terminée? Continueras-tu tes études, iras-tu en vacances ou travailleras-tu?
2. Qu'est-ce que tu feras après tes études? Tu choisiras une profession indépendante? salariée? Seras-tu fonctionnaire? commerçant(e)? artisan(e)?
3. Tu voyageras souvent? Si oui, dans quels pays? Pour quelles raisons?
4. Tu gagneras beaucoup d'argent? Est-ce que cela sera important pour toi?
5. Où est-ce que tu vivras si tu en as le choix? Pourquoi?

Être professeur: une profession prestigieuse et satisfaisante. Avez-vous un professeur que vous aimez beaucoup? Expliquez.

Le blog d'Hector

Pas facile, la vie d'artiste!

lundi 6 juillet

La semaine commence mal... Je suis angoissé![1]

Quelquefois, je regrette de ne pas être plombier, dentiste, ou comptable! Ces professions sont moins fatigantes et plus rassurantes que le métier de danseur. Parce que, vous savez, c'est beau, la vie d'artiste, mais c'est avant tout des concessions, des efforts, des sacrifices, beaucoup de discipline et de courage.

Je ne suis pas un travailleur salarié. Je suis un danseur moderne indépendant. Alors, j'ai toujours des incertitudes[2] sur mon avenir; je me pose mille questions: «Est-ce que j'aurai un contrat cet été? Qu'est-ce que je ferai si je n'ai pas de contrat? Comment est-ce que je paierai mes frais? Serai-je obligé d'emprunter de l'argent à ma banque?»

Dans ma profession, le taux de chômage est élevé et il faut savoir faire des économies pour les mauvais jours. Il faut aussi avoir une bonne relation avec son banquier en cas de problème!

Je vais envoyer une candidature à la troupe antillaise Pomme Cannelle pour un poste de Directeur de spectacles. Je rêve d'un emploi stable et j'aimerais bien partir travailler au soleil: ça me changerait les idées![3]

Hector

▲ Pomme Cannelle: une troupe de danse antillaise

COMMENTAIRES

 Alexis
Salut, Hector
Dans ta prochaine vie, tu seras fonctionnaire! Tu seras moins angoissé!

 Trésor
Mon métier, c'est d'être le chien d'Alexis. Ce n'est pas toujours facile non plus...

 Poema
Les problèmes dont tu parles ne sont pas spécifiques aux artistes. Les travailleurs indépendants n'ont aucune sécurité d'emploi! Je le sais parce que mon père est dentiste.

 Mamadou
Poema, les gens auront toujours mal aux dents, et ils auront toujours besoin d'un dentiste!

 Charlotte
Hector, si tu obtiens ton poste de Directeur de spectacles, tu pourras retourner aux Antilles. Et tu seras un artiste salarié: c'est l'idéal, non?

[1]anxious [2]uncertainties [3]ça.. that would give me a change of pace

Étudiants: la chasse aux stages° et aux petits boulots

internships

En France, l'accès à l'université est gratuit.[1] Mais ensuite, comment couvrir vos dépenses et gagner l'argent du loyer, de la nourriture, des livres, des sorties et des vacances? Il n'y a qu'une solution: trouver un petit boulot.

Vous voulez un travail intéressant, pas trop fatigant et, en plus, bien payé? Première règle: si vous désirez travailler en été, commencez vos recherches dès[2] le mois de janvier. Deuxième règle: faites l'inventaire des entreprises qui embauchent[3] des étudiants; parlez de vos projets à votre boucher, à votre dentiste, à votre facteur, à votre pharmacien, aux membres de votre famille, à tout le monde. Troisième règle: envoyez des lettres de motivation personnalisées et des C.V. attractifs qui mettent en valeur[4] vos points forts.

Attention, il ne faut pas confondre petit boulot et stage en entreprise. Aurélie, qui vient de terminer un stage de relations publiques chez Air France, explique: «Un stage en entreprise vous donne une compétence professionnelle. Souvent obligatoire, il complète votre formation universitaire dans le domaine de vos études. Et s'il dure plus de trois mois, il donne droit à une indemnité.[5] C'est le meilleur argument sur un C.V. au moment de la recherche d'un emploi.» Comment a-t-elle trouvé son stage? «J'ai consulté les petites annonces du CIDJ (Centre d'information et de documentation de la jeunesse) sur Internet et j'ai posé ma candidature à plusieurs endroits. À la fin, j'ai eu plusieurs propositions!»

▲ Le CIDJ propose aux étudiants plus de 10 000 offres d'emplois pour l'été en France et dans les autres pays d'Europe. Tous les secteurs sont représentés: la vente, l'hôtellerie, le sport, les nouvelles technologies... N'hésitez pas à consulter son site Internet. Comme ce jeune homme, vous y trouverez sûrement le stage ou le petit boulot de vos rêves!

[1]*free* [2]*by* [3]*hire* [4]*mettent... emphasize* [5]*compensation*

 À vous!

1. En France, quel est le meilleur moyen de trouver un petit boulot pour l'été? En Amérique, comment procédez-vous?
2. Expliquez la différence entre un petit boulot et un stage en entreprise.
3. Avez-vous l'expérience de petits boulots? Avez-vous déjà fait un stage en entreprise? Décrivez votre expérience. Sinon, décrivez l'expérience d'un ami / d'une amie.
4. Quel emploi cherche le jeune homme sur la photo? Imaginez.

WWW ···▶▶ On est connectés To learn more about music and dance in Martinique, use the links or keywords and search engines provided at the *Vis-à-vis* Online Learning Center (**www.mhhe.com/visavis4**).

Leçon 3

 # **L**es pronoms relatifs

Linking Ideas

Interview d'un chef d'entreprise

LA JOURNALISTE: Et pourquoi dites-vous que vous avez fait trois ans d'études inutiles?

GENEVIÈVE: Eh bien, parce que pendant tout ce temps-là, c'était la création de bijoux **qui** m'intéressait.

LA JOURNALISTE: Les bijoux **que** vous créez sont fabriqués avec des matériaux naturels?

GENEVIÈVE: Oui. Je dessine aussi pour les magazines des bijoux fantaisie **qu'**on peut réaliser à la maison.

LA JOURNALISTE: Maintenant, votre entreprise fabrique des milliers de bijoux **dont** les trois-quarts partent au Japon?

GENEVIÈVE: Oui, et j'ai des tas de nouveaux projets!

1. Qu'est-ce qui intéressait Geneviève pendant ses études?
2. Qu'est-ce qu'on peut réaliser à la maison?
3. Les trois-quarts de quoi partent au Japon?

A relative pronoun (*who, that, which, whom, whose*) links a dependent (relative) clause to a main clause. A dependent clause is one that cannot stand by itself—for example, the italicized parts of the following sentences: The suitcase *that he is carrying* is mine; There is the store *in which we met.*

	PERSON	THING
subject	qui	qui
object	que	que
with preposition	qui	lequel*
with **de**	dont	dont

***Lequel** is not discussed in this chapter. Refer to **Chapitre 15, Leçon 2** and Appendix E.

Qui

1. The relative pronoun used as a subject of a dependent clause is **qui** (*who, that, which*). It can refer to both people and things.

> J'ai un emploi. **Il** me plaît.
>
> J'ai un emploi **qui** me plaît.

> Je vois la femme. **Elle** vous a parlé.
>
> Je vois la femme **qui** vous a parlé.

In the first example, **qui** replaces the subject **il** in the dependent clause. Because it is the subject of the clause, **qui** will always be followed by a conjugated verb (**qui... plaît**). Note that in the second example, **vous** is not a subject but an object pronoun; **elle** is the subject of **a parlé**.

2. **Qui** does not elide when followed by a vowel sound.

> L'architecte **qui** est arrivé ce matin vient du Japon.

3. **Qui** can also be used as the object of a preposition to refer to people.

> Le comptable **avec qui** je travaille est agréable.
> *The accountant with whom I work is pleasant.*
> L'ouvrier **à qui** j'ai donné du travail est travailleur.
> *The worker to whom I gave some work is industrious.*

[Allez-y! A]

Que

1. The relative pronoun used as a direct object of a dependent clause is **que** (*whom, that, which*). It also can refer to both people and things.

> C'est une entreprise. Je connais bien **cette entreprise**.
>
> C'est une entreprise **que** je connais bien.

> Voici une amie. J'ai rencontré **cette amie** au travail.
>
> Voici une amie **que** j'ai rencontrée au travail.

In the second example, **que** replaces the direct object **cette amie**. **Que** is always followed by a subject and a conjugated verb (**que j'ai rencontrée**). Note that the past participle agrees with the preceding feminine direct object **que** (**une amie**). You may want to review the section on the agreement of past participles in **Chapitre 10, Leçon 3**.

2. **Que** elides with a following vowel sound.

> L'architecte **qu'**elle a rencontré vient du Japon.

Dont

1. The pronoun **dont** is used to replace the preposition **de (du, de la, de l', des)** plus its object. If the verb of the dependent clause requires the preposition **de** (as in **parler de, avoir besoin de,** etc.) before an object, use **dont**.

Où est le reçu? J'ai besoin **du reçu**.	*Where is the receipt? I need the receipt.*
Où est le reçu **dont** j'ai besoin?	*Where is the receipt that I need?*

2. **Dont** is also used to express possession.

C'est la passagère. Ses valises sont à la douane.	*That's the passenger. Her suitcases are at the customs office.*
C'est la passagère **dont** les valises sont à la douane.	*That's the passenger whose suitcases are at the customs office.*
Martin est écrivain. On peut acheter ses livres à la librairie.	*Martin is a writer. You can buy his books at the bookstore.*
Martin est l'écrivain **dont** on peut acheter les livres à la librairie.	*Martin is the writer whose books you can buy at the bookstore.*

When **dont** is used, there is no need for a possessive adjective. Note the use of the definite article (**les**).

Où

Où is the relative pronoun of time and place. It can mean *where, when,* or *which.*

Le guichet **où** vous changez votre argent est là-bas.	*The window where you change your money is over there.*
Le 1ᵉʳ janvier, c'est le jour **où** je commence mon nouveau travail.	*The first of January, that's the day (when) I begin my new job.*
L'aéroport d'**où** vous êtes partis est maintenant fermé.	*The airport from which you departed is closed now.*

[Allez-y! B-C-D-E]

Allez-y!

A. **À la recherche d'un emploi.** Jean-Claude raconte comment il a passé sa semaine à chercher du travail. Reliez les phrases suivantes avec **qui.**

MODÈLE: Dimanche, j'ai téléphoné à une amie. Elle est directrice
d'un journal. →
Dimanche, j'ai téléphoné à une amie qui est directrice
d'un journal.

1. Lundi, j'ai déjeuné avec un ami. Il connaît beaucoup de
comptables.
2. Mardi, j'ai eu un entretien à la Banque Nationale de Paris. Elle
est près de la place de la Concorde.
3. Mercredi, j'ai parlé à un employé du Crédit Lyonnais. Il m'a
beaucoup encouragé.
4. Jeudi, j'ai pris rendez-vous avec un membre de la Chambre de
commerce. Il est expert-comptable.
5. Enfin samedi, j'ai reçu une lettre d'une société belge. Elle m'offre
un poste de comptable à Bruxelles.
6. Et aujourd'hui, je prends l'avion. Il me conduit vers ma nouvelle
vie.

B. Promenade sur la Seine. Cet été, Marie-Claude travaille comme
guide sur un bateau-mouche* à Paris. Complétez ses explications
avec les pronoms relatifs **qui, que** et **où**.

Ce bâtiment _____[1] vous voyez à présent dans l'île de la Cité, c'est la
Conciergerie. Autrefois une prison, c'est l'endroit _____[2] Marie-
Antoinette a passé ses derniers jours. Et cette église _____[3] se trouve
en face de nous, c'est Notre-Dame. Voici le musée d'Orsay _____[4]
vous pourrez admirer les peintres impressionnistes et _____[5] je vous
recommande de visiter. Et un peu plus loin, le musée du Louvre
_____[6] vous trouverez *la Joconde* et *la Vénus de Milo*. Et enfin, voici
la tour Eiffel _____[7] est le symbole de notre ville. Est-ce que vous
voyez cette statue _____[8] ressemble à la Liberté éclairant (*lighting*) le
monde? Eh bien, c'est l'original de la statue _____[9] la France a
donnée aux Américains.

C. Photos de vacances. Jeanine a passé un mois dans un village
d'artistes dans le Midi. Elle y a rencontré beaucoup de gens
intéressants. Elle montre maintenant ses photos de vacances à ses
amis.

MODÈLE: Voici un artisan. Ses poteries sont très chères. →
Voici un artisan **dont les** poteries sont très chères.

1. Michel est un jeune artiste. On peut admirer ses tableaux au
musée de Marseille.
2. Voici Yann. Ses sculptures sont déjà célèbres dans le milieu
artistique.
3. Et voilà Claire. On vend ses bijoux à Saint-Tropez.
4. Laurent est un jeune écrivain. Son premier roman vient d'être
publié.

---

*The **bateaux-mouches** are cruise boats that take tourists along the Seine in Paris,
offering historical commentaries on the various monuments that can be seen during the
trip. They serve about five million passengers per year.

D. Travail et vacances. Racontez les projets de Sabine en reliant les deux phrases avec un pronom relatif. Le symbole ▲ indique le début (*beginning*) d'une proposition relative.

MODÈLE: Je travaille au tribunal (*court*). ▲ Je suis avocate au tribunal. —→
Je travaille au tribunal où je suis avocate.

1. Je prendrai bientôt des vacances. ▲ J'ai vraiment besoin de ces vacances.
2. Ma camarade de chambre ▲ viendra avec moi. Elle s'appelle Élise.
3. Elle travaille avec des comptables. ▲ Ces comptables sont très exigeants (*demanding*).
4. Nous irons à Genève. ▲ Les parents d'Elise ont une maison à Genève.
5. Hier Élise a téléphoné à son père. ▲ Le père d'Élise nous a invitées.
6. Élise a envie de voir sa mère. ▲ Elle pense souvent à sa mère.
7. J'ai acheté une nouvelle valise. ▲ Je mettrai tous mes vêtements de ski dans cette valise.
8. Nous resterons deux jours à Strasbourg. ▲ Nous visiterons le Palais de l'Europe à Strasbourg.
9. Nous rentrerons trois semaines plus tard, prêtes à reprendre le travail. ▲ Ce travail se sera accumulé (*piled up*).

Maintenant, cherchez l'information demandée dans le récit de Sabine.

1. saison
2. durée des vacances
3. nationalité probable d'Élise
4. état d'esprit (*mental state*) de Sabine

E. Énigme. Décrivez un objet, une personne ou un endroit à vos camarades. Utilisez des pronoms relatifs. Vos camarades vont essayer d'identifier la chose dont vous parlez.

Catégories suggérées: une ville, un pays, un plat, un gâteau, une personne, une classe, une profession...

MODÈLE: É1: Je pense à un gâteau qui est français et dont le nom commence par un *e*.
É2: Est-ce que c'est un éclair?

Maintenant, continuez ce jeu avec une différence. Cette fois, vous ne donnez que la catégorie d'un objet ou d'une personne. Vos camarades vous demandent des précisions. Répondez-leur par *oui* ou *non*.

Autres catégories suggérées: un film, une émission de télévision, une pièce de théâtre, un acteur / une actrice, un chanteur / une chanteuse...

MODÈLE: É1: Je pense à un film.
É2: C'est un film que tu as vu il y a longtemps?
C'est un film dont l'action se passe à New York?
C'est un film où un animal a joué le rôle principal?
C'est un film dont l'action se déroule (*takes place*) en 1933?
C'est *King Kong*.

La comparaison de l'adjectif qualificatif

Making Comparisons

Les courses

Laurence et Franck vont faire des courses ensemble.

LAURENCE: Nous allons où faire nos courses?

FRANCK: À Carrefour,* bien sûr! C'est **moins cher** et c'est **plus propre** que Trouvetout.

LAURENCE: Moi, j'ai horreur des grandes surfaces. Je préfère aller chez le petit épicier de la rue Leclerc. Les produits sont **plus chers,** d'accord, mais ils sont **plus frais**. Et puis, c'est **plus pratique** aussi: on n'a pas besoin de prendre la voiture. Et il offre **le meilleur** accueil du quartier.

FRANCK: D'accord, ma chérie, mais en ce moment, la chose **la plus importante,** c'est de faire des économies.

Vrai ou faux?

1. À Carrefour, les produits sont plus chers que chez l'épicier.
2. Les produits sont moins frais à Carrefour.
3. C'est plus pratique d'aller chez l'épicier.
4. L'épicier offre le meilleur service.

Comparison of Adjectives

1. In French, the following constructions can be used with adjectives to express a comparison. It is not always necessary to state the second term of the comparison.

> **plus... que** (*more . . . than*)

Chez l'épicier, les produits sont **plus** chers (**qu'**à Carrefour).

The products at the grocer's are more expensive (than at Carrefour).

---

*supermarché très populaire

> **moins... que** (*less . . . than*)

Franck pense que Carrefour est **moins** cher (**que** Trouvetout).

Franck thinks Carrefour is less expensive (than Trouvetout).

> **aussi... que** (*as . . . as*)

Pour Laurence, l'accueil est **aussi** important **que** la qualité des produits.

For Laurence, the friendly service is as important as the quality of the products.

2. Stressed pronouns (**Chapitre 12, Leçon 2**) are used after **que** when a pronoun is required.

Elle est plus intelligente que **lui**. *She is more intelligent than he is.*

[Allez-y! A]

Superlative Form of Adjectives

1. To form the superlative of an adjective, use the appropriate definite article with the comparative form of the adjective.

Deborah est frisée. ⟶ Juliette est plus frisée que Deborah. ⟶ Alice est **la** plus frisée des trois.

OU

Alice est frisée. ⟶ Juliette est moins frisée qu'Alice. ⟶ Deborah est **la** moins frisée des trois.

2. Superlative adjectives normally follow the nouns they modify, and the definite article is repeated.

Alice est **la** femme **la plus frisée** des trois.

Alice is the woman with the curliest hair of the three.

3. Adjectives that usually precede the nouns they modify can either precede or follow the noun in the superlative construction. If the adjective follows the noun, the definite article must be repeated.

> **la** plus petite maison
>
> OU
>
> **la** maison **la** plus petite

4. The preposition **de** expresses *in* or *of* in a superlative construction.

Alice et Grégoire habitent la plus belle maison **du** quartier.	*Alice and Grégoire live in the most beautiful house in the neighborhood.*
C'est le quartier le plus cher **de** la ville.	*It's the most expensive neighborhood in town.*

Irregular Comparative and Superlative Forms

The adjective **bon(ne)** has irregular comparative and superlative forms. **Mauvais(e)** has both regular and irregular forms.

	COMPARATIVE	SUPERLATIVE
bon(ne)	meilleur(e)	le meilleur / la meilleure
mauvais(e)	plus mauvais(e) pire	le plus mauvais / la plus mauvaise le/la pire

Les légumes à Carrefour sont bons, mais les légumes à Trouvetout sont **meilleurs**.	*The vegetables at Carrefour are good, but the vegetables at Trouvetout are better.*
Ce grand magasin est **le meilleur** de la ville.	*This department store is the best (one) in town.*
Ce détergent-ci est **plus mauvais** (**pire**) que ce détergent-là.	*This detergent is worse than that detergent.*
C'est **le plus mauvais** (**le pire**) des produits.	*It's the worst of products.*

[Allez-y! B-C-D]

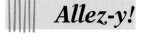

Allez-y!

A. Comparaisons. Regardez les deux dessins et répondez aux questions suivantes.

> **MODÈLE:** Qui est moins nerveux, le jeune homme ou la jeune fille?
> La jeune fille est moins nerveuse (que le jeune homme).

1. Qui est plus grand, le jeune homme ou la jeune fille? Qui est plus mince?
2. Est-ce que la jeune fille a l'air aussi dynamique et sympathique que le jeune homme?
3. Qui est plus timide? plus bavard (*talkative*)?
4. Est-ce que le jeune homme est aussi studieux que la jeune fille?
5. Est-ce que le jeune homme est plus ou moins travailleur que la jeune fille?
6. Qui est le plus ambitieux des deux? Qui est le plus sportif des deux?

B. Un couple de francophiles. M. et Mme Cohen adorent tout ce qui est français, et ils ont tendance à exagérer. Donnez leur opinion en transformant les phrases selon le modèle.

> **MODÈLE:** Le français est une très belle langue. ⟶
> Le français est la plus belle langue du monde.

1. La cuisine française est bonne.
2. Les vins de Bourgogne sont sophistiqués.
3. La civilisation française est très avancée.
4. Paris est une ville intéressante.
5. Les Français sont un peuple cultivé.
6. La France est un beau pays.

C. Opinions. Changez les phrases suivantes, si nécessaire, pour indiquer votre opinion personnelle: **plus / moins / aussi... que; meilleur(e) / plus mauvais(e) que**. Regardez d'abord les expressions de **Mots clés**. Utilisez ces mots et justifiez vos opinions.

1. Le sport est aussi important que les études.
2. Les rapports humains sont aussi importants que les bonnes notes.
3. Grâce à la technologie, la vie des étudiants est meilleure qu'il y a vingt ans.
4. Les cours universitaires sont plus intéressants que les cours à l'école secondaire.
5. Comme étudiant(e), je suis plus sérieux / sérieuse que la plupart de mes ami(e)s.

D. Mais ce n'est pas possible! Vous aimez exagérer. Donnez votre opinion sur les sujets suivants. Pour chaque catégorie, proposez aussi d'autres exemples si possible.

1. Le président _____ / bon ou mauvais / président / le XXe ou XXIe siècle
2. Les Américains / les gens / généreux / le monde
3. Le manque (*lack*) d'éducation / le problème / sérieux / le monde actuel
4. _____ / le problème / grand / ma vie
5. _____ / la nouvelle / intéressant / l'année
6. _____ / l'athlète / bon / l'année

Mots clés

Pour insister

Like **très**, the adverbs **bien** (*much*) and **fort** (*very, mostly*) are used to emphasize a point.

Faire des économies est **bien** plus important qu'on le pense.

Cette employée a une personnalité **fort** agréable.

Lecture

Avant de lire

Using the dictionary. As you know, you can figure out from context the meaning of many unfamiliar words that you encounter in readings. Sometimes, however, you will need to consult a dictionary. When you do, keep in mind the following guidelines.

1. If possible, use a good hardback French–English dictionary; paperback dictionaries often do not provide all the common equivalents for a word, nor do they offer examples of usage.
2. Read through *all* the meanings and examples. Make sure the meaning you choose corresponds to the part of speech (noun, verb, etc.) of the French word you are looking for and, of course, that it makes sense in context.
3. Later on, try consulting a monolingual dictionary: one in which French words are defined in French. This may present a bit of a challenge at first, but you will find it of great benefit in terms of vocabulary enrichment and increased range of expression.

The following sentence appears in the middle of the third paragraph of the reading selection: "Dans son abbaye de Hautvilliers, il a trouvé la formule d'un vin qui mousse et qui pétille... " Look for the meaning of **mousser** in the following excerpt from the *Larousse French Dictionary* (bilingual dictionary):

> **mousser** [muse] *vi* [écumer-champagne, cidre] to bubble, to sparkle; [bière] to froth; [savon, crème à raser] to lather; [détergent, shampooing] to foam, to lather

Which meaning is closest to the use of **mousser** in the sentence quoted from the article? Now, take a look at the definition of **mousser** from the *Nouveau Petit Robert* (monolingual dictionary):

> **1♦** Produire de la mousse. *Boisson qui mousse. Shampooing qui mousse beaucoup.*
> **2♦** Fig. et Fam. *Faire mousser:* vanter, mettre exagérément en valeur (une personne, une chose) ⟶ **valoir**. *Se faire mousser.*

What extra information did you get from the monolingual dictionary?

À propos de la lecture...
Les auteurs de *Vis-à-vis* ont écrit ce texte.

Un métier pas ordinaire...

Tout le monde ne peut pas être fonctionnaire et des métiers originaux, il y en a plus que vous ne pensez!

L'œnologue,[1] par exemple, est un spécialiste des vins. Il les déguste,[2] les évalue et les classe. On le voit avec de grandes bottes marcher dans les vignes ou un verre à la main en train de tester la personnalité d'un vin. Conseiller des producteurs, des marchands et des restaurateurs, c'est un expert formé à l'université: quatre ans d'études après le Bac sont nécessaires pour obtenir le très sérieux Diplôme National d'Œnologie.

Au XVIIᵉ siècle, le moine[3] Dom Pérignon a été œnologue sans le savoir. Dans son abbaye de Hautvillers, il a trouvé la formule d'un vin qui mousse et qui pétille,[4] le fameux champagne, «le seul vin qui rend les femmes plus belles après qu'elles l'aient bu» disait la Marquise de Pompadour![5]

Est-ce qu'il y a un point commun entre l'œnologue et l'aromaticien? Oui, car ces deux métiers font appel aux sens.

L'aromaticien est un grand artiste qui invente des parfums. On l'appelle aussi un «Nez». Dans son cabinet, il dispose de 5 000 petits flacons avec des odeurs différentes. Il doit les analyser et les associer pour réussir à créer un parfum unique.

[1]*œnologist (wine expert)* [2]*tastes* [3]*monk* [4]*fizzes* [5]Marquise... la confidente du roi Louis XV, connue pour sa beauté et son esprit au XVIIIᵉ siècle

Les œnologues dans leur cave, à Bourgogne, en France. Que feront ces hommes après leur travail?

Le «Nez» a étudié la chimie à l'université ou il a fréquenté l'ISIPCA (Institut supérieur international du parfum, de la cosmétique et de l'aromatique alimentaire). Mais il a aussi un don[6] particulier—un instinct de création extrêmement rare. C'est pourquoi il n'y a que 250 «Nez» dans le monde. La plupart d'entre eux travaillent à Grasse, la capitale mondiale du parfum, dans le sud de la France. Ernest Beaux est l'un des plus fameux. En 1920, il propose à sa patronne Coco Chanel, deux séries de tests numérotés de 1 à 5 et de 20 à 24. Le numéro 5 plaît à Mademoiselle! Le parfum le plus célèbre du monde, Chanel N° 5, vient de naître!

Enfin parlons des artisans chocolatiers. Chaque Français consomme en moyenne sept kilos de chocolat par an! Euphorisant,[7] anti-stress, stimulant, aphrodisiaque, le chocolat est une passion nationale depuis le XVIIe siècle. Sous Louis XIV, on disait même: «La Reine a deux passions, le Roi et... le chocolat!»

Un chocolatier est un spécialiste diplômé d'un lycée professionnel. Employé ou travailleur indépendant, il peut devenir riche et célèbre s'il gagne le concours[8] annuel du Meilleur Ouvrier de France. Mais le métier est difficile: il faut se lever à 5 h du matin, travailler les week-ends et les jours de fêtes.

Pour réussir, l'artisan chocolatier doit être aussi courageux qu'imaginatif. Il peut s'inspirer, par exemple, de cette équipe de huit chocolatiers qui a récemment créé une réplique en chocolat de la cathédrale Notre-Dame de Paris: 1 500 heures de travail!

[6]gift [7]Producing a sense of euphoria [8]competition

Compréhension

Un métier pour vous? Répondez aux questions suivantes.

1. Combien d'années d'études sont nécessaires pour devenir œnologue?
2. Qui est Dom Pérignon? Qu'est-ce qu'il a fait?
3. Qu'est-ce que l'aromaticien étudie à l'université?
4. Pourquoi est-ce que le chocolat est aussi populaire en France?

Écriture

Vos projets d'avenir. Répondez aux questions suivantes au sujet de votre avenir. Ensuite, mettez vos réponses sous la forme d'un texte. Vous pouvez ajouter des informations supplémentaires.

1er PARAGRAPHE:
1. Qu'est-ce que vous ferez dans cinq ans? Quel genre d'emploi occuperez-vous?
2. Où habiterez-vous?
3. Quel sera votre état civil (*marital status*)?

2e PARAGRAPHE:
4. Quelle sera la situation dans le monde?
5. Comment est-ce que la technologie influencera la vie de tous les jours?

  # À l'écoute sur Internet

Carrières. Vous allez entendre trois offres d'emploi à la radio. Lisez les activités suivantes avant d'écouter le vocabulaire et les séquences sonores qui leur correspondent.

VOCABULAIRE UTILE
la comptabilité	accounting
la rentrée prochaine	beginning of next academic year

A. Quel poste? Déterminez de quel poste il s'agit dans chaque cas.

Annonce 1 _____   **a.** professeur
Annonce 2 _____   **b.** ingénieur
Annonce 3 _____   **c.** secrétaire

B. À chacun son emploi! Quelle annonce (numéro 1, 2 ou 3) convient à (*is appropriate for*) chacune des personnes suivantes? Entourez le numéro.

1. Laurence Chassagne enseigne la physique et la chimie dans un lycée technique et rêve de partir à l'étranger.
   1   2   3
2. Carole Bernard parle trois langues couramment et est forte en calcul (*arithmetic*).
   1   2   3
3. Lionel Pelletier est spécialiste en informatique. Il voudrait trouver un travail avec plus de responsabilité.
   1   2   3

Le vidéoblog d'Hector

En bref

Dans cet épisode, Hector parle au téléphone à Léa d'un emploi qu'il veut obtenir chez Pomme Cannelle. Son entretien s'est bien passé et il attend maintenant un coup de fil du directeur. Pendant leur conversation, Léa et Hector regardent un extrait du spectacle de Pomme Cannelle sur leur site Web.

Vocabulaire en contexte

Mettez les étapes de la recherche d'un emploi en ordre chronologique en les numérotant de 1 à 7.

Étapes de la recherche d'un emploi

_____ poser sa candidature

_____ négocier son salaire

_____ accepter le rendez-vous de l'employeur

_____ rédiger (*to write*) un bon C.V.

_____ faire bonne impression sur le patron (*boss*)

_____ envoyer une lettre de remerciement

_____ recevoir une proposition d'embauche (*job offer*)

La musique et la danse sont essentielles à la vie antillaise.

Visionnez!

Choisissez le mot ou l'expression qui complète le mieux chaque phrase.

1. Hector est <u>optimiste</u> / <u>pessimiste</u> en ce qui concerne (*about*) cet emploi.
2. Pomme Cannelle présente son spectacle <u>en France</u> / <u>dans le monde entier</u>.
3. Pomme Cannelle a un style <u>traditionnel</u> / <u>particulier</u>.
4. Hector gagnerait (*would earn*) au minimum <u>1 200</u> / <u>1 800</u> euros par mois.
5. Si Hector n'obtient pas ce poste, il <u>restera à Paris</u> / <u>repartira pour la Martinique</u>.

Analysez!

1. Décrivez les étapes qu'Hector a suivies pour obtenir son poste chez Pomme Cannelle.
2. Quel numéro de Pomme Cannelle vous plaît (*do you like*) le plus ou le moins? Expliquez.

Comparez!

Regardez encore une fois la partie culturelle de la vidéo. Y a-t-il des troupes de danse traditionnelle ou des groupes de musique traditionnelle comme Pomme Cannelle dans votre pays ou dans votre culture? Décrivez-les. Où montent-ils leurs spectacles? Qui va les voir? Est-ce que vous aimez ces spectacles? Expliquez.

Note culturelle

La musique et la danse sont essentielles à la culture des îles. Elles traduisent des influences européennes, africaines et américaines. Inspirée du rythme des orchestres de jazz de La Nouvelle Orléans, la biguine[1] symbolise aujourd'hui les sons et les rythmes des Antilles françaises. Mais depuis 1980, le Zouk a pris la première place dans le folkore euro-antillais. Très rythmé, très sensuel, il existe aussi en version douce[2] et lente:[3] on l'appelle le «zouk-love»!

[1]une danse [2]*soft, gentle* [3]*slow*

Vocabulaire

Verbes

compter to count
couvrir to cover
découvrir to discover
dépenser to spend (*money*)
déposer to deposit
diriger to direct
économiser to save money
faire des économies (*f. pl.*) to
  save (up) money
faire un chèque to write a check
fermer to close
gagner to earn; to win
intéresser to interest
offrir to offer
ouvrir to open
poser sa candidature to apply
retirer to withdraw
soigner to treat
souffrir to suffer
toucher to touch; to cash (*a
  check*)
travailler à son compte to be
  self-employed

Substantifs

l'argent (*m.*) **liquide** cash
l'augmentation (*f.*) increase
  l'augmentation de salaire
    raise
l'avenir (*m.*) future
le bijou jewel
le budget budget
le bureau de change money
  exchange (office)
le carnet de chèques checkbook
la carte bancaire bank (ATM)
  card
la carte de crédit credit card
la carte de débit debit card

le chèque check
le chômage unemployment
le chômeur / la chomeuse
  unemployed person
le compte-chèques checking
  account
le compte d'épargne savings
  account
le cours exchange rate
le coût de la vie cost of living
le curriculum vitæ (C.V.)
  résumé
la demande d'emploi job
  application
la dépense expense
l'emploi (*m.*) job
l'emprunt (*m.*) loan
l'entreprise (*f.*) company
l'entretien (*m.*) job interview
le guichet automatique
  automatic teller machine (ATM)
les frais (*m. pl.*) expenses, costs
le métier trade, profession
la monnaie change; currency
le montant sum, amount
le reçu receipt
le salaire salary
la societé company
le taux de change exchange rate
le taux de chômage
  unemployment rate

À REVOIR: **l'horaire** (*m.*)**, la santé**

Les professions

l'agent (*m.*) **de police** police
  officer
l'agriculteur / l'agricultrice
  farmer
l'architecte (*m., f.*) architect
l'artisan(e) artisan, craftsperson

l'artiste (*m., f.*) artist
l'avocat(e) lawyer
le boucher / la bouchère
  butcher
le cadre middle or upper
  manager
le chef d'entreprise company
  head, top manager, boss
le coiffeur / la coiffeuse
  hairdresser
le/la commerçant(e) shopkeeper
le/la comptable accountant
le/la dentiste dentist
le directeur / la directrice
  manager, head
**le directeur / la directrice
  commercial(e)** business
  manager
l'employé(e) employee
le facteur / la factrice letter
  carrier
le/la fonctionnaire civil servant
l'ingénieur (*m.*) engineer
l'instituteur / l'institutrice
  primary school teacher
le/la journaliste reporter
**le marchand / la marchande (de
  vin)** (wine) merchant
le médecin / la femme médecin
  doctor
l'ouvrier / l'ouvrière (manual)
  worker, laborer
le/la peintre painter
le/la pharmacien(ne)
  pharmacist
le plombier plumber
le/la secrétaire secretary
le travailleur / la travailleuse
  worker
  le travailleur indépendant
    self-employed worker

le travailleur salarié salaried worker

À REVOIR: **l'acteur, l'actrice; l'écrivain / la femme écrivain; le serveur / la serveuse**

Mots et expressions divers

à l'avenir from now on, in the future

à partir de maintenant from now on

à son compte for oneself
aussi... que as . . . as
aussitôt que as soon as
car because
dès que as soon as
dont whose, of whom, of which
élevé(e) high
fort (*adv.*) very
un jour someday
lorsque when

meilleur(e) better
moins... que less . . . than
où where; when
pire worse
plus... que more . . . than
que whom, that, which
qui who, that, which

À REVOIR: **quand**

Les loisirs

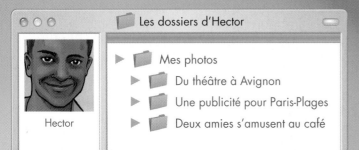

Les dossiers d'Hector

Hector

▶ 📁 Mes photos
  ▶ 📁 Du théâtre à Avignon
  ▶ 📁 Une publicité pour Paris-Plages
  ▶ 📁 Deux amies s'amusent au café

Une pièce de théâtre en plein air sur la place du Palais des Papes, à Avignon, en France

Dans ce chapitre...

Objectifs communicatifs
► talking about leisure-time activities
► getting information
► being polite
► speculating
► making comparisons
► talking about quantity

Paroles (Leçon 1)
► Les loisirs
► Les verbes **courir** et **rire**

 Une publicité pour Paris-Plages

Structures (Leçons 2 et 3)
► Les pronoms interrogatifs
► Le présent du conditionnel
► La comparaison de l'adverbe et du nom
► Les adjectifs et les pronoms indéfinis

Culture
► **Le blog d'Hector:** *Le temps de vivre*
► **Reportage:** *Étudier ou s'amuser?*
► **Lecture:** *Traversée de l'Atlantique à la rame en solitaire* (Leçon 4)

 Deux amies s'amusent au café

MULTIMÉDIA

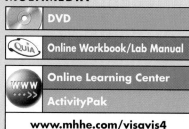

DVD
Online Workbook/Lab Manual
Online Learning Center
ActivityPak
www.mhhe.com/visavis4

Quelques loisirs°

(m.) leisure activities

Les spectacles (*m.*)
le spectacle de
  variétés
le cinéma
le théâtre
l'opéra

Les activités (*f.*) **de plein air**
la pêche   le ski
la pétanque*   la marche
le pique-nique

Les sports (*m.*)
le football
le cyclisme
les matchs (*m.*)
  (de football)

Les jeux (*m.*)
les jeux de hasard
les jeux de société

Le bricolage
le jardinage

Les passe-temps (*m.*)
les collections (*f.*)
la lecture
la peinture

Qu'est-ce qu'on est en train de faire? Est-ce qu'on fait un pique-nique?
Est-ce qu'on joue au football? Est-ce qu'on assiste à† un concert?

AUTRES MOTS UTILES

bricoler	to putter around, do odd jobs
une chanson‡	song
une équipe	team

*La pétanque is a Provençal game similar to Italian bocce ball.
†Assister à means to attend; aider means to assist, help.
‡Une chanson de variété is a popular song, frequently associated with a particular singer
and sung in a music hall or a small nightclub.

Allez-y!

A. Catégories. La ballet et l'opéra sont des spectacles. Dans quelle(s) catégorie(s) de distractions classez-vous _____?

MODÈLE: la marche —→ La marche, c'est une activité de plein air.

1. un match de football
2. une collection de timbres
3. le jardinage
4. la pêche
5. la roulette
6. la lecture
7. un pique-nique
8. le poker
9. le cinéma
10. la pétanque
11. le cyclisme
12. un concert de jazz

B. Interview. Posez les questions suivantes à un(e) camarade. Demandez-lui _____.

1. quelles sortes de chansons il/elle aime (les chansons d'amour, les chansons folkloriques, le rap, le hip hop?)
2. s'il / si elle a déjà joué à la pétanque
3. à quelles sortes de spectacles il/elle assiste souvent et à quel spectacle il/elle a assisté récemment
4. s'il / si elle préfère faire du sport ou assister à des manifestations sportifs; à quel événement sportif il/elle a assisté récemment
5. quel jeu de société il/elle préfère (le bridge, le Scrabble, le Monopoly?)
6. à quels jeux de hasard il/elle a joué, où il/elle y a joué et combien il/elle a gagné ou perdu
7. s'il / si elle aime bricoler et quels objets il/elle a réparés ou fabriqués
8. s'il / si elle collectionne quelque chose

Résumez! D'après ses réponses, parlez brièvement du caractère ou de la personnalité de votre camarade.

Expressions utiles: actif/active, adroit/adroite, audacieux/audacieuse, créateur/créatrice, énergique, être un homme (une femme) à tout faire (*handy*), (im)prudent(e), paresseux/paresseuse, (peu) doué(e) (*gifted*) pour les sports, (n')avoir (pas) le goût du risque, sentimental(e), sportif/sportive, terre à terre (= prosaïque, ordinaire), et cetera

Du travail ou du bricolage? À vous de décider! Expliquez votre réponse.

Les verbes *courir* et *rire*

vive la détente!

PRESENT TENSE OF **courir** (*to run*)		**rire** (*to laugh*)	
je	cour**s**	je	ri**s**
tu	cour**s**	tu	ri**s**
il/elle/on	cour**t**	il/elle/on	ri**t**
nous	cour**ons**	nous	ri**ons**
vous	cour**ez**	vous	ri**ez**
ils/elles	cour**ent**	ils/elles	ri**ent**
Past participle:	**couru**		**ri**
Future stem:	**courr-**		**rir-**

A verb conjugated like **rire** is **sourire** (*to smile*).

Allez-y!

A. Sondage sur le jogging. De plus en plus de gens sont des adeptes du jogging.

1. Demandez à un(e) camarade s'il / si elle fait du jogging.

Si oui, demandez-lui _____.

2. combien de fois par semaine il/elle court
3. pendant combien de temps il/elle court ou combien de kilomètres il/elle fait (1 mile = 1,6 kilomètres)
4. depuis quand il/elle fait du jogging

Sinon, demandez-lui _____.

5. pourquoi il/elle ne court pas
6. s'il / si elle pratique un autre sport
7. ce qu'il/elle pense des gens qui font du jogging régulièrement

B. Le rire. Le rire est le passe-temps préféré de beaucoup de gens. Et vous? Aimez-vous rire? Avec un(e) camarade, répondez aux questions suivantes. Chaque fois que vous répondez que oui, donnez un exemple.

1. Racontez-vous des blagues (*jokes*)? **2.** Faites-vous souvent des jeux de mots (*puns*)? **3.** Avez-vous un comique préféré / une comique préférée? **4.** Est-ce qu'il y a un film ou une pièce de théâtre que vous trouvez particulièrement intéressant(e)? **5.** Est-ce que vous riez quelquefois en cours de français? Quand et pourquoi?

Leçon 2

Les pronoms interrogatifs

Getting Information

Au match de rugby

BILL: **Qu'est-ce qu'**ils essaient de faire?

JEAN-PAUL: Eh bien, ils essaient de poser le ballon derrière la ligne de but de l'équipe adverse.

BILL: **Qu'est-ce qui** se passe là?

JEAN-PAUL: Là, il y a une mêlée.

BILL: Et c'est **quoi,** une mêlée?

JEAN-PAUL: C'est quand plusieurs joueurs de chaque équipe sont regroupés autour du ballon. Tu vois, un des joueurs l'a récupéré.

BILL: **Lequel?**

JEAN-PAUL: Fabien Devichi.

BILL: **Qu'est-ce qui** l'empêche de le passer vers le but?

JEAN-PAUL: Les règles du jeu, mon vieux! C'est du rugby, ce n'est pas du football américain.

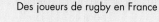

Des joueurs de rugby en France

Voici des réponses. Quelles en sont les questions?

1. Ils essaient de plaquer (*tackle*) le joueur qui court avec le ballon.
2. Un joueur passe le ballon à Fabien Devichi.
3. Un essai, c'est l'avantage obtenu quand un joueur réussit à poser le ballon derrière la ligne de but.

Forms of Interrogative Pronouns

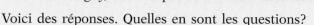

Interrogative pronouns—in English, *who? whom? which? what?*—are used to ask questions. They can play several roles in questions, serving as subjects, as objects of verbs, or as objects of prepositions. You are already familiar with the French interrogative pronouns **qui** and **qu'est-ce que.** Following is a more detailed list of French interrogative pronouns. Note that different pronouns are used for people and for things, and that several pronouns have a short and a long form.

USE	PEOPLE	THINGS
Subject of a question	qui qui est-ce qui	—— qu'est-ce qui
Object of a question	qui qui est-ce que	que qu'est-ce que
Object of a preposition	à qui	à quoi

Interrogative Pronouns as the Subject of a Question

As the *subject* of a question, the interrogative pronoun that refers to people has both a short and a long form. The pronoun that refers to things has only one form. Note that **qui** is always followed by a singular verb.

PEOPLE

Qui fait du jogging ce matin?
Qui est-ce qui fait du jogging ce matin?

THINGS

Qu'est-ce qui se passe? (*What's happening?*)

Interrogative Pronouns as the Object of a Question

As the *object* of a question, the interrogative pronouns referring to people, as well as those referring to things, have both a long and a short form.

1. Long forms

   PEOPLE: **Qui est-ce que**
   THINGS: **Qu'est-ce que** + *subject* + *verb* + (*other elements*)?

   Qui est-ce que tu as vu sur le court de tennis ce matin?
   Qu'est-ce que Marie veut faire ce soir?

   Whom did you see on the tennis court this morning?
   What does Marie want to do this evening?

   Remember that **qu'est-ce que (qu'est-ce que c'est que)** is a set phrase used to ask for a definition: *What is _____?*

   Qu'est-ce que la pétanque?   *What is pétanque?*

2. The short form **qui** can follow the subject and verb in questions using an intonation change.

   Tu cherches **qui**?
   André a vu **qui** au théâtre?

   You're looking for whom?
   Whom did André see at the theater?

The short form **qui** can also be followed by an inverted subject and verb.

> **Qui** (+ *noun subject*) + *verb-pronoun* + (*other elements*)?

Qui as-tu vu au club de gym?	*Whom did you see at the gym?*
Qui Marie a-t-elle vu sur le court de tennis?	*Whom did Marie see on the tennis court?*

3. The short form **que** is followed by an inverted subject and verb. This is true for both noun and pronoun subjects.

> **que** + *verb* + *subject* (*noun or pronoun*) + (*other elements*)?

Que cherches-tu?	*What are you looking for?*
Que cherche Isabelle?	*What is Isabelle looking for?*

[Allez-y! A]

Use of *qui* and *quoi* after Prepositions

After a preposition or as a one-word question, **qui** is used to refer to people, and **quoi** is used to refer to things.

À qui est-ce que Michel parle?	*Whom is Michel speaking to?*
De qui est-ce que tu parles?	*Whom are you talking about?*
À quoi est-ce que Corinne réfléchit?	*What is Corinne thinking about?*
De quoi est-ce que vous parlez?	*What are you talking about?*

[Allez-y! B-C-D]

Lequel

Lequel, laquelle, lesquels, and **lesquelles** (*which one[s]?*) are used to ask about a person or thing that has already been mentioned. These pronouns agree in gender and number with the nouns to which they refer.

—Avez-vous vu cet opéra?	*Have you seen this (that) opera?*
—**Lequel?**	*Which one?*
—Vous rappelez-vous cette pièce de théâtre?	*Do you remember this (that) play?*
—**Laquelle?**	*Which one?*
—**Lequel** des chanteurs américains préférez-vous?	*Which American singer do you prefer?*

[Allez-y! E]

Allez-y!

A. À la Maison des jeunes et de la culture.* Posez des questions sur les activités des jeunes à la MJC. Utilisez **qui** ou **qui est-ce qui,** en remplaçant les mots en italique.

> **MODÈLE:** *Pierrot* apprend à jouer du piano. →
> Qui (Qui est-ce qui) apprend à jouer du piano?

1. *Astrid* est en train de lire (*is reading*) un roman.
2. *Paul* apprend à faire un portrait dans le cours de peinture.
3. *Jean-Loup* écoute un concert de musique vietnamienne.
4. *Le professeur* choisit les meilleures œuvres à exposer.

Maintenant, posez des questions avec **que** ou **qu'est-ce que.**

> **MODÈLE:** Sylvie regarde *un film de François Truffaut* au ciné-club. →
> Que regarde Sylvie au ciné-club? (Qu'est-ce que Sylvie regarde au ciné-club?)

5. Les jeunes font *des vases* dans le cours de poterie.
6. On joue *un air de Jacques Brel* dans le cours de guitare.
7. Jean a fabriqué *des étagères* dans l'atelier de bricolage.
8. Marie a travaillé *son service* pendant son cours de tennis.

B. Exposition à la MJC. Vous êtes chargé(e) d'organiser une exposition à votre MJC, et vous donnez des instructions à un groupe de volontaires. Quelles questions vous posent-ils? Choisissez l'interrogatif correct.

> **MODÈLE:** (qui / qu'est-ce que) William nous prêtera une... →
> Qu'est-ce que William nous prêtera?

1. (qui / qu'est-ce qui) Le directeur a invité...
2. (qui / qu'est-ce que) Valérie va nous apporter une...
3. (qui / qui est-ce qui) Nous devons téléphoner à...
4. (à quoi / de quoi) Demain, vous voulez nous parler...
5. (qui est-ce qui / qui) Nadine viendra avec son...
6. (quoi / que) Vous pensez beaucoup à la...

C. Une matinée de bricolage. Ce matin, il y a eu beaucoup d'animation chez les Fontanet. À son retour de la maternelle (*kindergarten*), la petite Émilie veut tout savoir. À l'aide des mots en italique, formulez les questions.

> **MODÈLE:** Papa a invité *un ami.* →
> Qui est-ce que papa a invité?

1. *Maman* fabriquait une petite table.
2. Jean-Louis faisait *de la poterie.*
3. Papa parlait avec *son ami.*
4. *Jean-Louis* a ouvert la porte.
5. Le chien a vu *le facteur.*

---

*The **Maison des jeunes et de la culture** (**MJC**) is a recreational center supported by the French government. **MJC**s offer courses in many hobbies and sports and sponsor cultural events.

6. Maman a crié après *le chien.*
7. Le chien a couru après *le facteur.*
8. *La poterie* est tombée par terre.
9. *Papa* a rattrapé (*caught*) le chien.
10. Le chien a cassé (*broke*) *la petite table de maman.*

D. Interview. Avec un(e) camarade de classe, posez des questions et répondez-y à tour de rôle.

MODÈLE: acteurs comiques: Jim Carrey, Adam Sandler →
    É1: Lequel de ces acteurs comiques préfères-tu, Jim Carrey ou Adam Sandler?
    É2: Je préfère Adam Sandler. Et toi, lequel préfères-tu?
    É1: Je préfère...

1. actrices: Renée Zellweger, Reese Witherspoon
2. peintres: le Français Degas, l'Espagnol Picasso
3. chanteuses: Mariah Carey, Alicia Keys
4. loisirs: le bricolage, le jardinage
5. spectacles: les manifestations sportives, les spectacles de variétés
6. chansons: les chansons de Green Day, de Jack Johnson

Que pouvez-vous dire des goûts de votre camarade?

 # **L**e présent du conditionnel

Being Polite, Speculating

Ah, si j'étais riche...

FRANÇOIS: Qu'est-ce que tu **ferais,** toi, si tu gagnais au loto?

VINCENT: Moi, je crois que j'**achèterais** un vieux cinéma de quartier. Je **choisirais** tous les films que j'aime et tous mes copains **pourraient** entrer gratuitement.

CHLOË: Moi, si je gagnais assez d'argent, je **m'installerais** dans le sud de la France et je **passerais** mon temps à faire de la peinture. J'**aurais** une grande maison et vous **pourriez** venir me voir tous les week-ends.

Et vous? Si vous gagniez au loto, qu'est-ce que vous feriez?

Forms of the Conditional

1. In English, the conditional is a compound verb form consisting of *would* plus the infinitive: *He would travel, we would go.* In French, the **conditionnel** is a simple verb form. The imperfect-tense endings **-ais, -ais, -ait, -ions, -iez, -aient** are added to the infinitive. The final **-e** of **-re** verbs is dropped before the endings are added.

parler		finir		vendre	
je	parler**ais**	je	finir**ais**	je	vendr**ais**
tu	parler**ais**	tu	finir**ais**	tu	vendr**ais**
il/elle/on	parler**ait**	il/elle/on	finir**ait**	il/elle/on	vendr**ait**
nous	parler**ions**	nous	finir**ions**	nous	vendr**ions**
vous	parler**iez**	vous	finir**iez**	vous	vendr**iez**
ils/elles	parler**aient**	ils/elles	finir**aient**	ils/elles	vendr**aient**

Elle **passerait** son temps à faire de la peinture.	*She'd spend her time painting.*
Elle **habiterait** dans une grande maison à la campagne.	*She'd live in a big house in the country.*

2. Verbs with irregular stems in the future tense (**Chapitre 14, Leçon 2**) have the same irregular stems in the conditional.

S'il ne pleuvait pas, nous **irions** tous à la pêche.	*If it weren't raining, we would all go fishing.*
Elle **voudrait** venir avec nous.	*She would like to come with us.*
Est-ce que tu **aurais** le temps de m'aider à tout préparer?	*Would you have time to help me prepare everything?*

Uses of the Conditional

1. In both English and French, the conditional is used to make polite requests or inquiries. It gives a softer, more deferential tone to statements that might otherwise seem abrupt (see **Mots clés** of **Chapitre 6, Leçon 2** and **Chapitre 7, Leçon 3**).

Auriez-vous la gentillesse de m'aider?	*Would you be so kind as to help me?*
Je **pourrais** poser une question?	*Could I ask a question?*
Jean **voudrait** venir avec moi.	*Jean would like to come with me.*
Tu **devrais** faire plus de sport.	*You should be more active.*
Nous **aimerions** commander.	*We would like to order.*

[Allez-y! A-B]

2. The conditional is used in the main clause of sentences containing **si** (*if*) clauses to express what *would* happen if the hypothesis of the *if*-clause were true. The imperfect is used in the *if*-clause.

<table>
<tr><td>Si j'**avais** le temps, je **jouerais** au tennis.</td><td>*If I had time, I would play tennis.*</td></tr>
<tr><td>Si nous **pouvions** pique-niquer tous les jours, nous **serions** contents.</td><td>*If we could go on a picnic every day, we would be happy.*</td></tr>
<tr><td>Elle **irait** avec vous au bord de la mer si elle **savait** nager.</td><td>*She would go to the seashore with you if she knew how to swim.*</td></tr>
</table>

The **si** clause containing the condition is sometimes understood and not directly expressed.

<table>
<tr><td>Je **viendrais** avec grand plaisir... (si tu m'invitais, si j'avais le temps, et cetera).</td><td>*I would like to come . . . (if you invited me, if I had the time, etc.).*</td></tr>
</table>

3. Remember that an *if*-clause in the present expresses a condition that if fulfilled, will result in a certain action (stated in the future).

<table>
<tr><td>Si j'**ai** le temps, je **jouerai** au tennis cet après-midi.</td><td>*If I have the time, I'll play tennis this afternoon.*</td></tr>
</table>

Note that the future and the conditional are *never* used in the dependent clause (after **si**) of an *if*-clause sentence.

4. The present conditional of the verb **devoir** is used to give advice and corresponds to the English *should*.

<table>
<tr><td>—J'aime bien les jeux de hasard.</td><td>*I like games of chance.*</td></tr>
<tr><td>—Vous **devriez** aller à Monte-Carlo.</td><td>*You should go to Monte-Carlo.*</td></tr>
<tr><td>—Elle a besoin d'exercice.</td><td>*She needs some exercise.*</td></tr>
<tr><td>—Elle **devrait** faire du jogging.</td><td>*She should go jogging.*</td></tr>
</table>

[Allez-y! C-D-E-F]

Allez-y!

A. S'il vous plaît. Soyons poli(e)s! Utilisez le conditionnel dans les phrases suivantes. Ajoutez **s'il vous plaît / s'il te plaît** si possible.

MODÈLE: Je veux parler à Mme de la Falaise. ⟶
Je voudrais parler à Mme de la Falaise, s'il vous plaît.

1. Pouvez-vous nous aider?
2. Est-ce que tu sais son numéro de téléphone?
3. Je veux bien assister à ce spectacle.
4. Savez-vous où on achète les billets?
5. Peux-tu venir avec nous?
6. Je préfère dîner en plein air.

Mots clés

Exprimer un désir et suggérer

The construction **si** + **imparfait** (without the conditional) is used to express a wish or to make a suggestion.

Si seulement **j'étais** riche!	*If only I were rich!*
Si on dansait?	*Shall we dance?*

B. Soyons diplomates. Vous avez un ami / une amie qui donne toujours des ordres. Indiquez-lui deux façons de demander la même chose, mais poliment.

MODÈLE: L'AMI(E): Dites-moi à quelle heure le film commence!
VOUS: Non! Pourriez-vous me dire à quelle heure le film commence? (Je voudrais savoir à quelle heure le film commence.)

1. Donnez-moi un billet!
2. Expliquez-moi pourquoi les billets sont si chers.
3. Faites-moi de la monnaie de cinquante euros.
4. Dites-moi dans quelle salle on passe ce film.
5. Dites-moi si je dois réserver des places pour le film qui ouvre demain.

C. Un après-midi de loisir. Si vous pouviez choisir, laquelle de ces activités feriez-vous cet après-midi? Posez les questions à un(e) camarade.

MODÈLE: faire une promenade en ville ou à la campagne ⟶
É1: Est-ce que tu ferais une promenade en ville ou à la campagne?
É2: Je ferais une promenade à la campagne.

Champions du monde de football 1998
RF La Poste 2002 0,46 €

1. jouer au tennis ou au football
2. aller au cinéma ou au café
3. passer une heure au musée ou au parc
4. manger une pizza ou un sandwich
5. boire un café ou un Coca-cola
6. parler anglais ou français
7. faire des courses ou la sieste
8. écouter de la musique classique ou du rock
9. acheter des vêtements ou des livres
10. lire des bandes dessinées ou un roman
11. rendre visite à un ami / une amie ou à la famille
12. se reposer ou faire du sport

D. Problèmes de loisir. Donnez des conseils à un ami / une amie qui a des difficultés à organiser son temps libre. Commencez par «À ta place, je _____.»

MODÈLE: É1: J'ai envie de danser!
É2: À ta place, j'irais en boîte.

1. J'aime le sport. 2. J'aime les pièces de théâtre. 3. J'ai envie de lire quelque chose d'intéressant. 4. J'aime les films étrangers. 5. J'ai besoin de tranquillité. 6. J'admire les tableaux de l'école de Fontainebleau.

E. Nommez trois choses... Donnez par écrit votre réaction spontanée aux questions suivantes. Écrivez des phrases complètes. Puis, comparez vos réponses avec celles d'un(e) camarade de classe. Lesquelles sont identiques?

1. Nommez trois choses que vous feriez si vous étiez riche.
2. Donnez trois raisons pour lesquelles vous vous battriez (*you would fight*) si c'était nécessaire.
3. Nommez trois instruments de musique dont vous aimeriez jouer.
4. Nommez trois sports que vous aimeriez bien pratiquer.
5. Nommez trois personnes qui vous font souvent rire.
6. Nommez trois chanteurs (ou chanteuses) que vous admirez.
7. Nommez trois choses que vous feriez ce week-end si vous aviez le temps.

F. De beaux rêves. Imaginez ce que vous feriez dans les situations suivantes. Justifiez vos choix.

MODÈLE: si vous gagniez un voyage ⟶
Si je gagnais un voyage, j'irais à Tahiti.

1. si vous receviez un chèque de 100 000 dollars **2.** si vous deviez vivre dans une autre ville **3.** si vous pouviez avoir la maison de vos rêves **4.** si vous preniez de longues vacances **5.** si vous veniez de finir vos études

Et si on allait en Provence? Que ferait-on?

Un peu plus...

En Provence.
La lavande est une plante indigène de la région des Alpes, et différentes variétés poussent (*grow*) partout en Provence. Les fleurs de lavande s'épanouissent (*bloom*) de juin à octobre et colorent de violet les champs (*fields*). Ces fleurs peuvent être séchées (*dried*) et utilisées en cuisine ou pour parfumer le linge (*laundry*). On utilise l'essence de lavande dans les parfums et les savons.
Nommez une plante indigène de votre région.

Le blog d'Hector

Le temps de vivre

jeudi 9 juillet

Si j'avais du temps à moi, qu'est-ce que je ferais?

Il y a un Hector paresseux qui dit: «Je resterais des journées entières devant la télé; je surferais toute la nuit sur Internet; je bavarderais pendant des heures au téléphone.»

Il y a un Hector aventurier qui rêve: «Je jouerais au poker, je ferais le commerce des diamants.»

Il y a un Hector intellectuel qui jure:[1] «J'irais au cinéma, au théâtre, à l'Opéra; je lirais deux livres par semaine; j'écouterais plus de musique classique que de musique techno; je jouerais du saxophone et j'écrirais des poèmes!»

Il y a un Hector raisonnable qui pense: «Je ferais du bricolage dans l'appartement; je téléphonerais plus souvent à mes parents; je dépenserais moins d'argent... »

Il y a un Hector généreux qui promet: «Je ferais du bénévolat[2] aussi souvent que possible et je donnerais mon temps à des associations de défense de l'environnement.»

Et pour dire la vérité, il y avait, ce week-end, un Hector particulièrement glandeur[3] qui est allé se détendre[4] à Paris-Plages avec Léa. Ce soir, le même Hector assistera au concert en plein air du chanteur Corneille: «Tant mieux[5] pour Hector!»

▲ Paris-Plages en été, c'est un vrai bonheur!

....

COMMENTAIRES

 Poema

Corneille, c'est le plus beau, le plus généreux, le moins prétentieux des chanteurs francophones. Si je pouvais, je l'écouterais 24 heures sur 24.

 Mamadou

Poema, j'ai deux billets pour le concert de Corneille: ça te dirait de venir avec moi?

 Alexis

Qui est-ce qui apprécie Isabelle Boulay? C'est la plus sublime des chanteuses québécoises! Elle va passer à l'Olympia cet automne. Je pourrais avoir des billets...

 Trésor

Houuuu! Alexis est amoureux de la belle Isabelle!

 Charlotte

Si j'habitais Paris, j'aimerais bien aller au concert ou à Paris-Plages.

[1]*swears* [2]*volunteer work* [3]*idle* (fam.) [4]*se... to relax* [5]*Tant... So much the better*

Étudier ou s'amuser?

Est-ce qu'on a le temps de se détendre quand on est étudiant? Entre les cours, les révisions et les examens, peut-on se permettre des loisirs?

«Il n'y a pas que les études dans la vie», répond Élisabeth avec conviction. Cette étudiante brillante concilie[1] sans problème études et loisirs: «Je travaille un maximum pendant la semaine. Mais le week-end, je m'éclate![2] Il faut savoir faire la fête, non?» À la question «Quelles sont vos activités de loisirs?», elle répond: «Je fais les boutiques avec mes copines, je pratique le judo, j'écoute de la musique rap, je vais en boîte[3] et j'écris des poèmes!»

«Évidemment, je pourrais ne pas lever la tête de mes livres et rester scotché devant mon ordinateur, mais ça ne serait pas efficace,[4] ajoute Saïd, étudiant en médecine. En fait, chacun s'organise en fonction de sa personnalité. Certains travaillent sept jours sur sept et attendent les vacances pour se détendre. D'autres, pour être plus performants, ont besoin de se détendre pendant une heure ou deux chaque jour. C'est mon cas. Alors un jour je

▲ Deux amies s'amusent au café

vais au ciné, un autre jour je me réserve une soirée avec mes potes.[5] Quand c'est possible, je vais à un concert. Et toutes les semaines, j'ai mon entraînement au foot... Je dois dire aussi que je suis accro[6] aux jeux vidéo... »

Une vie d'étudiant à cent à l'heure[7] n'empêche pas[8] la détente et les loisirs. Quels loisirs? Les sondages[9] sont clairs: 52 % des jeunes passent leur temps libre avec leurs amis. Après les amis, viennent le sport (38 %, 50 % chez les garçons et 26 % chez les filles), la musique (37 %) et la fête (33 %).

S'amuser pour les jeunes, c'est sérieux! C'est pourquoi dans chaque grande école et dans chaque fac, le BDE est en charge des loisirs des étudiants. Mais qu'est-ce que le BDE? C'est le Bureau Des Étudiants, un comité d'étudiants actifs et enthousiastes qui organise des fêtes, des sorties, des voyages, des galas, des manifestations sportives, des soirées à thèmes. «Les soirées fac sont vraiment géniales,[10] déclare Maxime. Les entrées et consommations ne sont pas chères; l'ambiance est toujours super sympa. Je conseille les soirées droit et médecine: ce sont les meilleures!»

On veut bien le croire...

[1]reconciles [2]have fun (lit. I blow up) [3]night club [4]effective, efficient [5]pals [6]hooked, addicted [7]à cent... at 100 miles per hour [8]n'empêche... doesn't preclude [9]surveys [10]great

1. Comment Élisabeth organise-t-elle son temps? Quels sont ses loisirs?
2. Comment Saïd se détend-il?
3. Travaillez-vous sept jours sur sept ou avez-vous quelques loisirs? Que faites-vous pendant votre temps libre?
4. Parmi les loisirs préférés des jeunes Français, lequel préférez-vous? Pourquoi?
5. Que pensez-vous des activités du BDE? Dans les universités américaines, qui organise les loisirs des étudiants?
6. Pour se détendre, que font les deux étudiantes représentées sur la photo?

On est connectés To learn more about leisure activities in Paris, use the links or keywords and search engines provided at the *Vis-à-vis* Online Learning Center (**www.mhhe.com/visavis4**).

Leçon 3

 La comparaison de l'adverbe et du nom

Making Comparisons

Le jazz

JENNIFER: Tu vas souvent en boîte le week-end?

BRUNO: Non, je vais **plus souvent** dans des bars de jazz **qu'**en boîte. Il n'y a pas **autant de** monde et j'aime **mieux** la musique.

JENNIFER: Moi aussi, j'adore le jazz. J'ai **plus de CD** de Branford et Wynton Marsalis **que** de Madonna. Mais le jazz, je l'écoute **le plus souvent** chez moi. Quand je vais en boîte, c'est pour danser et aussi parce qu'il y a **plus d'ambiance**.

Corrigez les phrases erronées.

1. Bruno va rarement dans des bars de jazz.
2. Il y a plus de gens dans les bars de jazz que dans les boîtes.
3. Jennifer a autant de CD de Madonna que de Branford et Wynton Marsalis.
4. Jennifer trouve qu'il y a moins d'ambiance dans les bars de jazz.

Comparative and Superlative Forms of Adverbs

1. The same constructions you learned in **Chapitre 14, Leçon 3** for the comparative forms of adjectives are used for the comparative forms of adverbs.

plus... que (*more . . . than*)	Jeanne écoute du jazz **plus** souvent (**que** moi).	*Jeanne listens to jazz music more often (than I).*
moins... que (*less . . . than*)	On écoute la musique **moins** attentivement dans les boîtes de nuit **que** dans les bars de jazz.	*People listen to the music less attentively at discos than at jazz bars.*
aussi... que (*as . . . as*)	Nous allons danser **aussi** souvent **que** possible.	*We go dancing as often as possible.*

[Allez-y! C]

2. To form the superlative of an adverb, place **le** in front of the comparative form (**le plus...** or **le moins...**). Because adverbs are invariable, the definite article will always be **le**.

Pierre s'en va tard. Louis s'en va plus tard. Michel s'en va **le plus tard**.

Bien and mal

The comparative and superlative forms of **bien** are irregular. The comparative and superlative forms of **mal** are regular.*

	COMPARATIVE	SUPERLATIVE
bien	mieux	le mieux
mal	plus mal	le plus mal

Tu parles français **mieux** que moi.	*You speak French better than I.*
Mais c'est Jean-Claude qui le parle **le mieux**.	*But Jean-Claude speaks it best.*
Roland joue **plus mal** au tennis que moi.	*Roland plays tennis worse than I.*
Mais c'est Marc qui y joue **le plus mal**.	*But Marc plays the worst.*

[Allez-y! A]

Comparisons with Nouns

Plus de... (que), **moins de... (que)**, and **autant de... (que)** express quantitative comparisons with nouns.

Ils ont **plus d'**argent (**que** nous), mais nous avons **moins de** problèmes (**qu'**eux).	*They have more money (than we do), but we have fewer problems (than they do).*
Je suis **autant de** cours **que** toi ce semestre.	*I'm taking as many courses as you this semester.*

[Allez-y! B-C]

---

*Irregular comparative and superlative forms of **mal (pis, le pis)** exist, but the regular forms are much more commonly used.

Allez-y!

A. Les comparaisons. Formez des phrases pour comparer ces personnes célèbres en vous aidant des signes donnés. Mettez les verbes au présent.

Signes: + plus   = aussi   − moins

MODÈLE: Jennifer Lopez / danser / + bien / Mariah Carey ⟶
Jennifer Lopez danse mieux que Mariah Carey.

1. Steven Spielberg / aller au cinéma / = souvent / Woody Allen
2. Madonna / chanter / − bien / Alicia Keys
3. Ronaldo / jouer / + bien / au football / David Beckham
4. Luciano Pavarotti / chanter / = bien / Plácido Domingo
5. Philippe Candeloro / patiner / − bien / Evgeni Plushenko
6. Tout le monde / jouer / − bien / au basket-ball / LeBron James

B. Les Français et les loisirs. Regardez le tableau et faites au moins trois comparaisons entre les hommes et les femmes en ce qui concerne les loisirs.

MODÈLE: Les hommes font moins de danse que les femmes, mais ils font plus de musique en groupe que les femmes.

Des millions d'artistes		
Pratiques artistiques amateurs au cours des douze derniers mois par sexe et âge (en % de la population de 15 ans et plus):		
	Hommes	Femmes
Jouer d'un instrument musical	15	11
Faire de la musique en groupe	11	9
Tenir un journal	6	11
Écrire des poèmes, nouvelles, romans	5	7
Faire de la peinture, sculpture, gravure	9	11
Faire de la poterie, céramique, reliure, artisanat d'art	3	5
Faire du théâtre	2	2
Faire du dessin	16	16
Faire de la danse	5	10

C. Interview. Posez les questions suivantes en français à un(e) camarade. Ensuite, résumez ses réponses.

1. Who in class has more leisure time than you? Why?
2. What sport would you like to be able to play better?
3. Which American plays tennis best?
4. What athlete (**athlète**, *m., f.*) would you like to speak to the most?
5. Who in the class runs faster than you? How do you know?
6. Who in the class goes to the library as often as you?
7. Who in the class needs to study the least in order to (**pour**) have good grades (**notes**, *f.*)?

D. Les habitudes. Demandez à un(e) camarade combien de fois par semaine, par jour, par mois ou par an il/elle fait quelque chose, puis comparez sa réponse avec vos propres habitudes. **Possibilités:** lire le journal, faire du sport, regarder la télévision, partir en voyage...

MODÈLE: É1: Combien de fois par semaine vas-tu au cinéma?
É2: Une ou deux fois par semaine.
É1: J'y vais plus (moins, aussi) souvent que toi.

Les adjectifs et les pronoms indéfinis

Talking About Quantity

Des vacances à la Martinique

DANIEL: Alors, vos vacances à la Martinique?

NADINE: **Tout** s'est très bien passé. Nous sommes restés **quelques** jours à Fort-de-France, la capitale, puis nous nous sommes détendus à la plage. Tu sais, les gens sont très sympas, mais ils ont **tous** un accent que nous avions du mal à comprendre. On avait parfois l'impression qu'il y en avait **quelques-uns** qui ne nous comprenaient pas non plus.

RAPHAËL: Et **chaque** fois qu'ils disaient **quelque chose,** on devait leur demander de répéter. C'est marrant. **Certains** mots sont les **mêmes** que chez nous, mais **d'autres** sont complètement différents.

La montagne Pelée à la Martinique

Vrai ou faux? Corrigez les phrases fausses.

1. Tout s'est mal passé.
2. Ils sont restés plusieurs jours à Fort-de-France.
3. Quelques personnes avaient un accent que Nadine et Raphaël ne comprenaient pas.
4. Les Martiniquais et les Français utilisent exactement les mêmes termes (les mêmes mots).

Forms and Uses of *tout*

1. The adjective **tout** (**toute, tous, toutes**)

As an adjective, **tout** can be followed by an article, a possessive adjective, or a demonstrative adjective.

Nous avons marché **toute la journée** pour arriver au sommet du volcan.	*We hiked all day to reach the summit of the volcano.*
Nous étions là-haut avec **tous nos amis**.	*We were up there with all our friends.*
Tu as apporté **toutes ces provisions**?	*Did you bring all those supplies?*

[Allez-y! A]

2. The pronoun **tout**

   As a pronoun (masculine singular), **tout** means *all, everything.*

Tout va bien!	*Everything is fine!*
Tout est possible dans ce pays.	*Everything is possible in this country.*

3. **Tous** and **toutes** mean *everyone, every one (of them), all of them.* When **tous** is used as a pronoun, the final **-s** is pronounced: **tous** [tus].

Tu vois ces jeunes gens? Ils veulent **tous** faire une danse traditionnelle.	*Do you see those young people? They all want to do a traditional dance.*
Ces photos sont arrivées hier. Sur **toutes,** on voit des costumes traditionnels.	*These photos arrived yesterday. In all of them, you see traditional costumes.*

Other Indefinite Adjectives and Pronouns

Indefinite adjectives and pronouns refer to unspecified things, people, or qualities. They are also used to express sameness (*the same one*) and difference (*another*). Here is a list of the most frequently used indefinite adjectives and pronouns in French.

ADJECTIVES	PRONOUNS	
quelques* (+ *noun*) *some, a few*	**quelqu'un** (*invariable*)	*someone, anyone*
	quelqu'un de (+ *masc. adj.*)	*someone, anyone* (+ *adj.*)
	quelque chose	*something, anything*
	quelque chose de (+ *masc. adj.*)	*something, anything* (+ *adj.*)
	quelques-uns / quelques-unes (*pl.*)	*some, a few*
chaque (+ *noun*) *each, every*	**chacun(e)**	*each (one)*

EXPRESSIONS USED AS ADJECTIVES AND PRONOUNS	
un(e) autre *another*	**certain(e)s*** *certain, some*
d'autres† *others*	**le/la même; les mêmes** *the same*
l'autre / les autres *the other(s)*	**plusieurs (de)** *several (of)*

---

*Quelques** and **certain(e)s** can both mean *some* but are used in different ways. **Quelques** is used to indicate a small, non-specific number. **Certain(e)s** is more often used to indicate *some* as opposed to *others.* Compare these two examples: Je lis généralement **quelques** poèmes (*some/a few poems*) avant de m'endormir. Il y a **certains** poèmes (*some specific poems*) que je lis tous les soirs avant de m'endormir.
†Note that **de** is used without an article before **autres** whether **autres** modifies a noun or stands alone as a pronoun.

ADJECTIVES	PRONOUNS
J'ai **quelques** amis à Tahiti.	**Quelques-uns** sont agriculteurs. **Quelqu'un** m'a envoyé un livre sur Tahiti.
Nous avons **plusieurs*** choix. →	**Plusieurs** de ces choix sont extrêmement difficiles.
Chaque voyageur voudrait un circuit différent. →	**Chacun** des voyageurs visitera une île différente.
Tu veux **une autre** tasse de thé? →	Non, si j'en prenais **une autre,** je ne pourrais pas dormir.
Où est **l'autre** autocar? →	**L'autre** est parti.
Les autres passagers sont partis. →	**Les autres** sont partis.
J'ai **d'autres** problèmes. →	J'en ai **d'autres**.
Ce sont **les mêmes** voyageurs. →	**Les mêmes** sont en retard.

The indefinite pronouns **quelqu'un** and **quelque chose** are singular and masculine. Remember that adjectives that modify these pronouns follow them and are introduced by **de**.

Je connais **quelqu'un**
  d'intéressant dans la capitale.
Il a toujours **quelque chose de**
  drôle à dire.

I know someone interesting in
  the capital.
He always has something
  amusing to say.

[Allez-y! B-C-D]

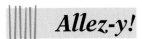

Allez-y!

A. À Dakar. Jeanne-Marie a passé quelque temps à Dakar, capitale du Sénégal. Jouez le rôle de Jeanne-Marie et répondez aux questions avec **tout, toute, tous** ou **toutes**.

MODÈLE: Tu as visité les marchés? ⟶ Oui, j'ai visité tous les marchés.

1. Tu as vu le musée anthropologique?
2. Tu as photographié les églises de la ville?
3. Est-ce que tu as visité les bâtiments de l'université?
4. Tu as vu la vieille ville?
5. Tu as lu l'histoire du Sénégal?
6. Est-ce que tu as fait le tour des plantations?

*****Plusieurs** means *several*.

B. L'île de la Martinique. Estelle a passé de nombreuses années à la Martinique. Elle y pense toujours avec nostalgie. Complétez les phrases.

«J'aime la Martinique. On y trouve encore (quelques-unes / d'autres)[1] de belles maisons coloniales bâties par les planteurs français. (Chacun / Certains)[2] jours, à Fort-de-France, je me promenais dans les marchés en plein air, près du port. (Certaines / D'autres)[3] fois, je restais sur la place de la Savane pendant de longues heures. Il y a, tout près de la place, (quelques / quelques-unes)[4] maisons décorées avec du fer forgé (*wrought iron*) qui me rappellent La Nouvelle-Orléans.

(Certaines / Quelques)[5] choses ont changé, il est vrai, mais on trouve encore les (plusieurs / mêmes)[6] gommiers (*gum trees*) et ces bateaux pittoresques aux couleurs vives, que Gauguin* aimait tant.

C. Projets de vacances. Complétez le dialogue suivant avec un des adjectifs ou des pronoms indéfinis à droite.

JULIEN: _____[1] les ans, c'est la _____[2] chose. _____[3] fois que je propose un voyage au Sénégal, tu as d'_____[4] suggestions.	autres chaque même
BÉNÉDICTE: Mais j'ai rencontré _____[5] qui m'a dit que _____[6] touristes ont eu des problèmes de santé au Sénégal. D'ailleurs, cette année je voudrais faire _____[7] de différent. J'aimerais faire de l'alpinisme en Suisse.	tous chacun plusieurs quelque chose quelqu'un
JULIEN: De l'alpinisme! Mais c'est très dangereux! Bon, eh bien, cette année _____[8] fera ce qu'il voudra. Moi, je pars au Sénégal.	

D. La première chose qui vient à l'esprit (*mind*). Avec un(e) camarade de classe, posez des questions—en français, s'il vous plaît—à partir des indications suivantes. Votre camarade doit donner la première réponse qui lui vient à l'esprit.

MODÈLE: *someone important* →
    É1: Est-ce que tu as déjà rencontré quelqu'un d'important?
    É2: Non, mais une fois mon frère a rencontré le Président.

1. *something important*
2. *something stupid*
3. *something funny*
4. *someone funny*
5. *all the large cities in Quebec*
6. *a few of the Francophone countries in Africa*
7. *several French cities*
8. *other French cities*
9. *another Canadian city*

Une maison coloniale à la Martinique. Décrivez-la.

*Le peintre français Paul Gauguin a vécu à la Martinique et aussi à Tahiti.

Leçon 4

Lecture

Avant de lire

Reading journalistic texts. News reporting, as found in the daily paper and news sites on the Internet, represents a special kind of text. Because of their focus on detail, these texts require intensive reading skills in order to respond to the so-called five questions: *Who* is newsworthy? *What* is the event itself? *Where* and *when* did the event occur? and *Why* did it occur?

The first paragraph of this reading answers four of the five questions. Read through this paragraph and supply these details:

- Who is the person creating the news event?
- What is the news event?
- Where did it take place?
- When did the event occur?

As you read the text, locate other details that deepen your understanding of the event—in particular, the answer to the last of the five questions, *why?*

Traversée de l'Atlantique à la rame° en solitaire: Anne Quéméré acclamée après 87 jours en mer

à... *rowing, in rowboat*

À propos de la lecture...
Cet article est tiré et adapté d'un article sur le site Web d'**An Tour Tan**, le serveur de la diaspora bretonne.

Ce lundi 30 août 2004 à 5 h 15 (heure locale), près de Rochefort, Anne Quéméré a passé la ligne Cap Lizard (Grande Bretagne)—Île d'Ouessant (France). La jeune Bretonne a traversé l'Atlantique nord à la rame en solitaire et sans assistance en 87 jours, 12 heures et 15 minutes, moins que son propre objectif (90 jours).

Partie de Chatham (Cape Cod, USA) le 3 juin à 15 h GMT (10 h, heure locale), elle a parcouru environ 5 052 kilomètres (2 728 milles nautiques, dans des conditions météo difficiles. Elle avait déjà le record féminin de traversée de l'Atlantique sud depuis 2003; elle a maintenant le record féminin de la traversée de l'Atlantique nord.

PERSPECTIVES

Pour mettre toutes les chances de son côté, Anne Quéméré avait préparé avec précision une route idéale, mais les conditions météorologiques l'ont forcée à modifier ses prévisions.[1] Elle a expliqué qu'elle avait eu des moments difficiles moralement, surtout quand elle a dû arrêter son bateau pour attendre que le vent passe. «J'ai failli[2] plus d'une fois perdre espoir», a-t-elle dit.

Avec des vents d'ouest dominants et un Gulf Stream qui devait l'aider à progresser, cette route présentait pourtant plusieurs avantages. Mais elle avait aussi de nombreux inconvénients: une eau extrêmement froide près de Terre Neuve, des tempêtes violentes et fréquentes, des dépressions naissant dans la région nord-est des USA et ces fameux vents contraires susceptibles de faire reculer[3] ou chavirer[4] le bateau.

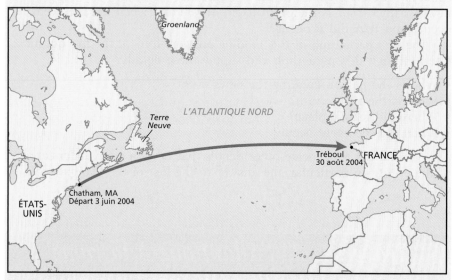

Le voyage d'Anne Quéméré dans un bateau à rame, 2004.

Le Connétable,[5] construit spécialement pour cette traversée, mesure 7,50 mètres de long, 1,60 mètres de large et pèse 300 kg seulement à vide.[6] C'est un bateau performant, qui a poussé Anne à exclamer à son retour: «J'admire les lignes de Connétable comme au premier jour, je suis fière de l'avoir conduite au bout de la route.»

Et au cours de ces 87 jours, Anne Quéméré a tout connu: les vents contraires, les mers croisées,[7] l'ouragan Alex. Pendant cet ouragan, Anne a cru que tout était fini. «J'ai vu défiler ma vie»,[8] dit-elle avec encore beaucoup d'émotion.

«J'ai ramé comme une cinglée[9] les derniers 36 milles, heureusement aidée par un bon vent de nord-ouest qui m'a permis d'atteindre la ligne d'arrivée. Ma joie était indicible,[10] [j'étais] excitée comme une puce.[11] J'ai cru étouffer d'embrassades[12] en montant à bord,* un peu chancelante[13] de fatigue, de manque de

[1]plans [2]J'ai... I almost [3]move backward [4]capsize [5]nom du bateau [6]à... empty [7]choppy [8]J'ai... I saw my life pass in front of me [9]fool, crazy person [10]inexpressible [11]excitée... as excited as a flea (at a cat show) [12]étouffer... be suffocated by hugs [13]shaky, wobbly

*Upon her arrival, Quémére boarded the Noélie, a sailboat that was designated to greet her.

sommeil, et sans doute aussi d'avoir perdu l'habitude d'être debout. Mon bonheur immédiat a tout effacé,[14] jusqu'aux souvenirs des heures difficiles.»

Accueillie[15] dans le port de Tréboul comme une reine, incapable de se tenir debout seule, Anne Quéméré, très émue, a retrouvé sa petite fille, qui est restée juste à côté de sa maman toute l'après-midi... «Je suis ravie, je vais pouvoir l'accompagner à l'école pour sa rentrée.»

Avec ces deux exploits, l'Atlantique sud puis nord, Anne Quéméré a gagné son défi.[16] Elle recherchait la confrontation avec des réalités fondamentales et authentiques: la mer, les vents, le risque de chavirer... Ce dialogue difficile avec la nature lui a permis de faire mieux, d'apprendre encore et de porter un regard différent sur l'existence. Tout est possible, Anne l'a fait, le fait encore et le refera autrement, parole de Bretonne![†]

[14]tout... *wiped it all away*   [15]*Welcomed*   [16]*challenge*

Anne Quéméré dans son bateau «le Connétable»

Compréhension

Les cinq questions. Testez votre compréhension du texte en utilisant les cinq questions comme points de départ.

1. Qui a établi la route du Connétable? Qui en particulier a accueilli Anne à son retour?
2. Qu'est-ce qu'Anne a trouvé comme obstacles pendant son voyage? Qu'est-ce qui a aidé Anne à arriver à sa ligne d'arrivée?
3. Où Anne a-t-elle confronté des conditions météorologiques difficiles?
4. Quand (À quels moments) Anne s'est-elle sentie désespérée?
5. Selon le texte, pourquoi Anne Quéméré a-t-elle entrepris un tel voyage? À votre avis, est-ce qu'il s'agit d'un acte purement égoïste?

[†]Anne Quémére made another crossing in the summer of 2006, leaving New York on June 18 and arriving 55 days 10 hours later on August 13 in Ouessant.

Écriture

Le temps de s'amuser. Réfléchissez à deux activités ou à deux sports que vous pratiquez, puis écrivez une petite rédaction en vous basant sur le plan et les questions suivantes. N'hésitez pas à ajouter des détails supplémentaires.

1er PARAGRAPHE:

1. Combien de fois par semaine pratiquez-vous ces activités?
2. Qu'est-ce que ces activités vous apportent?

2e PARAGRAPHE:

3. Comparez-les. Laquelle est la plus exigeante (*demanding*), reposante, et cetera? Pourquoi?

3e PARAGRAPHE:

4. Si vous aviez le temps ou l'argent pour pratiquer un autre sport ou une autre activité, qu'est-ce que vous feriez? Pourquoi?

  # À l'écoute sur Internet

L'Institut national de l'audiovisuel. Dans cette émission de radio, on propose aux auditeurs des idées de loisirs bon marché. L'émission d'aujourd'hui a pour thème un nouveau site web. Lisez les activités, puis écoutez le vocabulaire et l'émission.

VOCABULAIRE UTILE

des dessins animés	cartoons
archives	archives

A. Vrai ou faux?

1. V F   Il y a 100 000 livres à l'Institut national de l'audiovisuel (INA).
2. V F   Le site web de l'Institut national de l'audiovisuel existe depuis 2006.
3. V F   Toutes les émissions qu'on peut consulter sur ce site ont été créées après 1950.
4. V F   Sur le site de l'INA, il faut payer pour avoir accès à la majorité des archives.
5. V F   Le site de l'INA a déjà beaucoup de succès.
6. V F   Sur ce site, on peut entendre ce qui s'est passé dans le monde le jour de sa naissance.

B. Est-ce qu'on en parle? Sur le site web de l'INA on peut consulter des documents sur tous les thèmes suivants (et beaucoup d'autres), mais lesquels sont mentionnés pendant l'émission? Cochez (✓) les sujets mentionnés.

1. _____ le football
2. _____ la musique
3. _____ la peinture
4. _____ le cinéma
5. _____ des entretiens avec certains acteurs
6. _____ le jardinage
7. _____ le cyclisme
8. _____ les informations
9. _____ les dessins animés
10. _____ la première présentation du bikini en 1946
11. _____ la politique
12. _____ les jeux télévisés
13. _____ les émissions de variétés
14. _____ les émissions de radio

Un cycliste isolé, lors d'une montée de col dans les Alpes, est encouragé par quelques spectateurs du Tour de France de 1937.

Un café à Paris-Plages, au bord de la Seine

Le vidéoblog d'Hector

En bref

Dans cet épisode, Hector et Léa voudraient passer l'après-midi ensemble mais ils ont du mal à choisir une activité. Ils finissent par décider d'aller à Paris-Plages, un grand événement de l'été à Paris.

Vocabulaire en contexte

Imaginez qu'un ami / une amie vous propose les activités suivantes. Indiquez les activités que vous feriez volontiers (avec plaisir) et expliquez pourquoi les autres ne vous tentent pas.

Activités
- ☐ aller sur une belle plage de **sable** (*sand*) blanc
- ☐ aller au ciné l'après-midi
- ☐ aller **prendre un verre** (*have a drink*)
- ☐ **se baigner** (*swim*) à la piscine
- ☐ **se balader** (*wander around*) à vélo
- ☐ se faire **bronzer** (*to tan*)
- ☐ faire de l'**escalade** (*rock/wall climbing*)
- ☐ faire un jogging au parc
- ☐ pique-niquer
- ☐ **se promener** au bord de l'eau

Visionnez!

Pourquoi Hector ne veut-il pas faire les activités suivantes? Choisissez la bonne réponse.

1. Il ne veut pas aller au ciné parce qu'il _____.
   a. n'a plus d'argent
   b. préfère être dehors l'après-midi
2. Il ne veut pas faire un jogging parce qu'il _____.
   a. ne veut pas courir après un repas
   b. ne trouve pas ses tennis
3. Il ne veut pas faire du vélo et aller prendre un verre parce qu'il _____.
   a. n'aime pas le vin
   b. fait trop chaud
4. Il ne veut pas aller à la piscine parce qu'il _____.
   a. y aura trop d'enfants
   b. ne sait pas nager

Analysez!

Répondez aux questions.

1. Quelles activités font de Paris-Plages une vraie plage?
2. À quoi bon (*What good is it*) avoir une plage en centre-ville? Pourquoi, à votre avis, la Mairie de Paris organise-t-elle ce grand événement de l'été?

Comparez!

Y a-t-il beaucoup d'endroits dans votre ville ou votre région où vous pouvez vous amuser? Est-il plus facile de passer son temps libre à l'intérieur (dans un cinéma ou un musée) ou à l'extérieur? Regardez encore une fois la partie culturelle de la vidéo: est-ce que votre ville ou votre région a besoin d'organiser quelque chose comme Paris-Plages?

Note culturelle

Depuis 2001, la Ville de Paris organise avec succès «Paris-Plages» le long de la Seine. Cette opération municipale, qui coûte 2,2 millions d'euros, est financée pour 900 000 euros par la Ville et pour le reste par des sponsors privés. En 2006, «Paris-Plages», a attiré[1] près de 4 millions de visiteurs. L'opération a nécessité 2 000 mètres carrés[2] de terrains de sport, 2 500 tonnes de sable,[3] 300 transats,[4] 240 parasols, 47 cabines de plage et 24 hamacs et 68 palmiers immenses. 1 500 ouvriers et artisans ont travaillé pour préparer le site.

[1]attracted [2]square [3]sand [4]beach chairs

CHAPITRE **15**

Vocabulaire

Verbes

assister à to attend
bricoler to putter, do odd jobs
courir to run
désirer to desire, want
indiquer to show, point out
se passer to happen, take place
rire to laugh
sourire to smile

À REVOIR: **aider, emmener, faire du sport, gagner, jouer à, jouer de, perdre**

Substantifs

les activités (*f.*) **de plein air** outdoor activities
la bande dessinée cartoon
la blague joke
le bricolage do-it-yourself work, puttering around
la chanson song
  la chanson de variété popular song
la collection collection
le cyclisme cycling
l'équipe (*f.*) team
le jardinage gardening
le jeu (les jeux) game
  le jeu de mot pun
  le jeu de hasard game of chance
  le jeu de société board game

la lecture reading
les loisirs (*m.*) leisure activities
la manifestation sportive sporting event
la marche walking
le match game
l'opéra (*m.*) opera
le passe-temps hobby
la pêche fishing
la pétanque bocce ball, lawn bowling
le pique-nique picnic
le spectacle show, performance
  le spectacle de variétés variety show; floor show (in a restaurant)

À REVOIR: **le théâtre**

Expressions interrogatives

lequel, laquelle, lesquels, lesquelles, qu'est-ce qui, qui est-ce que, qui est-ce qui, qui, quoi

Adjectifs et pronoms indéfinis

un(e) autre another
d'autres other(s)
l'autre / les autres the other(s)
certain(e) certain, some
chacun(e) each (one)
chaque each

le/la même (les mêmes) the same one(s)
plusieurs (de) several
quelques (*adj.*) some, a few
quelque chose (de) something
quelqu'un someone, anyone
quelques-uns / quelques-unes (*pron.*) some, a few
tout(e) all, everything
tous / toutes everyone, every one (of them), all of them

Mots et expressions divers

à ta place... if I were you . . .
autant (de)... que as much (many) . . . as
bien, mieux, le mieux well, better, best
en train de in the process of; in the middle of
je devrais I should
Qu'est-ce qui se passe? What's happening? What's going on?
tant mieux so much the better
tant pis that's too bad

À REVOIR: **je pourrais**

quatre cent trente-sept **437**

Qu'en pensez-vous?

Las dossiers d'Hector

Hector

▶ Mes photos
  ▶ On danse sur le volcan?
  ▶ Une affiche à Fort-de-France
  ▶ Une amitié multiculturelle

Des réacteurs nucléaires à Cattenom, en France: On danse sur le volcan?

Dans ce chapitre...

Objectifs communicatifs

▶ talking about environmental and social problems

▶ expressing attitudes, wishes, necessity, possibility, emotions, doubt, and uncertainty

Paroles (Leçon 1)

▶ L'environnement

▶ Les problèmes de la société moderne

Structures (Leçons 2 et 3)

▶ Le subjonctif (première partie)

▶ Le subjonctif (deuxième partie)

▶ Le subjonctif (troisième partie)

▶ Le subjonctif (quatrième partie)

Culture

▶ **Le blog d'Hector:** *Moi d'abord?*

▶ **Reportage:** *La France multiculturelle*

▶ **Lecture:** *La Réclusion solitaire* **(extrait) de Tahar Ben Jelloun** (Leçon 4)

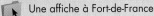
Une affiche à Fort-de-France

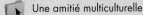
Une amitié multiculturelle

MULTIMÉDIA

DVD

Online Workbook/Lab Manual

Online Learning Center
ActivityPak

www.mhhe.com/visavis4

Leçon 1

 # L'environnement

le gaspillage[1] des sources d'énergie
la pollution de l'atmosphère

les déchets[2] (m) industriels

ne gaspillez pas les sources d'énergie

CONTRÔLEZ LES DÉCHETS INDUSTRIELS!

NE POLLUEZ PAS L'ATMOSPHÈRE!

Il faut conserver les sources d'énergie!

IL FAUT RECYCLER

IL FAUT DÉVELOPPER L'ÉNERGIE SOLAIRE

PROTÉGEZ LA NATURE

la conservation des sources d'énergie

le recyclage

le développement de l'énergie solaire

la protection de la nature

[1]wasting   [2]waste, refuse

AUTRES MOTS UTILES

une centrale nucléaire	nuclear power plant
la couche d'ozone	ozone layer
la déforestation tropicale	tropical (rainforest) deforestation
l'effet (m.) de serre	greenhouse effect
épuiser	to use up, exhaust
le réchauffement de la planète	global warming
sauver	to save
la surpopulation	overpopulation

Allez-y!

A. Association de mots. Quels problèmes écologiques associez-vous avec les verbes suivants?

> **MODÈLE:** gaspiller ⟶ le gaspillage des sources d'énergie

> **1.** conserver **2.** protéger **3.** polluer **4.** recycler **5.** développer

B. Remèdes. Expliquez quelles sont les actions nécessaires pour sauver notre planète. Utilisez **Il faut** ou **Il ne faut pas** suivi d'un infinitif.

> **MODÈLES:** le contrôle des déchets industriels ⟶
> Il faut contrôler les déchets industriels.
>
> le gaspillage de l'énergie ⟶
> Il ne faut pas gaspiller l'énergie.

> **1.** la pollution de l'environnement
> **2.** la protection de la nature
> **3.** le développement de l'énergie solaire
> **4.** la conservation des sources d'énergie
> **5.** le gaspillage des ressources naturelles
> **6.** le développement des transports en commun

C. Rendez-vous des Verts. Vous êtes pour une ville plus verte où il y a moins de voitures et plus de gens qui circulent à pied ou à vélo. En résumant le plaidoyer (*defense*) dans le *Manuel du cycliste urbain*, faites une petite présentation pour comparer les voitures aux vélos. Parlez des avantages du vélo, mais n'oubliez pas ses inconvénients.

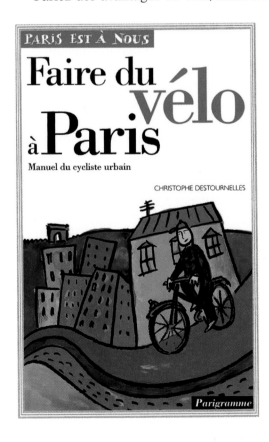

Petit plaidoyer pour le vélo à Paris

Il ne pollue pas

Il est silencieux

Il est très maniable[1]

Il occupe un espace restreint

Il ne demande pas beaucoup d'infrastructures

Il est économique (il revient en moyenne à 100 euros par an, quand une voiture réclame 800 euros par mois, et une Carte orange 125 euros chaque année)

Il se gare[2] relativement facilement (adieu les soucis de stationnement gênant, les PV,[3] les parkings et les horodateurs[4]...)

Il est très bien adapté aux petits parcours en ville[5]

Il est bon pour la santé

Il est bon pour le moral

Il n'est pas aussi dangereux qu'on veut bien le dire

Il expose moins à la pollution que l'habitacle[6] d'une voiture

Il permet de découvrir Paris...

[1]*easy to steer* [2]*se... is parked* [3]*tickets* [4]*parking ticket machines*
[5]*parcours... trips around town* [6]*interior*

Les problèmes de la société moderne

Voilà les résultats d'une enquête faite pour *Le Figaro Magazine*.

Les grandes peurs	
«Selon vous, ces sujets d'inquiétude[1] sont-ils ou non importants?» (en %):	**Très ou plutôt importants**
• Le SIDA,[2] les maladies graves	93,7
• Le chômage	93,3
• La drogue	91,1
• La pollution, les problèmes d'environnement	87,6
• La sécurité, les banlieues, la délinquance	86,4
• Le tiers-monde[3]	77,3
• Les manipulations génétiques, les progrès scientifiques	72,8
• L'immigration clandestine	69,4

Les Français sont découragés face à l'avenir. Selon le sociologue Gérard Mermet, le processus de morosité des Français s'est accéléré depuis 2004. Ils paraissent las.[4] D'où vient ce malaise[5]?

- Le sentiment[6] que rien n'est durable: Les vies professionnelles, familiales, conjugales sont de plus en plus précaires.
- Le sentiment que le système harcèle[7] les Français en permanence: ils subissent une multiplication de bruit et de sollicitations (la publicité, les spams sur Internet et le marketing téléphonique).
- Le rythme d'évolution des produits technologiques: Ce rythme pousse au renouvellement[8] fréquent. Cela nécessite des efforts d'adaptation. En plus, le sentiment d'être sous surveillance (cookies et spywares) est désagréable.
- La peur des grandes entreprises et de la mondialisation: les Français ont une attitude de défiance[9] envers ce qui peut être un système uniformisateur.
- Le problème de la solitude: 14 millions de personnes vivent seules et beaucoup ne le souhaitent[10] pas.

[1]*anxiety* [2]*AIDS* [3]*Third World countries* [4]*Ils... They appear weary.* [5]*feeling of uneasiness* [6]*feeling, sense* [7]*is harassing* [8]*replacement* [9]*distrust* [10]*ne... don't want to*

AUTRES MOTS UTILES

le citoyen / la citoyenne citizen
les droits (*m.*) **civils** civil rights
l'écologiste (*m., f.*) environmentalist
l'électeur / l'électrice voter
l'élection (*f.*) election
la guerre war
les idées extrémistes extremist ideas
les impôts (*m.*) taxes
le parti political party
le politicien / la politicienne politician
la politique politics; policy
la réussite success
le/la sans-abri homeless person
le terrorisme terrorism

augmenter to raise, increase
diminuer to lower, reduce
élire to elect
s'engager (dans) to get involved (in) (*a public issue, cause*)
exiger to require; to demand
exprimer une opinion to express an opinion
faire grève to strike
manifester (pour/contre) to demonstrate (for/against)
poser sa candidature to run for elected office; to apply (for a job)
soutenir to support

Allez-y!

A. Autrement dit. Choisissez la bonne définition.

_____ **1.** exiger
_____ **2.** la grève
_____ **3.** soutenir
_____ **4.** élire
_____ **5.** s'engager
_____ **6.** manifester
_____ **7.** le malaise
_____ **8.** souhaiter

a. prendre publiquement position
b. encourager
c. participer à une manifestation
d. demander, réclamer
e. la cessation collective du travail
f. espérer
g. choisir
h. l'inquiétude

B. L'actualité. Lisez à la page précédente les résultats de l'enquête faite pour *Le Figaro Magazine*. Puis répondez aux questions.

1. Quels thèmes sont d'actualité dans votre pays?
2. Parmi ces thèmes, lequel considérez-vous comme le plus important ou le moins important?
3. Qu'est-ce qu'on peut faire pour résoudre (*resolve*) ces problèmes?
4. Quels autres thèmes ajouteriez-vous à ce sondage (*poll, survey*)?

C. À mon avis. Choisissez une des expressions des **Mots clés** pour exprimer votre point de vue.

MODÈLE: possible / contrôler le problème des déchets nucléaires →
Personellement, je crois qu'il est (qu'il n'est pas) possible de contrôler le problème des déchets nucléaires, parce que...

1. essentiel / développer de nouvelles sources d'énergie
2. impossible / empêcher les accidents nucléaires
3. important / respecter l'image de la femme dans les publicités
4. indispensable / faire attention aux problèmes de la jeunesse
5. inutile / limiter l'immigration
6. essentiel / augmenter les impôts
7. utile / parler aux jeunes du SIDA
8. essentiel / protéger et maintenir (*maintain*) les droits civils

Mots clés

Exprimer son opinion

To express a personal point of view, use the following expressions:

Moi,
Pour ma part, } je crois que...
Personnellement, je pense que...
j'estime que...
je trouve que...

À mon avis...
Selon moi...

Your point will be more convincing if you give examples or refer to other people's opinions. Use the following expressions:

Par exemple...
On dit que...
J'ai entendu dire que...

Leçon 2

 # Le subjonctif (*première partie*)

Expressing Attitudes

Votez pour Laure!

LAURE: Alors, vous voulez que je **pose** ma candidature au Conseil universitaire?

SIMON: Oui, nous souhaitons que le Conseil **sorte** de son inertie et que ses délégués **prennent** conscience de leurs responsabilités politiques.

LAURE: Mais je me suis déjà présentée sans succès l'an dernier.

LUC: Cette année, Laure, nous voulons que tu **réussisses**. Et nous te soutiendrons jusqu'au bout.

Retrouvez la phrase équivalente dans le dialogue.

1. Est-ce que je dois poser ma candidature au Conseil de l'université?
2. Nous espérons que le Conseil sortira de son inertie.
3. Nous espérons que ses délégués prendront conscience de leurs responsabilités.
4. Nous espérons que tu réussiras cette année.

The Subjunctive Mood

The verb tenses you have learned so far have been in the *indicative* mood (**présent, passé composé, imparfait, futur**), in the *imperative* mood (used for direct commands or requests), or in the *conditional* mood (used to express hypothetical situations). In this chapter, you will learn about the *subjunctive* mood.

The subjunctive is used to present actions or states as subjective or doubtful, instead of as facts. It appears most frequently in dependent clauses, and is used infrequently in English. Compare the following examples.

INDICATIVE	SUBJUNCTIVE
He *goes* to Paris.	I insist that he *go* to Paris for the meeting.
We *are* on time.	They ask that we *be* on time.
She *is* the president.	She wishes that she *were* the president of the group.

In French, the subjunctive is used more frequently than it is in English. It almost always appears in a dependent clause introduced by **que**. In such cases, the main clause contains a verb expressing desire, emotion, uncertainty, or some other subjective view of the action in the dependent clause. For now, you will focus on the use of the subjunctive in dependent clauses introduced by **que** after verbs of volition (wanting), including **aimer bien, désirer, insister (pour), préférer, souhaiter** (*to want, to wish*), and **vouloir**.

Usually, the subjects of the main and dependent clauses are different.

MAIN CLAUSE *Indicative*	DEPENDENT CLAUSE *Subjunctive*
Je veux	**que** vous **partiez**.

Pour ou contre l'énergie nucléaire? Et vous?

Un peu plus...

Les manifestations.

En France, 75 % de l'énergie nécessaire aux entreprises et aux particuliers (*individuals*) est produite par des centrales nucléaires. Bien que les Français soient généralement en faveur de la production d'énergie nucléaire, le problème des déchets nucléaires les inquiète. Dans les années 80, de violentes émeutes (*riots*) ont éclaté (*broke out*) dans les régions rurales où l'on voulait enfouir (*to bury*) ces déchets. Aujourd'hui, le gouvernement cherche une solution.

Note that French constructions with the subjunctive have many possible English equivalents.

que je parle ⟶ *that I speak, that I'm speaking, that I do speak, that I may speak, that I will speak, me to speak*

De quoi veux-tu **que je parle**?	*What do you want me to talk about?*
Il préfère **que je parle** des déchets nucléaires.	*He prefers that I speak about nuclear waste.*
L'agent ne croit pas **que je parle**.	*The police officer doesn't believe that I will speak.*

Forms of the Present Subjunctive

For most verbs, including many irregular verbs (e.g., **conduire, connaître, écrire, lire, ouvrir, mettre, suivre**) the stem for the forms of the subjunctive is found by dropping the **-ent** of the third-person plural (**ils/elles**) form of the present indicative and by adding the subjunctive endings: **-e, -es, -e, -ions, -iez,** and **-ent**.

	parler	**vendre**	**finir**	**sortir**
	(ils) **parl**/ent	(ils) **vend**/ent	(ils) **finiss**/ent	(ils) **sort**/ent
...que je	parl**e**	vend**e**	finiss**e**	sort**e**
...que tu	parl**es**	vend**es**	finiss**es**	sort**es**
...qu'il/elle/on	parl**e**	vend**e**	finiss**e**	sort**e**
...que nous	parl**ions**	vend**ions**	finiss**ions**	sort**ions**
...que vous	parl**iez**	vend**iez**	finiss**iez**	sort**iez**
...qu'ils/elles	parl**ent**	vend**ent**	finiss**ent**	sort**ent**

Verbs with Two Stems in the Subjunctive

Some verbs that have two stems in the present indicative also have two stems in the subjunctive: One stem is taken from the **ils** form of the present (for **je, tu, il/elle/on,** and **ils/elles**), and the other, from the **nous** form (for **nous** and **vous**). Some verbs of this type are **acheter, apprendre, boire, préférer, prendre,** and **venir**.

boire	
ils **boiv**ent	
nous **buv**ons	
...que je **boiv**e	...que nous **buv**ions
...que tu **boiv**es	...que vous **buv**iez
...qu'il/elle/on **boiv**e	...qu'ils/elles **boiv**ent

[Allez-y! A-B]

Irregular Subjunctive Verbs

Some verbs have irregular subjunctive stems. The endings themselves
are all regular, except for some endings of **avoir** and **être**.

	aller: *aill-/all-*	faire: *fass-*	pouvoir: *puiss-*	savoir: *sach-*	vouloir: *veuill-/voul-*	avoir: *ai-/ay-*	être: *soi-/soy-*
...que je/j'	aille	fasse	puisse	sache	veuille	aie	so**is**
...que tu	ailles	fasses	puisses	saches	veuilles	aies	so**is**
...qu'il/elle/on	aille	fasse	puisse	sache	veuille	ai**t**	soit
...que nous	allions	fassions	puissions	sachions	voulions	a**yons**	so**yons**
...que vous	alliez	fassiez	puissiez	sachiez	vouliez	a**yez**	so**yez**
...qu'ils/elles	aillent	fassent	puissent	sachent	veuillent	aient	soient

Le professeur veut que nous **allions** au débat.	The professor wants us to go to the debate.
Son parti veut que le gouvernement **fasse** des réformes.	His (Her) party wants the government to make reforms.
Le président préfère que les sénateurs **soient** présents.	The president prefers the senators to be there.

[Allez-y! C-D-E]

Allez-y!

A. Stratégie électorale. Laure accepte de poser sa candidature au Conseil universitaire. Avec un groupe d'étudiants, elle prépare sa campagne. Que veut Laure?

MODÈLE: Elle veut que les étudiants / choisir / des délégués responsables ⟶
Elle veut que les étudiants choisissent des délégués responsables.

1. Elle veut que tout le monde / réfléchir / aux problèmes de l'université
2. Elle aimerait que nous / préparer / tout de suite / une stratégie électorale
3. Elle préfère que vous / finir / les affiches aujourd'hui
4. Elle veut que Luc et Simon / organiser / un débat
5. Elle souhaite que la trésorière / établir / un budget
6. Elle insiste pour que je / convoquer (*to ask to attend*) / tous les bénévoles (*volunteers*) ce soir

B. Discours politique. Ce soir, Laure fait son premier discours de la campagne électorale. Voici ce qu'elle dit aux étudiants.

MODÈLE: Je voudrais que nous / trouver / tous ensemble des solutions à nos problèmes ⟶
Je voudrais que nous trouvions tous ensemble des solutions à nos problèmes.

1. Je veux que le Conseil universitaire / agir / en faveur des étudiants
2. Je souhaite que vous / participer / aux décisions du Conseil
3. Je préfère que nous / discuter / librement des mesures à prendre
4. Je désire que l'université / prendre / nos inquiétudes / en considération
5. Je voudrais que les professeurs / comprendre / nos positions
6. Je souhaite enfin que tous les candidats / se réunir / bientôt pour mieux exposer leurs idées

C. Revendications. Les délégués du Conseil universitaire donnent leurs directives aux étudiants. Remplacez les sujets en italique par **vous,** puis par **les étudiants** et faites tous les changements nécessaires.

Nous ne voulons pas que *tu* ailles[1] en cours aujourd'hui. Nous préférons que *tu* sois[2] présent(e) à la manifestation et que *tu* fasses[3] grève. Nous désirons que *tu* aies[4] une affiche lisible (*legible*). Naturellement, nous voudrions que *tu* puisses[5] exprimer tes opinions librement.

D. Engagement politique. Les Legrand ont des opinions libérales. Quels conseils donnent-ils à leurs enfants? Suivez les modèles.

MODÈLES: Patrick / être réactionnaire →
Nous ne voulons pas que tu sois réactionnaire.

Patrick et Fabrice / être courageux →
Nous voulons que vous soyez courageux.

1. Jacques / être actif en politique
2. Corinne et Jacques / avoir le courage de leurs opinions
3. vous / avoir des amis intolérants
4. Patrick / être bien informé
5. Sylvain / être violent
6. vous / être tolérant
7. Fabrice / avoir de l'ambition politique
8. Patrick et Sylvain / avoir des idéaux pacifistes

E. Exprimez-vous! Composez votre propre slogan. Complétez les phrases suivantes et donnez votre opinion. Commencez avec **Je voudrais que**.

1. notre gouvernement _____
2. les écologistes _____
3. les hommes et les femmes politiques _____

4. nous _____
5. les pays industrialisés _____
6. ?

Le subjonctif (*deuxième partie*)

Expressing Wishes, Necessity, and Possibility

Service militaire obligatoire ou volontaire?

PATRICK FAURE: À mon avis, le service obligatoire,
(22 ANS) c'est un anachronisme à l'âge nucléaire.

GÉRARD BOURRELLY: **Il est possible que** les jeunes
(36 ANS) s'intéressent plus au service
si on leur donne une
formation professionnelle.

FRANCIS CRÉPIN: Maintenant qu'on a aboli le
(25 ANS) service obligatoire, **il faut
qu'**on établisse une armée de
métier.

CHANTAL PALLANCA: Moi, si j'étais volontaire,
(18 ANS) **j'exigerais que** la solde soit
au moins de 2 500 euros par
mois!

Des soldats français

Retrouvez la phrase équivalente selon le dialogue.

1. Il se peut que les jeunes s'intéressent plus à un service comprenant
une formation professionnelle complémentaire.
2. Il faut établir une armée de métier.
3. J'insisterais pour que la solde soit au moins de 2 500 euros par mois!

The Subjunctive with Verbs of Volition

1. When someone expresses a desire for someone else to behave in
a certain way, or for a particular thing to happen, the verb in the
subordinate clause is usually in the subjunctive. The following
construction is used.

Mon père **veut que je fasse** mon service militaire.	*My father wants me to do my military service.*
Ma mère **préfère que je finisse** mes études à l'université.	*My mother prefers that I finish my studies at the university.*

Note that an infinitive construction is sometimes used in English to
express such a desire.

2. Verbs of volition are followed by an infinitive in French when there is
no change in subject, as in the first example.

Je veux finir mes études.	*I want to finish my studies.*
Et **ma mère veut** aussi **que** je les **finisse**.	*And my mother wants me to finish them too.*

3. Verbs expressing desires include **aimer bien, désirer, exiger, insister (pour), préférer, souhaiter, vouloir,** and **vouloir bien**. These verbs take the subjunctive. The verb **espérer,** however, takes the indicative.

> **Je souhaite que** tu **aies** de bonnes vacances.
> *I hope you have a good vacation.*
> **J'espère que** tu **as** mon numéro de téléphone.
> *I hope you have my telephone number.*

[Allez-y! A]

The Subjunctive with Impersonal Expressions

1. An impersonal expression is one in which the subject does not refer to any particular person or thing. In English, the subject of an impersonal expression is usually *it: It is important that I go to class.* In French, many impersonal expressions—especially those that express will, necessity, judgment, possibility, or doubt—are followed by the subjunctive in the dependent clause.

IMPERSONAL EXPRESSIONS USED WITH THE SUBJUNCTIVE	
WILL OR NECESSITY	POSSIBILITY, JUDGMENT, OR DOUBT
il est essentiel que il est important que il est indispensable que il est nécessaire que il est préférable que il faut que* il vaut mieux que* (*it's better that*)	il est normal que il est peu probable que[†] il est possible / impossible que il se peut que (*it's possible that*) il semble que (*it seems that*)

> **Il est important que** le racisme **disparaisse.**
> *It's important that racism disappear.*
> **Il faut que** vous **soyez** au courant de la politique.
> *You must (It's necessary that you) keep up with politics.*
> **Il est peu probable que** le sexisme **soit** tout à fait éliminé.
> *It's not likely that sexism will be (is) totally eliminated.*
> **Il se peut que** d'autres pays **possèdent** des armes nucléaires.
> *It's possible that other countries possess nuclear weapons.*

---

*The infinitive of the verb conjugated in the expression **il faut que** is **falloir** (*to be necessary*). The infinitive of the verb in **il vaut mieux que** is **valoir** (*to be worth*).
[†]Although **il est peu probable que** takes the subjunctive because it conveys a lack of certainty, the expression **il est probable que** takes the indicative because it conveys probability or more certainty. For more information on this difference, see page 460.

Except for **il faut que, il vaut mieux que,** and **il semble que,** these impersonal expressions are usually limited to writing and formal discourse.

2. When no specific person or thing is mentioned, impersonal expressions are followed by the infinitive instead of the subjunctive. Compare the following sentences.

Il vaut mieux **attendre**.   *It's better to wait.*
Il vaut mieux **que nous**   *It's better for us to wait.*
    attendions.

Il est important **de voter**.   *It's important to vote.*
Il est important **que vous**   *It's important for you to*
    votiez.   *vote.*

Note that the preposition **de** is used before the infinitive after impersonal expressions that contain **être**.

[Allez-y! B-C-D-E]

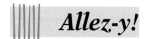

Allez-y!

A. À la table de négociations. Faites des phrases pour exprimer des souhaits et des exigences.

MODÈLE: les écologistes / vouloir / le gouvernement / contrôler les déchets industriels ⟶
Les écologistes veulent que le gouvernement contrôle les déchets industriels.

1. les politiciens / vouloir (*cond.*) / nous / payer plus d'impôts
2. les Verts / exiger / on / développer l'énergie solaire
3. je / aimer (*cond.*) / tout le monde / faire du recyclage
4. vous / vouloir bien (*cond.*) / il y avoir moins de pollution atmosphérique
5. nous / vouloir / les richesses mondiales / être partagées

B. Comment gagner? Donnez des conseils à Jeanne Laviolette, candidate à la mairie de Dijon, en suivant le modèle.

MODÈLE: Il est important de savoir écouter les gens. ⟶
Il est important que vous sachiez écouter les gens.

1. Pour être maire, il faut être dynamique et responsable.
2. Il est essentiel de ne pas avoir peur d'agir.
3. Il est nécessaire de rester calme en toutes circonstances.
4. Il est préférable de parler souvent aux électeurs.
5. Il faut faire attention aux problèmes des jeunes.
6. Il est indispensable de gagner la confiance des commerçants.

C. La routine de tous les jours. Posez des questions à un(e) camarade de classe. Suivez le modèle.

> **MODÈLE:** nécessaire / faire la cuisine chaque soir
> > É1: Est-il nécessaire que tu fasses la cuisine chaque soir?
> > É2: Oui, il est nécessaire que je fasse la cuisine chaque soir. (Non, il n'est pas nécessaire que je fasse la cuisine chaque soir; mes copains m'aident souvent.)

1. vaut mieux / aller au cours de français tous les jours
2. préférable / faire ton lit chaque matin
3. faut / nettoyer ta chambre tous les jours
4. normal / pouvoir dormir tard le matin
5. indispensable / étudier chaque soir
6. important / lire le journal chaque jour

D. Problèmes contemporains. Discutez des problèmes suivants avec un(e) camarade. Suggérez des solutions en utilisant les expressions suivantes: **il est important que, il faut que, il est nécessaire que, il est indispensable que, il est essentiel que, il est préférable que.**

1. l'immigration clandestine dans votre pays
2. l'abus de la drogue chez les jeunes
3. la pollution
4. le chômage
5. le gaspillage des sources d'énergie
6. la violence dans votre pays
7. l'effet de serre
8. la propagation du SIDA

E. Nécessités et probabilités. Quelle sera votre vie? Répondez aux questions suivantes. Dans chaque réponse, utilisez une de ces expressions: **il se peut que, il est peu probable que, il est impossible que, il est possible que, il est essentiel que, il faut que, il est nécessaire que.**

> **MODÈLE:** Ferez-vous une découverte (*discovery*) importante? ⟶
> > Il est peu probable que je fasse une découverte importante.

1. Vous marierez-vous?
2. Apprendrez-vous une langue étrangère?
3. Voyagerez-vous beaucoup?
4. Deviendrez-vous célèbre?
5. Serez-vous riche?
6. Saurez-vous jouer du piano?
7. Écrirez-vous un roman?
8. Ferez-vous la connaissance d'un homme / d'une femme d'état?
9. Irez-vous en Chine?
10. Vivrez-vous jusqu'à l'âge de cent ans?

Maintenant, utilisez ces questions pour interviewer un(e) camarade de classe.

> **MODÈLE:** É1: Feras-tu une découverte importante?
> > É2: Oui, il est possible que je fasse une découverte importante. (Non, il est peu probable que je fasse une découverte importante.)

Le blog d'Hector

Moi d'abord?

lundi 13 juillet

Salut les amis!

Est-ce que nous sommes tous fous, vous, moi et nos hommes politiques?

J'ai 25 ans, et j'appartiens à la génération «Moi d'abord!»: Ce qui compte avant tout, c'est mon plaisir et comme tous les Français, je veux «profiter de la vie» surtout maintenant que je suis à la Martinique! Mais l'autre jour, j'ai vu une émission à la télé qui m'a fait froid dans le dos. C'était sur l'état du monde dans 50 ans. J'aurai 75 ans. Eh bien, savez-vous ce qui attend le «Senior» Hector?

Il est certain que la terre aura épuisé la majeure partie de ses ressources naturelles en pétrole et en gaz. Il est probable que nos réserves d'eau seront très insuffisantes. Il est sûr que le réchauffement de la planète aura changé nos climats et notre géographie: les glaciers auront fondu,[1] Venise sera sous les eaux, il fera aussi chaud à Paris qu'au Sahara. Dans le monde, le choc des cultures et des religions aura provoqué des conflits apocalyptiques.

Alors, qu'est-ce qu'on fait? On réagit ou on danse sur le volcan? Dites-moi ce que vous pensez de tout ça: votre opinion m'intéresse!

Hector

▲ Le tri sélectif:[4] une façon d'être un bon citoyen!

....

COMMENTAIRES

 Alexis

Il se peut que ces prévisions[2] soient complètement fausses! Dansons!

 Charlotte

Il faut qu'on réagisse: je propose que chacun fasse attention à sa consommation d'eau et d'électricité. Il faut qu'on arrête de gaspiller l'essence et qu'on prenne les transports en commun. C'est ça être un bon citoyen.

 Poema

Tu as raison, Charlotte! Exprimer publiquement son opinion, manifester, faire la grève pour soutenir les grandes causes internationales, c'est inutile. Il semble que nos hommes politiques soient incapables de prendre des décisions radicales. Nous devons nous engager individuellement pour sauver notre belle planète!

 Mamadou

En France, nous avons plus de 1 000 associations engagées dans des actions en faveur de l'écologie du développement durable.[3]

[1]*melted* [2]*predictions* [3]développement... *sustainable development* [4]tri... *sorting of household trash (for recycling)*

La France multiculturelle

Corneille est une star de la chanson française. Il est né au Rwanda. Grâce au chanteur algérien Cheb Khaled, le raï, musique populaire algérienne, a donné au public français le goût des sons et des rythmes orientaux. Dans des salles de spectacles archi-comble,[1] des humoristes de talent comme Gad El Maleh, Smaïn ou Jamel Debbouze font la satire de la société française. Au stade de France, le Guadeloupéen Lilian Thuram, fierté[2] de l'équipe de France de football, électrise les foules[3] tout comme Thierry Henry d'origine antillaise.

En littérature, Shan Sa auteur de *La joueuse de go,* et Dai Sijie, qui a écrit *Balzac et la petite tailleuse chinoise*, sont devenus des écrivains célèbres. Nés en Chine, ils apportent à la littérature française une inspiration asiatique. Avant eux, le Russe Andreï Makine a donné à la littérature de l'Hexagone[4] des œuvres de première qualité comme *Le Testament français* (1995).

▲ Une amitié multiculturelle. Oui, la France multiculturelle est une réalité!

En hommage à la France, ces écrivains ont écrit leurs œuvres... en français. Mixité,[5] mélange, altérité,[6] diversité: tous ces termes nobles traduisent la réalité de la société française. Regardez les rues de Paris, de Lyon, de Marseille: on y rencontre toutes les nationalités, on y entend tous les accents. La rue française est algérienne, tunisienne, marocaine, turque, sénégalaise, ivoirienne, chinoise, vietnamienne, polonaise... La France multiculturelle existe: elle associe à ses traditions, des manières de penser, d'agir et de créer complètement nouvelles.

Mais elle veut, avant tout, que les immigrés qui ont choisi de vivre sur son territoire s'assimilent à la société française, seule garantie pour que les différentes communautés vivent en paix les unes avec les autres. Car il n'est pas toujours facile de vivre ensemble. Et il arrive que la diversité ethnique crée en France des tensions difficiles à gérer.[7] Mais au pays des Droits de l'homme, il est important que le désir de s'unir pour un enrichissement mutuel soit plus fort que la tentation de l'exclusion. Et face aux problèmes du monde contemporain, n'est-il pas évident que l'on est plus forts si l'on est unis? C'est ce que pensent les sages...

[1]*full of people* [2]*pride* [3]*crowds* [4]*France (so called because of its shape)* [5]*Mix of populations* [6]*otherness* [7]*manage*

 À vous!

1. Qu'est-ce que «la France multiculturelle»? Donnez une image globale de la société française à partir du **Reportage**.
2. Comment la France accueille-t-elle (*welcome*) les immigrés? Que demande-t-elle aux immigrés qui ont choisi de vivre en France?
3. Comment vivent les immigrés en Amérique du Nord? Gardent-ils les coutumes de leur pays d'origine? Citez quelques exemples.
5. Quels types de tension peut créer la diversité ethnique? Interrogez l'actualité (*current events*) française et étrangère.
6. Analysez cette photo. Comment l'amitié de ces trois jeunes gens est-elle suggérée?

 On est connectés To learn more about ecology and the protection of the environment, use the links or keywords and search engines provided at the *Vis-à-vis* Online Learning Center (**www.mhhe.com/visavis4**).

Leçon 3

STRUCTURES

 # Le subjonctif (*troisième partie*)

Expressing Emotion

L'Europe unie

Plusieurs Français donnent leur opinion sur l'unification politique et économique de l'Europe.

JEAN-PIERRE: Dans ce monde de plus en plus
(35 ANS) interdépendant, je suis **content** que la France **fasse** partie de l'Union européene.

ISABELLE: Nous, nous sommes **soulagés** que
(24 ANS) les pays de l'Union européenne **aient** tous en commun certains idéaux comme la démocratie et la liberté.

CLAUDE: Je **regrette** que la Suisse ne
(40 ANS) **veuille** pas faire partie de l'Union.

NICOLE: Je **doute** que l'Europe **puisse** régler
(30 ANS) le problème du chômage.

MONIQUE: Je suis **furieuse** que les Américains
(52 ANS) **imposent** des taxes sur les produits agricoles européens.

Complétez les phrases selon le dialogue.

1. Jean-Pierre est _____ que la France _____ partie de l'Union européenne.
2. Isabelle est _____ que L'Union _____ les valeurs de ces pays.
3. Claude _____ que les Suisses ne _____ pas faire partie de l'Union.
4. Nicole _____ que l'Europe _____ régler le problème du chômage.
5. Monique est _____ que les Américains _____ des taxes sur les produits agricoles européens.

1. The subjunctive is frequently used after expressions of emotion.

> ### EXPRESSIONS OF EMOTION
>
> *happiness:* **être content(e), être heureux / heureuse**
> *regret:* **être désolé(e), être triste, regretter** (*to be sorry*)
> *surprise:* **être surpris(e), être étonné(e)**
> *fear:* **avoir peur**
> *relief:* **être soulagé(e)**
> *anger:* **être furieux / furieuse**

Le président **est content** que les électeurs **aient** confiance en lui.	*The president is pleased that the voters have confidence in him.*
Les électeurs **ont peur** que l'inflation **soit** un problème insoluble.	*The voters are afraid that inflation is an insurmountable problem.*
Les écologistes **sont furieux** que les lois contre la pollution des forêts et des rivières **soient** tellement faibles.	*The environmentalists are angry that the laws against polluting the forests and rivers are so weak.*

2. As with verbs of volition, there must be different subjects in the main and dependent clauses. Otherwise, an infinitive is used.

Le président est content de rencontrer le Premier ministre du Canada.	*The president is happy to meet the prime minister of Canada.*

3. The subjunctive is also used following impersonal expressions of emotion.

il est bizarre que	il est juste / injuste que
il est bon que*	il est stupide que*
il est dommage que (*it's too bad that*)	il est utile / inutile que

Il est dommage que la guerre y **continue**.	*It's too bad that war is continuing there.*
Est-il bon que les enfants aussi **expriment** leurs opinions?	*Is it good that children also express their opinions?*
Il est stupide que tant de citoyens ne **votent** pas.	*It is stupid that so many citizens do not vote.*

---

*In everyday conversation, the French often say **c'est stupide que, c'est bon que,** etc.

Allez-y!

A. Sentiments. Complétez chaque phrase de façon logique en mettant une des expressions en italique au subjonctif.

MODÈLE: Nous sommes furieux / *les leaders politiques se sentent responsables face aux électeurs / la télévision n'analyse pas les problèmes actuels.* →
Nous sommes furieux que la télévision n'analyse pas les problèmes actuels.

1. Je suis désolé(e) / *tu es malade aujourd'hui / tu réussis à l'examen.*
2. Mes parents ont peur / *je finis mes études très rapidement / je ne finis pas mes études.*
3. Je regrette / *mon frère et moi ne sommes jamais d'accord / mon frère et moi nous amusons souvent ensemble.*
4. Mon amie Catherine est soulagée / *les Européens sont de plus en plus sensibles* (more and more sensitive) *aux questions liées à la protection de l'environnement / le taux de chômage en Europe est élevé cette année.*
5. Les sénateurs sont étonnés / *le public ne veut pas payer plus d'impôts / le public veut payer plus d'impôts.*

B. Le journal. Voici des titres (*headlines*) adaptés de divers journaux français. Donnez votre réaction à chaque situation en utilisant les expressions suivantes: **être content(e), heureux / heureuse, désolé(e), triste, surpris(e), étonné(e), soulagé(e), fâché(e), furieux / furieuse, regretter, avoir peur, il est stupide (bizarre, bon, dommage, juste, injuste, utile, inutile) que.**

MODÈLE: **Les femmes et les chômeurs fument davantage** (*more*) →
Il est dommage que les femmes et les chômeurs fument davantage.

1. **Le Club Méditerranée ouvre son premier village en Chine**
2. **L'Europe aime la France** (La majorité des Européens choisiraient la France comme terre d'accueil [*country where they would settle*].)
3. **Le froid tue** (*kills*) **5 sans-abri** (Des centres d'hébergement [*shelters*] exceptionnels ont ouvert leurs portes aux victimes du froid.)
4. **Les Français disent «non» à la drogue** (68 % des Français sont favorables au maintien de l'interdiction totale des ventes et de la consommation de drogues, selon un sondage.)
5. **L'industrie textile va supprimer** (*to eliminate*) **un emploi sur sept** (L'industrie textile a annoncé qu'elle comptait supprimer 750 emplois.)

C. Émotions. Donnez votre opinion personnelle sur les problèmes de la société américaine.

MODÈLE: Je suis heureux / heureuse que... →
Je suis heureux / heureuse que les États-Unis aident plusieurs pays en voie de développement (*developing*).

1. Je suis heureux / heureuse que...
2. Je regrette que...
3. Il est injuste que...
4. Il est bon que...
5. Il est bizarre que...
6. Il est stupide que...

D. Encore des émotions. Reprenez les *trois premières* phrases de l'exercice C. Maintenant demandez à cinq camarades comment ils/elles ont complété ces phrases. Pouvez-vous trouver quelqu'un qui a les mêmes opinions que vous?

MODÈLE: É1: Qu'est-ce qui te rend heureux / heureuse?
É2: Je suis heureux / heureuse que le maire fasse quelque chose pour aider les sans-abri.

Le subjonctif (*quatrième partie*)

Expressing Doubt and Uncertainty

Les interventions militaires

KOFI: **Crois-tu qu'on doive** intervenir militairement dans les pays où il y a des difficultés politiques?

KARIM: Je **ne suis pas sûr** que ce **soit** une bonne solution.

KOFI: Pourquoi?

KARIM: Parce que **je ne pense pas** que cela **puisse** changer la situation politique de ces pays.

Complétez les phrases selon le dialogue.

1. Karim ne croit pas qu'on _____ intervenir militairement dans les pays où il y a des difficultés politiques.
2. Il n'est pas sûr que ce _____ une bonne solution.
3. Il ne pense pas que cette intervention _____ changer la situation politique de ces pays.

1. The subjunctive is used—with a change of subject—after expressions of doubt and uncertainty, such as **je doute, je ne suis pas sûr(e),** and **je ne suis pas certain(e)**.

Beaucoup de femmes **ne sont pas sûres** que leur statut **soit** égal au statut des hommes.	*Many women aren't sure that their status is equal to the status of men.*
Les jeunes **doutent** souvent que les hommes et les femmes politiques **soient** honnêtes.	*Young people often doubt that politicians are honest.*

2. In the affirmative, verbs such as **penser** and **croire** are followed by the indicative. In the negative and interrogative, they express a degree of doubt and uncertainty and can then be followed by the subjunctive. In spoken French, however, the indicative is more commonly used.

Je **pense** que la presse **est** libre.	*I think the press is free.*
Pensez-vous que la presse **soit** libre?	
Pensez-vous que la presse **est** libre?	*Do you think the press is free?*
Je **ne crois pas** que la démocratie **soit** en danger.	
Je **ne crois pas** que la démocratie **est** en danger.	*I don't think that democracy is in danger.*

3. The following impersonal expressions are followed by the *indicative* because they imply certainty or probability.*

IMPERSONAL EXPRESSIONS USED WITH THE INDICATIVE	
il est certain que	il est probable que
il est clair que	il est sûr que
il est évident que	il est vrai que

Il est probable que l'Europe et les États-Unis **feront** plus d'échanges culturels et commerciaux.	*It's probable that Europe and the U.S. will engage in more cultural and commercial exchanges.*
Il est vrai que les Québécois **veulent** préserver leur propre identité.	*It's true that the Quebecois want to preserve their own identity.*

---

*In everyday conversation, you will often hear **c'est,** rather than **il est,** with these expressions.

Allez-y!

A. Réflexions sur l'Afrique francophone. Complétez les phrases avec le subjonctif ou l'indicatif des verbes, selon le cas.

1. Il est sûr que le Burkina-Faso _____ (être) un pays très, très pauvre.
2. Pensez-vous que la Côte-d'Ivoire _____ (être) un pays où l'intervention militaire est justifiée?
3. Les observateurs diplomatiques ne croient pas que l'assistance étrangère _____ (pouvoir) améliorer la crise économique et sociale de l'Afrique centrale.
4. On ne doute pas que les Sénégalais _____ (vouloir) multiplier les échanges commerciaux avec les pays voisins.
5. Il est évident que la République de Guinée _____ (avoir) des ressources minières importantes.
6. Je ne crois pas que les autres nations _____ (devoir) intervenir dans les affaires africaines.

B. Discussion. Avec un(e) camarade, discutez des idées suivantes. Choisissez une phrase et posez une question. Votre camarade répond selon sa conviction.

MODÈLE: Le politicien est honnête. ⟶
    É1: Crois-tu que le politicien soit honnête?
    É2: Oui, je crois qu'il est honnête. (Non, je ne crois pas qu'il soit honnête.)

Idées à discuter:

1. Nous avons besoin d'une armée plus moderne.
2. Les citoyens de ce pays savent voter intelligemment.
3. Le gouverneur de votre état / province a de bonnes idées.
4. On doit limiter l'immigration dans ce pays.
5. L'enseignement bilingue est une bonne idée.

C. Opinions et croyances. Complétez les phrases de façon logique. Exprimez une opinion personnelle.

MODÈLE: Je ne pense pas que… ⟶
    Je ne pense pas que les jeunes soient informés sur la contraception.

1. C'est vrai que… 2. Personne ne croit que… 3. Je ne suis pas sûr(e) que… 4. Il est probable que… 5. Beaucoup d'étudiants trouvent que…

Mots clés

Éviter l'emploi du subjonctif

Espérer, followed by the indicative, can be used instead of **souhaiter** and other constructions that require the subjunctive.

J'**espère** qu'il gagnera les élections.

Devoir + infinitive can sometimes be used instead of **il faut que** and **il est nécessaire que.**

Tu **dois** afficher les prospectus.

In general statements, the infinitive can replace the subjunctive.

Il faut que nous contrôlions les déchets industriels.
Il faut **contrôler** les déchets industriels.

Leçon 4

  # **L**ecture

Avant de lire

Inferring an author's point of view. Approximately 8% of the French population is composed of immigrants, chiefly from former French colonies in North and West Africa, as well as Spain, Portugal, and Eastern European countries. These immigrants came to France to seek greater economic opportunities and social freedoms. However, immigrants have not been universally welcomed. Some of the French have associated immigration with increased violence and crime and with a disruption of the French way of life.

You will be reading an excerpt from the novel *La Réclusion solitaire*, written in 1976 by the Moroccan novelist and poet Tahar Ben Jelloun (1944–). In this work, Ben Jelloun draws on his personal experience to describe the sometimes difficult conditions Arabs experience in French society. The narrator, a North African worker, lives in a room with three others. In this excerpt, he describes some of the arbitrary and discriminatory rules imposed upon the residents.

Examine carefully the wording of these rules, as illustrated in the following examples. Which words and structures are repeated?

Il est interdit de faire son manger dans la chambre...
Il est interdit de recevoir des femmes; [...]

The repetition of the impersonal expression **Il est interdit de** followed by the infinitive is an example of parallelism.

Now compare the following two rules. You will note that although they are parallel in structure, they do not express parallel ideas. (In what ways are the ideas dissimilar?)

Il est interdit d'écouter la radio à partir de neuf heures.
Il est interdit de vous peindre en bleu, en vert ou en mauve.

In the first case, the restriction is of a realistic nature, a rule one might find in places such as workers' housing. In the second, the rule is absurd, a behavior that would never occur and consequently expresses a useless regulation.

As you read the text, pay particular attention to the nature of the behavior forbidden by the repeated formula **Il est interdit de**. Which rules are plausible? Which seem ridiculous? Which criticize the behaviors of immigrants? Which express hostility toward the presence of immigrants in French society?

La Réclusion solitaire [extrait] de Tahar Ben Jelloun

À propos de la lecture...

Cet extrait est tiré du roman *La Réclusion solitaire* de Tahar Ben Jelloun.

À l'entrée du bâtiment, on nous a donné le règlement:

—Il est interdit de faire son manger dans la chambre (il y a une cuisine au fond du couloir);

—Il est interdit de recevoir des femmes;...

—Il est interdit d'écouter la radio à partir de neuf heures;

—Il est interdit de chanter le soir, surtout en arabe ou en kabyle;[1]

—Il est interdit d'égorger[2] un mouton dans le bâtiment;...

—Il est interdit de faire du yoga dans les couloirs;

Tahar Ben Jelloun

—Il est interdit de repeindre les murs, de toucher aux meubles, de casser les vitres,[3] de changer d'ampoule,[4] de tomber malade, d'avoir la diarrhée, de faire de la politique, d'oublier d'aller au travail, de penser à faire venir sa famille,... de sortir en pyjama dans la rue, de vous plaindre[5] des conditions objectives et subjectives de vie,... de lire ou d'écrire des injures[6] sur les murs, de vous disputer, de vous battre,[7] de manier[8] le couteau, de vous venger.

—Il est interdit de mourir dans cette chambre, dans l'enceinte de[9] ce bâtiment (allez mourir ailleurs: chez vous, par exemple, c'est plus commode);

—Il est interdit de vous suicider (même si on vous enferme à Fleury-Mérogis[10]): votre religion vous l'interdit, nous aussi;

—Il est interdit de monter dans les arbres;

—Il est interdit de vous peindre en bleu, en vert ou en mauve;

—Il est interdit de circuler en bicyclette dans la chambre, de jouer aux cartes, de boire du vin (pas de champagne);

—Il est aussi interdit de... prendre un autre chemin pour rentrer du boulot. Vous êtes avertis. Nous vous conseillons de suivre le règlement, sinon,... ce sera le séjour dans un camp d'internement en attendant votre rapatriement.

[1] language spoken in Kabylia, a rugged mountain region in northeastern Algeria [2] slit the throat of [3] windows [4] lightbulb [5] vous... complain [6] insults [7] vous... fight [8] wield [9] dans... within the boundary of [10] prison près de Paris

Compréhension

Classez. Choisissez sept des règles énumérées dans le texte. Ensuite, classez-les en utilisant les catégories suivantes.

C'est une règle...

- qui convient à la situation.
- qui exprime le racisme.
- qui semble critiquer des pratiques musulmanes.
- ridicule.
- qui exprime de l'hostilité envers la présence maghrébine.
- qui suggère que les Maghrébins sont impliqués dans la criminalité.

  # Écriture

L'environnement. Quel problème écologique vous préoccupe le plus? Est-ce la détérioration de la couche d'ozone, les déchets toxiques, la déforestation, l'usage de pesticides... ? Choisissez-en un, puis écrivez une lettre adressée à votre député(e).

1ᵉʳ PARAGRAPHE:

1. Exposez le problème.
2. Présentez les conséquences pour votre ville, pour la région et la nation.

2ᵉ PARAGRAPHE:

3. Proposez des solutions au problème.

3ᵉ PARAGRAPHE:

4. Essayez de convaincre votre député(e) de suivre vos recommandations. Présentez les avantages d'opter pour vos solutions.

4ᵉ PARAGRAPHE:

5. Remerciez-le/la de son aide.

Monsieur le Député / Madame la Députée,

J'aimerais attirer votre attention sur le problème suivant:...

Recevez, Monsieur / Madame, l'expression de mes sentiments les meilleurs.*

---

*This sentence is a standard closing formulation in French business letters.

À l'écoute sur Internet

Les informations. Vous allez entendre un flash d'informations à la radio. Lisez les activités suivantes avant d'écouter le vocabulaire et le flash d'informations qui leur correspondent.

VOCABULAIRE UTILE

en hommage à	in recognition of
une balle	bullet
un chiffre record	record number
ne jetez plus	don't throw away any more
la coupe d'Europe	European Cup

A. Thèmes et problèmes. Choisissez les thèmes qui sont traités dans ce flash d'informations.

1. le SIDA
2. l'éducation
3. le racisme
4. la drogue
5. le terrorisme
6. le chômage
7. le logement
8. la politique
9. la pollution
10. la Sécurité sociale
11. le recyclage
12. le sport
13. l'agriculture
14. les sans-abri

B. Associations. Associez les éléments de chaque colonne.

_____ **1.** recyclage
_____ **2.** séparation
_____ **3.** chiffre record
_____ **4.** coupe d'Europe
_____ **5.** manifestation

a. 3 millions de chômeurs
b. Limoges
c. Rachid Bencherif
d. «La Journée de la terre»
e. les «Verts» et «Génération écologie»

Une belle plage martiniquaise

Le vidéoblog d'Hector

En bref

Dans cet épisode, Léa, Juliette, et Hassan discutent de la protection de l'environnement. À la fin de leur conversation, ils regardent le blog d'Hector sur la Martinique.

Vocabulaire en contexte

Indiquez ce que vous faites ou ce que vous avez fait pour protéger l'environnement.

Comment protéger l'environnement

- ☐ **créer** (*create*) un groupe ou organiser une journée «environnement»
- ☐ écrire aux sénateurs/députés de votre état pour **lutter** (*fight*) contre **la pollution**
- ☐ faire du bénévolat (*volunteer*) pendant une journée «Plages **propres** (*clean*)»
- ☐ participer à une manifestation contre la pollution
- ☐ participer à la **Journée mondiale de la biodiversité**
- ☐ imprimer vos dissertations des deux côtés d'une feuille de papier
- ☐ prendre des douches rapides pour économiser l'eau
- ☐ recycler vos bouteilles, vos boîtes, le papier, le plastique, etc.
- ☐ réduire vos déchets
- ☐ rouler à vélo ou aller à pied pour économiser l'essence

Visionnez!

Quel personnage dans la vidéo dirait les phrases suivantes?

	Léa	Hassan	Juliette	Hector
1. «Il est préférable de rouler à vélo.»	☐	☐	☐	☐
2. «Il est essentiel de prendre des douches très rapides.»	☐	☐	☐	☐
3. «Il vaut mieux recycler le verre et le papier.»	☐	☐	☐	☐
4. «Il est important de nettoyer (*clean*) nos plages.»	☐	☐	☐	☐
5. «Il faut lutter contre la pollution de l'eau.»	☐	☐	☐	☐

Analysez!

1. Des quatre camarades, quelle est la personne la plus «verte»? Expliquez.
2. Hector est très engagé dans la protection de la nature. Qu'est-ce qu'il fait personnellement? Imaginez pourquoi.

Comparez!

Qu'est-ce qu'on fait dans votre pays pour protéger l'environnement? Y a-t-il des endroits qui ont particulièrement besoin d'être protégés? Quelles actions ont été organisées? Est-ce que vous êtes plus (ou moins) «vert(e)» que les quatre blogueurs? Expliquez.

Note culturelle

En 1971, la France a créé[1] un Ministère de l'environnement. Il est devenu le Ministère de l'écologie et du développement durable. Ses principaux objectifs sont les suivants: la lutte contre le changement climatique; la préservation de la biodiversité, de l'environnement et des ressources; la cohésion sociale et la solidarité entre territoires et entre générations; les modes de production et de consommation[2] responsables. Initiée par Jacques Chirac, la «Charte de l'environnement» est, en France, un texte à valeur constitutionnelle stipulant le droit[3] de chacun à vivre dans un environnement favorable.

[1]*created* [2]*consumption* [3]*right*

Vocabulaire

Verbes

abolir to abolish
augmenter to raise, increase
conserver to conserve
contrôler to inspect, monitor
développer to develop
diminuer to lower, reduce, diminish
douter to doubt
élire to elect
s'engager (dans) to get involved (in) (*a public issue, cause*)
épuiser to use up, exhaust
estimer to consider; to believe; to estimate
exiger to require; to demand; to necessitate
exprimer une opinion to express an opinion
faire grève to strike
gaspiller to waste
manifester (pour/contre) to demonstrate (for/against)
paraître to appear
polluer to pollute
poser sa candidature to run for elected office; to apply (*for a job*)
protéger to protect
reconnaître to recognize
recycler to recycle
regretter to regret, be sorry
sauver to save, rescue
souhaiter to wish, desire
soutenir to support
valoir to be worth

Substantifs

la centrale nucléaire nuclear power plant
le citoyen / la citoyenne citizen
la couche d'ozone ozone layer
les déchets (*m. pl.*) waste (*material*)
les droits (*m.*) **civils** civil rights
l'ecologiste (*m., f.*) environmentalist

l'effet (*m.*) **de serre** greenhouse effect
l'électeur / l'électrice voter
le gaspillage wasting
la grève strike
la guerre war
les idées (*f.*) **extrémistes** extremist ideas
les impôts (*m. pl.*) taxes
le malaise uneasiness
la mondialisation globalization
le parti political party
le politicien / la politicienne politician
la politique politics; policy
le réchauffement de la planète global warming
le recyclage recycling
la réussite success
le/la sans-abri homeless person
le sentiment feeling
le sondage survey
la surpopulation overpopulation

À REVOIR: **la banlieue**

Substantifs apparentés

l'accident (*m.*), **l'atmosphère** (*f.*), **le budget (militaire), la déforestation tropicale, le développement, l'élection** (*f.*), **l'énergie** (*f.*) **nucléaire / solaire, l'environnement** (*m.*), **le gouvernement, l'inflation** (*f.*), **la légalisation, la liberté d'expression, les médias** (*m.*), **la nature, l'opinion** (*f.*) **publique, la pollution, le problème, le progrès, la prolifération, la protection, la réduction, la réforme, les ressources naturelles, le rythme, la sécurité, le sexisme, la solitude, la source, le terrorisme**

Adjectifs

désolé(e) sorry
étonné(e) surprised
fâché(e) angry
furieux / furieuse furious
grave serious
industriel(le) industrial
las(se) weary
soulagé(e) relieved
sûr(e) sure, certain
surpris(e) surprised

Expressions impersonnelles

il est... it is . . .
il est vrai que... it's true that . . .
dommage too bad
étrange strange
fâcheux unfortunate
(in)utile useless / useful
il se peut que... it is possible that . . .
il semble que... it seems that . . .
il vaut mieux (que)... it is better (that) . . .

Expressions impersonnelles apparentées

il est... certain, clair, essentiel, évident, important, (im)possible, indispensable, (in)juste, nécessaire, normal, peu probable, préférable, probable, stupide, sûr, urgent

Mots et expressions divers

j'ai entendu dire que... I heard that . . .
par exemple for example
personnellement personally
pour ma part in my opinion, as for me

Bienvenue...

Un coup d'œil sur Papeete, en Polynésie française

La Polynésie, composée de 118 îles et atolls au cœur de l'océan Pacifique, devient une colonie de la France en 1880 et un «Territoire d'Outre-mer» en 1946, ce qui lui donne plus d'indépendance. En 2004, elle devient encore plus autonome. Elle est maintenant un «Pays d'Outre-mer au sein de[1] la République» et se gouverne librement et démocratiquement.

Papeete est la capitale de Tahiti, la plus grande île de la Polynésie. C'est aussi le centre économique de l'île. Malgré d'importants problèmes de pollution, Papeete est une ville agréable à vivre. Le marché de Papeete est un endroit animé et authentique: on peut y trouver de la nourriture, des fleurs, de l'artisanat,[2] des tissus,[3] et même des tatoueurs[4] qui exercent leur art dans des petits studios. Les grandes festivités du *Heiva i Tahiti* (Jeux de Tahiti) ont lieu en juillet. Les compétitions sportives, les chants, les danses polynésiennes et la foire[5] artisanale attirent[6] un grand nombre d'habitants des différentes îles de la Polynésie française. Un événement annuel à ne pas manquer!

La ville de Papeete

[1]au... *within* [2]*crafts* [3]*fabrics* [4]*tattooers* [5]*fair* [6]*attract*

Portrait - Pouvanaa a Oopa (1895–1977)

Né en 1895 en Polynésie, Pouvanaa a Oopa participe à la Première Guerre mondiale aux côtés de la France et joue un rôle important dans le ralliement[1] de la Polynésie à la France libre en 1940. Mais il accuse vite l'Administration française de ne pas respecter les droits des Polynésiens. Il consacre alors le reste de sa vie à lutter en faveur de l'autonomie du territoire polynésien.

Élu député en 1949, il encourage le «Non» lors du[2] référendum de 1958 sur l'attachement de la Polynésie à la France, mais la population vote «Oui». Peu après, il est accusé d'avoir ordonné un incendie[3] à Papeete. Rien n'est prouvé, mais il est condamné à l'exil jusqu'en 1968. Il devient sénateur en 1971 et continue à proclamer son innocence pour les faits de 1958. Pouvanaa meurt avant que la France n'accorde[4] le statut d'autonomie de gestion[5] à la Polynésie française le 12 juillet 1977. Considéré comme le «Metua», ou «Père» des Polynésiens, il reste aujourd'hui encore un symbole du nationalisme polynésien.

Une statue de Pouvanaa a Oopa à Papeete

[1]*uniting* [2]lors... *at the time of the* [3]*fire* [4]avant... *before France granted* [5]autonomie... *self-government*

dans les îles francophones

Un coup d'œil sur Fort-de-France à la Martinique

Tournée vers[1] la mer des Caraïbes, Fort-de-France est la capitale de «l'île aux Fleurs» découverte par Christophe Colomb en 1502. C'est un port où font escale[2] les bateaux de croisière[3] venus d'Amérique et d'Europe. La Martinique est un département français depuis 1946. Le souffle bienfaisant[4] des vents alizés[5] vous accueille pour une visite du centre-ville, avec le marché aux poissons près du canal Levassor, la bibliothèque Schœlcher (du nom de l'abolitionniste du XIXe siècle) dans la rue de la Liberté et la Cathédrale Saint-Louis dans la rue Schœlcher! Ces deux bâtiments sont construits en fer et en acier,[6] comme la tour Eiffel à Paris!

Ici le créole est la langue maternelle et tout le monde apprend le français à l'école, même les Békés. Les Békés, qui sont les descendants blancs des premiers colons français, contrôlent à peu près toute l'économie de l'île. Ils possèdent plus de 50 % des richesses de l'île et sont les propriétaires des plantations de canne à sucre, qu'on appelle des «habitations». Mais la vraie richesse de la Martinique vient de sa culture ainsi que[7] de ses femmes et de ses hommes qui forment une société solidaire.

La bibliothèque Schœlcher à Fort-de-France

[1]Tournée... *Facing* [2]font... *stop over* [3]bateaux... *cruise ships* [4]souffle... *refreshing breath*
[5]vents... *trade winds* [6]*steel* [7]ainsi... *as well as*

Portrait - Aimé Césaire (1913–)

Poète et homme politique (Maire de Fort-de-France pendant cinquante ans), il personnifie la théorie de la «négritude».* La littérature mondiale lui doit des œuvres majeures comme *Cahier d'un retour au pays natal*, écrit après sa rencontre avec Léopold Sédar Senghor,[†] et *La Tragédie du roi Christophe*, sur les difficultés de la libération psychologique des anciens esclaves devenus maîtres[1] d'Haïti.

[1]*masters*

Aimé Césaire

Négritude was the movement to restore the cultural identity of Africans around the world by rejecting European values and affirming the history and personality of African peoples.
[†]Léopold Senghor (1906–2001): poet and founding president of Senegal who was an early leader of the Black consciousness movement and who coined the term *négritude*.

 Watch the *Bienvenue à la Martinique* video segment to learn more about Fort-de-France.

Appendix A

Glossary of Grammatical Terms

ACCORD (*m.*) (*AGREEMENT*) There is agreement when a word takes the gender and the number of another word it modifies. Articles and adjectives agree with the noun they modify, as do past participles of verbs conjugated with **être**.

C'est **une femme indépendante**.
She is an independent woman.
Elles sont arrivées à temps.
They arrived in time.

ADJECTIF (*m.*) (*ADJECTIVE*) A word that describes a noun or a pronoun. It agrees in number and gender with the word it modifies.

Adjectif démonstratif (*Demonstrative adjective*) An adjective that points out a particular noun.

ce garçon, **ces** livres
this boy, *these* books

Adjectif interrogatif (*Interrogative adjective*) An adjective used to form questions.

Quelles affiches cherchez-vous?
What posters are you looking for?
Quel livre?
Which book?

Adjectif possessif (*Possessive adjective*) An adjective that indicates possession or a special relationship.

leur voiture, **ma** sœur
their car, my sister

Adjectif qualificatif (*Descriptive adjective*) An adjective that specifies size, color, or other qualities.

Elles sont **intelligentes**.
They are smart.
C'est une **grande** maison.
It's a big house.

ADVERBE (*m.*) (*ADVERB*) A word that describes an adjective, a verb, or another adverb.

Il écrit **très bien**. Elle est **plus** efficace.
He writes very well. She is more efficient.

Adverbe interrogatif (*Interrogative adverb*) An adverb that introduces a question about time, place, manner, or quantity (amount).

Combien ça coûte?
How much is it?
Quand est-ce que vous partez?
When are you leaving?

ANTÉCÉDENT (*m.*) A word, usually a noun, that is replaced by a pronoun in the same or a subsequent sentence. In the example, **Jeanne** is the antecedent of **elle,** and **un gant** is the antecedent of **le.**

Jeanne a perdu **un gant** et **elle** ne **le** retrouve plus.
Jeanne lost a glove, and she can't find it anymore.

ARTICLE (*m.*) A determiner that sets off a noun.	
Article défini (*Definite article*) An article that indicates a specific noun.	**le** pays, **la** chaise, **les** femmes *the country, the chair, the women*
Article indéfini (*Indefinite article*) An article that indicates an unspecified noun.	**un** garçon, **une** ville, **des** carottes *a boy, a city, some carrots*
Article partitif (*Partitive article*) In French, an article that denotes part of a whole. *Some* is not always expressed in English, but the partitive is almost always expressed in French.	**du** chocolat, **de la** tarte, **de l'**eau (***some***) *chocolat,* (***some***) *pie,* (***some***) *water*
COMPARATIF (*m.*) (*COMPARATIVE*) The form of adjectives and adverbs used to compare two nouns or actions.	Léa est **moins** bavarde **que** Julien. *Léa is **less** talkative **than** Julien.* Elle court **plus** vite **que** lui. *She runs **faster than** he does.*
CONDITIONNEL (*m.*) (*CONDITIONAL*)	*See **Mode**.*
CONJUGAISON (*f.*) (*CONJUGATION*) The different forms of a verb for a particular tense or mood. A present indicative conjugation:	je parle *I speak* tu parles *you speak* il/elle/on parle *he/she/it/one speaks* nous parlons *we speak* vous parlez *you speak* ils/elles parlent *they speak*
CONJONCTION (*f.*) (*CONJUNCTION*) An expression that connects words, phrases, or clauses.	Christophe **et** Diane *Christophe **and** Diane* Il fait froid, **mais** il fait beau. *It's cold, **but** nice.*
CONTRACTION (*f.*) (*CONTRACTION*) Two words combine to form one. In French, this phenomenon happens with **à** and **de** combined with the definite articles **le** or **les**.	Ils parlent **aux** étudiants. *He's talking to the students.* C'est le livre **du** professeur. *It's the teacher's book.*
ÉLISION (*f.*) (*ELISION*) The replacement of the final vowel of a word by an apostrophe before the initial vowel or vowel sound of the following word.	Il arrive à **l'**université à 8 h. *He arrives at the university at 8:00.* J'ai compris **qu'**il reviendrait. *I understood that he would come back.*

GENRE (*m.*) (*GENDER*) A grammatical category of words. In French, there are two genders: feminine and masculine. Gender applies to nouns, articles, adjectives, and pronouns.

	masc.	fem.
articles and nouns	**le** DVD	**la** vidéo
adjectives	**lent, beau**	**lente, belle**
pronouns	**il, celui**	**elle, celle**

IMPARFAIT (*m.*) (*IMPERFECT*) In French, a verb tense that expresses a past action with no specific beginning or end.	Nous **nagions** souvent. *We **used to swim** often.*
IMPÉRATIF (*m.*) (*IMPERATIVE*)	*See* **Mode.**
INDICATIF (*m.*) (*INDICATIVE*)	*See* **Mode.**
INFINITIF (*m.*) (*INFINITIVE*)	*See* **Mode.**
LIAISON (*f.*) (*LIAISON*) A speech-sound redistribution in which an otherwise silent final consonant is articulated with the initial vowel or vowel sound of the following word.	C'est_un_animal domestique. [sɛtœ̃nanimal] aux États-Unis [ozetazyni]
MODE (*m.*) (*MOOD*) A set of categories for verbs indicating the attitude of the speaker toward what he or she is saying.	
Mode conditionnel (*Conditional mood*) A verb form conveying possibility.	J'**irais** si j'avais le temps. *I **would go** if I had time.*
Mode impératif (*Imperative mood*) A verb form expressing a command.	**Allez**-y! *Go ahead!*
Mode indicatif (*Indicative mood*) A verb form denoting actions or states considered facts.	Je **vais** à la bibliothèque. *I **am going** to the library.*
Mode infinitif (*Infinitive mood*) A verb form introduced in English by *to*. In French dictionaries, this form appears as the main entry.	**jouer, vendre, venir** *to play, to sell, to come*
Mode subjonctif (*Subjunctive mood*) A verb form, uncommon in English, used primarily in subordinate clauses after expressions of desire, doubt, or emotion. French constructions with the subjunctive have many possible English equivalents.	Je veux que vous y **alliez**. *I want you to go there.* J'ai peur qu'elle **dise** non. *I'm afraid she will say no.*
MOT APPARENTÉ (*m.*) (*COGNATE*) In two languages, words spelled similarly with similar meaning.	**état, sérieux, ordre** *state, serious, order*
NOM (*m.*) (*NOUN*) A word that denotes a person, place, thing, or idea. Proper nouns are capitalized names.	**avocat, ville, journal, Louise** *lawyer, city, newspaper, Louise*
NOMBRE (*m.*) (*NUMBER*) A grammatical category of words. It indicates whether a noun, article, adjective, or pronoun is singular (**singulier**) or plural (**pluriel**).	singular: Le fromage est bon. plural: Les fromages sont bons.
Nombre cardinal (*Cardinal number*) A number that expresses an amount.	**deux** bureaux, **quatre** ans *two desks, four years*
Nombre ordinal (*Ordinal number*) A number that indicates position in a series.	le **deuxième** bureau, la **quatrième** année *the second desk, the fourth year*

PARTICIPE PASSÉ (*m.*) (*PAST PARTICIPLE*) The form of a verb used in a compound tense (such as the **passé composé**) with forms of *to have* in English, and with **avoir** and **être** in French.	**mangé, fini, perdu** *eaten, finished, lost*
PASSÉ COMPOSÉ (*m.*) In French, a verb tense that expresses a past action with a definite ending. It consists of the present indicative of the auxiliary verb (**être** or **avoir**) and the past participle of the conjugated verb. There are several equivalent forms in English.	**J'ai mangé** *I ate, I did eat, I have eaten* Elle **est tombée** *She fell, she did fall, she has fallen*

PERSONNE (*f.*) (*PERSON*) The form of a pronoun or a verb that indicates the person involved in an action.

	singular	plural
1st person	je / *I*	nous / *we*
2nd person	tu / *you*	vous / *you*
3rd person	il, elle, on / *he, she, one, it*	ils, elles / *they*

PRÉPOSITION (*f.*) (*PREPOSITION*) A word or phrase that specifies the relationship of a word (usually a noun or a pronoun) to another. The relationship is usually spatial or temporal.	**près de** l'aéroport, **avec** lui, **avant** 11 h *near the airport, with him, before 11:00*
PRONOM (*m.*) (*PRONOUN*) A word used in place of one or more nouns.	
Pronom accentué ou disjoint (*Stressed or disjunctive pronoun*) In French, a pronoun used for emphasis or as the object of a preposition.	**Toi,** tu es incroyable! *You are unbelievable!* Je travaille avec **lui.** *I work with **him**.*
Pronom complément (d'objet) (*Object pronoun*) A pronoun that replaces a direct object noun or an indirect object noun.	direct: Je vois Alain. Je **le** vois. *I see Alain. I see **him**.* indirect: Je donne le livre à Daniel. Je **lui** donne le livre. *I give the book to Daniel. I give **him** the book.*
Pronom démonstratif (*Demonstrative pronoun*) A pronoun that singles out a particular person or thing.	Voici deux livres: **celui-ci** est intéressant, mais **celui-là** est ennuyeux. *Here are two books: **this one** is interesting, but **that one** is boring.*
Pronom interrogatif (*Interrogative pronoun*) A pronoun used to ask a question.	**Qui** parle? **Qu'est-ce que** vous voulez? *Who is speaking? What do you want?*
Pronom réfléchi (*Reflexive pronoun*) A pronoun that represents the same person as the subject of the verb.	Je **me** regarde dans le miroir. *I am looking at **myself** in the mirror.*
Pronom relatif (*Relative pronoun*) A pronoun that introduces an independent clause and denotes a noun already mentioned.	On parle à la femme **qui** habite ici. *We're talking to the woman **who** lives here.* C'est le stylo **que** vous cherchez? *Is it the pen (**that**) you're looking for?*
Pronom sujet (*Subject pronoun*) A pronoun representing the person or thing performing the action of the verb.	**Ils** travaillent bien ensemble. ***They** work well together.*

PROPOSITION (*f.*) (*CLAUSE*) A construction that contains a subject and a verb.	
Proposition principale (*Main clause*) A clause that stands on its own and expresses a complete idea.	**Je cherche la femme** qui joue au tennis. ***I'm looking for the woman*** who plays tennis.
Proposition subordonnée (*Subordinate clause*) A clause that cannot stand on its own because it does not express a complete idea.	Je cherche la femme **qui joue au tennis**. *I'm looking for the woman* **who plays tennis**.
SUJET (*m.*) (*SUBJECT*) The word(s) denoting the person, place, or thing performing an action or existing in a state.	**Mon ordinateur** est là-bas. ***My computer*** *is over there.* **Marc** arrive demain. ***Marc*** *arrives tomorrow.*
SUBJONCTIF (*m.*) (*SUBJUNCTIVE*)	*See* **Mode**.
SUPERLATIF (*m.*) (*SUPERLATIVE*) The form of adjectives or adverbs used to compare three or more nouns or actions. In English, the superlative is expressed by using *most* or *-est*.	Elle a choisi la robe **la plus** chère. *She chose* **the most** *expensive dress.* Béatrice court **le plus** vite. *Béatrice runs the fast**est**.*
TEMPS (*m.*) (*TENSE*) The form of a verb indicating time: present, past, or future.	
VERBE (*m.*) (*VERB*) A word that reports an action or state.	Elle **est arrivée** hier. *She **arrived** yesterday.* Elle **était** fatiguée. *She **was** tired.*
Verbe auxiliaire (*Auxiliary verb*) A verb used in conjunction with an infinitive or a participle to convey distinctions of tense and mood. In French, the main auxiliaries are **avoir** and **être**.	J'**ai** fait mes devoirs. *I did my homework.* Nous **sommes** allés au cinéma. *We went to the movies.*
Verbe impersonnel (*Impersonal verb*) Always accompanied by the impersonal pronoun **il,** impersonal verbs are divided into two categories: verbs reporting natural phenomena and verbs with special meaning.	**Il fait** beau aujourd'hui. ***It is*** *nice today.* **Il faut** travailler fort. ***One has*** *to work hard.*
Verbe pronominal (*Pronominal verb*) In French, a verb with a reflexive pronoun as well as a subject pronoun in its conjugated form. Its infinitive is preceded by **se**.	**se souvenir, je me souviens** *to remember, I remember* **Il se coupe** quand **il se rase**. *He cuts **himself** when he shaves (**himself**).*

Appendix B

Verb Charts

1. The verbs *avoir* and *être*

INFINITIVE PRESENT PARTICIPLE PAST PARTICIPLE	INDICATIVE PRESENT		PASSÉ COMPOSÉ		IMPERFECT		PLUPERFECT	
avoir	j'	ai	j'	ai eu	j'	avais	j'	avais eu
(*to have*)	tu	as	tu	as eu	tu	avais	tu	avais eu
ayant	il/elle/on	a	il/elle/on	a eu	il/elle/on	avait	il/elle/on	avait eu
eu	nous	avons	nous	avons eu	nous	avions	nous	avions eu
	vous	avez	vous	avez eu	vous	aviez	vous	aviez eu
	ils/elles	ont	ils/elles	ont eu	ils/elles	avaient	ils/elles	avaient eu
être	je	suis	j'	ai été	j'	étais	j'	avais été
(*to be*)	tu	es	tu	as été	tu	étais	tu	avais été
étant	il/elle/on	est	il/elle/on	a été	il/elle/on	était	il/elle/on	avait été
été	nous	sommes	nous	avons été	nous	étions	nous	avions été
	vous	êtes	vous	avez été	vous	étiez	vous	aviez été
	ils/elles	sont	ils/elles	ont été	ils/elles	étaient	ils/elles	avaient été

		CONDITIONAL					SUBJUNCTIVE		IMPERATIVE
FUTURE		**PRESENT**			**PAST**		**PRESENT**		
j'	aurai	j'	aurais	j'	aurais eu	que j'	aie		
tu	auras	tu	aurais	tu	aurais eu	que tu	aies		aie
il/elle/on	aura	il/elle/on	aurait	il/elle/on	aurait eu	qu'il/elle/on	ait		
nous	aurons	nous	aurions	nous	aurions eu	que nous	ayons		ayons
vous	aurez	vous	auriez	vous	auriez eu	que vous	ayez		ayez
ils/elles	auront	ils/elles	auraient	ils/elles	auraient eu	qu'ils/elles	aient		
je	serai	je	serais	j'	aurais été	que je	sois		
tu	seras	tu	serais	tu	aurais été	que tu	sois		sois
il/elle/on	sera	il/elle/on	serait	il/elle/on	aurait été	qu'il/elle/on	soit		
nous	serons	nous	serions	nous	aurions été	que nous	soyons		soyons
vous	serez	vous	seriez	vous	auriez été	que vous	soyez		soyez
ils/elles	seront	ils/elles	seraient	ils/elles	auraient été	qu'ils/elles	soient		

2. Regular verbs

INFINITIVE PRESENT PARTICIPLE PAST PARTICIPLE	INDICATIVE PRESENT		PASSÉ COMPOSÉ		IMPERFECT		PLUPERFECT
-er verbs **parler** (*to speak*) parlant parlé	je tu il/elle/on nous vous ils/elles	parle parles parle parlons parlez parlent	j' tu il/elle/on nous vous ils/elles	ai parlé as parlé a parlé avons parlé avez parlé ont parlé	je tu il/elle/on nous vous ils/elles	parlais parlais parlait parlions parliez parlaient	j' avais parlé tu avais parlé il/elle/on avait parlé nous avions parlé vous aviez parlé ils/elles avaient parlé
-ir verbs **finir** (*to finish*) finissant fini	je tu il/elle/on nous vous ils/elles	finis finis finit finissons finissez finissent	j' tu il/elle/on nous vous ils/elles	ai fini as fini a fini avons fini avez fini ont fini	je tu il/elle/on nous vous ils/elles	finissais finissais finissait finissions finissiez finissaient	j' avais fini tu avais fini il/elle/on avait fini nous avions fini vous aviez fini ils/elles avaient fini
-re verbs **perdre** (*to lose*) perdant perdu	je tu il/elle/on nous vous ils/elles	perds perds perd perdons perdez perdent	j' tu il/elle/on nous vous ils/elles	ai perdu as perdu a perdu avons perdu avez perdu ont perdu	je tu il/elle/on nous vous ils/elles	perdais perdais perdait perdions perdiez perdaient	j' avais perdu tu avais perdu il/elle/on avait perdu nous avions perdu vous aviez perdu ils/elles avaient perdu

CONDITIONAL					SUBJUNCTIVE	IMPERATIVE
FUTURE		PRESENT		PAST	PRESENT	
je	parlerai	je	parlerais	j'	aurais parlé	que je	parle	
tu	parleras	tu	parlerais	tu	aurais parlé	que tu	parles	parle
il/elle/on	parlera	il/elle/on	parlerait	il/elle/on	aurait parlé	qu'il/elle/on	parle	
nous	parlerons	nous	parlerions	nous	aurions parlé	que nous	parlions	parlons
vous	parlerez	vous	parleriez	vous	auriez parlé	que vous	parliez	parlez
ils/elles	parleront	ils/elles	parleraient	ils/elles	auraient parlé	qu'ils/elles	parlent	
je	finirai	je	finirais	j'	aurais fini	que je	finisse	
tu	finiras	tu	finirais	tu	aurais fini	que tu	finisses	finis
il/elle/on	finira	il/elle/on	finirait	il/elle/on	aurait fini	qu'il/elle/on	finisse	
nous	finirons	nous	finirions	nous	aurions fini	que nous	finissions	finissons
vous	finirez	vous	finiriez	vous	auriez fini	que vous	finissiez	finissez
ils/elles	finiront	ils/elles	finiraient	ils/elles	auraient fini	qu'ils/elles	finissent	
je	perdrai	je	perdrais	j'	aurais perdu	que je	perde	
tu	perdras	tu	perdrais	tu	aurais perdu	que tu	perdes	perds
il/elle/on	perdra	il/elle/on	perdrait	il/elle/on	aurait perdu	qu'il/elle/on	perde	
nous	perdrons	nous	perdrions	nous	aurions perdu	que nous	perdions	perdons
vous	perdrez	vous	perdriez	vous	auriez perdu	que vous	perdiez	perdez
ils/elles	perdront	ils/elles	perdraient	ils/elles	auraient perdu	qu'ils/elles	perdent	

3. Intransitive verbs conjugated with *être*[1]

INFINITIVE PRESENT PARTICIPLE PAST PARTICIPLE		PRESENT		PASSÉ COMPOSÉ		IMPERFECT		PLUPERFECT
entrer	j'	entre	je	suis entré(e)	j'	entrais	j'	étais entré(e)
(*to enter*)	tu	entres	tu	es entré(e)	tu	entrais	tu	étais entré(e)
entrant	il/elle/on	entre	il/elle/on	est entré(e)	il/elle/on	entrait	il/elle/on	était entré(e)
entré	nous	entrons	nous	sommes entré(e)s	nous	entrions	nous	étions entré(e)s
	vous	entrez	vous	êtes entré(e)(s)	vous	entriez	vous	étiez entré(e)(s)
	ils/elles	entrent	ils/elles	sont entré(e)s	ils/elles	entraient	ils/elles	étaient entré(e)s

4. Pronominal verbs

INFINITIVE PRESENT PARTICIPLE PAST PARTICIPLE		PRESENT		PASSÉ COMPOSÉ		IMPERFECT		PLUPERFECT
se laver	je	me lave	je	me suis lavé(e)	je	me lavais	je	m'étais lavé(e)
(*to wash*	tu	te laves	tu	t'es lavé(e)	tu	te lavais	tu	t'étais lavé(e)
oneself)	il/elle/on	se lave	il/elle/on	s'est lavé(e)	il/elle/on	se lavait	il/elle/on	s'était lavé(e)
se lavant	nous	nous lavons	nous	nous sommes lavé(e)s	nous	nous lavions	nous	nous étions lavé(e)s
lavé	vous	vous lavez	vous	vous êtes lavé(e)(s)	vous	vous laviez	vous	vous étiez lavé(e)(s)
	ils/elles	se lavent	ils/elles	se sont lavé(e)s	ils/elles	se lavaient	ils/elles	s'étaient lavé(e)s

[1]Common intransitive verbs conjugated with **être** in compound tenses are **aller, arriver, descendre, devenir, entrer, monter, mourir, naître, partir, passer, rentrer, rester, retourner, revenir, sortir, tomber,** and **venir**. Note that **descendre, monter, passer, retourner,** and **sortir** may sometimes be used as transitive verbs (i.e., with a direct object), in which case they are conjugated with **avoir** in compound tenses.

	CONDITIONAL			SUBJUNCTIVE	IMPERATIVE
FUTURE		PRESENT		PAST	PRESENT	

	FUTURE		PRESENT		PAST		PRESENT	IMPERATIVE
j'	entrerai	j'	entrerais	je	serais entré(e)	que j'	entre	
tu	entreras	tu	entrerais	tu	serais entré(e)	que tu	entres	entre
il/elle/on	entrera	il/elle/on	entrerait	il/elle/on	serait entré(e)	qu'il/elle/on	entre	
nous	entrerons	nous	entrerions	nous	serions entré(e)s	que nous	entrions	entrons
vous	entrerez	vous	entreriez	vous	seriez entré(e)(s)	que vous	entriez	entrez
ils/elles	entreront	ils/elles	entreraient	ils/elles	seraient entré(e)s	qu'ils/elles	entrent	

	CONDITIONAL			SUBJUNCTIVE	IMPERATIVE
FUTURE		PRESENT		PAST	PRESENT	

	FUTURE		PRESENT		PAST		PRESENT	IMPERATIVE
je	me laverai	je	me laverais	je	me serais lavé(e)	que je	me lave	
tu	te laveras	tu	te laverais	tu	te serais lavé(e)	que tu	te laves	lave-toi
il/elle/on	se lavera	il/elle/on	se laverait	il/elle/on	se serait lavé(e)	qu'il/elle/on	se lave	
nous	nous laverons	nous	nous laverions	nous	nous serions lavé(e)s	que nous	nous lavions	lavons-nous
vous	vous laverez	vous	vous laveriez	vous	vous seriez lavé(e)(s)	que vous	vous laviez	lavez-vous
ils/elles	se laveront	ils/elles	se laveraient	ils/elles	se seraient lavé(e)s	qu'ils/elles	se lavent	

INFINITIVE PRESENT PARTICIPLE PAST PARTICIPLE		INDICATIVE PRESENT		PASSÉ COMPOSÉ		IMPERFECT		PLUPERFECT
aller	je	vais	je	suis allé(e)	j'	allais	j'	étais allé(e)
(*to go*)	tu	vas	tu	es allé(e)	tu	allais	tu	étais allé(e)
allant	il/elle/on	va	il/elle/on	est allé(e)	il/elle/on	allait	il/elle/on	était allé(e)
allé	nous	allons	nous	sommes allé(e)s	nous	allions	nous	étions allé(e)s
	vous	allez	vous	êtes allé(e)(s)	vous	alliez	vous	étiez allé(e)(s)
	ils/elles	vont	ils/elles	sont allé(e)s	ils/elles	allaient	ils/elles	étaient allé(e)s
asseoir[2]	j'	assieds	j'	ai assis	j'	asseyais	j'	avais assis
(*to seat*)	tu	assieds	tu	as assis	tu	asseyais	tu	avais assis
asseyant	il/elle/on	assied	il/elle/on	a assis	il/elle/on	asseyait	il/elle/on	avait assis
assis	nous	asseyons	nous	avons assis	nous	asseyions	nous	avions assis
	vous	asseyez	vous	avez assis	vous	asseyiez	vous	aviez assis
	ils/elles	asseyent	ils/elles	ont assis	ils/elles	asseyaient	ils/elles	avaient assis
battre	je	bats	j'	ai battu	je	battais	j'	avais battu
(*to beat*)	tu	bats	tu	as battu	tu	battais	tu	avais battu
battant	il/elle/on	bat	il/elle/on	a battu	il/elle/on	battait	il/elle/on	avait battu
battu	nous	battons	nous	avons battu	nous	battions	nous	avions battu
	vous	battez	vous	avez battu	vous	battiez	vous	aviez battu
	ils/elles	battent	ils/elles	ont battu	ils/elles	battaient	ils/elles	avaient battu
boire	je	bois	j'	ai bu	je	buvais	j'	avais bu
(*to drink*)	tu	bois	tu	as bu	tu	buvais	tu	avais bu
buvant	il/elle/on	boit	il/elle/on	a bu	il/elle/on	buvait	il/elle/on	avait bu
bu	nous	buvons	nous	avons bu	nous	buvions	nous	avions bu
	vous	buvez	vous	avez bu	vous	buviez	vous	aviez bu
	ils/elles	boivent	ils/elles	ont bu	ils/elles	buvaient	ils/elles	avaient bu
conduire	je	conduis	j'	ai conduit	je	conduisais	j'	avais conduit
(*to lead;*	tu	conduis	tu	as conduit	tu	conduisais	tu	avais conduit
to drive)	il/elle/on	conduit	il/elle/on	a conduit	il/elle/on	conduisait	il/elle/on	avait conduit
conduisant	nous	conduisons	nous	avons conduit	nous	conduisions	nous	avions conduit
conduit	vous	conduisez	vous	avez conduit	vous	conduisiez	vous	aviez conduit
	ils/elles	conduisent	ils/elles	ont conduit	ils/elles	conduisaient	ils/elles	avaient conduit
connaître	je	connais	j'	ai connu	je	connaissais	j'	avais connu
(*to be*	tu	connais	tu	as connu	tu	connaissais	tu	avais connu
acquainted)	il/elle/on	connaît	il/elle/on	a connu	il/elle/on	connaissait	il/elle/on	avait connu
connaissant	nous	connaissons	nous	avons connu	nous	connaissions	nous	avions connu
connu	vous	connaissez	vous	avez connu	vous	connaissiez	vous	aviez connu
	ils/elles	connaissent	ils/elles	ont connu	ils/elles	connaissaient	ils/elles	avaient connu

[2]**S'asseoir** (pronominal form of **asseoir**) means *to be seated* or *to take a seat*. The imperative forms of **s'asseoir** are **assieds-toi, asseyons-nous,** and **asseyez-vous**.

CONDITIONAL						SUBJUNCTIVE		IMPERATIVE
FUTURE		PRESENT		PAST		PRESENT		
j'	irai	j'	irais	je	serais allé(e)	que j'	aille	
tu	iras	tu	irais	tu	serais allé(e)	que tu	ailles	va
il/elle/on	ira	il/elle/on	irait	il/elle/on	serait allé(e)	qu'il/elle/on	aille	
nous	irons	nous	irions	nous	serions allé(e)s	que nous	allions	allons
vous	irez	vous	iriez	vous	seriez allé(e)(s)	que vous	alliez	allez
ils/elles	iront	ils/elles	iraient	ils/elles	seraient allé(e)s	qu'ils/elles	aillent	
j'	assiérai	j'	assiérais	j'	aurais assis	que j'	asseye	
tu	assiéras	tu	assiérais	tu	aurais assis	que tu	asseyes	assieds
il/elle/on	assiéra	il/elle/on	assiérait	il/elle/on	aurait assis	qu'il/elle/on	asseye	
nous	assiérons	nous	assiérions	nous	aurions assis	que nous	asseyions	asseyons
vous	assiérez	vous	assiériez	vous	auriez assis	que vous	asseyiez	asseyez
ils/elles	assiéront	ils/elles	assiéraient	ils/elles	auraient assis	qu'ils/elles	asseyent	
je	battrai	je	battrais	j'	aurais battu	que je	batte	
tu	battras	tu	battrais	tu	aurais battu	que tu	battes	bats
il/elle/on	battra	il/elle/on	battrait	il/elle/on	aurait battu	qu'il/elle/on	batte	
nous	battrons	nous	battrions	nous	aurions battu	que nous	battions	battons
vous	battrez	vous	battriez	vous	auriez battu	que vous	battiez	battez
ils/elles	battront	ils/elles	battraient	ils/elles	auraient battu	qu'ils/elles	battent	
je	boirai	je	boirais	j'	aurais bu	que je	boive	
tu	boiras	tu	boirais	tu	aurais bu	que tu	boives	bois
il/elle/on	boira	il/elle/on	boirait	il/elle/on	aurait bu	qu'il/elle/on	boive	
nous	boirons	nous	boirions	nous	aurions bu	que nous	buvions	buvons
vous	boirez	vous	boiriez	vous	auriez bu	que vous	buviez	buvez
ils/elles	boiront	ils/elles	boiraient	ils/elles	auraient bu	qu'ils/elles	boivent	
je	conduirai	je	conduirais	j'	aurais conduit	que je	conduise	
tu	conduiras	tu	conduirais	tu	aurais conduit	que tu	conduises	conduis
il/elle/on	conduira	il/elle/on	conduirait	il/elle/on	aurait conduit	qu'il/elle/on	conduise	
nous	conduirons	nous	conduirions	nous	aurions conduit	que nous	conduisions	conduisons
vous	conduirez	vous	conduiriez	vous	auriez conduit	que vous	conduisiez	conduisez
ils/elles	conduiront	ils/elles	conduiraient	ils/elles	auraient conduit	qu'ils/elles	conduisent	
je	connaîtrai	je	connaîtrais	j'	aurais connu	que je	connaisse	
tu	connaîtras	tu	connaîtrais	tu	aurais connu	que tu	connaisses	connais
il/elle/on	connaîtra	il/elle/on	connaîtrait	il/elle/on	aurait connu	qu'il/elle/on	connaisse	
nous	connaîtrons	nous	connaîtrions	nous	aurions connu	que nous	connaissions	connaissons
vous	connaîtrez	vous	connaîtriez	vous	auriez connu	que vous	connaissiez	connaissez
ils/elles	connaîtront	ils/elles	connaîtraient	ils/elles	auraient connu	qu'ils/elles	connaissent	

INFINITIVE PRESENT PARTICIPLE PAST PARTICIPLE	INDICATIVE PRESENT		PASSÉ COMPOSÉ		IMPERFECT		PLUPERFECT	
courir	je	cours	j'	ai couru	je	courais	j'	avais couru
(*to run*)	tu	cours	tu	as couru	tu	courais	tu	avais couru
courant	il/elle/on	court	il/elle/on	a couru	il/elle/on	courait	il/elle/on	avait couru
couru	nous	courons	nous	avons couru	nous	courions	nous	avions couru
	vous	courez	vous	avez couru	vous	couriez	vous	aviez couru
	ils/elles	courent	ils/elles	ont couru	ils/elles	couraient	ils/elles	avaient couru
craindre	je	crains	j'	ai craint	je	craignais	j'	avais craint
(*to fear*)	tu	crains	tu	as craint	tu	craignais	tu	avais craint
craignant	il/elle/on	craint	il/elle/on	a craint	il/elle/on	craignait	il/elle/on	avait craint
craint	nous	craignons	nous	avons craint	nous	craignions	nous	avions craint
	vous	craignez	vous	avez craint	vous	craigniez	vous	aviez craint
	ils/elles	craignent	ils/elles	ont craint	ils/elles	craignaient	ils/elles	avaient craint
croire	je	crois	j'	ai cru	je	croyais	j'	avais cru
(*to believe*)	tu	crois	tu	as cru	tu	croyais	tu	avais cru
croyant	il/elle/on	croit	il/elle/on	a cru	il/elle/on	croyait	il/elle/on	avait cru
cru	nous	croyons	nous	avons cru	nous	croyions	nous	avions cru
	vous	croyez	vous	avez cru	vous	croyiez	vous	aviez cru
	ils/elles	croient	ils/elles	ont cru	ils/elles	croyaient	ils/elles	avaient cru
devoir	je	dois	j'	ai dû	je	devais	j'	avais dû
(*to have to;*	tu	dois	tu	as dû	tu	devais	tu	avais dû
to owe)	il/elle/on	doit	il/elle/on	a dû	il/elle/on	devait	il/elle/on	avait dû
devant	nous	devons	nous	avons dû	nous	devions	nous	avions dû
dû	vous	devez	vous	avez dû	vous	deviez	vous	aviez dû
	ils/elles	doivent	ils/elles	ont dû	ils/elles	devaient	ils/elles	avaient dû
dire[3]	je	dis	j'	ai dit	je	disais	j'	avais dit
(*to say;*	tu	dis	tu	as dit	tu	disais	tu	avais dit
to tell)	il/elle/on	dit	il/elle/on	a dit	il/elle/on	disait	il/elle/on	avait dit
disant	nous	disons	nous	avons dit	nous	disions	nous	avions dit
dit	vous	dites	vous	avez dit	vous	disiez	vous	aviez dit
	ils/elles	disent	ils/elles	ont dit	ils/elles	disaient	ils/elles	avaient dit
dormir[4]	je	dors	j'	ai dormi	je	dormais	j'	avais dormi
(*to sleep*)	tu	dors	tu	as dormi	tu	dormais	tu	avais dormi
dormant	il/elle/on	dort	il/elle/on	a dormi	il/elle/on	dormait	il/elle/on	avait dormi
dormi	nous	dormons	nous	avons dormi	nous	dormions	nous	avions dormi
	vous	dormez	vous	avez dormi	vous	dormiez	vous	aviez dormi
	ils/elles	dorment	ils/elles	ont dormi	ils/elles	dormaient	ils/elles	avaient dormi

[3]Verbs like **dire: contredire (vous contredisez), interdire (vous interdisez), prédire (vous prédisez)**

[4]Verbs like **dormir: mentir, partir, repartir, sentir, servir, sortir**. (**Partir, repartir,** and **sortir** are conjugated with **être**.)

	FUTURE		CONDITIONAL PRESENT		PAST		SUBJUNCTIVE PRESENT	IMPERATIVE
je	courrai	je	courrais	j'	aurais couru	que je	coure	
tu	courras	tu	courrais	tu	aurais couru	que tu	coures	cours
il/elle/on	courra	il/elle/on	courrait	il/elle/on	aurait couru	qu'il/elle/on	coure	
nous	courrons	nous	courrions	nous	aurions couru	que nous	courions	courons
vous	courrez	vous	courriez	vous	auriez couru	que vous	couriez	courez
ils/elles	courront	ils/elles	courraient	ils/elles	auraient couru	qu'ils/elles	courent	
je	craindrai	je	craindrais	j'	aurais craint	que je	craigne	
tu	craindras	tu	craindrais	tu	aurais craint	que tu	craignes	crains
il/elle/on	craindra	il/elle/on	craindrait	il/elle/on	aurait craint	qu'il/elle/on	craigne	
nous	craindrons	nous	craindrions	nous	aurions craint	que nous	craignions	craignons
vous	craindrez	vous	craindriez	vous	auriez craint	que vous	craigniez	craignez
ils/elles	craindront	ils/elles	craindraient	ils/elles	auraient craint	qu'ils/elles	craignent	
je	croirai	je	croirais	j'	aurais cru	que je	croie	
tu	croiras	tu	croirais	tu	aurais cru	que tu	croies	crois
il/elle/on	croira	il/elle/on	croirait	il/elle/on	aurait cru	qu'il/elle/on	croie	
nous	croirons	nous	croirions	nous	aurions cru	que nous	croyions	croyons
vous	croirez	vous	croiriez	vous	auriez cru	que vous	croyiez	croyez
ils/elles	croiront	ils/elles	croiraient	ils/elles	auraient cru	qu'ils/elles	croient	
je	devrai	je	devrais	j'	aurais dû	que je	doive	
tu	devras	tu	devrais	tu	aurais dû	que tu	doives	dois
il/elle/on	devra	il/elle/on	devrait	il/elle/on	aurait dû	qu'il/elle/on	doive	
nous	devrons	nous	devrions	nous	aurions dû	que nous	devions	devons
vous	devrez	vous	devriez	vous	auriez dû	que vous	deviez	devez
ils/elles	devront	ils/elles	devraient	ils/elles	auraient dû	qu'ils/elles	doivent	
je	dirai	je	dirais	j'	aurais dit	que je	dise	
tu	diras	tu	dirais	tu	aurais dit	que tu	dises	dis
il/elle/on	dira	il/elle/on	dirait	il/elle/on	aurait dit	qu'il/elle/on	dise	
nous	dirons	nous	dirions	nous	aurions dit	que nous	disions	disons
vous	direz	vous	diriez	vous	auriez dit	que vous	disiez	dites
ils/elles	diront	ils/elles	diraient	ils/elles	auraient dit	qu'ils/elles	disent	
je	dormirai	je	dormirais	j'	aurais dormi	que je	dorme	
tu	dormiras	tu	dormirais	tu	aurais dormi	que tu	dormes	dors
il/elle/on	dormira	il/elle/on	dormirait	il/elle/on	aurait dormi	qu'il/elle/on	dorme	
nous	dormirons	nous	dormirions	nous	aurions dormi	que nous	dormions	dormons
vous	dormirez	vous	dormiriez	vous	auriez dormi	que vous	dormiez	dormez
ils/elles	dormiront	ils/elles	dormiraient	ils/elles	auraient dormi	qu'ils/elles	dorment	

INFINITIVE PRESENT PARTICIPLE PAST PARTICIPLE		INDICATIVE PRESENT		PASSÉ COMPOSÉ		IMPERFECT		PLUPERFECT
écrire[5]	j'	écris	j'	ai écrit	j'	écrivais	j'	avais écrit
(*to write*)	tu	écris	tu	as écrit	tu	écrivais	tu	avais écrit
écrivant	il/elle/on	écrit	il/elle/on	a écrit	il/elle/on	écrivait	il/elle/on	avait écrit
écrit	nous	écrivons	nous	avons écrit	nous	écrivions	nous	avions écrit
	vous	écrivez	vous	avez écrit	vous	écriviez	vous	aviez écrit
	ils/elles	écrivent	ils/elles	ont écrit	ils/elles	écrivaient	ils/elles	avaient écrit
envoyer	j'	envoie	j'	ai envoyé	j'	envoyais	j'	avais envoyé
(*to send*)	tu	envoies	tu	as envoyé	tu	envoyais	tu	avais envoyé
envoyant	il/elle/on	envoie	il/elle/on	a envoyé	il/elle/on	envoyait	il/elle/on	avait envoyé
envoyé	nous	envoyons	nous	avons envoyé	nous	envoyions	nous	avions envoyé
	vous	envoyez	vous	avez envoyé	vous	envoyiez	vous	aviez envoyé
	ils/elles	envoient	ils/elles	ont envoyé	ils/elles	envoyaient	ils/elles	avaient envoyé
faire	je	fais	j'	ai fait	je	faisais	j'	avais fait
(*to do;*	tu	fais	tu	as fait	tu	faisais	tu	avais fait
to make)	il/elle/on	fait	il/elle/on	a fait	il/elle/on	faisait	il/elle/on	avait fait
faisant	nous	faisons	nous	avons fait	nous	faisions	nous	avions fait
fait	vous	faites	vous	avez fait	vous	faisiez	vous	aviez fait
	ils/elles	font	ils/elles	ont fait	ils/elles	faisaient	ils/elles	avaient fait
falloir	il	faut	il	a fallu	il	fallait	il	avait fallu
(*to be*								
necessary)								
fallu								
lire[6]	je	lis	j'	ai lu	je	lisais	j'	avais lu
(*to read*)	tu	lis	tu	as lu	tu	lisais	tu	avais lu
lisant	il/elle/on	lit	il/elle/on	a lu	il/elle/on	lisait	il/elle/on	avait lu
lu	nous	lisons	nous	avons lu	nous	lisions	nous	avions lu
	vous	lisez	vous	avez lu	vous	lisiez	vous	aviez lu
	ils/elles	lisent	ils/elles	ont lu	ils/elles	lisaient	ils/elles	avaient lu
mettre[7]	je	mets	j'	ai mis	je	mettais	j'	avais mis
(*to put*)	tu	mets	tu	as mis	tu	mettais	tu	avais mis
mettant	il/elle/on	met	il/elle/on	a mis	il/elle/on	mettait	il/elle/on	avait mis
mis	nous	mettons	nous	avons mis	nous	mettions	nous	avions mis
	vous	mettez	vous	avez mis	vous	mettiez	vous	aviez mis
	ils/elles	mettent	ils/elles	ont mis	ils/elles	mettaient	ils/elles	avaient mis

[5]Verbs like **écrire: décrire**
[6]Verbs like **lire: élire, relire**
[7]Verbs like **mettre: permettre, promettre, remettre**

		CONDITIONAL					SUBJUNCTIVE	IMPERATIVE
	FUTURE		PRESENT		PAST		PRESENT	
j'	écrirai	j'	écrirais	j'	aurais écrit	que j'	écrive	
tu	écriras	tu	écrirais	tu	aurais écrit	que tu	écrives	écris
il/elle/on	écrira	il/elle/on	écrirait	il/elle/on	aurait écrit	qu'il/elle/on	écrive	
nous	écrirons	nous	écririons	nous	aurions écrit	que nous	écrivions	écrivons
vous	écrirez	vous	écririez	vous	auriez écrit	que vous	écriviez	écrivez
ils/elles	écriront	ils/elles	écriraient	ils/elles	auraient écrit	qu'ils/elles	écrivent	
j'	enverrai	j'	enverrais	j'	aurais envoyé	que j'	envoie	
tu	enverras	tu	enverrais	tu	aurais envoyé	que tu	envoies	envoie
il/elle/on	enverra	il/elle/on	enverrait	il/elle/on	aurait envoyé	qu'il/elle/on	envoie	
nous	enverrons	nous	enverrions	nous	aurions envoyé	que nous	envoyions	envoyons
vous	enverrez	vous	enverriez	vous	auriez envoyé	que vous	envoyiez	envoyez
ils/elles	enverront	ils/elles	enverraient	ils/elles	auraient envoyé	qu'ils/elles	envoient	
je	ferai	je	ferais	j'	aurais fait	que je	fasse	
tu	feras	tu	ferais	tu	aurais fait	que tu	fasses	fais
il/elle/on	fera	il/elle/on	ferait	il/elle/on	aurait fait	qu'il/elle/on	fasse	
nous	ferons	nous	ferions	nous	aurions fait	que nous	fassions	faisons
vous	ferez	vous	feriez	vous	auriez fait	que vous	fassiez	faites
ils/elles	feront	ils/elles	feraient	ils/elles	auraient fait	qu'ils/elles	fassent	
il	faudra	il	faudrait	il	aurait fallu	qu'il	faille	
je	lirai	je	lirais	j'	aurais lu	que je	lise	
tu	liras	tu	lirais	tu	aurais lu	que tu	lises	lis
il/elle/on	lira	il/elle/on	lirait	il/elle/on	aurait lu	qu'il/elle/on	lise	
nous	lirons	nous	lirions	nous	aurions lu	que nous	lisions	lisons
vous	lirez	vous	liriez	vous	auriez lu	que vous	lisiez	lisez
ils/elles	liront	ils/elles	liraient	ils/elles	auraient lu	qu'ils/elles	lisent	
je	mettrai	je	mettrais	j'	aurais mis	que je	mette	
tu	mettras	tu	mettrais	tu	aurais mis	que tu	mettes	mets
il/elle/on	mettra	il/elle/on	mettrait	il/elle/on	aurait mis	qu'il/elle/on	mette	
nous	mettrons	nous	mettrions	nous	aurions mis	que nous	mettions	mettons
vous	mettrez	vous	mettriez	vous	auriez mis	que vous	mettiez	mettez
ils/elles	mettront	ils/elles	mettraient	ils/elles	auraient mis	qu'ils/elles	mettent	

INFINITIVE PRESENT PARTICIPLE PAST PARTICIPLE		PRESENT		PASSÉ COMPOSÉ		IMPERFECT		PLUPERFECT
mourir	je	meurs	je	suis mort(e)	je	mourais	j'	étais mort(e)
(*to die*)	tu	meurs	tu	es mort(e)	tu	mourais	tu	étais mort(e)
mourant	il/elle/on	meurt	il/elle/on	est mort(e)	il/elle/on	mourait	il/elle/on	était mort(e)
mort	nous	mourons	nous	sommes mort(e)s	nous	mourions	nous	étions mort(e)s
	vous	mourez	vous	êtes mort(e)(s)	vous	mouriez	vous	étiez mort(e)(s)
	ils/elles	meurent	ils/elles	sont mort(e)s	ils/elles	mouraient	ils/elles	étaient mort(e)s
naître	je	nais	je	suis né(e)	je	naissais	j'	étais né(e)
(*to be born*)	tu	nais	tu	es né(e)	tu	naissais	tu	étais né(e)
naissant	il/elle/on	naît	il/elle/on	est né(e)	il/elle/on	naissait	il/elle/on	était né(e)
né	nous	naissons	nous	sommes né(e)s	nous	naissions	nous	étions né(e)s
	vous	naissez	vous	êtes né(e)(s)	vous	naissiez	vous	étiez né(e)(s)
	ils/elles	naissent	ils/elles	sont né(e)s	ils/elles	naissaient	ils/elles	étaient né(e)s
ouvrir[8]	j'	ouvre	j'	ai ouvert	j'	ouvrais	j'	avais ouvert
(*to open*)	tu	ouvres	tu	as ouvert	tu	ouvrais	tu	avais ouvert
ouvrant	il/elle/on	ouvre	il/elle/on	a ouvert	il/elle/on	ouvrait	il/elle/on	avait ouvert
ouvert	nous	ouvrons	nous	avons ouvert	nous	ouvrions	nous	avions ouvert
	vous	ouvrez	vous	avez ouvert	vous	ouvriez	vous	aviez ouvert
	ils/elles	ouvrent	ils/elles	ont ouvert	ils/elles	ouvraient	ils/elles	avaient ouvert
plaire	je	plais	j'	ai plu	je	plaisais	j'	avais plu
(*to please*)	tu	plais	tu	as plu	tu	plaisais	tu	avais plu
plaisant	il/elle/on	plaît	il/elle/on	a plu	il/elle/on	plaisait	il/elle/on	avait plu
plu	nous	plaisons	nous	avons plu	nous	plaisions	nous	avions plu
	vous	plaisez	vous	avez plu	vous	plaisiez	vous	aviez plu
	ils/elles	plaisent	ils/elles	ont plu	ils/elles	plaisaient	ils/elles	avaient plu
pleuvoir	il	pleut	il	a plu	il	pleuvait	il	avait plu
(*to rain*)								
pleuvant								
plu								
pouvoir	je	peux, je puis	j'	ai pu	je	pouvais	j'	avais pu
(*to be able*)	tu	peux	tu	as pu	tu	pouvais	tu	avais pu
pouvant	il/elle/on	peut	il/elle/on	a pu	il/elle/on	pouvait	il/elle/on	avait pu
pu	nous	pouvons	nous	avons pu	nous	pouvions	nous	avions pu
	vous	pouvez	vous	avez pu	vous	pouviez	vous	aviez pu
	ils/elles	peuvent	ils/elles	ont pu	ils/elles	pouvaient	ils/elles	avaient pu
prendre[9]	je	prends	j'	ai pris	je	prenais	j'	avais pris
(*to take*)	tu	prends	tu	as pris	tu	prenais	tu	avais pris
prenant	il/elle/on	prend	il/elle/on	a pris	il/elle/on	prenait	il/elle/on	avait pris
pris	nous	prenons	nous	avons pris	nous	prenions	nous	avions pris
	vous	prenez	vous	avez pris	vous	preniez	vous	aviez pris
	ils/elles	prennent	ils/elles	ont pris	ils/elles	prenaient	ils/elles	avaient pris

[8]Verbs like **ouvrir: couvrir, découvrir, offrir, souffrir**
[9]Verbs like **prendre: apprendre, comprendre, surprendre**

je	mourrai	je	mourrais	je	serais mort(e)	que je	meure		
tu	mourras	tu	mourrais	tu	serais mort(e)	que tu	meures	meurs	
il/elle/on	mourra	il/elle/on	mourrait	il/elle/on	serait mort(e)	qu'il/elle/on	meure		
nous	mourrons	nous	mourrions	nous	serions mort(e)s	que nous	mourions	mourons	
vous	mourrez	vous	mourriez	vous	seriez mort(e)(s)	que vous	mouriez	mourez	
ils/elles	mourront	ils/elles	mourraient	ils/elles	seraient mort(e)s	qu'ils/elles	meurent		
je	naîtrai	je	naîtrais	je	serais né(e)	que je	naisse		
tu	naîtras	tu	naîtrais	tu	serais né(e)	que tu	naisses	nais	
il/elle/on	naîtra	il/elle/on	naîtrait	il/elle/on	serait né(e)	qu'il/elle/on	naisse		
nous	naîtrons	nous	naîtrions	nous	serions né(e)s	que nous	naissions	naissons	
vous	naîtrez	vous	naîtriez	vous	seriez né(e)(s)	que vous	naissiez	naissez	
ils/elles	naîtront	ils/elles	naîtraient	ils/elles	seraient né(e)s	qu'ils/elles	naissent		
j'	ouvrirai	j'	ouvrirais	j'	aurais ouvert	que j'	ouvre		
tu	ouvriras	tu	ouvrirais	tu	aurais ouvert	que tu	ouvres	ouvre	
il/elle/on	ouvrira	il/elle/on	ouvrirait	il/elle/on	aurait ouvert	qu'il/elle/on	ouvre		
nous	ouvrirons	nous	ouvririons	nous	aurions ouvert	que nous	ouvrions	ouvrons	
vous	ouvrirez	vous	ouvririez	vous	auriez ouvert	que vous	ouvriez	ouvrez	
ils/elles	ouvriront	ils/elles	ouvriraient	ils/elles	auraient ouvert	qu'ils/elles	ouvrent		
je	plairai	je	plairais	j'	aurais plu	que je	plaise		
tu	plairas	tu	plairais	tu	aurais plu	que tu	plaises	plais	
il/elle/on	plaira	il/elle/on	plairait	il/elle/on	aurait plu	qu'il/elle/on	plaise		
nous	plairons	nous	plairions	nous	aurions plu	que nous	plaisions	plaisons	
vous	plairez	vous	plairiez	vous	auriez plu	que vous	plaisiez	plaisez	
ils/elles	plairont	ils/elles	plairaient	ils/elles	auraient plu	qu'ils/elles	plaisent		
il	pleuvra	il	pleuvrait	il	aurait plu	qu'il	pleuve		
je	pourrai	je	pourrais	j'	aurais pu	que je	puisse		
tu	pourras	tu	pourrais	tu	aurais pu	que tu	puisses		
il/elle/on	pourra	il/elle/on	pourrait	il/elle/on	aurait pu	qu'il/elle/on	puisse		
nous	pourrons	nous	pourrions	nous	aurions pu	que nous	puissions		
vous	pourrez	vous	pourriez	vous	auriez pu	que vous	puissiez		
ils/elles	pourront	ils/elles	pourraient	ils/elles	auraient pu	qu'ils/elles	puissent		
je	prendrai	je	prendrais	j'	aurais pris	que je	prenne		
tu	prendras	tu	prendrais	tu	aurais pris	que tu	prennes	prends	
il/elle/on	prendra	il/elle/on	prendrait	il/elle/on	aurait pris	qu'il/elle/on	prenne		
nous	prendrons	nous	prendrions	nous	aurions pris	que nous	prenions	prenons	
vous	prendrez	vous	prendriez	vous	auriez pris	que vous	preniez	prenez	
ils/elles	prendront	ils/elles	prendraient	ils/elles	auraient pris	qu'ils/elles	prennent		

INFINITIVE PRESENT PARTICIPLE PAST PARTICIPLE		PRESENT		PASSÉ COMPOSÉ		IMPERFECT		PLUPERFECT
recevoir[10]	je	reçois	j'	ai reçu	je	recevais	j'	avais reçu
(*to receive*)	tu	reçois	tu	as reçu	tu	recevais	tu	avais reçu
recevant	il/elle/on	reçoit	il/elle/on	a reçu	il/elle/on	recevait	il/elle/on	avait reçu
reçu	nous	recevons	nous	avons reçu	nous	recevions	nous	avions reçu
	vous	recevez	vous	avez reçu	vous	receviez	vous	aviez reçu
	ils/elles	reçoivent	ils/elles	ont reçu	ils/elles	recevaient	ils/elles	avaient reçu
rire	je	ris	j'	ai ri	je	riais	j'	avais ri
(*to laugh*)	tu	ris	tu	as ri	tu	riais	tu	avais ri
riant	il/elle/on	rit	il/elle/on	a ri	il/elle/on	riait	il/elle/on	avait ri
ri	nous	rions	nous	avons ri	nous	riions	nous	avions ri
	vous	riez	vous	avez ri	vous	riiez	vous	aviez ri
	ils/elles	rient	ils/elles	ont ri	ils/elles	riaient	ils/elles	avaient ri
savoir	je	sais	j'	ai su	je	savais	j'	avais su
(*to know*)	tu	sais	tu	as su	tu	savais	tu	avais su
sachant	il/elle/on	sait	il/elle/on	a su	il/elle/on	savait	il/elle/on	avait su
su	nous	savons	nous	avons su	nous	savions	nous	avions su
	vous	savez	vous	avez su	vous	saviez	vous	aviez su
	ils/elles	savent	ils/elles	ont su	ils/elles	savaient	ils/elles	avaient su
suivre	je	suis	j'	ai suivi	je	suivais	j'	avais suivi
(*to follow*)	tu	suis	tu	as suivi	tu	suivais	tu	avais suivi
suivant	il/elle/on	suit	il/elle/on	a suivi	il/elle/on	suivait	il/elle/on	avait suivi
suivi	nous	suivons	nous	avons suivi	nous	suivions	nous	avions suivi
	vous	suivez	vous	avez suivi	vous	suiviez	vous	aviez suivi
	ils/elles	suivent	ils/elles	ont suivi	ils/elles	suivaient	ils/elles	avaient suivi
tenir[11]	je	tiens	j'	ai tenu	je	tenais	j'	avais tenu
(*to hold;*	tu	tiens	tu	as tenu	tu	tenais	tu	avais tenu
to keep)	il/elle/on	tient	il/elle/on	a tenu	il/elle/on	tenait	il/elle/on	avait tenu
tenant	nous	tenons	nous	avons tenu	nous	tenions	nous	avions tenu
tenu	vous	tenez	vous	avez tenu	vous	teniez	vous	aviez tenu
	ils/elles	tiennent	ils/elles	ont tenu	ils/elles	tenaient	ils/elles	avaient tenu
valoir	je	vaux	j'	ai valu	je	valais	j'	avais valu
(*to be*	tu	vaux	tu	as valu	tu	valais	tu	avais valu
worth)	il/elle/on	vaut	il/elle/on	a valu	il/elle/on	valait	il/elle/on	avait valu
valant	nous	valons	nous	avons valu	nous	valions	nous	avions valu
valu	vous	valez	vous	avez valu	vous	valiez	vous	aviez valu
	ils/elles	valent	ils/elles	ont valu	ils/elles	valaient	ils/elles	avaient valu
venir[12]	je	viens	je	suis venu(e)	je	venais	j'	étais venu(e)
(*to come*)	tu	viens	tu	es venu(e)	tu	venais	tu	étais venu(e)
venant	il/elle/on	vient	il/elle/on	est venu(e)	il/elle/on	venait	il/elle/on	était venu(e)
venu	nous	venons	nous	sommes venu(e)s	nous	venions	nous	étions venu(e)s
	vous	venez	vous	êtes venu(e)(s)	vous	veniez	vous	étiez venu(e)(s)
	ils/elles	viennent	ils/elles	sont venu(e)s	ils/elles	venaient	ils/elles	étaient venu(e)s

[10] Verbs like **recevoir: apercevoir, décevoir**
[11] Verbs like **tenir: maintenir, obtenir**
[12] Verbs like **venir: devenir, revenir, se souvenir de**

		CONDITIONAL						SUBJUNCTIVE		IMPERATIVE
	FUTURE		PRESENT			PAST		PRESENT		
je	recevrai	je	recevrais	j'	aurais reçu		que je	reçoive	
tu	recevras	tu	recevrais	tu	aurais reçu		que tu	reçoives	reçois
il/elle/on	recevra	il/elle/on	recevrait	il/elle/on	aurait reçu		qu'il/elle/on	reçoive	
nous	recevrons	nous	recevrions	nous	aurions reçu		que nous	recevions	recevons
vous	recevrez	vous	recevriez	vous	auriez reçu		que vous	receviez	recevez
ils/elles	recevront	ils/elles	recevraient	ils/elles	auraient reçu		qu'ils/elles	reçoivent	
je	rirai	je	rirais	j'	aurais ri		que je	rie	
tu	riras	tu	rirais	tu	aurais ri		que tu	ries	ris
il/elle/on	rira	il/elle/on	rirait	il/elle/on	aurait ri		qu'il/elle/on	rie	
nous	rirons	nous	ririons	nous	aurions ri		que nous	riions	rions
vous	rirez	vous	ririez	vous	auriez ri		que vous	riiez	riez
ils/elles	riront	ils/elles	riraient	ils/elles	auraient ri		qu'ils/elles	rient	
je	saurai	je	saurais	j'	aurais su		que je	sache	
tu	sauras	tu	saurais	tu	aurais su		que tu	saches	sache
il/elle/on	saura	il/elle/on	saurait	il/elle/on	aurait su		qu'il/elle/on	sache	
nous	saurons	nous	saurions	nous	aurions su		que nous	sachions	sachons
vous	saurez	vous	sauriez	vous	auriez su		que vous	sachiez	sachez
ils/elles	sauront	ils/elles	sauraient	ils/elles	auraient su		qu'ils/elles	sachent	
je	suivrai	je	suivrais	j'	aurais suivi		que je	suive	
tu	suivras	tu	suivrais	tu	aurais suivi		que tu	suives	suis
il/elle/on	suivra	il/elle/on	suivrait	il/elle/on	aurait suivi		qu'il/elle/on	suive	
nous	suivrons	nous	suivrions	nous	aurions suivi		que nous	suivions	suivons
vous	suivrez	vous	suivriez	vous	auriez suivi		que vous	suiviez	suivez
ils/elles	suivront	ils/elles	suivraient	ils/elles	auraient suivi		qu'ils/elles	suivent	
je	tiendrai	je	tiendrais	j'	aurais tenu		que je	tienne	
tu	tiendras	tu	tiendrais	tu	aurais tenu		que tu	tiennes	tiens
il/elle/on	tiendra	il/elle/on	tiendrait	il/elle/on	aurait tenu		qu'il/elle/on	tienne	
nous	tiendrons	nous	tiendrions	nous	aurions tenu		que nous	tenions	tenons
vous	tiendrez	vous	tiendriez	vous	auriez tenu		que vous	teniez	tenez
ils/elles	tiendront	ils/elles	tiendraient	ils/elles	auraient tenu		qu'ils/elles	tiennent	
je	vaudrai	je	vaudrais	j'	aurais valu		que je	vaille	
tu	vaudras	tu	vaudrais	tu	aurais valu		que tu	vailles	vaux
il/elle/on	vaudra	il/elle/on	vaudrait	il/elle/on	aurait valu		qu'il/elle/on	vaille	
nous	vaudrons	nous	vaudrions	nous	aurions valu		que nous	valions	valons
vous	vaudrez	vous	vaudriez	vous	auriez valu		que vous	valiez	valez
ils/elles	vaudront	ils/elles	vaudraient	ils/elles	auraient valu		qu'ils/elles	vaillent	
je	viendrai	je	viendrais	je	serais venu(e)		que je	vienne	
tu	viendras	tu	viendrais	tu	serais venu(e)		que tu	viennes	viens
il/elle/on	viendra	il/elle/on	viendrait	il/elle/on	serait venu(e)		qu'il/elle/on	vienne	
nous	viendrons	nous	viendrions	nous	serions venu(e)s		que nous	venions	venons
vous	viendrez	vous	viendriez	vous	seriez venu(e)(s)		que vous	veniez	venez
ils/elles	viendront	ils/elles	viendraient	ils/elles	seraient venu(e)s		qu'ils/elles	viennent	

INFINITIVE PRESENT PARTICIPLE PAST PARTICIPLE	INDICATIVE PRESENT	PASSÉ COMPOSÉ	IMPERFECT	PLUPERFECT
vivre (*to live*) vivant vécu	je vis tu vis il/elle/on vit nous vivons vous vivez ils/elles vivent	j' ai vécu tu as vécu il/elle/on a vécu nous avons vécu vous avez vécu ils/elles ont vécu	je vivais tu vivais il/elle/on vivait nous vivions vous viviez ils/elles vivaient	j' avais vécu tu avais vécu il/elle/on avait vécu nous avions vécu vous aviez vécu ils/elles avaient vécu
voir (*to see*) voyant vu	je vois tu vois il/elle/on voit nous voyons vous voyez ils/elles voient	j' ai vu tu as vu il/elle/on a vu nous avons vu vous avez vu ils/elles ont vu	je voyais tu voyais il/elle/on voyait nous voyions vous voyiez ils/elles voyaient	j' avais vu tu avais vu il/elle/on avait vu nous avions vu vous aviez vu ils/elles avaient vu
vouloir (*to wish;* *to want*) voulant voulu	je veux tu veux il/elle/on veut nous voulons vous voulez ils/elles veulent	j' ai voulu tu as voulu il/elle/on a voulu nous avons voulu vous avez voulu ils/elles ont voulu	je voulais tu voulais il/elle/on voulait nous voulions vous vouliez ils/elles voulaient	j' avais voulu tu avais voulu il/elle/on avait voulu nous avions voulu vous aviez voulu ils/elles avaient voulu

6. *-er* verbs with spelling changes

Note: Certain verbs ending in **-er** require spelling changes. Models for each kind of change are listed here. Stem changes are in boldface type.

INFINITIVE PRESENT PARTICIPLE PAST PARTICIPLE	INDICATIVE PRESENT	PASSÉ COMPOSÉ	IMPERFECT	PLUPERFECT
commencer[13] (*to begin*) **commençant** commencé	je commence tu commences il/elle/on commence nous **commençons** vous commencez ils/elles commencent	j' ai commencé tu as commencé il/elle/on a commencé nous avons commencé vous avez commencé ils/elles ont commencé	je **commençais** tu **commençais** il/elle/on **commençait** nous commencions vous commenciez ils/elles **commençaient**	j' avais commencé tu avais commencé il/elle/on avait commencé nous avions commencé vous aviez commencé ils/elles avaient commencé

[13]Verbs like **commencer: dénoncer, divorcer, menacer, placer, prononcer, remplacer, tracer**

	CONDITIONAL			SUBJUNCTIVE	IMPERATIVE
FUTURE		PRESENT		PAST	PRESENT

je	vivrai	je	vivrais	j'	aurais vécu	que je	vive	
tu	vivras	tu	vivrais	tu	aurais vécu	que tu	vives	vis
il/elle/on	vivra	il/elle/on	vivrait	il/elle/on	aurait vécu	qu'il/elle/on	vive	
nous	vivrons	nous	vivrions	nous	aurions vécu	que nous	vivions	vivons
vous	vivrez	vous	vivriez	vous	auriez vécu	que vous	viviez	vivez
ils/elles	vivront	ils/elles	vivraient	ils/elles	auraient vécu	qu'ils/elles	vivent	
je	verrai	je	verrais	j'	aurais vu	que je	voie	
tu	verras	tu	verrais	tu	aurais vu	que tu	voies	vois
il/elle/on	verra	il/elle/on	verrait	il/elle/on	aurait vu	qu'il/elle/on	voie	
nous	verrons	nous	verrions	nous	aurions vu	que nous	voyions	voyons
vous	verrez	vous	verriez	vous	auriez vu	que vous	voyiez	voyez
ils/elles	verront	ils/elles	verraient	ils/elles	auraient vu	qu'ils/elles	voient	
je	voudrai	je	voudrais	j'	aurais voulu	que je	veuille	
tu	voudras	tu	voudrais	tu	aurais voulu	que tu	veuilles	veuille
il/elle/on	voudra	il/elle/on	voudrait	il/elle/on	aurait voulu	qu'il/elle/on	veuille	
nous	voudrons	nous	voudrions	nous	aurions voulu	que nous	voulions	veuillons
vous	voudrez	vous	voudriez	vous	auriez voulu	que vous	vouliez	veuillez
ils/elles	voudront	ils/elles	voudraient	ils/elles	auraient voulu	qu'ils/elles	veuillent	

	CONDITIONAL			SUBJUNCTIVE	IMPERATIVE
FUTURE		PRESENT		PAST	PRESENT

je	commencerai	je	commencerais	j'	aurais commencé	que je	commence	
tu	commenceras	tu	commencerais	tu	aurais commencé	que tu	commences	commence
il/elle/on	commencera	il/elle/on	commencerait	il/elle/on	aurait commencé	qu'il/elle/on	commence	
nous	commencerons	nous	commencerions	nous	aurions commencé	que nous	commencions	**commençons**
vous	commencerez	vous	commenceriez	vous	auriez commencé	que vous	commenciez	commencez
ils/elles	commenceront	ils/elles	commenceraient	ils/elles	auraient commencé	qu'ils/elles	commencent	

INFINITIVE PRESENT PARTICIPLE PAST PARTICIPLE		INDICATIVE PRESENT		PASSÉ COMPOSÉ		IMPERFECT		PLUPERFECT
manger[14]	je	mange	j'	ai mangé	je	**mangeais**	j'	avais mangé
(*to eat*)	tu	manges	tu	as mangé	tu	**mangeais**	tu	avais mangé
mangeant	il/elle/on	mange	il/elle/on	a mangé	il/elle/on	**mangeait**	il/elle/on	avait mangé
mangé	nous	**mangeons**	nous	avons mangé	nous	mangions	nous	avions mangé
	vous	mangez	vous	avez mangé	vous	mangiez	vous	aviez mangé
	ils/elles	mangent	ils/elles	ont mangé	ils/elles	**mangeaient**	ils/elles	avaient mangé
appeler[15]	j'	**appelle**	j'	ai appelé	j'	appelais	j'	avais appelé
(*to call*)	tu	**appelles**	tu	as appelé	tu	appelais	tu	avais appelé
appelant	il/elle/on	**appelle**	il/elle/on	a appelé	il/elle/on	appelait	il/elle/on	avait appelé
appelé	nous	appelons	nous	avons appelé	nous	appelions	nous	avions appelé
	vous	appelez	vous	avez appelé	vous	appeliez	vous	aviez appelé
	ils/elles	**appellent**	ils/elles	ont appelé	ils/elles	appelaient	ils/elles	avaient appelé
essayer[16]	j'	**essaie**	j'	ai essayé	j'	essayais	j'	avais essayé
(*to try*)	tu	**essaies**	tu	as essayé	tu	essayais	tu	avais essayé
essayant	il/elle/on	**essaie**	il/elle/on	a essayé	il/elle/on	essayait	il/elle/on	avait essayé
essayé	nous	essayons	nous	avons essayé	nous	essayions	nous	avions essayé
	vous	essayez	vous	avez essayé	vous	essayiez	vous	aviez essayé
	ils/elles	**essaient**	ils/elles	ont essayé	ils/elles	essayaient	ils/elles	avaient essayé
acheter[17]	j'	**achète**	j'	ai acheté	j'	achetais	j'	avais acheté
(*to buy*)	tu	**achètes**	tu	as acheté	tu	achetais	tu	avais acheté
achetant	il/elle/on	**achète**	il/elle/on	a acheté	il/elle/on	achetait	il/elle/on	avait acheté
acheté	nous	achetons	nous	avons acheté	nous	achetions	nous	avions acheté
	vous	achetez	vous	avez acheté	vous	achetiez	vous	aviez acheté
	ils/elles	**achètent**	ils/elles	ont acheté	ils/elles	achetaient	ils/elles	avaient acheté
préférer[18]	je	**préfère**	j'	ai préféré	je	préférais	j'	avais préféré
(*to prefer*)	tu	**préfères**	tu	as préféré	tu	préférais	tu	avais préféré
préférant	il/elle/on	**préfère**	il/elle/on	a préféré	il/elle/on	préférait	il/elle/on	avait préféré
préféré	nous	préférons	nous	avons préféré	nous	préférions	nous	avions préféré
	vous	préférez	vous	avez préféré	vous	préfériez	vous	aviez préféré
	ils/elles	**préfèrent**	ils/elles	ont préféré	ils/elles	préféraient	ils/elles	avaient préféré

[14]Verbs like **manger: bouger, changer, dégager, engager, exiger, juger, loger, mélanger, nager, obliger, partager, voyager**
[15]Verbs like **appeler: épeler, jeter, projeter, (se) rappeler**
[16]Verbs like **essayer: employer, (s')ennuyer, nettoyer, payer**
[17]Verbs like **acheter: achever, amener, emmener, (se) lever, (se) promener**
[18]Verbs like **préférer: célébrer, considérer, espérer, (s')inquiéter, pénétrer, posséder, répéter, révéler, suggérer**

		CONDITIONAL					SUBJUNCTIVE	IMPERATIVE
	FUTURE		PRESENT		PAST		PRESENT	
je	mangerai	je	mangerais	j'	aurais mangé	que je	mange	
tu	mangeras	tu	mangerais	tu	aurais mangé	que tu	manges	mange
il/elle/on	mangera	il/elle/on	mangerait	il/elle/on	aurait mangé	qu'il/elle/on	mange	
nous	mangerons	nous	mangerions	nous	aurions mangé	que nous	mangions	**mangeons**
vous	mangerez	vous	mangeriez	vous	auriez mangé	que vous	mangiez	mangez
ils/elles	mangeront	ils/elles	mangeraient	ils/elles	auraient mangé	qu'ils/elles	mangent	
j'	**appellerai**	j'	**appellerais**	j'	aurais appelé	que j'	**appelle**	
tu	**appelleras**	tu	**appellerais**	tu	aurais appelé	que tu	**appelles**	**appelle**
il/elle/on	**appellera**	il/elle/on	**appellerait**	il/elle/on	aurait appelé	qu'il/elle/on	**appelle**	
nous	**appellerons**	nous	**appellerions**	nous	aurions appelé	que nous	appelions	appelons
vous	**appellerez**	vous	**appelleriez**	vous	auriez appelé	que vous	appeliez	appelez
ils/elles	**appelleront**	ils/elles	**appelleraient**	ils/elles	auraient appelé	qu'ils/elles	**appellent**	
j'	**essaierai**	j'	**essaierais**	j'	aurais essayé	que j'	**essaie**	
tu	**essaieras**	tu	**essaierais**	tu	aurais essayé	que tu	**essaies**	**essaie**
il/elle/on	**essaiera**	il/elle/on	**essaierait**	il/elle/on	aurait essayé	qu'il/elle/on	**essaie**	
nous	**essaierons**	nous	**essaierions**	nous	aurions essayé	que nous	essayions	essayons
vous	**essaierez**	vous	**essaieriez**	vous	auriez essayé	que vous	essayiez	essayez
ils/elles	**essaieront**	ils/elles	**essaieraient**	ils/elles	auraient essayé	qu'ils/elles	**essaient**	
j'	**achèterai**	j'	**achèterais**	j'	aurais acheté	que j'	**achète**	
tu	**achèteras**	tu	**achèterais**	tu	aurais acheté	que tu	**achètes**	**achète**
il/elle/on	**achètera**	il/elle/on	**achèterait**	il/elle/on	aurait acheté	qu'il/elle/on	**achète**	
nous	**achèterons**	nous	**achèterions**	nous	aurions acheté	que nous	achetions	achetons
vous	**achèterez**	vous	**achèteriez**	vous	auriez acheté	que vous	achetiez	achetez
ils/elles	**achèteront**	ils/elles	**achèteraient**	ils/elles	auraient acheté	qu'ils/elles	**achètent**	
je	préférerai	je	préférerais	j'	aurais préféré	que je	**préfère**	
tu	préféreras	tu	préférerais	tu	aurais préféré	que tu	**préfères**	**préfère**
il/elle/on	préférera	il/elle/on	préférerait	il/elle/on	aurait préféré	qu'il/elle/on	**préfère**	
nous	préférerons	nous	préférerions	nous	aurions préféré	que nous	préférions	préférons
vous	préférerez	vous	préféreriez	vous	auriez préféré	que vous	préfériez	préférez
ils/elles	préféreront	ils/elles	préféreraient	ils/elles	auraient préféré	qu'ils/elles	**préfèrent**	

Perfect Tenses

In addition to the **passé composé,** French has several other perfect verb tenses (conjugated forms of **avoir** or **être** + the past participle of a verb). Following are the most common perfect tenses.

Le plus-que-parfait (*The Pluperfect*)
The pluperfect tense (also called the past perfect) is formed with the imperfect of the auxiliary verb (**avoir** or **être**) + the past participle of the main verb.

	parler	sortir	se réveiller
je/j'	avais parlé	étais sorti(e)	m'étais réveillé(e)
tu	avais parlé	étais sorti(e)	t'étais réveillé(e)
il/elle/on	avait parlé	était sorti(e)	s'était réveillé(e)
nous	avions parlé	étions sorti(e)s	nous étions réveillé(e)s
vous	aviez parlé	étiez sorti(e)(s)	vous étiez réveillé(e)(s)
ils/elles	avaient parlé	étaient sorti(e)s	s'étaient réveillé(e)s

The pluperfect is used to indicate an action or event that occurred before another past action or event, either stated or implied: *I had already left for the country* (*when my friends arrived in Paris*).

Quand j'ai téléphoné aux Dupont, ils **avaient** déjà **décidé** d'acheter la ferme.

Marie **s'était réveillée** avant moi. Elle **était** déjà **sortie** à sept heures.

When I phoned the Duponts, they had already decided to buy the farm.

Marie had awakened before me. She had already left by seven o'clock.

Le futur antérieur (*The Future Perfect*)
The future perfect is formed with the future of the auxiliary verb (**avoir** or **être**) + the past participle of the main verb.

	parler		sortir		se réveiller
j'	aurai parlé	je	serai sorti(e)	je	me serai réveillé(e)
tu	auras parlé	tu	seras sorti(e)	tu	te seras réveillé(e)
il/elle/on	aura parlé	il/elle/on	sera sorti(e)	il/elle/on	se sera réveillé(e)
nous	aurons parlé	nous	serons sorti(e)s	nous	nous serons réveillé(e)s
vous	aurez parlé	vous	serez sorti(e)(s)	vous	vous serez réveillé(e)(s)
ils/elles	auront parlé	ils/elles	seront sorti(e)s	ils/elles	se seront réveillé(e)s

The future perfect is used to express a future action that will already have taken place when another future action occurs. The subsequent action is always expressed by the simple future.

Je publierai mes résultats quand j'**aurai terminé** cette expérience.	*I'll publish the results when I finish this experiment.*
Aussitôt que mes collègues **seront revenus,** ils liront mon rapport.	*As soon as my colleagues return, they'll read my report.*

Le conditionnel passé (*The Past Conditional*)

A. Formation of the Past Conditional

The past conditional (or conditional perfect) is formed with the conditional of the auxiliary verb (**avoir** or **être**) + the past participle of the main verb.

parler		sortir		se réveiller	
j'	aurais parlé	je	serais sorti(e)	je	me serais réveillé(e)
tu	aurais parlé	tu	serais sorti(e)	tu	te serais réveillé(e)
il/elle/on	aurait parlé	il/elle/on	serait sorti(e)	il/elle/on	se serait réveillé(e)
nous	aurions parlé	nous	serions sorti(e)s	nous	nous serions réveillé(e)s
vous	auriez parlé	vous	seriez sorti(e)(s)	vous	vous seriez réveillé(e)(s)
ils/elles	auraient parlé	ils/elles	seraient sorti(e)s	ils/elles	se seraient réveillé(e)s

The past conditional is used to express an action or event that would have occurred if some set of conditions (stated or implied) had been present: *We would have worried (if we had known).*

B. Uses of the Past Conditional

The past conditional is used in the main clause of an *if*-clause sentence when the verb of the *if*-clause is in the pluperfect.

Si j'**avais eu** le temps, j'**aurais visité** Nîmes.	*If I had had the time, I would have visited Nîmes.*
Si les Normands n'**avaient** pas **conquis** l'Angleterre en 1066, l'anglais **aurait été** une langue très différente.	*If the Normans had not conquered England in 1066, English would have been a very different language.*

The underlying set of conditions (the *if*-clause) is sometimes not stated.

À ta place, j'**aurais parlé** au guide.	*If I were you, I would have spoken to the guide.*
Nous **serions allés** au lac.	*We would have gone to the lake.*

C. The Past Conditional of *devoir*

The past conditional of **devoir** means *should have* or *ought to have*. It expresses regret about something that did not take place in the past.

J'**aurais dû prendre** l'autre chemin.	*I should have taken the other road.*
Nous **aurions dû acheter** un plan.	*We should have bought a map.*

Le subjonctif passé (*The Past Subjunctive*)

The past subjunctive is formed with the present subjunctive of the auxiliary verb (**avoir** or **être**) + the past participle of the main verb.

PAST SUBJUNCTIVE OF **parler**		PAST SUBJUNCTIVE OF **venir**	
que j'	aie parlé	que je	sois venu(e)
que tu	aies parlé	que tu	sois venu(e)
qu'il/elle/on	ait parlé	qu'il/elle/on	soit venu(e)
que nous	ayons parlé	que nous	soyons venu(e)s
que vous	ayez parlé	que vous	soyez venu(e)(s)
qu'ils/elles	aient parlé	qu'ils/elles	soient venu(e)s

Je suis content que tu **aies parlé avec Léa.**	*I'm glad you spoke with Léa.*
Il est dommage qu'elle ne **soit** pas encore **venue.**	*It's too bad that she hasn't come yet.*

The past subjunctive is used following the same expressions as the present subjunctive except that it indicates that the action or situation described in the dependent clause occurred *before* the action or situation described in the main clause. Compare these sentences:

Je suis content que tu **viennes.**	*I'm happy that you are coming.*
Je suis content que tu **sois venu(e).**	*I'm happy that you came.*
Je doute qu'ils le **comprennent.**	*I doubt that they understand it.*
Je doute qu'ils l'**aient compris.**	*I doubt that they have understood it.*

Le passé simple

1. The **passé simple** is a past tense often used in literary texts; it is not a conversational tense. Verbs that would be used in the **passé composé** in informal speech or writing are in the **passé simple** in formal writing. You may want to learn to recognize the forms of the **passé simple** for reading purposes. The **passé simple** of regular **-er** verbs is formed by adding the endings **-ai, -as, -a, -âmes, -âtes, -èrent** to the verb stem. The endings for **-ir** and **-re** verbs are: **-is, -is, -it, -îmes, -îtes, -irent**. The endings for **-oir** verbs are: **-us, -us, -ut, -ûmes, -ûtes, -urent**.

parler		finir		perdre		vouloir	
je	parlai	je	finis	je	perdis	je	voulus
tu	parlas	tu	finis	tu	perdis	tu	voulus
il/elle/on	parla	il/elle/on	finit	il/elle/on	perdit	il/elle/on	voulut
nous	parlâmes	nous	finîmes	nous	perdîmes	nous	voulûmes
vous	parlâtes	vous	finîtes	vous	perdîtes	vous	voulûtes
ils/elles	parlèrent	ils/elles	finirent	ils/elles	perdirent	ils/elles	voulurent

2. Here are the third-person forms (**il, elle, on; ils, elles**) of some verbs that are irregular in the **passé simple**.

INFINITIVE	PASSÉ SIMPLE
avoir	il eut, ils eurent
dire	il dit, ils dirent
être	il fut, ils furent
faire	il fit, ils firent

Appendix E

Les pronoms

Les pronoms démonstratifs (*Demonstrative Pronouns*)

Demonstrative pronouns such as *this one* and *that one* refer to a person, thing, or idea that has been mentioned previously. In French, they agree in gender and number with the nouns they replace.

		SINGULAR		PLURAL
Masculine	**celui**	*this one, that one, the one*	**ceux**	*these, those, the ones*
Feminine	**celle**	*this one, that one, the one*	**celles**	*these, those, the ones*

French demonstrative pronouns cannot stand alone. They must be used:

1. with the suffix **-ci** (to indicate someone or something located close to the speaker) or **-là** (for someone or something more distant from the speaker)

   > Voici deux affiches. Préférez-vous **celle-ci** ou **celle-là**?
   >
   > *Here are two posters. Do you prefer this one or that one?*

2. followed by a prepositional phrase (often a construction with **de**)

   > Quelle époque t'intéresse, **celle** du Moyen Âge ou **celle** de la Renaissance?
   >
   > *Which period interests you, that of the Middle Ages or that of the Renaissance?*

3. followed by a dependent clause introduced by a relative pronoun

   > On trouve des villages anciens dans plusieurs parcs: **ceux** qui sont dans le Parc de la Brière sont en ruine; **ceux** qui sont dans les parcs de la Lorraine et du Morvan ont été restaurés.
   >
   > *One finds very old villages in several parks: Those that are in Brière Park are in ruins; those that are in the Lorraine and Morvan parks have been restored.*

Indefinite Demonstrative Pronouns

Ceci (*this*), **cela** (*that*), and **ça** (*that,* informal) are indefinite demonstrative pronouns; they refer to an idea or thing with no definite antecedent. They do not show gender or number.

Cela (Ça) n'est pas important.	*That's not important.*
Regarde **ceci** de près.	*Look at this closely.*
Qu'est-ce que c'est que **ça**?	*What's that?*

Les pronoms relatifs (*Relative Pronouns*)

A. *Ce qui* and *ce que*

Ce qui and **ce que** are indefinite relative pronouns similar in meaning to **la chose qui (que)** or **les choses qui (que);** the first serves as the subject of a dependent clause, and the second as the object. They refer to an idea or a subject that is unspecified and has neither gender nor number, often expressed as *what.*

—Dites-moi **ce qui** est arrivé au touriste américain.	*Tell me what happened to the American tourist.*
—Je ne sais pas **ce qui** lui est arrivé.	*I don't know what happened to him.*
—Dites-moi **ce que** vous avez fait à Reims.	*Tell me what you did in Reims.*
—Je n'ai pas le temps de vous dire tout **ce qu'**on a fait.	*I don't have time to tell you everything we did.*

B. *Lequel*

Lequel (laquelle, lesquels, lesquelles) is the relative pronoun used as an object of a preposition to refer to things and people. **Lequel** and its forms contract with **à** and **de**.

Où est l'agence de voyages **devant laquelle** il attend?	*Where is the travel agency in front of which he's waiting?*
L'hôtel **auquel** j'écris est à la Guadeloupe.	*The hotel to which I am writing is in Guadeloupe.*
Je connais bien l'homme **près duquel** elle est assise.	*I know well the man next to whom she is sitting.*

Les pronoms possessifs (*Possessive Pronouns*)

Possessive pronouns replace nouns that are modified by a possessive adjective or other possessive construction. In English, the possessive pronouns are *mine, yours, his, hers, its, ours,* and *theirs.* In French, the appropriate definite article is always used with the possessive pronoun.

	SINGULAR		PLURAL	
	MASCULINE	FEMININE	MASCULINE	FEMININE
mine	le mien	la mienne	les miens	les miennes
yours	le tien	la tienne	les tiens	les tiennes
his/hers/its	le sien	la sienne	les siens	les siennes
ours	le nôtre	la nôtre	les nôtres	
yours	le vôtre	la vôtre	les vôtres	
theirs	le leur	la leur	les leurs	

POSSESSIVE CONSTRUCTION + NOUN

Où sont **leurs bagages**?

C'est **mon frère** là-bas.

La **voiture de Frédérique** est plus rapide que **ma voiture**.

POSSESSIVE PRONOUN

⟶ **Les leurs** sont ici.

⟶ Ah oui? C'est **le mien** à côté de lui.

⟶ Ah oui? **La sienne** est aussi plus rapide que **la mienne**.

Translations of Minidialogues

CHAPITRE 1
Les articles indéfinis
Going Back to School
CHRISTINE: Are you ready to go back to school? ALEX: Yes, in my briefcase I have a pencil, an eraser, and some notebooks. What about you? CHRISTINE: As for me, I have a computer!

CHAPITRE 2
Les articles définis
In the University District
Alex, an American student, is visiting the university with Anne, a French student. ANNE: There are the library, the university bookstore, and the student cafeteria. ALEX: Is there also a café? ANNE: Yes, of course. The students like the café. It's the center of university life! ALEX: Is it ever! There are twenty or thirty people here, and only one student in the library!

Les verbes réguliers en -er
Meeting of Friends at the Sorbonne
XAVIER: Hi, Françoise! Are you visiting the university? FRANÇOISE: Yes, we're admiring the library right now. This is Paul, from New York, and Mireille, a friend [of mine]. XAVIER: Hello, Paul. Do you speak French? PAUL: Yes, a little bit. XAVIER: Hello, Mireille. Are you a student at the Sorbonne? MIREILLE: Oh, no. I work in the library.

Le verbe *être*
Teamwork
FABRICE: Martine, who's the person at the table? MARTINE: Oh, that's Nicole, a new student. She is Italian. We're in the same biology class. Are you ready to study? FABRICE: And who's that with her? MARTINE: That's Marco, Nicole's fiancé. FABRICE: Now, I'm ready. Shall we begin?

La négation *ne... pas*
The End of a Friendship?
BERNARD: Things aren't great with Martine [and me]. She likes to dance, I don't like dancing. I like to go skiing, she doesn't like sports. She's studying biology, I don't like science . . . MARTINE: Things aren't great with Bernard [and me]. He doesn't like to dance, I like dancing. I don't like to ski, he likes sports. He's a humanities student, I don't like literature . . .

CHAPITRE 3
Le verbe *avoir*
A Good Friend
JASMINE: Hello, Florence? Do you have a minute? FLORENCE: Hi, Jasmine! I don't really have time. I need the afternoon to finish my chemistry assignment. JASMINE: But Florence, we have an appointment with the Italian professor for our oral exam in one hour. FLORENCE: What? But that's not possible. He always has difficult questions to ask me. I'm not at all ready! JASMINE: Listen, you continue studying, and I'll call Professor Marchand and tell him that you seem very sick.

Les adjectifs qualificatifs
Computerized Dating Services
He is sociable, charming, serious, good-looking, idealistic, and athletic. She is sociable, charming, serious, good-looking, idealistic, and athletic. [COMPUTER]: They're hard to please!

Les questions à réponse affirmative ou négative
A Discussion Between Friends
TOURIST: Is this an accident? POLICE OFFICER: No, it's not an accident. TOURIST: Is it a demonstration? POLICE OFFICER: Of course not! TOURIST: So it's a fight? POLICE OFFICER: Not really. It's an animated discussion between friends.

Les prépositions *à* et *de*
Arnaud and Delphine, Two Students
They live in the dormitory. They eat in the cafeteria. They play volleyball in the gym. On the weekend, they play cards with friends. They like talking about professors, the English exam, the French literature class, and university life.

CHAPITRE 4
Les articles indéfinis après *ne... pas*
Student Comfort
NATHALIE: Where is the bathroom? ANNE: Sorry, I don't have a toilet in my room. It's in the hallway. NATHALIE: But do you have a shower? ANNE: No; no toilet, no shower, but I do have a little kitchenette and . . . NATHALIE: And a TV? ANNE: No, there's no TV, but I do have a stereo.

Les mots interrogatifs
Room for Rent
MME GÉRARD: Hello, miss. What's your name? AUDREY: Audrey Delorme. MME GÉRARD: Are you a student? AUDREY: Yes. MME GÉRARD: Where do you go to school? AUDREY: At the Sorbonne. MME GÉRARD: That's very good. And what are you studying? AUDREY: Philosophy. MME GÉRARD: Oh, that's serious. How many hours of class do you have? AUDREY: 21 hours per week. MME GÉRARD: So you need an inexpensive room? AUDREY: Yes, that's right. When will the room be available? MME GÉRARD: Today. It's yours.

Les verbes en *-ir*
Down with Term Papers!
Khaled and Naima have term papers in history.
KHALED: Which topic are you choosing? NAIMA: I don't know, I'm thinking it over. OK, I'm choosing the first topic—Napoleon's empire. (*Two days later.*) KHALED: Well, are you ready? NAIMA: Wait, I'm finishing up my conclusion, and then I'm coming. And if I manage to get 15 out of 20, we'll have a party!

La place de l'adjectif qualificatif
A New Apartment
CHLOË: I am moving into a new apartment soon. VINCENT: Really? Where exactly? CHLOË: On des Braves Street, in an old building, by the park. VINCENT: Do you like the neighborhood? CHLOË: Very much! There are tall trees and beautiful churches. And the people are nice!

CHAPITRE 5
Les adjectifs possessifs
The House as a Reflection of Social Standing
Marc, a student at the Sorbonne, is taking a brief tour of Paris and the suburbs with Thu. He points out the different kinds of housing to Thu. My brother-in-law has a lot of money. There's his villa; It's beautiful, isn't it? Our house is small, but comfortable; my family is pretty happy there. Out here in the suburbs you see the big housing complexes where families of laborers and immigrants mostly live. Their buildings are called HLMs (**habitations à loyer modéré:** *French low-income public housing*).

Le verbe *aller* et le futur proche
A Model Father
SIMON: Shall we play tennis this afternoon? STÉPHANE: No, I'm going to the zoo with Céline. SIMON: So [how about] tomorrow? STÉPHANE: I'm sorry, but tomorrow I'm going to take Sébastien to the dentist. SIMON: What a model father [you are]!

Le verbe *faire*
A Question of Organization
SANDRINE: Do you and your roommate eat in the student cafeteria? MARION: No, Candice and I are very organized. She does the shopping, and I cook. SANDRINE: And who does the dishes? MARION: The dishwasher, of course!

Les verbes en *-re*
Beauregard at the Restaurant
JILL: Do you hear that? GÉRARD: No. What's the matter? JILL: I hear a noise under the table. GENEVIÈVE: Oh, that! That's Beauregard . . . He's waiting for his dinner . . . and he doesn't like to wait . . .

CHAPITRE 6
Les verbes *prendre* et *boire*
At the Restaurant
WAITER: What will you have, ladies and gentlemen? JULIETTE: We'll have the chicken with cream and the vegetables. WAITER: And what will you have to drink? JEAN-MICHEL: I'll have a beer, and for the lady, a bottle of mineral water, please.

Les articles partitifs
No Dessert
JULIEN: What are we having to eat today, Mommy? MME TESSIER: There's chicken with potatoes. JULIEN: And the chocolate mousse in the fridge, is it for lunch today? MME TESSIER: No, no; the mousse is for this evening. For lunch, there is fruit or coffee ice cream. JULIEN: I don't like ice cream, and I don't like fruit! But I love mousse! MME TESSIER: No means no!

L'impératif
The Enemy of a Good Meal
FRANÇOIS: Martine, pass me the salt, please . . . (*Martine passes the salad to François.*) FRANÇOIS: No, come on! Listen a little . . . I asked you for the salt! MARTINE: François, be nice—don't talk so loud. I can't hear the television . . .

L'heure

It's seven o'clock. What meal is Vincent having? It's ten thirty. Where is Vincent? It's noon. What meal is he having? It's two fifteen. Where is Vincent? It's three forty-five (a quarter till four). What is he doing? It's eight twenty. Is he having dinner with his family? It's twenty to twelve. Is he still studying? It's midnight, and Vincent is sleeping.

CHAPITRE 7
L'adjectif interrogatif *quel*

Henri Lefèvre, Restaurant Owner in Deauville
Dan Bartell, an American journalist, asks Henri Lefèvre some questions. DAN BARTELL: What is the main difference between traditional cooking and the **nouvelle cuisine?** HENRI LEFÈVRE: The sauces, my friend, the sauces. DAN BARTELL: And which sauces do you make? HENRI LEFÈVRE: I really like to make the traditional sauces such as **bordelaise** and **beurre blanc** [white butter]. DAN BARTELL: Which wines do you buy for your restaurant? HENRI LEFÈVRE: I buy mostly red wines from Burgundy and white wines from Anjou.

Les adjectifs démonstratifs

A Dinner with Friends
BRUNO: This roast beef is really delicious! ANNE: Thank you. BRUNO: May I try a little more of that sauce? ANNE: But of course. MARIE: These green beans, mmm! Where do you do your shopping? ANNE: Rue Mouffetard. MARIE: Me too. I just love that street, that village-like feeling, those little shops . . .

Les verbes *vouloir, pouvoir* et *devoir*

Le Procope
MARIE-FRANCE: Would you like some coffee? CAROLE: No, thanks, I can't drink coffee. I have to be careful. I have an exam today. If I drink coffee, I'll be too nervous. PATRICK: I drink coffee only on the days when I have exams. It inspires me, the way it inspired Voltaire!

Le passé composé avec l'auxiliaire *avoir*

At the Restaurant
CLIENT: Good afternoon, ma'am. I made a reservation for a table for two. EMPLOYEE: Your name, please? CLIENT: Bernard Meunier. EMPLOYEE: Hmm . . . yes. You asked for a table with a view of the sea, is that right? CLIENT: Yes, that's right. We've driven an hour to come here to eat. Thank you very much for the table. EMPLOYEE: Yes, of course. Follow me.

CHAPITRE 8
Quelques verbes irréguliers en *-ir*

The Joys of Nature
STÉPHANE: Where are you going on vacation this summer? ANNE-LAURE: This year we're going to Martinique. We're going to camp in a little village 30 kilometers from Fort-de-France. We'll drink **ti'punch,** go out every night, and sunbathe on the beach. A dream, huh? Come with us. We're leaving August 2. STÉPHANE: No thanks, the sea is not for me. Smelling fish, sleeping with mosquitoes, no way! ROMAIN: You never change, that's for sure. The gentleman needs his creature comforts! Too bad for you! We just love sleeping in the open, feeling the sea breeze, and admiring the stars.

Le passé composé avec l'auxiliaire *être*

Sunday Morning Explanations
MME FERRY: I would really like to know where you went last night! And what time did you get home? STÉPHANIE: Not late, Mom. I went out with some friends. We went to have a drink at Laurent's, we stayed there about an hour, then we left to go to the movies. I got back to the house after the movie. MME FERRY: Are you sure? Because your father got back from the soccer game at 11 and he didn't see the car in the garage . . .

L'expression impersonnelle *il faut*

Preparations
Danielle and François are making preparations before their vacation. DANIELLE: What do we need to do before we leave? FRANÇOIS: We have to make a list. DANIELLE: Excellent idea! What do we need to put on the list? FRANÇOIS: We need sunglasses and our bathing suits. DANIELLE: And since we're going camping, in case it rains, we need a jacket and a tent. FRANÇOIS: Well, we have to work fast. We're leaving in three hours.

Les prépositions devant les noms de lieu

Bruno in the Congo
Bruno is on vacation in the Congo. He has met Kofi.
KOFI: Where in France do you come from? BRUNO: From Marseille. KOFI: It must be beautiful there! Tell me, do you have plans for future vacations? BRUNO: Yeah, lots. First, I'm going to Mexico with a friend next year. And in the future I want to go to Russia, Quebec, Senegal, and also Asia. KOFI: Which town would you like to live in? BRUNO: Verona, in Italy, so I can find my Juliet.

CHAPITRE 9

Le verbe *conduire*
A Weekend in the Mountains
MARIE-JOSÉE: Shall we go to the mountains this weekend? ALEX: Good idea! That will give me a chance to drive my new convertible! MARIE-JOSÉE: Oh no! You destroy the environment with your car, and besides, you drive way too fast. Let's go by train! ALEX: But they have built a new expressway. Let's take my car; it will be faster. MARIE-JOSÉE: How many speeding tickets have you gotten lately? ALEX: Uhmm! What time does the train leave? . . .

Depuis et *pendant*
Auto Racing
JOURNALIST: How long have you been auto racing? DRIVER: I have been competing professionally since 1998. Before [that], I was at the amateur level for three years. JOURNALIST: How long do you train? DRIVER: Usually, I work every day for seven hours. It's demanding work, but it's also very exciting!

Les adverbes affirmatifs et négatifs
The High-speed Train (TGV)
PATRICIA: Have you taken the TGV yet? FRÉDÉRIC: No, not yet. But I've reserved a seat for next Saturday. I'm going to see my parents in Lyon. PATRICIA: Do you always have to make an advance reservation for the TGV? FRÉDÉRIC: Yes, it's required. I don't like that system at all, because I've always hated to plan ahead; I like to leave at the last minute, I never make plans, and I've never kept an appointment book.

Les pronoms affirmatifs et négatifs
Coin-Operated Luggage Lockers
SERGE: Is there something wrong? JEAN-PIERRE: Yes, I'm having trouble with the locker. It doesn't work. SERGE: Oh, that! There's nothing more annoying! JEAN-PIERRE: Everyone always seems to find a locker that works, except me. SERGE: Look, someone is taking his luggage out of one of the lockers. You can be sure that one works! JEAN-PIERRE: Excellent idea!

CHAPITRE 10

L'imparfait
Poor Grandmother!
MME CHABOT: You see, when I was little, television didn't exist. CLÉMENT: So what did you do in the evenings? MME CHABOT: Well, we read, we chatted; our parents told us stories . . . CLÉMENT: Poor Grandmother, it must have been sad not to be able to watch television at night . . .

Les pronoms d'objet direct
The Cossecs Are Moving
THIERRY: What should we do with the TV? MARYSE: We're going to give it to your sister. THIERRY: Okay. And all our books? MARYSE: We're going to mail them. They have a special book rate. THIERRY: You're right. I don't want to throw them away. And are you going to sell your computer? MARYSE: Of course not! You *know* that I use it every day. I'm keeping it close by.

L'accord du participe passé
Opinion of an American TV Viewer in France
REPORTER: Have you watched French television yet? AMERICAN: Yes, I watched it last night. REPORTER: Which shows did you like best? AMERICAN: That's hard to say . . . REPORTER: Don't you think it's very different from American TV? AMERICAN: Well . . . the programs I saw are rather similar . . . *Six Feet Under, The Simpsons* . . . That is, sure, they're different—they're in French!

Les verbes *voir* et *croire*
Where Are the Keys?
MICHAËL: I think I've lost the car keys. VIRGINIE: What? They must be at the restaurant. MICHAËL: You think so? VIRGINIE: I'm not sure, but we can go check. (*At the restaurant.*) MICHAËL: You're right. They're over there on the table. I see them. VIRGINIE: Whew! Well, what do you want to do now? MICHAËL: Let's go see what we can find in the booksellers' stalls.

CHAPITRE 11

Le passé composé et l'imparfait
Casablanca
ALAIN: So, are you going to tell us about your vacation in Morocco? SYLVIE: Well, I left Paris July 23. The weather was terrible: It was cold and raining. Awful! But when I arrived in Casablanca, the sky was bright blue, the sun was shining, the sea was warm . . . RÉMI: Did you like the city? SYLVIE: Yes, a lot. But I wanted to visit a mosque, and I couldn't get in. ALAIN: Why? SYLVIE: It was my fault, because I was wearing a miniskirt.

Les pronoms d'objet indirect
A New Park Downtown
RÉGIS: Did you write to the mayor? NICOLE: Yes, I wrote to him. RÉGIS: And he answered you? NICOLE: Yes, he gave us an appointment for tomorrow. RÉGIS: Did he like the idea of creating a new park downtown? NICOLE: He hasn't said anything to me yet. We're going to have to wait until tomorrow.

Les verbes *savoir* et *connaître*
Labyrinth
MARCEL: Taxi! Are you familiar with Vaucouleurs Street? TAXI DRIVER: Of course I know where it is! I know Paris like the back of my hand [*lit.* like my pocket]! MARCEL: I don't know how you do it. I got lost yesterday in the Île de la Cité. TAXI DRIVER: I know my job; and besides, you know, with a map of Paris it's not that hard!

Les pronoms *y* et *en*
Paris, City of Love
MYRIAM: Have you gone to Montsouris Park yet? FABIENNE: No, not yet, but I'm going there Saturday with Vincent. MYRIAM: Vincent? Tell me, how many boyfriends do you have? FABIENNE: Right now I have two. But I'm going to break up with Jean-Marc soon. MYRIAM: Have you talked to Jean-Marc about it? FABIENNE: No, not yet. But I'm seriously thinking about it.

CHAPITRE 12
Les pronoms accentués
Artistic Visits
David is visiting Paris with his parents and his brother. He's telling Géraldine, a Parisian friend, about their activities. GÉRALDINE: David, did you go to the Louvre? DAVID: No, it's too big for me. I prefer the Picasso Museum. GÉRALDINE: Me, too! But did your parents visit the Louvre? DAVID: Them? Yes, they went there several times. But my brother prefers visiting the shops and discos.

La place des pronoms personnels
An Artistic Temperament
Marie wants a paintbox. MARIE: Go on, Mommy, buy it for me! MOTHER: Listen to me carefully, Marie. I'm going to buy it for you on the condition that you share it with your sister. Give her half of it. MARIE: I promise [you].

Les verbes suivis de l'infinitif
Going to the Movies
FRANÇOISE: I decided to go see Audrey Tautou's latest film this evening. THOMAS: Audrey Tautou!!! My darling Audrey? I think I forgot to tell you that I was free this evening . . . FRANÇOISE: Oh no! You're still dreaming of meeting her one day! THOMAS: Not at all! I'm only looking to make myself more cultured. FRANÇOISE: Of course! With such noble intentions, I'm not going to stop you from coming!

Les adverbes
Provence
ANNE-LAURE: Tomorrow I'm leaving for Provence. I'm going to make a quick visit to Renoir's house in Cagnes, then to the Matisse Museum in Nice, to the Picasso Museum in Antibes . . . SYLVAIN: Do you travel constantly? ANNE-LAURE: No, not really, but I absolutely want to go to Provence because several French painters lived there. SYLVAIN: And now, what are you doing? ANNE-LAURE: I'm going to see Monet's house at Giverny, in the suburbs of Paris. SYLVAIN: Tell me frankly: Aside from painting, what interests you? ANNE-LAURE: Classical music . . . I like Berlioz a lot.

CHAPITRE 13
Les verbes pronominaux (première partie)
An Encounter
DAMIEN: Madeleine! How are you? VÉRONIQUE: You are mistaken, sir. My name isn't Madeleine. DAMIEN: I'm sorry, ma'am. I wonder if I haven't met you already . . . VÉRONIQUE: I don't remember having met you. But that's fine . . . My name is Véronique. What's yours? DAMIEN: Damien . . . Would you like to have some coffee perhaps?

Les verbes pronominaux (deuxième partie)
Taking Advantage of the Nice Weather
MAX: Are you leaving? THÉO: Yes, it's nice out and I'm bored here. I'm going to take a walk along the lake. Will you come along? MAX: No, I can't; I have a lot of work. THÉO: Oh, you're making too much of it. Come on, we'll go have some fun! MAX: Some other time. If I stop now, I won't have the will to finish up later.

Les verbes pronominaux (troisième partie)
The Ideal Couple
THIERRY: You see, for me the ideal couple is Jacquot and Patricia. VALÉRY: Why do you say that? THIERRY: Because they love each other. Every time I see them they gaze lovingly at each other, they kiss, and they say sweet things to each other. They have known each other for ten years, and I've never seen them argue.

Les verbes pronominaux (quatrième partie)
A Love Match
SABINE: Tell me, Denis, how did you meet each other? DENIS: We saw each other for the first time in Avignon. VÉRONIQUE: Remember? It was raining, you came into the boutique where I worked, and . . . DENIS: And it was love at first sight! We got married that same year.

CHAPITRE 14
Le futur simple (première partie)
His Future
FATHER: He will learn foreign languages and work as a diplomat. MOTHER: No, he will study law, and he will be the head of an important company. CHILD: (I believe I will be looking for an apartment very soon . . .)

Le futur simple (deuxième partie)
A Dream Job
EMPLOYER: You will have two months of vacation per year. APPLICANT: Will I have to come into the office to work? EMPLOYER: Of course not! You will come when you want to. You could also make use of our property on the Cote d'Azur. APPLICANT'S WIFE: Michel, wake up! It's time to go to work!

Les pronoms relatifs
Interviewing the Head of a Business
JOURNALIST: And why do you say that you studied for three years in vain? GENEVIÈVE: Well, because all that time, it was making jewelry that interested me. JOURNALIST: The jewelry you create is made out of natural materials? GENEVIÈVE: Yes. I also design costume jewelry, for magazines, that people can make at home. JOURNALIST: Now, your business makes thousands of pieces of jewelry, three quarters of which go to Japan? GENEVIÈVE: Yes, and I have loads of new projects!

La comparaison de l'adjectif qualificatif
Shopping
Laurence and Franck are going shopping together.
LAURENCE: Where are we going to shop? FRANCK: At Carrefour, of course! It's less expensive and cleaner than Trouvetout. LAURENCE: I hate big discount chains. I prefer to go to the little grocer on Leclerc Street. The products are more expensive, I agree, but they're fresher. And then it's also more practical: You don't need to take the car. And he offers the friendliest service [*lit.* best welcome] in the neighborhood. FRANCK: I agree, sweetheart, but right now the most important thing is to save money.

CHAPITRE 15
Les pronoms interrogatifs
At the Rugby Game
BILL: What are they trying to do? JEAN-PAUL: Well, they're trying to get the ball behind the goal line of the other team. BILL: What's happening now? JEAN-PAUL: This is called a scrum. BILL: And what's a scrum? JEAN-PAUL: That's when several players from each team are clustered around the ball. You see, one of the players got it. BILL: Which one? JEAN-PAUL: Fabien Devichi. BILL: What's keeping him from throwing it toward the goal? JEAN-PAUL: The rules of the game, pal! This is rugby; it's not American football.

Le présent du conditionnel
Oh, if I Were Rich . . .
FRANÇOIS: What would you do if you won the lottery? VINCENT: Me? I'd buy an old neighborhood movie theater. I would choose all the films I like, and all my friends could get in for free. CHLOË: If I won enough money, I'd settle in the south of France and would spend my time painting. I'd have a big house, and you could both come and see me every weekend.

La comparaison de l'adverbe et du nom
Jazz
JENNIFER: Do you often go to nightclubs on the weekends? BRUNO: No, I go to jazz bars more often than nightclubs. There aren't as many people, and I like the music better. JENNIFER: I love jazz, too. I have more CDs of Branford and Wynton Marsalis than of Madonna. But I listen to jazz more often at my place. When I go to a nightclub, it's to dance, and also because there's more atmosphere.

Les adjectifs et les pronoms indéfinis
Vacation in Martinique
DANIEL: So, what about your vacation in Martinique? NADINE: Everything went very well. We stayed a few days in Fort-de-France, the capital, and then we relaxed at the beach. You know, the people are very nice, but they all have an accent that we had trouble understanding. Sometimes we had the impression that there were some of them who didn't understand us either. RAPHAËL: And each time they said something, we had to ask them to repeat. It's funny. Certain words are the same as ours, but others are completely different.

CHAPITRE 16
Le subjonctif (première partie)
Vote for Laure!
LAURE: So, you want me to run for the university council? SIMON: Yes, we wish the council would get over its inertia and that the delegates would realize what their political responsibilities are. LAURE: But I already ran without any luck last year. LUC: This year, Laure, we want you to win. And we'll support you to the end.

Le subjonctif (deuxième partie)
The Draft or Voluntary Military Service?
PATRICK FAURE (22): In my opinion, the draft is an anachronism in the nuclear age. GÉRARD BOURRELLY (36): It's possible that young people will become more interested in military service if it gives them professional training. FRANCIS CRÉPIN (25): Now that the draft has been abolished, we must set up a career army. CHANTAL PALLANCA (18): But if I were a volunteer, I would insist that the salary be at least 2 500 euros a month!

Le subjonctif (troisième partie)
A United Europe
Several French people are expressing their opinions about the political and economic unification of Europe. JEAN-PIERRE (35): In this world that's more and more interdependent, I'm glad that France is part of the European Union. ISABELLE (24): We're relieved that the nations of the European Union have shared values such as democracy and freedom. CLAUDE (40): I'm sorry the Swiss don't want to be part of the Union. NICOLE (30): I doubt that Europe can settle the problem of unemployment. MONIQUE (52): I'm furious that the Americans put taxes on European agricultural products.

Le subjonctif (quatrième partie)
Military Interventions
KOFI: Do you believe we should intervene militarily in countries where there are political problems? KARIM: I'm not so sure that's a good solution. KOFI: Why? KARIM: Because I don't think it can change the political situation of those countries.

Appendix G

Answers to À l'écoute sur Internet Activities

CHAPITRE 1
1. c 2. a 3. d 4. b 5. e

CHAPITRE 2
Fatima, Tunisie, espagnol, cinéma
François, Québec (Canada), philosophie, sport
Scott, Angleterre, sociologie, café

CHAPITRE 3
A. Patrice is the person on the right.
B. 1. b 2. a 3. b 4. b 5. a 6. a

CHAPITRE 4
1. b, e, f
2. b, c, g, h

CHAPITRE 5
1. Gérard 2. Géraldine 3. Marie 4. Juliette
5. Laurence 6. Franck 7. Léa

CHAPITRE 6
A. 1. d 2. b 3. a 4. c
B. 3

CHAPITRE 7
1. a 2. b 3. b 4. a 5. a 6. a

CHAPITRE 8
A. 1. V 2. V 3. F 4. F 5. V
B. 1. J-Y 2. J-Y 3. J-Y 4. S 5. S

CHAPITRE 9
A. 1. b 2. c 3. c 4. b 5. b 6. b 7. a
B. 1. 2e: Il est français. 3e: Il est américain.
    2. 2e: Il est espagnol. 3e: Il est italien.

CHAPITRE 10
A. 1. c 2. b 3. b
B. 1. F/F 2. F/V 3. F/V

CHAPITRE 11

A. 1. a   2. b   3. a   4. b   5. b

B.

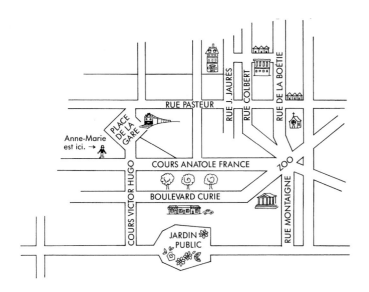

CHAPITRE 12

A. 1. F   2. V   3. V   4. F   5. F   6. V

B. 1. c   2. b   3. c   4. a   5. c

CHAPITRE 13

A. 5 - 8 - 1 - 7 - 4 - 10 - 3 - 6 - 2 - 9

B. 1. V   2. F   3. F   4. V   5. F   6. V

CHAPITRE 14

A. 1. b   2. c   3. a

B. 1. Annonce numéro 3   2. Annonce numéro 2
3. Annonce numéro 1

CHAPITRE 15

A. 1. F   2. V   3. F   4. F   5. V   6. V

B. 1, 2, 4, 5, 8, 9, 13, 14

CHAPITRE 16

A. 3, 6, 8, 9, 11, 12

B. 1. d   2. e   3. a   4. b   5. c

Lexiques

Lexique français-anglais

This end vocabulary provides contextual meanings of French words used in this text. It does not include proper nouns (unless presented as active vocabulary or unless the French equivalent is quite different in spelling from English), most abbreviations, exact cognates, most near cognates, past participles used as adjectives if the infinitive is listed, or regular adverbs formed from adjectives listed. Adjectives are listed in the masculine singular form; feminine endings or forms are included when irregular. An asterisk (*) indicates words beginning with an aspirate *h*. Active vocabulary is indicated by the number of the chapter in which it is activated.

ABBREVIATIONS

A.	archaic	*indic.*	indicative (mood)	*p.p.*	past participle
ab.	abbreviation	*inf.*	infinitive	*prep.*	preposition
adj.	adjective	*interj.*	interjection	*pron.*	pronoun
adv.	adverb	*interr.*	interrogative	*Q.*	Quebec usage
art.	article	*inv.*	invariable	*s.*	singular
colloq.	colloquial	*irreg.*	irregular	*s.o.*	someone
conj.	conjunction	*m.*	masculine noun	*s.th.*	something
fam.	familiar or colloquial	*n.*	noun	*subj.*	subjunctive
f.	feminine noun	*neu.*	neuter	*tr. fam.*	very colloquial, slang
Gram.	grammatical term	*pl.*	plural	*v.*	verb

à *prep.* to; at; in (2); by, on (*bicycle, horseback, foot*) (9); **à bientôt** see you soon (1); **à côté de** beside (4); **à destination de** to, for (9); **à droite (de)** on the right (of) (4); **à gauche (de)** on the left (of) (4); **à l'est/l'ouest** to the east/west (9); **à l'étranger** abroad, in a foreign country (9); **à l'heure** on time (9); **à pied** on foot (9); **à son compte** for oneself (14) **au nord/sud** to the north/south (9); **au printemps** in spring (5); **au revoir** good-bye (1); **à vélo** by bike (9)

abats *m. pl.* giblets, offal

abbaye *f.* abbey

abîme *m.* abyss

abolir to abolish (16)

abonnement *m.* subscription

abord: d'abord *adv.* first, first of all, at first (11)

abordable *adj.* approachable; reasonable

aboutissement *m.* end, outcome

aboyer (il aboie) to bark (*dog*)

abréger (j'abrège, nous abrégeons) to cut short, shorten

abréviation *f.* abbreviation

abri *m.* shelter; **sans-abri** *m., f.* homeless person (16)

abriter to house

absolu *adj.* absolute

abstrait *adj.* abstract

abus *m.* abuse, misuse

académicien(ne) *m., f. member of* the **Académie française**

Académie française *f.* French Academy (*official body that rules on language questions*)

accent *m.* accent; **accent aigu (grave, circonflexe)** acute (grave, circumflex) accent

accentué: pronom accentué *Gram.* stressed or disjunctive pronoun

accepter (de) to accept (to) (12); to agree to

accès *m.* access; **fournisseur** (*m.*) **d'accès** (*Internet*) service provider (ISP)

accessoire *m.* accessory

acclamé *adj.* cheered

accompagner to accompany, go along (with)

accomplir to perform, accomplish, carry out

accord *m.* agreement; **d'accord** all right, O.K., agreed (2); **être d'accord** to agree, be in agreement

accorder to grant, bestow, confer

accro: être un accro de to be addicted to

accroître (*p.p.* **accru**) *irreg.* to increase, add to

accueil *m.* greeting, welcome; **page** (*f.*) **d'accueil** homepage; **terre** (*f.*) **(pays** [*m.*]**) d'accueil** country of settlement (*immigration*)

accueillir (*p.p.* **accueilli**) *irreg.* to greet, welcome

acculer to drive (*s.o.*) back

s'accumuler to accumulate

achat *m.* purchase

acheter (j'achète) to buy (8)

acheteur/euse *m., f.* buyer, purchaser

s'achever (il s'achève) to end; to come to an end

acier *m.* steel

acquérir (*like* **conquérir**) *irreg.* to acquire

acteur/trice *m., f.* actor, actress (12)

actif/ive *adj.* active; working
action *f.* action; gesture
activé *adj.* activated
activité *f.* activity; **activités de plein air** outdoor activities (15)
actualisé *adj.* updated
actualité *f.* piece of news; present-day event
actuel(le) *adj.* present, current
actuellement *adv.* currently, at the present time
adapter to adapt; **s'adapter à** to adapt oneself to
addition *f.* bill, check (*in a restaurant*) (7)
adepte *m., f.* enthusiast, follower
adieu *interj.* good-bye
adjectif *m., Gram.* adjective
admettre (*like* **mettre**) *irreg.* to admit, accept
administratif/ive *adj.* administrative; **assistant(e)** (*m., f.*) **administratif/ive** administrative assistant
admirer to admire
adolescent(e) *m., f., adj.* adolescent, teenager
adopter to adopt
adorer to love, adore (2)
adresse *f.* address (10)
s'adresser (à) to be intended (for), aimed (at)
ADSL DSL
adulte *m., f., adj.* adult
adverbe *m., Gram.* adverb
adverse *adj.* opposing; opposite
aérobic *f.* aerobics; **faire de l'aérobic** to do aerobics (5)
aéroport *m.* airport (9)
affaire *f.* affair; business matter; *pl.* belongings; business; **chiffre** (*m.*) **d'affaires** turnover (*in business*); **classe** (*f.*) **affaires** business class (9); **homme (femme) d'affaires** *m., f.* businessman (-woman)
affectueux/euse *adj.* affectionate; fond
affiche *f.* poster; billboard (4)
afficher to post, put up; to display, show; **s'afficher** to be displayed
affirmatif/ive *adj.* affirmative
affirmation *f.* declaration
affirmer to affirm, state
affreux/euse *adj.* awful
afin de *prep.* to, in order to
africain *adj.* African; **Africain(e)** *m., f.* African (*person*)
Afrique *f.* Africa; **Afrique de l'ouest (Afrique occidentale)** West Africa; **Afrique du Nord** North Africa

âge *m.* age; epoch; **moyen âge** *m. s.* Middle Ages (12); **quel âge avez-vous?** how old are you?
agence *f.* agency; **agence de voyages** travel agency
agenda *m.* engagement book, pocket calendar
agitation *f.* bustle
agent *m.* agent; **agent de police** police officer (14)
agir to act (4); **il s'agit de** it's about, it's a question of
agité *adj.* agitated, restless; rough, choppy (*sea*)
agneau: côte (*f.*) **d'agneau** lamb chop
agréable *adj.* agreeable, pleasant, nice (3)
agricole *adj.* agricultural
agriculteur/trice *m., f.* farmer (14)
ah bon? *interj.* oh, really?
aide *f.* help, assistance; **à l'aide de** with the help of
aider to help (12)
aigu: accent (*m.*) **aigu** acute accent (**é**)
aiguille *f.* needle
ail *m.* garlic (7)
ailleurs elsewhere; **d'ailleurs** besides, moreover
aimable *adj.* likable, friendly
aimer to like; to love (2); **aimer bien** to like; **aimer mieux** to prefer (2); **j'aimerais** + *inf.* I would like (*to do s.th.*); **je n'aime… pas du tout** I don't like … at all
ainsi *conj.* thus, so; **ainsi que** as well as; **et ainsi de suite** and so on
air *m.* air; look; tune; **activités** (*f. pl.*) **de plein air** outdoor activities (15); **avoir l'air (de)** to seem, look (like) (3); **de plein air** outdoor; **en plein air** outdoors, in the open air; **hôtesse** (*f.*) **de l'air** flight attendant (9)
aise: à l'aise at ease
ajouter to add
album *m.* (photo) album; picture book
alcool *m.* alcohol
alcoolisé *adj.* alcoholic
Alger Algiers
Algérie *f.* Algeria (8)
algérien *adj.* Algerian; **Algérien(ne)** *m., f.* (Algerian (*person*) (2)
aligné: faire du patin à roues alignées to do in-line skating
aliment(s) *m.* food, nourishment (6)
alimentaire *adj.* alimentary, pertaining to food

alimentation *f.* food, feeding, nourishment; **magasin** (*m.*) **d'alimentation** food store
alizé: vent (*m.*) **alizé** trade wind
allée *f.* path, walk
allégé *adj.* light, low-fat (*foods*)
Allemagne *f.* Germany (8)
allemand *adj.* German; *m.* German (*language*) (2); **Allemand(e)** *m., f.* German (*person*) (2)
aller *irreg.* to go (5); **aller** + *inf.* to be going (*to do s.th.*) (5); **aller à la pêche** to go fishing (8); **aller mal** to feel bad (ill) (4); **allez-vous-en!** go away! (13); **allez-y!** go ahead!; **billet** (*m.*) **aller-retour** round-trip ticket; **ça peut aller** all right, pretty well (1); **ça va?** how's it going? (1); **ça va** fine (things are going well) (1); **ça va bien (mal)** fine (bad[ly]) (things are going well [badly]) (1); **comment allez-vous? (comment vas-tu?)** how are you? (1); **s'en aller** to go away, go off (*to work*) (13); **va-t'en!** go away! (13)
allô *interj.* hello (*phone greeting*) (10)
allumer to light
alors *adv.* so; then, in that case (4)
alpin *adj.* Alpine; **ski** (*m.*) **alpin** downhill skiing (8)
alpinisme *m.* mountaineering, mountain climbing; **faire de l'alpinisme** to go mountain climbing (8)
altérité *f.* otherness
amande *f.* almond
amateur *m.* **de** lover of
ambiance *f.* atmosphere, surroundings
ambitieux/euse *adj.* ambitious
âme *f.* soul; spirit
amélioration *f.* improvement
améliorer to improve, better
amener (j'amène) to bring (along)
américain *adj.* American; **à l'américaine** American-style; **Américain(e)** *m., f.* American (*person*) (2)
Amérique *f.* America
ameublement *m. s.* furnishings
ami(e) *m., f.* friend (2); **petit(e) ami(e)** *m., f.* boyfriend, girlfriend
amical *adj.* (*m. pl.* **amicaux**) friendly
amitié *f.* friendship (13)
amour *m.* love (13); love affair
amoureux/euse *adj.* loving, in love (13); *m., f.* lover, sweetheart, person in love (13); **tomber amoureux/euse (de)** to fall in love (with) (13); **vie** (*f.*) **amoureuse** love life

amphithéâtre (*fam.* **amphi**) *m.* lecture hall, amphitheater (2)

ampoule *f.* light bulb

amusant *adj.* amusing, fun (3)

s'amuser (à) to have fun, have a good time (13)

an *m.* year; **avoir (vingt) ans** to be (twenty) years old (3); **l'an dernier (passé)** last year; **par an** per year, each year

analyser to analyze

ananas *m.* pineapple

ancêtre *m., f.* ancestor

ancien(ne) *adj.* old, antique; former (4); ancient; **anciens** *n. m. pl.* elders

ange *m.* angel; **je suis aux anges** I'm in seventh heaven

anglais *adj.* English; *m.* English (*language*) (2); **Anglais(e)** *m., f.* Englishman (-woman) (2)

Angleterre *f.* England (8)

angoissé *adj.* anxious, anxiety-prone

animal *m.* animal; **animal domestique** pet

animateur/trice *m., f.* host, hostess (*radio, TV*); motivator (*in marketing*)

animé *adj.* animated

année *f.* year; **l'année prochaine (dernière [passée])** next (last) year; **les années (cinquante)** the decade (era) of the (fifties) (8)

anniversaire *m.* anniversary; birthday; **bon anniversaire** *interj.* happy birthday; **carte** (*f.*) **d'anniversaire** birthday card

annonce *f.* announcement, ad; **petites annonces** (classified) ads (10)

annoncer (nous annonçons) to announce, declare; **s'annoncer** to look; to promise to be

annuaire *m.* telephone directory (10); **annuaire (téléphonique) sur Internet** Internet (telephone) directory (10); **consulter l'annuaire** to look up (a phone number) in the phone book (10)

annuel(le) *adj.* annual

anorak *m.* (ski) jacket, wind-breaker (8)

anticiper (sur) to anticipate

antillais *adj.* West Indian; **Antillais(e)** *m., f.* West Indian (*person*)

Antilles *f. pl.* West Indies

antipathique *adj.* disagreeable, unpleasant (3)

anxieux/euse *adj.* anxious

août August (1)

apaiser to appease; to soothe

aperçu *adj.* noticed

apéritif (*fam.* **apéro**) *m.* cocktail

apparaître (*like* **connaître**) *irreg.* to appear

appareil *m.* apparatus (10); device; appliance; telephone (10); **appareil (photo) numérique** *m.* (*still*) digital camera (10); **qui est à l'appareil?** who's calling? (10)

apparemment *adv.* apparently

apparence *f.* appearance

apparenté *adj.* related; **mot** (*m.*) **apparenté** cognate (*word*)

apparition *f.* appearance

appartement *m.* apartment (4)

appartenir (*like* **tenir**) **à** *irreg.* to belong to

appel *m.* call; **faire appel à** to appeal to; to require, call for

appeler (j'appelle) to call (10); to name; **comment s'appelle... ?** what's . . . name?; **comment vous appelez-vous? (comment t'appelles-tu?)** what's your name? (1); **je m'appelle...** my name is . . . (1); **s'appeler** to be named (13)

appétit *m.* appetite; **bon appétit** *interj.* enjoy your meal

appliquer to apply

apporter to bring, carry; to furnish (7)

apprécier to appreciate, value

apprendre (*like* **prendre**) *irreg.* to learn; to teach (6); **apprendre à** to learn (how) to

apprentissage (*m.*) **des langues** language learning

approcher to approach

après *prep.* after (2); afterward (5); **après avoir (être)...** after having . . . ; **d'après** *prep.* according to

après-midi *m. or f.* afternoon; **cet après-midi** this afternoon (5); **de l'après-midi** in the afternoon (6); **tous les après-midi** every afternoon (10)

arabe *m.* Arabic (*language*)

arachide *f.* peanut(s)

arbre *m.* tree (5)

archéologue *m., f.* archeologist

archi-comble full of people

architecte *m., f.* architect (14)

arène(s) *f.* (*pl.*) arena, bullring (12)

argent *m.* money (7); silver; **argent liquide** cash (14)

arme *f.* weapon, arm

armée *f.* army; **armée de métier** professional army

armoire *f.* wardrobe; closet (4)

arrêter (de) to stop, cease (12); **s'arrêter** to stop (*oneself*) (13)

arrière *adv.* back; **arrière-grand-parent** *m.* great-grandparent (5)

arrivant(e) *m., f.* newcomer

arrivée *f.* arrival (9)

arriver to arrive, come (3); to happen

arrondissement *m.* district, section (*of Paris*) (11)

arroser to water (*plants*)

art *m.* art; **œuvre** (*f.*) **d'art** work of art (12)

artichaut *m.* artichoke

artifice: feux (*m. pl.*) **d'artifice** fireworks

artisan(e) *m., f.* artisan, craftsperson (14)

artisanal *adj.* craft

artisanat *m.* handicrafts, arts and crafts

artiste *m., f.* artist (12)

ascenseur *m.* elevator

Asie *f.* Asia

aspiré *adj.* aspirate

asseoir (*p.p.* **assis**) *irreg.* to seat; **s'asseoir** to sit down

asservi *adj.* enslaved

assez *adv.* somewhat (3); rather, quite; **assez de** *adv.* enough (6)

assiette *f.* plate (6)

assise *f.* foundation

assistance *f.* assistance, help; audience

assistant(e) *m., f.* assistant; **assistant(e) administratif/ive** administrative assistant; **assistant** (*m.*) **numérique** (**le PDA**) personal digital assistant (PDA) (10)

assisté *adj.* supported, assisted

assister à to attend, go to (*concert, etc.*) (15)

associer to associate

assortiment *m.* assortment

assurance *f.* assurance; insurance; **assurances-automobile** *pl.* car insurance

assurer to insure; to assure; to ensure

atelier *m.* workshop; (*art*) studio

athlète *m., f.* athlete

atmosphère *f.* atmosphere (16)

atout *m.* asset

attacher to attach

attaquer to attack

atteindre (*like* **craindre**) *irreg.* to reach, attain

attendre to wait, wait for (5)

attention *f.* attention; **faire attention (à)** to pay attention (to); to be careful (of), watch out (for) (5)

attentivement *adv.* attentively

attirer to attract

attrait *m.* attraction, lure; charm

attribuer to attribute

auberge *f.* inn; **auberge de jeunesse** youth hostel (9)

aucun(e) (ne... aucun[e]) *adj.,* *pron.* none; no one, not one, not any; anyone; any

audace *f.* daring innovation

audacieux/euse *adj.* daring

auditeur/trice *m., f.* listener

auditoire *m.* audience

augmentation *f.* increase (14); **augmentation de salaire** salary raise (14)

augmenter to increase (16)

aujourd'hui *adv.* today (1); nowadays

auprès de *prep.* with, to

aurore *f.* dawn

aussi *adv.* also; so; as; **aussi... que** as ... as (14); **moi aussi** me too (3)

aussitôt *conj.* immediately, at once; **aussitôt que** as soon as (14)

autant (de) *adv.* as much, so much, as many, so many; **autant (de)... que** as much (many) ... as (15); **autant que** as much as

auteur *m.* author

authentique *adj.* authentic, genuine

autobus (*fam.* **bus**) *m.* (*city*) bus (5)

autocar *m.* (*interurban*) bus (9)

automatique *adj.* automatic; **consigne** (*f.*) **automatique** coin locker (9); **guichet** (*m.*) **automatique** automatic teller machine (ATM) (14)

automne *m.* autumn, fall; **en automne** in the autumn (5)

automobile (*fam.* **auto**) *f., adj.* automobile, car

autonome autonomous

autoportrait *m.* self-portrait

autorisé permitted

autoroute *f.* highway, freeway (9)

autour de *prep.* around

autre *adj., pron.* other (4); another; *m., f.* the other; *pl.* the others, the rest; **autre chose** something else (7); **d'autres** other(s) (15); **entre autres** among other things; **l'autre / les autres** the other(s) (15); **un(e) autre** another (15)

autrefois *adv.* formerly, in the past (11)

autrement *adv.* otherwise; **autrement dit** in other words

Autriche *f.* Austria

auxiliaire *m., Gram.* auxiliary (verb)

avaleur/euse (*m., f.*) **de feu** fire swallower

avance *f.* advance; **à l'avance** beforehand; **en avance** early (6)

avancé *adj.* advanced

avant *adj.* before (*in time*); *prep.* before, in advance of; *m.* front; **avant de** + *inf.* (*prep.*) before; **avant-goût** *m.* foretaste; **avant-hier** *adv.* the day before yesterday (7)

avantage *m.* advantage, benefit; **tirer avantage de** to take advantage of

avec *prep.* with (2)

avenir *m.* future (14); **à l'avenir** from now on, in the future (14)

aventure *f.* adventure; **partir à l'aventure** to leave with no itinerary

aventurier/ière *m., f.* adventurer (adventuress)

averti *adj.* warned; informed

avion *m.* airplane (9); **billet** (*m.*) **d'avion aller-retour** round-trip plane ticket; **en avion** by plane

avis *m.* opinion; **à votre (ton) avis** in your opinion (11); **changer d'avis** to change one's mind

avocat(e) *m., f.* lawyer (14)

avoir (*p.p.* **eu**) *irreg.* to have (3); **avoir (vingt) ans** to be (twenty) years old (3); **avoir besoin de** to need (3); **avoir chaud** to be warm (hot) (3); **avoir confiance en** to have confidence in; **avoir de la chance** to be lucky (3); **avoir de la fièvre** to have a fever; **avoir droit à** to have a right to; **avoir du mal à** to have trouble (difficulty); **avoir envie de** to feel like; to want (3); **avoir faim** to be hungry (3); **avoir froid** to be (feel) cold (3); **avoir honte (de)** to be ashamed (of) (3); **avoir horreur de** to hate; **avoir l'air (de)** to seem, look (like) (3); **avoir le temps (de)** to have the time (to); **avoir lieu** to take place; **avoir mal (à)** to have pain; to hurt (13); **avoir peur (de)** to be afraid (of) (3); **avoir raison** to be right (3); **avoir rendez-vous avec** to have a meeting (date) with (3); **avoir soif** to be thirsty (3); **avoir sommeil** to be sleepy (3); **avoir tort** to be wrong (3); **il n'y a pas de quoi** you're welcome (7); **il y a** there is, there are (1); ago (8); **j'aurai droit à quoi** I'll be entitled to what

avouer to confess, admit

avril April (1)

Azur: Côte (*f.*) **d'Azur** French Riviera

babouche *f.* (Turkish) slipper

baccalauréat (*fam.* **bac**) *m.* baccalaureate (*French secondary school degree*)

badiner to banter, joke

bagages *m. pl.* luggage

bagarre *f.* fight, brawl

baguette (de pain) *f.* French bread, baguette (6)

baie *f.* bay

se baigner to bathe (*oneself*) (13); to swim (13)

bain *m.* bath; swim; **maillot** (*m.*) **de bain** swimsuit (3); **salle** (*f.*) **de bains** bathroom (5)

baiser *m.* kiss

baisse *f.* lowering, reduction

baisser: faire baisser to lower

bal *m.* dance, ball

balade *f., fam.* walk, drive, outing

se balader *fam.* to go for a walk (drive, outing)

baladeur *m.* Walkman (4); **baladeur iPod® (l'iPod®)** iPod® (4)

balcon *m.* balcony (5)

balle *f.* (*small*) ball; tennis ball

ballon *m.* (*soccer, basket*) ball; balloon; **ballon à air chaud** hot-air balloon

balnéaire *adj.* seaside

banane *f.* banana (6)

banc *m.* bench

bancaire *adj.* banking, bank; **carte** (*f.*) **bancaire** bank (ATM) card (14); **compte** (*m.*) **bancaire** bank account

bande *f.* band; group; gang; (*cassette, video*) tape; **bande dessinée** comic strip, cartoon (15); *pl.* comics

banlieue *f.* suburbs (11); **en banlieue** in the suburbs

banlieusard *m., f.* suburbanite, commuter

banque *f.* bank (11)

baptiser to baptize; to name

bar *m.* bar; snack bar; pub

barde *f.* bard (*layer of bacon on a roast*)

barrer to bar, block

barrière *f.* gate, fence; barrier

bas(se) *adj.* low; **à bas...** down with ... ; **là-bas** *adv.* over there (10); **Pays-Bas** *m. pl.* the Netherlands, Holland

base *f.* base; basis, foundation; **base de données** database; **être à la base de** to be at the root of

base-ball *m.* baseball; **jouer au base-ball** to play baseball

baser to base; **se baser sur** to be based on

basilique *f.* basilica

basket-ball (*fam.* **basket**) *m.* basketball; **jouer au basket** to play basketball

bassin *m.* ornamental pond

bataille *f.* battle

bateau *m.* boat (8); **bateau à voile** sailboat (8); **bateau de croisière** cruise ship; **bateau-mouche** *m. tourist boat on the Seine;* **en bateau** by boat, in a boat; **faire du bateau** to go boating (8)

bâtiment *m.* building (11)

bâtir to build (12)

battre (*p.p.* **battu**) *irreg.* to beat; to battle with; **se battre** to fight

bavard *adj.* talkative

bavardage *m.* chattering

bavarder to chat; to talk

bavaroise *f.* mousse (*dessert*)

bavette: bifteck (*m.*) **bavette** sirloin of beef

beau (**bel, belle** [**beaux, belles**]) *adj.* handsome; beautiful (3); **à la belle étoile** under the stars; **beau-frère** *m.* brother-in-law; stepbrother (5); **beau-père** *m.* father-in-law; stepfather (5); **belle-mère** *f.* mother-in-law; stepmother (5); **belle-sœur** *f.* sister-in-law; stepsister (5); **il fait beau** it's nice (weather) out (5)

beaucoup (de) *adv.* very much, a lot (1); much, many (6)

beauté *f.* beauty

bébé *m.* baby

beignet *m.* doughnut; fritter

belge *adj.* Belgian; **Belge** *m., f.* Belgian (*person*) (2)

Belgique *f.* Belgium (8)

belle (see **beau**)

bénédiction *f.* blessing

bénéficier (de) to profit, benefit (from)

bénévolat *m.* volunteerism

bénévole *m., f., adj.* volunteer

béquille *f.* crutch

béret *m.* beret (3)

besoin *m.* need; **avoir besoin de** to need (3)

bête *f.* animal, beast

beurre *m.* butter

beurré *adj.* buttered

bibliothèque (*fam.* **bibli**) *f.* library (2)

bicentenaire *m.* bicentennial

bicyclette *f.* bicycle (8); **faire de la bicyclette** to go bicycling (8)

bien *adv.* well (1); (*fam.*) good, quite; much; comfortable; **aimer bien** to like; **bien sûr** *interj.* of

course; **ça va bien** fine (things are going well) (1); **eh bien** *interj.* well (10); **je vais bien** I'm fine; **s'amuser bien** to have a good time; **s'entendre bien** to get along (well); **très bien** very well (good) (1); **vouloir bien** to be willing; to agree

bien-être *m.* well-being; welfare

bienfaisant *adj.* refreshing; beneficial

bientôt *adv.* soon (5); **à bientôt** *interj.* see you soon (1)

bienvenu(e) *adj., interj.* welcome

bière *f.* beer (6)

bifteck *m.* steak (6)

bijou *m.* jewel (14); piece of jewelry

bilingue *adj.* bilingual

billet *m.* bill (*currency*); ticket (9); **billet aller-retour** round-trip ticket; **billet d'avion (de train)** plane (train) ticket; **composter son billet** to stamp (punch) one's ticket

biologie *f.* biology (2)

biologique *adj.* (*fam.* **bio**) biological; organic

bip *m.* beep (*answering machine*)

biscuit (sec) *m.* cookie

bise *f., fam.* kiss, smack; **faire la bise** to kiss on both cheeks (*in greeting*); **(grosses) bises** love and kisses

bisou *m., fam.* kiss (*child's language*); **(gros) bisous** love and kisses

bistro *m.* bar, pub; neighborhood restaurant

bizarre: il est bizarre que + *subj.* it's strange (bizarre) that

blaff *m.* broth (in Martinique)

blague *f.* joke (15)

blanc(he) *adj.* white (3); **coup** (*m.*) **à blanc** blank shot

blancheur *f.* whiteness

blessé wounded

bleu *adj.* blue (3)

blog *m.* blog

blogueur/blogueuse *m./f.* blogger

blond(e) *m., f., adj.* blond (3)

bloqué *adj.* stuck, held up (in traffic); **être bloqué** to have a mental block

blouson *m.* windbreaker; jacket (3)

bœuf *m.* beef (6); **consommé** (*m.*) **de bœuf** beef consommé; **filet** (*m.*) **de bœuf** beef fillet; **rôti** (*m.*) **de bœuf** roast beef

boire (*p.p.* **bu**) *irreg.* to drink (6)

bois *m.* forest, woods (11); wood

boisson *f.* drink, beverage (6); **boisson gazeuse** soft drink

boîte *f.* box; can; nightclub; **boîte (de conserve)** can (*of food*) (7); **boîte aux lettres** mailbox (10); **boîte de nuit** nightclub; **boîte vocale** voice mail (10)

bol *m.* wide cup; bowl (6)

bon(ne) *adj.* good (4); right, correct; *f.* maid, chambermaid; **ah bon?** oh, really?; **bon anniversaire** *interj.* happy birthday; **bon appétit** *interj.* enjoy your meal; **bon marché** *adj., inv.* inexpensive; **bon voyage** *interj.* have a good trip; **bonne chance** *interj.* good luck; **bonne route** *interj.* have a good trip; **de bonne heure** early (6); **il est bon que** + *subj.* it's good that (16)

bonbon *m.* (*piece of*) candy

bonheur *m.* happiness

bonjour *interj.* hello, good day (1)

bonsoir *interj.* good evening (1)

bonté *f.* kindness

bord *m.* board; edge, bank, shore; **à bord** on board; **au bord de** on the banks (shore, edge) of

bordé *adj.* edged, lined

bordelais *adj.* Bordeaux-style

borné *adj.* limited; restricted

Bosnie-Herzégovine *f.* Bosnia-Herzegovina

bosser *fam.* to work

bottes *f. pl.* boots (3)

boubou *m. long tunic worn by black North Africans*

bouche *f.* mouth (13)

boucher/ère *m., f.* butcher (14)

boucherie *f.* butcher shop (7); **boucherie-charcuterie** *f.* combination butcher and deli

boucler to buckle

bouddhisme *m.* Buddhism

bouffe *f.* (*fam.*) food, grub

bouger (nous bougeons) to move, budge

bouillabaisse *f. fish chowder typical of southern France*

bouillir (*p.p.* **bouilli**) *irreg.* to boil; **faire bouillir** to bring to a boil

boulangerie *f.* bakery (7); **boulangerie-pâtisserie** *f.* bakery-pastry shop

boule *f.* ball

boulot *m., fam.* job; work

bouquiniste *m., f.* secondhand bookseller (*especially along the Seine in Paris*)

bourgeois *adj.* bourgeois; middle-class

Bourgogne *f.* Burgundy

bourse (*f.*) **d'études** scholarship, study grant

bout *m.* end; **jusqu'au bout** until the very end

bouteille *f.* bottle (6)

boutique *f.* shop, store

bouton *m.* button; push-button

brancher to connect (up); **se brancher (sur)** to link oneself (with); to go online (on the Internet)

bras *m. s.* arm (13)

brasser to mix, stir

brasserie *f.* bar, brasserie

bref/ève *adj.* short, brief; *adv.* in short, in brief

Brésil *m.* Brazil (8)

Bretagne *f.* Brittany

breton(ne) *adj.* Breton; **Breton(ne)** *m., f.* Breton (*person*)

bribes *f. pl.* scraps, snippets

bricolage *m.* do-it-yourself work, puttering around (15)

bricoler to putter around, do odd jobs (15)

brièvement *adv.* briefly

brillant *adj.* brilliant; shining

briller to shine, gleam

brique *f.* brick

briser to break

bronchite *f.* bronchitis

bronzer to get a suntan (8)

brosse *f.* brush (13); **brosse à dents** toothbrush

brosser to brush; **se brosser les cheveux (les dents)** to brush one's hair (teeth) (13)

brousse *f.* (*African, Australian*) bush (country)

browser *m.,* browser (10)

bru *f.* daughter-in-law (5)

bruit *m.* noise (5)

brûlant *adj.* burning; urgent

brûlé *adj.* burned, burnt; **crème** (*f.*) **brûlée** *custard topped with caramelized sugar*

brumeux/euse *adj.* foggy, misty

brun brown; **la sauce brune** gravy

brutal *adj.* violent, rough

Bruxelles Brussels

bûche *f.* log; **bûche de Noël** Yule log (*pastry*)

bûcheron(ne) *m., f.* woodcutter

budget *m.* budget (14); **budget militaire** military budget (16)

buffet (*m.*) **de la gare** train station restaurant (9)

bureau *m.* desk (1); office (2), study (5); **bureau de change** money exchange (office) (14); **bureau**

de poste post office (10); **bureau de tabac** (*government-licensed*) tobacconist (10)

but *m.* goal; objective; **ligne** (*f.*) **de but** goal, goal line (*soccer*)

ça *pron.* this, that; it (7); **ça cloche** things aren't going right; **ça m'est égal** it's all the same to me; **ça peut aller** all right, pretty well (1); **ça va?** how's it going? (1); **ça va** fine (things are going well) (1); **ça va bien (mal)** things are going well (badly) (1); **comme ci, comme ça** so-so (1)

cabine *f.* cabin; booth; **cabine téléphonique** telephone booth (10)

câble *m.* cable; cable TV (10); **télévision** (*f.*) **par câble** cable TV

câblé *adj.* wired; equipped for cable TV

cachemire *m.* cashmere

cacher to hide

cacheter (je cachette) to seal (*envelope*)

cadeau *m.* present, gift (10)

cadre *m.* frame; setting, frame-work; middle (upper) manager (14)

café *m.* café (2); (cup of) coffee (2); coffee-flavored; **café au lait** coffee with milk; **café-tabac** *m.* bar-tobacconist (*government-licensed*) (11)

cafetière *f.* coffeepot, coffeemaker

cahier *m.* notebook (1); workbook

caisse *f.* cash register

calcul *m.* calculation; arithmetic; calculus; **faire des calculs** to do calculations

calculer to calculate, figure; **machine** (*f.*) **à calculer** adding machine

calendrier *m.* calendar

Californie *f.* California

californien(ne) *adj.* Californian

calme *m., adj.* calm (3)

calmer to calm (down)

calorique *adj.* caloric; **très (peu) calorique** high (low) in calories

camarade *m., f.* friend, companion; **camarade de chambre** roommate (3); **camarade de classe** classmate, schoolmate

Cameroun *m.* Cameroon

caméscope (numérique) *m.* (digital) camcorder, video camera (10)

camion *m.* truck (9)

campagne *f.* country(side) (8); campaign; **à la campagne** in the country; **campagne électorale** election campaign; **pain** (*m.*) **de**

campagne country-style bread, wheat bread (7); **pâté** (*m.*) **de campagne** terrine, (country-style) pâté (7)

camper to camp

campeur/euse *m., f.* camper

camping *m.* camping (8); **faire du camping** to go camping (8)

Canada *m.* Canada (8)

canadien *adj.* Canadian; **Canadien(ne)** *m., f.* Canadian (*person*) (2)

canal (*pl.* **canaux**) *m.* channel; canal

canapé *m.* sofa, couch (4)

canard *m.* duck; *tr. fam.* newspaper; **confit** (*m.*) **de canard** duck conserve

canari *m.* canary

candélabre *m.* candelabra

candidat(e) *m., f.* candidate; applicant

candidature *f.* candidacy; **poser sa candidature** to apply (14)

caniche *m.* poodle

canne (*f.*) **à sucre** sugarcane

cannelle *f.* cinnamon

cap *m.* cape (*strip of land*)

capitale *f.* capital (*city*)

capter to pick up (a radio signal)

car *conj.* for, because

caractère *m.* character (*personality*)

caractériser to characterize; **se caractériser par** to be characterized (distinguished) by

carafe *f.* carafe; pitcher (6)

Caraïbes *f. pl.* Caribbean (*islands*)

caravane *f.* caravan; (camping) trailer

carburateur *m.* carburetor

cardiaque *adj.* cardiac

cardinal: points (*m. pl.*) **cardinaux** compass points, directions

cargaison *f.* cargo

caricaturiste *m., f.* caricaturist, cartoonist

carnaval *m.* carnival

carnet *m.* booklet; **carnet d'adresses** address book; **carnet de chèques** checkbook (14)

carotte *f.* carrot (6)

carré *adj.* square (*geometry*)

carreau: à carreaux checkered, checked

carrefour *m.* intersection; crossroads (11)

carrière *f.* career

carte *f.* card (3); menu (7); map (*of region, country*) (11); *pl.* (playing) cards; **carte bancaire** bank (ATM) card (14); **carte d'anniversaire** birthday card; **carte de crédit** credit card (14); **carte de débit**

debit card (14); **carte d'embarquement** boarding pass (9); **carte d'étudiant** student ID card; **carte d'identité** ID card; **carte postale** postcard (10); **carte routière** road map; **jouer aux cartes** to play cards (3)

cas *m.* case; **dans ce cas** in this case (situation); **en cas de** in case of; **en tout cas** in any case, at any rate; **selon le cas** as the case may be

casque *m.* helmet; **casque d'écoute** headset

casquette *f.* cap; baseball cap (3)

casser to break

casserole *f.* saucepan

casse-tête *m.* puzzle, riddle game

cassette *f.* cassette tape (*video or audio*); **cassette vidéo** videotape; **lecteur** (*m.*) **de cassettes** cassette deck, cassette player

catégorie *f.* category, class

catégorique *adj.* categorical, flat

cathédrale *f.* cathedral (12)

cauchemar *m.* nightmare

CD (les CD) *m.* CD (4); **lecteur** (*m.*) **de CD** compact disc player (4, 10)

ce (c') (**cet, cette, ces**) *pron., adj.* this, that (7); **ce week-end** this weekend; **c'est-à-dire (que)** that is, I mean (10); **c'est moi.** It's me. (10); **c'est un (une)...** it's a/an . . . ; **cet après-midi (ce matin, ce soir)** this afternoon (morning, evening) (5); **qu'est-ce que c'est?** what is it? (1); **qui est-ce?** who is it? (1)

cédérom (CD-ROM) *m.* CD-ROM

cédille *f.* cedilla (ç)

ceinture *f.* belt; **ceinture de sécurité** seat belt

cela (ça) *pron.* this, that

célèbre *adj.* famous

célébrer (je célèbre) to celebrate (6)

célébrité *f.* celebrity

célibataire *adj.* single (*person*) (5); *n. m., f.* single person (13)

cellulaire *m.* cellular phone

celui (ceux, celle, celles) *pron.* the one, the ones; this one, that one; these, those

cendres *f. pl.* ashes

cendrier *m.* ashtray

censé: être censé(e) + *inf.* to be supposed to (*do s.th.*)

cent *adj.* one hundred

centaine *f.* about one hundred

centrale *f.* power station; **centrale nucléaire** nuclear power plant (16)

centre *m.* center; **centre d'hébergement** shelter; **centre-ville** *m.* downtown (11)

cependant *conj.* however, nevertheless

céramique *f.* pottery, ceramics

cercle *m.* circle

céréales *f. pl.* cereal; grains

cérémonie *f.* ceremony (13)

certain *adj.* sure; particular; certain (15); *pl., pron.* certain ones, some people; **il est certain que** + *indic.* it's certain that (16)

certificat *m.* certificate, diploma

ces (see **ce**)

cesser to stop, cease

c'est-à-dire *conj.* that is to say, I mean

cet (see **ce**)

chacun(e) *m., f., pron.* each (one), every one (15)

chaîne *f.* television channel; network (10); **chaîne stéréo** stereo (4)

chair *f.* meat; flesh

chaise *f.* chair (1)

chaleur *f.* heat; warmth

chaleureux/euse *adj.* warm; friendly

chambre *f.* room; bedroom (4); hotel room; **camarade** (*m., f.*) **de chambre** roommate (3); **chambre de bonne** (4) garret; maid's room

champ *m.* field

champagne *m.* champagne, sparkling wine (*from Champagne*)

champignon *m.* mushroom (6)

champion(ne) *m., f.* champion

chance *f.* luck; possibility; opportunity; **avoir de la chance** to be lucky (3); **bonne chance** *interj.* good luck; **pas de chance** no luck; **quelle chance** what luck

chancelant unsteady, faltering

chandail *m.* sweater

change *m.* currency exchange; **bureau** (*m.*) **de change** money exchange (office) (14); **taux** (*m.*) **de change** exchange rate (14)

changement *m.* change

changer (nous changeons) to change; to exchange (*currency*); **changer d'avis** to change one's mind; **changer de l'argent** to exchange currency

chanson *f.* song (15); **chanson de variété** popular song (15)

chant *m.* song

chanter to sing

chanteur/euse *m., f.* singer

chantilly *f. whipped cream;* **à la chantilly** with whipped cream

chapeau *m.* hat (3)

chapitre *m.* chapter

chaque *adj.* each, every (4)

charbon *m.* coal; charcoal

charcuterie *f.* deli; cold cuts; pork butcher's shop, delicatessen (7); **boucherie-charcuterie** *f.* combination butcher and deli

charge (*f.*); **charges comprises** utilities included; **pris/en/charge par** taken care of by

chargé (de) *adj.* in charge (of), responsible (for); heavy, loaded (with); busy

chargement *m.* loading; shipping; **gare** (*f.*) **de chargement** loading dock

charger (nous chargeons) to load; **charger de** to ask (*s.o. to do s.th.*); **se charger de** to take responsibility for, take care of

charlotte *f.* charlotte (*cake with whipped cream and fruit*)

charmant *adj.* charming (3)

charmer to charm, enchant

charolais *adj.* of (from) Charolais

charte *f.* charter, title

chasse *f.* hunt, hunting

chasser to hunt

chat(te) *m., f.* cat (4)

châtain *adj.* brown, chestnut-colored (*hair*) (3)

château *m.* castle, chateau (11)

chaud *adj.* warm; hot; **avoir chaud** to be warm (hot) (3); **il fait chaud** it's hot (5)

chauffeur/euse *m., f.* chauffeur; driver; **chauffeur/euse de taxi** taxi(cab) driver

chaussée *f.* pavement; **rez-de-chaussée** *m.* ground floor (5)

chaussettes *f. pl.* socks (3)

chaussures *f. pl.* shoes (3); **chaussures de ski (de montagne)** ski (hiking) boots (8)

chavirer to capsize

chef *m.* leader; head; chef, head cook; **chef d'entreprise** company head, top manager, boss (14)

chef-d'œuvre *m.* (*pl.* **chefs-d'œuvre**) masterpiece (12)

chemin *m.* way (*road*) (11); path; **chemin de fer** railroad

chemise *f.* shirt (3)

chemisier *m.* (*woman's*) shirt, blouse (3)

chèque *m.* check (14); **carnet (m.) de chèques** checkbook (14); **chèque de voyage** traveler's check; **compte-chèques** *m.* checking account (14); **déposer un chèque** to deposit a check; **encaisser (toucher) un chèque** to cash a check; **faire un chèque** to write a check (14)

cher/ère *adj.* expensive; dear (3)

chercher to look for (2); to pick up (*a passenger*); **chercher à** to try to (12)

chéri(e) *m., f.* darling

cheval (*pl.* **chevaux**) *m.* horse (8); **à cheval** on horseback; **faire du cheval** to go horseback riding (8); **queue** (*f.*) **de cheval** ponytail

cheveux *m. pl.* hair (3); **se brosser les cheveux** to brush one's hair (13)

chèvre *f.* (she-) goat

chez at the home (establishment) of (5); **chez moi** at my place

chic *adj., often inv.* chic, stylish (3)

chien(ne) *m., f.* dog (4)

chiffre *m.* number, digit; **chiffre d'affaires** turnover (*in business*); **chiffre record** record number

chimie *f.* chemistry (2)

chimique *adj.* chemical; **produit (m.) chimique** chemical

chimiste *m., f.* chemist

Chine *f.* China (8)

chinois *adj.* Chinese; *m.* Chinese (*language*) (2); **Chinois(e)** *m., f.* Chinese (*person*) (2)

choc *m.* clash; shock; jolt

chocolat *m.* chocolate; hot chocolate (6); **éclair** (*m.*) **au chocolat** chocolate eclair; **mousse** (*f.*) **au chocolat** chocolate mousse; **pain** (*m.*) **au chocolat** chocolate croissant

chocolaterie *f.* chocolate shop

chocolatier/ière *m., f.* chocolate maker

choisir (de) to choose (to) (4)

choix *m.* choice

chômage *m.* unemployment (14); **taux** (*m.*) **de chômage** unemployment rate (14)

chômeur/euse *m., f.* unemployed person (14)

choquer to shock

chose *f.* thing; **autre chose** something else (7); **quelque chose** something (9); **quelque chose de** + *adj.* something + *adj.* (15)

chou *m.* cabbage; (*fam.*) darling; **chou-fleur** (*pl.* **choux-fleurs**) *m.* cauliflower

choucroute *f.* sauerkraut

chrétien(ne) *adj.* Christian

chronique *adj.* chronic

chronologique *adj.* chronological

ci: comme ci, comme ça so-so (1); **ci-dessous** *adv.* below; **ci-dessus** *adv.* above, previously

ciboulette *f.* chive(s)

ciel *m.* sky; **gratte-ciel** *m. inv.* skyscraper

cigare *m.* cigar

cils *m. pl.* eyelashes

cimetière *m.* cemetery

cinéaste *m., f.* filmmaker (12)

ciné-club *m.* film club

cinéma (*fam.* **ciné**) *m.* movies; movie theater (2)

cinglé(e) *m., f.* lunatic, crazy person

cinq *adj.* five (1)

cinquante *adj.* fifty (1); **les années** (*f. pl.*) **cinquante** the decade (era) of the fifties

cinquième *adj.* fifth (11)

circonflexe *m.* circumflex (*accent*) (**ê**)

circonstance *f.* circumstance

circuit *m.* organized tour

circulation *f.* traffic; circulation

circuler to circulate; to travel

cire *f.* wax

ciré *adj.* polished; waxed

cirque *m.* circus

citadin(e) *m., f.* city-dweller

citation *f.* quotation

cité *f.* area in a city; **cité universitaire** (*fam.* **cité-U**) university dormitory (2)

citer to cite, name; to quote

citoyen(ne) *m., f.* citizen (16)

citron *m.* lemon; **citron pressé** fresh lemon juice; **citron vert** lime (*fruit*)

cive *f.* chive

civil: état (*m.*) **civil** marital (civil) status

clair *adj.* light, bright; light-colored; clear; evident; **il est clair que** + *indic.* it's clear that (16)

clandestin *adj.* clandestine, secret

clarinette *f.* clarinet

classe *f.* class; classroom; **camarade** (*m., f.*) **de classe** classmate; **classe affaires (économique)** business (tourist) class (9); **première (deuxième [seconde]) classe** first (second) class (9); **salle** (*f.*) **de classe** classroom (1)

classement *m.* classification

classer to classify; to sort; to rate; **se classer** to come in; to rank

classique *adj.* classical; classic; **musique** (*f.*) **classique** classical music

clavier *m.* keyboard (10)

clé, clef *f.* key (5); **mot clé** *m.* key word

clic *m.* click

client(e) *m., f.* customer, client

clientèle *f.* clientele, customers

climatisé *adj.* air-conditioned

cliquer (sur) to click (on) (10)

cloche *f.* bell

clocher *fam.* to be cockeyed; to go wrong; **ça cloche** things are going wrong

clos *m.* field

clou *m.* **de girofle** clove

club *m.* club (*social, athletic*); **ciné-club** *m.* film club

coca *m., fam.* cola drink

cocasse *adj.* comical, funny

cocher to check off (*list*)

coco: noix (*f.*) **de coco** coconut; **lait** (*m.*) **de coco** coconut milk

cocotier *m.* coconut tree

cocotte *f.* stewpot, casserole

code *m.* code; **code postal** postal (zip) code

cœur *m.* heart (13); **au cœur de** at the heart (source) of; **par cœur** by heart (12)

coexister to coexist

coffre *m.* trunk (*of car*) (9)

coffret *m.* box; lunch box

coiffeur/euse *m., f.* hairdresser; barber (14)

coiffure *f.* hair style; **salon** (*m.*) **de coiffure** beauty salon

coin *m.* corner (11)

colis *m.* package, parcel (10)

collant *m.* pantyhose

collectif/ive *adj.* collective

collectionner to collect

collège *m.* (*French*) *secondary school*

collègue *m., f.* colleague

colocataire *m., f.* housemate, roommate

colocation *f.* house or apartment sharing

Colombie *f.* Colombia; **Colombie-Britannique** *f.* British Columbia

colonie *f.* colony

colonisateur/trice *m., f.* colonizer

colonisé *adj.* colonized

colonne *f.* column

combatif/ive *adj.* fighting, combative

combattre (*like* **battre**) *irreg.* to fight

combien (de)? *adv.* how much? (1), how many? (4); **c'est combien?** how much is it? (1) **depuis combien de temps... ?** (for) how long . . . ? (9); **pendant combien de temps... ?** (for) how long . . . ? (9)

combinaison *f.* combination
combiner to combine
comédie *f.* comedy
comédien(ne) *m., f.* actor; comedian
comète *f.* comet
comique *m., f.* comedian, comic; *adj.* funny, comical, comic
commande *f.* order (*in business, restaurant*)
commandement *m.* command (*military leadership*)
commander to order (*in a restaurant*) (6)
comme *adv.* as, like, how; **comme ci, comme ça** so-so (1)
commencement *m.* beginning
commencer (nous commençons) (à) to begin (to) (2); **commencer par** to begin by (*doing s.th.*)
comment *adv.* how; **comment** what, how (1); **comment allez-vous? (comment vas-tu?)** how are you? (1); **comment ça va?** how are you?, how's it going? (1); **comment dit-on... en français?** how do you say . . . in French?; **comment est-il/elle?** what's he (she, it) like?; **comment s'appelle-t-il/elle?** what's his (her) name?; **comment vous appelez-vous? (comment t'appelles-tu?)** what's your name? (1)
commenter to comment on
commerçant(e) *m., f.* shopkeeper (14); *adj.* commercial, shopping
commerce *m.* business (2)
commercial *adj.* commercial, business; **directeur/trice** (*m., f.*) **commercial(e)** business manager (14)
commissariat *m.* police station (11)
commission *f.* commission; errand
commode *f.* chest of drawers (4); *adj.* convenient
commun *adj.* ordinary, common; shared; **en commun** in common; **transports** (*m. pl.*) **en commun** public transportation
communauté *f.* community
commune *f.* district
communicatif/ive *adj.* communicative
communication *f.* communication; phone call
communiquer to communicate
compact: disque (*m.*) **compact** compact disc
compagnie *f.* company
compagnon/compagne *m., f.* companion
comparaison *f.* comparison

comparer to compare
compartiment *m.* compartment (9)
compatriote *m., f.* fellow countryman (-woman)
complément *m.* complement; **pronom** (*m.*) **complément d'objet (in)direct** *Gram.* (in)direct object pronoun
complémentaire *adj.* complementary
complet/ète *adj.* complete; whole
compléter (je complète) to complete, finish
compliqué *adj.* complicated
comportement *m.* behavior
composé *adj.* composed; **passé** (*m.*) **composé** *Gram.* compound past tense
composer to compose; to make up; **composer le numéro** to dial the (phone) number (10)
compositeur/trice *m., f.* composer (12)
composter to stamp (*date*); to punch (*ticket*)
compréhensif/ive *adj.* understanding
compréhension *f.* understanding
comprendre (*like* **prendre**) *irreg.* to understand; to comprise, include (6); **je ne comprends pas** I don't understand (1)
comprimé *m.* tablet, pill
compris *adj.* included (7); **tout compris** all inclusive
comptabilité *f.* accounting
comptable *m., f.* accountant (14); **expert(e)-comptable** *m., f.* certified public accountant
compte *m.* account; **à son compte** for oneself (14); **compte bancaire** bank account; **compte-chèques** *m.* checking account (14); **compte d'épargne** savings account (14); **travailler pour (à) son compte** to be self-employed (14)
compter to plan (to do something); to intend; to count (14); to have; to include; **compter sur** to count on, rely on (s.o./s.th.)
concentrer to concentrate
concerner to concern; **en ce qui concerne** concerning
concevoir (*like* **recevoir**) *irreg.* to conceive, design
concierge *m., f.* caretaker, super, janitor; concierge
concilier to reconcile
conclu (*p.p. of* **conclure**) *adj.* settled, agreed upon
concours *m. s.* competition; competitive exam

conçu (*p.p. of* **concevoir**) *adj.* designed, devised, conceived
concurrence *f.* competition; trading
concurrencer to rival, compete with
concurrent(e) *m., f.* competitor
condamner to condemn
condition *f.* condition; situation; **à condition de** provided, providing
conditionnel *m., Gram.* conditional
conducteur/trice *m., f.* driver (9)
conduire (*p.p.* **conduit**) *irreg.* to drive (9); to take; to lead; **permis** (*m.*) **de conduire** driver's license
confection *f.* making (*clothing*)
conférence *f.* lecture (12); conference
confiance *f.* confidence; **avoir confiance en** to have confidence in; to trust; **faire confiance à** to trust in
confié (à) *adj.* entrusted (to)
confirmer to confirm
confiserie *f.* candy store
confit (*m.*) **de canard** duck conserve
conflit *m.* conflict (16)
confondre to mix up, confuse
confondu *adj.* mixed, confused
conformiste *m., f., adj.* conformist (3)
confort *m.* comfort; amenities
confortable *adj.* comfortable
congé *m.* vacation, leave (*from work*)
Congo *m.* Congo (8); **République** (*f.*) **Démocratique du Congo** Democratic Republic of Congo (8)
congolais *adj.* Congolese; **Congolais(e)** *m., f.* Congolese (*person*)
congrès *m.* meeting, convention
conjugaison *f., Gram.* (verb) conjugation
conjuguer to conjugate
connaissance *f.* knowledge; acquaintance; **faire connaissance** to get acquainted; **faire la connaissance de** to meet (*for the first time*), make the acquaintance of (5)
connaisseur/euse *m., f.* connoisseur
connaître (*p.p.* **connu**) *irreg.* to know, be familiar with (11); **se connaître** to know one another; to meet
connecté logged on, connected (*to the Internet*)
connexion *f.* link, connection; **connexion ADSL** DSL connection/line (10)
connu *adj.* known; famous
conquérir (*p.p.* **conquis**) *irreg.* to conquer

consacrer to devote

se consacrer à to devote oneself to

conscience *f.* conscience; **prendre conscience de** to become aware of

conseil *m.* (piece of) advice; council; **donner des conseils à** to give advice to

conseiller (à, de) to advise; to suggest (12)

conseiller/ère *m., f.* adviser; **conseiller/ère d'orientation** guidance counselor

conservation *f.* conserving; preservation (16)

conservatoire *m.* conservatory

conserve *f.* preserve(s), canned food; *pl.* canned goods (7); **boîte** (*f.*) **de conserve** can of food (7)

conserver to conserve, preserve (16)

considération: prendre en considération to take into consideration

considérer (je considère) to consider (6)

consigne *f.* instruction(s); **consigne (automatique)** coin locker (9)

consommateur/trice *m., f.* consumer

consommation *f.* consumption; consumerism

consommé *m.* clear soup, consommé

consommer to consume

conspirer à to conspire to

constamment *adv.* constantly (12)

constater to notice; to remark

constituer to constitute

constructeur *m.* maker; constructor

constructif/ive *adj.* constructive

construire (*like* **conduire**) *irreg.* to construct, build (9)

consulter to consult; **consulter l'annuaire** to look up (a phone number) in the phone book (10)

contacter to contact

conte *m.* tale, story; **conte de fée** fairy tale

contempler to contemplate, meditate upon

contemporain *adj.* contemporary

contenir (*like* **tenir**) *irreg.* to contain

content *adj.* happy, pleased; **être content(e) de** (+ *inf.*) to be happy about (to); **être content(e) que** + *subj.* to be happy that

contenter to please

contenu *m.* content

contester to dispute; to answer

conteur/euse *m., f.* storyteller

continuer (à) to continue (to) (11)

contraire: vent *m.* **contraire** headwind

contrairement à contrary to, unlike

contrat *m.* contract

contravention *f.* traffic ticket

contre *prep.* against; **le pour et le contre** the pros and cons; **manifester contre** to demonstrate against (16)

contrôle *m.* control, overseeing; inspection

contrôler to inspect, monitor (16)

contrôleur/euse *m., f.* ticket collector; conductor

convaincant *adj.* convincing

convaincre (*p.p.* **convaincu**) *irreg.* to convince

convenable *adj.* proper; appropriate

convenir (*like* **venir**) *irreg.* to be suitable

converger (nous convergeons) (vers) to converge (on), lead (toward)

convertisseur *m.* converter

convoquer to summon, invite, convene

copain (copine) *m., f., fam.* friend, pal

copier to copy

copieux/euse *adj.* copious, abundant

coq *m.* rooster; **coq au vin** coq au vin (*chicken prepared with red wine*)

coquelicot *m.* poppy

coquillages *m. pl.* seashells

corps *m. s.* body (13)

correctement *adv.* correctly

correspondance *f.* correspondence

correspondant(e) *m., f.* newspaper correspondent; *adj.* corresponding

correspondre to correspond

corriger (nous corrigeons) to correct

Corse *f.* Corsica

cortège *m.* procession

cosmopolite *adj.* cosmopolitan

costume *m.* (*man's*) suit; costume (3)

costumé: soirée (*f.*) **costumée** costume party

côte *f.* coast; chop (7); rib; rib steak; side; **côte d'agneau (de porc)** lamb (pork) chop; **Côte d'Azur** (French) Riviera; **Côte-d'Ivoire** *f.* Ivory Coast (8)

côté *m.* side; **(d')à côté** (from) next door; **à côté (de)** *prep.* by, near; beside, next to (4); at one's side; **mettre de côté** to set aside

coton *m.* cotton

cou *m.* neck (13)

couchage: sac (*m.*) **de couchage** sleeping bag (8)

couche *f.* layer; stratum; **couche d'ozone** ozone layer (16)

coucher to put to bed; **se coucher** to go to bed (13)

couchette *f.* berth (train) (9)

coucou *interj., fam.* peek-a-boo

coudre (*p.p.* **cousu**) *irreg.* to sew; **machine** (*f.*) **à coudre** sewing machine

coulé *adj.* cast

couleur *f.* color; **de quelle couleur est... ?** what color is . . . ?; **en couleur(s)** in color; colored

coulis *m.* purée

couloir *m.* hall(way) (4)

coup *m.* blow; **coup à blanc** blank shot; **coup de foudre** flash of lightning (13); love at first sight (13); **coup de pouce** little push (in the right direction); **coup de téléphone** telephone call; **coup d'œil** glance, quick look; **tout à coup** *adv.* suddenly (11)

coupe *f.* trophy, cup; ice cream sundae; **Coupe d'Europe** European Cup (*soccer*); **Coupe du Monde** World Cup

couper to cut (off, up); **couper la ligne** to cut off (*phone call*)

couple *m.* (*engaged, married*) couple

cour *f.* court (*legal, royal*)

courage *m.* courage; spirit; **bon courage** *interj.* cheer up, be brave

courageux/euse *adj.* courageous (3)

couramment *adv.* fluently (12)

courant *adj.* general, everyday; **être au courant de** to be up (to date) with

coureur/euse *m., f.* runner; **coureur/euse cycliste** bicycle racer

courir (*p.p.* **couru**) *irreg.* to run (15)

couronne *f.* crown; royalty

couronné *adj.* crowned

courriel *m., fam.* e-mail message (10)

courrier *m.* mail (10); **courrier électronique** e-mail (*in general*)

cours *m. s.* course (2); class; exchange rate (14); price; **au cours de** during; **cours d'eau** river, waterway; **cours du jour** today's exchange rate; **suivre un cours** to take a course

course *f.* race; errand; **faire les courses** to do errands; to shop (5)

court *adj.* short (3); *m.* (tennis) court; **à court terme** in the short term (run)

court-bouillon *m.* broth

couscous *m.* couscous (*North African cracked-wheat dish*)

couscoussier *m.* couscous pan (*with steamer*)

cousin(e) *m., f.* cousin (5)

coût *m.* cost; **coût de la vie** cost of living (14)

couteau *m.* knife (6)

coûter to cost

coutume *f.* custom, tradition

couture *f.* sewing; clothes design; ***haute couture** high fashion

couturier/ière *m., f.* clothes designer; dressmaker

couvert (de) *adj.* covered (with); *m.* table setting; **mettre le couvert** to set the table (10)

couverture *f.* coverage; cover

couvrir (*like* **ouvrir**) *irreg.* to cover (14)

crabe *m.* crab (*seafood*)

craindre (*p.p.* **craint**) *irreg.* to fear

craquer to crack, snap

cravate *f.* tie (3)

crayon *m.* pencil (1)

créateur/trice *m., f.* creator

créativité *f.* creativity

crèche *f.* day-care center

crédit *m.* credit; **carte (*f.*) de crédit** credit card (14)

credo *m.* creed, system of beliefs

créer to create

crème *f.* cream (6); *m.* coffee with cream; **crème brulée** custard topped with caramelized sugar; **crème fraîche** clotted cream, crème fraîche; **crème glacée** *Q.* ice cream

crêpe *f.* crepe, French pancake

crevé *adj., fam.* exhausted, wiped out

crevette *f.* shrimp

cri *m.* cry, shout

crier to cry out; to shout

crise *f.* crisis; **crise économique** recession; depression

critère *f.* criterion

critique *m., f.* critic

critiquer to criticize

croiré (*p.p.* **cru**) (**à**) *irreg.* to believe (in) (10); **croire que** to believe that

croisière *f.* cruise; **bateau (*m.*) de croisière** cruise ship

croissant *m.* croissant (*roll*) (6)

croisé: mers croisées *choppy seas, waves* **croix** *f.* cross

croyance *f.* belief

crustacé *m.* crustacea, shellfish

cuillère *f.* spoon (6); **cuillère à soupe** soup spoon, tablespoon (6); **petite cuillère** teaspoon

cuillerée *f.* spoonful (*measure*)

cuir *m.* leather; **en cuir** (*made of*) leather

cuire: faire cuire to cook (*food*)

cuisine *f.* cooking (6); food, cuisine; kitchen (5); **faire la cuisine** to cook (5); **nouvelle cuisine** light (low-fat) cuisine

cuisiner to cook

cuisinette *f.* kitchenette

cuisinier/ière *m., f.* cook, chef

cuisse *f.* leg; thigh

cuisson *f.* cooking (*process*)

cuit *adj.* cooked

culinaire *adj.* culinary, cooking

culotte *f.* breeches

cultivé *adj.* educated; cultured

cultiver to cultivate; to grow (*crops*)

culture *f.* education; culture

culturel(le) *adj.* cultural

curieux/euse *adj.* curious (3)

curiosité *f.* curiosity

curriculum (*m.*) **vitæ** résumé (14)

cybercafé *m.* Web (Internet) café

cybermarché *m.* Web (Internet) market

cyclable: piste (*f.*) cyclable bike path

cyclisme *m.* cycling (15)

cycliste *m., f.* cyclist, bicycle rider

cynique *adj.* cynical

d'abord *adv.* first, first of all, at first (11)

d'accord *interj.* all right, O.K., agreed (2)

dame *f.* lady, woman; **messieurs dames** *colloq.* ladies and gentlemen

Danemark *m.* Denmark

dangereux/euse *adj.* dangerous

dans *prep.* within, in (2); **dans quatre jours** in four days (from now)

danse *f.* dance; dancing

danser to dance (2)

danseur/euse *m., f.* dancer

darne *f.* steak (*fish*)

date *f.* date (*time*); **quelle est la date (d'aujourd'hui)?** what's today's date? (1)

dater de to date from (12)

d'autres *pron.* others (15)

davantage *adv.* more

de (d') *prep.* of, from, about (2); **de nouveau** again (11); **de rien** not at all; don't mention it; you're welcome (1); **de temps en temps** from time to time (2)

débarquement *m.* disembarkation, landing

débarquer to land

débat *m.* debate

débit: carte de débit debit card (14)

débouché *m.* opening, (job) prospect

déboucher to come out, lead to

debout *adj., inv., adv.* standing up

se débrouiller to manage (13)

début *m.* beginning; **au début (de)** in (at) the beginning (of)

débutant(e) *m., f.* beginner, novice

débuter to begin, start

décapotable *f.* convertible (*car*)

décembre December (1)

décevoir to disappoint

déchets *m. pl.* waste (material) (16); **déchets industriels** industrial waste; debris; **déchets nucléaires** nuclear waste

décidément *adv.* decidedly; definitely

décider (de) to decide (to) (12)

décision *f.* decision; **prendre une décision** to make a decision

déclencher to release, activate

déclin *m.* decline

déconseillé *adj.* not recommended

décor *m.* setting

décoratif/ive *adj.* decorative

décorer (de) to decorate (with)

découler to follow from; to ensue

découper to cut up

découragé *adj.* discouraged

découverte *f.* discovery

découvrir (*like* **ouvrir**) *irreg.* to discover (14)

décrire (*like* **écrire**) *irreg.* to describe (10)

décrocher *fam.* to get, receive

déçu *adj.* disappointed

dédié *adj.* consecrated, dedicated

défaite *f.* defeat

défaut *m.* defect, fault

défavoriser to penalize, put at a disadvantage

défendre to defend; to prohibit, disallow

défenseur *m.* defender, champion

défi *m.* challenge

défiance *f.* mistrust

défilé *m.* fashion show

défiler to file past; to unwind

défini: article (*m.*) défini *Gram.* definite article

définir to define

définitif/ive *adj.* definitive, permanent

déforestation (*f.*) tropicale tropical rainforest deforestation (16)

dégager (nous dégageons) to release; to clear; to bring out

dégâts *m. pl.* damage, harm

dégénérer (je dégénère) to degenerate

dégourdir to bring the circulation back to; to warm up

degré *m.* degree
déguiser to disguise
déguster to taste (*wine*)
dehors *adv.* outdoors; outside; **en dehors de** *prep.* outside
déjà *adv.* already; ever (9)
déjeuner to have lunch (6); *m.* lunch (6); **petit déjeuner** breakfast (6)
delà: au-delà de *prep.* beyond
délégué(e) *m., f.* delegate
délice *m.* delight
délicieux/euse *adj.* delicious
délinquance *f.* criminality
délire: en délire ecstatic
demain *adv.* tomorrow (5)
demande (*f.*) **d'emploi** job application (14)
demander (de) to ask (for, to), request (2); **se demander** to wonder (13)
se démarquer (par) to stand out, distinguish oneself
déménagement *m.* move out (of a home)
déménager (nous déménageons) to move out (*change residence*) (4)
demeure *f.* residence
demeurer to remain
demi *adj.* half; **demi-frère** *m.* half brother; stepbrother (5); **demi-sœur** *f.* half sister; stepsister (5); **et demi(e)** half past (the hour) (6)
démocratie *f.* democracy
démocratique: République (*f.*) **Démocratique du Congo** Democratic Republic of Congo (8)
démolir to demolish, destroy
démonstratif/ive *adj.* demonstrative
dénoncer (nous dénonçons) to denounce
dent *f.* tooth (13); **brosse** (*f.*) **à dents** toothbrush; **se brosser les dents** to brush one's teeth (13)
dentelle *f.* lace
dentiste *m., f.* dentist (14)
dépannage *m.* emergency repair
départ *m.* departure (9); **point** (*m.*) **de départ** starting point
se dépêcher to hurry (13)
dépendre de to depend on
dépense *f.* expense; spending (14)
dépenser to spend (*money*) (14)
dépit: en dépit de *prep.* in spite of
déporté *adj.* deported
déposer to deposit (14); **déposer de l'argent (un chèque)** to deposit money (a check) (14); **déposer la monnaie** to deposit change (10)
dépot-vente *m.* resale store

dépravation *f.* depravity
dépression *f.* depression, breakdown
déprime *f., fam.* blues
déprimé *adj.* depressed
depuis *prep.* since, for (9); **depuis combien de temps... ?** (for) how long . . . ? (9); **depuis longtemps** for a long time; **depuis quand... ?** since when . . . ? (9)
député *m.* delegate, deputy
déranger (nous dérangeons) to disturb, bother
dernier/ière *adj.* last (4, 7); most recent; past; **la dernière fois** the last time; **l'an dernier (l'année dernière)** last year
dernièrement *adv.* recently
se dérouler to take place, happen
derrière *prep.* behind (4)
dès *prep.* from (*then on*); **dès que** *conj.* as soon as (14)
désaccord *m.* disagreement
désagréable *adj.* disagreeable, unpleasant (3)
désavantage *m.* disadvantage
descendre to go down (*street, river*) (5); to get off (5); **descendre à (sur)** to go down (*south*) to; **descendre de** to get down (from), get off
déséquilibre *m.* imbalance
désert *m.* desert; wilderness
déserter to desert; to run away
désespéré *adj.* desperate
désespoir *m.* despair, hopelessness
désigner to designate
désir *m.* desire
désirer to desire, want (15)
désolé *adj.* sorry (16); **(je suis) désolé(e)** I'm sorry
désordonné *adj.* disorganized
désordre *m.* disorder, confusion; **en désordre** disorderly; disheveled (4)
désormais *adv.* henceforth
dessert *m.* dessert (16)
dessin *m.* drawing
dessiné: bande (*f.*) **dessinée** comic strip, cartoon (15); *pl.* comics
dessiner to draw
dessous: ci-dessous *adv.* below
dessus: au-dessus de *prep.* above; **ci-dessus** *adv.* above, previously
destin *m.* destiny
destination *f.* destination; **à destination de** to, for (9); in the direction of; heading for
destinée *f.* destiny, future
détail *m.* detail; **en détail** in detail
détaillé *adj.* detailed
détecteur *m.* detector
se détendre to relax (13)

détente *f.* relaxation
déterminer to determine
détester to detest; to hate (2)
détruire (*like* **conduire**) *irreg.* to destroy (9)
dette *f.* debt
deux *adj.* two (1); **tous (toutes) les deux** both (of them)
deuxième *adj.* second (11); **deuxième classe** *f.* second class; **deuxième étage** third floor (*in the U.S.*) (5)
devant *prep.* before, in front of (4)
développé *adj.* developed; industrialized
développement *m.* development (16); developing (*photo*); **développement durable** sustainable development; **pays** (*m.*) **en voie de développement** developing country
développer to develop (16); **se développer** to develop
devenir (*like* **venir**) *irreg.* to become (8)
deviner to guess (12)
devinette *f.* riddle, conundrum
dévoiler to reveal, disclose
devoir (*p.p.* **dû**) *irreg.* to owe; to have to, be obliged to (7); *m.* duty; *m. pl.* homework; **faire ses devoirs** to do one's homework (5); **je devrais** I should (15)
dévorant *adj.* all-consuming
d'habitude *adv.* habitually, usually (5)
diagnostic *m.* diagnosis; prognosis
diapositive *f.* (*photographic*) slide
dictionnaire *m.* dictionary (2)
diététique *adj.* dietetic
Dieu *m.* God; **croire en Dieu** to believe in God
différemment *adv.* differently
différend *m.* disagreement
différent *adj.* different (3)
difficile *adj.* difficult (3)
difficulté *f.* difficulty
diffuser to broadcast; to disseminate
digne *adj.* worthy
dignité *f.* dignity
diligemment *adv.* diligently
dimanche *m.* Sunday (1); **le dimanche** on Sundays (5)
diminuer to lessen, diminish, lower (16)
dinde *f.* turkey
dîner to dine, have dinner (6); *m.* dinner (6)
diplomate *m., f.* diplomat; *adj.* diplomatic, tactful

diplomatique *adj.* diplomatic (*of the diplomatic corps*)

diplôme *m.* diploma

diplômé(e) *m., f.* graduate; holder of a diploma

dire (*p.p.* **dit**) *irreg.* to say; to tell, relate (10); **c'est-à-dire que** that is to say, namely, I mean (10); **entendre dire que** to hear that; **que veut dire… ?** what does . . . mean?; **se dire** to say to one another; **vouloir dire** to mean

direct *adj.* direct; **en direct** live (*broadcasting*); **pronom** (*m.*) **(complément) d'objet direct** *Gram.* direct object pronoun

directeur/trice *m., f.* manager, head (14); **directeur/trice commercial(e)** business manager (14)

direction *f.* direction; steering (*auto*)

directives *f. pl.* rules of conduct, directives

diriger (**nous dirigeons**) to direct (14); to govern, control

discothèque (*fam.* **disco**) *f.* discothèque

discours *m. s.* discourse; speech

discret/ète *adj.* discreet

discuter (de) to discuss

disparaître (*like* **connaître**) *irreg.* to disappear

disparition *f.* disappearance; **en voie de disparition** endangered (*species*)

disponible *adj.* available

disposer to arrange

dispute *f.* quarrel

disputer to contest; to play; to fight (over); **se disputer** to argue (13)

disque *n.* record, recording; **disque compact** compact disc

dissertation *f.* essay, term paper

dissimuler to hide

dissiper to dissipate; to dispel

distance *f.* distance; **mettre à distance** to separate

distinguer to differentiate; **se distinguer** to distinguish oneself

distraction *f.* recreation; entertainment; distraction

se distraire (*p.p.* **distrait**) *irreg.* to have fun, amuse oneself

distribuer to distribute

distributeur *m.* distributor; **distributeur automatique** automatic teller machine (ATM)

divers *adj.* varied, diverse (1)

se diversifier to diversify

se divertir to amuse oneself, have a good time

divertissant *adj.* amusing

divisé (par) *adj.* divided (by)

divorcé *adj.* divorced (5)

divorcer (**nous divorçons**) to get a divorce, divorce

dix *adj.* ten (1); **dix-sept (-huit, -neuf)** *adj.* seventeen (eighteen, nineteen) (1)

dixième *adj.* tenth

dizaine *f.* about ten

djellaba *f.* djellaba (hooded Moroccan robe for men)

docteur *m.* doctor

doctorat *m.* doctorate

documentaire *m.* documentary (film) (10)

doigt *m.* finger (13)

domaine *m.* domain; specialty

domestique *m., f.* servant; *adj.* domestic; **animal** (*m.*) **domestique** pet

dominant: vent *m.* **dominant** prevailing wind

dominer to dominate

dommage! *interj.* too bad! (16); **il est dommage que** + *subj.* it's too bad that (16)

don *m.* gift

donc *conj.* then; therefore (4)

données: base (*f.*) **de données** database

donner to give (2); **donner des conseils** to give advice; **donner rendez-vous à** to make an appointment with; **donner sur** to overlook

dont whose, of whom, of which (14)

dorer: faire dorer to brown (*in cooking*)

dormir *irreg.* to sleep (8)

dortoir *m.* dormitory

dos *m.* back (13); **sac** (*m.*) **à dos** backpack (3)

dossier *m.* document; file

douane *f.* customs (*at the border*)

doubler to double; to pass (*in a car*)

douche *f.* shower (*bath*) (4); **prendre une douche** to take a shower

se doucher to take a shower (13)

doué *adj.* gifted, talented

douleur *f.* pain, ache; grief

douleureux/euse *adj.* painful, unhappy

doute *m.* doubt; **sans doute** probably

douter to doubt (16); **douter de** to be suspicious of

doux (douce) *adj.* sweet; **à feu doux** over a low flame (*cooking*); **petits pois** (*m. pl.*) **doux** sweet peas

douzaine *f.* dozen; about twelve

douze *adj.* twelve (1)

douzième *adj.* twelfth

dramatique: art (*m.*) **dramatique** theater, theater arts

drap *m.* sheet (*bed*)

drapeau *m.* flag

dresser to set up

drogue *f.* drug(s)

droit *m.* law (2); right (*legal*); **droits civils** civil rights (16); **droit d'entrée** entrance fee

droit *adj.* right; straight; **Rive** (*f.*) **droite** Right Bank (*in Paris*) (11); **tout droit** *adv.* straight ahead (11)

droite *f.* right, right-hand; **à droite (de)** *prep.* on (to) the right (of) (4)

drôle *adj.* funny, odd (3)

duc *m.* duke

dur *adj.* hard

durable lasting, enduring

durant *prep.* during

durée *f.* duration, length

durer to last, continue; to endure; to last a long time

DVD *m.* DVD (4); **lecteur** (*m.*) **de DVD** DVD player (10)

dynamique *adj.* dynamic (3)

eau *f.* water (6); **cours** (*m.*) **d'eau** river, waterway; **eau minérale** mineral water (6)

ébloui *adj.* dazzled

ébranlé *adj.* shaken, shattered

écart *m.* gap; difference

écarté *adj.* removed

échange *m.* exchange

échanger (**nous échangeons**) to exchange

échapper to get away from; **s'echapper** to escape

s'échauffer to warm up

échec *m.* failure; *pl.* chess (3)

échelle *f.* scale; ladder

échouer to fail

éclair *m.* éclair (*pastry*) (7)

éclaircie *f.* clearing (*in weather*)

éclairer to light, illuminate

éclater to break out (*war*)

école *f.* school (10); **école primaire (secondaire)** primary (secondary) school

écolier/ière *m., f.* pupil, schoolchild

écologie *f.* ecology

écologique (*fam.* **écolo**) *adj.* ecological

écologiste *m., f.* ecologist, environmentalist (16); *adj.* ecological

économe *adj.* thrifty, economical

économie *f.* economics (2); economy; *pl.* savings; **faire des économies** to save (up) money (14)

économique *adj.* economic; financial; economical; **classe** (*f.*) **économique** tourist class (9); **sur le plan économique** economically speaking

économiser to save (*money*) (14)

Écosse *f.* Scotland; **Nouvelle-Écosse** *f.* Nova Scotia

écoute *f.* listening; **à l'écoute** tuning in; **casque** (*m.*) **d'écoute** headset

écouter to listen to (2)

écran *m.* screen (1, 10); monitor (10); **le petit écran** television

écraser to crush

écrevisse *f.* crayfish (7)

écrire (*p.p.* **écrit**) (**à**) *irreg.* to write (to) (10)

écriture *f.* writing; handwriting

écrivain (femme écrivain) *m., f.* writer (12)

écumoire *f.* skimmer (*in cooking*)

édifice *m.* (public) building

éditeur/trice *m., f.* editor; publisher

édition *f.* publishing; edition; **maison** (*f.*) **d'édition** publisher, publishing house

éducatif/ive *adj.* educational

éducation *f.* upbringing; breeding; education

effacer to erase, wipe out; **s'effacer** (**nous nous effaçons**) to fade; to stay in the background

effectuer to carry out, make

effet *m.* effect; **effet de serre** greenhouse effect (16); **en effet** as a matter of fact, indeed

efficace *adj.* efficient

effort *m.* effort, attempt; **faire des efforts pour** to try (make an effort) to

égal *adj.* equal; **cela (ça) m'est égal** I don't care, it's all the same to me

également *adv.* equally; likewise, also

égaler to equal

égalité *f.* equality

égard (*m.*)**: à cet égard** in this respect

égaré *adj.* scattered, lost

église *f.* church (11)

égoïste *adj.* selfish (3)

égorger (**nous égorgeons**) to slit the throat of

Égypte *f.* Egypt

eh bien *interj.* well, well then (10)

s'élancer (**nous nous élançons**) to rush out

électeur/trice *m., f.* voter (16)

électoral *adj.* election, electoral

électricité *f.* electricity

électronique: adresse (*f.*) **électronique** e-mail address; **courrier** (*m.*) **électronique** e-mail; **message** (*m.*) **électronique** e-mail message

élégant *adj.* elegant (3)

élève *m., f.* pupil, student

élevé *adj.* high; raised, built

éliminé *adj.* eliminated

élire (*like* **lire**) *irreg.* to elect (16)

elle *pron., f. s.* she; her; it; **elle-même** *pron., f. s.* herself (12); **elles** *pron., f. pl.* they; them

élu *adj.* elected

embarquement: carte (*f.*) **d'embarquement** boarding pass (9)

embarquer to embark, get on

embauche *f.* hiring; **entretien** (*m.*) **d'embauche** job interview

embaucher to hire

embouteillage *m.* traffic jam

embrassade *f.* hugging and kissing, embrace

embrasser to kiss; to embrace; **je t'embrasse** love (*closing of letter*); **s'embrasser** to kiss; to embrace (13)

émérite *adj.* highly skilled; emeritus

émettre (*like* **mettre**) *irreg.* to broadcast

émeute *f.* riot

émigré(e) *m., f.* émigré, expatriate

émission *f.* program; broadcast (10); **émission de musique** music program (10); **émission de télé réalité** reality show (10)

emménager (**nous emménageons**) to move in (4)

emmener (**j'emmène**) to take (*s.o. somewhere*); to take along (12)

empêcher (**de**) to prevent (from) (12); to preclude

empereur *m.* emperor

emplacement *m.* location

emploi *m.* use; job, position (14); **demande** (*f.*) **d'emploi** job application (14); **offre** (*f.*) **d'emploi** job offer

employé(e) *m., f.* employee (14); white-collar worker; (sales) clerk; **employé(e) de** s.o. employed by

employer (**j'emploie**) to use; to employ

employeur/euse *m., f.* employer

emporter to take (*s.th. somewhere*); to take out (*food*); to carry away

emprunt *m.* loan (14)

emprunter (**à**) to borrow (from) (11)

ému *adj.* moved

en *prep.* in (2); in, by (*train, plane, bus*) (9); to; like; in the form of; *pron.* of them; of it; some, any (11); **de temps en temps** from time to time (2); **en automne** in autumn (5); **en avance** early (6); **en dehors de** outside; **en effet** indeed; **en été** in summer (5); **en face de** across from (4); **en général** in general (2); **en hiver** in winter (5); **en profondeur** in depth; **en retard** late (6); **en train de** in the process of; **qu'en penses-tu?** what do you think of that? (11)

encadrement *m.* training, supervision; framework

encaisser to cash (*a check*)

enceinte *f.* enclosure; **dans l'enceinte de** within (the boundary of)

encens *m.* incense

encercler to circle, encircle

enchaîné *adj.* chained, fettered

enchanté *adj.* enchanted; pleased (to meet you)

enchère *f.* bid; **vente** *f.* **aux enchères** auction

enchérir to bid

encore *adv.* still (9); again; yet; even; more; **encore de** more; **encore un peu** a little more; **ne... pas encore** not yet (9); **ou encore** or else

encourager (**nous encourageons**) (**à**) to encourage (to)

encyclopédie *f.* encyclopedia

endormir (*like* **dormir**) *irreg.* to put to sleep; **s'endormir** to fall asleep (13)

endroit *m.* place, spot (8)

énergie *f.* energy; **énergie nucléaire (solaire)** nuclear (solar) energy (16)

énergique *adj.* energetic

énervant *adj.* aggravating, irritating

énervé *adj.* on edge, nervous

enfance *f.* childhood

enfant *m., f.* child (5); **petit-enfant** *m.* grandchild (5)

enfer *m.* hell

enfermer to lock up

enfin *adv.* finally, at last (11)

enflammer to kindle (*imagination*)

enfouir to bury

engagé *adj.* involved, politically active, politically committed

engagement *m.* (*political*) commitment

engager (**nous engageons**) to begin, start; **s'engager** (**dans**) to get involved (*in a public issue*) (16)

énigme *f.* riddle, enigma
enlever (j'enlève) to remove, take off
ennemi(e) *m., f.* enemy
ennui *m.* trouble; problem (9); worry; boredom
ennuyer (j'ennuie) to bother; to bore; **s'ennuyer** to be bored (13); **s'ennuyer à mourir** to be bored to death
ennuyeux/euse *adj.* boring; annoying
énoncé *m.* statement, utterance
énorme *adj.* enormous, huge
énormément *adv.* enormously, tremendously
enquête *f.* survey, poll
enregistrer to record; to check in
enrichissement *m.* enrichment
enseignant(e) *m., f.* teacher, instructor
enseignement *m.* teaching; education
enseigner (à) to teach (to) (12)
ensemble *adv.* together; *m.* ensemble; whole
ensoleillé *adj.* sunny
ensuite *adv.* then, next (11)
entendre to hear (5); **entendre dire que** to hear that; **entendre parler de** to hear about; **s'entendre (avec)** to get along (with) (13)
entente *f.* (mutual) understanding
enthousiasme *m.* enthusiasm
enthousiaste *adj.* enthusiastic (3)
entier/ière *adj.* entire, whole, complete; **en entier** in its entirety
entourer (de) to surround (with)
entraînement *m.* practice, training
entraîner to bring about, lead to; **s'entraîner** to train, work out
entraîneur/euse *m., f.* trainer
entre *prep.* between, among (4)
entrecôte *f.* rib steak
entrée *f.* entrance, entry; admission; first course (*meal*) (7); **droit** (*m.*) **d'entrée** entrance fee
entreprendre to undertake
entreprise *f.* business, company (14); **chef** (*m.*) **d'entreprise** company head, top manager, boss (14)
entrer (dans) to enter (8)
entretien *m.* maintenance; conversation; **entretien (d'embauche)** job interview (14)
énumérer (j'énumère) to spell out, recite; to list, enumerate
envahir to invade
enveloppe *f.* envelope (10)
envers *prep.* toward
envie *f.* desire; **avoir envie de** to want; to feel like (3)

environ *adv.* about, approximately; *m. pl.* environs; **dans les environs** in the vicinity
environnement *m.* environment (16)
envoi *m.* sending
envoyer (j'envoie) (à) to send (to) (10)
éolienne *f.* windmill; windpump
s'épanouir to bloom
épargne: compte (*m.*) **d'épargne** savings account (14)
épaule *f.* shoulder
épice *f.* spice
épicé *adj.* spicy
épicerie *f.* grocery store (7)
épicier/ière *m., f.* grocer
épinards *m. pl.* spinach
époque *f.* period (*of history*) (12); **à l'époque (de)** at the time (of); **meubles** (*m. pl.*) **d'époque** antique furniture
épouser to marry
époux (épouse) *m., f.* husband; wife; **époux** *m. pl.* married couple
épreuve *f.* test; event (*sports*)
éprouver to feel; to experience
épuiser to use up, exhaust (16)
équilibre *m.* equilibrium, balance
équipage *m.* crew
équipe *f.* team (15); **sports** (*m. pl.*) **d'équipe** team sports; **travail** (*m.*) **d'équipe** teamwork
équipé *adj.* equipped
équipement *m.* equipment; gear
s'équiper to equip oneself
équitation *f.* horseback (8); **faire de l'équitation** to go horseback riding
erreur *f.* error; mistake
erroné *adj.* wrong, erroneous
escalade *f.* (mountain) climbing
escalader to climb, scale
escale: faire escale à to stop over at
escalier *m.* stairs, stairway (5)
escalope *f.* (*veal*) scallop
escargot *m.* snail; escargot (7)
escarpement *m.* steep slope
esclavage *m.* slavery
esclave *m., f.* slave
espace *m.* space; **espaces verts** open spaces, greenbelts
espadrilles *f. pl.* fabric sandals, espadrilles
Espagne *f.* Spain (8)
espagnol *adj.* Spanish; *m.* Spanish (*language*) (2); **Espagnol(e)** *m., f.* Spaniard (*person*) (2)
espèces *f. pl.* species
espérer (j'espère) to hope (6)

espoir *m.* hope
esprit *m.* mind; spirit; wit
essai *m.* attempt, try; **mariage** (*m.*) **à l'essai** trial marriage
essaimer to spread, expand
essayer (j'essaie) (de) to try (to) (12)
essence *f.* gasoline, gas (9); **faire le plein (d'essence)** to fill the tank (9)
essentiel(le) *adj.* essential; **il est essentiel que** + *subj.* it's essential that (16)
essentiellement *adv.* largely, mainly
est *m.* east; **à l'est** to the east (9)
estampe *f.* engraving
estimer to consider; to believe; to estimate (16)
et *conj.* and (2); **et puis** and (then), next (7); **et quart** quarter past the hour; **et vous? (et toi?)** and you?; How about you? (1)
établir to establish, set up
établissement *m.* establishment
étage *m.* floor (*of building*); **premier (deuxième) étage** second (third) floor (*in the U.S.*) (5)
étagère *f.* shelf (4)
étape *f.* stage; stopping place
état *m.* state (8); condition; **état civil** marital (civil) status; **États-Unis** *m. pl.* United States (of America) (8); **homme (femme) d'état** statesman (-woman)
été *m.* summer; **en été** in summer (5); **job** (*m.*) **d'été** summer job
s'étendre to sprawl
étendue *f.* area, expanse
éternité *f.* eternity
étiquette *f.* label
étoile *f.* star; **à la belle étoile** in the open air
étonné *adj.* surprised; astonished (16)
étouffer to suffocate
étrange *adj.* strange; **il est étrange que** + *subj.* it's strange that (16)
étranger/ère *adj.* foreign; *m., f.* stranger; foreigner; **à l'étranger** abroad, in a foreign country (9); **langue** (*f.*) **étrangère** foreign language
être (*p.p.* **été**) *irreg.* to be (2); **c'est (ce n'est pas)** it's (it isn't) (1); **c'est combien?** how much is it? (1); **comment est-il/elle?** what's he/she like?; **être en train de** to be in the process of, be in the middle of (15); **il est... heure(s)** it is ... o'clock (6); **n'est-ce pas?** isn't it (so)?, isn't that right? (3); **nous sommes lundi (mardi...)**

it's Monday (Tuesday . . .) (1); **peut-être** *adv.* perhaps, maybe; **quel jour sommes-nous (est-ce)?** what day is it? (1); **quelle heure est-il?** what time is it? (6); **qui est-ce?** who is it? (1)

étroit *adj.* narrow

étude *f.* study; *pl.* studies; **bourse** (*f.*) **d'études** scholarship, study grant; **faire des études** to study

étudiant(e) *m., f., adj.* student (1); **carte** (*f.*) **d'étudiant** student ID card

étudier to study (2)

euh... *interj.* uhmm . . . (10)

euphorisant *m.* producing a sense of euphoria

euro *m.* euro (*European currency*)

Europe *f.* Europe; **coupe** (*f.*) **d'Europe** European Cup (*soccer*)

européen(ne) *adj.* European; **Européen(ne)** *m., f.* European (*person*); **Union** (*f.*) **européenne (UE)** European Union (EU)

eux *pron., m. pl.* them; **eux-mêmes** *pron., m. pl.* themselves (12)

événement *m.* event (12)

évidemment *adv.* evidently, obviously (12)

évident *adj.* obvious, clear; **il est évident que** + *indic.* it is clear that (16)

éviter to avoid

évoluer to evolve, advance, develop

évoquer to evoke, call to mind

exact *adj.* precise, true; **oui, c'est exact** yes, that's correct

exactement *adv.* exactly

exagérer (j'exagère) to exaggerate

examen (*fam.* **exam**) *m.* test, exam (2); examination; **passer un examen** to take an exam (4); **réussir à un examen** to pass a test

examiner to inspect, examine

exaspérant *adj.* exasperating

exaspéré *adj.* exasperated

excéder (j'excède) to exceed

excentricité *f.* eccentricity

excentrique *adj.* eccentric (3)

excepté *prep.* except

exceptionnel(le) *adj.* exceptional

excès *m.* excess

excitant *adj.* exciting

excité *adj.* excited

exclamer to exclaim

exclu(e) *m., f.* excluded (*people*)

exclure (*p.p.* **exclu**) *irreg.* to exclude, rule out

exclusivement *adv.* exclusively

exclusivité *f.* exclusive rights, coverage

excursion *f.* excursion, outing; **faire une excursion** to go on an outing

s'excuser to apologize (13); **excusez-moi (excuse-moi)** excuse me, pardon me (1)

exemplaire *adj.* exemplary; *m.* copy

exemple *m.* example; **par exemple** for example (16)

exercer (nous exerçons) to exercise, exert (*control, influence*)

exercice *m.* exercise

exigeant *adj.* demanding; difficult

exigence *f.* demand

exiger (nous exigeons) to require; to demand (16)

exil *m.* exile

exister to exist

exode *m.* exodus

expatrié *adj.* expatriated

s'expatrier to leave one's country

expérience *f.* experience; experiment

expert(e) *m., f.* expert; **expert(e)-comptable** *m., f.* certified public accountant

explication *f.* explanation

expliquer to explain

exploité *adj.* exploited

exploiter to make use of, make the most of

explorateur/trice *m., f.* explorer

explorer to explore

exportation *f.* export(s)

s'exporter to be exported

exposé *m.* presentation, exposé; *adj.* displayed

exposer to expose, show; to display

exposition *f.* exhibition; show (12)

expression *f.* expression; term (1); **liberté** (*f.*) **d'expression** freedom of expression (16)

exprimer to express; **exprimer une opinion** to express an opinion (16); **s'exprimer** to express oneself

exquis *adj.* exquisite

extraire to extract

extrait *m.* excerpt; extract

extraordinaire *adj.* extraordinary (3)

extrasensoriel(le) *adj.* extra-sensory

extrêmement *adv.* extremely

extrémiste: idées (*f.*) **extremistes** extremist ideas (16)

fabrication *f.* manufacture, making

fabriquer to manufacture, make

fabuleux/euse *adj.* fabulous

fac *f., fam.* (**faculté**) university department or school

façade *f.* façade, face (*of a building*)

face: en face (de) *prep.* opposite, facing, across from (4); **face à** facing; **face à face** face to face

fâché *adj.* angry (16)

fâcher to anger; **se fâcher** to get angry (13)

fâcheux/euse *adj.* unfortunate; troublesome; **il est fâcheux que** + *subj.* it is unfortunate that (16)

facile *adj.* easy (3)

facilité *f.* ease, easiness

faciliter to facilitate, make easier

façon *f.* way, manner, fashion; **de façon (logique)** in a (logical) way

facteur/trice *m., f.* factor; letter carrier (14)

faculté *f.* ability; (*fam.* **fac**) division (*academic*) (2); **faculté des lettres** School of Arts and Letters; **faculté des sciences** School of Science

faible *adj.* weak; small

failli: j'ai failli... I nearly . . .

faim *f.* hunger; **avoir faim** to be hungry (3)

faire (*p.p.* **fait**) *irreg.* to do; to make (5); to form; to be; **faire appel à** to appeal to; to require, call for; **faire attention (à)** to pay attention (to) (5); to watch out (for); **faire baisser** to lower; **faire beau (il fait beau)** to be good weather (it's nice out) (5); **faire bouillir** to boil; **faire chaud (il fait chaud)** to be warm, be hot (out) (it's warm, it's hot) (5); **faire confiance à** to trust; **faire connaissance** to get acquainted; **faire cuire** to cook; **faire de la bicyclette** to cycle, go (bi)cycling (8); **faire de la peinture (de la musique, de la poterie)** to paint (play music, do ceramics); **faire de la planche à voile** to go windsurfing; **faire de la plongée sous-marine** to go scuba diving (8); **faire de la politique** to go in for politics; **faire de la voile** to go sailing (5); **faire de l'aérobic** to do aerobics (5); **faire de l'alpinisme** to go mountain climbing (8); **faire de l'équitation** to go horseback riding (8); **faire des économies** to save (up) money (14); **faire des études** to study; **faire des glissades** Q. to go tobogganing; **faire des moulinets avec les bras** to whirl one's arms about; **faire des projets** to make plans; **faire des recherches** to do research; **faire dorer** to brown (*in cooking*); **faire du bateau** to go boating (8); **faire du bruit** to make noise; **faire du camping** to camp, go camping; **faire du cheval** to go horseback-riding (8); **faire du jogging** to run, jog (5); **faire du magasinage** Q. to go shopping; **faire du patin à glace** to go ice-skating; **faire du patin à roues alignées** to do in-line skating; **faire du recyclage** to recycle; **faire du shopping** to go shopping; **faire du ski (alpin)** to ski (downhill) (5); **faire du ski de fond** to go cross-country skiing; **faire du ski nautique** to go waterskiing; **faire du snowboard** to go snowboarding; **faire du soleil (il fait du soleil)** to be sunny (it's sunny) (5); **faire du sport** to play, do sports (5); **faire du théâtre** to act; **faire du tourisme** to go sightseeing; **faire du vélo (de montagne)** to go cycling (mountain biking) (5); **faire du vent (il fait du vent)** to be windy (it's windy) (5); **faire escale à** to stop over at; **faire faire** to have done, make (*s.o.*) do (*s.th.*); **faire frais (il fait frais)** to be cool (out) (it's cool) (5); **faire froid (il fait froid)** to be cold (out) (it's cold) (5); **faire grève** to strike, go on strike (16); **faire la bise** to kiss on both cheeks (*in greeting*); **faire la connaissance de** to meet (*for the first time*) (5); **faire la cuisine** to cook (5); **faire la fête** to party; **faire la lessive** to do the laundry (5); **faire la queue** to stand in line (5); **faire la sieste** to take a nap; **faire la vaisselle** to do the dishes (5); **faire le lit** to make the bed; **faire le marché** to do the shopping, go to the market (5); **faire le ménage** to do the housework (5); **faire le plein** to fill it up (gas tank) (9); **faire le tour de** to go around; to tour; **faire les courses** to do errands (5); **faire les valises** to pack one's bags; **faire mauvais (il fait mauvais)** to be bad weather (out) (it's bad out) (5); **faire partie de** to belong to; **faire preuve de** to show; **faire ses devoirs** to do one's homework (5); **faire son possible** to do one's best; **faire un chèque** to write a check (14); **faire un pique-nique** to go on a picnic; **faire un safari** to go on a

safari; **faire un temps pourri** *fam.* to be rotten weather; **faire un tour (en voiture)** to take a walk (ride) (5); **faire un voyage** to take a trip (5); **faire une erreur** to make a mistake; **faire une excursion** to go on an outing; **faire une promenade** to take a walk (5); **faire une randonnée (pédestre)** to go hiking (8); **faire une réservation** to make a reservation; **faire une visite** to pay a visit; **quel temps fait-il?** how's the weather? (5)

fait *m.* fact; *adj.* made; **tout à fait** *adv.* completely, entirely

falloir (*p.p.* **fallu**) *irreg.* to be necessary (8); to be lacking; **il faut** + *inf.* it is necessary to; one needs (8)

fameux/euse *adj.* famous

familial *adj.* family

famille *f.* family (5); **en famille** with one's family; **fonder une famille** to start a family

fanatique (*fam.* **fan**) *m., f.* fan; fanatic, zealot

fanatisme *m.* fanaticism

fantaisie: bijoux (*m. pl.*) **fantaisie** costume jewelry

fantaisiste *adj.* fanciful, whimsical

farine *f.* flour

fascinant *adj.* fascinating

fasciné *adj.* fascinated

fatal *adj.* fatal; unlucky; fateful

fatigant *adj.* tiring

fatigué *adj.* tired (3)

fauché *adj., fam.* broke, without money

faut (il) it is necessary to; one needs (8)

faute *f.* fault, mistake

faux (fausse) *adj.* false (4)

faveur: en faveur de in favor of

favorable: être favorable à to be in favor of (favorably disposed to)

favori(te) *adj.* favorite

favoriser to further, favor

fax *m.* fax (10)

fée *f.* fairy; **conte** (*m.*) **de fée** fairy tale

félicitations *f. pl.* congratulations

féminin *adj.* feminine; female

femme *f.* woman (2); wife (5); **femme d'affaires** businesswoman; **femme d'état** stateswoman; **femme écrivain** writer (12); **femme médecin** doctor, physician (14); **femme peintre** painter (12); **femme poète** poet (12); **femme politique** politician; **femme**

sculpteur sculptor (12); **jeune femme** young woman (3)

fenêtre *f.* window (1)

fente *f.* slot

fer *m.* iron; **chemin** (*m.*) **de fer** railroad

ferme *f.* farm

fermer to close

fermeture *f.* closing

fermier/ière *m., f.* farmer

ferroviaire *adj.* rail, railroad

fête *f.* holiday; celebration, party; saint's day, name day; *pl.* Christmas season; **faire la fête** to party; **fête des patrons** saint's day; **fête des Rois** Feast of the Magi, Epiphany; **jour** (*m.*) **de fête** holiday

fêter to celebrate; to observe a holiday

feu (*pl.* **feux**) *m.* fire; traffic light; **à feu doux** on low heat (*cooking*); **feux d'artifice** fireworks

feuille *f.* leaf

feuilleté *adj.* flaky (*pastry*)

feuilleton *m.* soap opera (10)

fève *f.* bean

février February (1)

fez *m.* fez (*feltcap*)

fiable *adj.* reliable

fiançailles *f. pl.* engagement (13)

fiancé(e) *m., f.* fiancé, fiancée

se fiancer (nous nous fiançons) to get engaged (13)

fibre *f.* fiber, filament

fiche *f.* index card; form (to fill out); deposit slip

fichier *m.* file (10)

fictif/ive *adj.* fictitious; imaginary

fier/ière *adj.* proud (3)

fierté *f.* pride

fièvre *f.* fever

figure *f.* figure, important person

figurer to appear

fil *m.*: **coup** *m.* **de fil** telephone call

filer to trail, follow

filet *m.* fillet (*fish, meat*) (7); **filet de porc (de bœuf)** pork (beef) fillet

filiale *f.* subsidiary; branch (*office*)

fille *f.* girl; daughter (5); **jeune fille** girl, young lady; **petite-fille** granddaughter (5)

film *m.* movie, film (2)

fils *m.* son (5); **petit-fils** grandson (5)

filtrage *m.* filtration, filtering

fin *f.* end; **à la fin de** at the end of; **en fin d'après-midi** in the late afternoon; *adj.* fine, delicate; **extra-fin** *adj.* superfine; **mi-fin** *adj.* medium-cut (*vegetables*)

finalement *adv.* finally

finance *f.* finance; *pl.* finances
financier/ière *adj.* financial, monetary
finir (de) to finish (4); **finir par** to end (finish) by (*doing s.th.*) (4)
Finlande *f.* Finland
firme *f.* firm, company
fiscalité *f.* tax system, taxes
fixer to fasten; to make firm
flacon *m.* small bottle (*with stopper*)
flamand *m.* Flemish (*language*)
flâner to stroll (12)
flash (d'informations) *m.* newsbrief
flatté *adj.* flattered
fleur *f.* flower (4); **chou-fleur** *m.* cauliflower; **fleur de lys** fleur de lis, trefoil
fleurette *f.* floret
fleuve *m.* (*large*) river (8)
Floride *f.* Florida
flûte *f.* flute
foie *m.* liver; **pâté** (*m.*) **de foie gras** goose liver pâté
foire *f.* fair, exhibition; marketplace
fois *f.* time, occasion; times (*arithmetic*); **à la fois** at the same time; **la première (dernière) fois** the first (last) time; **une fois** once (11); **une fois par semaine** once a week (5)
folklorique *adj.* traditional; folk (*music, etc.*)
foncé *adj.* dark
fonction *f.* function, use
fonctionnaire *m., f.* civil servant (14)
fonctionner to function, work
fond *m.* bottom; background; back; **ski** (*m.*) **de fond** cross-country skiing (8)
fondamental *adj.* fundamental, basic
fondateur/trice *m., f.* founder
fondation *f.* founding, inception
fonder to found; **fonder une famille** to start a family
fonds *m. pl.* fund
fondre to melt
fondue *f.* fondue (*Swiss melted cheese dish*)
fontaine *f.* fountain
fonte *f.* cast iron
football (*fam.* **foot**) *m.* soccer; **football américain** football; **match** (*m.*) **de foot** soccer game
footballeur/euse *m., f.* soccer player
force *f.* strength; **à force de** as a result of; **en force** in force; **force est de** + *inf.* one must
forcément *adv.* necessarily
forcer (nous forçons) to force, compel

forêt *f.* forest (8)
forgé: fer (*m.*) **forgé** wrought iron
formalité *f.* formality
formation *f.* education, training
forme *f.* form; shape; figure; **en (bonne, pleine) forme** physically fit; **en forme de** in the form of; **sous forme de** in the form of
formel(le) *adj.* formal
formellement *adv.* positively, categorically
former to form, shape; to train
formule *f.* formula; plan
formuler to formulate, make up
fort *adj.* strong; heavy; *adv.* strongly; loudly; very (14); **parler fort** to speak loudly
fortifier to fortify
fou (fol, folle) *adj.* crazy, mad; **fou (folle)** *m., f.* insane (crazy) person
foudre *f.* lightning; **coup** (*m.*) **de foudre** flash of lightning (13); love at first sight (13)
foulard *m.* scarf
foule *f.* crowd
fourchette *f.* fork (6)
fournir to furnish, supply
fournisseur (*m.*) **d'accès** service provider (*Internet*)
foyer *m.* hearth; home; student residence; **femme** (*f.*) **au foyer** homemaker
frais *m., pl.* expenses, costs (14); **frais de scolarité** school, university (tuition) fees
frais (fraîche) *adj.* cool; fresh (6); **crème fraîche** clotted cream, crème fraîche; **faire frais (il fait frais)** to be cool (out) (it's cool) (5); **produits** (*m.*) **frais** fresh products (6)
fraise *f.* strawberry (6)
framboise *f.* raspberry
franc(he) *adj.* frank; fruitful; honest
français *adj.* French; *m.* French (*language*); **Français(e)** *m., f.* Frenchman (-woman) (2)
France *f.* France (8)
franchement *adv.* frankly (12)
francophile *m., f.* Francophile (*person who admires France or the French*)
francophone *adj.* French-speaking
francophonie *f.* French-speaking world
frapper to strike
fraternité *f.* brotherhood, fraternity
fredonner to hum
freinage *m.* braking system (*auto*)
fréquemment *adv.* frequently, often

fréquent *adj.* frequent, common
fréquenter to go to often
frère *m.* brother (5); **beau-frère** brother-in-law (5); **demi-frère** half brother; stepbrother (5)
fricassée *f.* (chicken) stew; fricassee
frigo *m., fam.* fridge, refrigerator
fripe *f. s.* secondhand clothing
frisé *adj.* curly
frites *f. pl.* French fries (6); **moules** (*f.*)**-frites** mussels with French fries; **steak** (*m.*)**-frites** steak with French fries
froid *adj.* cold; *m.* cold; **avoir froid** to be cold (3); **faire froid (il fait froid)** to be cold (out) (it's cold) (5)
fromage *m.* cheese (6)
front *m.* forehead
frontière *f.* border
frotter to rub
fruit *m.* fruit (6); **jus** (*m.*) **de fruit** fruit juice
fumer to smoke (2)
fumeur/euse *m., f.* smoker; **zone** (*f.*) **fumeurs (non-fumeurs)** smoking (nonsmoking) section
furieux/euse *adj.* furious (16)
fusée *f.* rocket
futur *m., Gram.* future (*tense*); *adj.* future

gabarit *m.* size, stature
gagner to win; to earn (14)
galère: C'était la galère! (*fam.*) It was hell!
galerie *f.* gallery; roof rack (*auto*)
galette *f.* pancake; tart, pie
gant *m.* glove (8)
garagiste *m., f.* mechanic, garage owner
garçon *m.* boy; café waiter
garder to keep, retain; **garder la ligne** to keep one's figure
gardien(ne) *m., f.* guard
gare *f.* station; train station (9); **buffet** (*m.*) **de la gare** train station restaurant (9); **gare de chargement** loading dock
garer to park; **se garer** to be parked
gaspillage *m.* wasting, waste (16)
gaspiller to waste (16)
gastronome *m., f.* gourmet
gastronomie *f.* gastronomy, good food
gastronomique *adj.* gastronomic
gâteau *m.* cake (6)
gâter to spoil
gauche *adj.* left; *f.* left; **à gauche (de)** *prep.* on the (to the) left (of) (4); **Rive** (*f.*) **gauche** Left Bank

(*in Paris*) (11); **se lever du pied gauche** to get up on the wrong side of the bed

gaz *m.* gas

gazeux/euse: boisson (*f.*) **gazeuse** soft drink (6)

gênant *adj.* bothersome, annoying

gendre *m.* son-in-law (5)

généalogique *adj.* genealogical; family

général *m., adj.* general; **en général** generally (2); **quartier** (*m.*) **général** headquarters

généraliste *m., f.* general practitioner (MD)

générer (**je génère**) to generate

généreux/euse *adj.* generous

génétique *adj.* genetic

Genève Geneva

génial *adj.* brilliant, inspired; *fam.* neat, delightful, cool

génie *m.* genius

genou (*pl.* **genoux**) *m.* knee (13)

genre *m.* type, style, kind

gens *m. pl.* people; **jeunes gens** young men; young people

gentil(le) *adj.* nice, pleasant; kind (3)

gentillesse *f.* kindness, niceness

géographe *m., f.* geographer

géographie (*fam.* **géo**) *f.* geography (2)

géographique *adj.* geographical

géologie *f.* geology (2)

géométrie *f.* geometry

Géorgie *f.* Georgia (*country*)

gérer (**je gère**) to manage

geste *m.* gesture

gestion *f.* management

gigantesque *adj.* gigantic

gingembre *m.* ginger

girofle *m.* cloves

glace *f.* ice cream (6); ice; mirror; **patin** (*m.*) **à glace** ice-skating

glacé: crème (*f.*) **glacée** *Q.* ice cream

glissade: faire des glissades *Q.* to go tobogganing

se glisser to slip into

gloire *f.* glory

glorieux/euse *adj.* glorious

glorifier to glorify

gomme *f.* eraser

gommier *m.* gum tree

gorge *f.* throat (13); gorge; **avoir mal à la gorge** to have a sore throat (13)

gothique *adj.* Gothic (12)

gourmand(e) *adj.* gluttonous, greedy; *m., f.* glutton, gourmand

gousse (*m.*)**: gousse d'ail** clove of garlic

goût *m.* taste; **avant-goût** *m.* foretaste

goûter *m.* afternoon snack (6); *v.* to taste; to eat (7)

goutte *f.* drop (*liquid*)

gouvernement *m.* government (16)

gouverner to rule; to govern

gouverneur *m.* governor

grâce *f.* grace; pardon; **jour** (*m.*) **d'action de grâce** Thanksgiving Day; **grâce à** thanks to

gramme *m.* gram

grand *adj.* great; large, tall; big (3); **arrière-grand-parent** *m.* great-grandparent; **grand magasin** *m.* department store; **grand-maman** *f.* grandma, granny; **grand-mère** *f.* grandmother (5); **grand-parent** (*pl.* **grands-parents**) *m.* grandparent (5); **grand-père** *m.* grandfather (5); **grande surface** *f.* mall; superstore; **grandes écoles** *f. pl. French government graduate schools*; **grandes vacances** *f. pl.* summer vacation (from school); **Train** (*m.*) **à grande vitesse** (**TGV**) (*French high-speed*) bullet train

grandeur *f.* size

grandir to grow; to grow up

gras(se) *adj.* fat; oily; rich; **en caractères gras** in boldface print; **pâté** (*m.*) **de foie gras** goose liver pâté

gratte-ciel *m., inv.* skyscraper

gratuit *adj.* free (*of charge*)

grave *adj.* grave, serious; **accent** (*m.*) **grave** grave accent (**è**)

gravure *f.* printing, engraving

Grèce *f.* Greece (8)

grenouille *f.* frog

grève *f.* strike, walkout (16); **faire grève** to strike (16)

grille *f.* grid

grillé *adj.* toasted; grilled; broiled

griller: faire griller to broil; to toast

grimpeur/euse *m., f.* climber

grippe *f.* flu, influenza

gris *adj.* gray (3)

gros(se) *adj.* large; fat; thick (4); **grosses bises** (**gros bisous**) *fam.* hugs and kisses (*closing of letter*)

grossir to gain weight

guérison *f.* recovery

guerre *f.* war (16); **Première (Deuxième [Seconde]) Guerre mondiale** First (Second) World War

guichet *m.* (ticket) window (9); counter, booth; **guichet**

automatique automatic teller machine (ATM) (14)

guide *m., f.* guide; *m.* guidebook; instructions

Guinée *f.* Guinea

guirlande *f.* garland; Christmas lights

guitare *f.* guitar (4); **jouer de la guitare** to play the guitar

Guyane *f.* Guyana

gym (*ab.* **gymnastique**) *f.* fitness training

gymnase *m.* gymnasium (2)

habilement *adv.* skillfully

s'habiller to get dressed (13)

habit *m.* clothing, dress

habitacle *m.* passenger compartment

habitant(e) *m., f.* inhabitant; resident

habitation *f.* lodging, housing; **habitations à loyer modéré (H.L.M.)** *publicly subsidized apartment blocks* (*France*)

habiter to live (2)

habitude *f.* habit; **d'habitude** *adv.* usually, habitually (5)

habitué (à) *adj.* accustomed (to)

habituel(le) *adj.* usual

*****hacher** to chop (up)

Haïti *m.* Haiti (8)

*****harceler** to harass, torment

*****hardi** *adj.* bold, daring

*****haricot** *m.* bean; **haricots** (*pl.*) **mange-tout** string beans; sugar peas; **haricots verts** green beans (6)

*****harissa** *m., f.* hot chili sauce

*****hasard** *m.* chance, luck; **jeux** (*m. pl.*) **de hasard** games of chance (15); **par hasard** by accident, by chance

*****hasardeux/euse** *adj.* dangerous, hazardous

*****hâte** *f.* haste; **à la hâte** hastily

*****haut** *adj.* high; higher; tall; upper; *m.* top; height; **de haut** high (*in measuring*); **du haut de** from the top of; **haute couture** *f.* high fashion; **là-haut** *adv.* up there

*****hauteur** *f.* height

hébergement *m.* lodging, accommodations; shelter

héberger (**nous hébergeons**) to shelter

hélas *interj.* alas

herbe *f.* herb

héritage *m.* legacy, inheritance

héritier *m.* heir

*****héros** *m.* (*f.* **héroïne**) hero, heroine

hésiter (à) to hesitate (to)

heure *f.* hour; time; **à l'heure** on time (9); per hour; **à n'importe quelle heure** at any time; **à quelle heure… ?** (at) what time … ? (6); **à tout à l'heure** see you soon; **dans une heure** in one hour; **de bonne heure** early (6); **de l'heure** an hour, per hour; **demi-heure** *f.* half hour; **il est… heure(s)** it is … o'clock (6); **il est l'heure de** + *inf.* it's time to … ; **quelle heure est-il?** what time is it? (6); **tout à l'heure** in a while (5)

heureusement *adv.* fortunately, luckily

heureux/euse *adj.* happy; fortunate (3)

Hexagone *m.* (metropolitan) France

hier *adv.* yesterday (7); **avant-hier** day before yesterday (7); **hier matin** yesterday morning; **hier soir** last night (7)

histoire *f.* history (2); story

historien(ne) *m., f.* historian

historique *adj.* historical (12)

hiver *m.* winter; **en hiver** in the winter (5)

H.L.M. (habitations à loyer modéré) *f. pl. publicly subsidized apartment blocks (France)*

hollandais *adj.* Dutch

*__homard__ *m.* lobster

hommage *m.* homage, respects; **en hommage à** in recognition of

homme *m.* man (2); **homme d'affaires** businessman; **homme politique** politician; **jeune homme** young man (3)

honnête *adj.* honest

honorer to honor

*__honte__ *f.* shame; **avoir honte (de)** to be ashamed (of) (3)

hôpital *m.* hospital (11)

horaire *m.* schedule (12)

horodateur *m.* parking ticket machine

horreur *f.* horror; **avoir horreur de** to hate, detest; **j'ai horreur de…** I can't stand …

*__hors de__ *prep.* outside, beyond

*__hors-d'œuvre__ *m. inv.* appetizer (7)

hospitalier/ière *adj.* hospitable

hôtel *m.* hotel (11); **hôtel de ville** town hall, city hall

hôtellerie *f.* hotel business or management

hôtesse *f.* hostess; **hôtesse de l'air** flight attendant (9)

huile *f.* oil; **huile de tournesol** sunflower seed oil; **huile d'olive**

olive oil (7); **sardines** (*f. pl.*) **à l'huile** sardines in oil (7)

*__huit__ *adj.* eight (1)

*__huitième__ *m.* one-eighth; *adj.* eighth (11)

huître *f.* oyster (7)

humain *adj.* human; *m.* human being; **corps** (*m.*) **humain** human body; **sciences** (*f. pl.*) **humaines** social sciences

humanitaire *adj.* humanitarian

humidité *f.* humidity, dampness

humour *m.* humor

s'hydrater to become hydrated

hymne *m.* hymn

hypocrisie *f.* hypocrisy

hypocrite *adj.* hypocritical (3)

ici *adv.* here (2)

idéal *m.* ideal; *adj.* ideal (3)

idéaliste *m., f.* idealist; *adj.* idealistic (3)

idée *f.* idea; **idées extrémistes** extremist ideas (16)

identifier to identify

identité *f.* identity; **carte** (*f.*) **d'identité** ID card

il *pron., m. s.* he; it; there; **il faut** + *inf.* it is necessary to; one needs (8) **il n'y a pas de quoi** *interj.* you're welcome (7); **il y a** there is/are (1); ago; **il y a… que** for (*period of time*); it's been … since; **y-a-til… ?** is/are there … ? (1)

île *f.* island (11)

illustrer to illustrate

ils *pron., m. pl.* they

image *f.* picture, image

imaginer to imagine

imiter to imitate

immédiatement *adv.* immediately

immeuble *m.* apartment or office building (4)

immigré(e) *m., f.* immigrant

imparfait *m., Gram.* imperfect (*verb tense*)

impatience *f.* impatience; **avec impatience** impatiently

impératif *m., Gram.* imperative, command

impératrice *f.* empress

imperméable *m.* raincoat (3)

impersonnel(le) *adj.* impersonal

s'implanter to take hold

impliqué *adj.* implicated, involved

important *adj.* important (3); large, great; **il est important que** + *subj.* it's important that (16)

importer to import; to matter; **n'importe où** anywhere

imposer to impose

impossible *adj.* impossible; **il est impossible que** + *subj.* it's impossible that (16)

impôts *m. pl.* (*direct*) taxes (16)

impressionnant *adj.* impressive

impressionné *adj.* impressed

impressionnisme *m.* impressionism (*art*)

impressionniste *m., f., adj.* impressionist (*art*)

imprévisible *adj.* unpredictable

imprimante *f.* (*computer*) printer (10)

imprimer to print

improviste: à l'improviste unexpectedly, without warning

inacceptable *adj.* unacceptable

incarner to embody

incendie *f.* blaze, fire

incertitude *f.* uncertainty

inclure (*p.p.* **inclus**) *irreg.* to include

inconfortable *adj.* uncomfortable

inconnu *adj.* unknown

incontestablement *adv.* unquestionably

inconvénient *m.* disadvantage

incorporer to incorporate

incroyable *adj.* unbelievable, incredible

Inde *f.* India

indéfini *adj.* indefinite; **pronom** (*m.*) **indéfini** *Gram.* indefinite pronoun

indéniable *adj.* undeniable

indépendance *f.* independence; **fête** (*f.*) **de l'Indépendance** Independence Day

indépendant *adj.* independent; **travailleur/euse** (*m., f.*) **indépendant(e)** self-employed worker (14)

indicatif *m., Gram.* indicative

indication *f.* instruction(s)

indice *m.* indication, sign

indicible *adj.* inexpressible

indiquer to show, point out (15)

indirect *adj.* indirect; **pronom** (*m.*) **d'objet indirect** *Gram.* indirect object pronoun

indispensable *adj.* indispensable; **il est indispensable que** + *subj.* it's indispensable that (16)

individualisé *adj.* individualized

individualiste *adj.* individualistic, nonconformist (3)

industrialisé *adj.* industrialized

industrie *f.* industry

industriel(le) *adj.* industrial (16); *m.* manufacturer; **déchets** (*m. pl.*) **industriels** toxic waste (16)

inégalité *f.* inequality

inertie *f.* inertia

inexact *adj.* incorrect

inférer (j'infère) to infer

infini *adj.* infinite

infinitif *m., Gram.* infinitive

infirmier/ière *m., f.* (hospital) nurse

influencer (nous influençons) to influence

infographie *f.* computer graphics

informaticien(ne) *m., f.* computer scientist

information *f.* (*fam.* **info**) information; *pl.* news (broadcast) (10); **flash** (*m.*) **d'informations** newsbrief

informatique *f., adj.* computer science (2)

informé *adj.* informed; **bien (mal) informé** well (badly) informed

informel(le) *adj.* informal

informer to inform

ingénieur *m.* engineer (14)

inhabituel(le) *adj.* unusual

initiateur/trice *m., f.* innovator, pioneer

initiation *f.* initiation, introduction

initiative: syndicat (*m.*) **d'initiative** (local) chamber of commerce; tourist information bureau (11)

initier (à) to introduce (*s.o.*) (to) (*activity, sport, cuisine, etc.*)

injure *f.* insult

injuste *adj.* unjust, unfair; **il est injuste que** + *subj.* it's unfair that (16)

inondation *f.* flood

inoubliable *adj.* unforgettable

inquiétude *f.* worry

inscription *f.* inscription; matriculation; registration

inscrire (*like* **écrire**) *irreg.* to inscribe; **s'inscrire (à)** to join; to enroll; to register

insister to insist; **insister sur** to stress; to emphasize

insolite *adj.* unusual

inspirer to inspire; **s'inspirer de** to be inspired by

installation *f.* moving in; installation

installer to install; to set up; **s'installer** to settle down, settle in (13); to settle in (*to a new house*)

instituer to institute, set up

instituteur/trice *m., f.* elementary (primary) school teacher (14)

instructeur/trice *m., f.* instructor

instrument *m.* instrument; **jouer d'un instrument** to play a musical instrument (3)

insuffisant *adj.* insufficient

insupportable *adj.* unbearable, insufferable

intègre *adj.* honest, upright

s'intégrer (je m'intègre) (à) to integrate oneself, get assimilated (into)

intellectuel(le) *adj.* intellectual (3); *m., f.* intellectual (*person*)

intelligemment *adv.* intelligently

intempéries *f. pl.* bad weather

intention *f.* intention; meaning; **avoir l'intention de** to intend to

interdiction *f.* prohibition

interdire (*like* **dire, vous interdisez**) *irreg.* to forbid; to prohibit

interdit *adj.* forbidden; prohibited

intéressant *adj.* interesting (3)

intéresser to interest (14); **s'intéresser à** to be interested in

intérêt *m.* interest, concern

interlocuteur/trice *m., f.* speaker, interlocutor

internaute *m., f.* Internet user

Internet *m.* Internet (10); **sur Interent** on the Internet (10)

interprète *m., f.* singer, performer

interrogatif/ive *adj., Gram.* interrogative

interroger (sur) (nous interrogeons) to question, ask (about)

intervenir (*like* **venir**) *irreg.* to intervene

intervention *f.* intervention; speech; operation

interview *f.* interview (*journalism*)

interviewé(e) *m., f.* interviewee

interviewer to interview

intime *adj.* intimate; private; **journal** (*m.*) **intime** private diary

intouchable *adj.* untouchable

introduire to introduce

intrus(e) *m., f.* intruder

inutile *adj.* useless; **il est inutile que** + *subj.* it's useless that (16)

inventaire *m.* inventory

inventer to invent

inverser to reverse

investir to invest; **s'investir** to invest oneself

invité(e) *m., f.* guest, invitee

inviter to invite

iPod® *m.* iPod® (5)

ironie *f.* irony

irrégulier/ière *adj.* irregular

irrité *adj.* irritated, sore

islamiste *m., f.* Islamist, Muslim

isolé *adj.* isolated, alone

isolement *m.* isolation, loneliness

issu *adj.* stemming from

Italie *f.* Italy (8)

italien *adj.* Italian; *m.* Italian (*language*) (2); **Italien(ne)** *m., f.* Italian (*person*) (2)

italique *m.* italic; **en italique** in italics

itinéraire *m.* itinerary; **tracer un itinéraire** to map out an itinerary

ivoire *m.* ivory; **Côte-d'Ivoire** *f.* Ivory Coast

ivoirien(ne) *adj.* of (from) the Ivory Coast Republic; **Ivoirien(ne)** *m., f.* native (inhabitant) of the Ivory Coast Republic

jamais *adv.* ever; **ne... jamais** *adv.* never (9)

jambe *f.* leg (13)

jambon *m.* ham (6)

janvier January (1)

Japon *m.* Japan (8)

japonais *adj.* Japanese; *m.* Japanese (*language*) (2); **Japonais(e)** *m., f.* Japanese person (2)

jardin *m.* garden (5)

jardinage *m.* gardening (15); **faire du jardinage** to garden

jaune *adj.* yellow (3)

je (j') *pron., s.* I

jean(s) *m.* (*blue*) jeans (3)

jésuite *adj., m.* Jesuit

jeter (je jette) to throw, throw away; **ne jetez plus** don't throw away any more

jeu (*pl.* **jeux**) *m.* game; game show; **jeu de mots** pun, play on words (15); **jeu télévisé** game show (10); **jeux de *hasard** games of chance (15); **jeux de société** board games, group games (15); **jeux vidéo** video games

jeudi *m.* Thursday (1); **le jeudi** on Thursdays (5)

jeune *adj.* young (4); *m. pl.* young people, youth; **jeune femme** *f.* young woman (3); **jeune fille** *f.* girl, young lady; **jeune homme** *m.* young man (3); **jeunes gens** *m. pl.* young men; young people; **jeunes mariés** *m. pl.* newlyweds, newly married couple (13)

jeunesse *f.* youth, young people; **auberge** (*f.*) **de jeunesse** youth hostel (9)

job *m.* job; odd job; **job d'été** summer job

Joconde: la Joconde *Mona Lisa*

jogging *m.* jogging; **faire du jogging** to run, jog (5)

joie *f.* joy

joindre (*p.p.* **joint**) *irreg.* to join; to reach; to attach; to add

joint *adj.* connected, reachable

joli *adj.* pretty (4)

jouer to play (3); **jouer à** to play (*a sport or game*) (3); to play at (*being*); **jouer de** to play (*a musical instrument*) (3); **jouer un rôle** to play a role

jouet *m.* toy

joueur/euse *m., f.* player

jour *m.* day (1); **au jour le jour** from day to day; **chaque jour** every day; **dans quatre jours** in four days (5); **de nos jours** these days, nowadays, currently; **du jour** today's (*menu, exchange rate*); **jour d'action de grâce** Thanksgiving Day; **par jour** per day, each day; **plat** (*m.*) **du jour** today's special (*restaurant*); **quel jour est-ce (aujourd'hui)?** what day is it today? (1); **quel jour sommes-nous?** what day is it? (1); **quinze jours** two weeks; **tous les jours** every day (5); **un jour** someday (14)

journal (*pl.* **journaux**) *m.* newspaper (10); **journal intime** private journal, diary; **journal télévisé** television news program (10)

journaliste *m., f.* reporter, journalist (14)

journée *f.* (*whole*) day (6)

joyau *m.* jewel

Juif/Juive *m., f.* Jewish person

juillet July (1)

juin June (1)

jupe *f.* skirt (3); **minijupe** *f.* miniskirt

jurer to swear

jus *m.* juice; **jus de fruit** fruit juice; **jus d'orange** orange juice (6)

jusqu'à (jusqu'en) *prep.* up to, as far as (11); until

juste *adj.* just; right, exact; *adv.* just, precisely; accurately; **il est juste que** + *subj.* it's fair (equitable) that (16)

justifier to justify

kabyle *m.* Kabylian (*language*)

kilo(gramme) (kg) *m.* kilogram (7)

kilomètre (km) *m.* kilometer

kiosque *m.* kiosk; newsstand (10)

la (l') *art., f. s.* the; *pron., f. s.* it, her

là *adv.* there; **là-bas** *adv.* over there (10); **oh, là, là** *interj.* good heavens, my goodness

laboratoire (*fam.* **labo**) *m.* laboratory; **laboratoire de langues** language lab (2)

lac *m.* lake (8); **au bord du lac** on the lakeshore

laisser to let; to leave (*behind*) (7); **laisser** + *inf.* to let, allow

lait *m.* milk (6); **café** (*m.*) **au lait** coffee with hot milk

laitier/ière *adj.* dairy, milk

laitue *f.* lettuce (6)

lampe *f.* lamp (4); flashlight; **lampe torche** flashlight

lancer (**nous lançons**) to launch; to start up; **se lancer dans** to take on, embark on

langue *f.* language; tongue; **apprentissage** (*m.*) **des langues** language learning; **laboratoire** (*m.*) **de langues** language lab (2); **langue étrangère** foreign language; **langue maternelle** native language; **langues vivantes** modern languages

lapin *m.* rabbit

large *adj.* wide; extensive; **au large de Dakar** off (of) Dakar

las(se) weary (16)

latin: Quartier (*m.*) **latin** Latin Quarter (*in Paris*)

laurier *m.* laurel, bay; **feuille** (*f.*) **de laurier** bay leaf

lavabo *m.* bathroom sink (4)

lavande *f.* lavender

lave-vaisselle *m.* (*automatic*) dishwasher

laver to wash; **se laver** to wash (*oneself*) (13); **se laver les mains** to wash one's hands

laveuse *f.* washing machine

le (l') *art., m. s.* the; *pron., m. s.* it, him

leçon *f.* lesson

lecteur/trice *m., f.* reader; *m.* disk drive; **lecteur de CD** compact disc (CD) player (4, 10); **lecteur de DVD** DVD player (4, 10)

lecture *f.* reading (15)

légalisation *f.* legalization (16)

légendaire *adj.* legendary

légende *f.* legend

léger/ère *adj.* light; lightweight; slight; mild

légume *m.* vegetable (6)

lendemain *m.* day after

lent *adj.* slow

lequel (laquelle, lesquels, lesquelles) *pron.* which one, who, whom, which (15)

les *art., pl., m., f.* the; *pron., pl., m., f.* them

lessive *f.* laundry; **faire la lessive** to do the laundry (5)

lettre *f.* letter (10); *pl.* literature; humanities; **arts** (*m.*) **et lettres** humanities; **boîte** (*f.*) **aux lettres** mailbox (10); **faculté** (*f.*) **des lettres** School of Arts and Letters; **poster une lettre** to mail a letter

leur *adj., m., f.* their; *pron., m., f.* to them; **le/la/les leur(s)** *pron.* theirs

lever (je lève) to raise, lift; **levez la main** raise your hand; **se lever** to get up; to get out of bed (13)

levier *m.* lever

lèvres *f. pl.* lips; **rouge** (*m.*) **à lèvres** lipstick (13)

lézard *m.* lizard

liaison *f.* liaison; love affair

Liban *m.* Lebanon

libanais *adj.* Lebanese; **Libanais(e)** *m., f.* Lebanese person (2)

libéral *adj.* liberal; **professions** (*f. pl.*) **libérales** professions (*private practice*)

libérer (je libère) to free

liberté *f.* freedom; **liberté d'expression** freedom of expression (16)

librairie *f.* bookstore (2)

libre *adj.* free; available; vacant; **plongée** (*f.*) **libre** snorkeling (8); **temps** (*m.*) **libre** leisure time; **union** (*f.*) **libre** cohabitation, common-law marriage

Libye *f.* Libya

licence *f.* French university degree (*U.S. bachelor's degree*)

lien *m.* tie, bond, link

lier to link

lieu *m.* place (2); **au lieu de** *prep.* instead of, in the place of; **avoir lieu** to take place

ligne *f.* line; bus line; figure; **couper la ligne** to cut off (*phone call*); **en ligne** on-line; **garder la ligne** to keep one's figure; **ligne de but** goal, goal line

lilas *m. inv.* lilac

limite *f.* limit, deadline; **limite de vitesse** speed limit

limiter to limit

limonade *f.* lemonade; soft drink

linge *m.* laundry

linguiste *m., f.* linguist

linguistique *f.* linguistics (2)

liqueur *f.* liquor; liqueur

liquide *m., adj.* liquid; cash; **argent** (*m.*) **liquide** cash (14)

lire (*p.p.* **lu**) *irreg.* to read (10)

lisible *adj.* legible

liste *f.* list

lit *m.* bed (4); **faire son lit** to make one's bed; **wagon-lit** *m.* sleeping car

litre *m.* liter

littéraire *adj.* literary

littérature *f.* literature (2)

livraison *f.* delivery

livre *m.* book (1)

locataire *m., f.* renter

location *f.* rental

logement *m.* lodging(s), place of residence (4)

loger to reside, live

logiciel *m.* software (program) (10); **logiciel de navigation** browser

logique *m.* logic; *adj.* logical

loi *f.* law

loin *adv.* far; **loin de** *prep.* far from (4)

loisir *m.* leisure; *pl.* leisure activities (15)

Londres London

long(ue) *adj.* long (3); **le long de** (all) along; **tout au long de** throughout

longtemps *adv.* (for) a long time; **il y a longtemps** a long time ago

lors de at the time of

lorsque *conj.* when

loto *m.* lottery

louer to rent (4); to reserve; **à louer** for rent

Louisiane *f.* Louisiana

loup *m.* wolf

lourd *adj.* heavy

loyer *m.* rent (*payment*)

ludique *adj.* playful

lui *pron., m., f.* he; it; to him; to her; to it; **lui-même** *pron., m. s.* himself (12)

lumière *f.* light; **Siècle** (*m.*) **des lumières** Age of Enlightenment

lundi *m.* Monday (1); **le lundi** on Mondays (5)

lune *f.* moon

lunettes *f. pl.* (eye)glasses (8); **lunettes de ski** ski goggles (8); **lunettes de soleil** sunglasses (8)

lutter to fight

luxe *m.* luxury

luxueux/euse *adj.* luxurious

lycée *m.* lycée (*French secondary school*)

lycéen(ne) *m., f.* secondary school student

lyonnais *adj.* of (from) Lyon

lyrique *adj.* lyrical

lys: fleur (*f.*) **de lys** fleur de lis, trefoil

ma *adj., f. s.* my; **pour ma part** in my opinion, as for me (16)

machine *f.* machine; **machine à café** coffeemaker; **machine à calculer** calculator; **machine à coudre** sewing machine

madame (Mme) (*pl.* **mesdames**) *f.* Madam, Mrs. (ma'am) (1)

mademoiselle (Mlle) (*pl.* **mesdemoiselles**) *f.* Miss (1)

magasin *m.* store, shop (7); **grand magasin** department store; **magasin d'alimentation** food store

magasinage *m., Q.* shopping; **faire du magasinage** to go shopping

magazine *m.* (*illustrated*) magazine (4)

Maghreb *m.* Maghreb, North Africa

maghrébin *adj.* from the Maghreb; North African

magique *adj.* magic, magical

magnétoscope *m.* videocassette recorder (VCR) (1)

magnifique *adj.* magnificent (12)

mai May (1)

maillot *m.* jersey, T-shirt; **maillot de bain** swimsuit (3); **maillot jaune** yellow jersey (*worn by current leader in the Tour de France*)

main *f.* hand (13); **sac** (*m.*) **à main** handbag, purse (3); **se laver les mains** to wash one's hands; **se serrer la main** to shake hands

maintenant *adv.* now (2); **à partir de maintenant** from now on (14)

maintenir to maintain

maintien *m.* keeping, upholding

maire *m.* mayor

mairie *f.* town (city) hall (11)

mais *conj.* but (2); **mais non** (but) of course not; **mais si** of course (*affirmative answer to negative question*)

maison *f.* house, home (4); company, firm; **à la maison** at home; **Maison-Blanche** *f.* White House; **maison d'édition** publishing company; **repas** (*m.*) **fait maison** homemade meal

maître (maîtresse) *m., f.* master (mistress)

majestueux/euse adj. majestic, stately

majeur *adj.* major

majorité *f.* majority

mal *adv.* badly (1); *m.* evil; pain (*pl.* **maux**); **aller mal** to feel bad (ill); **avoir du mal à** to have trouble (difficulty); **avoir mal (à)** to hurt, have a pain; **avoir mal à la tête (au ventre)** to have a headache (stomachache) (13); **ça va mal** bad(ly) (things are going badly)

(1); **(le) plus mal** worse (worst); **pas mal** not bad(ly) (1); **pas mal de** a lot of

malade *m., f.* sick person; patient; *adj.* sick

maladie *f.* illness, disease; **assurances** (*f. pl.*) **maladie** health insurance

malaise *m.* uneasiness (16)

malchance *f.* bad luck, misfortune

mâle *adj.* male

malgré *prep.* in spite of

malheur *m.* unhappiness

malheureusement *adv.* unfortunately; sadly

malheureux/euse *adj.* unhappy; miserable

maltraité *adj.* mistreated

maman *f., fam.* mom, mommy

mamie *f., fam.* grandma

mandat *m.* mandate, term in office

mange-tout: *haricots (*m. pl.*) **mange-tout** string beans; sugar peas

manger (nous mangeons) to eat (2); *n. m.* food; **salle** (*f.*) **à manger** dining room (5)

mangeur/euse *m., f.* eater

mangue *f.* mango

maniable *adj.* easy to handle, manageable

manier to wield; to handle

manière *f.* manner, way; **bonnes manières** good manners

manifestation *f.* (*political*) demonstration; **manifestation sportive** sporting event (15)

manifester (pour, contre) to demonstrate (for, against) (16)

manne *f.* manna, godsend

manque *m.* lack, shortage

manquer to miss

manteau *m.* coat, overcoat (3)

se maquiller to put on makeup (13)

marais *m.* marsh, swamp

marbre *m.* marble

marchand(e) *m., f.* merchant, shopkeeper; **marchand(e) de vin** wine merchant (14)

marchander to bargain

marche *f.* walking (15); step (*stair*)

marché *m.* market; deal, transaction; **bon marché** *adj. inv.* cheap, inexpensive; **faire le marché** to do the shopping, go to the market (5); **marché aux puces** flea market; **marché en plein air** outdoor market

marcher to walk; to work (*machine, object*)

mardi *m.* Tuesday (1); **le mardi** on Tuesdays (5)

mari *m.* husband (5)

mariage *m.* marriage; wedding (13); **mariage à l'essai** trial marriage

marié *adj.* married (5); **jeunes (nouveaux) mariés** *m. pl.* newlyweds, newly married couple (13)

se marier (avec) to get married (to) (13)

marin *adj.* maritime, of the sea; **plongée** (*f.*) **sous-marine** scuba diving (8)

marmite *f.* soup pot

Maroc *m.* Morocco (8)

marocain *adj.* Moroccan; **Marocain(e)** *m., f.* Moroccan (*person*) (2)

marque *f.* trade name, brand, make

marquer to mark; to indicate

marrant *adj., fam.* funny, hilarious

marron *adj. inv.* brown (3); *m.* chestnut; **dinde** (*f.*) **aux marrons** turkey with chestnuts

mars March (1)

martiniquais *adj.* Martinican; **Martiniquais(e)** *m., f.* Martinican (*person*)

masculin *adj.* masculine

masque *m.* mask

masqué *adj.* masked

Mastère *m.* masters degree (*in France*)

mât *m.* pole, climbing pole

match *m.* game (15); **match de foot(ball) (de rugby)** soccer game (rugby match)

matérialiste *adj.* materialistic

matériau (*pl.* **matériaux**) *m.* material; building material

matériel *m.* material(s); **matériel(le)** *adj.* material

maternel(le) *adj.* maternal; **(école)** (*f.*) **maternelle** nursery school, preschool; **langue** (*f.*) **maternelle** native language

maternité *f.* maternity, childbearing

mathématiques (*fam.* **maths**) *f. pl.* mathematics (2)

matière *f.* academic subject (2); material; **en matière de** in the matter of, as far as . . . is concerned

matin *m.* morning; **ce matin** this morning (5); **du matin** in the morning (6); **petit matin** early morning; **tous les matins** every morning (10)

matinal *adj.* morning

matinée *f.* morning (*duration*) (7)

mauvais *adj.* bad (4); **il fait mauvais** it's bad (weather) out (5); **le/la plus mauvais(e)** the worst; **plus mauvais(e)** worse

me (m') *pron., s.* me, to me, for me

mécanicien(ne) *m., f.* mechanic

mécanisme *m.* mechanism

médaille *f.* medal

médecin (femme médecin) *m., f.* doctor, physician (14); **médecin généraliste** general practitioner

médias *m. pl.* media (16)

médicament *m.* medication; drug

médiéval *adj.* medieval (12)

médina *f.* medina (old part of city in Morocco)

méditer to meditate

mégalithique *adj.* megalithic

meilleur *adj.* better (14); **le/la/les meilleur(e)(s)** the best

mél *m.* e-mail (10)

mélange *m.* mixture

mélanger (nous mélangeons) to mix

mêlée *f.* scrum (*rugby*)

se mêler to mingle

membre *m.* member

même *adj.* same; itself; very same; *adv.* even; **de même** *adv.* likewise; **en même temps** at the same time; **le/la/les même(s)** the same one(s) (15); **moi-même** *pron.* myself (12); **quand même** anyway, even so

mémoire *m.* memory; *pl.* memoirs

ménage *m.* housekeeping; household; **faire le ménage** to do the housework (5); **scène** (*f.*) **de ménage** domestic squabble

ménager/ère *adj.* household; **tâches** (*f. pl.*) **ménagères** household tasks

mener (je mène) (à) to lead (to)

mensuel(le) *adj.* monthly

menthe *f.* mint (*leaves*)

mentionné *adj.* mentioned

menton *m.* chin

menu *m.* menu; fixed-price menu (7)

mer *f.* sea, ocean (8); **au bord de la mer** at the seashore

merci *interj.* thank you (1); **merci beaucoup** thank you very much (1)

mercredi *m.* Wednesday (1); **le mercredi** on Wednesdays (5)

mère *f.* mother (5); **belle-mère** mother-in-law; stepmother (5); **grand-mère** grandmother (5)

méridien *m.* meridian

mérite *m.* merit, worth

mériter to deserve, be worth

merveille *f.* marvel; **à merveille** *adv.* marvelously

mes *adj., m., f., pl.* my

message (*m.*) **électronique** e-mail message

messager/ère *m., f.* messenger

messe *f.* (*Catholic*) Mass

messieurs dames ladies and gentlemen

mesure *f.* measure; **dans une moindre mesure** to a lesser extent; **prendre des mesures** to take measures; **sur mesure** custom-made

météo *f., fam.* weather forecast (5)

méthode *f.* method

métier *m.* trade, profession (14); **armée** (*f.*) **de métier** professional army

métissage *m.* mixing of races

mètre *m.* meter

métro *m.* subway (*train, system*) (9); **station** (*f.*) **de métro** metro station (11)

métropole *m.* metropolis

métropolitain *adj.* metropolitan; from (of) mainland France

mets *m. s.* food, dish

metteur/euse (*m., f.*) **en scène** producer; film or theater director

mettre (*p.p.* **mis**) *irreg.* to place, put (10); to put on (10); to turn on; to take (*time*); to admit, grant; **mettre à mort** to put to death; **mettre en valeur** to emphasize; **mettre la table (le couvert)** to set the table (10); **mettre ses vêtements** to get dressed; **se mettre à** to begin to (*do s.th.*) (13)

meuble *m.* piece of furniture (5); **meubles d'époque** antique furniture

meublé *adj.* furnished

meurs, meurt (see **mourir**)

mexicain *adj.* Mexican; **Mexicain(e)** *m., f.* Mexican (*person*) (2)

Mexico Mexico City

Mexique *m.* Mexico (8)

mi-: (à la) mi-juin (in) mid-June

micro-ordinateur (*fam.* **micro**) *m.* desktop computer (10)

midi noon; **Midi** *m. south-central region of France*; **après-midi** *m.* or *f.* afternoon; **de l'après-midi** in the afternoon (6); **il est midi** it's noon (6)

miel *m.* honey

mien(ne)(s) (le/la/les) *pron., m., f.*, mine

mieux *adv.* better (15); **aimer mieux** to prefer (2); **il vaut mieux que** + *subj.* it's better that (16); **mieux (le mieux)** better (the best) (15); **tant mieux** so much the better (15)

mijoter to simmer

milieu *m.* environment; milieu, setting; middle; **au milieu de** in the middle of

militaire *adj.* military; **budget** (*m.*) **militaire** military budget (16)

militairement *adv.* militarily

militer pour (contre) to militate, argue for (against)

mille *adj.* thousand (7)

millénaire *m.* one thousand; millennium; *adj.* millennial

milliard *m.* billion (7)

milliardaire *m., f.* billionaire

millier *m.* (around) a thousand

million *m.* million (7)

mince *adj.* thin; slender

minceur *f.* leanness, slenderness

mine *f.* appearance, demeanor; mine; **vous n'avez pas bonne mine** you don't look well

minéral: eau (*f.*) **minérale** mineral water (6)

minier/ière *adj.* mining

minijupe *f.* miniskirt

ministre *m.* minister; **premier ministre** prime minister

minuit midnight; **il est minuit** it's midnight (6)

minute *f.* minute; **dans dix minutes** in ten minutes

miraculeux/euse *adj.* miraculous

miroir *m.* mirror (4)

mise *f.* placement; **mise à distance** separating; **mise en circulation** putting into circulation; **mise en place** placement

misère *f.* misery, poverty

missionnaire *m., f.* missionary

mixeur *m.* mixer

mixité *f.* diversity

mobile *m.* cell phone (4, 10)

mobiliser to mobilize

mobilité *f.* mobility

mode *f.* fashion, style; *m.* form, mode; *adj.* fashionable; **à la mode** in style; **créateur/trice** (*m., f.*) **de mode** fashion designer

modèle *m.* model; pattern

modéré *adj.* moderate; **habitations** (*f. pl.*) **à loyer modéré (H.L.M.)** *publicly subsidized apartment blocks* (*France*)

modernité *f.* modernity

modeste *adj.* modest, humble (3)

modifié *adj.* modified

moi *pron. s.* I, me; **c'est moi.** it's me (10); **chez moi** at my place;

excusez-moi excuse me; **moi aussi** me too (3); **moi-même** *pron.* myself (12); **moi non plus** me neither (3); **selon moi** in my view

moindre *adj.* less, lesser; **dans une moindre mesure** to a lesser extent; **le/la/les moindre(s)** the least

moine *m.* monk

moins *adv.* less; minus; **au moins** at least; **le moins** the least; **moins de...** fewer than (*with numbers*); **moins le quart** quarter to (the hour) (6); **moins... que** less . . . than (14); **plus ou moins** more or less

mois *m.* month (1); **par mois** per month

moitié *f.* half

moment *m.* moment; **au dernier moment** at the last moment; **au moment de partir** upon leaving; **en ce moment** now, currently; **pour le moment** for the moment

mon *adj., m. s.* my

monde *m.* world (8); people; society; **Coupe** (*f.*) **du Monde** World Cup (*soccer*); **Tiers-Monde** *m.* Third World; **tour** (*m.*) **du monde** trip around the world; **tout le monde** everybody, everyone (9)

mondial *adj.* world; worldwide; **Première (Deuxième [Seconde]) Guerre** (*f.*) **mondiale** First (Second) World War

mondialement *adv.* throughout the world

mondialisation *f.* globalization (16)

monétaire *adj.* monetary

moniteur *m.* monitor; screen (10)

monnaie *f.* coins, change (10); currency (*units*); **déposer la monnaie** to deposit change (10)

monsieur (M.) (*pl.* **messieurs**) *m.* Mister; gentleman; sir (1); **croque-monsieur** *m. grilled ham and cheese sandwich*

montagne *f.* mountain (8); **à la montagne** in the mountains; **chaussures** (*f.*) **de montagne** hiking boots (8); **faire du vélo de montagne** to go mountain biking

montant *m.* sum, amount (14); total

monter (dans) to set up, organize; to put on; to carry up; to go up; to climb (into) (8); **en montant à bord** embarking, getting on board

montre *f.* watch; wristwatch

montrer to show (3)

moral *m.* morale, spirits

morale *f.* moral philosophy

moralement in one's morale; morally

moralité *f.* morals, morality

morceau *m.* piece (7); **morceau de gâteau** piece of cake

morosité *f.* gloominess, moroseness

morphinique *adj.* containing morphine

mort *f.* death; *adj.* dead; **mettre à mort** to put to death; **mort de fatigue** dead-tired; **nature** (*f.*) **morte** still life

mosaïque *f.* mosaic

mosquée *f.* mosque

mot *m.* word (1); **jeu** (*m.*) **de mots** pun, play on words (15); **mot apparenté** related word, cognate; **mot clé** key word

moteur (*m.*) **de recherche** search engine

motivation *f.* motive; **lettre** (*f.*) **de motivation** cover letter, letter in support of one's application

motivé *adj.* motivated

motocyclette (*fam.* **moto**) *f.* motorcycle (9)

mouche *f.* fly, housefly; **bateau-mouche** (*pl.* **bateaux-mouches**) *m. tourist boat on the Seine*

moudre to grind

moule *f.* mussel (*seafood*)

moulinet: faire des moulinets avec les bras to whirl one's arms about

mourant *adj.* dying

mourir (*p.p.* **mort**) *irreg.* to die (8); **s'ennuyer à mourir** to be bored to death

mousse (*f.*) **au chocolat** chocolate mousse

mousser to bubble; to sparkle

moustique *m.* mosquito

mouton *m.* sheep

mouvement *m.* movement

moyen *m.* mean(s); way; **moyen de transport** means of transportation (9); **un bon (meilleur) moyen** a good (better) way

moyen(ne) *adj.* average; **cadre** *m.* **moyen** middle manager; **des classes** *f.* **moyennes** middle classes; **de taille moyenne** of medium height (3); **Moyen Âge** *m. s.* Middle Ages (12)

moyennant *prep.* in return for (which)

moyenne *f.* average; **en moyenne** on (an) average

muet(te) *adj.* mute

multinationale *f.* multinational (corporation)

multiplier to multiply

mur *m.* wall (4)

muraille *f.* wall

musée *m.* museum (11)

musical (*pl.* **musicaux**) *adj.* musical

musicien(ne) *m., f.* musician (12)

musique *f.* music (2); **musique classique** classical music

musulman(e) *m., f.* Muslim

mutation *f.* change, alteration

myrtille *f.* huckleberry; blueberry

mystère *m.* mystery

nacre *f.* mother-of-pearl; *m.* pearly (*color*)

nager (nous nageons) to swim (8)

naïf/ïve *adj.* naive (3); simple

naissance *f.* birth

naissant *adj.* emerging

naître (*p.p.* **né**) *irreg.* to be born (8)

nappe *f.* tablecloth (6)

narrateur/trice *m., f.* narrator

natal *adj.* native

natation *f.* swimming

nation *f.* nation; **Organisation des Nations Unies (ONU)** United Nations (UN)

nationaliste *m., f.* nationalist; *adj.* nationalistic, nationalist

nationalité *f.* nationality (2)

nature *f.* nature (16); **nature morte** still life

naturel(le) *adj.* natural; **ressources** (*f. pl.*) **naturelles** natural resources (16); **sciences** (*f. pl.*) **naturelles** natural sciences (2)

nautique *adj.* nautical; **ski** (*m.*) **nautique** water-skiing (8)

navarin *m.* stew; lamb stew

navigation: logiciel (*m.*) **de navigation** browser (*Internet*)

naviguer to navigate

n'dolé *m.* hearty soup of Cameroon

ne (n') *adv.* no; not; **ne... aucun(e)** none, not one; **ne... jamais** never, not ever (9); **ne... ni... ni** neither . . . nor; **ne... pas** no; not; **ne... pas du tout** not at all (9); **ne... pas encore** not yet (9); **ne... personne** no one, nobody (9); **ne... plus** no more, no longer (9); **ne... que** only (9); **ne... rien** nothing (9); **n'est-ce pas?** isn't it (so)?, isn't that right? (3)

néanmoins *adv.* nevertheless

nécessaire *adj.* necessary; **il est nécessaire que** + *subj.* it's necessary that (16)

nécessité *f.* need

nécessiter to require, necessitate

né(e) (see **naître**)

néfaste *adj.* harmful

négatif/ive *adj.* negative

négativement *adv.* negatively

négociateur/trice *m., f.* negotiator

négocier to negotiate

nègre (négresse) *m., f.* Negro (Negress)

négrier/ière: traite (*f.*) **négrière** slave trade

négritude *f.* Negritude (*1930s Black consciousness movement*)

neige *f.* snow; **surf** (*m.*) **des neiges** snowboarding

neiger (il neigeait) to snow; **il neige** it's snowing (5)

nénuphar *m.* water lily

nerveux/euse *adj.* nervous (3)

net(te) *adj.* clear; net (*price*)

nettoyer (je nettoie) to clean

neuf *adj.* nine (1)

neuf (neuve) *adj.* new, brand-new; **quoi de neuf?** what's new?; **remettre à neuf** to restore

neutre *adj.* neutral

neuvième *adj.* ninth (11)

neveu *m.* nephew (5)

nez *m.* nose (13)

ni *conj.* neither; nor; **ne... ni... ni** neither . . . nor

nièce *f.* niece (5)

niveau *m.* level

noces: repas (*m.*) **de noces** wedding meal/party **voyage** (*m.*) **de noces** honeymoon trip

Noël *m.* Christmas; **bûche** (*f.*) **de Noël** Yule log (*pastry*); **père** (*m.*) **Noël** Santa Claus; **réveillon** (*m.*) **de Noël** *midnight Christmas dinner*

noir *adj.* black (3)

noix *f.* nut; **noix de coco** coconut

nom *m.* noun; name; **au nom de** in the name of

nombre *m.* number (1); quantity; **nombres** (*pl.*) **ordinaux** ordinal numbers

nombreux/euse *adj.* numerous; **famille** (*f.*) **nombreuse** large family

nommer to name; to appoint

non *interj.* no; not (1); **moi non plus** me neither (3); **non plus** neither, not . . . either

nord *m.* north; **Amérique** (*f.*) **du Nord** North America; **au nord** to the north (9); **Nord-américain(e)** *m., f.* North American (*person*); **nord-est** *m.* northeast; **nord-ouest** *m.* northwest

normal *adj.* normal; **il est normal que** + *subj.* it's normal that (16)

normalement *adv.* usually

normand *adj.* Norman; **à la normande** in the Norman style

Normandie *f.* Normandy

Norvège *f.* Norway

nos *adj., m., f., pl.* our

notamment *adv.* notably; especially

note *f.* note; grade (*academic*); **bonnes (mauvaises) notes** good (bad) grades; **prendre des notes** to take notes

noter to notice; to note, write down

notre *adj., m., f., s.* our

nôtre(s): le/la/les nôtre(s) *pron., m., f.* ours; our own

nourrir to nourish

nourrissant *adj.* nourishing

nourriture *f.* food

nous *pron., pl.* we; us; **nous-mêmes** *pron., pl.* ourselves (12); **nous sommes lundi (mardi...)** it's Monday (Tuesday . . .) (1); **quel jour sommes-nous?** what day is it? (1)

nouveau (nouvel, nouvelle [nouveaux, nouvelles]) *adj.* new (3); **à nouveau** once more; **de nouveau** again (11); **nouveaux mariés** *m. pl.* newlyweds, newly married couple (13); **la nouvelle cuisine** *lighter, low-fat cooking style*; **La Nouvelle-Orléans** New Orleans; **Nouveau-Brunswick** *m.* New Brunswick; **Nouveau-Mexique** *m.* New Mexico; **Nouvel An** *m.* New Year's; **Nouvelle-Écosse** *f.* Nova Scotia

nouveauté *f.* novelty

nouvelle *f.* piece of news; short story; *pl.* news, current events; **bonne (mauvaise) nouvelle** good (bad) news

novembre November (1)

nuage *m.* cloud

nuageux/euse *adj.* cloudy; **le temps est nuageux** it's cloudy (5)

nucléaire *adj.* nuclear; **armes** (*f. pl.*) **nucléaires** nuclear weapons; **centrale** (*f.*) **nucléaire** nuclear power plant; **déchets** (*m. pl.*) **nucléaires** nuclear waste (16); **énergie** (*f.*) **nucléaire** nuclear power (16)

nuit *f.* night (7); **boîte** (*f.*) **de nuit** nightclub, club; **de nuit** at night

nul(le) *adj.,* null; worthless; *fam.* no good

numérique digital; **appareil** (*m.*) **(photo) numérique** digital camera (10); **assistant** (*m.*) **numérique** PDA (personal digital assistant) (10); **télévision** (*f.*) **numérique terrestre (la TNT)** high-definition television (10)

numéro *m.* number (10); **composer le numéro** to dial the number (10); **numéro de téléphone** telephone number (10)

numéroter to number

nuque *f.* nape, back of the neck

nymphéa *m.* white water lily

obéir to obey

objectif *m.* goal, objective

objet *m.* object; objective; **pronom** (*m.*) **complément d'objet direct (indirect)** *Gram.* direct (indirect) object pronoun

obligatoire *adj.* obligatory; mandatory; **service** (*m.*) **(militaire) obligatoire** mandatory military service

obligatoirement *adv.* necessarily, obligatorily

obligé *adj.* obliged, required; **être obligé de** to be obliged to

observateur/trice *m., f.* observer

observer to observe

obtenir (*like* **tenir**) *irreg.* to obtain, get (8)

obtention *f.* obtaining; achieving

occasion *f.* opportunity; occasion; bargain

occident *m.* the west

occidental *adj.* (*pl.* **occidentaux**) western, occidental; **Afrique** (*f.*) **occidentale** western Africa; **Virginie-Occidentale** *f.* West Virginia

occupé *adj.* occupied; busy

occuper to occupy; **s'occuper de** to look after, take care of

océan *m.* ocean, sea; **océan Atlantique** Atlantic Ocean

Océanie *f.* Oceania, the South Sea Islands

octobre October (1)

odeur *f.* odor, smell

œil (*pl.* **yeux**) *m.* eye (13); **coup** (*m.*) **d'œil** glance, quick look

œnologue *m., f.* oenologist, wine expert

œuf *m.* egg (6)

œuvre *f.* work; artistic work; **chef-d'œuvre** (*pl.* **chefs-d'œuvre**) *m.* masterpiece (12); ****hors-d'œuvre** *m. inv.* appetizer (7); **œuvre d'art** work of art (12)

officiel(le) *adj.* official

offre *f.* offer; **offre d'emploi** job offer

offrir (*like* **ouvrir**) *irreg.* to offer (14)

oie *f.* goose; **la Mère l'Oie** Mother Goose

oignon *m.* onion (7); **soupe** (*f.*) **à l'oignon** (French) onion soup

olive *f.* olive; **huile** (*f.*) **d'olive** olive oil (7)

ombre *f.* shadow; shade

ombrelle *f.* parasol

omelette *f.* omelet

on *pron. s.* one, they, we

oncle *m.* uncle (5)

onze *adj.* eleven (1)

onzième *adj.* eleventh (11)

opéra *m.* opera (15)

opinion *f.* opinion; **exprimer une opinion** to express an opinion (16); **opinion publique** public opinion (16)

opposé *m.* the opposite

opter pour to opt for, choose

optimiste *m., f.* optimist; *adj.* optimistic (3)

or *m.* gold

orage *m.* storm

orageux/euse *adj.* stormy; **le temps est orageux** it's stormy (5)

orange *adj. inv.* orange (3); *m.* orange (*color*); *f.* orange (*fruit*) (6); **jus** (*m.*) **d'orange** orange juice (6)

orchestre *m.* orchestra; band

ordinaire *adj.* ordinary, regular (3)

ordinal *adj.* ordinal; **nombres** (*m. pl.*) **ordinaux** ordinal numbers

ordinateur *m.* computer (1); **micro-ordinateur** *m.* desktop computer; **ordinateur de bureau (de table)** desktop computer (10); **ordinateur portable** (*fam.* **portable** *m.*) laptop computer (10)

ordonner to order (*s.o. to do s.th.*)

ordre *m.* order; command; **dans le bon ordre** in the right order; **dans l'ordre chronologique** in chronological order; **en ordre** orderly, neat (4)

oreille *f.* ear (13)

organique *adj.* organic

organiser to organize

organisme *m.* organization, institution; organism

oriental (*pl.* **orientaux**) *adj.* Oriental

orientation *f.* orientation; direction; **conseiller/ère** (*m., f.*) **d'orientation** guidance counselor

s'orienter to orient oneself, get one's bearings

oriflamme *f.* banner, standard (*flag*)

originaire (*adj.*) **de** native to

original (*pl.* **originaux**) *adj.* original; eccentric

originalité *f.* originality, imagination

origine *f.* origin; **d'origine algérienne** of Algerian origin (background); **pays** (*m.*) **d'origine** native country, nationality

ornement *m.* ornament; embellishment, adornment

orteil *m.* toe

os *m.* bone

ou *conj.* or; either (2); **ou bien** or else

où *adv.* where (4); *pron.* where, in which, when (14); **où est... ?** where is . . . ?

ouah ouah! bow-wow!, woof!

oublier (de) to forget (to) (8)

ouest *m.* west; **à l'ouest** to the west (9); **Afrique** (*f.*) **de l'ouest** West Africa; **nord-ouest** *m.* northwest; **ouest-africain** *adj.* West African; **sud-ouest** *m.* southwest

ouf *interj.* phew, whew

oui *interj.* yes (1); **oui, mais...** yes, but . . . (10)

ouragan *m.* hurricane

outil *m.* tool

ouvert *adj.* open; frank

ouverture *f.* opening

ouvrier/ière *m., f.* (*manual*) worker, laborer (14)

ouvrir (*p.p.* **ouvert**) *irreg.* to open (14)

ozone: couche (*f.*) **d'ozone** ozone layer

pacifiste *adj.* pacifistic

page (*f.*) **d'accueil** homepage

pager *m.* pager

pain *m.* bread (6); **baguette** (*f.*) **de pain** (French) bread, baguette; **pain au chocolat** chocolate croissant; **pain de campagne** country-style bread, wheat bread (7)

pair: au pair au pair (*child care by foreign student*)

paix *f.* peace

palais *m.* palace (12)

palier *m.* (stair) landing; **voisin(e)** (*m., f.*) **de palier** neighbor living on the same landing

palmarès *m.* record of achievement

palmeraie *f.* palm grove

palmier *m.* palm tree

pamplemousse *m.* grapefruit

Paname *m. fam.* Paris

panne *f.* (*mechanical*) breakdown; **en panne de débouchés** faced with an absence of job openings

panneau *m.* billboard, sign

panoramique *adj.* with a panoramic view

pantalon *m.* (pair of) pants (3)

pantoufle *f.* slipper (13)

papa *m., fam.* dad, daddy

papier *m.* paper

papy *m., fam.* grandpa

Pâques *f. pl.* Easter

paquet *m.* package

par *prep.* by, through, with (4, 12); **commencer (finir) par** to begin (end up) by; **par avion** air-mail; **par cœur** by heart (12); **par exemple** for example (16); **par *hasard** by chance; **par jour (semaine,** *etc.***)** per day (week, etc.); **par ordre chronologique** in chronological order; **par rapport à** in comparison with, in relation to; **par terre** on the ground (4); **une fois par semaine** once a week (5)

paradis *m.* paradise

paradoxalement *adv.* paradoxically

paradoxe *m.* paradox

paragraphe *m.* paragraph

paraître (*like* **connaître**) *irreg.* to appear (16)

parapluie *m.* umbrella (8)

parasol *m.* beach umbrella; parasol

parc *m.* park (11); **parc d'attraction** theme park

parce que *conj.* because (4)

parcourir (*like* **courir**) *irreg.* to cover, travel; to skim

parcours *m. s.* distance, journey, course

pardon *interj.* pardon (me) (1)

pareil(le) *adj.* the same, similar

parent(e) *m., f.* parent; relative (5); **arrière-grand-parent** *m.* great-grandparent (5); **grand-parent** grandparent (5); **parent(e) proche** close relative

parenthèse *f.* parenthesis; **entre parenthèses** in parentheses

paresseux/euse *adj.* lazy (3)

parfait *adj.* perfect

parfois *adv.* sometimes (9)

parfum *m.* perfume; flavor

parfumé *adj.* fragrant; flavorful

parier to bet, wager

parisien(ne) *adj.* Parisian (3); **Parisien(ne)** *m., f.* Parisian (*person*)

parking *m.* parking lot

parlement *m.* parliament

parler (à, de) to speak (to, of) (2); to talk (2); *m.* speech

parmi *prep.* among

parole *f.* word

parquet *m.* wooden (parquet) floor

part *f.* share, portion; **à part** besides; separately; **c'est de la part de X** X is calling; **de ma part** for me, on my behalf; **pour ma part** in my opinion, as for me (16); **quelque part** somewhere

partager (nous partageons) to share

partenaire *m., f.* partner

partenariat *m.* partnership

parti *m.* (*political*) party (16)

participant(e) *m., f.* participant

participe *m., Gram.* participle

participer à to participate in

particulier/ière *adj.* particular, special; **en particulier** in particular

partie *f.* part; **faire partie de** to be part of

partir (*like* **dormir**) **(à, pour, de)** *irreg.* to leave (for, from) (8); **à partir de** *prep.* starting from; **à partir de maintenant** from now on (14); **partir à l'aventure** to leave with no itinerary; **partir en vacances** to leave on vacation

partisan(e) *m., f.* supporter, advocate

partitif/ive *adj., Gram.* partitive

partout *adv.* everywhere (11)

parvenir (*like* **venir**) **à** *irreg.* to succeed in

pas (ne... pas) not; **ne... pas du tout** not at all (9); **ne... pas encore** not yet (9); **n'est-ce pas?** isn't it (so)?, isn't that right? (3); **pas à pas** step-by-step; **pas du tout** not at all; **pas mal** not bad(ly) (1)

passage *m.* passage; passing; **lieu** (*m.*) **de passage** crossing point, passageway

passager/ère *m., f.* passenger (9)

passant(e) *m., f.* passerby

passé *m.* past; *adj.* past, gone, last (7); **l'année** (*f.*) **passée** last year; **participe** (*m.*) **passé** *Gram.* past participle; **passé composé** *Gram.* compound past tense; **passé simple** *Gram.* past tense (*literary*)

passeport *m.* passport

passer to pass, spend (*time*) (6); to put through to (*by phone*); to show, play (*a film, record*) **passer (par)** to pass (by, through) (8); **passer sur** to go over; **passer les vacances** to spend one's vacation; **passer un examen** to take an exam (4); **qu'est-ce qui se passe?** what's happening?, what's going on? (15); **se passer** to happen, take place (15); to go

passe-temps *m. inv.* pastime, hobby (15)

passionné(e) *m., f.* enthusiast; *adj.* enthusiastic; passionate

se passionner pour to be excited about

pasteur *m.* (*Protestant*) minister

pâté *m.* liver paste, pâté; **pâté de campagne** (country-style) pâté (7); **pâté de foie gras** goose liver pâté

pâtes *f. pl.* pasta, noodles

patience *f.* patience; **avoir de la patience** to be patient; **perdre patience** to lose patience

patient *m., f.* (*hospital*) patient; *adj.* patient (3)

patienter to wait (patiently)

patin *m.* skate, ice skate; **faire du patin à glace** to go ice-skating; **faire du patin à roues alignées** to do in-line skating

patiner to skate

pâtisserie *f.* pastry; pastry shop (7); **boulangerie-pâtisserie** *f.* bakery-pastry shop

pâtissier/ière *m., f.* pastry shop owner; pastry chef

patrie *f.* native land

patrimoine *m.* legacy; heritage (12)

patron(ne) *m., f.* boss, employer; **fête** (*f.*) **des patrons** saint's day

pause *f.* pause, break

pauvre *adj.* poor; unfortunate (3)

pauvreté *f.* poverty

pavillon *m.* house, lodge

payé *adj.* paid, paying

payer (je paie) to pay, pay for (10)

pays *m.* country, nation (2); **pays en voie de développement** developing nation; **Pays-Bas** *m. pl.* Netherlands, Holland; **pays d'origine** native country

paysage *m.* landscape; scenery

paysan(ne) *m., f.* peasant, farmworker

pêche *f.* peach; fishing (15); **aller à la pêche** to go fishing (8)

pêcheur/euse *m., f.* fisherman (woman)

pédagogique *adj.* pedagogical, teaching

pédestre *adj.* pedestrian; **randonnée** (*f.*) **pédestre** hike; hiking

peigne *m.* comb (13)

se peigner to comb one's hair (13)

peindre (*like* **craindre**) *irreg.* to paint (12)

peintre (femme peintre) *m., f.* painter (12)

peinture *f.* painting (12); paint(s); **faire de la peinture** to paint

peler to peel

peloton: en peloton *m.* in a pack (*of people*)

pendant *prep.* for, during (9); **pendant combien de temps... ?** (for) how long . . . ? (9); **pendant les vacances** during vacation; **pendant que** *conj.* while

pénible *adj.* painful; hard, difficult

péniche *f.* barge

Pennsylvanie *f.* Pennsylvania

pensée *f.* thought; idea

penser to think; to reflect; to expect, intend; **je ne pense pas** I don't think so; **penser** + *inf.* to plan on (*doing s.th.*); **penser à** to think of, think about (11); **penser de** to think of, have an opinion about (11); **qu'en penses-tu?** what do you think about it? (11); **que pensez-vous de... ?** what do you think of . . . ? (11)

penseur/euse *m., f.* thinker

pensif/ive *adj.* pensive, thoughtful

perception (*f.*) **extrasensorielle** extra-sensory perception (ESP)

perdre to lose; to waste (5); **perdre patience** to lose patience; **se perdre** to get lost (13)

père *m.* father (5); **beau-père** father-in-law; stepfather (5); **grand-père** grandfather (5)

perfectionner to perfect

performant *adj.* competitive; highly capable

péril *m.* danger; **mettre en péril** to endanger

période *f.* period (*of time*)

péripétie *f.* adventure; event, episode

perle *f.* pearl

permanence: en permanence *adv.* permanently

permettre (*like* **mettre**) **(de)** *irreg.* to permit, allow (to), let (12)

permis *m.* permit, license; **permis de conduire** driver's license; **permis de travail** work permit

perruque *f.* wig

persévérant *adj.* persevering, dogged

persil *m.* parsley

personnage *m.* (*fictional*) character; personality, celebrity

personnalisé *adj.* personalized

personnalité *f.* personality

personne *f.* person (3); **ne... personne** nobody, no one (9)

personnel(le) *adj.* personal

personnellement *adv.* personally (16)

perspective *f.* view; perspective

persuader to persuade, convince

peser to weigh

pessimiste *adj.* pessimistic (3)

pétanque *f.* bocce ball, lawn bowling (*southern France*) (15)

pétiller to fizz

petit *adj.* little; short (3); very young; *m. pl.* young ones; little ones; **petit(e) ami(e)** *m., f.* boyfriend, girlfriend; **petit déjeuner** *m.* breakfast (6); **petit écran** *m.* television; **petit matin** *m.* early morning; **petit-enfant** *m.* grandchild (5); **petit-fils** *m.* grandson (5); **petite cuillère** *f.* teaspoon; **petite-fille** *f.* granddaughter (5); **petites annonces** *f. pl.* classified ads (10); **petits pois** *m. pl.* peas; **un petit peu** a little (bit)

pétrole *m.* oil, petroleum

peu *adv.* little; few; not very; hardly (3); **à peu près** *adv.* nearly; **encore un peu** a little more; **il est peu probable que** + *subj.* it's doubtful that (16); **peu à peu** little by little; **peu calorique** low in calories; **peu de** few (6); **un peu** a little (3); **un peu (de)** a little (of) (6)

peuple *m.* nation; people (*of a country*)

peuplé (de) *adj.* filled (with), full (of); populated

peur *f.* fear; **avoir peur (de)** to be afraid (of) (3)

peut-être *adv.* perhaps, maybe (5)

pharaon *m.* Pharaoh

phare *m.* beacon

pharmacie *f.* pharmacy, drugstore (11)

pharmacien(ne) *m., f.* pharmacist (14)

phénomène *m.* phenomenon

philanthrope *m., f.* philanthropist

philosophe *m., f.* philosopher

philosophie (*fam.* **philo**) *f.* philosophy (2)

philosophique *adj.* philosophical

photocopieur *m.* photocopy machine (10)

photographe *m., f.* photographer

photo(graphie) *f.* picture, photograph; **appareil (photo) numérique** *m.* digital camera (10); **prendre des photos** to take photos

photographique *adj.* photographic

phrase *f.* sentence

physique *f.* physics (2); *adj.* physical

piano *m.* piano; **jouer du piano** to play the piano

pièce *f.* piece; room (*of a house*) (5); coin; **monter une pièce** to put on a play; **pièce de collection** collector's item; **pièce de monnaie** coin; **pièce de théâtre** (*theatrical*) play (12)

pied *m.* foot (13); **à pied** on foot (9); **se lever du pied gauche** to get up on the wrong side of the bed

piège *f.* trap, trick

pierre *f.* stone

pile *f.* battery; stack; support

pilote *m., f.* pilot (9); driver

piment *m.* chili, pepper

pincée *f.* pinch, dash (*cooking*)

pique-nique *m.* picnic (15); **faire un pique-nique** to go on a picnic

pique-niquer to have a picnic

pire *adj.* worse (14); **le/la/les pire(s)** the worst

pirogue *f.* dugout canoe

pis *adv.* worse; **le pis** the worst; **tant pis** too bad (15)

piscine *f.* swimming pool (11)

piste *f.* path, trail; course; slope; **piste cyclable** bicycle path

pittoresque *adj.* picturesque

place *f.* place; position; (public) square (11); seat (12); **à votre (ta) place** in your place, if I were you (15); **mise** (*f.*) **en place** placement

placer (nous plaçons) to place, put

plage *f.* beach (8); **serviette** (*f.*) **de plage** beach towel (8)

plaidoyer *m.* defense, plea

se plaindre (de) (*like* **craindre**) *irreg.* to complain (about)

plaine *f.* plain

plaire (*p.p.* **plu**) **à** *irreg.* to please; **en français, s'il vous plaît** in French, please; **s'il te (vous) plaît** *interj.* please (1)

plaisir *m.* pleasure

plan *m.* plan; diagram; map (*of a city*) (11); **sur le plan économique** economically speaking

planche *f.* board; **faire de la planche à voile** to windsurf; **planche à voile** windsurfer (8)

plancher *m.* floor

planète *f.* planet

planifier to plan

plante *f.* plant

planter to plant

planteur *m.* planter, plantation owner

plaque *f.* package (*of frozen food*); **plaque tournante** linchpin; hub

plaquer to tackle (*U.S. football*)

plat *m.* dish (*type of food*); course (*meal*) (7); **plat de résistance** main course, dish; **plat du jour** today's special (*restaurant*); **plat principal** main course, main dish (7)

plein (de) *adj.* full (of); complete; **activités** (*f. pl.*) **de plein air** outdoor activities (15); **faire le plein** to fill it up (*gas tank*) (9); **marché** (*m.*) **en plein air** outdoor market; **plein de** a lot of

plénitude *f.* plenitude; richness

pleurer to cry, weep

pleuvoir (*p.p.* **plu**) *irreg.* to rain (7); **il pleut** it's raining (5)

plombier *m.* plumber (14)

plongée *f.* diving; **faire de la plongée libre** to go snorkeling (8); **faire de la plongée sous-marine** to go scuba diving (8)

plonger (nous plongeons) to dive, plunge

pluie *f.* rain

plupart: la plupart (de) most (of), the majority (of) (12)

pluriel *m.*, *Gram.* plural

plus (de) *adv.* more; plus; **de plus en plus** more and more; **en plus** in addition; **le plus** + *adv.* most; **le/la/les plus** + *adj.* most; **moi non plus** me neither; **ne... plus** no longer, no more (9); **plus... que** more . . . than (14); **plus tard** later

plusieurs (de) *adj.*, *pron.* several (of) (15)

plutôt *adv.* instead; rather

poche *f.* pocket

poème *m.* poem (12)

poésie *f.* poetry (12)

poète (femme poète) *m.*, *f.* poet (12)

poétique *adj.* poetic, poetry

poignée (*f.*) **de main** handshake

point *m.* point; spot; **être sur le point de** + *inf.* to be on the verge of; **point cardinal** compass point; **point de départ** starting point; **point de rencontre** meeting point; **point de vue** point of view; **point fort** strong point; *adv.* **ne... point** not at all

pointe *f.* point, tip; *pl.* headlands

pointillisme *m.* pointillism (*style of painting*)

poire *f.* pear (6)

pois *m. pl.* peas; dots; **à pois** polka-dotted; **petits pois** peas

poisson *m.* fish (6)

poissonnerie *f.* fish market (7)

poivrade: sauce (*f.*) **poivrade** vinaigrette dressing with pepper

poivre *m.* pepper (6); **steak** (*m.*) **au poivre** pepper steak

poivrer to pepper

poivron *m.* bell pepper

poli *adj.* polite (12); polished

police *f.* police; **agent** (*m.*) **de police** police officer (14); **poste** (*m.*) **de police** police station (11)

policier/ière *adj.* pertaining to the police; *m.* police officer; **roman** (*m.*) **policier** detective novel

politicien(ne) *m.*, *f.* politician (16)

politique *f.* politics; policy (16); *adj.* political; **faire de la politique** to go in for politics; **homme (femme) politique** *m.*, *f.* politician

Polononais(e) *m.*, *f.* Polish person

polyvalent *adj.* multi-purpose; versatile

polluant *adj.* polluting

polluer to pollute (16)

Polynésie (*f.*) **française** French Polynesia

pomme *f.* apple (6); **jus** (*m.*) **de pomme** apple juice; **pomme de terre** potato (6); **tarte** (*f.*) **aux pommes** apple tart

pompier *m.* fire fighter

pont *m.* bridge

populaire *adj.* popular; common; of the people

popularité *f.* popularity

porc *m.* pork (6); **côte** (*f.*) **de porc** pork chop

portable *m.* cellular phone (4, 10); laptop computer (4, 10)

porte *f.* door (1); stop, exit (*metro*); gate

porter to wear; to carry (3); **prêt-à-porter** *m.* ready-to-wear (*clothing*)

porto *m.* port (*wine*)

portugais *adj.* Portuguese

Portugal *m.* Portugal (8)

poser to put (down); to state, pose; to ask; **poser sa candidature** to apply; to run (*for office*) (14); **poser une question** to ask a question (11)

positif/ive *adj.* positive

positionnement *m.* positioning

posséder (je possède) to possess

possesseur/euse *m.*, *f.* owner

possessif/ive *adj.* possessive

possession *f.* possession; **prendre possession de** to take possession of

possibilité *f.* possibility

possible *adj.* possible; **aussi souvent que possible** as often as possible;

faire son possible to do one's best; **il est possible que** + *subj.* it's possible that (16)

postal *adj.* postal, post; **carte** (*f.*) **postale** postcard (10); **code** (*m.*) **postal** postal code, zip code

poste *m.* position; employment; *f.* mail (10); **bureau** (*m.*) **de poste** post office (10); **La Poste** post office; postal service (10); **poste** (*m.*) **de police** police station (11)

poster to mail (10)

postuler to apply (*for a job*)

pote *m. fam.* buddy

poterie *f.* pottery

pouce *m.* thumb; inch; **coup** (*m.*) **de pouce** little push (in the right direction)

poudre: en poudre *f.* powdered

poule *f.* hen

poulet *m.* chicken (6)

poupée *f.* doll

pour *prep.* for, in order to (2); **le pour et le contre** the pros and cons; **manifester pour** to demonstrate for (16); **pour ma part** in my opinion, as for me (16); **pour que** + *subj.* in order to

pourboire *m.* tip, gratuity (7)

pourcentage *m.* percentage

pourquoi *adv.*, *conj.* why (4)

pourri: faire un temps pourri *fam.* to be rotten weather

poursuivre (*like* **suivre**) *irreg.* to pursue (12)

pourtant *adv.* yet, nevertheless

pousser to push; to grow

poutine *f.* poutine (Quebec dish of French fries with cheese and gravy)

pouvoir (*p.p.* **pu**) *irreg.* to be able to, can (7); *m.* power, strength; **ça peut aller** all right, pretty well (1); **il se peut que** + *subj.* it's possible that (16); **je pourrais** I could (7)

pratique *adj.* practical; *f.* practice; use; **travaux** (*m. pl.*) **pratiques** hands-on learning

pratiquer to play, perform (*sport, activity*)

préalablement *adv.* beforehand

préavis: sans donner de préavis without notice

précaire fragile, precarious

précédent *adj.* preceding

précéder (je précède) to precede

précieusement *adv.* preciously

précipiter to rush, hurry

précieux/euse *adj.* precious

préciser to clarify, specify

précision *f.* precision; piece of information

précoce *adj.* precocious

prédiction *f.* prediction, forecast

prédilection *f.* partiality, predilection

prédire (*like* **dire, vous prédisez**) *irreg.* to predict, foretell

préférable *adj.* preferable, more advisable; **il est préférable que +** *subj.* it's preferable that (16)

préféré *adj.* favorite, preferred (5)

préférence *f.* preference; **de préférence** preferably

préférer (je préfère) to prefer, like better (6)

préfrit *adj.* pre-fried

préjugé *m.* prejudice

premier/ière *adj.* first (4); *f.* opening night, premiere; **le premier janvier** the first of January; **premier étage** *m.* second floor (*in the U.S.*) (5); **premier ministre** *m.* prime minister; **première classe** *f.* first class (9)

prendre (*p.p.* **pris**) *irreg.* to take (6); to have (to eat, to drink) (6); to order (6); **prendre au sérieux** to take seriously; **prendre conscience de** to realize, become aware of; **prendre des notes** to take notes; **prendre des vacances** to take vacation; **prendre du temps** to take a long time (6); **prendre l'avion** to take a plane; **prendre possession de** to take possession of; **prendre rendez-vous** to make an appointment (date); **prendre son temps** to take one's time (6); **prendre un repas** to have a meal (6); **prendre un verre** *fam.* to have a drink (6); **prendre une douche** to take a shower; **prendre une photo** to take a photo; **se prendre pour** to believe oneself to be

prénom *m.* first name, Christian name

préoccupé *adj.* worried, preoccupied

préoccuper to concern; **se préoccuper de** to concern, preoccupy oneself with; to worry about

préparatifs *m. pl.* preparations

préparer to prepare (5); **préparer un examen** to study for an exam; **se préparer (à)** to prepare oneself, get ready (for) (13)

près (de) *adv.* near, close to (4); **à peu près** nearly; **tout près** very near

présent *m.* present (*time*); *adj.* present; **à présent** now, at the present time

présentement *adv.* presently, currently

présenter to present; to introduce; to put on (*a performance*); **je vous (te) présente…** I want you to meet . . . ; **se présenter** to run for office; to introduce oneself

préserver to preserve

président(e) *m., f.* president

présidentiel(le) *adj.* presidential

présider to preside

presque *adv.* almost, nearly

presse *f.* press (*media*)

pressé *adj.* in a hurry, rushed; **citron** (*m.*) **pressé** fresh lemon juice

prestigieux/ieuse *adj.* prestigious

prêt *adj.* ready (3); **prêt-à-porter** *m.* ready-to-wear clothing

prétendre to claim (to be); **prétendre à** to lay claim to

prétentieux/euse *adj.* pretentious

prêter (à) to lend (to) (11)

preuve *f.* proof; **faire preuve de** to show

prévision *f.* prediction

prévoir (*like* **voir**) *irreg.* to foresee, anticipate

prévu *adj.* expected, anticipated; **comme prévu** as planned

prier to pray; to beg, entreat; to ask (*s.o.*); **je vous (t')en prie** please; you're welcome (7)

primaire *adj.* primary; **école** (*f.*) **primaire** primary school

principal *adj.* principal, main, most important; **plat** (*m.*) **principal** main course (7)

principe *m.* principle

printanier/ière *adj.* spring(like); with vegetables (*in cooking*)

printemps *m.* spring; **au printemps** in the spring (5)

pris (*see* **prendre**)

prise *f.* taking

prisme *m.* prism

prisonnier/ière *m., f.* prisoner

privé *adj.* private

privilégié *adj.* privileged

privilégier to favor

prix *m.* price (7); prize

probabilité *f.* probability

probable *adj.* probable; **il est peu probable que +** *subj.* it's doubtful that (16); **il est probable que +** *indic.* it's probable that (16)

problématique *f.* problem, issue

problème *m.* problem (16)

procédé *m.* process, method

procéder (je procède) to proceed

processus *m.* process

prochain *adj.* next; coming; **à la prochaine** until next time; **la rentrée prochaine** beginning of next academic year; **la semaine prochaine** next week (5)

prochainement *adv.* soon, shortly

proche (de) *adj., adv.* near, close; *m. pl.* close relatives; **futur** (*m.*) **proche** *Gram.* immediate (near) future

producteur/trice *m., f.* producer

produire (*like* **conduire**) *irreg.* to produce (9)

produit *m.* product (6); **produit chimique** chemical; **produits frais** fresh products (6)

professeur (*fam.* **prof**) *m.* professor, instructor (*male or female*) (1)

professionnel(le) *adj.* professional

profil *m.* profile; outline; cross section

profiter de to take advantage of, profit from; **profitez-en donc** take advantage of it

profiterole *f.* profiterole (*small cream puff*)

profond *adj.* deep

profondément *adv.* deeply, profoundly

profondeur: en profondeur in depth

programme *m.* program; agenda

programmer to program; to plan

progrès *m. s.* progress

projection *f.* projection, showing

projet *m.* project; *pl.* plans (5); **projets d'avenir** future plans

prolifération *f.* proliferation (16)

promenade *f.* walk; ride; **faire une promenade** to take a walk (5)

promener (je promène) to take out walking, take for a walk; **se promener** to go for a walk (drive, ride), take a walk (13)

promesse *f.* promise

promettre (*like* **mettre**) **(de)** *irreg.* to promise (to)

promotion *f.* promotion; sale, store special; **en promotion** on special

promouvoir (*p.p.* **promu**) *irreg.* to promote

pronom *m., Gram.* pronoun; **pronom accentué (indéfini, interrogatif, personnel, relatif)** *Gram.* disjunctive, stressed (indefinite, interrogative, personal, relative) pronoun; **pronom complément d'objet direct (indirect)** *Gram.* direct (indirect) object pronoun

pronominal *adj., Gram.* pronominal; **verbe** (*m.*) **pronominal** *Gram.* pronominal (reflexive) verb

prononcé *adj.* pronounced
propagation *f.* spread
propos *m.* talk; utterance; **à propos** by the way; **à propos de** about
proposer to propose; to offer
proposition *f.* proposal; offer
propre *adj.* own; clean; **propre à** characteristic of
propriétaire *m., f.* owner; landlord
propriété *f.* property
prospectus *m.* handbill, leaflet
protéger (je protège, nous protégeons) to protect (16)
prouver to prove
provenir (*like* **venir**) *irreg.* to come (descend) from
province *f.* province; **ville** *f.* **de province** country town
provincial *adj.* small-town; *n. m.* small-town person
provision *f.* supply; *pl.* groceries
provoquer to provoke
proximité *f.* proximity, closeness; **à proximité de** near
psychologie (*fam.* **psycho**) *f.* psychology (2)
psychologique *adj.* psychological
psychologue *m., f.* psychologist
public (publique) *adj.* public (11); *m.* public; audience; **opinion** (*f.*) **publique** public opinion (16); **télévision** (*f.*) **publique** government-owned television (10)
publicité (*fam.* **pub**) *f.* commercial, advertisement; advertising (10)
publier to publish
puce *f.* flea; **marché** (*m.*) **aux puces** flea market; **excité comme une puce** as excited as a flea (at a cat show)
puériculteur/trice *m., f.* daycare teacher, nursery nurse
puis *adv.* then, next (11); besides (7); **et puis** and then; and besides (7)
puissance *f.* power, strength
puissant *adj.* powerful; **tout-puissant** *adj.* all-powerful
pull-over (*fam.* **pull**) *m.* sweater (3)
pur *adj.* pure
purée *f.* purée (*e.g., mashed potatoes*)
pureté *f.* purity
pyjama *m. s.* pajamas

quai *m.* quay; platform (*train station*) (9)
qualificatif/ive *adj.* qualifying
qualité *f.* quality; characteristic
quand *adv., conj.* when (4); **depuis quand** since when (9); **quand même** even though; anyway

quantité *f.* quantity
quarantaine *f.* quarantine
quarante *adj.* forty (1)
quart *m.* quarter; fourth; quarter of an hour; **et quart** quarter past (the hour) (6); **moins le quart** quarter to (the hour) (6); **un quart de vin** a quarter liter carafe of wine
quartier *m.* quarter, neighborhood (2); **quartier général** headquarters; **Quartier latin** Latin Quarter (district) (*in Paris*)
quasi-totalité *f.* nearly all
quatorze *adj.* fourteen (1)
quatorzième *adj.* fourteenth
quatre *adj.* four (1); **quatre-vingts** eighty
quatrième *adj.* fourth
que (qu') what (4); that, which; whom (14); **ne... que** *adv.* only (9); **parce que** because (4); **que pensez-vous de... ?** what do you think about . . . ? (11); **que veut dire... ?** what does . . . mean?; **qu'en penses-tu?** what do you think of that? (11); **qu'est-ce que** what (*object*) (4); **qu'est-ce que c'est?** what is it? (1); **qu'est-ce qui** what (*subject*) (15); **qu-est-ce qui se passe?** what's happening?, what's going on? (15)
Québec *m.* Quebec (*province*); **Québec** Quebec (*city*)
québécois *m.* Quebecois (*language*); *adj.* from (of) Quebec; **Québécois(e)** *m., f.* Quebecois (*person*)
quel(le)(s) *interr. adj.* what, which (7); what a; **à quelle heure... ?** (at) what time . . . ? (6); **quel âge avez-vous?** how old are you?; **quel jour sommes-nous (est-ce)?** what day is it? (1); **quel temps fait-il?** how's the weather? (5); **quelle est la date?** what is the date? (1); **quelle heure est-il?** what time is it? (6)
quelque(s) *adj.* some, any; a few (15); **quelque chose** *pron.* something (9); **quelque chose de + adj.** something + adj. (15); **quelque part** *adv.* somewhere
quelquefois *adv.* sometimes (2)
quelques-uns/unes *pron., pl.* some, a few (15)
quelqu'un *pron., neu.* someone, somebody (9)
question *f.* question; **poser une question (à)** to ask a question (11)
quête *f.* quest, search

queue *f.* line (*of people*); **faire la queue** to stand in line (5); **queue de cheval** ponytail
qui *pron.* who, whom (4); who, that, which (14); **qu'est-ce qui** what (*subject*); **qui est à l'appareil?** who's calling? (10); **qui est-ce?** who is it? (1); **qui est-ce que** whom (*object*) (15); **qui est-ce qui** who (*subject*)
quiche *f.* quiche (*egg custard pie*); **quiche lorraine** *egg custard pie with bacon*
quinze *adj.* fifteen (1); **quinze jours** two weeks
quinzième *adj.* fifteenth
quitter to leave (*s.o. or someplace*) (8); **se quitter** to separate, leave one another
quoi (à quoi, de quoi) *pron.* which; what; **à quoi sert-il?** what is it for?; **il n'y a pas de quoi** you're welcome (7); **j'aurai droit à quoi** I'll be entitled to what; **n'importe quoi** anything; no matter what
quotidien(ne) *adj.* daily, everyday (13); *n. m.* daily life; **dépenses** (*f. pl.*) **du quotidien** everyday living expenses

racine *f.* root
racisme *m.* racism
raconter to tell, relate (11)
rage: faire rage to rage; to be fierce
ragoût *m.* meat stew, ragout
raï *m.* raï (type of Moroccan music)
raide *adj.* stiff; straight (*hair*) (3)
raideur *f.* stiffness
raison *f.* reason; **avoir raison** to be right (3)
raisonnable *adj.* reasonable; rational (3)
raisonneur/euse *adj.* argumentative; reasoning
ralliement *m.* rallying
rallonger (nous rallongeons) to prolong, lengthen
rame *f.* oar; paddle
ramener (je ramène) to bring back
ramer to row
randonnée *f.* hike; **faire une randonnée (pédestre)** to go hiking (8)
rang *m.* rank, ranking; row
rapatriement *m.* repatriation
raper to grate
rapide *adj.* rapid, fast; **restauration** (*f.*) **rapide** fast food
rapidement *adv.* quickly

rappeler (je rappelle) to remind; **se rappeler** to recall, remember (13)

rapport *m.* relation; **rapports familiaux** family relationships; **par rapport à** in comparison with, in relation to

rapporter to bring back; to return; to report

rapprocher to relate; **se rapprocher (de)** to draw nearer (to)

rarement *adv.* rarely (2)

raser to raze, demolish; **se raser** to shave (oneself) (13)

rasoir *m.* razor (13)

rassembler to put back together, reassemble; to gather together, assemble

rassurant *adj.* reassuring

rater to miss, not find

rationnellement *adv.* reasonably, rationally

rattraper to recapture

ravi *adj.* delighted

rayé *adj.* striped

rayon (*m.*) **de soleil** ray of light

réactionnaire *adj.* reactionary, very conservative

réagir to react

réaliser to carry out, fulfill; to create

réaliste *adj.* realistic (3)

réalité *f.* reality; **en réalité** actually

rebondir to bounce (back)

récemment *adv.* recently, lately (12)

recensement *m.* census

récent *adj.* recent, new, late

réception *f.* hotel (lobby) desk; receiving, receipt

recette *f.* recipe

recevoir (*p.p.* **reçu**) *irreg.* to receive (10)

rechange: ampoule (*f.*) **de rechange** spare lightbulb

rechargement *m.* recharging; refilling

réchauffement (*m.*) **de la planète** global warming (16)

recherche *f.* (*piece of*) research; search; **à la recherche de** in search of; **faire des recherches** to do research; **moteur** (*m.*) **de recherche** search engine

rechercher to research; to seek out; to strive for; **recherché** *adj.* sought after

réclamer to call for, demand

récolte *f.* harvest

récolter to harvest

recommandation *f.* recommendation

recommander to recommend

recommencer (nous recommençons) to start again

reconnaître (*like* **connaître**) *irreg.* to recognize (16)

reconnu *adj.* known, recognized

recours: avoir recours à to have recourse, turn to

reçu *m.* receipt (14)

recueil *m.* collection (12)

reculer to move backward; to recoil; to delay

récupérer (je récupère) to recover, get back

recyclage *m.* recycling (16)

recycler to recycle (16)

rédacteur/trice *m., f.* writer; editor

rédaction *f.* writing, preparing (*documents*)

rédiger (nous rédigeons) to write, write up, compose

redoutable *adj.* formidable, fearsome

réduction *f.* reduction; discount

réduire (*like* **conduire**) *irreg.* to reduce (9)

réduit *adj.* reduced; discounted

rééducation *f.* rehabilitation

réel(le) *adj.* real, actual

référence *f.* reference

réfléchir (à) to reflect (upon); to think (about) (4)

reflet *m.* reflection

refléter (je reflète) to reflect, mirror

réflexion *f.* reflection, thought

réforme *f.* reform (16)

réformer to reform

reformuler to reformulate

refrain *m.* chorus, refrain

refuser (de) to refuse (to) (12)

se régaler to feast on, treat oneself

regard: porter un regard (sur) to have a viewpoint (about)

regarder to look at, watch (2); **se regarder** to look at oneself, look at each other (13)

régime *m.* diet; régime (7)

régional (*pl.* **régionaux**) *adj.* local, of the district

règle *f.* rule

règlement *m.* rules, regulations

régler (je règle) to regulate, adjust; to settle

règne *m.* reign

regretter to regret, be sorry (16)

regrouper to regroup

régulier/ière *adj.* regular

régulièrement *adv.* regularly

reine *f.* queen (12)

rejoindre (*like* **craindre**) *irreg.* to (re)join

réjouissance *f.* rejoicing

relatif/ive *adj.* relative; **pronom** (*m.*) **relatif** *Gram.* relative pronoun

relation *f.* relation; relationship; **en relation avec** in contact with

relativement *adv.* relatively

se relaxer to relax

relier to tie, link

religieux/euse *adj.* religious

reliure *f.* bookbinding

remarquable *adj.* remarkable, outstanding

remarquer to notice

remède *m.* remedy; treatment

remercier (de) to thank (for); **(je ne sais pas) comment vous (te) remercier** I don't know how to thank you

remerciements *m. pl.* thanks

remettre (*like* **mettre**) *irreg.* to hand in; to replace; to deliver; **remettre à neuf** to restore

remplacer (nous remplaçons) to replace

rempli *adj.* filled, full

remplir to fill (in, out, up)

remporter to win

rémunéré *adj.* compensated, paid

Renaissance *f.* Renaissance (12)

rencontre *f.* meeting, encounter (13); **point** (*m.*) **de rencontre** meeting point

rencontrer to meet, encounter; **se rencontrer** to meet; to get together (13)

rendez-vous *m.* meeting, appointment; date (13); meeting place; **avoir rendez-vous avec** to have a meeting (date) with (3); **donner rendez-vous à** to make an appointment with

rendre to give (back), return; to hand in (5); to render, make; **rendre visite à** to visit (*s.o.*) (5); **se rendre à** to go to

renoncer to reject; to give up (*s.th.*)

renouveler (je renouvelle) to renew

rénover to renew

renseignement *m.* (*piece of*) information

se renseigner sur to make inquiries about

rentrée *f.* going back to school; **rentrée prochaine** beginning of next academic year

rentrer to return, go home (8)

réparer to repair

réparti *adj.* spread out

repartir (*like* **partir**) *irreg.* to leave (again)

répartition *f.* dividing up; distribution

repas *m.* meal (6); **repas fait maison** homemade meal

repeindre (*like* **craindre**) *irreg.* to repaint

repérer (je repère) to spot, locate, find

répertoire *m.* directory (*Internet*)

répéter (je répète) to repeat; **répétez (répète)** repeat (1)

réplique *f.* replica

répondeur (téléphonique) *m.* answering machine

répondre (à) to answer, respond (5)

réponse *f.* answer, response

reportage *m.* reporting; commentary

reposant *adj.* restful

reposer to put down, set down; **se reposer** to rest (13)

reprendre (*like* **prendre**) *irreg.* to take (up) again; to have more (*food*)

représentant(e) *m., f.* representative

représentatif/ive *adj.* representative

représenter to represent

reprise: à plusieurs reprises several times

reproduire (*like* **conduire**) *irreg.* to reproduce, copy

république *f.* republic; **République Démocratique du Congo** Democratic Republic of Congo (8)

répudié *adj.* repudiated, renounced

réputé *adj.* famous

réseau *m.* network

réservation *f.* reservation; **faire une réservation** to make a reservation

réservé (à) *adj.* reserved (for)

réserver to reserve; to keep in store

résidence *f.* residence; apartment building; **résidence universitaire** dormitory building

résider to reside

résistance: plat (*m.*) **de résistance** main dish, course

résister à to resist

résolument *adv.* resolutely, steadfastly

résonner to resonate, reverberate, resound

résoudre (*p.p.* **résolu**) *irreg.* to solve, resolve

respecter to respect, have regard for

respectueux/euse *adj.* respectful

respirer to breathe

responsabilité *f.* responsibility

responsable *m., f.* supervisor; staff member; *adj.* responsible

ressemblance *f.* resemblance

ressembler à to resemble; **se ressembler** to look alike, be similar

ressentir (*like* **dormir**) *irreg.* to feel

ressource *f.* resource; **ressources naturelles** natural resources (16)

restaurant *m.* restaurant (2); **restaurant universitaire** (*fam.* **le resto-U**) university cafeteria (2)

restaurateur/trice *m., f.* restaurant owner

restauration *f.* restoration; restaurant business; **restauration rapide** fast food

reste *m.* rest, remainder

rester to stay, remain (5); to be remaining; **il nous reste encore...** we still have . . .

restreint *adj.* limited, restrained

résultat *m.* result

résulter de to stem from, result from

résumé *m.* summary, résumé

rétablir to reestablish

retard *m.* delay; **en retard** late (6)

retirer to withdraw (14); to derive, gain

retour *m.* return; **au retour** upon returning; **billet** (*m.*) **aller-retour** round-trip ticket

retourner to return; to go back (8)

retraite *f.* retirement

retraité(e) *m., f.* retiree, retired person

retransmission *f.* broadcast; rebroadcast (10); **retransmission sportive** sports broadcast (10)

rétroprojecteur *m.* overhead projector (1)

retrouver to find (again); to regain; **se retrouver** to meet (again)

réunion *f.* meeting; reunion

réunir to collect, gather together; **se réunir** to get together; to hold a meeting

réussir (à) to succeed (at), be successful (in); to pass (*a test*) (4)

réussite *f.* success, accomplishment

rêve *m.* dream; **un emploi** (*m.*) **de rêve** a "dream" job

réveil *m.* alarm clock (4)

réveiller to wake, awaken (*s.o.*); **se réveiller** to awaken, wake up (13)

Réveillon *m. Christmas Eve (New Year's Eve) dinner*

revendication *f.* demand; claim

revenir (*like* **venir**) *irreg.* to return; to come back (*someplace*) (8)

revenus *m. pl.* personal income

rêver (de, à) to dream; to dream (about, of) (2)

réviser to review, revise

révision *f.* review; revising

revivre (*like* **vivre**) *irreg.* to relive

revoir (*like* **voir**) *irreg.* to see again (10); **au revoir** good-bye (1)

révolte *f.* rebellion, revolt

révolutionnaire *adj.* revolutionary

révolutionner to revolutionize

revue *f.* magazine; review; journal (10)

rez-de-chaussée *m.* ground floor, first floor (5)

rhume *m.* (head) cold

riche *adj.* rich (3)

richesse *f.* wealth; blessing

rideau (*pl.* **rideaux**) *m.* curtain (4)

rien (ne... rien) *pron.* nothing (9); **de rien** *interj.* not at all, don't mention it; you're welcome (1)

rigoler *fam.* to amuse, entertain; to be kidding

rire (*p.p.* **ri**) *irreg.* to laugh (15); *m.* laughter

risque *m.* risk

risquer to risk

rissoler to brown (*cooking*)

rivaliser avec to rival, compete with

rive *f.* (river)bank; **Rive gauche (droite)** the Left (Right) Bank (*in Paris*) (11)

rivière *f.* river, tributary

riz *m.* rice

robe *f.* dress (3)

rocheux/euse *adj.* rocky

roi *m.* king (12); **fête** (*f.*) **des Rois** Feast of the Magi, Epiphany

rôle *m.* part, character, role; **à tour de rôle** in turn, by turns; **jouer le rôle de** to play the part of

romain *adj.* Roman (12)

roman *m.* novel (10); **roman de science-fiction**; science fiction novel; **roman policier** detective novel

romancier/ière *m., f.* novelist

romantique *m., f., adj.* romantic

romantisme *m.* romanticism

rompre (avec) (*p.p.* **rompu**) *irreg.* to break (with)

rond *adj.* round; *m.* (smoke) ring

rondelle *f.* round slices

rose *adj.* pink (3); *f.* rose

rôti *m.* roast (7)

roue *f.* wheel; **faire du patin à roues alignées** to do in-line skating

rouge *adj.* red (3); **rouge** (*m.*) **à lèvres** lipstick (13)

roulé *adj.* rolled (up)

rouler to travel (*in a car, on a bike*) (9); to roll (along)

route *f.* road, highway (8); **en route** on the way, en route

routier/ière *adj.* (pertaining to the) road; **carte** (*f.*) **routière** road map; **sécurité** (*f.*) **routière** highway safety

routinier/ière *adj.* routine, following a routine

roux (rousse) *m., f.* redhead; *adj.* redheaded; red (*hair*) (3)

royaume *m.* kingdom

rubrique *f.* headline; section

rue *f.* street (4)

ruelle *f.* alley; narrow street; lane

ruine *f.* ruin; decay; collapse

ruiné *adj.* ruined

russe *adj.* Russian; *m.* Russian (*language*); **Russe** *m., f.* Russian (*person*) (2)

Russie *f.* Russia (8)

ryad *m.* Moroccan villa

rythme *m.* rhythm (16)

sa *adj., f. s.* his; her; its; one's

sable *m.* sand

sac *m.* sack; bag; handbag; **sac à dos** backpack (3); **sac à main** handbag (3); **sac de couchage** sleeping bag (8)

sachet *m.* packet

sacré *adj.* sacred; *fam.* darn

sacrifier to sacrifice

safran *m.* saffron

sage *m.* wise man; *adj.* good, well-behaved

saignant *adj.* rare (*meat*)

saison *f.* season

saisonnier/ière *adj.* seasonal

salade *f.* salad; lettuce (6)

salaire *m.* salary (14); **augmentation** (*f.*) **de salaire** salary raise (14)

salarié(e) *m., f.* salaried employee; **travailleur/euse** (*m., f.*) **salarié(e)** salaried worker (14)

saler to salt

salle *f.* room; auditorium; **salle à manger** dining room (5); **salle de bains** bathroom (5); **salle de classe** classroom (1); (5); **salle de sports** gymnasium

salon *m.* salon; living room; **salon de coiffure** hairdresser, beauty salon

saltimbanque *m., f.* acrobat; traveling performer

saluer to greet; **se saluer** to greet each other

salut *m.* health; *interj.* hi; bye (1)

salutation *f.* greeting

samedi *m.* Saturday (1); **le samedi** on Saturdays (5)

sandales *f. pl.* sandals (3)

sans *prep.* without; **sans-abri** *m., f. inv.* homeless (*person, people*) (16); **sans doute** probably

santé *f.* health (13); **à votre (ta) santé** *interj.* cheers, to your health

sardines (*f. pl.*) (**à l'huile**) sardines (in oil) (7)

satellite: télévision (*f.*) **satellite** satellite television (10)

satisfaisant *adj.* satisfying

satisfait *adj.* satisfied; pleased

sauce *f.* sauce; gravy; salad dressing

saucisse *f.* sausage (7)

saucisson *m.* (hard) salami

sauf *prep.* except

saumon *m.* salmon (7); **darne** (*f.*) **de saumon** salmon steak

sauté *adj.* pan-fried, sautéed

sauter to jump

sauver to save, rescue (16)

savane *f.* savanna

saveur *f.* flavor

savoir (*p.p.* **su**) *irreg.* to know (how, a fact) (11)

savon *m.* soap

scandaleux/euse *adj.* scandalous

scanner *m.* scanner (10)

scène *f.* stage; scenery; scene; **scène de ménage** domestic squabble

science *f.* science; **faculté** (*f.*) **des sciences** School of Science; **science-fiction** science fiction; **sciences humaines** humanities; **sciences naturelles** natural sciences (2)

scientifique *m., f.* scientist; *adj.* scientific

scolaire *adj.* pertaining to schools, school, academic; **frais** (*m. pl.*) **scolaires** tuition, fees; **zone** (*f.*) **scolaire** school zone

scolarité: frais (*m. pl.*) **de scolarité** tuition, fees

scotché (à) *adj. fam.* glued (to)

scrupuleusement *adj.* scrupulously

sculpteur (femme sculpteur) *m., f.* sculptor (12)

se (s') *pron.* oneself; himself; herself; itself; themselves; to oneself, etc.; each other

sec (sèche) *adj.* dry; **biscuit** (*m.*) **sec** cookie, wafer

séché *adj.* dried

second *adj.* second; **seconde classe** second class; **Seconde Guerre** (*f.*) **mondiale** Second World War

secondaire *adj.* secondary; **école** (*f.*) **secondaire** secondary school

secours *m. s.* help, assistance, aid; *pl.* rescue services; **trousse** (*f.*) **de secours** first-aid kit

secrétaire *m., f.* secretary (14)

section *f.* section; division

sécurité *f.* safety; sense of security; **ceinture** (*f.*) **de sécurité** seat belt; **sécurité routière** highway safety; **sécurité sociale** Social Security

séduire (*like* **conduire**) *irreg.* to charm, win over; to seduce

sein: au sein de within

seize *adj.* sixteen (1)

seizième *adj.* sixteenth

séjour *m.* living room (5); stay, sojourn

sel *m.* salt (6)

sélectionner to select

selon *prep.* according to (8); **selon moi** according to me, in my opinion

semaine *f.* week (1); **la semaine prochaine (passée)** next (last) week (5); **toutes les semaines** every week (10); **une fois par semaine** once a week (5)

semblable (à) *adj.* like, similar (to)

sembler to seem; to appear; **il semble que** + *subj.* it seems that (16)

semestre *m.* semester

semoule *f.* semolina

sénateur *m.* senator

Sénégal *m.* Senegal (8)

sénégalais *adj.* Senegalese; **Sénégalais(e)** *m., f.* Senegalese person (2)

sens *m.* meaning; sense; way, direction; **bon sens** common sense; **dans ce sens** to that end (effect)

sensibiliser (à) to make (*s.o.*) sensitive (to)

sensoriel(le) *adj.* sensory; **perception** (*f.*) **extrasensorielle** extra-sensory perception

sentiment *m.* feeling (16)

sentir (*like* **dormir**) *irreg.* to feel, sense; to smell (8); **se sentir** to feel; **sentir bon (mauvais)** to smell good (bad)

séparé *adj.* separated

sept *adj.* seven (1)

septembre September (1)

septième *adj.* seventh

sera (see **être**)

série *f.* series (10); **série télévisée** serial drama (10)

sérieusement *adv.* seriously

sérieux/euse *adj.* serious (3); **prendre au sérieux** to take seriously

serpent *m.* snake

serre *f.* greenhouse; **effet** (*m.*) **de serre** greenhouse effect (16)

serré *adj.* tight, snug
se serrer la main to shake hands
serveur/euse *m., f.* bartender; waiter, waitress (7)
service *m.* favor; service; military service; serve (*tennis*); **station-service** *f.* gas station (9)
serviette *f.* napkin (6); towel; briefcase; schoolbag; **serviette de plage** beach towel (8)
servir (*like* **dormir**) *irreg.* to serve (8); **à quoi sert-il?** what is it for?; **servir à** to be of use in, be used for
ses *adj. m., f. pl.* his; her; its; one's
seuil *m.* threshold; doorstep
seul *adj.* alone; single
seulement *adv.* only (9)
sexisme *m.* sexism (16)
short *m.* (*pair of*) shorts (3)
si *adv.* so (very); so much; yes (*response to negative question*) (9); **si (s')** *conj.* if; whether (4); **même si** even if; **s'il vous (te) plaît** please (1)
sida (SIDA) *m.* AIDS
siècle *m.* century (12); **Siècle des lumières** Age of Enlightenment
siège *m.* seat (9); place; headquarters
sien: le/la/les sien(ne)(s) *pron., m., f.* his/hers
sieste *f.* nap; **faire la sieste** to take a nap
signe *m.* sign, gesture
signer to sign
signifier to mean
significatif/ive *adj.* significant
silencieux/euse *adj.* silent
simplement *adv.* simply
simplicité *f.* simplicity
sincère *adj.* sincere (3)
sincérité *f.* sincerity
se singulariser to distinguish oneself
singulier/ière *adj.* singular; *m., Gram.* singular (*form*)
sinon *prep.* if not; otherwise
site *m.* site (10)
situer to situate, find; **se situer** to be situated; to be located
sixième *adj.* sixth
ski *m.* skiing; ski (8); **chaussures** (*f. pl.*) **de ski** ski boots (8); **faire du ski** to ski (5); **lunettes** (*f. pl.*) **de ski** ski goggles (8); **ski alpin** downhill skiing (8); **ski de fond** cross-country skiing (8); **ski nautique** water-skiing (8); **station** (*f.*) **de ski** ski resort
skier to ski (2)
skieur/euse *m., f.* skier

SMS *m.* text message (10)
SNCF (Société nationale des chemins de fer français) *f.* *French national train system*
snob *adj. inv.* snobbish (3)
snowboard: faire du snowboard to go snowboarding
sociabilité *f.* sociability
sociable *adj.* sociable (3)
social *adj.* social; **sécurité** (*f.*) **sociale** Social Security; **siège** (*m.*) **social** head office, headquarters
société *f.* society; organization; company (14); **jeux** (*m. pl.*) **de société** board games, group games (15)
sociologie (*fam.* **socio**) *f.* sociology (2)
sœur *f.* sister (5); **belle-sœur** sister-in-law (5); **demi-sœur** half sister; stepsister
soi (soi-même) *pron., neu.* oneself (12); **chez soi** at one's own place, home
soie *f.* silk
soif *f.* thirst; **avoir soif** to be thirsty (3)
soigner to take care of; to treat (14)
soigneusement *adv.* carefully
soin *m.* care; **avec soin** carefully
soir *m.* evening; **ce soir** tonight, this evening (5); **ce soir-là** that evening; **demain soir** tomorrow evening; **du soir** in the evening, at night (6); **hier soir** last night; **le lundi (le vendredi) soir** on Monday (Friday) evenings (5); **tous les soirs** every evening (10)
soirée *f.* party (3); evening (7)
soit: quel(le)(s) que soit (soient)... whatever may be . . .
soixante *adj.* sixty (1)
sol: sous-sol *m.* basement, cellar (5)
solaire *adj.* solar; **énergie** (*f.*) **solaire** solar energy (16)
soldat *m.* soldier
solde *f.* (*soldier's*) pay, wages; **en solde** *m.* on sale
sole *f.* sole (*fish*) (7)
soleil *m.* sun; **faire du soleil (il fait du soleil)** to be sunny (out) (it's sunny) (5); **le roi Soleil** the Sun King (Louis XIV); **lunettes** (*f. pl.*) **de soleil** sunglasses (8)
solidaire *adj.* showing solidarity, loyal
solidarité *f.* solidarity; interdependence
solide *adj.* solid, sturdy
solitaire *adj.* solitary; single; alone (3)
solitude *f.* loneliness; solitude (16)

sombre *adj.* dark; gloomy
sommeil *m.* sleep; **avoir sommeil** to be sleepy (3); **le plein sommeil** deep in sleep
sommet *m.* summit, top
somnambule *m. f.* sleepwalker
sompteux/euse *adj.* sumptuous
son *adj., m. s.* his; her; its; one's; *n. m.* sound
sonate *f.* sonata
sondage *m.* opinion poll, survey (16)
sonner to ring (*telephone*)
sonnette *f.* bell; doorbell
sonore *adj.* sound
sophistiqué *adj.* sophisticated
sorte *f.* sort, kind; manner
sortie *f.* exit; going out; evening out
sortir (*like* **dormir**) *irreg.* to leave; to take out; to go out (8)
sot(te) *adj.* stupid, foolish
souci *m.* care, worry
se soucier de to worry about
soucoupe (*f.*) **volante** flying saucer
soudain *adv.* suddenly (11)
souffle *m.* breath of air; puff of wind
souffrance *f.* suffering
souffrir (*like* **ouvrir**) *irreg.* to suffer (14)
souhait *m.* wish, desire
souhaiter to wish, desire (16)
souk *m.* *North African market*
soulagement *m.* relief
soulager (nous soulageons) to relieve
soulever (je soulève) to excite; to bring up
souligner to underline, emphasize
soumission *f.* subservience, submissiveness
soupe *f.* soup; **cuillère** (*f.*) **à soupe** tablespoon, soup spoon (6)
sourcil *m.* eyebrow
sourire (*like* **rire**) *irreg.* to smile; *m.* smile
souris *f.* mouse (1)
sournois *adj.* sly, shifty
sous *prep.* under, beneath (4); in (*rain, sun*); **sous (la) forme de** in the form of
sous-marin *adj.* underwater; *m.* submarine; **plongée** (*f.*) **sous-marine** scuba diving (8)
sous-sol *m.* basement, cellar (5)
soutenir (*like* **tenir**) *irreg.* to support (16); to assert
soutien *m.* support
souvenir *m.* memory, recollection; souvenir
se souvenir (*like* **venir**) **de** *irreg.* to remember (13)

souvent *adv.* often (2)

spécial (*pl.* **spéciaux**) *adj.* special

spécialisé *adj.* specialized

spécialiste (en) *m., f.* specialist (in)

spécialité *f.* specialty (*in cooking*)

spectacle *m.* show; performance (15)

spectaculaire *adj.* spectacular

spectateur/trice *m., f.* viewer, spectator

spirituel(le) *adj.* spiritual; witty

splendeur *f.* splendor

spontané *adj.* spontaneous

sport *m.* sport(s) (2); **faire du sport** to do (participate in) sports (5); **magasin** (*m.*) **de sports** sporting goods store; **salle** (*f.*) **de sports** gymnasium

sportif/ive *adj.* athletic; sports-minded (3); **manifestation** (*f.*) **sportive** sporting event (15); *m., f.* athlete; **retransmission** (*f.*) **sportive** sports broadcast (10)

squelette *m.* skeleton

stade *m.* stadium

stage *m.* training course; practicum, internship

standardiste *m., f.* switchboard operator

station *f.* resort (*vacation*); station; **station de métro** subway station (11); **station de ski** ski resort; **station-service** *f.* gas station, garage (9)

stationnement *m.* parking

statut *m.* status

steak *m.* (beef) steak; **steak au poivre** pepper steak; **steak frites** steak with French fries

stéréo *adj. m., f.* stereo(phonic); **chaîne** (*f.*) **stéréo** stereo (4)

stéréotypé *adj.* stereotyped

steward *m.* flight attendant, steward (9)

stimuler to stimulate

stipuler to stipulate

stratégie *f.* strategy

studieux/ieuse *adj.* studious

studio *m.* studio (apartment) (4)

stupide *adj.* stupid; foolish; **il est stupide que** + *subj.* it's idiotic that (16)

style *m.* style; **style de vie** lifestyle

stylo *m.* pen (1)

subir to undergo, be subjected to

subjonctif *m., Gram.* subjunctive (*mood*)

substantif *m., Gram.* noun, substantive

substituer to substitute

subtil *adj.* subtle

subventionner to support, back (*financially*)

se succéder (ils se succèdent) to follow one another

succès *m.* success; **à succès** successful

successeur *m.* successor

succession *f.* series, succession

sucre *m.* sugar (6); **canne** (*f.*) **à sucre** sugarcane

sucré *adj.* sweetened

sud *m.* south; **Amérique** (*f.*) **du Sud** South America; **au sud** to the south (9); **sud-est (-ouest)** southeast (-west)

Suède *f.* Sweden

suggérer (je suggère) to suggest

se suicider to commit suicide

Suisse *f.* Switzerland (8); **suisse** *adj.* Swiss; **Suisse** *m., f.* Swiss person (2)

suite: et ainsi de suite and so on; **tout de suite** immediately (5)

suivant *adj.* following

suivi (de) *adj.* followed (by)

suivre (*p.p.* **suivi**) *irreg.* to follow; to take (*a class, a course*) (12)

sujet *m.* subject; topic

super *adj. inv., fam.* super, fantastic

supérieur *adj.* superior; upper

supermarché *m.* supermarket

supplément *m.* supplement, addition; supplementary charge

supplémentaire *adj.* supplementary, additional

supportable *adj.* bearable, tolerable

supporter to bear, tolerate

supposer to suppose

supprimer to abolish, suppress

sur *prep.* on, on top (of) (4); over; out of; about; **donner sur** to overlook

sûr *adj.* sure, certain (16); safe; **bien sûr** of course; **il est sûr que** + *indic.* it is certain that (16)

surchargé *adj.* overloaded

sûrement *adv.* definitely, certainly

surf (*m.*) **des neiges** snowboarding

surface *f.* surface; **grande surface** shopping mall, superstore

surfer to surf; **surfer sur le Web** to surf the web (10)

surgelé *adj.* frozen

surnom *m.* name, family name

surnommer to nickname

surpopulation *f.* overpopulation (16)

surprenant *adj.* surprising

surpris *adj.* surprised (16)

surtout *adv.* especially; above all (10)

survenir (*like* **venir**) *irreg.* to happen

survêtement *m.* track suit, sweat suit

survivre (*like* **vivre**) *irreg.* to survive

survol *m.* browsing (*Internet*)

survoler to fly over

susceptible (de) *adj.* capable of, likely to

suspect(e) *m., f.* suspect

symbole *m.* symbol

symboliser to symbolize

symétrique *adj.* symmetrical

sympathique (*fam., inv.* **sympa**) *adj.* nice, friendly (3)

symphonie *f.* symphony

syndicat (*m.*) **d'initiative** (local) chamber of commerce, tourist information bureau (11)

synonyme *m.* synonym; *adj.* synonymous

système *m.* system

ta *adj., f. s., fam.* your

tabac *m.* tobacco; **bureau** (*m.*) **de tabac** (*licensed*) tobacco store; **café-tabac** *m.* bar-tobacconist (11)

table *f.* table (1); **à table** at (to) the table

tableau *m.* (chalk)board (1); painting (12); chart

tablette *f.* bar (*of chocolate*)

tâche *f.* task; **tâches ménagères** household tasks

taille *f.* waist; build; size; **de taille moyenne** of medium height (3)

tailleur *m.* (*woman's*) suit (3)

tailleuse *f.* tailoress

tajine *m.* tajne (a Moroccan stew)

talonnade *f.* heel; back-heel (*rugby, soccer*)

tambour *m.* drum

tandis que *conj.* while, whereas

tant *adj.* so much; so many; **tant de** so many, so much; **tant mieux** so much the better (15); **tant pis** too bad (15)

tante *f.* aunt (5)

taper to type

tapis *m.* rug (4)

tapisserie *f.* tapestry

tarbouche *m.* brimless hat worn by Muslim men

tard *adv.* late; **il est tard** it's late; **plus tard** later

tarif *m.* tariff; fare, price

tarifaire *adj.* tariff

tarte *f.* tart; pie (6); **tarte aux pommes** apple tart

tartine *f.* bread and butter sandwich

tas: des tas de lots of, piles of

tasse *f.* cup (6)

tatouage *m.* tattoo
tatoueur *m.* tatooer
taux *m.* rate; **taux de change** exchange rate (14); **taux de chômage** unemployment rate (14)
taxe *f.* indirect tax
taxi *m.* taxi; **chauffeur/euse** (*m., f.*) **de taxi** cab driver
te (t') *pron., s., fam.* you; to you, for you; **s'il te plaît** *interj.* please (1)
technicien(ne) *m., f.* technician
technique *f.* technique; *adj.* technical
techno *adj.* synthesized, (music)
technologie *f.* technology
tee-shirt (*pl.* **tee-shirts**) *m.* T-shirt (3)
tel(le) *adj.* such; **tel père, tel fils** like father, like son
télécarte *f.* telephone calling card (10)
télécharger (**nous téléchargeons**) to download (10)
télécommande *f.* remote control (10)
télécopieur *m.* fax machine
téléphone *m.* telephone *f.* (4); **numéro** (*m.*) **de téléphone** telephone number (10); **téléphone multimédia** video and picture phone (10); **téléphone portable** cell phone (10)
téléphoner (à) to phone, telephone (3); **se téléphoner** to call one another
téléphonique: cabine (*f.*) **téléphonique** phone booth (10); **répondeur** (*m.*) **téléphonique** (telephone) answering machine
téléspectateur/trice *m., f.* television viewer
télévisé *adj.* televised; **jeu** (*m.*) **télévisé** game show (10); **journal** (*m.*) **télévisé** television news program (10)
téléviseur *m.* television set (10);
télévision (*fam.* **télé**) *f.* television (1); **télévision numérique terrestre (TNT)** high-definition television (10); **télévision par câble (le câble)** cable television (10); **télévision publique** government-owned television; **télévision satellite** satellite television (10)
tellement *adv.* so; so much
témoin *m.* witness; **être témoin de** to witness
tempérament *m.* temperament, personality
température *f.* temperature

tempête *f.* storm
temporaire *adj.* temporary
temporel(le) *adj.* temporal, pertaining to time
temps *m.* time; weather (5); *Gram.* tense; **avoir le temps de** to have time to; **de temps en temps** from time to time (2); **depuis combien de temps... ?** since when . . . ?, (for) how long . . . ? (9); **en même temps** at the same time; **en temps de pluie** in rainy weather; **faire un temps pourri** to be rotten weather; **il est temps de** it's time to; **le temps est nuageux** it's cloudy (5); **le temps est orageux** it's stormy (5); **passer du temps** to spend time; **pendant combien de temps... ?** (for) how long . . . ? (9); **perdre du temps** to waste time; **prendre le temps (de)** to take the time (to); **quel temps fait-il?** how's the weather? (5); **temps libre** leisure time; **tout le temps** always, the whole time
tendance *f.* tendency; trend; **avoir tendance à** to have a tendency to
tendre *adj.* tender, sensitive; soft
tenir (*p.p.* **tenu**) *irreg.* to hold; to keep; **tenir au courant** to keep up to date; **tenir un journal** to keep a diary
tennis *m.* tennis; *pl.* tennis shoes (3); **court** (*m.*) **de tennis** tennis court; **jouer au tennis** to play tennis
tentant *adj.* tempting
tentation *f.* temptation
tente *f.* tent (8)
tenter (de) to try, attempt (to)
terme *m.* term; expression; **à court (long) terme** in the short (long) run
terminer to end; to finish
terrain *m.* field; ground; **terrain** (*m.*) **de camping** campground; **tout-terrain** *adj.* all-terrain
terrasse *f.* terrace, patio (5)
terre *f.* land; earth; **Terre** the planet Earth; **Terre Neuve** *f.* Newfoundland **par terre** on the ground (4); **pomme** (*f.*) **de terre** potato (6)
terrine *f.* (*type of*) pâté, terrine
territoire *m.* territory
terrorisme *m.* terrorism (16)
tes *adj., m., f. pl., fam.* your
tête *f.* head (13); **avoir mal à la tête** to have a headache (13); **casse-tête** *m.* puzzle; **tête-à-tête** tête-à-tête, intimate conversation

texte *m.* text; passage; **traitement** (*m.*) **de texte** word processing (10)
texto *m.* text message (10)
TGV (Train à grande vitesse) *m.* (*French high-speed*) bullet train
thé *m.* tea (6)
théâtre *m.* theater (12); **faire du théâtre** to act, do theater; **pièce** (*f.*) **de théâtre** (*theatrical*) play (12)
théorie *f.* theory
tiède *adj.* lukewarm, tepid
tiens *interj.* well, well (*expresses surprise*); you don't say; **ah, tiens** oh, there's . . .
tiers *m.* one-third; *adj.* third; **Tiers-Monde** *m.* Third World
tigre *m.* tiger
timbre *m.* stamp; postage stamp (10)
timide *adj.* shy; timid
tiré (de) *adj.* drawn, adapted (from)
tirer to pull, draw (out); **tirer avantage de** to take advantage of
tissu *m.* cloth, fabric
titre *m.* title; degree
TNT (télévision numérique terrestre) *f.* high-definition television (10)
toi *pron., s., fam.* you; **et toi?** and you?, How about you? (1); **toi-même** *pron.* yourself (12)
toilettes *f. pl.* bathroom, toilet (4); **faire sa toilette** to wash up
toit *m.* roof
tomate *f.* tomato (6)
tombe *f.* tomb, grave
tomber to fall (8); **tomber amoureux/euse (de)** to fall in love (with) (13)
ton *adj., m. s., fam.* your; **à ton avis** in your opinion (11)
tondeuse *f.* lawn mower
tondre to mow (*lawn*)
tonton *m. fam.* uncle
torche: lampe (*f.*) **torche** flashlight
tort *m.* wrong; **avoir tort** to be wrong (3)
se tortiller to twist, wriggle
tôt *adv.* early; **il est tôt** it's early
totalité *f.* totality, entire amount
touche *f.* key (*keyboard*); stroke
toucher (à) to touch (14); to concern; to cash (*a check*) (14)
toujours *adv.* always (2); still
tour *f.* tower (11); *m.* walk, ride; turn; tour; trick; **à tour de rôle** in turn, by turns; **faire le tour de** to go around, take a tour of; **faire un tour (en voiture)** to take a walk (ride) (5)

tourisme *m.* tourism; **faire du tourisme** to go sightseeing

touriste *m., f.* tourist

touristique *adj.* tourist

tourmenté *adj.* uneasy; tortured

tournant: plaque (*f.*) **tournante** linchpin; hub

tourné (*adj.*) **vers** facing

tourner (à) to turn (11)

tournesol *m.* sunflower; **huile** (*f.*) **de tournesol** sunflower seed oil

tournoi *m.* tournament

tousser to cough

tout(e) (*pl.* **tous, toutes**) *adj., pron.* all; every (10); everything (9); each; any; **tout** *adv.* wholly, entirely, quite, very, all; **à tout à l'heure** see you soon; **en tout** altogether, in all; **en tout cas** in any case, at any rate; **haricots** (*m. pl.*) **mange-tout** green beans; sugar peas; **je n'aime pas du tout…** I don't like . . . at all; **ne… pas du tout** not at all (9); **pas du tout** not at all; **tous ensemble** all together; **tous les après-midi** every afternoon (10); **tous (toutes) les deux** both (of them); **tous les jours** every day (5, 10); **tous les matins** every morning (10); **tous les soirs** every evening (10); **tout à coup** suddenly (11); **tout à fait** completely, entirely; **tout à l'heure** in a while (5); **tout au long de** throughout; **tout de suite** immediately (5); **tout droit** *adv.* straight ahead (11); **tout le monde** everybody, everyone (9); **tout le temps** always, the whole time; **tout va bien** everything is going well; **tout-puissant** *adj.* all-powerful; **tout-terrain** *adj.* all-terrain (*vehicle*); **toute la matinée (la journée, la soirée, la nuit)** all morning (day, evening, night) (7); **toutes les deux heures** every two hours; **toutes les semaines** every week (10)

toutefois *adv.* however

tracasserie *f.* harassment, hassle

tracer (nous traçons) to draw; to trace out; **tracer un itinéraire** to map out an itinerary

tracteur *m.* tractor

traditionnel(le) *adj.* traditional

traduction *f.* translation

traduire (*like* **conduire**) *irreg.* to translate (9)

train *m.* train (9); **billet** (*m.*) **de train** train ticket; **en train** by train; **être en train de** to be in the process of (15); **prendre le train** to take the train; **Train à grande vitesse (TGV)** (*French high-speed*) bullet train; **train-train** (*m.*) **quotidien** daily grind, routine

traite *f.* trade; **traite négrière** slave trade

traité *adj.* treated, dealt with

traitement *m.* treatment; **traitement de texte** word processing (10)

traiter to treat; **traiter de** to deal with

traiteur *m.* caterer, deli owner; delicatessen

trajet *m.* trip; distance

tranche *f.* slice (7); block, slab

trancher to slice, cut up

tranquille *adj.* quiet, calm

tranquillité *f.* tranquility; calm

transformer to transform, change; **se transformer** to change

translucide *adj.* translucent

transmettre (*like* **mettre**) *irreg.* to transmit, convey

transport(s) *m.* transportation; **moyen** (*m.*) **de transport** means of transportation (9); **transports en commun** public transportation

transporter to carry, transport

trapéziste *m., f.* trapeze artist

travail (*pl.* **travaux**) *m.* work (2); project; job; employment; **langue** (*f.*) **de travail** working language; **travail d'équipe** teamwork; **travaux** (*pl.*) **pratiques** hands-on (practical) work

travaillé *adj.* finely worked; intricate; polished

travailler to work (2); **travailler à (pour) son compte** to be self-employed (14)

travailleur/euse *m., f.* worker (14); *adj.* hardworking (3); **travailleur/euse indépendant(e)** self-employed worker (14); **travailleur/euse salarié(e)** salaried worker (14)

travers: à travers *prep.* through

traversée *f.* crossing

traverser to cross (9)

treize *adj.* thirteen (1)

treizième *adj.* thirteenth

tréma *m.* dieresis, umlaut (ë)

tremplin *m.* diving board; springboard

trentaine *f.* about thirty

trente *adj.* thirty (1)

très *adv.* very; most; very much; **très bien** *interj.* very well (good) (1); **très bien, merci** *interj.* very well, thank you; **très (peu) calorique** high (low) in calories

trésor *m.* treasure

trésorier/ière *m., f.* treasurer

tricolore *m.* French flag (*blue, white, red*)

trimestre *m.* trimester; quarter (*academic*)

triomphe *m.* triumph, success

triompher to triumph

tripes *f. pl.* tripe

triste *adj.* sad (3)

trois *adj.* three (1)

troisième *adj.* third

tromper to deceive; **se tromper (de)** to make a mistake; to be wrong (13)

trompette *f.* trumpet

trop (de) *adv.* too; too much (of); too many (of) (6)

trophée *m.* trophy

troubler to trouble, disturb

troupeau *m.* herd

trousse *f.* case; kit; **trousse de secours** first-aid kit

trouver to find (2); to deem; to like; **se trouver** to be located (situated, found) (13)

truffe *f.* truffle

truite *f.* trout

tu *pron., s., fam.* you

tuer to kill

Tunisie *f.* Tunisia (8)

tunisien *adj.* Tunisian; **Tunisien(ne)** *m., f.* Tunisian (*person*) (2)

turc (turque) *adj.* Turkish

type *m.* type, kind; *fam.* guy, fellow

typique *adj.* typical

un(e) (*pl.* **des**) *art.,* a, an; *adj., pron.* one (1); **un(e) autre** another (15); **un jour** someday (14); **un peu** a little (3); **un peu (de)** a little (of) (6); **une fois** once (11); **une fois par semaine** once a week (5)

unanime *adj.* unanimous

uni *adj.* united; plain, solid (*color*); **États-Unis** *m. pl.* United States; **Organisation** (*f.*) **des Nations Unies (ONU)** United Nations (UN)

uniformisateur *adj.* making s.th. uniform, all the same

union *f.* union; marriage; **Union européenne (UE)** European Union (EU); **union libre** living together, common-law marriage

unique *adj.* only, sole; single

s'unir to unite

unité *f.* unity; unit; department

univers *m. s.* universe

universel(le) *adj.* universal

universitaire *adj.* (*of or belonging to the*) university; **cité** (*f.*) **universitaire** (*fam.* **cité-U**) university dormitory; **résidence** (*f.*) **universitaire** dormitory; **restaurant** (*m.*) **universitaire** (*fam.* **le resto-U**) university cafeteria (2)

université *f.* university (2)

urbain *adj.* urban, city

urgent *adj.* urgent; **il est urgent que** + *subj.* it's urgent that (16)

usage *m.* use; custom

ustensile *f.* kitchenware, cookware

utile *adj.* useful; **il est utile que** + *subj.* it's useful that (16)

utilisation *f.* use

utiliser to use, utilize

utilité *f.* use; utility, usefulness

vacances *f. pl.* vacation (5); **grandes vacances** summer vacation; **partir (aller) en vacances** to leave on vacation; **passer les vacances** to spend one's vacation; **pendant les vacances** during vacation

vacancier/ère *m., f.* vacationer

vache *f.* cow

vachement *adv., fam.* very, tremendously

vague *f.* (*ocean*) wave; **nouvelle vague** new wave (*trend*)

vaincre (*p.p.* **vaincu**) *irreg.* to win; to triumph

vaisselle *f. s.* dishes; **faire la vaisselle** to wash (do) the dishes (5)

valable *adj.* valid

valeur *f.* value; worth

valise *f.* suitcase (8); **faire sa valise** to pack one's bag

vallée *f.* valley

valoir (*p.p.* **valu**) *irreg.* to be worth (16); **il vaut mieux que** + *subj.* it is better that (16)

valorisé *adj.* valued

vanille *f.* vanilla

vaniteux/euse *adj.* vain

variante *f.* variation

varier to vary; to change

variété *f.* variety, type; **chanson** (*f.*) **de variété** popular song (15); **spectacle** (*m.*) **de variétés** variety show; floor show (in a restaurant) (15)

Varsovie *f.* Warsaw

vaste *adj.* vast; wide, broad

va-t'en! *interj. fam.* get going!, go away! (13)

vaut (see **valoir**)

veau *m.* veal (7); calf; **escalope** (*f.*) **de veau** veal scaloppini

vedette *f.* star, celebrity (*male or female*)

végétarien(ne) *m., f., adj.* vegetarian

véhicule *m.* vehicle

veille *f.* the day (evening) before; eve

Veinard! *interj. fam.* Lucky you!

vélo *m., fam.* bike; **à/en vélo** by bike; **faire du vélo** to go cycling (5)

velours *m.* velvet

vendeur/euse *m., f.* salesperson

vendre to sell (5); **à vendre** for sale

vendredi *m.* Friday (1); **le vendredi** on Fridays (5); **le vendredi soir** on Friday evenings (5)

se venger (**nous nous vengeons**) to avenge oneself; to take revenge

venir (*p.p.* **venu**) *irreg.* to come (8); **venir de** + *inf.* to have just (*done s.th.*) (8)

vent *m.* wind; **faire du vent** (**il fait du vent, il y a du vent**) to be windy (it's windy) (5); **vent alizé** trade wind

vente *f.* sale; sales; **vente aux enchères** auction

venter to be windy; **il vente** it's windy (5)

ventre *m.* abdomen, belly; stomach (13)

verbe *m.* verb; language

vérifier to verify

véritable *adj.* true; real

vérité *f.* truth

verre *m.* glass (6); **prendre un verre** *fam.* to have a drink; **un verre de** a glass of

verrouillable *adj.* lockable

vers *prep.* around, about (*with time expressions*); toward, to; about; **tourné** (*adj.*) **vers** facing

verser to pour

version *f.* version; **en version originale** original version, not dubbed (*movie*)

vert *adj.* green (3); (*politically*) "green"; **citron** (*m.*) **vert** lime (*fruit*); **espace** (*m.*) **vert** open space, greenbelt; ***haricots** (*m. pl.*) **verts** green beans (6); **poivron** (*m.*) **vert** green (bell) pepper; **tourisme** (*m.*) **vert** ecotourism

veste *f.* sports coat, blazer (3); **veste de montagne** hiking (ski) jacket

veston *m.* suit jacket (3)

vêtement *m.* garment; *pl.* clothes, clothing

viande *f.* meat (6)

vibrer to vibrate

victime *f.* victim (*male or female*)

victoire *f.* victory

vide *adj.* empty

vidéo *f., fam.* video(cassette); *adj. inv.* video; **caméra** (*f.*) **vidéo** video camera; **cassette** (*f.*) **vidéo** videocassette; **jeux** (*m. pl.*) **vidéo** video games

vidéothèque *f.* video store

vie *f.* life (2); **coût** (*m.*) **de la vie** cost of living (14)

vietnamien *adj.* Vietnamese; **Vietnamien(ne)** *m., f.* Vietnamese person (2)

vieux (vieil, vieille) *adj.* old (4); **mon vieux (ma vieille)** old friend, buddy

vif (vive) *adj.* lively; bright

vigne *f.* vineyard

villa *f.* bungalow; single-family house; villa

villageois *adj.* village style

ville *f.* city (1); **centre-ville** *m.* downtown (11); **en ville** in town, downtown

vin *m.* wine (6); **coq** (*m.*) **au vin** coq au vin (*chicken prepared with red wine*); **marchand(e)** (*m., f.*) **de vin** wine merchant (14)

vingt *adj.* twenty (1); **vingt et un (vingt-deux...)** *adj.* twenty-one (twenty-two ...) (1)

vingtaine *f.* about twenty

vingtième *adj.* twentieth

violet(te) *adj.* purple, violet (3); *m.* violet (*color*)

violon *m.* violin

Virginie *f.* Virginia; **Virginie-Occidentale** West Virginia

visa *m.* visa; signature

visage *m.* face (13)

vis-à-vis (de) *adv.* opposite, facing; toward

viser à to aim to; to set out to

visibilité *f.* visibility

visionnaire *m., f.* visionary

visionner to watch, view

visite *f.* visit (2); **faire une visite** to pay a visit; **rendre visite à** to visit (*s.o.*) (11)

visiter to visit (*a place*) (2); **je peux la visiter** I may visit it

visiteur/euse *m., f.* visitor

vitæ: curriculum (*m.*) **vitæ** résumé (14)

vite *adv.* quickly, fast, rapidly; **il faut faire vite** we have to move fast; **venez vite** come quickly

vitesse *f.* speed; **limite** (*f.*) **de vitesse** speed limit; **Train** (*m.*) **à grande vitesse (TGV)** (*French high-speed train*) bullet train

vitres *f. pl.* windows

vitrine *f.* display window, store window

vivant *adj.* living; **langues** (*f. pl.*) **vivantes** modern languages

vive... *interj.* long live . . .

vivre (*p.p.* **vécu**) *irreg.* to live (12); **facile (difficile) à vivre** easy (hard) to live with; **vive...** *interj.* long live (hurrah for) . . .

vocabulaire *m.* vocabulary

vocal: boîte (*f.*) **vocale** voice mail (10)

voici *prep.* here is/are (2)

voie *f.* way, road; course; lane; railroad track; **pays** (*m.*) **en voie de développement** developing nation

voilà *prep.* there is/are (2)

voile *m.* veil; *f.* sail; **bateau** (*m.*) **à voile** sailboat (8); **faire de la voile** to go sailing (5); **planche** (*f.*) **à voile** windsurfer

voilier *m.* sailboat

voir (*p.p.* **vu**) *irreg.* to see (10)

voire *adv.* indeed

voisin(e) *m., f.* neighbor; **voisin(e) de palier** neighbor living on the same landing

voiture *f.* car, automobile (4); train car; **faire un tour en voiture** to take a ride (5);

voiture-restaurant *f.* dining car (*train*)

voix *f.* voice

vol *m.* flight (9)

volaille *f.* poultry

volant: objet (*m.*) **volant non identifié (O.V.N.I.)** unidentified flying object (UFO); **soucoupe** (*f.*) **volante** flying saucer

volcan *m.* volcano

voler to fly; to steal; **qui vole un œuf vole un bœuf** once a thief always a thief

volley-ball (*fam.* **volley**) *m.* volleyball; **jouer au volley** to play volleyball

volontaire *m., f., adj.* volunteer

volontiers *adv.* gladly

volonté *f.* will, willingness

volupté *f.* voluptuous pleasure

vos *adj., m., f. pl.* your

voter to vote

votre *adj., m., f.* your; **à votre avis** in your opinion (11)

vôtre(s): le/la/les vôtre(s) *pron., m., f.* yours; *pl.* your close friends, relatives

vouloir (*p.p.* **voulu**) *irreg.* to wish, want (7); **je voudrais** I would like (6); **que veut dire... ?** what does . . . mean?; **vouloir bien** to be willing; to agree (7); **vouloir dire** to mean (7)

vous *pron.* you; yourself; to you; **chez vous** where you live, your place; **et vous?** and you?, How about you? (1); **s'il vous plaît** please (1); **vous-même** *pron.* yourself (12)

voyage *m.* trip; **agence** (*f.*) **de voyages** travel agency; **bon voyage** *interj.* have a good trip; **chèque** (*m.*) **de voyage** traveler's check; **faire un voyage** to take a trip (5); **partir (s'en aller) en voyage** to leave on a trip; **projets** (*m. pl.*) **de voyage** travel plans

voyager (nous voyageons) to travel (8)

voyageur/euse *m., f.* traveler

voyant(e) *m., f.* fortune-teller, medium

Voyons... let's see . . . (10)

vrai *adj.* true, real (4); **il est vrai que** + *indic.* it's true that (16)

vrai *adj.* true (4); **il est vrai que...** it's true that . . . (16)

vue *f.* view; panorama; sight; **en vue de** with a view toward; **point** (*m.*) **de vue** point of view

wagon *m.* train car (9); **wagon-lit** *m.* sleeping car; **wagon-restaurant** *m.* dining car

Wallonie *f.* Wallonia (*French-speaking Belgium*)

W.-C. *f. pl.* restroom, toilet (4)

Web *m.* (World Wide) Web (10)

week-end *m.* weekend; **ce week-end** this weekend (5); **le week-end** on weekends (5)

Wi-Fi *m.* Wi-Fi, wireless (connection) (10)

xénophobie *f.* xenophobia

y *pron.* there (11); **il n'y a pas de...** there isn't (aren't) . . . ; **il y a** there is (are) (1); ago (8); **qu'est-ce qu'il y a dans... ?** what's in . . . ?; **y a-t-il... ?** is (are) there . . . ?

yeux (*pl.* [3] *of* **œil**) *m.* eyes (13)

zèbre *m.* zebra

zéro *m.* zero

zone *f.* zone, area; **zone fumeurs (non-fumeurs)** smoking (nonsmoking) area

zoologique *adj.* zoological; **jardin** (*m.*) **zoologique** (*fam.* **zoo**) zoological gardens, zoo

Lexique anglais-français

This English-French end vocabulary contains the words in the active vocabulary lists of all chapters. See the introduction to the *Lexique français-anglais* for a list of abbreviations used.

abdomen ventre *m.* (13)

able: to be able pouvoir *irreg.* (7)

abolish abolir (16)

about (*with time expressions*) vers (6)

abroad à l'étranger (9)

accept accepter (de) (12)

accident accident *m.* (16)

accomplish réussir (4)

according to selon (8)

account compte *m.* (14); **checking account** compte-chèques *m.* (14); **savings account** compte d'épargne (14)

accountant comptable *m., f.* (14)

acquaintance: to make the acquaintance (of) faire la connaissance (de) (5)

across from en face de (4)

act *v.* agir (4)

activities (leisure) loisirs *m. pl.* (15); **outdoor activities** activités (*f.*) de plein air (15)

actor acteur/trice *m., f.* (12)

address adresse *f.* (10)

adore adorer (2)

ads (classified) petites annonces *f. pl.* (10)

advertisement, advertising publicité *f.* (10)

advise conseiller (à, de) (15)

aerobics aérobic *f.* (5); **to do aerobics** faire de l'aérobic (5)

afraid: to be afraid of avoir peur de (3)

after après (2, 5)

afternoon après-midi *m.* (5); **afternoon snack** goûter *m.* (6); **this afternoon** cet après-midi (5)

afterward après (5)

again de nouveau (11)

age âge *n. m.*; **Middle Ages** le moyen âge (12)

ago il y a (8)

agree vouloir (*irreg.*) bien (7)

agreeable agréable (3)

agreed d'accord (2)

ahead: straight ahead tout droit (11)

airplane avion *m.* (9)

airport aéroport *m.* (9)

alarm clock réveil *m.* (4)

Algeria Algérie *f.* (8)

Algerian (*person*) Algérien(ne) *m., f.* (2)

all *adj.*, tout, toute, tous, toutes (9); *pron.* tout(e); **all right** ça peut aller (1); **not at all** ne... pas du tout (9)

allow (to) permettre (de) (12)

almost presque (6)

already déjà (9)

also aussi

always toujours (2)

American (*person*) Américain(e) *m., f.* (2)

amount montant *m.* (14)

amusing amusant(e) (3)

and et (2); **and you?** et vous?/et toi? (1)

angry fâché(e) (16); **to get angry** se fâcher (13)

another un(e) autre (15)

answer *v.* répondre à (5)

antique *adj.* ancien(ne) (4)

any en *pron.* (11)

apartment appartement *m.* (4); **apartment building** immeuble *m.* (4); **studio apartment** studio *m.* (4)

apologize s'excuser (13)

apparatus appareil *m.* (10)

appear avoir l'air (3); paraître *irreg.* (16)

appetizer *hors-d'œuvre *m. inv.* (7)

apple pomme *f.* (7)

application (job) demande (*f.*) d'emploi (14)

apply (*for a job*) poser sa candidature (14)

appointment: to have an appointment avoir (*irreg.*) rendez-vous (3)

April avril (1)

architect architecte *m., f.* (14)

arena arènes *f. pl.* (12)

argue se disputer (13)

arm bras *m.* (13)

around (*with time expressions*) vers (6)

arrival arrivée *f.* (9)

arrive arriver (3)

art (work of) œuvre (*f.*) (d'art) (12)

artisan artisan(e) *m., f.* (14)

artist artiste *m., f.* (14)

as . . . as aussi... que (14); **as far as** jusqu'à (11); **as for me** pour ma part (16); **as much (many) . . . as** autant (de)... que (15); **as soon as** dès que (14), aussitôt que (14)

ashamed: to be ashamed avoir (*irreg.*) honte (3)

ask (for) demander (2); **to ask a question** poser une question (12)

asleep: to fall asleep s'endormir *irreg.* (13)

at à (2)

athletic sportif/ive (3)

atmosphere atmosphère *f.* (16)

attend assister à (15)

attendant (flight) hôtesse (*f.*) de l'air (9), steward *m.* (9)

attention: to pay attention (to) faire (*irreg.*) attention (à) (5)

August août (1)

aunt tante *f.* (5)

automatic teller (ATM) guichet (*m.*) automatique (14)

automobile voiture *f.* (4)

autumn automne *m.* (5); **in autumn** en automne (5)

awaken se réveiller (13)

back dos *m.* (13)

backpack sac (*m.*) à dos (3)

bad mauvais(e) *adj.* (4); **bad(ly)** mal *adv.*; **it's bad (out)** il fait mauvais (5); **not bad(ly)** pas mal (1); **things are going badly** ça va mal (1); **to feel bad (ill)** aller (*irreg.*) mal (5); **too bad!** dommage! *interj.* (16)

badly *adv.* mal (1)

bag: sleeping bag sac (*m.*) de couchage (8)

baguette baguette (*f.*) (de pain) (6)

bakery boulangerie *f.* (7)

balcony balcon *m.* (5)

ball: bocce ball pétanque *f.* (15)

bank banque *f.* (11); **bank (ATM) card** carte (*f.*) bancaire (14); **the Left Bank** (*in Paris*) Rive (*f.*) gauche (11); **the Right Bank** (*in Paris*) Rive (*f.*) droite (11)

bar-tobacconist café-tabac *m.* (11)

basement sous-sol *m.* (5)

bathe se baigner (13)

bathroom salle (*f.*) de bains (5); **bathroom sink** lavabo *m.* (4)

be être (*irreg.*) (2); **here is/are** voici (2); **how are you?** comment allez-vous?/comment vas-tu? (1); **it's a . . .** c'est un (une)... (1); **there is/are** il y a; voilà; **to be in the middle (the process) of** être en train de (15)

beach plage *f.* (8); **beach towel** serviette (*f.*) de plage (8)

beans: green beans *haricots (*m. pl.*) verts (6)

beautiful beau, bel, belle (beaux, belles) (3)

because parce que (4)

become devenir *irreg.* (8)

bed lit *m.* (4); **to go to bed** se coucher (13)

bedroom chambre *f.* (4)

beef bœuf *m.* (6)

beer bière *f.* (6)

begin commencer (2); **to begin to** (*do s.th.*) se mettre (*irreg.*) à (+ *inf.*) (13)

behind derrière (4)

Belgian (*person*) Belge *m., f.* (2)

Belgium Belgique *f.* (8)

believe croire *irreg.* (10); estimer (16); **to believe in (that)** croire à, en (que)

beret béret *m.* (3)

berth couchette *f.* (9)

beside à côté de (4)

best le mieux *adv.* (15); le/la/les meilleur(e)(s) *adj.*

better meilleur(e) *adj.*; mieux *adv.* (15); **it is better that** il vaut mieux que + *subj.* (16) **so much the better** tant mieux (15)

between entre (4)

bicycle bicyclette *f.* (8), vélo *m.*; **by bike** à vélo (9); **to go bicycling** faire (*irreg.*) de la bicyclette, du vélo (5)

big grand(e) (3)

bill (*in a restaurant*) addition *f.* (7); (*currency*) billet *m.*

biology biologie *f.* (2)

black noir(e) (3)

blackboard tableau (noir) *m.* (1)

blazer veste *f.* (3)

blond(e) blond(e) (3)

blouse chemisier *m.* (3)

blue bleu(e) (3)

board games jeux (*m. pl.*) de société (15)

boarding pass carte (*f.*) d'embarquement (9)

boat bateau *m.* (8); **sailboat** bateau à voile (8)

boating: to go boating faire du bateau (8)

bocce ball pétanque *f.* (15)

body corps *m.* (13)

book livre *m.* (1); **telephone book** annuaire *m.* (10)

bookstore librairie *f.* (2)

booth (telephone) cabine (*f.*) téléphonique (10)

boots bottes *f. pl.* (3); **hiking boots** chaussures (*f. pl.*) de montagne (8); **ski boots** chaussures (*f. pl.*) de ski (8)

bore: to be bored s'ennuyer (13)

born: to be born naître *irreg.* (8)

borrow (from) emprunter (à) (11)

boss chef (*m.*) d'entreprise (14)

bottle bouteille *n. f.* (6)

boulevard boulevard *m.* (11)

bowling (lawn) pétanque *f.* (15)

brave courageux/euse (3)

Brazil Brésil *m.* (8)

bread pain *m.* (6); **country-style wheat bread** pain de campagne (7)

breakfast petit déjeuner *m.* (6)

bring apporter (7); **to bring** (*s.o. somewhere*) amener

broadcast émission *n. f.* (10); **sports broadcast** retransmission (*f.*) sportive (10); **to broadcast** émettre (*irreg.*)

brother frère *m.* (5); **brother-in-law** beau-frère *m.* (5)

brown (*hair*) châtain(e) (3); marron *inv.* (3)

browser browser *m.* (10)

brush (one's hair, teeth) se brosser (les cheveux, les dents) (13); brosse *f.* (13)

budget budget *m.* (14)

build bâtir (6)

building bâtiment *m.* (1); immeuble (*office, apartment*) *m.* (4)

bus (*city*) autobus *m.* (5); (*interurban*) autocar *m.* (9)

business commerce *m.* (2); **business class** classe (*f.*) affaires (9); **business manager** directeur/trice commercial(e) (14)

but mais (2)

butcher boucher/ère *m., f.* (14); **butcher shop** boucherie *f.* (7); **pork butcher's shop** charcuterie *f.* (7)

butter beurre *m.* (6)

buy *v.* acheter (8)

by à (2); en (2); par (12); **by (train, plane, bus)** en (9); **by bike** à velo (9)

cable TV câble *m.* (10)

café café *m.* (2)

cafeteria (university) restaurant (*m.*) universitaire (resto-U) (2)

cake gâteau *m.* (6)

call *v.* appeler (10); **telephone calling card** télécarte *f.* (10); **who's calling?** qui est à l'appareil? (10)

calm calme (3)

camcorder (digital) caméscope *m.* (10)

camera (digital) appareil (*m.*) **(photo)** numérique (10); **digital video camera** caméscope *m.* (10)

camping camping *m.* (8); **to go camping** faire (*irreg.*) du camping

can (*to be able*) pouvoir *irreg.* (7)

can (of food) boîte (*f.*) (de conserve) (7)

Canada Canada *m.* (8)

Canadian (*person*) Canadien(ne) *m., f.* (2)

canned goods conserves *f. pl.* (7)

cap casquette *f.* (3)

car voiture *f.* (4); **train car** wagon *m.* (9)

carafe carafe *f.* (6)

card carte *f.* (3); **bank (ATM) card** carte bancaire (14); **credit card** carte de crédit (14); **debit card** carte de débit (14); **to play cards** jouer aux cartes (3)

careful: to be careful faire (*irreg.*) attention (à) (5)

Caribbean Islands Antilles *f. pl.* (1)

carrier (letter) facteur/trice *m., f.* (14)

carrot carotte *f.* (6)

carry apporter (7); porter (3)

cartoon bande (*f.*) dessinée (15)

case: in that case alors (4)

cash argent (*m.*) liquide (14); **to cash** (*a check*) toucher (14), encaisser

castle château *m.* (11)

cathedral cathédrale *f.* (12)

CD CD *m.* (4, 10)

CD player lecteur (*m.*) de CD (4, 10)

celebrate fêter, célébrer (6)

cell phone mobile *m.* (4, 10); portable *m.* (4, 10)

century siècle *m.* (12)

ceremony cérémonie *f.* (13)

certain certain(e) (16); sûr(e) (16)

chair chaise *f.* (1)

chalkboard tableau (noir) *m.* (1)

chance: games of chance jeux (*m. pl.*) de hasard (15)

change monnaie *n. f.* (10)

channel (*television*) chaîne *f.* (10)

chateau château *m.* (11)

check (*in a restaurant*) addition *f.* (7); (*bank*) chèque *m.* (14); **checkbook** carnet (*m.*) de chèques (14); **checking account** compte-chèques *m.* (14); **to cash a check** toucher un chèque (14), encaisser un chèque; **to write a check** faire (*irreg.*) un chèque (14)

cheese fromage *m.* (6)

chemistry chimie *f.* (2)

chess échecs *m. pl.* (3)

chest (of drawers) commode *f.* (4)

chestnut (*hair color*) châtain (3)

chicken poulet *m.* (6)

child enfant *m., f.* (5)

China Chine *f.* (8)

Chinese (*person*) Chinois(e) *m., f.* (2); (*language*) chinois *m.* (2)

chocolate chocolat *m.* (6)

choose choisir (4)

chop (*meat*) côte *n. f.* (7)

church (*Catholic*) église *f.* (11)

citizen citoyen(ne) *m., f.* (16)

city ville *f.* (2)

civil civil(e); **civil rights** droits (*m. pl.*) civils (16); **civil servant** fonctionnaire *m., f.* (14)

class (business) classe (*f.*) affaires (9); **first class** première classe (9); **second class** deuxième classe (9); **tourist class** classe économique (9)

classical classique

classified ads petites annonces *f. pl.* (10)

classroom salle (*f.*) de classe (1)

clear *adj.* clair(e) (16)

clerk (sales) employé(e) (14)

click (on) cliquer (sur) (10)

climb *v.* monter (8)

clock (alarm) réveil *m.* (4)

close to près de (4)

closet armoire *f.* (4)

cloudy: it's cloudy le temps est nuageux (5)

coat manteau *m.* (3); **sports coat** veste *f.* (3)

coffee (cup of) un café *m.* (2)

coin locker consigne *f.* (automatique) (9)

coins monnaie *f.* (10)

cold froid *m.*; **it's cold** il fait froid (5); **to be cold** avoir (*irreg.*) froid (3)

collection collection *f.* (15); recueil *m.* (12)

comb peigne *n. m.* (13); **to comb one's hair** se peigner (13)

come venir *irreg.* (8); **to come back to** (*someplace*) revenir *irreg.* (8)

commercial publicité *n. f.* (10)

compact disc (CD) player lecteur (*m.*) de CD (4, 10)

company entreprise *f.* (14); société *f.* (14); **company head** chef (*m.*) d'entreprise (14)

compartment (*train*) compartiment *m.* (9)

composer compositeur/trice *m. f.* (12)

computer ordinateur *m.* (1); **computer science** informatique *f.* (2); **desktop computer** ordinateur (*m.*) de bureau (de table) (10), micro-ordinateur (micro) *m.* (10); **laptop computer** ordinateur (*m.*) portable (portable *m.*) (4, 10)

concern *v.* toucher (14)

conflict conflit *n. m.* (16)

conformist conformiste (3)

Congo (Democratic Republic of) République (*f.*) Démocratique du Congo (8)

conservation conservation *f.* (16)

conserve conserver (16)

consider estimer (16)

constantly constamment (12)

construct construire *irreg.* (9)

continue continuer (11)

cooking cuisine *f.* (6); **to cook** faire (*irreg.*) la cuisine (5)

cool *adj.* frais (fraîche); **it's cool** il fait frais (5)

corner coin *m.* (11)

cost of living coût (*m.*) de la vie (14)

costs frais *m. pl.* (14)

country (*nation*) pays *m.* (2); **country(side)** campagne *f.* (8)

couple (*engaged, married*) couple *m.* (13)

course (*academic*) cours *m.* (2); **course** (*meal*) plat *m.* (7); **first course** entrée *f.* (7); **main course** plat (*m.*) principal (7)

cousin cousin(e) *m., f.* (5)

cover *v.* couvrir *irreg.* (14)

craftsperson artisan(e) *m., f.* (14)

crayfish écrevisse *f.* (7)

cream crème *f.* (6); **ice cream** glace *f.* (6)

credit card carte (*f.*) de crédit (14)

croissant croissant *m.* (6)

cross *v.* traverser (9); **cross-country skiing** ski (*m.*) de fond (8)

cup tasse *f.* (6); **cup of coffee** un café *m.* (2); **wide cup** bol *m.* (6)

curtain rideau *m.* (4)

cycling cyclisme *m.* (15); vélo *m.*; **to go cycling** faire (*irreg.*) du vélo (5)

daily quotidien(ne) (13)

dance *v.* danser (2)

date (from) *v.* dater (de) (12); **to have a date** avoir (*irreg.*) rendez-vous (3); **what is the date?** quelle est la date? (1)

daughter fille *f.* (5); **daughter-in-law** bru *f.* (5)

day jour *m.* (1); **all day** toute la journée (7); **every day** tous les jours (5); **the day before yesterday** avant-hier (7); **what day is it?** quel jour sommes-nous? (1); **whole day** journée *f.* (7)

dear cher/ère (3)

debit card carte de débit (14)

decade: the decade of (the fifties) les années (cinquante) *f. pl.* (8)

December décembre (1)

decide décider (de) (12)

deforestation (tropical) déforestation (*f.*) tropicale (16)

delay retard *n. m.* (6)

delicatessen charcuterie *f.* (7)

demand *v.* exiger (16)

demonstrate (for/against) manifester (pour/contre) (16)

dentist dentiste *m., f.* (14)

departure départ *m.* (9)

deposit (change) *v.* déposer (14) (la monnaie) (10)

describe décrire *irreg.* (10)

desire *v.* désirer (15); souhaiter (16)

desk bureau *m.* (1)

desktop computer micro (-ordinateur) *m.* (10), ordinateur de bureau (de table) (10)

dessert dessert *m.* (6)

destroy détruire *irreg.* (9)

detest détester (2)

develop développer (16)

development développement *m.* (16)

dial (the number) composer (le numéro) (10)

dictionary dictionnaire *m.* (2)

die mourir *irreg.* (8)

diet régime *n. m.* (7)

different différent(e) (3)

difficult difficile (3)

digital camera appareil (*m.*) (photo) numérique (10)

dine dîner (6)

dining room salle (*f.*) à manger (5)

dinner dîner *m.* (6); **to have dinner** dîner (6)

direct *v.* diriger (14)

directory (telephone) annuaire *m.* (10)

disagreeable désagréable (3)

discover découvrir *irreg.* (14)

dishes vaisselle *f. s.*; **to do the dishes** faire (*irreg.*) la vaisselle (5)

district quartier *m.* (2); arrondissement *m.* (11)

division (*academic*) faculté *f.* (2)

divorced divorcé(e) (5)

do faire *irreg.* (5); **do-it-yourself work** bricolage *m.* (15)

doctor médecin (femme médecin) (14)

documentary documentaire *n.m.* (10)

dog chien(ne) *m., f.* (4)

door porte *f.* (1)

dormitory cité (*f.*) universitaire (cité-U) (2)

doubt *v.* douter (16)

downhill skiing ski (*m.*) alpin (8)

download *v.* télécharger (10)

downtown centre-ville *m.* (11)

drawers (chest of) commode *f.* (4)

dream (of) *v.* rêver (de) (2)

dress robe *f.* (3); **to get dressed** s'habiller (13)

drink (soft) boisson (*f.*) (gazeuse) (6); **to drink** boire *irreg.* (6)

drive *v.* conduire *irreg.* (9)

driver conducteur/trice *m., f.* (9)

drugstore pharmacie *f.* (11)

DSL connection/line connexion (*f.*) ADSL (10)

during pendant (9)

DVD player lecteur (*m.*) de DVD (10)

dynamic dynamique (3)

each (one) chacun(e) *pron.* (15); chaque *adj.* (4)

ear oreille *f.* (13)

early de bonne heure (6); tôt (6); en avance (6)

earn gagner (14)

east est *m.* (9); **to the east** à l'est (9)

easy facile (3)

eat manger (2); **eat a meal** prendre un repas (6)

eccentric excentrique (3)

eclair éclair (*pastry*) *m.* (7)

economics économie *f.* (2)

egg œuf *m.* (6)

eight *huit (1)

eighteen dix-huit (1)

eighth le/la *huitième (11)

elect élire *irreg.* (16)

eleven onze (1)

eleventh le/la onzième (11)

else (s. th.) autre chose (7)

e-mail message mél *m.* (10); courriel *m.* (10)

employee employé(e) *m., f.* (14); **s.o. employed (by)** employé(e) (de) (14)

encounter rencontre *n. f.* (13); **to encounter** rencontrer (13)

end by (*doing s.th.*) finir par (12)

energy énergie *f.* (16); **nuclear/solar energy** énergie (*f.*) nucléaire/solaire (16)

engage: to get engaged se fiancer (13)

engagement fiançailles *f. pl.* (13)

engineer ingénieur *m.* (14)

England Angleterre *f.* (8)

English (*person*) Anglais(e) *m., f.* (2); (*language*) anglais *m.* (2)

enough (of) assez de (6)

enter entrer (8)

enthusiastic enthousiaste (3)

envelope enveloppe *f.* (10)

environment environnement *m.* (16)

environmentalist écologiste *m., f.* (16)

era: the era of (the fifties) les années (cinquante) *f. pl.* (8)

errands courses *f. pl.*; **to do errands** faire (*irreg.*) les courses (5)

especially surtout (10)

essential essentiel(le) (16)

establishment: at the establishment of chez (5)

estimate *v.* estimer (16)

evening soir *m.* (6); **all evening** toute la soirée (7); **entire evening** soirée *f.* (7); **good evening** bonsoir (1); **in the evening** du soir (6); **Monday/Friday evenings** le lundi/le vendredi soir (5); **this evening** ce soir (5)

event événement *m.* (12); **sporting event** manifestation (*f.*) sportive (15)

ever: Have you ever . . . ? Avez-vous (As-tu) déjà… ? (9)

every tout, toute, tous, toutes (10); **every day (afternoon, morning, evening)** tous les jours (après-midi, matins, soirs) (5); **every week** toutes les semaines (10)

everybody tout le monde (9)

everyday quotidien(ne) *adj.* (13)

everyone tout le monde (9)

everything tout (9)

everywhere partout (11)

evidently évidemment (12)

exam examen *m.* (2); **to take an exam** passer un examen (4); **to pass (an exam)** réussir à (4)

example: for example par exemple (16)

exchange rate cours (*m.*) (14), taux (*m.*) de change (14); **money exchange (office)** bureau (*m.*) de change (14)

excuse (oneself) s'excuser (13); **excuse me** excusez-moi (1)

exhaust *v.* épuiser (16)

exhibit exposition *n. f.* (12)

expense dépense *f.* (14); **expenses** frais *m. pl.* (14)

expensive cher/ère (3)

express an opinion exprimer une opinion (16)

expression: freedom of expression liberté (*f.*) d'expression (13)

extremist ideas idées (*f.*) extrémistes

eye œil *m.* (13) (*pl.* yeux) (3)

face visage *n. m.* (13)

fair *adj.* juste (16)

fall automne *n. m.* (5); **in fall** en automne (5)

fall *v.* tomber (8); **to fall in love (with)** tomber amoureux/euse (de) (13)

false faux (fausse) (4)

familiar: to be familiar with connaître *irreg.* (11)

family famille *f.* (5)

far from loin de (4)

farmer agriculteur/trice *m., f.* (14)

fat *adj.* gros(se) (4)

father père *m.* (5); **father-in-law** beau-père *m.* (5); **stepfather** beau-père *m.* (5)

favorite préféré(e) (5)

fax fax *m.* (10)

February février (1)

feel sentir *irreg.* (8); **to feel bad** aller (*irreg.*) mal (5); **to feel like** avoir (*irreg.*) envie de (3)

feeling *n.* sentiment *m.* (16)

few: a few *adj.* quelques; quelques-uns/unes *pron.* (9)

fifteen quinze (1)

fifth le/la cinquième *m., f.* (11)

fifty cinquante (1)

file fichier *m.* (10)

fill it up faire (*irreg.*) le plein (9)

fillet (*beef, fish, etc.*) filet *m.* (7)

film film *m.* (2)

filmmaker cinéaste *m., f.* (12)

finally enfin (11)

find *v.* trouver (2)

fine bien (15); ça va bien (1)

finger doigt *m.* (13)

finish finir (de + *inf.*) (4); **to finish by** (*doing s.th.*) finir par (+ *inf.*) (4)

first d'abord *adv.* (11); premier/ière *adj.* (4); **first of all (at first)** d'abord (11)

fish poisson *m.* (6); **fish store** poissonnerie *f.* (7); **fishing** pêche *f.* (15); **to go fishing** aller (*irreg.*) à la pêche (8)

five cinq (1)

fixed-price menu menu *m.* (7)

flash of lightning coup (*m.*) de foudre (13)

flight vol *m.* (9); **flight attendant** hôtesse (*f.*) de l'air (9); steward *m.* (9)

floor: ground floor rez-de-chaussée *m.* (5); **second floor** premier étage *m.* (5); **third floor** deuxième étage *m.* (5)

flower fleur *f.* (4)

fluently couramment (12)

follow suivre *irreg.* (12)

food cuisine *f.* (6)

foot pied *m.* (13); **on foot** à pied (9)

for pour (2); (*time*) depuis (9), pendant (9); (*flight*) à destination de (9); **for example** par exemple (16); **for oneself** à son compte (14)

foreign étranger/ère (2); **in a foreign country** à l'étranger (9); **foreign language** langue (*f.*) étrangère (2)

forest bois *m.* (11); forêt *f.* (8)

forget (to) oublier (de) (8)

fork fourchette *f.* (6)

former ancien(ne) (4)

formerly autrefois (11)

fortunate heureux/euse (3)

forty quarante (1)

found: to be found se trouver (13)

four quatre (1)

fourteen quatorze (1)

fourth le/la quatrième (11); **one-fourth** quart *m.* (6)

France France *f.* (8)

freedom (of expression) liberté (*f.*) (d'expression) (16)

French (*person*) Français(e) *m., f.* (2); (*language*) français *m.*; **French fries** frites *f. pl.* (6); **in French, please** en français, s'il vous plaît (1)

fresh frais (fraîche) (5)

Friday vendredi *m.* (1)

friend ami(e) *m., f.* (2)

friendship amitié *f.* (13)

fries frites *f. pl.* (6)

from de (2); **from time to time** de temps en temps (2); **from now on** à l'avenir (14), à partir de maintenant (14)

front: in front of devant (4)

fruit fruit *m.* (6); **fruit juice** jus (*m.*) de fruit (6)

fun *adj.* amusant(e) (3); **to have fun** s'amuser (à) (13)

funny drôle (3)

furious furieux/euse (16)

furniture (piece of) meuble *m.* (5)

future avenir *m.* (14); **in the future** à l'avenir (14)

game (*sport*) match (15); **games of chance** jeux (*m. pl.*) de hasard (15); **group, social games** jeux (*m. pl.*) de société (15)

garden jardin *n. m.* (5)

gardening jardinage *m.* (15)

garlic ail *m.* (15)

garret chambre (*f.*) de bonne (4)

gas station station-service *f.* (9)

gasoline essence *f.* (9)

generally en général (2)

geography géographie *f.* (2)

geology géologie *f.* (2)

German (*person*) Allemand(e) *m., f.* (2); (*language*) allemand *m.* (2)

Germany Allemagne *f.* (8)

get obtenir *irreg.* (8); **get going!** va-t'en! (13); **to get along (with)** s'entendre (avec) (13); **to get off, down from** descendre (de) (5); **to get up** se lever (13)

gift cadeau *m.* (10)

girl jeune fille *f.* (3)

give donner (2); **to give back** rendre (5)

glass verre *m.* (6); **(eye)glasses** lunettes *f. pl.* (8)

global warming réchauffement (*m.*) de la planète (16)

globalization mondialisation *f.* (16)

glove gant *m.* (8)

go: to go aller *irreg.* (5); **go away!/get going!** allez-vous-en! (va-t'en!) (13); **how's it going?** ça va? (1); **things are going well** ça va (1); **to be going** (*to do s.th.*) aller + *inf.* (5); **to go back** retourner (8); **to go down** (*a street, a river*) descendre (5); **to go fishing** aller à la pêche (8); **to go home** rentrer (8); **to go off, go away** (*to work*) s'en aller *irreg.* (13); **to go out** sortir (de) (8); **to go up** monter (8); **what's going on?** qu'est-ce qui se passe? (15)

goggles: ski goggles lunettes (*f. pl.*) de ski (8)

good bien *adv.* (15); bon(ne) *adj.* (4); **good-bye** au revoir (1); **good day** bonjour (1); **good evening** bonsoir (1); **that's good** tant mieux (15)

Gothic gothique (12)

government gouvernement *m.* (16)

grandchild petit-enfant *m.* (5)

granddaughter petite-fille *f.* (5)

grandfather grand-père *m.* (5)

grandmother grand-mère *f.* (5)

grandparent grand-parent *m.* (5)

grandson petit-fils *m.* (5)

gray gris(e) (3)

great-grandparent arrière-grand-parent *m.* (5)

Greece Grèce *f.* (8)

green vert(e) (3); **green beans** *haricots (*m. pl.*) verts (6)

greenhouse effect effet (*m.*) de serre (16)

grocery store épicerie *f.* (7)

ground: on the ground par terre (4); **ground floor** rez-de-chaussée *m.* (5)

group games jeux (*m. pl.*) de société (15)

guess *v.* deviner (12)

guitar guitare *f.* (4)

gymnasium gymnase *m.* (2)

habitually d'habitude (5)

hair cheveux *m. pl.* (3)

hairdresser coiffeur/euse *m., f.* (14)

Haiti Haïti *m.* (8)

half demi(e) (6); **half brother** demi-frère *m.* (5); **half past the hour** et demi(e) (6); **half sister** demi-sœur *f.* (5)

hall couloir *m.* (4); **lecture hall** amphithéâtre *m.* (2); **town hall** mairie *f.* (11)

ham jambon *m.* (6)

hand main *f.* (13); **to hand in** rendre (5)

handbag sac (*m.*) à main (3)

handsome beau, bel, belle (beaux, belles) (3)

happen se passer (15); **what's happening?** qu'est-ce qui se passe? (15)

happy heureux/euse (3)

hardly peu (3)

hardworking travailleur/euse (3)

hat chapeau *m.* (3)

have avoir *irreg.* (3); **to have** (*to eat; to order*) prendre *irreg.* (6); **to have a drink** (with s.o.) prendre un verre (6); **to have breakfast** prendre le petit déjeuner (6); **to have to** devoir *irreg.* (7)

head tête *f.* (13); directeur/trice *m., f.* (14); **company head** chef (*m.*) d'entreprise (14)

health santé *f.* (13)

hear entendre (5)

heart cœur *m.* (13); **by heart** par cœur (12)

height: medium height de taille moyenne (3)

hello bonjour (1); (*telephone*) allô (10)

help *v.* aider (14)

here ici (1); **here is/are** voici (2)

heritage patrimoine *m.* (12)

hi salut (1)

high-definition television TNT *f.*; télévision (*f.*) numérique terrestre

highway autoroute *f.* (9)

hike randonnée *n. f.* (8); **hiking boots** chaussures (*f. pl.*) de montagne (8); **to go hiking** faire (*irreg.*) une randonnée (pédestre) (8)

hire embaucher (14)

historical historique *f.* (13)

history histoire *f.* (2)

hobby passe-temps *m.* (15)

holiday fête *f.* (1)

home maison *f.* (4); **at the home of** chez (5); **to go home** rentrer (8)

homeless sans-abri *m., f. inv.* (16)

homework devoirs *m. pl.*; **to do homework** faire (*irreg.*) ses devoirs (5)

hope *v.* espérer (6)

horse cheval *m.* (8); **to go horseback riding** faire (*irreg.*) du cheval (8)

hospital hôpital *m.* (9)

hostel: youth hostel auberge (*f.*) de jeunesse (9)

hot chaud; **it's hot** il fait chaud (5); **to be hot** avoir (*irreg.*) chaud (3)

hotel hôtel *m.* (9)

hour heure *f.* (6); **quarter before the hour** moins le quart (6)

house maison *f.* (4)

housework: to do the housework faire (*irreg.*) le ménage (5)

how comment (1); **how are you?** comment allez-vous? comment vas-tu? (1); **how much is it?** c'est combien? (1); **how many?** combien (de)? (4); **how much?** combien (de)? (1); **how's it going?** ça va? (1)

hungry: to be hungry avoir (*irreg.*) faim (4)

hurry *v.* se dépêcher (13)

hurt *v.* avoir (*irreg.*) mal (à) (13)

husband mari *m.* (5)

ice cream glace *f.* (6)

idealistic idéaliste (3)

if si; **if I were you** à ta (votre) place (15)

immediately tout de suite (5)

impatient impatient(e) (3)

important important(e) (3)

impossible: it is impossible that il est impossible que + *subj.* (16)

in à (2); en (2); dans; **in four days (from now)** dans quatre jours (5); **in order to** pour (4); **in the afternoon** de l'après-midi (6)

include comprendre *irreg.* (6)

increase augmentation *n. f.* (14)

indispensable indispensable (16)

individualistic individualiste (3)

industrial industriel(le) (16)

inflation inflation *f.* (16)

information: tourist information bureau syndicat (*m.*) d'initiative (11)

inspect contrôler (16)

instructor professeur *m., f.* (1)

intellectual intellectuel(le) (3)

intelligent intelligent(e) (3)

interest *v.* intéresser (14)

interesting intéressant(e) (3)

Internet Internet (10); **on the Internet** sur Internet (10)

intersection carrefour *m.* (11)

interview (job) entretien *m.* (14)

involve: to get involved (in) (*a public issue, cause*) s'engager (dans) (16)

iPod® (baladeur) iPod® *m.* (4)

island île *f.* (11)

isn't it so? n'est-ce pas? (3)

it's a/an . . . c'est un (une)... (1)

it's me. c'est moi. (10)

Italian (*person*) Italien(ne) *m., f.* (2); (*language*) italien *m.* (2)

Italy Italie *f.* (8)

Ivory Coast Côte-d'Ivoire *f.*

jacket (ski) anorak *m.* (8); **suit jacket** veston *m.* (3)

January janvier (1)

Japan Japon *m.* (8)

Japanese (*person*) Japonais(e) *m., f.* (2); (*language*) japonais *m.* (2)

jeans jean *m.* (3)

jewel bijou *m.* (14)

jog faire (*irreg.*) du jogging (5)

joke blague *n. f.* (15)

juice (orange) jus (*m.*) (d'orange) (6)

July juillet (1)

June juin (1)

just: to have just done s.th. venir (*irreg.*) de + *inf.* (8)

key clé, clef *f.* (5)

keyboard clavier *m.* (10)

kilo kilo(gramme) *m.* (7)

kiosk kiosque *m.* (10)

kiss *v.* s'embrasser (13)

kitchen cuisine *f.* (5)

knee genou *m.* (*pl.* genoux) (13)

knife couteau *m.* (6)

know connaître *irreg.* (11); **to know (how)** savoir *irreg.* (11)

lake lac *m.* (8)

lamp lampe *f.* (4)

language (foreign) langue (*f.*) (étrangère) (2)

laptop computer portable *m.* (4, 10)

large gros(se) (4)

last dernier/ière (4, 7); passé(e) (7); **last night** hier soir (7)

late en retard (6)

laugh *v.* rire *irreg.* (15)

laundry: to do the laundry faire (*irreg.*) la lessive (5)

law droit *m.* (2)

lawn bowling pétanque *f.* (15)

lawyer avocat(e) *m., f.* (14)

lazy paresseux/euse (3)

learn apprendre *irreg.* (à) (6)

leave (for, from) partir *irreg.* (à, de) (8); **to leave** (*behind*) laisser (7); **to leave** (*go out*) sortir *irreg.* (8); **to leave** (*s.o. or someplace*) quitter (8)

Lebanese (*person*) Libanais(e) *m., f.* (2)

lecture conférence *f.* (12); **lecture hall** amphithéâtre *m.* (2)

left: on the left à gauche (4); **the Left Bank** (*in Paris*) Rive (*f.*) gauche (11)

leg jambe *f.* (13)

legacy patrimoine *m.* (12)

legalization légalisation *f.* (16)

leisure activities loisirs *m. pl.* (15)

lend (to) prêter (à) (11)

less . . . than moins... que (14)

let's see, . . . voyons,... (10)

letter lettre *f.* (10); **letter carrier** facteur/trice *m., f.* (14)

lettuce laitue *f.* (6), salade *f.* (6)

library bibliothèque *f.* (2)

life vie *f.* (2)

lightning: flash of lightning coup (*m.*) de foudre (13)

like aimer (2); **I would like** (*to do s.th.*) je voudrais (+ *inf.*) (6); **to like better** aimer mieux (2)

likeable sympa(thique) (13)

likely probable (16)

line: to stand in line faire (*irreg.*) la queue (5)

linguistics linguistique *f.* (2)
lipstick rouge (*m.*) à lèvres (13)
listen écouter (2)
literature littérature *f.* (2)
little: a little (of) un peu (de) (3)
live habiter (2); vivre *irreg.* (12)
living: cost of living coût (*m.*) de la vie (14); **living room** séjour (*m.*) (5)
loaf (of bread) baguette (*f.*) (de pain) (6)
loan emprunt *m.* (14)
locate: to be located se trouver (13)
locker (coin) consigne (*f.*) automatique (9)
lodging logement *m.* (4)
loneliness solitude *f.* (16)
long long(ue) (3)
longer: no longer ne... plus (9)
look (at) regarder (8); **to look (like)** avoir (*irreg.*) l'air (de) (3); **to look at oneself, look at each other** se regarder (13); **to look for** chercher (2); **to look up** (*a phone number*) consulter l'annuaire (10)
lose perdre (5); **to get lost** se perdre (13)
lot: a lot (of) beaucoup (de) (1, 6)
love *v.* adorer (2); aimer (2); amour *n. m.* (13); **love at first sight** coup (*m.*) de foudre (13); **lover; loving** amoureux/euse (13); **to fall in love (with)** tomber amoureux/euse (de) (13)
lucky: to be lucky avoir (*irreg.*) de la chance (8)
lunch déjeuner *m.* (6); **to have lunch** déjeuner (6)

ma'am Madame (Mme) (1)
magazine (*illustrated*) magazine *m.* (4); (*journal*) revue *f.* (10)
magnificent magnifique (12)
maid's room chambre (*f.*) de bonne (4)
mail *v.* poster (10); *n.* courrier *m.*; poste *f.*
mailbox boîte (*f.*) aux lettres (10)
main dish plat (*m.*) principal (7)
majority: the majority of la plupart de (12)
make faire *irreg.* (5)
makeup: to put on makeup se maquiller (13)
man homme *m.* (2); **young man** jeune homme *m.* (13)
manager directeur/trice *m., f.* (14); **middle/senior manager** cadre *m.* (14); **top manager** chef (*m.*) d'entreprise (14)
many: how many? combien (de)? (4)

map plan (*city*) *m.* (11); carte (*of a region, country*) *f.* (11)
March mars (1)
market marché *m.*; **to go to the market** faire (*irreg.*) le marché (5)
marriage mariage *m.* (13)
married marié(e) (5); **to get married** se marier (avec) (13)
Martinique Martinique *f.* (1)
masterpiece chef-d'œuvre *m.* (*pl.* chefs-d'œuvre) (12)
mathematics (math) mathématiques (maths) *f. pl.* (2)
May mai (1)
maybe peut-être (5)
me: as for me pour ma part (16); **it's me.** c'est moi. (10); **me neither** moi non plus (3); **me too** moi aussi (3)
meal repas *m.* (6)
mean *v.* vouloir (*irreg.*) dire (7); **I mean . . .** c'est-à-dire... (10)
meat viande *f.* (6)
media médias *m. pl.* (16)
medieval médiéval(e) (12)
medium: of medium height de taille moyenne (3)
meet se rencontrer (13); **to meet (for the first time)** faire (*irreg.*) la connaissance (de) (5)
meeting rencontre *f.* (13); **to have a meeting** avoir (*irreg.*) rendez-vous (3)
mention: don't mention it de rien (1)
menu carte *f.* (7); **fixed-price menu** menu *m.* (7)
merchant (wine) marchand(e) (de vin) (14)
messy en désordre (4)
metro station station (*f.*) de métro (11)
Mexican (*person*) Mexicain(e) *m., f.* (2)
Mexico Mexique *m.* (8)
middle: Middle Ages Moyen Âge *m. s.* (12); **to be in the middle of** être (*irreg.*) en train de (15)
midnight: it is midnight il est minuit (6)
military budget budget (*m.*) militaire (16)
milk lait *m.* (6)
mirror miroir *m.* (4)
Miss Mademoiselle (Mlle) (1)
mixture mélange *m.* (7)
Monday lundi *m.* (1); **it's Monday** nous sommes lundi
money argent *m.* (7); **money exchange (office)** bureau (*m.*) de change (14)

monitor (computer) écran *m.* (10); moniteur *m.* (10); *v.* contrôler (16)
month mois *m.* (1)
monument monument *m.* (11)
more . . . than plus... que (14); **no more** ne . . . plus (9)
morning matin *m.* (5); **all morning** matinée toute la matinée (7); **entire morning** matinée *f.* (7); **in the morning** du matin (6); **this morning** ce matin (5)
Moroccan (*person*) Marocain(e) *m., f.* (2)
Morocco Maroc *m.* (8)
most (of) la plupart (de) (12)
mother mère *f.* (5)
mother-in-law belle-mère *f.* (5)
motorcycle motocyclette, moto *f.* (9)
mountain montagne *f.* (8); **to go mountain climbing** faire (*irreg.*) de l'alpinisme (8)
mouse souris *f.* (1, 10)
mouth bouche *f.* (13)
move in emménager (4)
move out déménager (4)
movie film *m.* (2); **movie theater; movies** cinéma *m.* (2)
Mr. Monsieur (M.) (1)
Mrs. Madame (Mme) (1)
much bien *adv.*; **as much/many . . . as** autant (de)... que (15); **how much?** combien (de)? (1); **so much the better** tant mieux (15); **too much** trop de (6); **very much** beaucoup (1)
municipal municipal(e) (11)
museum musée *m.* (11)
mushroom champignon *m.* (6)
music musique *f.* (2)
musician musicien(ne) *m., f.* (12)
myself moi-même (12)

naive naïf/ïve (3)
name(d): my name is . . . je m'appelle... (10); **to be named** s'appeler (13); **what's your name?** comment vous appelez-vous? comment t'appelles-tu? (10)
napkin serviette *f.* (6)
natural naturel(le); **natural resources** ressources (*f. pl.*) naturelles (16)
nature nature *f.* (16)
necessary: it is necessary that il est nécessaire que + *subj.* (16); **it is necessary to** il faut + *inf.* (8); **to be necessary** falloir *irreg.* (8)
neck cou *m.* (13)

necktie cravate *f.* (3)

need *v.* avoir (*irreg.*) besoin de (3); **one needs** il faut (8); il est nécessaire de (16)

neighbor voisin(e) *m., f.* (4)

neighborhood quartier *m.* (2)

nephew neveu *m.* (5)

nervous nerveux/euse (3)

network (*television*) chaîne *f.* (10)

never ne… jamais (9)

new nouveau, nouvel, nouvelle (nouveaux, nouvelles) (3)

newlyweds jeunes (nouveaux) mariés *m. pl.* (13)

news (*TV program*) informations *f. pl.* (10)

newspaper (news [on television]) journal *m.* (*pl.* journaux) (10)

newsstand kiosque *m.* (10)

next ensuite, puis *adv.* (11); prochain(e) *adj.*; **next to** à côté de (4); **next week** la semaine prochaine (5)

nice beau (*weather*) (5); gentil(le) (3); agréable (3); sympathique (sympa *inv.*) (3); **it's nice (out)** il fait beau (5)

niece nièce *f.* (5)

night nuit *f.* (7); **all night** toute la nuit (7); **at night** du soir (6); **last night** hier soir (7)

nine neuf (1)

nineteen dix-neuf (1)

ninth le/la neuvième (11)

no non (1); **no longer, no more** ne… plus (9); **no one, nobody** ne… personne (9)

noise bruit *m.* (5)

noon midi (6)

normal normal(e) (16)

north nord *m.* (9); **to the north** au nord (9)

nose nez *m.* (13)

not (at all) ne… pas (du tout) (9); **not bad(ly)** pas mal (1); **not very** peu (3); **not yet** ne… pas encore (9)

notebook cahier *m.* (1)

nothing ne… rien (9)

novel roman *m.* (10)

November novembre (1)

now maintenant (2); **from now on** à l'avenir (14), à partir de maintenant (14)

nuclear: nuclear energy énergie (*f.*) nucléaire (16); **nuclear power plant** centrale (*f.*) nucléaire (16)

number (telephone) numéro (*m.*) (de téléphone) (10); **to dial the number** composer le numéro (10)

obliged: to be obliged to devoir *irreg.* (7)

obtain obtenir *irreg.* (8)

ocean mer *f.* (8)

o'clock: it is . . . o'clock il est… heures (6)

October octobre (1)

odd drôle (3)

of de (2); **of which** dont (14)

offer *v.* offrir *irreg.* (14)

office bureau *m.* (2)

officer (police) agent (*m.*) de police (14)

often souvent (2)

oil (olive) huile (*f.*) (d'olive) (7)

okay d'accord (2)

old ancien(ne) (4); vieux, vieil, vieille (4)

on (top of) sur (4); **on the ground** par terre (4); **on** (*bicycle horseback, foot*) à (9)

once une fois (11); **all at once** tout d'un coup (11); **once a week** une fois par semaine (5)

one un(e) (1)

onion oignon *m.* (7)

only ne . . . que (9); seulement (9)

open *v.* ouvrir *irreg.* (14)

opera opéra *m.* (15)

opinion: in my opinion pour ma part (16); à mon avis (11); **in your opinion** à votre (ton) avis (11); **public opinion** opinion (*f.*) publique (16); **to express an opinion** exprimer une opinion (16); **to have an opinion about** penser de (11)

optimistic optimiste (13)

or ou (2)

orange orange *inv.* (3); (*fruit*) orange *f.* (6); **orange juice** jus (*m.*) d'orange (6)

order: in order/orderly en ordre (4); **in order to** pour (2); **to order** commander (6), prendre *irreg.* (*in a restaurant*) (6)

other autre (4); **others** d'autres (15); **the other(s)** l'/les autre(s) (15)

outdoors de plein air; **outdoor activities** activités (*f.*) de plein air (15)

over there là-bas (10)

overpopulation surpopulation (*f.*) (16)

owe devoir *irreg.* (7)

oyster huître *f.* (7)

ozone layer couche (*f.*) d'ozone (16)

package colis *m.* (10)

pain: to have pain avoir (*irreg.*) mal (à) (3)

paint *v.* peindre *irreg.* (12)

painter artiste peintre *m., f.* (14); peintre *m.* femme peintre *f.* (12)

painting peinture *f.* (12); tableau *m.* (12)

palace palais *m.* (12)

pants pantalon *m. s.* (3)

pardon (me) pardon (1)

Parisian *adj.* parisien(ne) (3)

park parc *n. m.* (11)

party soirée *f.* (3); **political party** parti *m.* (16)

pass (*time*) passer (6); **boarding pass** carte (*f.*) d'embarquement (9); **to pass** (*a test*) réussir à (4); **to pass by** passer par (8)

passenger passager/ère *m., f.* (9)

past passé *n. m.* (8)

pastry, pastry shop pâtisserie *f.* (7)

pâté (country-style) pâté (*m.*) (de campagne) (7)

patient *adj.* patient(e) (3)

patrimony patrimoine *m.* (12)

pay *v.* payer (10); **to pay attention (to)** faire (*irreg.*) attention (à) (5)

PDA (personal digital assistant) assistant (*m.*) numérique (10)

pear poire *f.* (6)

pen stylo *m.* (1)

pencil crayon *m.* (1)

pepper poivre *m.* (6)

performance spectacle *m.* (15)

period (*of history*) époque *f.* (12)

permit (to) *v.* permettre *irreg.* (de) (12)

person personne *f.* (3)

personal digital assistant (PDA) assistant (*m.*) numérique (10)

personally personnellement (16)

pessimistic pessimiste (3)

pharmacist pharmacien(ne) *m., f.* (14)

pharmacy pharmacie *f.* (11)

philosophy philosophie *f.* (2)

phone See **telephone.**

photocopy machine photocopieur *m.* (10)

physics physique *f.* (2)

picnic pique-nique *m.* (15)

pie tarte *f.* (6)

piece morceau *m.* (7); **piece of furniture** meuble *m.* (5)

pilot pilote *n. m., f.* (9)

pink rose (3)

place endroit *n. m.* (8); lieu *n. m.* (2); **place of residence** logement *m.* (4); **to place (put)** mettre *irreg.* (10)

plans projets *m. pl.* (5)

plate assiette *f.* (6)

platform (*train station*) quai *m.* (9)

play (*theater*) pièce (*f.*) de théâtre (12) *v.* jouer (3); **to play** (*a musical instrument*) jouer de (3); **to play** (*a sport or game*) jouer à (3); faire de (5)

player (cassette, CD, DVD) lecteur *m.* (de cassettes, de CD, de DVD) (4, 10); **iPod®** baladeur (*m.*) iPod® (4, 10)

pleasant gentil(le) (3); agréable (3)

please *interj.* s'il vous (te) plaît (1)

plumber plombier *m.* (14)

poem poème *m.* (12)

poet poète *m.*, femme poète *f.* (12)

poetry poésie *f.* (12)

point out indiquer (15)

police officer agent (*m.*) de police (14); **police station** commissariat *m.* (11), poste (*m.*) de police (11)

policy politique *f.* (16)

polite poli(e) (12)

politely poliment (12)

political party parti *m.* (16)

politician politicien(ne) *m.*, *f.* (16)

politics politique *f.* (16)

pollute polluer (16)

pollution pollution *f.* (16)

pool (swimming) piscine *f.* (11)

poor pauvre (3)

popular song chanson (*f.*) de variété (15)

pork porc *m.* (6); **pork butcher's shop (delicatessen)** charcuterie *f.* (7)

Portugal Portugal *m.* (8)

possible possible; **it is possible that** il est possible que + *subj.* (16), il se peut que + *subj.* (16)

post office bureau (*m.*) de poste (10); La Poste (10)

postcard carte (*f.*) postale (10)

poster affiche *f.* (4)

potato pomme (*f.*) de terre (6)

prefer aimer mieux (2); préférer (6)

preferable préférable (16)

preferred préféré(e) (5)

prepare préparer (5)

pretty joli(e) (4)

prevent (from) empêcher (de) (12)

price prix *m.* (7); **fixed-price menu** menu *m.* (7)

primary school teacher instituteur/trice *m.*, *f.* (14)

printer (computer) imprimante *f.* (10)

problem ennui *m.* (9); problème *m.* (16)

process: to be in the process of être (*irreg.*) en train de (15)

produce *v.* produire *irreg.* (9)

product produit *m.* (6); **fresh products** les produits frais (6)

professor professeur *m.*, *f.* (1)

program (*TV, radio*) émission *f.* (10); **music program (on TV)** émission de musique (10)

projector (overhead) rétroprojecteur *m.* (1)

proliferation prolifération *f.* (16)

protect protéger (16)

protection protection *f.* (16)

proud fier/ère (3)

psychology psychologie *f.* (2)

public public (publique) (11); **public opinion** opinion (*f.*) publique (16)

pun jeu (*m.*) de mots (15)

pursue poursuivre *irreg.* (12)

put (on) mettre *irreg.* (8)

putter (around) bricoler (15); **puttering (around)** bricolage *m.* (15)

quarter (*one-fourth*) quart *m.* (6); **quarter** (*district*) quartier *m.* (2); **quarter past the hour** et quart (6); **quarter to the hour** moins le quart (6)

queen reine *f.* (12)

question: to ask a question poser une question (à) (11)

quiet tranquille *adj.* (4)

radio radio *f.* (2)

rain *v.* pleuvoir *irreg.* (7); **it's raining** il pleut (5)

raincoat imperméable *m.* (3)

raise *v.* augmenter (16); *n.* augmentation (*f.*) de salaire (14)

rarely rarement (2)

rate (of exchange) cours *m.* (14), taux (*m.*) de change (14); **(of unemployment)** taux de chômage (14)

razor rasoir *m.* (13)

read lire *irreg.* (10)

reading lecture *f.* (15)

ready prêt(e) (3); **to get ready** se préparer (13)

realistic réaliste (3)

really vraiment (12)

reasonable raisonnable (3)

receipt reçu *m.* (14)

receive recevoir *irreg.* (10)

recognize reconnaître *irreg.* (16)

recycle recycler (16)

recycling recyclage *m.* (16)

red rouge (3); **red** (*hair*) roux (rousse) (3)

redheaded roux (rousse) (3)

reform réforme *f.* (16)

refuse (to) refuser (de) (12)

regret *v.* regretter (16)

relate (*tell*) raconter (1)

relax se détendre (13)

relieved soulagé(e) (16)

remain rester (5)

remember se rappeler (13); se souvenir *irreg.* (de) (13)

remote control télécommande *f.* (10)

Renaissance Renaissance *f.* (12)

rent *v.* louer (4)

repeat répéter (1)

reporter journaliste *m.*, *f.* (14)

require exiger (16)

rescue *v.* sauver (16)

residence: university residence complex cité (*f.*) universitaire (cité-U) (2)

resource: natural resources ressources (*f. pl.*) naturelles (16)

rest *v.* se reposer (13)

restaurant restaurant *m.* (2)

résumé curriculum (*m.*) vitæ (C.V.) (14)

return (give back) rendre (5); (*go home*) rentrer (8); (*go back*) retourner (8); (*come back to someplace*) revenir *irreg.* (8)

review revue *n. f.* (10)

rhythm rythme *m.* (16)

ride: to take a ride faire (*irreg.*) un tour (en voiture) (5)

right *n.* droit *m.* (16); **civil rights** droits civils (16); **on (to) the right** à droite (4); **the Right Bank** (*in Paris*) Rive (*f.*) droite (11); **to be right** avoir (*irreg.*) raison (3)

river fleuve *m.* (8)

road route *f.* (8)

roast rôti *m.* (7)

roll *v.* rouler (9)

Roman romain(e) (12)

room pièce *f.* (5); (*bedroom*) chambre *f.* (4, 5)

roommate camarade (*m.*, *f.*) de chambre (4)

rug tapis *m.* (4)

run courir *irreg.* (15); faire (*irreg.*) du jogging (5)

Russia Russie *f.* (8)

Russian (*person*) Russe *m.*, *f.* (2)

sad triste (3)

sailboat bateau (*m.*) à voile (8)

sailing voile *f.*; **to go sailing** faire (*irreg.*) de la voile (5)

salad salade *f.* (6)

salami saucisson *m.* (7)

salaried worker travailleur/euse (*m., f.*) salarié(e) (14)

salary salaire *m.* (14)

salmon saumon *m.* (7)

salt sel *m.* (6)

same même; **the same one(s)** le/la/les même(s) (15)

sandals sandales *f. pl.* (3)

sardines (in oil) sardines (*f. pl.*) (à l'huile) (7)

satellite TV télévision (*f.*) satellite (10)

Saturday samedi *m.* (1)

sausage saucisse *f.* (7)

save (*rescue*) sauver (16); **savings account** compte (*m.*) d'épargne (14); **to save (up) money** faire (*irreg.*) des économies (14)

say dire *irreg.* (10)

scanner scanner *m.* (10)

schedule horaire *m.* (12)

school école *f.* (10); **primary school teacher** instituteur/trice *m., f.* (14)

screen écran *m.* (1, 10)

scuba diving plongée (*f.*) sous-marine (8); **to go scuba driving** faire (*irreg.*) de la plongée sous-marine (8)

sculptor sculpteur *m.*, femme sculpteur *f.* (14)

sculpture sculpture *f.* (14)

sea mer *f.* (8)

season saison *f.* (5)

seat siège *m.* (9); (*theater*) place *f.* (12)

second deuxième *m., f.* (11); **second class** (*in a train*) deuxième classe (9); **second floor** premier étage *m.* (5)

secretary secrétaire *m., f.* (14)

section (*of Paris*) arrondissement *m.* (11)

see voir *irreg.* (10); **let's see, . . .** voyons… (10); **see you soon** à bientôt (5); **to see again** revoir *irreg.* (10)

seems: it seems that il semble que + *subj.* (16); **to seem** avoir (*irreg.*) l'air de (3)

self-employed: self-employed worker travailleur/euse (*m., f.*) indépendant(e) (14); **to be self-employed** travailler à son compte (14)

sell vendre (5)

send envoyer (10)

Senegal Sénégal *m.* (8)

Senegalese (*person*) Sénégalais(e) *m., f.* (2)

sense *v.* sentir *irreg.* (8)

September septembre (1)

series série *f.* (10); **drama series** (*on TV*) série télévisée (10)

serious sérieux/euse (3)

serve servir *irreg.* (8)

set the table mettre le couvert (10)

settle (down, in) s'installer (13)

seven sept (1)

seventeen dix-sept (1)

several plusieurs (15)

sexism sexisme *m.* (16)

shave *v.* se raser (13)

shelf étagère *f.* (4)

shirt chemise *f.* (3)

shoes chaussures *f. pl.* (3); **tennis shoes** tennis *m. pl.* (3)

shop (*store*) magasin *m.* (7); **butcher shop** boucherie *f.* (7); **pastry shop** pâtisserie *f.* (7)

shopkeeper commerçant(e) *m., f.* (14)

shopping: to do the shopping faire (*irreg.*) le marché (5)

short court(e) (*hair*) (3); petit(e) (*person*) (3)

shorts short *m. s.* (3)

show spectacle *n. m.* (15); **TV show** émission *f.* (10); **game show** jeu (*m.*) télévisé (10); **reality show** émission (*f.*) de télé réalité (10); **variety/floor show** spectacle de variétés (15); **to show** indiquer (15); montrer (3)

shower douche *f.* (4); **to take a shower** prendre une douche, se doucher (13)

since depuis (9); **since when** depuis quand (9)

sincere sincère (3)

sing chanter

single (*person*) *adj.* célibataire (5); *n. m., f.* celibataire (13)

sir Monsieur (M.) (1)

sister sœur *f.* (5); **sister-in-law** belle-sœur *f.* (5)

site site *m.* (10)

situate: to be situated se trouver (11)

six six (1)

sixteen seize (1)

sixty soixante (1)

ski ski *n. m.* (8); **ski boots** chaussures (*f. pl.*) de ski (8); **ski goggles** lunettes (*f. pl.*) de ski (8); **ski jacket** anorak *m.* (8); **to ski** faire (*irreg.*) du ski (5), skier (2)

skiing ski *m.*; **cross-country skiing** ski de fond (8); **downhill skiing** ski alpin (8); **to go skiing** faire (*irreg.*) du ski (5); **waterskiing** ski nautique (8)

skirt jupe *f.* (3)

sleep *v.* dormir *irreg.* (8)

sleeping bag sac (*m.*) de couchage (8)

sleepy: to be sleepy avoir (*irreg.*) sommeil (3)

slice tranche *f.* (7)

slipper pantoufle *f.* (13)

small petit(e) (3)

smell *v.* sentir *irreg.* (8)

smoke *v.* fumer (2)

smoker fumeur/euse *m., f.*

snack: afternoon snack goûter *m.* (6)

snobbish *adj.* snob (3)

snorkeling plongée (*f.*) libre (8)

snow neige *n. f.*; **to snow** neiger; **it's snowing** il neige (5)

so alors (4); **so much the better** tant mieux (15); **so-so** comme ci, comme ça (1)

soap opera feuilleton *m.* (10)

sociable sociable (3)

sociology sociologie *f.* (2)

socks chaussettes *f. pl.* (3)

sofa canapé *m.* (4)

software program logiciel *m.* (10)

solar energy énergie (*f.*) solaire (16)

sole (*fish*) sole *f.* (7)

solitude solitude *f.* (16)

some en *pron.* (11); quelques-uns/unes *pron.* (15); quelques *adj.* (15)

someday un jour (14)

someone quelqu'un (de) (15)

something quelque chose (de) (9); **something else** autre chose (7)

sometimes parfois (9); quelquefois (2)

somewhat assez (3)

son fils *m.* (5); **son-in-law** gendre *m.* (5)

song chanson *f.* (15); **popular song** chanson de variété (15)

soon bientôt (5); **as soon as** aussitôt que (14); dès que (14); **see you soon** à bientôt (1)

sorry désolé(e) (16); **to be sorry** regretter (16)

source source *f.* (16)

south sud *m.* (9); **to the south** au sud (9)

Spain Espagne *f.* (8)

Spaniard Espagnol(e) *m., f.* (2); (*language*) espagnol *m.* (2)

speak parler (2)

spend (*money*) dépenser (14); (*time*) passer (6)

spoon (soup) cuillère *f.* (à soupe) (6)

sport(s) sport *m.* (2); **sporting event** manifestation (*f.*) sportive (15); **sports coat** veste *f.* (3); **sports-minded** sportif/ive (3); **to do sports** faire (*irreg.*) du sport (5)

spring printemps *m.* (5); **in spring** au printemps (5)

square (*in city*) place *f.* (11)

stairway escalier *m.* (5)

stamp timbre *m.* (10)

stand: to stand in line faire (*irreg.*) la queue (5)

state état *m.* (8); **United States** États-Unis *m. pl.* (8)

station (subway) station (*f.*) de métro (11); **police station** commissariat *m.* (11); poste (*m.*) de police (11); **service station** station-service *f.* (9); **train station** gare *f.* (9)

stay *v.* rester (5)

steak bifteck *m.* (6)

stepbrother demi-frère *m.* (5)

stepfather beau-père *m.* (5)

stepmother belle-mère *f.* (5)

stepsister demi-sœur *f.* (5)

stereo chaîne (*f.*) stéréo (4)

steward, stewardess steward *m.* (9), hôtesse (*f.*) de l'air (9)

still encore (9)

stomach ventre *m.* (13)

stop *v.* arrêter (de) (12); s'arrêter (13)

store magasin *m.* (7); **fish store** poissonnerie *f.* (7); **grocery store** épicerie *f.* (7)

stormy: it's stormy le temps est orageux (5)

straight (*hair*) raide (3); **straight ahead** tout droit (11)

strange étrange (16)

strawberry fraise *f.* (6)

street rue *f.* (4)

strike *n.* grève *f.* (16); **to strike** faire (*irreg.*) grève (16)

stroll *v.* flâner (12)

student étudiant(e) *m., f.* (1)

studio (apartment) studio *m.* (4)

study étudier (2)

stylish chic *inv.* (3)

suburbs banlieue *f.* (11)

subway métro *m.* (9); **subway station** station (*f.*) de métro (11)

succeed réussir (à) (4)

success réussite *f.*

suddenly soudain (11); tout à coup (11)

suffer souffrir *irreg.* (14)

sugar sucre *m.* (6)

suit (*man's*) costume *m.* (3); (*woman's*) tailleur *m.* (3); **suit jacket** veston *m.* (3)

suitcase valise *f.* (8)

sum montant *m.* (14)

summer été *m.* (5); **in summer** en été (5)

sun soleil *m.*; **it's sunny** il fait du soleil (5)

Sunday dimanche *m.* (1)

sunglasses lunettes (*f. pl.*) de soleil (8)

suntan: to get a suntan bronzer (8)

support *v.* soutenir *irreg.* (16)

sure sûr(e) (16)

surf the web surfer sur le Web (10)

surprised étonné(e) (16); surpris(e) (16)

survey sondage *n. m.* (16)

sweater pull-over *m.* (3)

sweetheart amoureux/euse *m., f.* (13)

swim *v.* nager (8); se baigner (13)

swimming pool piscine *f.* (11)

swimsuit maillot (*m.*) de bain (3)

Swiss (*person*) Suisse *m., f.* (2)

Switzerland Suisse *f.* (8)

table table *f.* (1); **set the table** mettre le couvert (10)

take prendre *irreg.* (6); **to take** (*a course*) suivre *irreg.* (12); **to take** (*s.o. somewhere*) emmener (12); **to take a ride** faire (*irreg.*) un tour (5); **to take a shower** se doucher (13); **to take a trip** faire (*irreg.*) un voyage (5); **to take a walk** faire (*irreg.*) un tour (5); se promener (13); **to take an exam** passer un examen (4); **to take place** se passer (15); **to take one's time** prendre son temps (6); **to take (a long) time** prendre du temps (6)

tall grand(e) (3)

taste *v.* goûter (7)

taxes impôts *m. pl.* (16)

tea thé *m.* (6)

teach enseigner (à) (12); apprendre (à) (6)

teacher professeur *m.* (1); **primary school teacher** instituteur/trice *m., f.* (14)

team équipe *f.* (15)

telephone téléphone *n. m.* (4); (*receiver*) appareil *n. m.* (10); **cell phone** mobile *m.* (4, 10), portable *m.* (4, 10); **telephone book** annuaire *m.* (10); **telephone booth** cabine (*f.*) téléphonique (10); **telephone calling card** télécarte *f.* (10); **telephone number** numéro (*m.*) de téléphone (10); **to telephone** téléphoner (à) (3); **video/picture phone** téléphone (*m.*) multimédia (10)

television télévision *f.* (1); **cable television** câble *m.* (10); **television channel/network** chaîne *f.* (10); **high-definition television** TNT (télévision numérique terrestre) *f.* (10); **satellite television** télévision satellite (10); **television news program** journal (*m.*) télévisé (10) (See also **broadcast, program, series, show.**)

tell dire *irreg.* (10); raconter (11)

teller: automatic teller machine (ATM) guichet (*m.*) automatique (14)

ten dix (1)

tennis shoes tennis *m. pl.* (3)

tent tente *f.* (8)

terrace terrasse *f.* (5)

terrorism terrorisme *m.* (16)

test examen *m.* (2); **to pass a test** réussir à un examen (4); **to take a test** passer un examen (4)

text message SMS *m.* (10); texto *m.* (10)

thank you (very much) merci (beaucoup) (1); **to thank** remercier

that cela (ça) *pron.*; que *conj* (4, 14); qui *rel. pron.* (4, 14); ce, cet, cette, ces *demonstrative adj.* (7); **that is** c'est-à-dire (10)

theater théâtre *m.* (12); (*movie*) cinéma *m.* (2)

then (and) (et) alors (4); ensuite; puis (11)

there là *adv.*; y *pron.* (11); **is/are there . . . ?** il y a… ? (1); **over there** là-bas (10); **there is/are** voilà (2); il y a (1)

therefore alors (4); donc (4)

thick gros(se) (4)

think (about) réfléchir (à) (4); **to think (of, about)** penser (à) (11); **to think (have an opinion) about** penser de (11); **what do you think about . . . ?** que pensez-vous (penses-tu) de… ? (11); **what do you think of that?** qu'en pensez-vous (penses-tu)? (11)

third floor deuxième étage *m.* (5)

thirsty: to be thirsty avoir (*irreg.*) soif (3)

thirteen treize (1)

thirty trente (1)

this cela (ça) *pron.*; ce, cet, cette, ces *adj.* (7)

three trois (1)

throat gorge *f.* (13)

through par (12)

Thursday jeudi *m.* (1)

ticket billet *m.* (6); **ticket window** guichet *m.* (9)

tidy en ordre (4)

tie (*necktie*) cravate *f.* (3)

time fois *f.* (5); heure *f.* (9); temps *m.* (5); **at what time . . . ?** à quelle heure… ? (6); **from time to time** de temps en temps (2); **not on time** en retard (6); **on time** à l'heure (9); **the time is . . . o'clock** il est… heures (6); **to pass, spend time** passer du temps (6); **what time is it?** quelle heure est-il? (6)

tip pourboire *n. m.* (7)

tired fatigué(e) (3)

to à (3); (*flight*) à destination de (9)

tobacconist (bar) café-tabac *m.* (11)

tobacco store bureau (*m.*) de tabac (10)

today aujourd'hui (1)

tomato tomate *f.* (6)

tomorrow demain (5)

too: me too moi aussi (3); **too bad!** dommage! *interj.* (16); **too much of, too many of** trop de (6)

tooth dent *f.* (13)

top: on top of sur (4)

touch *v.* toucher (14)

tourist class classe (*f.*) économique (9); **tourist information bureau** syndicat (*m.*) d'initiative (11)

towel: beach towel serviette (*f.*) de plage (8)

tower tour *f.* (11)

town hall mairie *f.* (11)

trade métier *n. m.* (14)

train train *m.* (9); **train car** wagon *m.* (9); **train station** gare *f.* (9)

translate traduire *irreg.* (9)

transportation: means of transportation moyen (*m.*) de transport (9)

travel *v.* voyager (8); (*in a car, on a bike*) rouler (9)

treat *v.* soigner (14)

tree arbre *m.* (5)

trip: to take a trip faire (*irreg.*) un voyage (5)

trouble ennui *m.* (9)

truck camion *m.* (9)

true vrai(e) (4); **it's true that . . .** il est vrai que… (16)

trunk coffre *m.* (9)

try (to) essayer (de) (14); chercher (à) (12)

T-shirt tee-shirt *m.* (3)

Tuesday mardi *m.* (1)

Tunisia Tunisie *f.* (8)

Tunisian (*person*) Tunisien(ne) *m., f.* (2)

turn *v.* tourner (11)

TV télévision *f.* (5)

twelve douze (1)

twenty vingt (1): **twenty-one** vingt et un (1); **twenty-two** vingt-deux (1)

two deux (1)

ugly laid(e) (4)

Uhmm . . . Euh… (10)

umbrella parapluie *m.* (8)

uncle oncle *m.* (5)

under sous (4)

understand comprendre *irreg.* (6); **I don't understand** je ne comprends pas (1)

uneasiness malaise *m.* (16)

unemployment chômage *m.* (14); **unemployed person** chômeur/euse (14); **unemployment rate** taux (*m.*) de chômage (14)

unfair: it is unfair that il est injuste que + *subj.* (16)

unfortunate pauvre (3); **it is unfortunate that** il est fâcheux que + *subj.* (16)

United States États-Unis *m. pl.* (8)

university université *f.* (2); **university cafeteria** restaurant (*m.*) universitaire (resto-U) (2); **university dormitory** cité (*f.*) universitaire (cité-U) (2)

unjust injuste (16)

unlikely peu probable (16)

until jusqu'à (11)

up to jusqu'à (11)

urgent urgent(e) (16)

useful utile (16)

useless inutile (16)

use up épuiser (16)

usually d'habitude (5)

vacation vacances *f. pl.* (5)

variety show spectacle (*m.*) de variétés (15)

VCR magnétoscope *m.* (1)

veal veau *m.* (7)

vegetable légume *m.* (6)

very très (1); fort *adv.* (14); **not very** peu (3); **very much** beaucoup (1); **very well, good** très bien (1)

video and picture phone téléphone (*m.*) multimédia (10)

violet violet(te) (3)

visit visite *n. f.* (2); **to visit** (*a place*) visiter (2); **to visit** (*s.o.*) rendre visite à (11)

voice mail boîte (*f.*) vocale (10)

voter électeur/trice (16)

wait (for) attendre (5)

waiter, waitress serveur/euse *m., f.* (7)

wake up se réveiller (13)

walk: to take a walk se promener (15); faire (*irreg.*) un tour/une promenade (5); **walking** marche *f.* (15)

wall mur *m.* (4)

want avoir (*irreg.*) envie de (3); désirer (15); vouloir *irreg.* (7)

war guerre *f.* (16)

wardrobe armoire *f.* (4)

warm: to be warm avoir (*irreg.*) chaud (3)

wash (*oneself*) se laver (13)

waste gaspillage *n. m.* (16); (*material*) déchet *n. m.* (16); **to waste** perdre (5); gaspiller (16)

watch *v.* regarder (2); **to watch out (for)** faire (*irreg.*) attention (à) (5)

water (mineral) eau (*f.*) (minérale) (6)

waterskiing ski (*m.*) nautique (8)

way (*road*) chemin *m.* (11)

wear porter (3)

weather temps *m.* (5); **how's the weather?** quel temps fait-il? (5); **it's bad (nice) weather** il fait mauvais (beau) (5); **weather forecast** météo *f.* (5)

Web Web *m.* (10)

Wednesday mercredi *m.* (1)

weary las(se) (16)

week semaine *f.* (1); **every week** toutes les semaines (10); **next week** la semaine prochaine (5); **once a week** une fois par semaine (5)

weekend: on weekends le week-end (6); **this weekend** ce week-end (5)

welcome: you're welcome de rien (1); il n'y a pas de quoi (7); je vous en prie (7)

well bien *adv.* (1); *interj.* eh bien,… (10); **pretty well** ça peut aller (1); **things are going well** ça va bien (1); **very well** très bien (1)

west ouest *m.* (9); **to the west** à l'ouest (9)

what que (4); qu'est-ce que (1); qu'est-ce qui (15); quel(le) (7); **what?** comment? (1); **what is it?** qu'est-ce que c'est? (4)

when quand (4); lorsque; où *relative pron.* (4); **since when** depuis quand (9)

where où (4)

which lequel, laquelle, lesquels, lesquelles (15); que, qui *relative pron.* (4); quel, quelle, quels, quelles *interr. adj.* (7); **of which** dont (14)

while: in a while tout à l'heure (5)

white blanc(he) (3); **white-collar worker** employé(e) *m.*, *f.* (14)

who qui (4); qui est-ce qui (14); **who is it?** qui est-ce? (1); **Who's calling?** Qui est à l'appareil? (10)

whom qui (4); qui est-ce que; que (14); **of whom** dont (14)

whose dont (14)

why pourquoi (4)

wife femme *f.* (5)

Wi-Fi (wireless) connection Wi-Fi *m.* (10)

willing: to be willing vouloir (*irreg.*) bien (7)

win *v.* gagner (14)

wind vent *m.*; **it's windy** il fait du vent, il y a du vent (5)

windbreaker blouson *m.* (3)

window fenêtre *f.* (1); **(ticket) window** guichet *m.* (9)

windsurfing planche (*f.*) à voile (8); **to go windsurfing** faire (*irreg.*) de la planche à voile

wine vin *m.* (6); **wine merchant** marchand(e) (*m.*, *f.*) de vin (14)

winter hiver *m.* (5); **in winter** en hiver (5)

wish *v.* souhaiter (16)

with avec (2); par (12)

withdraw retirer (14)

woman femme *f.* (2); **young woman** jeune femme *f.* (3)

wonder se demander (13)

wood(s) bois *m.* (11); forêt *f.* (8)

word mot *m.* (1); **word processing** traitement (*m.*) de texte (10)

work travail *n. m.* (2); **do-it-yourself work** bricolage *m.* (15); **work (of art)** œuvre (*f.*) (d'art) (12); **to work** travailler (2); (*machine or object*) marcher

worker travailleur/euse *m.*, *f.* (14); (*manual*) ouvrier/ière *m.*, *f.* (14); **salaried worker** travailleur/euse *m.*, *f.* salarié(e) (14); **self-employed worker** travailleur/euse (*m.*, *f.*) indépendant(e) (14); **white-collar worker** employé(e) *m.*, *f.* (14)

world monde *m.* (8); **World Wide Web** Web *m.* (10)

worse pire (14)

worth: to be worth valoir *irreg.* (16)

write (to) écrire *irreg.* (à) (10)

writer écrivain *m.*, femme écrivain *f.* (12)

wrong: to be wrong avoir (*irreg.*) tort (3); se tromper (13)

year an *m.* (1); **entire year** année *f.*; **to be (vingt) years old** avoir (*irreg.*) (twenty) ans (3)

yellow jaune (3)

yes oui (1); si (*response to negative question*) (9); **yes, but . . .** oui, mais... (10)

yesterday hier (8); **the day before yesterday** avant-hier (8)

yet: not yet ne... pas encore (9)

you: and you et vous (et toi) (1)

young *adj.* jeune (4); **young lady** jeune fille *f.* (3); **young man** jeune homme *m.* (3)

youth: youth hostel auberge (*f.*) de jeunesse (9)

Index

This index is divided into two parts: Part I (Grammar) covers topics in grammar, structure, and usage; Part II (Topics) lists culture topics, functions, strategies and vocabulary topics treated in the text. Topics in Part II appear as groups. See Appendix A for general definitions of grammatical terms presented with examples.

Credits

Gogh, Vincent van (1853–1890) Self-Portrait. 1889. Oil on canvas, 65 × 54.5 cm. Location: Musée d'Orsay, Paris, France. Photo: Erich Lessing/Art Resource; **327** Owen Franken; **335** Christine Osborne/Corbis; **339** Dance at Bougival, 1883 (oil on canvas) by Renoir, Pierre Auguste (1841–1919) © Museum of Fine Arts, Boston, Massachusetts. Photograph © 2007 Museum of Fine Arts, Boston; **342** Royalty-free/Corbis; **343** Monet, Claude (1840–1926) Waterlilies (Les Nymphéas), study of the morning water. Location: Musée de l'Orangerie, Paris, France. Photo: Erich Lessing/Art Resource, NY; **345** Globe Photos; **346** Royalty-free/Corbis; **350** (*top*) Photononstop/SuperStock; **350** (*bottom*) Bettmann/Corbis; **351** (*bottom*) Herscovici/Art Resource, NY; **352** Ulrich Kerth/Getty Images; **353** (*bottom*) Animals/Animals; **356** Owen Franken; **365** Animals/Animals; **369** Nik Wheeler/Black Star; **372** (*left*) Giraudon/Art Resource, NY; **372** (*right*) Chagall, Marc (1887–1985) © ARS, NY. The Song of Songs, IV, 1958. Oil on canvas, 50 × 61 cm. Musée National message biblique Marc Chagall, Nice, France. Photo: Gerard Blot/Réunion des Musées Nationaux/Art Resource, NY; **376** Eric Gaillard/Reuters/Corbis; **377** (*bottom*) Directphoto.org/Alamy; **382** Owen Franken; **383** Christopher Bissell/Getty Images; **386** Owen Franken; **389** Bruce Paton/Panos Pictures; **391** Directphoto.org/Alamy; **402** ©Farrell Grehan/Photo Researchers; **408** Gail Mooney/Corbis; **409** (*bottom*) Morgan David de Lossy/Corbis; **411** Owen Franken; **413** Mark Antman/The Image Works; **421** Owen Franken; **423** Morgan David de Lossy/Corbis; **427** Dourdin/Photo Researchers; **430** ©Robert Fried; **433** Marcel Mochet/AFP/Getty Images; **435** LAPI/Roger Viollet/Getty Images; **438** Roger Ressmeyer/Corbis; **439** (*bottom*) Owen Franken/Corbis; **445** Facelly/Sipa Press; **450** Noel Quidu/Gamma Presse; **455** Owen Franken/Corbis; **463** Donald Stampfli/AP Images; **468** (*top*) Jack Fields/Corbis; **468** (*bottom*) Dan Christensen; **469** (*top*) Robert Fried; **469** (*bottom*) Pimental Jean/Kipa Collection/Corbis

Realia Credits

Page 16 national holidays: *Air Canada Magazine*; **35, 36** Flags © Liber Kartor, Sweden; **55** Text, logo, and photo used courtesy of Programme spécial de français, École des langues vivantes, Université Laval, Québec; **71** Magazines Canada 1998: Writer/Art Director, Dennis Bruce; Art, Jerzy Kolacz; **82** Yayo/Cartoonists & Writers Syndicate http://cartoonweb.com; **124** *Dernières Nouvelles d'Alsace*; **159** © L'Express 1998; **177** Restaurant La Guirlande de Julie, Paris, France; **236** Text: SNCF, Photo: Veronique Boyens—SNCF VFE RCS PARIS B 552 049 447—Juin 2006; **252** Copyright TDF 2006; **277** Courtesy of *AFRICA NO. 1*; **292** © MICHELIN Paris Hotel & Restaurants—Permission No. 06-US-006; **380** Jean-Pierre Adelbert; **409** Mairie de Paris; **422** Marie de Paris; **426** Data from Ministère de la Culture et de la Communication in *Francoscopie 1999* by Gérard Mermet (Paris: Larousse); **441** Parigramme

Text Credits

Page 111 From "Avantages et pièges de la colocation" by Sebastien Thomas, *Quo*. Used by permission of Hachette Filipacchi Associés, Levallois-Perret Cx, France; **169** (*bottom*) Adapted from "Blaff de poissons," http://www.antilles-martinique.com/recettes.html; **224** http://www.primature.sn/tour/t_dec.htm#Dakar; **313** Based on http://www.ciep.fr/reform/document/paris.htm, http://www.belleville-village.com/histoire.html, http://www.parisbalades.com/Cadres/cadres20belleville.htm; **345** "Déjeuner du matin" by Jacques Prévert, © Editions GALLIMARD; **431** Adapted from "Traversée de l'Atlantique à la rame en solitaire" by Nicolas Gonidec, www.antourtan.org. Used by permission.; **442** Data from *Libération*, no. 7353, *Société*, vendredi, 31 décembre 2004, p. 13; **463** *La Réclusion solitaire* by Tahar Ben Jelloun, © Editions Denoël 1976.

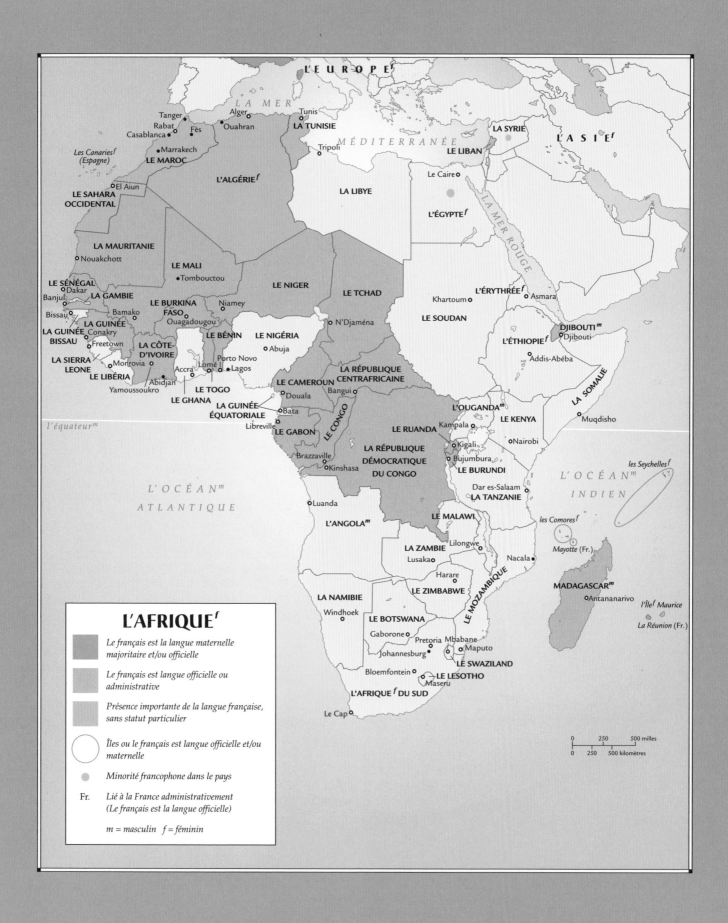

L'EUROPE^f

LA MER

MÉDITERRANÉE

L'ASIE^f

Tanger
Rabat
Casablanca • Fès
• Marrakech
LE MAROC

Alger
Ouahran

Tunis
LA TUNISIE

Tripoli

LA SYRIE

LE LIBAN

Le Caire

Les Canaries^f
(Espagne)

El Aiun

L'ALGÉRIE^f

LA LIBYE

L'ÉGYPTE^f

LA MER ROUGE

LE SAHARA
OCCIDENTAL

LA MAURITANIE
• Nouakchott

LE MALI
• Tombouctou

LE NIGER

LE TCHAD

Khartoum

LE SOUDAN

L'ÉRYTHRÉE^f
Asmara

DJIBOUTI^m
Djibouti

LE SÉNÉGAL
Dakar
Banjul
LA GAMBIE
Bissau
Bamako
LA GUINÉE
BISSAU
LA GUINÉE Conakry
Freetown
LA SIERRA
LEONE
Monrovia
LE LIBÉRIA
Yamoussoukro

LE BURKINA
FASO
Ouagadougou
Niamey

LE BÉNIN
Porto Novo
LA CÔTE-
D'IVOIRE
Accra
Lomé
Lagos
Abidjan
LE TOGO
LE GHANA

LE NIGÉRIA
• Abuja

N'Djaména

LA RÉPUBLIQUE
CENTRAFRICAINE
Bangui

L'ÉTHIOPIE^f
Addis-Abéba

LA SOMALIE

LE CAMEROUN
• Douala

LA GUINÉE
ÉQUATORIALE
Bata
Libreville
LE GABON

LE CONGO

Brazzaville
Kinshasa

L'OUGANDA^m
Kampala

LE KENYA

Muqdisho

LE RUANDA
Kigali
Bujumbura
LE BURUNDI

Nairobi

l'équateur^m

L'OCÉAN^m
ATLANTIQUE

LA RÉPUBLIQUE
DÉMOCRATIQUE
DU CONGO

Luanda

L'ANGOLA^m

Dar es-Salaam
LA TANZANIE

LE MALAWI

les Seychelles^f

L'OCÉAN^m
INDIEN

les Comores^f

LA ZAMBIE
Lusaka

Lilongwe

Nacala

Mayotte (Fr.)

MADAGASCAR^m
Antananarivo
l'Île^f Maurice
La Réunion (Fr.)

Harare
LE ZIMBABWE

LE MOZAMBIQUE

LA NAMIBIE
Windhoek

LE BOTSWANA
Gaborone
Johannesburg
Bloemfontein

Pretoria Mbabane
Maputo
LE SWAZILAND
LE LESOTHO
Maseru

L'AFRIQUE^f DU SUD

Le Cap

L'AFRIQUE^f

Le français est la langue maternelle
majoritaire et/ou officielle

Le français est langue officielle ou
administrative

Présence importante de la langue française,
sans statut particulier

Îles ou le français est langue officielle et/ou
maternelle

Minorité francophone dans le pays

Fr. Lié à la France administrativement
(Le français est la langue officielle)

m = masculin   f = féminin

0   250   500 milles
0   250   500 kilomètres

L'EUROPE^f

Le français est la langue maternelle majoritaire et/ou officielle

Le français est langue officielle ou administrative

Présence importante de la langue française, sans statut particulier

m = masculin   f = féminin

| 0 | 250 | 500 milles |
| 0 | 250 | 500 kilomètres |

Reykjavik L'ISLANDE^f

LA SUÈDE

LA FINLANDE

LA NORVÈGE

Oslo

Helsinki

St-Pétersbourg

Stockholm

Tallinn   L'ESTONIE^f

Moscou

L'ÉCOSSE^f

LA MER DU NORD

Riga   LA RUSSIE

L'IRLANDE^f DU NORD

LA GRANDE-BRETAGNE

LE DANEMARK

LA LETTONIE

LA MER BALTIQUE

L'IRLANDE^f

Dublin

Copenhague

LA LITUANIE

Vilnius

LE PAYS DE GALLES

LES PAYS-BAS^m

LA RUSSIE

Kaliningrad

Minsk

L'ANGLETERRE^f

Amsterdam

Berlin

LA BIÉLORUSSIE

Londres

LA POLOGNE

Varsovie

LA BELGIQUE

Bruxelles

L'ALLEMAGNE^f

L'OCÉAN^m ATLANTIQUE

Paris

Luxembourg

LE LUXEMBOURG

Prague

LA RÉPUBLIQUE TCHÈQUE

Kiev

L'UKRAINE^f

LE LIECHTENSTEIN

LA SLOVAQUIE

Berne

Vienne

Bratislava

LA MOLDAVIE

LA FRANCE

Lausanne

Génève   LA SUISSE

L'AUTRICHE^f

Budapest

Chisinau

le Val d'Aoste

LA SLOVÉNIE

LA HONGRIE

Ljubljana

LA ROUMANIE

LE PORTUGAL

Andorre-la-vieille

MONACO^m

LA CROATIE

Zagreb

Belgrade

Bucarest

Madrid

L'ANDORRE^f

L'ITALIE^f

LA BOSNIE-HERZÉGOVINE

LA SERBIE

LA MER NOIRE

Lisbonne

La Corse

Ajaccio

Sarajevo

LE MONTÉNÉGRO

L'ESPAGNE^f

Rome

LA MER ADRIATIQUE

Podgorica

Sofia

LA BULGARIE

Skopje

Istanbul

Tirana   LA MACÉDOINE

L'ALBANIE^f

LA TURQUIE

LA MER MÉDITERRANÉE

LA GRÈCE

LA MER ÉGÉE

L'AFRIQUE^f

Athènes

LE MAROC

L'ALGÉRIE^f

LA TUNISIE

La Crète